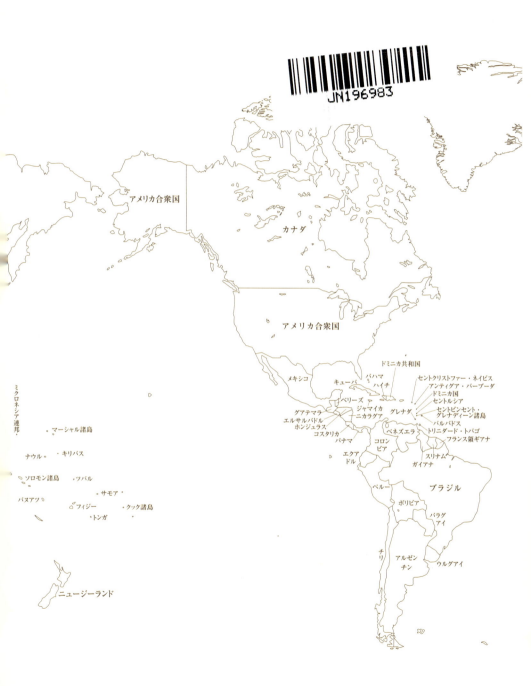

The food and culture around the world handbook

国別
世界食文化ハンドブック

ヘレン・C・ブリティン【著】
小川昭子・海輪由香子・八坂ありさ【訳】

柊風舎

Authorized translation from the English language edition, entitled
FOOD AND CULTURE AROUND THE WORLD HANDBOOK, THE, 1st Edition, by
BRITTIN, HELEN C., published by Pearson Education, Inc.,
Copyright © 2011 Pearson Education, Inc.

All rights reserved. No part of this book may be reproduced or transmitted in any form or by any means, electronic or mechanical, including photocopying, recording or by any information storage retrieval system, without permission from Pearson Education, Inc.

JAPANESE language edition published by SHUFUSHA CO., LTD.,
Copyright © 2019

Japanese translation rights arranged with PEARSON EDUCATION, INC.,
through Tuttle-Mori Agency. Inc., Chiyoda-ku, Tokyo, Japan

はじめに

　生きる上での様式のひとつとも言える文化は、社会の中で、各個人が価値観や信念、慣習を共有し、調和を保って共存することを可能にしてくれるものである。世界中の多種多様な社会、千差万別の環境により、食べ物と栄養をはじめとする生存のためのニーズに適応しながら、価値観、信念、慣習の異なる多くの社会が形成されてきた。そこに生きる人々も、人生において異なる多くの経験をし、同じ社会においても、どの程度その文化の規範に従うかは違ってくる。人々は、年齢、収入、教育レベル、宗教により同じ状況に対しても異なる解釈を持つようになる。

　どの領域についてもいえることだが、食べ物と栄養という領域の専門家は、異なる文化の人々に効率よく対応するために、素早く情報を集める必要がある。とくにアメリカは、最近の人口構成の変化により、文化的差異がますます大きい社会となりつつある。本書は世界中の国の基礎となる文化的、地理的情報を網羅したものである。私たちが市民として理解しなくてはならない、また食べ物と栄養の問題も含めた質の高い教育とケアを提供するために理解しなくてはならない、文化的多様性について述べることを目的としている。本書が、食と栄養にまつわる価値観、信念、慣習に影響を与える要因の多様性をひも解くきっかけとなればうれしいことである。さまざまな文化の多様性を持つ社会で、食と栄養に関する教育とケアを施し、自分をよりよく理解するための最初の足掛かりとしていただければ幸いである。

　異文化に触れた読者は、さまざまな反応を見せるだろう。本書が食と栄養に関する多様性に気づく一助となってほしいと願う。どのような食べ物が手に入るのか、収入はどうか、宗教は何かといった要因は、個人の食習慣や好みに影響を与える。栄養調査、教育、ケアを行なうには、そういった要因を心得ている必要がある。ただし、ステレオタイプに陥ってはならない。類似点、相違点に一層留意し、理解を深めるために本書を利用してもらいたい。そしてそれらの情報に基づいて、個々の文化を評価していくことこそ重要であろう。

　本書はまた、世界中の国の食べ物に関するガイドでもある。食文化への影響を考察し、日常的に食べられている物を種別にあげた。香辛料、代表的料理、国民食、

行事食、飲物、食事の出し方、屋台食、間食についても紹介した。国ごとの情報をできるだけ集めたつもりである。食べ物の情報は、その国の文化の情報と受け取ってほしい。

　本書は、世界中の国の食文化を手早く参照できるように編集されている。2010年頃世界には195の国があり、それを五十音順に並べて紹介している。独立していない地域や領土は、そこを統治する国の項目に含めた。食に関心を持つ読者に重宝してもらえ、食に関心がない読者には、世界中の食文化に興味を持つきっかけになってもらえれば幸いである。

目　次

はじめに　i

アイスランド　1
アイルランド　3
アゼルバイジャン　6
アフガニスタン　8
アメリカ合衆国　11
アラブ首長国連邦　18
アルジェリア　20
アルゼンチン　23
アルバニア　26
アルメニア　29
アンゴラ　31
アンティグア・バーブーダ　33
アンドラ　35
イエメン　37
イギリス（英国）　40
イスラエル　45
イタリア　48
イラク　52
イラン　55
インド　58
インドネシア　63
ウガンダ　66
ウクライナ　68
ウズベキスタン　71
ウルグアイ　74
エクアドル　76
エジプト　78

エストニア　81
エスワティニ（旧スワジランド）　83
エチオピア　85
エリトリア　88
エルサルバドル　90
オーストラリア　92
オーストリア　95
オマーン　98
オランダ　100

ガイアナ　103
カザフスタン　105
カタール　108
ガーナ　110
カナダ　112
カーボヴェルデ　115
ガボン　117
カメルーン　119
韓国　121
ガンビア　124
カンボジア　126
北朝鮮　129
ギニア　132
ギニアビサウ　134
キプロス　136
キューバ　139
ギリシャ　142
キリバス　145
キルギス　147

グアテマラ 149
クウェート 152
グレナダ 154
クロアチア 156
ケニア 158
コスタリカ 161
コソボ 163
コートジボワール 166
コモロ 168
コロンビア 170
コンゴ（旧ザイール） 173
コンゴ共和国 175

サウジアラビア 177
サモア（旧西サモア） 180
サントメ・プリンシペ 183
ザンビア 185
サンマリノ 188
シエラレオネ 190
ジブチ 192
ジャマイカ 194
ジョージア（グルジア） 197
シリア 200
シンガポール 203
ジンバブエ 206
スイス 208
スウェーデン 211
スーダン／南スーダン 214
スペイン 217
スリナム 221
スリランカ 223
スロバキア 225
スロベニア 228
赤道ギニア 231

セーシェル 233
セネガル 235
セルビア 238
セントクリストファー・ネーヴィス 240
セントビンセント及びグレナディーン諸島 242
セントルシア 244
ソマリア 246
ソロモン諸島 248

タイ 250
台湾 253
タジキスタン 255
タンザニア 257
チェコ 260
チャド 263
中央アフリカ 265
中国 267
チュニジア 271
チリ 274
ツバル 277
デンマーク 279
ドイツ 282
トーゴ 286
ドミニカ 288
ドミニカ共和国 290
トリニダード・トバゴ 292
トルクメニスタン 295
トルコ 297
トンガ 300

ナイジェリア 302
ナウル 304
ナミビア 306

ニカラグア 309	ベラルーシ 393
ニジェール 312	ベリーズ 395
日本 314	ペルー 397
ニュージーランド 317	ベルギー 400
ネパール 320	ボスニア・ヘルツェゴビナ 403
ノルウェー 322	ボツワナ 406
	ポーランド 408
ハイチ 325	ボリビア 411
パキスタン 327	ポルトガル 413
バチカン 330	ホンジュラス 416
パナマ 332	
バヌアツ 335	マケドニア 418
バハマ 337	マーシャル諸島 420
パプアニューギニア 339	マダガスカル 422
パラオ 341	マラウイ 424
パラグアイ 343	マリ 426
バルバドス 345	マルタ 428
バーレーン 347	マレーシア 430
ハンガリー 349	ミクロネシア 432
バングラデシュ 353	南アフリカ 434
東ティモール 355	ミャンマー（旧ビルマ） 437
フィジー 357	メキシコ 440
フィリピン 359	モザンビーク 444
フィンランド 362	モナコ 446
ブータン 365	モーリシャス 448
ブラジル 367	モーリタニア 450
フランス 371	モルディブ 452
ブルガリア 375	モルドバ 454
ブルキナファソ 378	モロッコ 456
ブルネイ 380	モンゴル 459
ブルンジ 383	モンテネグロ 461
ベトナム 385	
ベナン 388	ヨルダン 463
ベネズエラ 390	

v

ラオス 466	レソト 487
ラトビア 469	レバノン 489
リトアニア 471	ロシア 492
リビア 474	
リヒテンシュタイン 476	参考文献 497
リベリア 478	料理名索引 503
ルクセンブルク 480	英和対照料理名索引 518
ルーマニア 482	訳者あとがき 533
ルワンダ 485	

謝辞
統計値、経済指標、地理情報については、以下の資料を参考にしました。
ここに記して謝意を表します。
Time Almanac 2009. Chicago, IL: Encyclopedia Britannica, Inc., 2009.
The World Almanac and Book of Facts 2018. Pleasantville, NY: World Almanac Books, 2018.

本体表紙
表：Gabriel Lory ［Public domain］ 背：Limbourg brothers ［Public domain］
裏：Jean François de Troy ［Public domain］

国 別
世界食文化ハンドブック

アイスランド　Iceland
アイスランド共和国

[地理] 北大西洋上にあるアイスランドは、北極圏に面し、ヨーロッパの最西端にある。国土は火山地域で、面積の4分の3は氷河、湖、溶岩原である。人口の大部分は国土の7％の肥沃な海岸沿いに住んでいる。メキシコ湾流が気候を緩和している。間欠泉や温泉が多くある。

主要言語	民族	宗教
アイスランド語（公用語）	アイスランド人（スカンジナビアとケルトの子孫の混血）	アイスランド福音ルーテル教会（国教）　69.6％
英語		カトリック　3.8％
ノルド諸語	94％	無宗教　6.1％
ドイツ語		

人口密度　3.4人/km²　　　　　都市人口率　94.3％
識字率　99％　　　　　　　　出生1000あたり乳児死亡率　2.1
平均寿命　男性80.9歳、女性85.4歳　　HIV感染率　―
1人あたりGDP　48,100ドル　　失業率　3.8％
農業就業人口　4.8％　　　　　耕地面積率　1.2％

[農業] ジャガイモ、穀類、トマト、青物野菜、ニワトリ、羊、馬、牛、豚、ヤギ
[天然資源] 漁獲、水力発電、地熱、珪藻岩
[産業] 魚加工、アルミニウム精錬、フェロシリコン生産、観光

[食文化への影響] 一般的に、アイスランド料理は他のスカンジナビア諸国の料理とよく似ている。溶岩原、氷河、長く暗い冬をもつアイスランドは、農業にはあまり適していない。しかし、仔羊肉と乳製品はすばらしい。主要な乳製品はスキールとホエーのふたつ。スキールは、脱脂した羊または牛の乳に培養したバクテリアとレンネットを加えて作られる。このふたつは乳を凝固させ、凝乳がスキールになる。脱脂乳から凝乳を（スキールやチーズを作るときなどに）取り除いたあとに残る液体ホエーは、肉、魚、バターの保存に広く使われている。他の北欧諸国と同様、冬に備えて食料を保存することが重要である。ホエーによる保存には、臓物（仔羊の心臓、睾丸、足など）が含まれている。肉や魚の保存には燻製、乾燥、発酵などの方法が使用される。熱い地面に食品を埋めて、加熱させるという、独特な調理法がある。アイスランドの豊富な間欠泉は地面を加熱するので、食料の調理に使えるのである。また、温泉はレイキャビクの住宅に温水と暖房も提供している。

[パンと穀類] 大麦、オート麦、ライ麦、小麦、米：オートミールや米の粥、ライ麦パン、

白パン（フランスパンと呼ばれる）、パンケーキ、パン種を使っていない（平たい）パン、ポテトパン（薄く丸く、鉄板で調理される）、アイスランドゴケ（菌類と青緑色の藻類が共生する植物）で作られたパン。パンの代わりに干した魚を使う伝統がある。

肉と魚 鶏肉、卵、仔羊肉、牛肉、豚肉、ヤギ肉、魚（タラ、オヒョウ、サーモン、マス、サメ）、海鳥（パフィン、ウミガラス、ウ）。ソーセージ、燻製（仔羊肉、ソーセージ、タン、魚）、干し魚。ニシオンデンザメの肉は、生のまま未処理では食用にならないが、土に埋めて発酵させると、黴だらけの黒い皮付きではあるが、食べられるようになり、小片に切って販売されている（ハカールと呼ばれる）。海鳥（一晩ミルクに漬けて魚臭さを抜く）は伝統的な食材だが、今はあまり食べられていない。大きなウがいちばんよいとされている。

乳製品 ミルク（羊、牛）、スキール（凝乳）、ホエー、クリーム、バターミルク、サワークリーム、チーズ

油脂 バター、ラード、マーガリン、塩漬け豚肉

豆類 スプリットピー（黄色、緑）

野菜 ジャガイモ、トマト、カブ、キャベツ、カラシナ、タマネギ、キノコ、ニンジン、アイスランドゴケ：ザウアークラウト

果物 リンゴ、ベリー、カラント、プラム、プルーン、レーズン

種実類 アーモンド、キャラウェイシード、アーモンドペースト（マジパン）

香辛料 塩、黒胡椒、ディル、カルダモン、シナモン、ショウガ、クローブ、マスタード、ホースラディッシュ、酢

料理 ハリバットなどの干し魚はそのまま、バターを添えて供する。フィアトラグラサミョルク（ミルクと苔で作るアイスランド独特のスープ）。エンドウマメのスープ、しばしばパンケーキを添える。ゆでたジャガイモ。燻製の仔羊を調理した煮汁でゆでたガンギエイ。ローストハムまたはローストポーク。蒸し煮にした赤キャベツ。

国民食 ホエーに漬けた羊の頭

クリスマス料理 仔羊肉の燻製

甘味類 砂糖。クリーム、砂糖、時には果物を入れたスキール。砂糖とクリームを入れた米の粥。バタークッキー。バター、チーズまたはクリーム、カルダモンで作ったケーキ。果物の砂糖煮やベリージャムを添えたパンケーキ。

飲物 ミルク、バターミルク、ミーサ（ホエー、伝統的な飲み物）、コーヒー、茶、ビール、アクアビット

食事 一日3食に加えて、午前半ば、午後遅く、または夕食後にコーヒーブレークが普通。

アイルランド　Ireland

[地理]　アイルランドは西ヨーロッパにあり、大西洋に面している。グレートブリテン島からアイリッシュ海をはさんで西側にある島の大部分を占めている。アイルランドは丘と山々とそれらに囲まれた中央の台地で成り立っていて、主要な川はシャノン川である。大西洋側の海岸線は大きな湾入が数多く見られる。

主要言語	民族		宗教	
英語（公用語）	アイルランド人	84.5%	カトリック	84.7%
アイルランド語（ゲール語）主に西部で話されている（公用語）	その他の白人	9.8%	アイルランド聖公会	2.7%
			無宗教	5.7%

人口密度　72.7人/km²　　　　都市人口率　63.8%
識字率　99%　　　　　　　　出生1000あたり乳児死亡率　3.6
平均寿命　男性78.6歳、女性82.2　HIV感染率　0.2%
1人あたりGDP　69,400ドル　　失業率　8.1%
農業就業人口　5.0%　　　　　耕地面積率　15.4%

[農業]　テンサイ、大麦、小麦、カブ、ジャガイモ、ニワトリ、牛、羊、豚、ヤギ

[天然資源]　漁獲、天然ガス、泥炭、銅、鉛、亜鉛、銀、重晶石、石膏、石灰石、ドロマイト

[産業]　食品、醸造、繊維、衣類、化学品、医薬品、機械、鉄道輸送機器

[食文化への影響]　紀元前4世紀に定着したケルト人の影響は、今も残っている。古代アイルランド人の食事は、穀物と乳製品を中心にしていた。穀類は、オート麦や大麦を粥やケーキにした。調理は焚き火で行ない、ハチミツ、タマネギ、魚、凝乳、または塩漬け肉と共に食べた。緑豊かな牧草地で牛が放牧され、豊富な牛乳を供給する。一部は塩入りのバターに加工された。富は乳牛の頭数で計算されたから、牛肉はほとんど食べられなかった。豚肉、通常は燻製、塩漬けのベーコン、それに羊肉が通常の肉である。中世のアイルランドの広大な森林、内陸の河川、そして海岸から、鹿、イノシシ、クラブアップル、ベリー類、クレソン、魚が獲れた。アングロノルマン人が11世紀と12世紀に侵攻し、小麦、エンドウマメ、インゲンマメの栽培を増やしたため、小麦やライ麦のパンとエンドウマメやインゲンマメのスープが食事に加わった。全体として、17世紀にアメリカ大陸からジャガイモが持ち込まれるまで、オート麦、乳製品、塩漬けの肉が食事の中心を占めていた。ジャガイモは急速に基本的な食料となり、現在にいたる。ジャガイモはアイルランドの涼しく湿度の高い気候でよく育った。誰もがジャガイモを植

え、まもなくそれに依存するようになる。18世紀にはバターの輸出が急増し、それと並行してジャガイモの栽培と消費が増加した。18世紀末には、ジャガイモは穀物と乳製品に代わる中心的な食料となった。仔羊や仔ヤギで作るアイリッシュ・シチューは国民食と言われるが、1800年頃にはこれにジャガイモが加えられた。1840年代の大飢饉の頃には、アイルランド人の3分の1以上が食料をほぼ全面的にジャガイモに頼っていた。通常、ジャガイモは鍋でゆで、食べる人がそれぞれ皮をむいて、ミルクやバターミルクをつけて食べ、あればゆでたニシンや塩漬けのベーコンが添えられた。1840年代半ばにジャガイモ飢饉が起きる。疫病によってジャガイモの収穫がほぼ壊滅した。1851年には約100万人のアイルランド人が死亡し、約100万人が移住して、アイルランドの人口の5分の1以上が減少した。19世紀後半には、放牧や酪農、農産物の収穫、肉や乳製品の消費が増加した。20世紀初頭になると、紅茶、砂糖、市販の精白パンが、自家製のパンとミルク飲料にとって代わる。アイルランド料理は、シンプルで量が多いと言われることが多い。アイルランドの人々は魚とジャガイモを多く食べているが、これはこのふたつの食材が大量に生産されていることと、大部分のアイルランド人がカトリック教徒であることに因っている。20世紀も半ば近くまで、アイルランドのカトリック教徒は、水曜日と金曜日の断食日、そして受難節のあいだ、魚（通常は塩漬けを水煮してシンプルなホワイトソースをかける）を食べていた。多くの人々の食事は、ジャガイモ、カブ、ソーダブレッド、紅茶、黒ビールで、ときおり魚、ベーコン、または卵が加わる。上流社会は、それより多様で洗練された外国の食文化をもっている。

パンと穀類 大麦、小麦、オート麦、ライ麦、米、ホップ：オートミールの粥、オーツ麦のビスケット、ソーダブレッド（小麦粉、重曹、バターミルクで作るぱりっとしたパン）、小麦粉とオートミールのパン

肉と魚 魚介類、牛肉、鶏肉、仔羊肉と羊肉、豚肉、ヤギ肉、卵：ポークソーセージ、ベーコン

乳製品 ミルク（牛、羊、ヤギ）、バターミルク、クリーム、凝乳、チーズ（チェダー、スイスチーズに似たブラーニー）

油脂 バター、ラード、マーガリン、植物油、塩漬け豚肉

豆類 インゲンマメ、レンズマメ、ライマメ、スプリットピー

野菜 ジャガイモ、カブ、キャベツ、青菜、カリフラワー、ニンジン、パースニップ、タマネギ、サヤインゲン、サヤエンドウ、ネギ

果物 リンゴ、サクランボ、グーズベリー、プラム、レーズン、カラント、イチゴ

種実類 アーモンド、栗、ヘーゼルナッツ、ピーカンナッツ、クルミ、ゴマ：ナッツはスイーツによく使われる。

香辛料 塩、黒胡椒、タマネギ、ニンニク、ハーブ（ソース用パセリ、家禽の詰め物用セージ、仔羊肉用ローズマリー、家禽の詰め物、ビーフシチュー、たくさんのスープ用のタイム、仔羊肉やエンドウマメ用のミント）、オールスパイス、バニラ。 食べ物は味

つけを薄くして、添えてある風味豊かなソースと強い風味の薬味で味を調える。

(調味料) ウスターソース（アンチョビ、酢、大豆、ニンニク、スパイス）、ミントゼリー（仔羊肉に使用）

(料理) ジャガイモ、通常はゆで、焼くこともある。マッシュポテト、単にマッシュと呼ばれる。ボクスティ（生のジャガイモをすりおろし、小麦粉、塩、ミルクで作るパンケーキ）。チャンプ（ミルク、バター、みじん切りのタマネギを入れたマッシュポテト）。コルカノン（ゆでたジャガイモとキャベツをミルク、ネギ、バターと一緒にマッシュしたもの）。バブル・アンド・スクイーク（残り物のジャガイモとキャベツを刻んで炒めたもの）。シェパーズパイ（上にマッシュポテトをのせた肉とタマネギのパイ）。インゲン、エンドウ、マスタードのスープ。フィッシュ・アンド・チップス（衣をつけて揚げた魚とフライドポテト）。ロブスターの塩ゆで。サバの塩漬け（タマネギ、ハーブ、スパイス、酢、レモン汁と焼いてマリネしたサバ）。ローストビーフやローストラム。リンゴを添えたローストポーク。パイ各種（ミートパイ、狩猟肉、魚、野菜、果物がパイケースに入れたりパイ皮で覆って焼かれている）。プディング（蒸したり、ゆでたり、焼いたりした肉と野菜、カスタード、または果物が入っている）。キャベツ、タマネギのピクルス。

(国民食) アイリッシュ・シチュー（仔羊または仔ヤギ、ジャガイモ、タマネギに水を加え、たいていはほかの野菜と一緒に煮込む）

(聖パトリックの日の料理) 3月17日には、アイルランドの守護聖人を記念して、コンビーフとキャベツをよく食べる。

(甘味類) ハチミツ、砂糖：ベリープディング。ガーケーキ（残り物のパンとケーキ、レーズン、水をペストリーにのせて焼き、砂糖衣をかけて正方形に切ったもの）。アイリッシュ・クリスマスケーキ（ナッツとオールスパイスを入れた白いフルーツケーキ）。

(飲物) ミルク、茶（紅茶、ミルクと砂糖を添える）、ビール（スタウトが好まれる：黒く、こくがあり、濃いもの）、アイリッシュウイスキー

(食事) 朝食：オートミールの粥。夕食：肉または魚、ジャガイモ、その他の野菜にバターを塗った精白パン、紅茶またはミルク。お茶：大部分の人々は熱い紅茶と軽食を午後遅くに摂る。

アゼルバイジャン　Azerbaijan
アゼルバイジャン共和国

[地理] アゼルバイジャンは、カスピ海西岸に面する南西アジアの国。カフカス山脈の南東端にあたり、山が多い。南東部以外の気候は乾燥している。

主要言語	民族		宗教	
アゼルバイジャン語（アゼリー語）（公用語）	アゼルバイジャン人（アゼリー人）	91.6%	イスラム教	91.6%
ロシア語	ダゲスタン人		キリスト教	3.0%
アルメリア語	（レズギン人）	2.0%		
	ロシア人	1.3%		
	アルメニア人	1.3%		

人口密度　120.6 人/km²　　　都市人口率　55.2%
識字率　99.8%　　　　　　　出生 1000 あたり乳児死亡率　23.8
平均寿命　男性 69.7 歳、女性 76.1 歳　　HIV 感染率　0.1%
1 人あたり GDP　17,700 ドル　　失業率　5.1%
農業就業人口　37%　　　　　耕地面積率　23.3%

[農業] 小麦、野菜、ジャガイモ、綿花、米、ブドウ、ニワトリ、羊、牛、ヤギ、豚
[天然資源] 石油、天然ガス、鉄鉱石、非鉄金属、ボーキサイト、漁獲
[産業] 石油、天然ガス、油田設備、鋼鉄、鉄鉱石、セメント

[食文化への影響] アゼルバイジャンは北西のジョージア（グルジア）、西と南にあるアルメニアを加えたカフカス三国の中で最も大きく、人口も多い。もうひとつの隣国南のイランには、かつてのアゼルバイジャンの領土が多く組み込まれている。食文化の影響は隣国と、侵略者（ローマ、ペルシャ、アラブ、モンゴル、トルコ）から受けている。トルコは 11 世紀初めから 19 世紀初頭まで支配し、19 世紀のほぼすべてと 20 世紀はロシアが支配した。米と果物はこの地域に古代より生育し、重要な食べ物である。カスピ海沿岸では魚が獲れる。主要な食べ物（穀物、仔羊、ヨーグルト、果物とくにブドウ、ナスをはじめとする野菜）は、他のカフカスの国々と共通している。甘味と酸味の組み合わさった味を好む嗜好も同じである。これらの隣国と違うのは宗教とそれに関連する食習慣とメゼ（飲みながらとる軽食）の風習である。アゼルバイジャンの人々はイスラム教徒であるため豚肉とアルコールの摂取は禁じられ、ジョージアとアルメニアの人々はキリスト教徒なのでそういった制約はない。メゼはアゼルバイジャンでは、ジョージアとアルメニアほど見られない。

[パンと穀類] 小麦、米：パン、ダンプリング、パスタ、米料理（ポロウ）

アゼルバイジャン

肉と魚 鶏肉、仔羊肉、牛肉、ヤギ肉、豚肉、魚（チョウザメ、キャビア）、卵
乳製品 ミルク、ヨーグルト、チーズ
油脂 バター、澄ましバター、オリーブ油、仔羊の脂
豆類 ヒヨコマメ、インゲンマメ、レンズマメ
野菜 ジャガイモ、ナス、キュウリ、ラディッシュ、ネギ、トマト、クレソン
果物 ブドウ、アプリコット、レモン、オレンジ、モモ、プラム、ダムソンスモモ、ザクロ、プルーン、レーズン、メギ、マルメロ。果物は新鮮なまま、干して、ジュースにして利用される。
種実類 アーモンド、栗（名産で、炒って皮をむきミルクで煮る）、クルミ、ゴマ
香辛料 未熟なブドウの果汁、レモン汁、ハーブ（コリアンダー、タラゴン、スマック、ディル、ミント）、サフラン（国民的スパイス）
料理 新鮮な野菜とハーブ。モモなど新鮮な果物を軽く炒める。スープ：ダンプリング（デュシペレ）、パスタ、米、ヨーグルト、ヒヨコマメ、プルーンもしくは栗、サフランとディルもしくはミントで風味づけすることが多い。ケバブ（シャシリク）は仔羊の塊肉をスマックで風味づけし、串に刺して焼く。肉団子はサワープラム、栗、マルメロ、プルーンを入れたりする。ボズバシュ（有名なシチュー。仔羊の胸肉、果物、野菜、ときには肉団子を入れる）。コルマ（スライスした肉を未熟なブドウの果汁またはレモン果汁で蒸し煮、もしくは煮込んだ料理）。魚はコリアンダー、タラゴン、栗、プルーンなどの果物と調理する。魚、家禽類、狩猟動物に付け合わせるのはザクロの実もしくはシロップ、栗。ケバブにはザクロのシロップかプラムソース。ポロウまたはピラフ（米をまず油で炒めてパラパラになるようにしてから炊く）はアゼルバイジャンの食事の主役である。ポロウには魚や卵が入ることもあり、トッピングとしてオレンジピール、ナッツ、ドライフルーツが使われる。カシュマグ（特別なポロウ。卵の入った生地をキャセロールの底に薄く敷き、米とスープを入れて焼き、周りを黄金色にパリパリにした料理）
甘味類 ハチミツ、砂糖。口直しのデザート：ブドウ果汁のソース、レーズン、ドライアプリコット、アーモンドなど。メインのデザート：ジャム、ハルバ（果物やナッツの砂糖漬けを使った多種多様な糖菓）、シャーベット、ケーキ
飲物 濃い紅茶
食事 メインとなる食事は伝統的に次の順で供される。新鮮な野菜とハーブ、軽く焼いた果物、スープ、肉料理、ポロウ、口直しのデザート、メインのデザートと紅茶。

アフガニスタン　Afghanistan
アフガニスタン・イスラム共和国

[地理] アフガニスタンは西南アジアに位置し、パキスタン、イラン、トルクメニスタン、ウズベキスタン、タジキスタンと国境を接する。大部分が山地と砂漠の、乾燥した暑さ寒さの厳しい地域である。

主要言語	民族	宗教
ダリー語（アフガン・ペルシア語）（公用語） パシュトゥー語（公用語） チュルク語（ウズベク語、トルクメン語） その他30の少数言語（バローチ、パシャイー語など）	パシュトゥーン人 タジク人 ハザラ人 ウズベク人 その他11の少数民族	イスラム教 　（スンニ派）　84.7-89.7% 　（シーア派）　10-15%

人口密度　52.3人/km²　　　　　都市人口率　27.6%
識字率　38.2%　　　　　　　　　出生1000あたり乳児死亡率　110.6
平均寿命　男性50.3歳、女性53.2歳　HIV感染率　0.1
1人あたりGDP　2,000ドル　　　　失業率　8.5%
農業就業人口　78.6%　　　　　　耕地面積率　11.9%

[農業] 小麦、米、ブドウ、ケシ、果実、種実類、羊、ニワトリ、ヤギ、ラクダ、牛
[天然資源] 天然ガス、石油、石炭、銅、塩、貴金属（とくにラピスラズリ）、漁獲
[産業] 繊維、石鹸、家具、靴

[食文化への影響] アフガニスタンは東洋と西洋を結ぶシルクロードの十字路に位置し、食文化と知識の伝播に重要な役目を演じてきた。アレクサンダー大王、チンギス・ハン、ムガール帝国のバーブル、ペルシャのナーディル・シャーらの侵略軍、さらには19世紀にインド軍を引き連れて侵入したイギリスも影響を及ぼした。料理は、アフガニスタン近隣のさまざまな民族グループの食を反映している。国民の大部分はイスラム教徒なので、豚肉とアルコールは摂取しない。国内では小麦、米、果実、種実を栽培し、家畜を育て、川では魚が獲れる。おもな食べ物はパン、米、乳製品、羊、茶である。

[パンと穀類] 小麦、米、トウモロコシ：パン、ペストリー、麺、米料理。パンはふつう小麦粉で作るナン（発酵させたパン生地をタンドールもしくは粘土のオーブンで焼く）とチャパティ（発酵させていない生地を丸く、平たく鉄板の上で焼いたもの）である。

[肉と魚] 仔羊肉と羊肉、ヤギ肉、鶏肉、牛肉、水牛、ラクダ、卵、狩猟動物、魚（マスなど）

乳製品 ヨーグルト（マースト）、白チーズなどのチーズ（パニール）、カイマク（クロテッドクリームで伝統的には水牛の乳から作られる）。ヨーグルトは広く料理に使われ、濾してクリーム分の多いチャカにもする。さらに、それを乾燥させると、硬い団子ができる（クルト）。

油脂 油、脂尾羊の脂肪

豆類 スプリットピー

野菜 ジャガイモ、リーキ、ホウレンソウ

果物 ブドウ、メロン、レーズン。アフガニスタンのメロンとブドウは有名である。

種実類 ピスタチオ、アーモンド、クルミ、松の実、フェヌグリークシード、ゴマ、バジルシード

香辛料 カルダモン、フェヌグリーク、サフラン、ローズウォーターシロップ

料理 ペストリー、ヌードル料理。ピラフは長粒米を油で炒めてから煮る。こうすると米がパラパラに仕上がる。仔羊肉や野菜とともに調理するのが一般的。ただ長粒米をゆでたチャラウは、野菜のシチュー（コルマ）やブラニ（野菜のヨーグルト添え）とともに供される。短粒米をゆでたり蒸したりしたもの（バタ）もシチューや野菜と供される。仔羊肉のケバブは、肉の塊を焼き串に刺してあぶったり、焼いたりする。ケバブとともに脂尾羊の脂肪を一緒にあぶって、よりしっとりさせ、香味を加える。チャプリケバブはその形状の類似からサンダルケバブとも呼ばれ、東部の都市ジャララバードの辛い郷土料理である。シャミもしくはロラは挽き肉、ジャガイモ、スプリットピーで作ったケバブを油で炒めたもの。ジャレビは衣用生地を揚げてシロップに漬け込んだもので、冬のあいだ魚料理に添えられる。ドピアサは仔羊肉を脂尾羊の脂肪とともにゆでたもの。

甘味類 砂糖、シロップ。果物。牛乳を使ったプディング（米またはトウモロコシで作るフェルニなど）。米で作るデザートはほかに、短粒米をほかの材料とともに柔らかくこってりするまで煮るショラなどがある。ハルバ（穀物や野菜、果物、ゴマなどで作った菓子）、バクラバ（薄いフィロ生地とナッツを層にして重ね、シロップに漬けた菓子）、ゾウの耳の形をした練り粉菓子（ゴーシュエフィール）、特別な日のアブライシュム（絹）ケバブは、卵を糸のようにして丸めてケバブのように仕立て、シロップと粉にしたピスタチオをまぶしたもの。菓子はぜいたく品である。

祝祭用菓子 新春最初の日に伝統的に食べられる菓子ハフトメルヴァは、ドライフルーツとナッツのコンポートである。ショラエザード（サフランとローズウォーターで香りづけをした甘い米料理）は、弔意や謝意を表わすための菓子で、隣人、親戚、貧者に配られ、バジルを添えたシャーベットとともに供される。

飲物 茶（チャイ）、紅茶と緑茶があり、カルダモンで風味づけをし、砂糖でコーティングしたアーモンド（ノグル）が添えられる。

特別な日の茶 アフガンティー（カイマクチャイ）は緑茶で作られる。重曹を加えて赤くなったところにミルクを入れ、赤紫になったチャイにカイマク（クロテッドクリーム）

をのせる。

茶店（チャイハナ） サモワールで作った茶を出す店で、旅行者には食事と宿泊も提供する。

食事 朝食にはナン（パン）とカイマク（クロテッドクリーム）を食べることが多い。パンはお茶、すべての食事とともに食べられ、食べ物をすくうのにも利用する。

屋台・間食 屋台では軽食、昼食が売られる。焼いたペストリーのうち、ボラニはリーキが入っており、サムボサは卵、チーズ、肉、野菜、マッシュポテトが入っている。パコラは野菜、魚、チーズに衣をつけて揚げたもの。そのほかナッツ、春には白チーズのレーズン添え（キシュミシュ・パニール）などが食べられる。

アメリカ合衆国　United States

[地理] アメリカ合衆国は北米大陸の中南部に位置し、大西洋と太平洋に面している。温暖な気候、変化に富む地形、肥沃な農地、河川、湖をもち、中央部に広大な平原、西部に砂漠と山脈、東部に丘陵地と低い山脈がある。

主要言語	民族		宗教	
英語	白人	72.4%	プロテスタント	46.5%
スペイン語	黒人	12.6%	カトリック	20.8%
ハワイ語（ハワイの公用語）	アジア系	4.8%	ユダヤ教	1.9%
その他インド・ヨーロッパ語			モルモン教	1.6%
アジア、太平洋諸島の言語			無宗教	22.8%

人口密度　35.7 人/km²　　　　都市人口率　82.0%
識字率　99%　　　　　　　　出生1000あたり乳児死亡率　5.8
平均寿命　男性77.7歳、女性82.2歳　　HIV感染率　ー
1人あたりGDP　57,300ドル　　失業率　4.9%
農業就業人口　0.7%　　　　　耕地面積率　16.9%

[農業] トウモロコシ、大豆、アルファルファ、干し草、小麦、綿花、ブドウ、野菜、果物、ニワトリ、牛、豚、馬、羊、ヤギ

[天然資源] 漁獲、石炭、銅、鉛、モリブデン、リン酸塩、ウラン、ボーキサイト、金、鉄、水銀、ニッケル、カリ、銀、タングステン、亜鉛、石油、天然ガス、木材

[産業] 石油、鉄鋼、自動車類、航空宇宙、遠距離通信、化学製品、電子機器、食品加工、消費財、建材、鉱山

アメリカ合衆国

[食文化への影響] 多様な気候をもつ多民族国家のアメリカ合衆国には、さまざまな食習慣がある。料理に影響を与えたのは、北アメリカの先住民族、東部と南部のイギリス人、南部のスペイン人とフランス人、アフリカから来た南部の黒人奴隷、南西部と西部のスペイン人やメキシコ人、カウボーイ、ペンシルベニア州と中西部のドイツ人、中西部のスカンジナビア人、ニューヨーク市のイタリア人とユダヤ人社会など。その料理の一部は以下で説明する（ハワイとプエルトリコについては、「アメリカ合衆国」のあとで詳述）。アメリカは新世界の食物（七面鳥、トウモロコシ、ジャガイモ、トマトなど）を多用することで、世界の料理に影響を与えた。大規模な畜産を行ない、あたりまえのように肉を消費し、自動車の普及に見合った食文化をもつようになったのは、マクドナルドに代表されるハンバーガーチェーンなど、十分な駐車スペースを備えたファストフード店が国中に展開されたためである。20世紀末には、マクドナルド、コカコーラ、ペプシコ

ーラ等々がアメリカの食文化を世界中に広げていた。食習慣は広告（たとえばテレビコマーシャル）に影響される。多くのアメリカ人は珍しいものが好きで、新登場の食べ物はとりあえず食べてみる。

先住民の食べ物 主要な食べ物はトウモロコシ、トウガラシ、ウリ、インゲンマメ、ヒナユリ、狩猟動物（バイソンや鹿）の肉、ワイルドライス、ペミカン、サコタッシュ。北西部の太平洋沿岸に育つヒナユリは、根を煮たり焼いたりして食べる。粗くひいて固めたものは保存食にした。ワイルドライスはミネソタ州を中心に生育し、先住民はカヌーで採集していた。普通の米のように調理するが、種皮を取り除かないので、茶色く風味も強い。ペミカンは、溶かした脂に砕いた乾燥肉とベリー類を混ぜ、皮袋に詰めて乾燥させた保存食。サコタッシュは、トウモロコシの粒とライマメを煮たもので、バターまたは塩漬けの豚肉で味をつける。

南部黒人の食べ物・ソウルフード 1960年代に登場した「ソウルフード」という言葉は、アフリカ系アメリカ人の魂は自分たちの風土に育まれた食物を口にすることで鼓舞される、という考えを表わしている。こういう考えがあって、南部ではコーングリッツ、コーンブレッド、ササゲ、青物、豚などの腸、ポークハム、といった食物が好まれている。

カウボーイの食べ物 カウボーイの食事は、たいてい料理人が炊事専用の馬車で作った。肉のシチュー（「いまいましいごった煮」と呼ばれるシチューの材料は、屠ったばかりの仔牛の心臓、肝臓、舌、ヒレ肉）、サワードウブレッド、ビスケット、インゲンマメ、コーヒー。

クレオールの食べ物 クレオール料理を食べているのは、両親がまったく異なる伝統料理で育った人の子孫。南部にはアフリカ、アメリカ先住民、イギリスの影響を受けた食べ物（サツマイモ、トウモロコシ、小麦など）があり、ハワイにはアメリカ、日本、中国、ハワイ先住民の影響を受けた食べ物（肉、魚、米の各料理、ポイ）がある。

ケイジャンの食べ物 17世紀にノバスコシアに移住したフランス人は、その地をアカディアと名づけた。その子孫であるアケイディアン（「ケイジャン」）の一部は、ルイジアナ州のフランス植民地に移った。アフリカの影響（オクラ、赤エンドウマメ、ピーナッツ、米の使用）を最も強く受けているのは、彼らがアフリカ人の血をひくクレオールにきわめて近いせいだ。ケイジャンの食べ物は、米、タバスコ（赤トウガラシのソース）、ザリガニ、ブーダン（豚肉ソーセージ）、ガンボ（スパイスをきかせたスープまたはシチュー。小麦粉を脂でキツネ色になるまで炒めてルーを作り、オクラまたは乾燥させたサッサフラスの葉の粉末、ソーセージ、エビ、鶏肉、猟獣肉、カニの爪、または殻をはずしたカキを、ルーで煮込む）など。

ペンシルベニア・ダッチ 「ダッチ」はドイツ人を意味するドイッチュがなまったもので、ペンシルベニア州が中心だったその料理は、全国に広がった。果物と肉というように、甘味と塩味の組み合わせを最大の特徴とする。代表的な料理はシュニッツ・ウン・グレップ（ハム、ダンプリング、干しリンゴのシチュー）。このほかに、ソーセージ、スク

ラップル（豚肉、コーンミール、その他の材料を煮て冷やし固め、薄切りにして揚げる）、チキンポットパイなど鍋ひとつでできる料理、ピクルス、シューフライパイ（生地に、スパイスを加えたクラムと糖蜜をのせて焼いたパイ）をはじめとするオーブン料理、などがある。

パンと穀類 小麦、トウモロコシ、米、大麦、オート麦：パン（イーストを使った白パン、イーストを使った全粒粉パン）、ロールパン（ディナー、ハンバーガー、ホットドッグ）、シリアル（コーンフレークなど）、加工穀物（オートミールなど）、米料理。

肉と魚 牛肉、豚肉、仔羊肉、鶏肉、ヤギ肉、魚介類（ボラ、エビ）、卵：ハム、ベーコン、ソーセージ

乳製品 ミルク（牛、ヤギ）（全乳、減脂肪乳、低脂肪乳、スキムミルク）、バターミルク、脱脂粉乳、クリーム、サワークリーム、チーズ（アメリカン、チェダーなど多種）、カッテージチーズ、クリームチーズ、果物味のヨーグルト

油脂 バター、マーガリン、植物油、野菜のショートニング、ラード、サラダドレッシング、オリーブ油

豆類 大豆、インゲンマメ（ピント、白インゲンマメ）、落花生、ササゲ：大豆食品

野菜 ジャガイモ、トマト、レタス、タマネギ、キノコ類、ピーマン、ニンジン、ブロッコリー、キュウリ、キャベツ、サツマイモ、アボカド、セロリ、エンドウ、サヤインゲン、トウモロコシ、ホウレンソウ、カボチャ

果物 バナナ、リンゴ、レモン、イチゴ、サクランボ、モモ、スイカ、オレンジ、ブルーベリー、グレープフルーツ、洋ナシ、ブドウ、マスクメロン、パイナップル、ライム、プラム、レーズン：ゼリー、ジャム、砂糖漬け

種実類 アーモンド、ピスタチオ、クルミ、ペカン、ヒマワリの種、ケシの実

香辛料 塩、黒胡椒、シナモン、ナツメグ、クローブ、トウガラシ、タマネギ、ニンニク、トマト、バニラ、チョコレート

調味料 サルサ（トウガラシやトマトで作るソース）、ケチャップ、マスタード、マヨネーズ、ピクルスソース、ステーキソース

調理器具 鉄分不足はアメリカ合衆国にかぎらず、世界中に広がっている（Scrimshaw, 1991）。おもな原因は、摂取量が不十分であることと、食品に含まれる鉄分が摂取しずらいこと（Cook, 1977）。そのため鉄製の調理器具を使う人は多い（Brittin and Nossaman, 1986b）。鉄製の器具で調理すれば、料理に含まれる鉄分は増加する（Brittin and Nossaman, 1986a）。そうして増えた鉄分は体内に吸収され、利用される（Mistry, Brittin, and Stoecker, 1988）。使い込んだものでも新品でも、増える鉄分量は変わらない（Cheng and Brittin, 1991）。ステンレス製の器具も広く使われている。ステンレス製でも鉄分は増やせる（Park and Brittin, 1997）。鉄製の器具で調理してもハンバーガーの肉の食感や消費者の評価に変化はないが、色や風味には影響があり、リンゴソースの場合は消費者の支持率が低下する（Park and Brittin, 2000）。

【料理】ハンバーガー、ホットドッグ、サンドイッチ、フライドポテト、ベイクドポテト、野菜サラダ、鉄板や網で焼いたステーキ、ローストビーフ、フライドチキン、揚げ魚、ソースをかけた七面鳥の丸焼き、スパゲッティミートソース、ピッツァ

【地方の料理】ニューイングランド：インディアンプディング（コーンミール、糖蜜、スパイス）、クラムチャウダー（ハマグリ、ミルク、ジャガイモ、トウモロコシ、タマネギ、ベーコン）、ロブスター。中部大西洋岸：シューフライパイ。南部：ハッシュパピー（コーンミールの揚げ菓子）、煮たササゲや青物、焼いたサツマイモ。中西部：ポテトサラダ、イチゴのショートケーキ。南西部：チリコンカルネ（ピント豆、牛肉、トウガラシの煮込み）。西部：サワードウブレッド、リンゴのタルト。アラスカ：タラバガニのソテー、ベイクドアラスカ（スポンジケーキにアイスクリームをのせ、メレンゲで覆ったデザート）。ハワイ：パイナップルチキンライス

【甘味類】砂糖、ハチミツ。アップルパイ、バニラアイスクリーム、ケーキ（チョコレートケーキ、イエローケーキ、ホワイトケーキ）、チーズケーキ、クッキー

【飲物】ミルク、コーヒー、紅茶（ホット、アイス）、清涼飲料、オレンジジュース、ビール、ワイン、ウィスキー

【食事】たいていの人は一日3回の食事と間食。いちばん量が多いのは夕食（Weaver and Brittin, 2001）。

ハワイ州

【食文化への影響】ハワイ諸島は、ポリネシアに属する太平洋上の島々。1898年に併合され、1900年から1959年までアメリカ合衆国領、1959年に州となる。食文化に影響を与えたのは、ポリネシア人、イギリス、アメリカ、中国人、日本人、韓国人、フィリピン人、アジアの先住民、ポルトガル人など。東南アジア人は3万から4万年前に南下をはじめ、西太平洋の島々やオーストラリアを経て、さらに東の島に移住した。初めてハワイ諸島に到達した人々は、3世紀から5世紀のあいだに、マルケサス諸島とタヒチ島からやって来たと思われる。彼らはタロイモやサツマイモなどの食用植物と豚や犬を持ち込んだ。タロイモで作ることが多い主食のポイは、土のかまど（イム）で蒸し焼きにしたり、ゆでてつぶし、水を加えてペースト状にしたりして食べる。おもなたんぱく源である魚は池で養殖し、生で食べることもあった。豚や犬を食べるのは、たいてい身分の高い人と決まっていた。塩、海藻、ククイノキの実（キャンドルナッツ）は、調味料として使われた。1778年のジェイムズ・クック船長による発見後まもなく、島は世界貿易の一端を担うようになる。宣教師を含むヨーロッパ人やアメリカ人は、牛やヤギ、植物を運んできた。1880年代以降、サトウキビおよびパイナップル農園の数が増え、アジアから労働者が渡って来る。労働力となった中国人、日本人、韓国人、フィリピン人、アジアの先住民はそれぞれの食習慣を持ち込み、20世紀初頭には米がおもな作物になっていた。20世紀、ハワイは米領に、その後州になり、アメリカの影響力が増してい

く。現在では、伝統的な民族料理、牛肉や乳製品といった本国の食物、商人や移民が伝えた大衆料理など、さまざまなものが食べられている。たとえば中国人が広め、今では主要食品となった米：日本のテリヤキ肉、刺し身、麺：ポルトガルの甘いパン、ドーナッツ、ソーセージ、豆のスープ：韓国のキムチ（辛い白菜漬け）、スパイスのきいた肉料理：フィリピンのルンピア（エッグロール〔春巻き〕）；インドのカレー。どれも住民の口にすっかりなじんでいる。

ルアウ ハワイの宴会。昔は宗教的な儀式だったが、現在では豚1頭とその他の食材を穴（イム）で蒸し焼きにする、くだけた宴会になっている。このときの料理には、ポイ、ルアウ（刻んだタロイモの葉、鶏肉または魚とココナッツミルクをタロイモの葉で包んだもの）、ラウラウ（軽く炒めた豚肉、鶏肉、刻んだタロイモの葉をティーの葉で包んだもの）のほかに、魚、甲殻類、鶏肉、サツマイモなどが使われる。穴に並べた石の上で火をおこし、熱くなった石の上にバナナやヤシの葉を広げ、豚その他の食材をのせて葉で覆い、土で密閉するのだが、調理には数時間かかり、浜辺で日没時に行なうことが多い。ルアウには複数の意味がある：タロイモの葉、タロイモの葉で包んで調理したもの、それを食べる宴会。女性がルアウの料理に触れることを禁じていたのは昔の話で、今では女性も一緒に食べる。ただし、ルアウが男性の仕事であることに変わりはない。

パンと穀類 米、小麦：米料理、ハワイアンブレッド（ポルトガル生まれの甘いパン）をはじめとするパン、穴のない揚げドーナッツ（ポルトガルのマラサダ）、麺、ハードタック（ビスケット）

肉と魚 豚肉、鶏肉、牛肉、魚（ボラ、マヒマヒ、サケ）、その他の魚介（多種）、卵：ピピカウラ（ビーフジャーキー）、ソーセージ、コンビーフ、スパム

乳製品 ミルク、クリーム、チーズ。古くから、ミルクその他の乳製品はあまり飲んだり食べたりされていない。

油脂 ココナッツ油、ココナッツクリーム、ラード、バター、マーガリン、植物油、野菜のショートニング、ゴマ油

豆類 大豆、四角豆、黒豆、エンドウマメ、レンズマメ、落花生：豆乳、豆腐

野菜 タロイモ、サツマイモ、プランテーン、ヤムイモ、パンノキの実、キャッサバ、青菜、海藻、クズウコン、ニガウリ、キャベツ、ダイコン、ナス、レンコン、タマネギ、青タマネギ、チンゲンサイ、ヒシ

果物 ココナッツ、パイナップル、バナナ、レモン、ライム、グアバ、マンゴー、パパイヤ、メロン、マウンテンアップル

種実類 マカダミアナッツ、キャンドルナッツ（ククイノキの実）、ライチー

香辛料 ココナッツのクリームとミルク、ライムやレモンの汁、醤油、塩、ショウガ、タマネギ、ニンニク、カレー粉

料理 ポイ（ゆでてつぶしたタロイモ：紫色）。ポイのシチュー。タロイモケーキ。蒸し米。近海魚のポケ（ポキ）（生の切り身に塩をして、海藻と和える）。動物や鳥類の肉、魚は

ふつう網やフライパンで焼き、火が通ったところで、醤油、酒、みりんを混ぜたテリヤキソースをかける。熟していないパパイヤのチャウダー。鶏肉とタロイモの葉のココナッツミルク煮。ココナッツチップス（薄く切ったココナッツに塩を振りかけ、オーブンで焼く）。蒸したり、煮たり、軽く炒めたりした青物。甘酸っぱい豚肉。ココナッツのクリームまたはミルクを使った、ほどよい辛さのまろやかなカレー。パイナップルのピクルス。

名物料理 ロミロミ（サケ、トマト、タマネギをライム汁で和える）。蒸したラウラウ（前頁「ルアウ」参照）。

甘味類 サトウキビ、砂糖。熟していないココナッツ。ハウピア（ココナッツプディング）。マカダミア・シフォンパイ。

飲物 ココナッツジュース、コーヒー、フルーツジュース、茶、果物（パイナップル、ココナッツ、ライム）とラム酒のカクテル（マイタイなど）

食事 昼食：ポイとラウラウ。プレートランチ（ライス、たっぷりの肉、マカロニまたはジャガイモのサラダを一枚の皿に盛ったもの）は、たいていのレストランで食べられる。サイミン（豚肉をのせたラーメン）は、さっと食べられる昼食または間食として人気がある。

間食 ププ（ひと口大のオードブル）：サケのマリネを詰めたミニトマト、ルマーキ（ヒシ、鶏レバー、ベーコンの串焼き）、中国の点心（手羽肉、スペアリブ、ワンタン、小籠包など）、ローストポーク、ポイ、ココナッツチップス、ポルトガルソーセージ、韓国風肉団子、カレー味のフリッター、魚や肉の小串焼

プエルトリコ（アメリカ合衆国領）

食文化への影響 スペイン人が渡来したときにこの地で暮らしていたアラワク族は、さまざまな魚介を口にしていた。4世紀にわたるスペイン人の支配は大きな影響を残し、米、豚、牛、柑橘類、オリーブなどが食べられるようになった。アフリカ人奴隷や、アメリカ合衆国に割譲されたあとは同国からも、影響を受けている。

パンと穀類 米、トウモロコシ、小麦：コーンブレッド、小麦パン（ロールパンなど）、揚げパン、キャッサバパン

肉と魚 鶏肉、豚肉、牛肉、ヤギ肉、魚介類（塩干しダラ、ロブスター、エビ、オオガニ、マングローブのカキ）、卵：ハム、ソーセージ

乳製品 牛乳（生乳、コンデンスミルク、エバミルク）、熟成チーズ

油脂 ラード、塩漬け豚肉、オリーブ油、バター、植物油、ココナッツ油、ココナッツクリーム

豆類 インゲンマメ、ヒヨコマメ、キマメ

野菜 プランテーン、ジャガイモ、キャッサバ、パンノキの実、ヤムイモ、サトイモ、サツマイモ、アボカド、トマト、オクラ、タマネギ、グリンピース、ピーマン

アメリカ合衆国

果物 パイナップル、バナナ、ココナッツ、マンゴー、パパイヤ、グアバ、オレンジ、ライム

種実類 アーモンド、カシューナッツ、ベニノキの種（アナトー）

香辛料 塩、黒胡椒、トマト、タマネギ、トウガラシ、ニンニク、ピメント（オールスパイス）、アナトー、ラム酒

料理 インゲンマメ入りご飯。豆の煮込み（タマネギ、ピーマン、トマトを入れることもある。ラードと塩で味をつけ、チリソースを加える）。アルカパラド（ケーパー、オリーブ、ピメントのミックスピクルス）。レカイート（コリアンダーの葉、タマネギ、ニンニク、パプリカが入った調味料）。ソフリート（アルカパラド、レカイートとトマトをラードで炒め、アナトーで色づけして煮詰めたソース）は、さまざまな料理のベースになる。アドボ（レモン汁にニンニク、塩、コショウ、その他のスパイスを加えた調味液）を使った料理。スルリトス（コーンミールとスティックチーズの揚げ物）。モフォンゴ・コン・チチャロン（カリカリに揚げた豚皮のプランテーン添え）。バカライートス（塩干しダラのフリッター）。セレナータ（タラとジャガイモのサラダ）。アロス・コン・ポヨ・アサパオ（鶏肉、タマネギ、ピーマン、ハム、トマト、グリンピース、チーズ、オリーブ、ケーパー、ピメントが入った雑炊）。インゲンマメまたはエンドウマメのマリネ。揚げバナナ。サンコーチョ（牛肉と野菜のシチュー）。仔ヤギ肉の煮込み。ライム汁に漬けてから焼いた肉や魚。

クリスマス料理 パステレス（プランテーンの葉の上にコーンミールまたはプランテーンのマッシュを広げ、肉、レーズン、オリーブ、ケーパー、アーモンドを混ぜた具をのせる。葉をたたんで包み、蒸して食べる）。

甘味類 サトウキビ、砂糖、糖蜜。生果。フラン（カスタード）。

飲物 ミルク入りコーヒー（カフェコンレチェ）、ミルク、清涼飲料、ビール、ラム酒

食事 朝食：パンとコーヒー。昼食：ライスとインゲンマメまたはでんぷん質の野菜（タラを加えることもある）。夕食：ライス、インゲンマメ、でんぷん質の野菜と、あれば肉か魚料理またはスープ。

間食 生果、バナナまたはタラのフリッター、肉またはチーズの揚げパイ、プランテーンの葉で包んで揚げた肉。

アラブ首長国連邦　United Arab Emirates

[地理] アラブ首長国連邦は中東のアラビア半島に位置し、ペルシャ湾とオマーン湾に面している。砂漠地帯が大部分を占める国土には、不毛な沿岸平野、人の住めない砂丘もある。

主要言語	民族	宗教	
アラビア語（公用語）	南アジア系（インド、バン	イスラム教（国教）	76%
ペルシャ語	グラデシュ、パキスタン）	キリスト教	9%
英語	59.4%		
ヒンディー語	エミラティ　11.6%		
ウルドゥー語	エジプト人　10.2%		
	フィリピン人　6.1%		
	帰化人　20%未満		

人口密度　72.6人/km²　　　都市人口率　86.1%
識字率　93.0%　　　　　　出生1000あたり乳児死亡率　10.0
平均寿命　男性75.0歳、女性80.4歳　　HIV感染率　－
1人あたりGDP　67,700ドル　　失業率　3.7%
農業就業人口　7%　　　　　耕地面積率　0.4%

[農業] ナツメヤシ、トマト、ナス、スイカ、ニワトリ、ヤギ、羊、ラクダ、牛
[天然資源] 石油、天然ガス、漁獲
[産業] 石油、石油化学製品、漁、アルミニウム、セメント、肥料、建設資材

[食文化への影響] 国土は大半が砂漠だが、沿岸では魚が獲れる。この国の食べ物は隣国サウジアラビアと、周辺（北のオスマン帝国、西の「アフリカの角」、東のイランとインド）の文化に、影響され変化した。300年以上にわたって存在感を示したイギリスも少なからず影響を与えた。住民の大部分が信仰する国教のイスラム教も、食習慣に影響している。イスラム教徒は豚肉とアルコールの摂取を禁じられ、ラマダン月には日の出から日没まで断食をしなければならない。外国人労働者が人口の多くを占めることから、この国ではじつにさまざまな食品が手に入る。

[パンと穀類] 小麦、米：ピタパンなどのフラットブレッド、クスクス、ひき割り小麦、ロールパン、パンケーキ、フィロ生地のペストリー、米料理。フラットブレッドや米は、料理に付け合わせる。

[肉と魚] 鶏肉、ヤギ肉、仔羊肉、ラクダ肉、牛肉、魚介類、卵。好まれているのは仔羊肉と鶏肉。魚なら、ハムール（クエ）やズベイディ（マナガツオ）など。

[乳製品] ヨーグルト（ラバン）、ラブネ（水切りヨーグルト）、ミルク、クリーム、フェ

18

タチーズ
- **油脂** ゴマ油、ゴマペースト、ギー（澄ましバター）、バター、オリーブ油
- **豆類** ヒヨコマメ、ソラマメ、レンズマメ
- **野菜** トマト、ナス、キュウリ、ホウレンソウ、タマネギ、青タマネギ、オリーブ、生のハーブ（パセリ、ミント、バジル、ディル、コリアンダー、フェヌグリーク）。生のハーブは市場で売られている。
- **果物** ナツメヤシ、スイカ、マンゴー、メロン、オレンジ、バナナ、レモン、ライム、イチジク
- **種実類** アーモンド、ゴマ、ゴマペースト（タヒーニ）
- **香辛料** 塩、カルダモン、サフラン、ミント、バハラット（黒胡椒、コリアンダー、カッシア、クローブ、クミン、カルダモン、ナツメグ、パプリカ）、ルーミ（乾燥させたオマーンライム：肉料理や甘いお茶に入れる）、レモン汁、タマネギ、ニンニク
- **料理** 蒸したクスクス。炊いたり蒸したりした米。ピラフ（油脂と香辛料で炒めた米に、水またはブイヨン、その他の具材を加えて炊く）。仔羊の肉片や挽き肉の串焼き（ケバブ・マシュウィ）。揚げたり焼いたりした魚。マクブース（エビ、生のハーブ、野菜を入れた炊き込みご飯）。ゆでたヒヨコマメ（ピューレにすることもある）、ソラマメ、レンズマメ。ムサカ（オリーブ油でナス、仔羊肉、トマト、タマネギを炒め、オーブンで焼いたキャセロール）。ひき割り小麦と生ハーブのサラダ。キュウリのヨーグルトサラダ。ピクルス（肉料理や間食に添える）。
- **国民食** コウジ（仔羊肉の塊に、バハラット、サフラン、タマネギで調味した鶏肉や卵、米を詰めて焼く）。皿に薄くライスを盛り、その上にのせて、アーモンドとギーを添える。
- **甘味類** ディビス（デーツシロップ）、ハチミツ、砂糖。ナツメヤシはラマダン月にとりわけよく食べられる。バクラバ（薄いフィロ生地とナッツを層にして焼き、ハチミツまたはシロップをしみ込ませたペストリー）。アタイフ（詰め物をした小型のパンケーキ）は、ラマダン中に食べる特別な菓子。
- **飲物** コーヒー、茶、フルーツドリンク、ヨーグルトドリンク、ビール、ワイン、ブランデー。主要な飲み物であるコーヒーは、有名なアラブ流のもてなしと深く関わっている。よく炒った豆を細かく挽き、カルダモンで風味をつけることが多い。お茶はミルクを入れないのが普通で、かなり甘い。
- **屋台・間食** 焼きたての鶏肉や仔羊肉は、シャワルマの屋台で買うことができる。売り子が垂直に立てた串で焼いた肉をそぎ切りにし、トマト、パセリ、タヒーニと一緒にピタパンやロールパンにはさんでくれる。

アラブ首長国連邦

アルジェリア　Algeria
アルジェリア民主人民共和国

[地理]アルジェリアは北アフリカに位置し、地中海に面して内陸はサハラ砂漠へと延びる。国土の大半、85%が砂漠である。サハラ砂漠はほぼ完全に無人だが、主要な鉱物資源がとれる。沿岸平野は肥沃で80〜160kmの幅があり、穏やかな気候で十分な降水量がある。乾燥した高原を囲んで、東から西に山地が延びる。

主要言語	民族		宗教	
アラビア語（公用語）	アラブ人	80%	イスラム教（国教）	
フランス語（リングワ・フランカ）	ベルベル人	19%	スンニ派	99%
ベルベル語（タジグ語）（国語）				

人口密度　17.2人/km²　　　都市人口率　71.9%
識字率　79.6%　　　　　　出生1000あたり乳児死亡率　19.6
平均寿命　男性75.6歳、女性78.4歳　　HIV感染率　0.1%
1人あたりGDP　15,000ドル　　　失業率　11.2%
農業就業人口　10.8%　　　　耕地面積率　3.1%

[農業]小麦、ジャガイモ、大麦、オート麦、ブドウ、オリーブ、柑橘類、果物、ニワトリ、羊、ヤギ、牛、豚

[天然資源]石油、天然ガス、鉄鉱石、リン鉱石、ウラン、鉛、亜鉛、漁獲

[産業]石油、ガス、軽工業、鉱業、石油化学、電気製品、食品加工

[食文化への影響]アルジェリアの食は古代ローマ、アラブ、トルコ、スペイン、イタリアそしてとくにフランスの影響を受けている。130年以上アルジェリアを支配したフランスは、フランスパン（長くて細い、パリパリのバゲット）、エクレアなどのデザートといった影響を残し、どちらも都市部では今もよくある。ブドウ園やワイン醸造もフランスの影響である。アルジェリア、モロッコ、チュニジアといった国々はアフリカの北西端を占め、アラビア語で西方を意味するマグレブと総称される。どこも料理が似ており、クスクス、メルゲーズソーセージ（イスラム教の戒律に合わせて牛肉で作られた、赤トウガラシ風味のソーセージ）、アラブ風ペストリーなど、フランス料理に逆に影響を与えた。またパリやその他の都市には、アルジェリア料理を出すレストランもある。北アフリカの料理は、中東のアラブ料理と共通点が多いが、アルジェリアの場合ベルベル人、ベドウィン、フランスからの影響の部分が独特である。アラブ料理が最も一般的ではあるが、遊牧民はベドウィン料理を食べる。ラクダ、羊、ヤギの乳から作る乳製品

（乳、澄ましバター、ヨーグルト）、発酵させていない薄くて白いパン、ゆでた羊肉を米にのせた料理、小型の狩猟動物、イナゴ、ナツメヤシ、コーヒーなどである。国土の大半が砂漠なため、両隣の国、チュニジア、モロッコに比べると料理は限られる。アルジェリアには少数の遊牧民がいてオアシスに住むが、大半の国民は北の地中海、南のアトラス山脈の麓の高原にはさまれた肥沃な沿岸の細長い地域、テルに住む。イスラム教徒は、豚肉とアルコールの摂取が禁じられている。

パンと穀類 小麦、大麦、オート麦：ケスラ（地方で食べられている、粘土のオーブンで焼く丸いアラブ風パン）、都市部ではフランスパン、クスクス（通常はセモリナが使われるが、小麦の粗びき粉を水で溶いて作った生地を細かい粒状にして、乾燥させたもの）

肉と魚 仔羊肉と羊肉、牛肉、鶏肉、卵、ヤギ肉、豚肉、魚：メルゲーズソーセージ

乳製品 ヨーグルト、チーズ、クリーム

油脂 オリーブ油、バター、植物油、脂尾羊の脂肪、溶かした仔羊の脂肪

豆類 ヒヨコマメ、ソラマメ、黒豆、白インゲンマメ、小豆、レンズマメ、落花生

野菜 ジャガイモ、オリーブ、ナス、トマト、キュウリ、オクラ、インゲン、ピーマン、ニンジン

果物 ブドウ、レモンなどの柑橘類、ナツメヤシ、イチジク、アプリコット、メロン、ザクロ、プラム、プルーン、レーズン

種実類 アーモンド、カシューナッツ、ヘーゼルナッツ、松の実、ピスタチオ、クルミ、ケシの実、ゴマ

香辛料 塩、黒胡椒、レモン汁、酢、タマネギ、ニンニク、ハーブ（ミント、パセリ、バジル、コリアンダー、マジョラム）、シナモン、トウガラシ、クミン、クローブ、ショウガ、サフラン、ナツメグ、オールスパイス、アリッサ（チリペッパー、ニンニクで作ったペースト）、オレンジ花水、ローズウォーター。料理には香辛料が多く使われる。

料理 クスクスを蒸したものに牛肉、鶏肉、野菜のシチュー、香辛料をきかせた辛いソースをかけた料理がメインディッシュとして頻繁に食べられる。仔羊肉はあぶるか、シチューにする。タジン（牛肉、家禽類、魚、野菜、果物のシチュー）。スフェリア（鶏肉、ヒヨコマメ、タマネギをシナモンとともに煮込み、卵黄とレモンのソース、パセリをかける）は、オレンジ花水とシナモンで香りづけしたチーズコロッケとともに供される。ラームラロウ（仔羊肉をシナモン、アーモンド、砂糖、オレンジ花水、プルーンとともに蒸し煮にする）は、その前か後に鶏のクスクスが出されることが多い。

祝祭料理 仔羊を丸ごと串に刺し、バターとスパイスのたれをかけながら焼くメシュイ。都市在住者は仔羊肉を半分もしくは4分の1に切り、炭を入れたバーベキュー用コンロで焼く。

甘味類 ハチミツ、砂糖。新鮮な果物、ナッツ。ナツメヤシとシナモンを添えたクスクス。バクラバ、エクレアなどの菓子。マクロウデルロウス（砕いたアーモンド、おろし

たレモンピール、砂糖、卵、オレンジ花水で作ったクッキー)。
飲物 砂糖とミントを添えた茶、コーヒー、フルーツジュース、ヨーグルトドリンク、ワイン
メゼ 飲んだりおしゃべりをしたりしながらちょっとしたものをつまむ(オリーブ、野菜、チーズ、小さなケバブ)

アルゼンチン　Argentina
アルゼンチン共和国

[地理]　アルゼンチンは、南アメリカの南部ほぼ全域にまたがる、広さも人口も南米第2位の国である。国土はなだらかで、大西洋からアンデスの頂へと続く。アコンカグア（標高 6,960m）は西半球の最高峰である。北部は湿地が多いが中央のパンパスは肥沃で、国を支える農業と放牧に利用される。南のパタゴニアは寒冷なステップである。

主要言語	民族	宗教	
スペイン語（公用語）	白人	カトリック（国教）	92%
イタリア語	ヨーロッパ系人（大多数	プロテスタント	2%
英語	がスペインとイタリア人	ユダヤ教	2%
ドイツ語	の子孫）とメスティーソ		
フランス語	（ヨーロッパ人と先住民の		
	混血） 97.2%		
	先住民 2.4%		

人口密度　16.2 人/km²　　　　　都市人口率　92.0%
識字率　98.1%　　　　　　　　出生 1000 あたり乳児死亡率　9.8
平均寿命　男性 74.2 歳、女性 80.6 歳　HIV 感染率　0.4%
1 人あたり GDP　20,200 ドル　　失業率　6.6%
農業就業人口　0.5%　　　　　　耕地面積率　14.3%

[農業]　アルファルファ、大豆、トウモロコシ、サトウキビ、小麦、ヒマワリの種、レモン、ブドウ、ニワトリ、牛、羊、ヤギ、豚

[天然資源]　鉛、亜鉛、錫、銅、鉄鉱石、マンガン、石油、ウラン、漁獲

[産業]　食品加工、自動車、耐久消費財、繊維、化学製品

[食文化への影響]　アルゼンチン中央部とウルグアイにまたがる、ラプラタ川の両岸の穏やかに波打つ草原は、世界で最も豊かな農業地帯である。遊牧民のふるさとであったが、スペインの征服までは耕されず、未開発だった。ラテンアメリカで2番目に大きな国アルゼンチンは、パンパスとアンデス山脈とパタゴニアを抱える。パンパスでは農業と、牛、羊の牧畜が行なわれ、アンデス山脈のふもとではブドウ園が営まれ、起伏の多いパタゴニアにはたくさんの羊がいる。パタゴニアでは仔羊肉がよく食べられるが、一時グアナコ（リャマ）の肉もよく食べられた。牛の皮は重要で、干し肉も食べられた。今ではアルゼンチンは牛肉の1人あたり消費量が世界一である。大西洋岸では豊富な魚介類が獲れる。アルゼンチンの食はインディオ、スペイン、ドイツ、イタリアの影響を受けている。スペイン人は牛を持ち込み、甘いミルク菓子もスペインの影響である。イタリアか

らはパスタがもたらされ、ドイツの影響はブエノスアイレスの肉加工業に見られる。

【パンと穀類】トウモロコシ、小麦：コーンブレッド、粗びきトウモロコシ、ひき割りトウモロコシ、小麦パン、ペストリー、パスタ、ピザ

【肉と魚】牛肉、仔羊肉と羊肉、鶏肉、卵、ヤギ肉、豚肉、魚介類、七面鳥：ソーセージ。牛肉が主食で、鶏肉と七面鳥も好まれる。

【乳製品】ミルク、クリーム、チーズ

【油脂】バター、オリーブ油、コーン油

【豆類】大豆、落花生、インゲンマメ

【野菜】カボチャ、ウリ、ホウレンソウ、ニンジン、トマト、オリーブ、タマネギ、トウガラシ、ピーマン、パセリ、キャベツ：細長く切って乾燥させたウリ（チチョカデ・サパーロ）は冬の必須食品である。

【果物】レモン、ブドウ、イチゴ、モモ、レーズン、マルメロ

【種実類】アーモンド、ヒマワリの種、カボチャの種

【香辛料】トウガラシ、タマネギ、シナモン、塩、黒胡椒、ニンニク、オレガノ

【薬味】チミチュリ（コーン油、酢、タマネギ、ニンニク、パセリ、オレガノ、塩、黒胡椒、トウガラシまたは赤ピーマン）は焼いた肉にかける伝統的なソース。

【料理】粗びきトウモロコシのポリッジ。ひき割りトウモロコシをゆでてキャベツとソーセージとともに供する。コーンケーキ（ウミータ）を焼いたもの。ウミータは未熟なトウモロコシを粗くひいたものにミルク、卵、チーズを加えトウモロコシの皮に包んで煮る。タマルと似た料理である。牛肉は焼いたり直火であぶったり（アサード）する。皮とともに焼くと（コン・クエーロ）、いっそう汁気に富む。グリル焼きステーキ。内臓料理としては、タンとアーモンドソースの料理、トリッパ、ソーセージ、仔牛の膵臓のグリルなど。最も有名なのは仔牛の頭、鶏肉、ソーセージ、牛肉を青トウモロコシとともに煮た料理（プチェーロ）である。塊以外の肉は調理して冷肉（フィアンブレ）とすることもある。エンパナーダは刻んだ肉と野菜の入った三日月形のペストリーである。もう少し大きく切った肉と、カボチャやトウモロコシなどの野菜、果物と煮込んだシチュー。カルボナーダ・クリオージャは牛肉、トウモロコシ、カボチャ、ウリ、モモのシチューをカボチャの皮の中に入れたもの。ロクロは牛肉を小麦、もしくはトウモロコシ、ウリと煮たシチュー。ゆでたり炒めたりしたパスタ（スパゲッティ、ラザーニャ、ラビオリ）とソースは、多くの家庭の日曜の食事である。

【国民食】マタンブレ（空腹キラー）は脇腹肉もしくは肋肉（ばらにく）でホウレンソウ、固ゆで卵、ニンジン、タマネギを包んでひもで縛り、スープで煮るか焼いた料理。熱いままでも、冷やして前菜としてもよい。

【甘味類】サトウキビ、砂糖、パンまたはプディングに柔らかいファッジやソースをかけたもの（ドゥルセデレチェ）、クリームケーキ、マルメロのパイ

【飲物】コーヒー、茶、ミルク、マテ茶（モチノキ科の木の葉で作る茶）、ソフトドリンク、

ワイン

レストラン・グリル パリジャはあぶり牛肉専門のレストランで、炭の上の肉をのせる網を指す言葉でもある。

屋台 エンパナーダ(スパイスのきいた肉や野菜の入った三日月形パイは、一般的な屋台の食べ物)。午後にマテ茶とともにスナックをつまんだりする。

アルゼンチン

アルバニア　Albania
アルバニア共和国

[地理] アルバニアは南東ヨーロッパに位置し、アドリア海、モンテネグロ、コソボ、マケドニア、ギリシャに接する。国土の 70% は山がちで、大部分の人は西の沿岸平野に住む。

主要言語	民族		宗教	
アルバニア語（公用語）	アルバニア人	82.6%	イスラム教	56.7%
ギリシャ語			ローマカトリック	10.0%
			アルバニア正教	6.8%
			無神論	2.5%

人口密度　111.2 人/km²　　　都市人口率　59.3%
識字率　97.6%　　　　　　　出生 1000 あたり乳児死亡率　11.9
平均寿命　男性 75.8 歳、女性 81.4 歳　　HIV 感染率　0.1
1 人あたり GDP　11,900 ドル　　失業率　16.3%
農業就業人口　41.8%　　　　耕地面積率　22.5%

[農業] アルファルファ、小麦、トウモロコシ、ジャガイモ、野菜、果物、テンサイ、ニワトリ、羊、ヤギ、牛、豚

[天然資源] 石油、天然ガス、石炭、ボーキサイト、クロム鉄鉱、銅、鉄鉱石、ニッケル、木材、水力発電、漁獲

[産業] 食品加工、繊維、衣服、製材

[食文化への影響] アルバニアはバルカン半島の小国であり、代々の征服者の影響を受けてきた。古代ローマ、スラブ、トルコ、そして宗教、近隣諸国、その他の外国からの影響もある。15 世紀にトルコの支配がはじまるまでアルバニア人はキリスト教徒であり、南では東方正教会、北はローマカトリックが多かったが、19 世紀にはイスラム教が最大宗教となっていた。キリスト教徒と違い、イスラム教徒は豚を食べない。したがってアルバニアの料理は、イスラム化とトルコの食習慣の影響下で発展した。ただし古来より正教徒の多い南部ではギリシャ地中海風であり、沿岸部ではイタリアの影響が大きい。高齢世代、またかつてユーゴスラビアだった地域（コソボ、モンテネグロ、テトボ、マケドニア）の村落部に住むアルバニア人のあいだでは、伝統的食習慣が強く受け継がれている。アルバニアから分離されたため、逆にアルバニアの伝統が強く残ったようだ。女性の解放、大家族の崩壊により食習慣の伝統は衰えつつある。軽食のメゼ、米、ピラフ、トルココーヒー、トルコ風菓子などはトルコの影響、フェタチーズはギリシャの影

響、トマトソースはイタリアの影響とみられる。アルバニアでは穀物、果物、野菜、テンサイが栽培され、家畜が飼育される。沿岸からは魚が獲れる。おもな食べ物はパン（ほぼ毎食供される）、パスタ、チーズ、ヨーグルト。

パンと穀類 小麦、トウモロコシ、米：小麦パン、一般的なのは黒くて重く、かすかに酸味のある発酵させて作るパンと、ピタと呼ばれる平たいパン（薄い円形で中にポケットのような空洞がある）、ラバシュ（大きなパリパリしたパン）である。そのほかにコーンブレッド、米料理、小麦粉のペストリー、二つ折りパイ、パスタ、ダンプリング、乾燥させた小麦の穀粒（ブルグル）など。

肉と魚 仔羊肉と羊肉、鶏肉、ヤギ肉、牛肉、豚肉、魚、卵

乳製品 ミルク（牛、羊、ヤギ）、クリーム、ヨーグルト（コス）、チーズ（ヤギまたは羊の乳で作るのが一般的。フェタに似た白いチーズやヤギの乳で作る硬い、においの強い、チェダーチーズに似たカシュカバルというチーズなど）

油脂 オリーブ油、バター、ゴマ油、植物油、精製したラム脂

豆類 ヒヨコマメ、ソラマメ

野菜 ジャガイモ、オリーブ、キャベツ、ナス、タマネギ、トマト、キュウリ、コショウ、キノコ：ピクルス

果物 ブドウ、レモン、アプリコット、サクランボ、イチジク、ナツメヤシ、メロン、ザクロ、洋ナシ、プラム：ジャム

種実類 クルミ、アーモンド、ヘーゼルナッツ、ピーナッツ、松の実、ピスタチオ、ケシの実、ヒマワリの種、ゴマ。木の実、とくにクルミは多くの料理や菓子に使われる。

香辛料 タマネギ、ミント、パセリ、ディル、ニンニク、コショウ、アニス、カルダモン、シナモン、オレガノ、レモン汁

国民食 トスカナ風カネロニ（クレープで仔牛の挽き肉を巻きグラタンのように仕上げる）は、どのレストランにもある前菜。ビュルネ・メ・デャスは小さな三角形のペストリーで、白チーズと卵が入っている。

料理 ピラフ（タマネギをバターまたは油であめ色になるまで炒めたら、米を一緒に炒めてから水もしくはスープで蒸すか煮る）。コフタ（炒めるか、串に刺してあぶった肉団子）。シシケバブ（仔羊肉の串焼き）。肉入りダンプリング。仔羊肉もしくはヤギ肉とトマトとともに焼き上げたパスタ。挽き肉、チーズ、トマト、ソースとともに焼き上げたマカロニ。パスティッチョ（ベシャメルソース）。ブドウの葉、またはキャベツで米や肉を包んだ料理（ドルマ）。ムサカ（仔羊の挽き肉、ナス、タマネギ、トマトソースとともに焼き上げる）はバルカン半島の名物料理。タマネギ、パセリ、ミント、ブルグル、野菜のサラダ（タブーリ）。

甘味類 ハチミツ、砂糖、シロップ。果物。フルーツコンポート。バクラバ（フィロ生地にナッツを重ねて焼き、風味づけをしたシロップに浸す。ひし形に切るのが一般的）。ハルバ（穀物、ゴマで作るペースト状の菓子）。

(飲物) コーヒー、茶、フルーツジュース、ヨーグルトドリンク、ビール、ワイン、ブランデー、アニスで風味づけした食前酒（ウーゾ）、トルコ名物のラク（イスラム教徒はアルコールを禁止されているが、バルカン半島では飲まれる）、オルム（発酵させたキャベツから作られる飲物）。トルココーヒー（濃く甘い。カルダモンが入っていることが多い）。

(食事) 貧困層はコーンミールブレッド、チーズ、ヨーグルト、それに手に入るときは仔羊肉や羊肉を食べる。裕福な人々は、食事はふつう一日3回で午後のお茶が加わる。朝食はパン、チーズ、オリーブまたはジャムにコーヒーか茶。通常昼食がメインで、ウーゾかラクでメゼを味わい、スープかピラフ、もしくはその両方、肉料理にサラダか生野菜、ヨーグルトかチーズ、果物である。

(メゼ（前菜）) リプタオなどのサラダ（フェタチーズ、ピーマン、冷肉、サーディン、固ゆで卵）、タラトール（ヨーグルト、キュウリ、ニンニク、オリーブ油が入る汁気の多いサラダ）、ピクルス、シーフード、オムレツ、串焼きの仔羊肉または内臓、さまざまな焼いた肉をラク、ウーゾ、オルムとともに食べる。

(午後の間食) トルココーヒーまたは茶、ペストリー、ナッツ、果物。

アルメニア　Armenia
アルメニア共和国

[地理] アルメニアは南西アジアの国で、トルコ、ジョージア、アゼルバイジャンと国境を接し、南カフカスに位置する。旧ソビエト連邦の国の中では最小で、険しい山々と火山が連なる国である。

主要言語	民族		宗教	
アルメニア語（公用語）	アルメニア人	98.1%	アルメニア正教	92.6%
クルド語	ヤズィディ人（クルド人） 1.1%			

人口密度　108人/k㎡　　　　　都市人口率　62.5%
識字率　99.8%　　　　　　　　出生1000あたり乳児死亡率　12.7
平均寿命　男性71.6歳、女性78.5歳　　HIV感染率　0.2%
1人あたりGDP　8,900ドル　　　失業率　16.8%
農業就業人口　36.3%　　　　　耕地面積率　15.7%

[農業] ジャガイモ、ブドウ、小麦、トマト、野菜、ニワトリ、羊、牛、豚、ヤギ
[天然資源] 金、銅、モリブデン、亜鉛、ボーキサイト、漁獲
[産業] ダイヤモンド加工、工作機械、機械、電気モーター、タイヤ、ニットウェア

[食文化への影響] アルメニア人は4世紀の初めにキリスト教徒になり、それ以後アルメニアには教会とそれに関わる、肉なしの食事などの食習慣が維持されている。数世紀のあいだアルメニアは独自の文化を誇り、他に影響を与える存在だったが、食文化については隣り合うギリシャ、トルコ、ペルシャ、シリア、その他のアラブ諸国から影響を受けている。またアルメニア人は近隣民族の中で最も頻繁にカフカスを旅する、交易の担い手だった。またアメリカへの移民も多く、専門店、デリカテッセン、レストラン、ベーカリーなど食産業で成功している例が多い。

[主要な食べ物] パン、仔羊肉、ヨーグルト、チーズ、ナス
[パンと穀類] 小麦、トウモロコシ、米：複数の粉（小麦、ジャガイモ、トウモロコシ）を混ぜたさまざまな風味のパン、平たいパン（丸く、ゴマがのっているものもある）、ラバシュ（薄くパリパリしたパン）、ペストリー、米料理
[肉と魚] 鶏肉、仔羊肉、牛肉、豚肉、ヤギ肉、魚（セバン湖のマスは有名）、卵：ソーセージ
[乳製品] （牛、羊、ヤギ）ヨーグルト（マツーン）、チーズ（ブルーチーズ、フェタチーズ、カシュカバル）。ヨーグルトとチーズはほぼ毎食出され、料理にも使われる。チー

ズはハーブやスパイスで風味づけされることが多い。

油脂 オリーブ油、仔羊の脂（脂尾羊の脂肪、料理に使われる）、バターは羊から作るものもある。

豆類 レンズマメ、インゲンマメ、ヒヨコマメ

野菜 ジャガイモ、トマト、ナス、キュウリ、トウガラシ、キャベツ、オクラ、ウリ、タマネギ、ニンニク、オリーブ：ピクルス

果物 ブドウ、レーズン、アプリコット、プルーン、ダムソンスモモ（小さな楕円形のプラム）、レモン、リンゴ、マルメロ、ザクロ。アルメニアのアプリコットは有名。果物はよく食べられ、生で食べられるだけでなくスープやシチューにも使われる。

種実類 松の実、ピスタチオ、クルミ、ゴマ、カボチャの種

香辛料 タマネギ、ニンニク、コショウ、レモン汁、オールスパイス、バジル、クミン、フェヌグリーク、ローズマリー、ミント、ローズウォーター。ハーブはサラダやチーズに使われる。スパイスの使用は控えめで、一般的に甘みと酸味が好まれる。

料理 キュウリ、トマト、レモンのサラダ。よく食べられるスープはトマト、卵、レモンを使ったもの、ヨーグルト、タマネギもしくはニンニクとハーブを使ったもの、ヨーグルトとキュウリで作るものなどがある。とても好まれるのは、ボズバシュラムの胸肉と果物と野菜で作るスープである。ショウシン・ボズバシュ（肉、マルメロ、リンゴ、ミント）はめったに作られない。ブルグル（ひき割り小麦）は蒸して、米のように供される。ライスピラフ。キュフタ（コフタ。なめらかにひいた肉、スパイスをきかせた具を混ぜた肉団子で、さまざまな料理法がある）。マスは煮たり、トウガラシを入れてマリネにしたり、プルーン、ダムソンスモモ、アプリコットなどの果物を詰めて焼いたりする。シャシリク（仔羊肉のケバブ）。ラフマジュン（仔羊肉、野菜、フェタチーズで作ったピザ）。ケシュケグ（全粒小麦の入った仔羊肉または鶏肉のシチュー）

甘味類 ハチミツ、砂糖。果物。ハチミツまたはローズウォーターで風味づけをしたデザート、パクラバなどのペストリー、バクラバ（薄い生地にナッツを挟みながら重ね、シロップをかけた菓子）。アルメニアのハルバ（半分に割って炒ったクルミをミルクで煮て、砂糖をコーティングする）

飲物 コーヒー、茶、ターン（ヨーグルトを薄めたものにミントを添える）、ワイン、ブランデー、アニスの香りがする食前酒ラク。アルメニアワインは世界でも指折りのワインで、さまざまな果物から作ったブランデーやワインをよく飲む。

夕食 ラクと一緒にメゼ（前菜）を食べ、その後スープ、サラダ、主菜、パン、デザート、飲物と続く。

メゼ チーズ、ナス、ヒヨコマメのディップ、カボチャの種を炒ったもの、ピスタチオ、ブレク（薄い生地の中に肉やチーズを詰めたペストリー）、ドルマ（ブドウの葉の詰め物）、バストゥルマもしくはパストゥルマ（フェヌグリークを使ったピリッとするスパイシーな肉）、ソーセージ、ラバシュ。メゼは、アルメニア人にとって大切な習慣である。

アンゴラ　Angola
アンゴラ共和国

[地理] アンゴラは、大西洋沿いの海岸線を 1,609km 領有する南アフリカの国である。国土の大半は標高 1,000 〜 1,700m の高原で、細長い沿岸地帯から隆起している。国土はほぼ砂漠とサバンナで、温和な高地と熱帯雨林がある。

主要言語	民族		宗教	
ポルトガル語（公用語）	オヴィンブンドゥ族	37%	カトリック	41.1%
ウンブンドゥ語	キンブンドゥ族	25%	プロテスタント	38.1%
キンブンドゥ語	バコンゴ族	13%	無宗教	12.3%
コンゴ語				
チョクエ語				

人口密度　23.5 人/km²　　　　　都市人口率　45.6%
識字率　71.2%　　　　　　　　　出生 1000 あたり乳児死亡率　67.6
平均寿命　男性 58.2 歳、女性 62.3 歳　HIV 感染率　1.9%
1 人あたり GDP　6,800 ドル　　　失業率　6.6%
農業就業人口　85%　　　　　　　耕地面積率　3.9%

[農業] キャッサバ、トウモロコシ、サツマイモ、バナナ、サトウキビ、コーヒー、ニワトリ、牛、ヤギ、豚、羊

[天然資源] 石油、ダイヤモンド、鉄鉱石、漁獲、リン鉱石、銅、長石、金、ボーキサイト、ウラン

[産業] 石油、鉱山業、セメント、金属加工、水産加工、食品加工

[食文化への影響] アンゴラの食文化は、バンツー族の遊牧民とポルトガルからの影響を受けている。1,500 年前に北部からやって来たバンツー遊牧民は乳製品や穀物を練ったものや、野生の野菜を食べて暮らしていた。16 世紀初頭にポルトガル人がやって来て、香料諸島への途上で食糧を積み込む中継地とした。こうしてポルトガルの交易と植民地化がアンゴラの料理に影響を与えた。ポルトガル人は豚、ニワトリ、干ダラ、オリーブ、コーヒー、茶、ワインを持ち込み、アメリカ大陸からはトウモロコシ、トマト、ジャガイモ、サツマイモ、トウガラシ、ピーマン、キャッサバを伝えた。ブラジルからの影響は大きい。東からは、やはりポルトガルの植民地であるモザンビークを経てオレンジ、レモン、香辛料、米、インゲンがもたらされ、おそらくバナナ、砂糖、トロピカルフルーツもこのルートで伝えられた。現在も、魚、干ダラ、ポルトガル風パン、ヤギ、卵を使った甘い料理などにポルトガルの影響が見られる。ピーナッツの愛称のグーバーは、豆を意味するアンゴラ語、ングバから。

パンと穀類 トウモロコシ、小麦、米、穀物を練ったもの：ポルトガル風パン、ロールパン、キャッサバ粉のポリッジ（フンジ）

肉と魚 鶏肉、卵、牛肉、ヤギ肉、豚肉、仔羊肉、羊肉、魚、塩ダラ、エビ、貝。屠畜した動物の血は料理の材料として、またソースやドレッシングに使われる。

乳製品 ミルク（牛、ヤギ）、クリーム、チーズ

油脂 パーム油、オリーブ油、ゴマ油、バター、豚脂、ラード

豆類 落花生、インゲンマメ、ササゲ

野菜 キャッサバ、サツマイモ、葉物野菜、トマト、ジャガイモ、オクラ、カボチャ、タマネギ、トウガラシ、ピーマン、オリーブ

果物 バナナ、ココナッツ、オレンジ、レモン、ライム、パイナップル、パパイヤ、イチゴ

種実類 ゴマ、キャラウェイシード

香辛料 塩、ニンニク、トウガラシ、クローブ、シナモン、コリアンダー、サフラン

料理 エスパレガドス・デ・バカラオ（塩ダラ、キャッサバの葉、ピーマン、キシロピヤ、パーム油もしくはゴマ油）。ライム、ゴマ、オリーブ油、ミックススパイス（通常コリアンダー、キャラウェイシード、ニンニク、赤トウガラシを使用）と作るイカのスープ。貝と一緒に炊いた米。エビのフリッター。エビをタマネギとともにバター、オリーブ油で炒め、ココナッツミルク、トマト、赤トウガラシ、黒胡椒、ショウガと蒸し煮にして、ワインを加える。これをざく切りにしたココナッツの実、パセリ、レタスの上にかけ、ご飯とともに供する。ヤギ肉をニンニク、トウガラシ、クローブとともに煮込む。アソーラ・デ・マイス（豆とトウモロコシを豚脂で炒める）。ホット・ポット（牛肉、鶏肉をサツマイモ、ジャガイモ、ニンジン、キャベツ、豆と煮込む）。焼くかあぶった豚肉に、イエローライス（米をオリーブ油で炒めサフラン、豚の血で作った汁を加えて炊く）を添える。

国民食 ムアンバチキン（鶏肉をパーム油、ニンニク、タマネギ、トウガラシ、オクラ、カボチャ、サツマイモの葉とともに煮込む）

甘味類 サトウキビ、ブラウンシュガー、砂糖、プディング、キャンディ、イエローココナッツプディングなど卵を使った甘い料理（砂糖、水、おろしたココナッツ、卵黄、クローブ、シナモン）

飲物 コーヒー、茶、ワイン（ポートワイン、マデイラワイン）

アンティグア・バーブーダ　Antigua and Barbuda

[地理] 東カリブ海に浮かぶ2つの島で、より大きいアンティグアは起伏に富んで樹木に覆われ、一方のバーブーダは平坦で西側にラグーンがある。快適な気候は旅行者を惹きつける。

主要言語	民族		宗教	
英語（公用語）	黒人	87.3%	プロテスタント	68.3%
アンティグア・クレオール語	混血	4.7%	（英国国教会	17.6%）
	ヒスパニック	2.7%	（セヴンスデーアドヴァンティスト	12.4%）
			（ペンテコステ	12.2%）
			（モラビア派	8.3%）
			カトリック	8.2%
			無宗教	5.9%

人口密度　214人/km²
識字率　99%
平均寿命　男性74.6歳、女性79.0歳
1人あたりGDP　24,100ドル
農業就業人口　7%

都市人口率　23%
出生1000あたり乳児死亡率　12.1
HIV感染率　－
失業率　－
耕地面積率　9.1%

[農業] 綿花、トロピカルフルーツ、野菜、ニワトリ、ヤギ、羊、牛、豚
[天然資源] 漁獲
[産業] 観光、建設、軽工業

[食文化への影響] スペインによる征服後、カリブ族、アラワク族といった先住民はほぼ絶滅した。その痕跡をたどると、先住民たちは魚介類、ひとつの鍋で作るスープや煮込み料理を食べていたようである。食に影響を与えたのはスペインとイギリスである。スペイン人は牛、豚、米を持ち込み、イギリス人は塩漬け魚のペースト（ガンディ）、ビスケット、茶をもたらした。アフリカから連れて来られた奴隷、おもにインドからの年季奉公の労働者もこの島の食に影響を与えた。アフリカの影響はオクラ、インドの影響はペッパーポットなどのスパイスを使った料理に見られる。

[パンと穀類] トウモロコシ、米、小麦：コーンブレッドを焼いたもの、米料理、小麦パン、キャッサバパン（キャッサバをおろし、絞ってから乾燥させ、フライパンで焼く）、キャッサバや小麦粉で作ったビスケットやパン。

[肉と魚] 鶏肉、ヤギ肉、仔羊肉、牛肉、豚肉、魚介類（塩ダラ、フエダイ、イセエビ、カニ）、卵

乳製品 牛乳（生乳、コンデンスミルク、エバミルク）、クリーム、熟成チーズ
油脂 バター、ラード、ココナッツ油、オリーブ油、植物油
豆類 インゲンマメ、小豆、ササゲ、ヒヨコマメ、キマメ
野菜 キャッサバ、キュウリ、ヤムイモ、ヤウティア（塊茎と葉も食べるタロイモに似た食物）、サツマイモ、プランテーン、アボカド、葉物（キャッサバ、ヤウティア）、ウリ、カボチャ、パンノキの実、トマト、オクラ、トウガラシ、ピーマン、タマネギ。キャッサバは毒性のあるシアン化水素を大量に含むため、食べる前に洗い出す必要があり、塊茎は熱を加えて調理しなくてはならない。
果物 パパイヤ、グアバ、サワーソップ（綿のような質感を持つ）、オレンジ、マンゴー、メロン、パイナップル、バナナ、ココナッツ、ライム、カシューアップル、アキー（見た目はモモに似ているが、中は部屋に分かれていてそれぞれにつやつやした黒い種と、それを包む果汁の多い仮種皮（かしゅひ）があり、食べられるのは仮種皮だけである。ほかの部分は毒性のあるヒポグリシンを含む）
種実類 アーモンド、カシューナッツ、ベニノキの種（アナトー）
香辛料 塩、黒胡椒、トウガラシ、タマネギ、ニンニク、アナトー、オールスパイス、シナモン、ココナッツ、ココア、ラム酒
料理 カラルー（オクラ、香辛料を使った緑の葉のスープ、ココナッツミルク、塩漬け肉またはタラを少し入れることもある）。ペッパーポット（キャッサバのゆで汁の入った肉のシチュー。コショウがたっぷり入っている）。セビチェ（ライム汁、オリーブ油、スパイスでマリネした生魚料理）。詰め物をしたカニ。タラのフィッシュケーキ。アキーやプランテーンの揚げ物、炒め物。キャッサバやプランテーンの薄切りを揚げたもの。コーンミールとオクラを平たく焼いた料理。ご飯。豆と炊いたご飯。キュウリのサラダ。パパイヤとマンゴーのジャム（パパイヤ、マンゴー、砂糖、ライム汁）。
甘味類 サトウキビ、糖蜜、砂糖、果物、コーンミールプディング、ラム風味の焼きバナナ
飲物 コーヒー（ミルクを入れることが多い）、茶、ライムを添えたアイスティー、フルーツジュース、ソフトドリンク、ミルク、ココア、ビール、ラム酒
食事 朝食：ミルクコーヒーとパン。昼食：米、豆もしくはでんぷん質の野菜、塩ダラ。夕食：昼食に肉、野菜、ミルク、ときにデザートが加わる。
間食 果物、かき氷に甘いフルーツジュースをかけたもの、ミルクコーヒー

アンドラ Andorra
アンドラ公国

[地理] フランスとスペインの国境にはさまれた、ピレネー山脈に位置する南西ヨーロッパの小国。国土の大半は標高の高い山と深い谷に覆われている。

主要言語	民族		宗教
カタルーニャ語（公用語）	スペイン人	26.4%	カトリック
フランス語	アンドラ人	46.2%	その他のキリスト教
スペイン語	ポルトガル人	12.8%	
ポルトガル語	フランス人	5.0%	

人口密度　183.1人/km²　　　　　都市人口率　84.1%
識字率　100%　　　　　　　　　出生1000あたり乳児死亡率　3.6
平均寿命　男性80.7歳、女性85.2歳　HIV感染率　－
1人あたりGDP　49,900ドル　　　失業率　－
農業就業人口　0.5%　　　　　　耕地面積率　6%

[農業] タバコ、干し草、ジャガイモ、ブドウ、ライ麦、大麦、オート麦、野菜、羊、牛、ヤギ

[天然資源] 水力発電、ミネラルウォーター、材木、鉄鉱石、鉛

[産業] 観光、畜産、製材、金融、タバコ、家具

[食文化への影響] スペイン、フランス、ポルトガルの影響が大きい。

[パンと穀類] ライ麦、小麦、大麦、オート麦、トウモロコシ：パン、パスタ、ポリッジ、米料理

[肉と魚] 仔羊肉、牛肉と仔牛肉、ヤギ肉、豚肉、鶏肉、魚、卵：干ダラ

[乳製品] ミルク、クリーム、チーズ（牛、羊、ヤギ）

[油脂] バター、オリーブ油、ラード、植物油

[豆類] ヒヨコマメ、ソラマメ、インゲンマメ、レンズマメ、白インゲンマメ

[野菜] ジャガイモ、トマト、キャベツ、キュウリ、インゲン、レタス、キノコ、オリーブ、エンドウ、コショウ

[果物] ブドウ、リンゴ、バナナ、グレープフルーツ、レモン、洋ナシ、オレンジ、レーズン

[種実類] アーモンド、ヘーゼルナッツ、クルミ

[香辛料] タマネギ、ニンニク、黒胡椒、パセリ、オールスパイス、レモン汁、ケーパー、シナモン、クローブ、ナツメグ、オレガノ、ローズマリー、サフラン、セージ、バニラ、

チョコレート
甘味類 ハチミツ、砂糖
飲物 コーヒー、ワイン

イエメン　Yemen
イエメン共和国

[地理] イエメンは中東のアラビア半島に位置し、紅海とアラビア海に面している。国土はフランスの82％ほどの広さで、南部に砂地の沿岸平野、内陸部には水が豊富で肥沃な山地がある。

主要言語	民族	宗教	
アラビア語（公用語）	アラブ人（大部分）	イスラム教（国教）	99.1%
	アフロ-アラブ人	（スンニ派）	65.0%）
	南アジア人	（シーア派）	35.0%）
	ヨーロッパ人		

人口密度　53.1人/km²
識字率　70%
平均寿命　男性63.7歳、女性68.2歳
1人あたりGDP　2,500ドル
農業就業人口　75%

都市人口率　35.8%
出生1000あたり乳児死亡率　46.0
HIV感染率　0.1%
失業率　17.1%
耕地面積率　2.4%

[農業] ソルガム、ジャガイモ、トマト、穀物、果物、カート（アラビアチャノキ）、豆類、コーヒー、綿花、ニワトリ、羊、ヤギ、牛、ラクダ

[天然資源] 石油、漁獲、岩塩、大理石、少ない埋蔵量の石炭や金、鉛、ニッケルと銅

[産業] 石油の生産および精製、綿織物と革製品の小規模生産、食品加工

[食文化への影響] イエメンはアラビア半島の南西端に位置する。北イエメンの山岳地帯はアラビア高原で最も標高の高い場所で、そこには夏のモンスーンの影響から国内で最も多く雨の降る地域もある。穀物とコーヒーはここで栽培されている。イエメンがアラビア半島にしてはかなり多い人口を支えられるのは、夏に雨が降るからである。オアシス都市のシャブワ、マーリブ、ナジランは、地中海へと続く「香料の道」上にあり、栄えていた。イギリスのアデン植民地だった南イエメンは、紅海とインド洋に面し、魚が獲れる。イエメンの食べ物は、隣国サウジアラビアと似ている。とはいえ、アラブの他の人口集中地から離れたイエメンは、海上貿易の伝統もあって、インドやインドネシアから影響を受けた。いまでもサポナイト〔石鹸石〕製の調理器具（ミグラ）を常用する、唯一の国でもある。ミグラは長持ちするだけでなく、イエメン人いわく、金属製の道具より料理がおいしく仕上がる。イギリスは100年以上にわたって南イエメンを支配し、食習慣に影響を与えた。国教であるイスラム教の影響も当然ある。イスラム教徒は豚肉とアルコールを禁じられ、ラマダン月のあいだは日の出から日没まで断食をする。イス

ラエルの食にフェヌグリークやカートが取り入れられたのは、イエメンから移住したユダヤ人の影響だ。

パンと穀類 ソルガム、キビ、小麦、トウモロコシ、米：粥、アラブのポケットパン（ピタ）、ラフフ（白いソルガムの粉で作るサワードウのクレープ。片面だけ焼く）、米料理。ソルガムとホウキモロコシ（雑穀）で穀物生産の80％を占める。

肉と魚 鶏肉、仔羊肉、ヤギ肉、牛肉、ラクダ肉、魚と甲殻類（ハタやエビなど）、卵

乳製品 ヨーグルト、白いチーズ

油脂 サムネ（澄ましバターのギー）、オリーブ油

豆類 ヒヨコマメ、インゲンマメ、レンズマメ

野菜 ジャガイモ、トマト、フェヌグリーク（クローバーに似たマメ科の植物）の葉、ナス、タマネギ、トウガラシ、パセリ。フェヌグリークの葉は主要食材。

果物 ナツメヤシ、マンゴー、メロン、スイカ、オレンジ、バナナ、ライム、ブドウ、レーズン

種実類 アーモンド、フェヌグリークシード、ゴマ。フェヌグリークの実は料理に多用される。

香辛料 ヒルベー（フェヌグリークシードのペースト）、シナモン、カルダモン、クローブ、クミン、ショウガ、ナツメグ、サフラン、乾燥ライム、ローズウォーター。南イエメンの辛いソース、スフグ（フェヌグリーク入り）。北イエメンのサハウィグ（トマト、タマネギ、トウガラシが入った調味料）。ヒルベーはイエメン料理を象徴する調味料。

料理 ハトウト（ハチミツ、炒り卵、またはその他の食品を添えたトースト）。炊いた米。モーラク（スープのようなシチュー）には、泡立てたヒルベーをのせる。仔羊肉の串焼き（ケバブ）。鶏肉、ヤギ肉、仔羊肉のロースト。

祝祭用菓子 ビントアルサーン（卵を多めに使った薄いパンケーキにサムネを塗り、それを何層にも重ねて焼いた菓子）には、サムネと好みでハチミツを添える。

農民食 アシード（ソルガムの粥）は、バターまたはヨーグルトで味をつける。

甘味類 ハチミツ、ディビス（デーツシロップ〔ナツメヤシの糖蜜〕）、砂糖。ナツメヤシ。バクラバ（薄い生地とナッツを層にして焼き、ハチミツまたはシロップをかけたペストリー）。

飲物 コーヒー（カルダモンとローズウォーターを入れる）、茶（ポットで入れ、砂糖を加える）、キシル（挽いたコーヒーの殻を煮出したお茶。スパイスや砂糖を加えてもよい）。上質のコーヒー、モカはイエメンで生まれた。その名は紅海に面したモカ（アル・ムハー）港に由来するが、生産量は限られている。ほとんどのイエメン人には、コーヒーを飲むだけの金銭的余裕がない。

食習慣 アラブの食習慣が行き渡っている。食事は男性からで、女性や子どもはそのあと、あるいは別室でとる。料理はカーペットの上に布を広げ、そこに並べた鍋や大皿、ボウルから取り、集団で食べる（他のイスラム諸国同様、右手を使う）。カート（葉で

38

茶を入れたり、葉を噛んだりする、軽い覚醒作用のある植物）の葉は、昼食後や午後に噛む（飲み込まない）ことが多い。この習慣は北イエメンでよく見られる。

イ

イエメン

イギリス（英国）　United Kingdom
グレートブリテン及び北アイルランド連合王国

[地理] 西ヨーロッパに位置し、北海と大西洋に東西を囲まれた英国は、グレートブリテン島（イングランド、ウェールズ、スコットランド）と北アイルランドからなる。南東部のイングランドは、大部分が起伏のゆるやかな低地である。北部のスコットランドは中央に低地地方、北に花崗岩からなる高地地方、西に入り組んだ複雑な海岸線を有する。西部のウェールズは起伏に富む山地が多く占め、平坦地は少ない。アイルランド島の北の一角を占める北アイルランドは、イギリス諸島の最も西に位置する。複数の重要河川と十分な雨量に恵まれ、メキシコ湾流により温暖な気候が保たれている。

主要言語	民族		宗教	
英語（公用語）	白人	87.2%	キリスト教（英国国教会、カトリック、長老派教会、メソジスト）	59.5%
ウェールズ語	黒人、アフリカ系、カリブ系	3%		
スコットランド・ゲール語			イスラム教	4.4%
アイルランド語	アジア、インド系	2%	無宗教	25.7%

人口密度　267.7人/km²　　　　都市人口率　83.1%
識字率　99%　　　　　　　　　出生1000あたり乳児死亡率　4.3
平均寿命　男性78.6歳、女性83.1歳　　HIV感染率　—
1人あたりGDP　42,500ドル　　失業率　4.8%
農業就業人口　1.3%　　　　　　耕地面積率　25.8%

[農業] 穀物、テンサイ、ジャガイモ、脂肪種子、野菜、リンゴ、ニワトリ、羊、牛、豚、ヤギ

[天然資源] 漁獲、石炭、石油、天然ガス、鉄鉱石、鉛、亜鉛、金、錫、石灰石、塩、粘土、チョーク、石膏

[産業] 工作機械、電力オートメーション機器、鉄道機器、造船、航空機、自動車およびその部品、電子機器、通信機器、金属、化学製品、石炭、石油、紙および紙製品

イングランド

[食文化への影響] 料理に影響を与えたのは、ケルト人、ローマ人、スカンジナビア人、サクソン人、アングル人、ノルマン人、ゲルマン人、スコットランド人、アイルランド人、西インド諸島の人々、アジア人（とりわけ、パキスタン人とインド人）、難民（ユダヤ人、ポーランド人）、アメリカ人、オーストラリア人、中東出身者、アフリカ人。ヨーロッパ大陸、カトリック教会からの分離、ピューリタン勢力、世界中に領地を広げ、それを失ったこと、産業革命の影響も見られる。たとえば、ローマ人はリンゴの木を植え、オ

ランダ人は中国から輸入した茶を広め、新世界はジャガイモ、果物、ラム酒をこの地にもたらした。イングランド料理の特徴は、肉、ジャガイモ、オーブン焼き、プディング、チーズ、卵、ティー（飲物と食事）、朝食にある。こういった特徴は、オーストラリアなど、かつての植民地にも残っている。

パンと穀類 小麦、大麦、オート麦、ライ麦、ホップ、米：小麦パン、スコーン（卵と砂糖を使ったビスケット）、ビスケット（クッキー、クラッカー）、ロールパン、クランペット（小麦粉、イースト、卵で作った生地をバターで焼く）、パイ、プディング、ケーキ

肉と魚 鶏肉、仔羊肉、牛肉、豚肉、魚、甲殻類、卵、七面鳥の肉、狩猟動物（ウサギ、ライチョウ、キジ）の肉：ベーコン、ハム、ソーセージ、ポッテッドミート（瓶やジャーで保存する、肉とラードまたはバターのミックスペースト）

乳製品 ミルク（牛、羊）、クリーム（乳脂肪濃度の高いダブルやクロッテッド。発酵クリーム）、チーズ（チェダー、チェシャー、スティルトン、ブルー）

油脂 バター、ラード、マーガリン、植物油、塩漬け豚肉、菜種油

豆類 インゲンマメ、レンズマメ、ライマメ、スプリットピー

野菜 ジャガイモ、ニンジン、タマネギ、キャベツ、カブ、セロリ、サヤインゲン、パースニップ、グリンピース、カリフラワー、芽キャベツ、キュウリ、レタス、トマト、青タマネギ、ラディッシュ、パセリ：ピクルス

果物 リンゴ、イチゴ、ラズベリー、洋ナシ、モモ、プラム、オレンジ、アプリコット、レーズン：ジャム、ゼリー、マーマレード

種実類 アーモンド、栗、ヘーゼルナッツ、ペカン、クルミ、菜種、キャラウェイシード、ゴマ

香辛料 塩、黒胡椒、パセリ、ミント、マスタード、ホースラディッシュ、ローズマリー、バジル、タイム、シナモン、オールスパイス、ショウガ、ナツメグ、バニラ、麦芽酢、ウスターソース（アンチョビ、酢、大豆、ニンニク、スパイス）、チャツネ（果物または野菜のスパイシーなジャム）。刺激の少ないものを使い、風味豊かなソースやグレイビーを適宜加える。

料理 ローストビーフ：ヨークシャープディング（ローストビーフから出た肉汁のソースで食べる軽い中空のマフィン）を添え、ホースラディッシュソースをかける。ゆでたり、つぶしたり、揚げたり、焼いたりしたジャガイモ。ミントゼリーを添えた仔羊の脚のロースト。シェパーズパイ（残り物の肉とタマネギにマッシュポテトを重ねて焼く）。ステーキ・アンド・キドニーパイ。トード・イン・ザ・ホール〔穴の中のヒキガエル〕（ヨークシャープディングの生地にソーセージを入れて焼く）。コーニッシュペスティ（挽き肉、ジャガイモ、タマネギ、カブを詰めたパイ）。豚肉のパイ。ゆでたロブスター。ウサギのシチュー。ポテトチップスを添えたキジのロースト。インゲンマメとベーコンのソテー。ヘイスティプディング（小麦粉とミルクの粥）。ランカシャー・ホットポッ

ト（仔羊肉とジャガイモ、タマネギのキャセロール）。牛肉（塩漬けの胸肉）をタマネギ、ニンジン、ダンプリングと煮た料理には、ピーズプディング（ゆでてつぶし、香辛料を加えた干しエンドウ）を添える。ドーバーソール〔ドーバー海峡で獲れる舌平目〕は蒸したり、焼いたりして、ハーブ入りのバターを添える。野菜のミックスサラダ。ミントの小枝といっしょに煮たエンドウマメ。

祝祭用料理 クリスマス：温めたパンチまたはビール、ガチョウまたは七面鳥の丸焼き、プラムプディング（スエットと果物の蒸しプディング）、ミンスパイ（スエット、ドライフルーツ、ナッツ、スパイスで作る菓子）、クリスマスケーキ（白い砂糖衣をかけた茶色のフルーツケーキ）。復活祭：ホットクロスバンズ（レーズンとスパイスを使った小型のパン。上部にアイシングなどで十字〔クロス〕が飾られている）

甘味類 砂糖、ブラウンシュガー、ハチミツ。パンまたは小麦粉と果物で作る蒸しプディング。サマープディング（パンを敷いたボールに熟したベリー類と砂糖を入れ、ひと晩置く）。フラメリー（型に入れて作るオートミールまたはカスタードのプディング）。カスタード、ホイップクリーム、またはラムバター（砂糖やラム酒を混ぜて冷やしたバター）を添えた、プディングやパイ。焦がしたクリームプディング〔クリームブリュレ〕（カスタードの表面に砂糖を振りかけ、バーナーであぶってカラメルにする）。焼リンゴ（砂糖とスパイス、パン粉をかけて焼く）。タルト（果物またはジャムを詰めて型で焼いたパイの一種）。フール（ラズベリーなどの果物のピューレを、カスタードまたはホイップクリームと合わせる）。トライフル（シェリー酒をしみ込ませたスポンジケーキ、ラズベリージャム、カスタード、ホイップクリームを、ガラス容器の中に層状に重ねていく）。サリーラン（ふんわりした甘いパンで、半分に割り、ホイップクリームをのせて食べる。バースが発祥地と言われる）。シムネルケーキ（スパイスをたっぷり使ったケーキ。丸めたマジパンが11個のっている）。チョコレートケーキ。

飲物 ミルク、紅茶（そのままか、ミルクと砂糖を入れる）、ビール（ビター・エール）、コーヒー、リンゴ酒、ウィスキー、ジン、ポートワイン、シェリー酒、ワイン

食事 朝食、昼食、アフタヌーンティー、夕食、というのが一般的。朝食：ベーコンエッグ、キッパー（塩漬けニシンの燻製）、パン、バター、マーマレード、紅茶。昼食：プラウマンズランチ（チェダーチーズ、パン、タマネギのピクルス、1パイントのビール）は、パブ（アルコール飲料と軽い食事を出す店）でとることができる。アフタヌーンティー：紅茶と小ぶりのサンドイッチ、クランペット、スコーン、ケーキとジャム。ハイティー：午後の遅い時間か、夕方早めにとるしっかりした食事（紅茶を飲み、上等の食器を使う）。夕食のデザート：スティルトンチーズ、クラッカー、ポートワインなど。

外食 エビのカクテル、付け合わせを添えたステーキ、ブラックフォレストケーキ（ホイップクリームとサクランボ、チョコレートスポンジを層にしたケーキ）

ファストフード フィッシュ・アンド・チップス（衣をつけて油で揚げた魚とフライドポテト。塩と麦芽酢をかけて食べる）

スコットランド

食文化への影響 スコットランドはイングランドより北にあり、それぞれの主要食品には違いがある。イングランドほど豊かではなく、料理も比較的質素と言える。気候が低温多湿であるため、オート麦がよく育つ。変わった品種の牛や羊がいることで知られ、ニシンやタラの漁獲量が多い。ウィスキーは重要な輸出品。西岸沖のヘブリディーズ諸島は、牧羊と織物をおもな産業とする。オークニーおよびシェトランド諸島は、グレートブリテン島の北東に位置する。オークニー諸島は牛、羊、豚、オート麦、大麦、カブの生産地。シェトランドポニーの原産地、シェトランド諸島では牧羊が営まれ、羊肉と魚が主産物になっている。

パンと穀類 オート麦、小麦、大麦：オートミールの粥、オート麦で作るバノック（鉄板で焼いた平たいパン）、スコーン

肉と魚 仔羊肉と羊肉、牛肉、魚（サケなど）、鶏肉、卵、ライチョウやキジの肉、ウサギ肉：ソーセージ

乳製品 ミルク（牛、羊）、クリーム、チーズ（代表的なのはダンロップと、カッテージチーズのクラウディ）

料理 スコッチブロス（牛肉、大麦、ニンジン、タマネギ、パセリのスープ）。スコッチエッグ（挽き肉で包んで揚げた固ゆで卵）。スコッチパイ（羊肉の小型パイ。縁高になるように、パイ生地に肉を詰めて蓋をし、そこに温かいグレイビーやエンドウまたはインゲンマメ、ジャガイモをのせることが多い）。コッカリーキー（鶏肉とリーキ〔ポロネギ〕のスープ）。コルカノン（ゆでた白色野菜のマッシュにタマネギを加える）。ストヴィーズ（水とバターまたは肉汁で、時間をかけて煮たジャガイモ）。フィナンハディー（タマネギとタラの燻製のミルク煮、コショウ風味）。ライチョウの丸焼き、またはパイ。

郷土食 ハギス（羊の胃にオートミールと羊の内臓を詰めた伝統料理）は、大みそかに作る。

甘味類 ハチミツ、砂糖、シロップ。ショートブレッド（バターが入った甘いビスケットまたはクッキー）。ダンディーケーキ（上面にアーモンドを飾った茶色のフルーツケーキ）。ブラックバン（ペストリーで包んだフルーツケーキ）、ジンジャーブレッド（小麦粉、ハチミツ、ショウガで作る）

飲物 紅茶、コーヒー、スコッチウィスキー

朝食 オートミールの粥、キッパー（塩漬けサケの燻製）、オート麦の堅焼きビスケット、パン、バター、オレンジマーマレード、紅茶

ハイ・ティー ハム、ミートパイ、サラダ、オーブン料理、バター、ジャム、温かい紅茶、酒類（必須ではない）：仕事が終わったあとでとることが多い。

ウェールズ

食文化への影響 ウェールズは雨量が多く、穀類や草がよく育つため、牧羊および牧牛が行なわれている。河川、湖、沿岸では魚が獲れる。18世紀に入るまで、半遊牧の生活を営んでいたケルト人は、夏のあいだは高地に、冬は低地に羊の群れを追った。中世には族長や王とその従者は、それぞれの地域を訪れ、住民から飲食物（ビール、パン、肉、ハチミツ、オート麦、チーズ、バター、リーキ、キャベツなど）を徴収した。運がよければ、大半の住民もこれらを口にできたし、そのほかに魚や甲殻類を食べることもあったが、多くはほぼオート麦と乳製品に頼る生活を送っていた。何世紀ものあいだ、粥、スープ、パンが常食とされた。リーキは国章になっている。

特徴的な食べ物 仔羊肉、魚、ザルガイ（二枚貝）、アマノリ（紅藻）、ソフトチーズ、リーキ

料理 ラヴァーブレッド（ゆでたアマノリをオートミールと混ぜ、ベーコンまたはソーセージの脂で焼く）。ウェールズのウサギ（ウェルシュラビット：溶かしたチーズをかけたトースト）。鶏肉とリーキのパイ。バラブリス（フルーツケーキ）。ウェルシュケーキ（スパイスを使った小型の菓子）。

飲物 メテグリン（香料がたっぷり入った、強いハチミツ酒）

北アイルランド

おもな食べ物はアイルランドと同じで、魚、牛肉、仔羊肉、ジャガイモ、アイリッシュソーダブレッド（小麦粉、塩、ソーダ、バターミルクで作るパン）、アイリッシュシチュー（仔羊肉をジャガイモ、タマネギ、香辛料と煮込む）、アイリッシュクリスマスケーキ（フルーツケーキ）、ウィスキーなど。

イスラエル　Israel
イスラエル国

[地理] イスラエルは中東にあり、地中海の東端に位置している。沿岸に肥沃な平野、中央にユダ高地、南に砂漠がある。唯一の主要な川はヨルダン川である。

主要言語	民族		宗教	
ヘブライ語（公用語）	ユダヤ人	74.8%	ユダヤ教	74.8%
アラビア語（公用語）	（イスラエル生まれ 75.6%）		イスラム教	17.6%
英語	（ヨーロッパ、アメリカ、オセアニア生まれ 16.6%）		キリスト教	2%
	（アフリカ生まれ	4.9%）		
	（アジア生まれ	2.9%）		
	非ユダヤ人（大部分がアラブ人）	25.2%		

人口密度　408.2人/km²
識字率　97.8%
平均寿命　男性80.7歳、女性84.5歳
1人あたりGDP　34,800ドル
農業就業人口　1.1%

都市人口率　92.3%
出生1000あたり乳児死亡率　3.4
HIV感染率　－
失業率　5.6%
耕地面積率　13.9%

[農業] ジャガイモ、トマト、柑橘類、綿、ニワトリ、羊、牛、豚、ヤギ

[天然資源] 漁獲、木材、カリ、銅、天然ガス、リン鉱石、臭化マグネシウム、粘土、砂

[産業] ハイテクプロジェクト、木材および紙製品、カリおよびリン酸肥料、食品、飲料、タバコ

[食文化への影響] イスラエルのさまざまな料理は、地元の中東料理と、建国以来そこに定着した多くのユダヤ人移民の料理のブレンドである。また、多くの人々がユダヤ教の食事規定を守っている。何世紀にもわたって、この地域の住民は、小麦製品、レンズマメ、ソラマメ、果物とナッツ、生野菜、フラットブレッド、仔羊と仔ヤギ、乳製品を食べてきた。イスラエル建国後、寒い気候の土地から異なる食習慣をもつ入植者がやって来る。キブツ（農業集団）の伝統には、自家製のパンやリンゴソースなどの地元の食料を使う簡素な食事がある。中欧と東欧の料理には、シュニッツェル、グヤーシュ、ゲフィルテ・フィッシュ、チョップレバー、チキンスープなどがある。ユダヤの食品には、ブレク、ピローク、ベーグル、ブリニ、キッベ、クレプラハ、サモサ、ツィメス、クネードル、ラトケス、ロックスが含まれる。イスラエルでは、ユダヤ教の食事規定に厳密に従う人々

（正統派ユダヤ教の実践者）の割合は小さいものの、食料の入手可能性やマーケティングに対するユダヤ教の影響は不釣り合いに大きい。ユダヤ人の食事は、ユダヤ教の食事規定とふたつの主要な系統であるセファルディムとアシュケナジの影響を受けている。セファルディムは、イベリア半島のユダヤ人とその子孫を指し、その大部分は一時的にイスラム教の影響を受けた国々に住んでいた。イスラム教とユダヤ教は、どちらも中東の遊牧民の牧畜文化に由来し、多くの共通点をもっている。セファルディムの料理は聖書と同等の地理的および文化的風土で発展した。アシュケナジのユダヤ人は、ライン川流域やさらに東のゲルマン地方とスラブ地方から来ていて、聖書の風景や気候からはるかに離れた料理である。ユダヤ教の食事規定は、トーラー（聖書の最初の五つの書、モーセに対する神の命令）とタルムード（ラビの解釈）に基づいている。要約すると、次のようになる。食べてよいものは（レビ記11章と申命記14章）、反芻する蹄が割れた動物、禁じられていない鳥、鱗と鰭の両方をもつ魚である。豚、血液、または坐骨神経（四足獣の腿を通っている）を食べることは禁止されている。屠殺の方法、調理の方法、特別な行事のための食べ物（とくに、過ぎ越しのあいだに発酵パンを食べないこと）が定められている。ユダヤ教の食事規定では、安息日（金曜日の日没から土曜日の夕方まで）には料理も含めて、一切の仕事ができないので、食べ物は事前に準備しなければならない。乳製品と肉は、別個に調理し、別個に食べ、専用の調理器具が必要とされる。アラビア半島の南西の隅に数百年に渡って逃れ住み、1940年代後半にこの地へ来たイエメン系ユダヤ人は、辛くスパイシーな食べ物や、カットまたはカート（興奮性の物質を含む樹木で、葉を噛んだり茶に煎じる）のような嗜好品、フェヌグリークシード、ヒルベー、およびイナゴ（焼いたり日光で干したもの）をもたらした。

パンと穀類 小麦、米、大麦、トウモロコシ：ひき割り小麦、ベーグル（真ん中に穴が開いた高密度の丸い酵母入りのパン）、マッツォー（平らでぱりっとした、パン種を入れないパン）、白い酵母入り縄編み状のパン、酵母入りロールパン、ピタパン（薄く丸い中空のパン）、フィロ生地、パスタ、米料理。

肉と魚 鶏肉、牛肉、仔羊肉、豚肉、ヤギ肉、魚、ロックス（鮭）、七面鳥、アヒル、卵

乳製品 ミルク、クリーム、ヨーグルト、チーズ（通常はフェタ）：乳成分を含まないイミテーションの乳製品

油脂 オリーブ油、植物油、乳成分を含まないマーガリン、バター

豆類 ソラマメ、レンズマメ、ヒヨコマメ

野菜 ジャガイモ、トマト、ナス、タマネギ、アボカド、ニンジン、キュウリ、レタス、ピーマン、カボチャ、パセリ、ラディッシュ、ウチワサボテン（サブラ）、オリーブ

果物 グレープフルーツ、ザボン、オレンジ、レモン、バナナ、ナツメヤシ、イチジク、ザクロ、ブドウ、レーズン、リンゴ

種実類 アーモンド、松の実、ピスタチオ、クルミ、フェヌグリークシード、ゴマ、キ

ャラウェイシード

香辛料 タマネギ、ニンニク、ディル、カレー粉、カルダモン、ショウガ、黒胡椒、赤トウガラシ、クミン、コリアンダー

調味料 パンのディップに使われるヒルベー（トマト、フェヌグリークシードの粉、赤トウガラシ、スパイスのソース）

料理 フール・ミダミス（ゆでて味つけしたソラマメ）。シャワルマ（回転肉焼き器で焼いた仔羊肉または牛肉）。タブーリ（パセリ、トマト、ひき割り小麦のサラダ）。フムス（ゆでて味つけし、すりつぶしたインゲンマメまたはヒヨコマメ）。シュニッツェル（通常は仔牛肉や豚肉の薄い切り身にパン粉をつけて揚げたもの）。グヤーシュ（パプリカとタマネギで調味した肉のシチュー）。ゲフィルテ・フィッシュ（皮と骨を除いた魚に詰め物をしたり、すり身を団子状にして炒めたもの）。ブレク（肉やチーズが入ったペストリー）。ピロック（辛口または甘いフィリングを入れて、焼くか揚げるかしたパイ）。ブリニ（小さなパンケーキ）。キッベ（穀物、タマネギ、肉のペースト）。クレプラハ（詰め物をした小型のパスタ）。サモサ（小さくてぱりっとしたフレーキーなペストリー）。ツィメス（甘く味つけした野菜や肉の料理）。クネードル（ダンプリング）。ラトケス（ポテトフリッター）。ナッツと果物を詰めた半割のアボカド。レタスとトマトとキュウリのサラダ。ガリラヤ湖で獲れるティラピアという魚の丸揚げ。フライドポテト。マッツォー、鶏肉、チキンスープ、泡立てた卵、ディルを入れたキャセロール料理。果物、あるいはオリーブと調味料を添えて、ローストまたは煮込んだ家禽またはフライにした魚。レモン、パセリ、調味料を添えた牛の肝臓と肺のシチュー。ガーリックとディルを添えた瓜の煮物。

国民食 ファラフェル（インゲンマメまたはヒヨコマメをすりつぶして揚げた小さなボール）、「イスラエル風ホットドッグ」は、しばしばヒルベーを添える。

安息日の料理 チョレント（米、豆、ジャガイモ、肉、殻付き卵）材料は金曜日に鍋に入れ、ゆっくり調理する。

甘味類 ハチミツ、砂糖。新鮮な果物。オレンジソースをかけたバナナ、レーズン、イチジクのクレープ。スパイス、レーズン、柑橘類の皮、アーモンドが入ったハニーケーキ。シロップで煮込み、中にアイスクリームを詰めて凍らせ、熱い油に浸したイチジク。ゴマ菓子。

飲物 茶、コーヒー、ワイン、ブランデー

屋台・間食 フール・ミダミス、シャワルマ入りのピタパン、タブーリ、ファラフェル、トウモロコシ、グヤーシュ、コーヒー

イ

イスラエル

イタリア　Italy
イタリア共和国

[地理] イタリアは、南ヨーロッパに位置する長靴形の半島で、アルプス山脈から地中海に伸びている。イタリアには、ポー川流域の肥沃な平原、北部の湖、半島の背骨を形作るアペニン山脈などの山々、沿岸平野、シチリア島やサルデーニャ島をはじめとする島々がある。

主要言語	民族		宗教	
イタリア語（公用語）	イタリア人	96%	キリスト教（圧倒的にカトリック）	80%
ドイツ語			イスラム教	2%
フランス語			無神論	20%
スロベニア語				

人口密度　211.3人/km²　　　　都市人口率　69.3%
識字率　99.0%　　　　　　　　出生1000あたり乳児死亡率　3.3
平均寿命　男性79.6歳、女性85.1歳　HIV感染率　0.3%
1人あたりGDP　36,300ドル　　失業率　11.5%
農業就業人口　3.9%　　　　　　耕地面積率　22.9%

[農業] テンサイ、トウモロコシ、ブドウ、小麦、トマト、オリーブ、果物、野菜、ジャガイモ、大豆、ニワトリ、豚、羊、牛、ヤギ

[天然資源] 石炭、水銀、亜鉛、カリ、大理石、硫黄、天然ガス、埋蔵原油、漁獲

[産業] 観光、機械、鉄鋼、化学品、食品加工、繊維、自動車

[食文化への影響] おそらくフェニキア人とギリシャ人が古代にオリーブの木やヒヨコマメをこの地域に持ってきたと思われる。イタリア半島の料理は、ヨーロッパで最初に完成の域に達した料理である。シチリア料理は、古典ギリシャ時代にも有名だった。ローマ帝国時代にはローマで宴会が催され、インドからのスパイスが使われた。とくに、世界初の料理本のひとつで1世紀に成立したアピキウス（1958年）によると、デザートに黒胡椒が使用されている。ポレンタ（粥）とチーズパイは、最も古いローマ料理に含まれる。9世紀から11世紀にかけて、アラブ人がシチリアを占領し、オレンジ、サトウキビ、米、さまざまなスパイス、マジパン（アーモンドペースト）、サフラン風味の米をもたらした。アラブの影響は、アーモンドとドライフルーツを使った甘くて風味豊かな料理に強く残っている。パスタは13世紀にイタリアに普及した。ナポリは中世には重要な港であり、カタルーニャ料理への入り口でもあった。カタルーニャは地中海西部の地域である。カタルーニャ料理の特徴には次のようなものがある。調味料としてニ

ンニク入りのオリーブ油を使う：多くの料理の出発点としてタマネギをニンニクやハーブと軽く炒める：ニンニク、オリーブ油、揚げたパン、およびハーブの混合物をすりつぶし、とろみと風味づけのために完成した料理に加える：ナス料理：豚とラードの使用。トウモロコシ、ジャガイモ、トウガラシ、チョコレート、バニラ、とくにトマトなど、アメリカ大陸からもたらされた食料もイタリア料理に影響を与えた。イタリアは芸術のルネッサンスを主導したが、それには料理も含まれていた。料理の母と呼ばれるイタリア料理がフランスに伝わったのは1533年のことで、フィレンツェのカトリーヌ・ド・メディシスがアンリ2世と結婚するためフランスに移った際に、熟練した料理人を伴っていたことによる。16世紀には貿易の偉大な中心地だったベネツィアを通ってコーヒーやスパイスが持ち込まれ、17世紀後半にはコーヒーを飲むことが広まった。イタリアは、美味しく、多様で、楽しく、人気のある料理を発達させ、世界に広めた。世界中で有名なイタリア料理には、パスタ、ピッツァ、生ハム、パルメザンチーズ、アイスクリームなどがある。おもな食品はパスタと魚といえる。大部分のイタリア人はカトリック教徒であり、受難節には肉の入らない料理（たとえば魚のパスタ）を食べる。

地方による変化 イタリア料理はおもに北部と南部で異なり、ボローニャがイタリア北部料理の中心地で、南部はナポリである。おもな違いは、油脂とパスタにあり、通常、北ではバターと卵を入れて作ったフラットパスタ（たとえば、ラザーニャ）を使うのに対して、南ではオリーブ油と卵を含まない管状パスタ（たとえば、スパゲッティ）が普通である。 また、北部では、パスタには一般的にチーズや肉を詰め、クリームソースをかけるが、南部では通常、中に詰め物はせず、トマトソースをかける。さらに、北の食事は、より多くの乳製品と肉を使用し、南は豆、野菜、香辛料を多用する。北部の食品には、バター、牛肉、チーズ、ワイン、およびベルモットなどの食前酒がある。南部の料理はオリーブ油、ピッツァ、スパゲッティ、マカロニ、トマト、ニンニク、ナス、いろいろな魚のシチューやスープが特徴となっている。ミラノを含む北部のロンバルディア州では、米、バター、ゴルゴンゾーラチーズ、ベルパエーゼチーズが生産される。トリノを含む北西部のピエモンテ州はグリッシーニ（細い棒状のパン）を発明し、米を栽培し、ワインとベルモットを生産している。北西部の海岸地方で、ジェノバがあるリグーリア州は、シーフードとハーブが特徴となっている。東岸にベネツィアがあるイタリア北東部は、シーフードとコーヒーが有名である。ボローニャを含む北部の中央には、アメリカのボローニャ・ソーセージと同じような豚肉のソーセージ、プロシュット（薄くスライスして、前菜としてメロンやイチジクと供されることが多い生のスモークハム）、パルマハム、パルメザンチーズがある。トスカーナ州ではオリーブ畑、ブドウ畑、ワイン（とくにキャンティ）、牛肉が有名である。州都フィレンツェは緑色のホウレンソウ入りパスタで知られている。首都ローマ周辺の州には、ペコリーノ・ロマーノという、パルメザンに似ているが強い風味がある硬質の羊乳チーズがある。 ピッツァの故郷ナポリでは、パスタが主食で、トマトとパスタの特徴的な組み合わせがある。周辺の州に

は、モッツァレラ、プロボローネ、リコッタ（デザートでよく使われる羊乳のカッテージチーズ）などのチーズがある。シチリアは、イタリア最南端の島で、活火山の最高峰を擁し、魚介類、仔ヤギ、仔羊が特徴である。ブドウ、野菜、小麦、柑橘類が栽培され、菓子やマルサラ（甘いデザートワイン）で最もよく知られている。やはり山がちで本土の西に位置するサルデーニャ島は、鉱業、牧羊、独特の薄く焼いたパンが有名である。

パンと穀類 小麦、トウモロコシ、米：パスタ（スパゲッティ、麺類）、パン、米料理、コーンミールの粥

肉と魚 豚肉、仔羊肉、牛肉、仔牛肉、ヤギ肉、魚と甲殻類（エビ、イワシなどの小さな魚を丸ごと食べる）、鶏肉、卵：ハム、ソーセージ

乳製品 ミルク（牛、羊、ヤギ）、クリーム、チーズ（パルメザン、ベルパエーゼ、モッツァレラ、リコッタ、ゴルゴンゾーラ）

油脂 オリーブ油、バター、ラード、植物油、塩漬け豚肉

豆類 ヒヨコマメ、ソラマメ、赤インゲンマメ、レンズマメ、大豆、白インゲンマメ

野菜 トマト、オリーブ、ジャガイモ、ホウレンソウ、トウガラシ、ブロッコリー、ロメインレタス、キャベツ、ナス、エンドウマメ、カボチャ、アスパラガス、アーティチョーク、タマネギ、セロリ、エシャロット、青ネギ、キノコ

果物 ブドウ、ナシ、モモ、レモン、オレンジ、メロン、レーズン、カラント、アプリコット、サクランボ、イチジク、シトロン

種実類 アーモンド、栗、ヘーゼルナッツ、松の実、ピスタチオ、クルミ、ルーピンシード（ハウチワマメ）、ケシの実

香辛料 塩、オリーブ油、トマト、ニンニク、バジル、オレガノ、パセリ、黒胡椒、マージョラム、タイム、セージ、ベイリーフ、ローズマリー、タラゴン、ミント、クローブ、サフラン、レモン汁、酢、バニラ、チョコレート

料理 ミネストローネ（野菜スープ）。調味したトマトソースとチーズと和えたゆで上げスパゲッティ。仔牛のパルミジャーナ（薄切りの仔牛肉にパン粉をつけて揚げ、タマネギ、ニンニク、オレガノを入れたトマトソースで煮込み、パルメザンチーズをまぶしたもの）は、しばしばパスタにのせて供される。カネロニ（味つけ肉とホウレンソウのフィリングにパスタを巻きつけ、パルメザンチーズを入れたトマトとクリームソースに浸けてオーブンで焼く）。ラビオリ（肉やチーズを詰めてゆでた小さなパスタの袋）。シーフードのフライ（エビ、イカ、ワカサギ）。仔牛の薄切りソテー（スカロピーネ）。鶏肉のカチャトーラ（酢、ニンニク、ローズマリー入りのワインで鶏肉を蒸し煮にしたもの）。チーズボールのフライ。ペスト（バジル、ニンニク、ナッツ、チーズのペースト）。アーティチョークのフライ。ニンニクを入れたワインとオリーブ油で煮込んだブロッコリーなどの野菜。

国民食 ポレンタ（コーンミールの粥）は、しばしばチーズやソースを添えて供され、とくにミラノで人気がある。

郷土料理 北部とミラノ：パネトーネ（レーズンと砂糖漬けのフルーツが入ったコーヒーケーキ）は、しばしば朝食として食べる。リゾット（バターとチキンスープにパルメザンチーズとサフランを入れて炊いた米）。アッラ・ミラネーゼは、しばしば料理に米が入っていることを示す。北西部とトリノ：バーニャ・カウダ（熱い風呂の意：アンチョビ、ニンニク、オリーブ油またはバターのディップ）。キノコと青ネギを添えて焼いたマス。北西部の海岸とジェノバ：ブッリダ（タコとイカが入った魚のシチュー）。ペスト。ベネツィア：スカンピ（ガーリックバターとレモン汁をかけた焼きエビ）；リジ・エ・ビジ（チキンストックで煮込んだ米とグリーンピース）。ボローニャ：ラザーニャ・ベルディ・アル・フォルノ（肉とホワイトソースにパルメザンチーズを入れてオーブンで焼いたホウレンソウ風味のラザーニャ）。トルテッリーニ（肉、チーズ、卵を詰めたてゆで上げた指輪状の卵入りパスタ）は、スープに入れたり、肉やクリームソースと一緒に供される。フィレンツェ：緑色のホウレンソウ入りゆであげパスタにバターとパルメザンチーズを添える。イタリア国外では、アッラ・フィオレンティーナ（フィレンツェ風）はホウレンソウ入りの料理を指す。ローマ周辺の州：フェットチーネ・アルフレード（バター、クリーム、チーズをあえた平打ちの卵入りパスタ）：ニョッキ（バターとチーズとともに焼いたセモリナのダンプリング）。ナポリと南部諸州：ピッツァ（トマトソースとチーズをトッピングして焼いた酵母パン生地）。オリーブ油とニンニクとトマトソース、またはパスタ・エ・ファジョーリ（パスタとインゲンのスープ）に入れて供されるゆでパスタ。カルツォーネ（チーズ、ハム、またはサラミをピザ生地にのせての折りたたみ、焼いたり揚げたりしたもの）：ナスのパルミジャーナ（焼いたナスにトマトソース、モッツァレラ、パルメザンチーズ）。

甘味類 ハチミツ、砂糖：フレーバー付きの氷またはシャーベット（グラニータ）。ジェラート（アイスクリーム）。ザバイオーネ（マルサラワインを入れたカスタード）。チーズパイまたはチーズケーキ（クロスタータ・ディ・リコッタ）。アマレッティ（アーモンドのマカロン）。シチリア：カンノーロ（揚げてから甘味をつけたリコッタチーズ、チョコレート、シトロンなどを詰めた筒状のペストリー）、カッサータ（リコッタのフィリングにチョコレートの衣をかけたレイヤーケーキ）、スプモーネ（フルーツとナッツを入れたホイップクリームの層をチョコレートとバニラのアイスクリームではさんだもの）。

飲物 ワイン（キャンティ、マルサラ）、コーヒー、エスプレッソ、カプチーノ（コーヒーと泡立てたホットミルク）、紅茶、チョコレートドリンク、食前酒（カンパリ、ベルモット）、サンブーカ（アニス風味のリキュール）。

食事 朝食：コーヒー、パン、ジャム。メインの食事（通常は昼食）：アンティパスト（前菜）、スープまたはパスタ、魚または肉料理、野菜、グリーンサラダ、パンと赤ワイン、新鮮なフルーツとチーズ、時にはケーキまたはアイスクリーム。夕食：昼食に似ているが軽い。コーヒー、エスプレッソ、マルサラワイン、またはサンブーカを食後に飲むことがある。

イラク Iraq
イラク共和国

[地理] イラクは中東に位置している。大部分が平野で、ティグリス川とユーフラテス川のあいだには平原、北部には山岳地帯、南西部には砂漠、そしてペルシャ湾沿岸には湿原がある。

主要言語	民族		宗教	
アラビア語（公用語）	アラブ人	75-80%	イスラム教（国教）	99%
クルド語（公用語）	クルド人	15-20%	イスラム教シーア派	
トルクメン語	トルクメン人、アッシリア			55-60%
アッシリア語	人、その他	5%	イスラム教スンニ派	40%
アルメニア語				

人口密度　89.6 人/km²　　　　　都市人口率　69.7%
識字率　79.7%　　　　　　　　　出生 1000 あたり乳児死亡率　37.5
平均寿命　男性72.6歳、女性77.2歳　HIV 感染率　－
1人あたり GDP　16,500 ドル　　　失業率　16%
農業就業人口　21.6%　　　　　　耕地面積率　11.6%

[農業] 小麦、トマト、ジャガイモ、大麦、米、ナツメヤシ、綿、ニワトリ、羊、ヤギ、牛

[天然資源] 石油、天然ガス、リン鉱石、硫黄、漁獲

[産業] 石油、石油化学製品、繊維、皮革、建設資材、食品加工

食文化への影響 イラクは古代メソポタミアと同じ自然の境界をもっていて、北部の乾燥した高地であるアッシリアと、南部の湿地が多いバビロニアで構成されている。アルジャジーラ（アッシリア）では小麦、リンゴ、核果類が栽培され、アルイラク（バビロニア）は、米とナツメヤシを栽培する。北部の料理は隣国シリアの料理に似ている。南部の料理は米、魚、ナツメヤシを多く使う。古代メソポタミア文明は、小麦と大麦を主食にしていた。今も穀類が食事の中心である。しばしば、料理では肉と穀物と組み合わされる。アラブ世界の大部分の地域よりも牛や水牛の肉が一般的で、羊肉より多く食べられる。川とペルシャ湾からは魚が獲れる。ペルシャの影響には、果物と調理する肉料理、ペストリーや菓子、シチューをかけた米飯、ゴマのペーストをアラビア語のタヒーニではなく、ペルシャ語のラシで呼ぶことなどがある。トルコの影響には、シュトゥルーデルのペストリー、詰め物をした野菜（トルコのドルマ）、トルコ風クロテッドクリーム、ビートでピンク色に染めた野菜のピクルス、酸っぱいクエン酸の結晶（トルコ名リモン・トゥズ）などがある。北東部にはふたつの主要な少数民族が住んでいる。ペルシャ語に

近い言語を話すクルド人と、アラム語の現代的方言を話すキリスト教徒のアッシリア人である。どちらもシチューなど、通常の北部料理を作る。大部分のイラク人はイスラム教徒であり、豚肉やアルコールを消費せず、ラマダンの月には夜明けから日没まで断食をする。

パンと穀類 小麦、大麦、米：ひき割り小麦（ブルグル）、粥、アラブパン（丸い小麦粉の酵母入りパン）、ピタパン（丸く平らなパン、中が空洞になっている）、フィロ生地のペストリー、米料理。

肉と魚 鶏肉、羊肉と仔羊肉、牛肉、ヤギ肉、水牛肉、魚（ナマズ、コイ）、卵

乳製品 ヨーグルト、フェタチーズ、クリーム

油脂 オリーブ油、澄ましバター（ギー）、植物油

豆類 ヒヨコマメ、ソラマメ、レンズマメ

野菜 トマト、ジャガイモ、タマネギ、ナス、ピーマン、オリーブ、セロリ、ネギ、パセリ：ピクルス

果物 ナツメヤシ、イチジク、メロン、ブドウ、レモン、ライム、ザクロ、アプリコット、レーズン、リンゴ、マルメロ、タマリンド

種実類 アーモンド、松の実、ピスタチオ、クルミ、ゴマ：ラシ（ゴマペースト）

香辛料 タマネギ、ニンニク、ディル、タラゴン、ペッパーグラス、ミント、レモン汁、酢、ローズウォーター、塩、黒胡椒、パプリカ、クミン、ターメリック、サフラン、カルダモン、シナモン、オレガノ：シリアやトルコよりも多くのスパイスが使用される。

料理 ハリッサ（全粒小麦と煮込んだ肉）は、普遍的なムスリム料理である。カシキ（肉と干したライム、クミン、ターメリックまたはトマトジュースを入れたひき割り小麦の粥）は、ピクニックで好まれる。タリド（肉のシチューと積層したフラットブレッドのキャセロール）はムハンマドが好んだ料理とされている。モスル・クッバ(キッベ)は、肉、アーモンド、レーズン、スパイスを詰めた小麦パンを揚げるかゆでるかしたもの。南部では、炊いた米が小麦の代わりに使われ、脂尾羊から精製した脂肪が肉に取って代わる。ユニークなイラク料理はウルク（細かく切った肉を、しばしば炒め、発酵生地にネギやセロリの葉と混ぜて、パンのように焼いたもの）。パチャ（羊の頭、臓物、足の煮込み）は、パンと野菜のピクルスを添えて供する。ゆでた仔羊肉に澄ましバターで艶をつけたもの。アッシリアスープ（ディルとヨーグルトを入れた米と野菜のスープ）。タマネギのドルマ（タマネギに米と肉を詰めたもの）。挽き肉を串に巻いて焼いたものは、アラブ人ではないクルド人を除いて、イラクではケバブと呼ばれるが、ほかの国々ではコフタと言う。フェセンジャン（クルミとザクロで煮た家禽肉）。トラハナ（ヨーグルトとひき割り小麦を混ぜ、発酵させ、乾燥させたもの）。ムタッパク（米の中で蒸し焼きにした魚または肉）。

国民食 マスグーフ（大型の魚——コイが好まれる——を開きにして、たき火で焼いたもの）、川のほとりで調理し、トマトとタマネギの薄切りとアラブパンを添えて、野外

で食べる。

甘味類 ハチミツ、砂糖。果実やバラなどの花で風味をつけたシロップ。マナ（植物からとれる甘い物質）は、クルド人自治区で収穫される。モスル周辺のアッシリア人女性が作るバクラバやムタバク（ペースト入りのフレーキーなパン）などのペストリー。

飲物 コーヒー、茶、どちらも甘く、カルダモンとミントで味つけされることが多い。バラのシロップを入れた水、ビール、アラック（ブドウの蒸留酒）。

イラン Iran
イラン・イスラム共和国

[地理] イランは中東に位置し、カスピ海とペルシャ湾に面している。内陸には台地や盆地が山々に囲まれていて、北部ではその高さが海抜5,670 mに達する。また、長さ1,287 kmにおよぶ大きな塩砂漠、多くのオアシスや森林がある。

主要言語	民族	宗教	
ペルシャ語（公用語）	ペルシャ人	イスラム教（国教）	
アゼルバイジャン語	アゼルバイジャン人	シーア派	90-95%
チュルク語	クルド人	スンニ派	5-10%
チュルク語の方言	ルリ人		
クルド語	バローチ人		
ギラン、マザンダラ語	トルクメン人		
ルリ語	アラブ人		
バローチ語			
アラビア語			

人口密度　53.6人/km²　　　　　都市人口率　74.4%
識字率　87.2%　　　　　　　　出生1000あたり乳児死亡率　15.9
平均寿命　男性72.7歳、女性75.5歳　HIV感染率　0.1%
1人あたりGDP　18,100ドル　　　失業率　11.3%
農業就業人口　16.3%　　　　　　耕地面積率　9%

[農業] 穀類、トマト、ジャガイモ、サトウキビ、テンサイ、果物、ナッツ、綿、ニワトリ、羊、ヤギ、牛

[天然資源] 石油、天然ガス、石炭、クロム、銅、鉄鉱石、鉛、マンガン、亜鉛、硫黄、漁獲

[産業] 石油、石油化学製品、肥料、苛性ソーダ、繊維、セメントおよびその他建設資材、食品加工、金属加工、武器

[食文化への影響] イラン、つまり古代のペルシャは、寒冷な北部の平原と熱暑の南部の砂漠、中東と極東を結ぶ陸橋である。中国からシリアへいたる古代のシルクロードはイラン北部を通り、アフリカとアラビアとインドを結ぶ貿易ルートはイランの南部を通っていた。古代世界の中心に位置するペルシャ帝国は、2,500年以上前、ロシアからエジプト、ギリシャからインドまで広がっていた。ペルシャ人は、ホウレンソウ、ザクロ、サフランなどの農産物を世界の隅々まで運んだ。米、柑橘類、ナス、茶などの農産物も、貿易によって中国やインドからペルシャ経由でギリシャやローマに、そしてその後は北

アフリカや南ヨーロッパに運ばれた。温暖なペルシャ湾岸から寒冷な高山におよぶイランの気候は、穀物や果物とともに収穫する季節にも多様性をもたらす。イランは山岳地帯に囲まれて、冬寒く夏暑い、乾燥した中央高原が形成されている。土壌は肥沃であり、水は山から畑や果樹園へ地下水路で運ばれる。ブドウ栽培は何千年ものあいだ盛んに行なわれている。南部のオアシスにはナツメヤシとオレンジの木が生えている。カスピ海とペルシャ湾からは魚が獲れる。イラン（ペルシャ）料理は、小麦、羊肉、鶏肉、ヨーグルト、ナス、詰め物をした野菜、甘いペストリーなど、イスラム教の中東とよく似ている。イスラム教徒には豚肉やアルコールの摂取が禁じられているのも同じである。米の料理と果物の使い方が独特のペルシャ料理は、オスマン帝国、アラブ人、そして多くの国々の料理に影響を与えている。

パンと穀類 小麦、米（長粒種、白米）、その他の穀物：パン種を入れた小麦粉の平たいパン、ラバシュ（柔らかく薄いパンで、タンドールの壁に貼り付けて焼き、長期保存が可能で、食事を手で食べるために使われる）、フィロ生地のペストリー、米料理：ほとんどの食事でパンと米を食べる。

肉と魚 鶏肉、仔羊肉と羊肉、ヤギ肉、牛肉、魚（ニシン、ベルーガ・チョウザメ、メカジキ、マグロ）、エビ、卵、ラクダ肉、狩猟肉。肉は乏しく、高価なので、食べる量は少ない。

乳製品 ヨーグルト、ヨーグルトドリンク（アイラン）、フェタチーズ

油脂 バター、澄ましバター（ローガン）、脂尾羊（しびよう）から精製した脂肪（ドンベ）、植物油（ヒマワリ）

豆類 ヒヨコマメ、スプリットピー、ソラマメ、白インゲンマメ

野菜 トマト、ジャガイモ、ナス、ホウレンソウ、キュウリ、タマネギ、オリーブ、ニンジン、大根、ビート

果物 メロン、ブドウ、ナツメヤシ、レモン、オレンジ、ライム、ザクロ、サクランボ、マルベリー、バーベリー、モモ、アプリコット、ネクタリン、プラム、柿、メドラー（リンゴに似ている）、ルバーブ、レーズン、カラント、マルメロ、スマック

種実類 アーモンド、松の実、ピスタチオ、クルミ、ヒマワリの種、ゴマ：ラシ（ゴマペースト）

香辛料 タマネギ、ニンニク、チャイブ、レモン汁、酢、ハーブ（パセリ、タラゴン、マージョラム、バジル、ミント、ディル）は食事のたびに生で供される。スパイス（サフラン、シナモン、ナツメグ、クローブ、カルダモン、コリアンダー、ターメリック）、ローズウォーター。料理の多くは甘酸っぱいか酸味がある。肉は果物と調理されることが多い。

料理 米飯は、チェロ（混ぜ物なしのプレーン）またはポロ（野菜、果物、ナッツ、肉などを混ぜる）：いずれの場合も、バターとサフランを混ぜて米を炊き、鍋で加熱して底にお焦げを作る。シリンポロは「ペルシャ料理の王様」と言われ、サフランライス、

細切りのニンジン、オレンジピール、アーモンド、ピスタチオ、ドライフルーツなど、すべてが砂糖のカラメルに包まれ、バーベリーやアーモンドで飾り、サフランチキンが添えられる。プレーンライス（チェロ）と一緒に供される肉のソースやシチュー（ホレシュト）。ヒヨコマメ、ソラマメ、トマト、タマネギ、ターメリックの入った羊肉または仔羊肉のシチュー（ディジ）。ザクロ入りのチキンシチュー（フェセンジャン）。ケバブ（タマネギとレモン汁でマリネした串焼きの肉）は白飯にのせたり、ハーブやピクルスとパンに巻いたりして供される。ポピュラーなアブグーシュト（仔羊の骨、ヒヨコマメ、タマネギ、ライムで作る）など、果物を入れた豆とハーブの濃厚なスープ。固形の食材はつぶしてペースト状にして別に出し、スープにはパンを添える。ヨーグルト、キュウリ、タマネギ、ミント、レーズンで作る夏のスープ。ハーブ入りのオムレツ。詰め物をした肉、とくに鶏肉や仔羊肉をタンドールまたはグリルで焼く。野菜に米を詰めて、ソースに浸けて焼いたもの。

（祝祭用食材）大きな肉の塊を（たとえば丸ごとの仔羊に、米、ナッツ、フルーツを詰めて）ローストまたはグリルする。

（国民食）チェロ・ケバブ（仔羊肉をマリネして串で焼き、卵黄とスマック入りのサフランライスを添える）。

（甘味類）砂糖、シロップ。詰め物の入った甘いペストリー（ゴッタブ、サンブーサク、サモサなど）。砂糖、米または米粉、ナツメヤシ、小麦粉またはヒヨコマメの粉、ローズウォーター、サフラン、カルダモン、およびナッツで作るデザート。甘い麦芽のプディング（サマヌー）。シャーベット。最も人気のあるデザート：新鮮な果物のあとにお茶と、砂糖衣がけアーモンド（ノグル）やバクラバ（フィロ生地のペストリーとナッツを何層にも重ねて焼き、シロップをかける）などの甘い菓子。

（飲物）シャルバット（果物、とくにライムの果汁を冷やした飲物）、コーヒー（数百年前からポピュラー）、茶（カスピ海地方で栽培され、20世紀にコーヒーに代わるものとなった）は、ホットで甘いものを、一日中誰にでも小さなグラスで供する。

（食事）昼食（メインの食事）：仔羊肉を添えたサフランライス、キュウリとトマトのサラダ、オリーブ、ラバシュ、ヨーグルト、メロン、紅茶。

（軽食）軽食や前菜を意味するメゼはおそらく古代ペルシャに由来し、そこでは食べ物と音楽にワインが伴っていた。ペルシャ語のマゼは、「味」または「調味料」を意味する。メゼは、元々は酸っぱい果物、その後はナッツや焼き肉となる。イスラム教がアルコールを禁じているため、イランではメゼの伝統が続かなかった。

インド India
インド共和国

[地理] インドは、インド洋に面する南アジアのインド亜大陸の大部分を占めている。北には世界最高峰のヒマラヤ山脈があり、中央に肥沃で、人口密度の高いガンジス平原、南には高地、そして広大なデルタをもつ大河が何本もある。国土のほぼ4分の1が森林地帯で、気候は北極に近い寒さから熱帯の暑さにおよぶ。

主要言語	民族		宗教	
ヒンディー語（公用語）	インド・アーリア人	72%	ヒンドゥー教	79.8%
英語（公用語）	ドラビダ人	25%	イスラム教	14.2%
その他に21の公用語				

人口密度　431.2人/km²　　　　　都市人口率　33.5%
識字率　72.2%　　　　　　　　　出生1000あたり乳児死亡率　39.1
平均寿命　男性67.6歳、女性70.1歳　HIV感染率　0.3%
1人あたりGDP　6,700ドル　　　　失業率　3.5%
農業就業人口　47%　　　　　　　耕地面積率　52.6%

[農業] 米、小麦、トウモロコシ、キビ、ソルガム、サトウキビ、果物、ジャガイモ、脂肪種子、豆類、ココナッツ、綿、野菜、ジュート、茶、ニワトリ、牛、ヤギ、水牛、羊、豚、ラクダ

[天然資源] 石炭、鉄鉱石、マンガン、雲母、ボーキサイト、チタン、クロム鉄鉱、天然ガス、ダイヤモンド、石油、石灰石、漁獲

[産業] 繊維、化学製品、食品加工、鉄鋼、輸送機器、セメント、鉱業、石油、機械、ソフトウェア

[食文化への影響] インドは広い国土をもち、世界で2番目に人口の多い国で、気候、文化、料理が非常に多様である。気候は北方の雪の多いヒマラヤ山脈から南の熱帯地方にかけて異なり、地域の食物もそれに応じて異なる。北部では小麦が一般的で、南部では米とココナッツが多く消費される。海岸と川では魚が獲れる。インドはスパイスの国である。最も重要なスパイスのコショウは、南西部に産するつる性植物の実から作る。現在、インドと言えば国を指すが、過去にはインド亜大陸全体を指していた。最古の農業と文明（紀元前3200年頃）の重要な中心地は、インダス川流域の、現在はパキスタン領となっている辺りで、小麦と大麦が主食だった。次の段階への移行は、中央アジアから農業と牧畜を行なうアーリア人が到来してヴェーダ文化を形成した、紀元前1500年頃のことである。8世紀にはじまったイスラム教徒による侵略は、肉を重要視する新し

い食事の様式をもたらした。その後にはムガール人が、北部の料理に大きな影響を与えた。16世紀から2世紀以上にわたって続いたムガール帝国の宮廷を通じて、ピラフや甘い料理など高度に洗練されたペルシャ料理、タンドール（円筒形の粘土製オーブン）、帝国のほかの地域からの果物やナッツ類がもたらされた。ポルトガル人は1498年にインドへの航路を開き、1510年にゴアに植民地を作って、ポルトガルとカトリック＝キリスト教の影響をもたらした。豚肉を食べることや香辛料のきいた豚肉のソーセージなどがその例である。ゴアと同じ西海岸沿いに定住したシリアのキリスト教徒は、牛肉を食べ、見事な牛肉料理を作る。3世紀以上にわたるイギリス支配は、イギリス風インド料理をもたらした。こうした大きな影響が、インド料理の多様性を高めている。インドでは、穀物、レンズマメ、野菜、乳製品、およびスパイスが広く消費される。穀物が食事の中心であり、添えられる味わい深い料理が風味を加える。インド料理の重要な特徴は菜食主義で、ヒンドゥー教徒の大半とジャイナ教徒は菜食主義者である。インド人の菜食主義者は、大部分が乳製品を摂取し、一部の人々（とくにパールシー教徒）は卵も食べるが、獣肉や鳥肉は口にしない。アヒンサー、すなわち生命への敬意は、インド思想の根底にあり、仏教とジャイナ教の教義によって強められている。ほとんどのインド人はヒンドゥー教徒で、牛肉を食べず、カーストの高い人々は菜食主義者である。牛を神聖なものとする考えは、紀元前1800年頃のヴェーダ時代にさかのぼる。もうひとつ重要なヒンドゥー教の信条は、人間の社会をカーストに分割することである。伝統的にヒンドゥー教徒は、同等か上位カーストの者によって調理され供される料理だけを食べることができ、同じカーストの者だけが食事を共にできる。また、ミルクやギーなど純粋とされる食品がある一方、肉や酒など不純で避けるべきものもある。ほかの宗教では、イスラム教の食物規定が豚肉とアルコールの摂取を禁じており、ジャイナ教徒はタマネギ（およびすべての根菜）を食べず、レンズマメと青菜と米だけで生きている（ジャイナ教は極端な菜食主義宗派である）。

パンと穀類 米、小麦：米料理、パン（ロティ）、チャパティ（小麦の全粒粉を薄く伸ばして油を使わずに鉄板で焼いたぱりっとした円形のパン）、プーリー（パン種を使わずに揚げて膨らませた小麦の全粒粉円形パン）、パラーター（パン種を使わない小麦の全粒粉パンケーキ）、ドーサ（すりつぶした米とレンズマメで作った味つきのパンケーキ）、イドリ（すりつぶしたレンズマメと米を蒸した小形のパンケーキ）、ナン（精白小麦粉で作られ、タンドールの内壁で焼いた独特のパン）

肉と魚 鶏肉、牛肉、ヤギ肉、仔羊肉と羊肉、豚肉、魚（ボンベイダック、ボラ、マナガツオ、イワシ）、甲殻類（エビ）、卵、水牛肉。ボンベイダックは、ムンバイの近海で水揚げされた魚を日干しにして、揚げ物やカレーで使用する。

乳製品 ミルク（牛、水牛）、バターミルク、ヨーグルト、ラッシー（薄めたヨーグルト）、フレッシュカード、チーズ（パニール）

油脂 ギー（澄ましバター）、ココナッツ油、マスタード油、ピーナッツ油、ゴマ油、

植物油
豆類（ダール）ヒヨコマメ、インゲンマメ、緑豆、キマメ、レンズマメ、ササゲ、落花生、大豆
野菜 ジャガイモ、ナス、カリフラワー、オクラ、トマト、サヤインゲン、ニンジン、ホウレンソウ、キュウリ、サヤエンドウ、プランテーン、ピーマン、ラディッシュ
果物 バナナ、マンゴー、ココナッツ、オレンジ、レモン、ライム、リンゴ、パイナップル、ブドウ、メロン、ザクロ、モモ、マルメロ、グアバ、タマリンド、ジャックフルーツ、パパイヤ、ロクム（酸味のある暗赤色のフルーツ）、レーズン
種実類 アーモンド、ビンロウジュの実、カシューナッツ、ピスタチオ、クルミ、ケシの実、ゴマ、ヒマワリの種、マスタードシード
香辛料 タマネギ、ココナッツ、オールスパイス、ピメント、ニンニク、ショウガ、サフラン、ミント、タマリンド、フェヌグリーク、ローズウォーター。マサラは、スパイスやハーブ（コリアンダーシード、赤トウガラシ、ターメリック、黒胡椒、クミンシード、シナモンなど）を粉にひいて乾燥させ、カレーソースのベースとして使用するが、ヨーグルト、ココナッツミルク、その他の液体を加えると、ウエットマサラと呼ばれる。ガラムマサラ（コリアンダー、クミン、フェヌグリーク、ターメリック、黒胡椒、カルダモン、ナツメグ、クローブ、レッドペッパー、ショウガなどの香辛料のブレンド）は、西洋のカレー粉の原型である。香辛料のブレンドは、インド北部では通常乾燥して香り高く、インド南部ではスパイシーで辛いウエットマサラである。
調理器具 金属製のカダイ（中華鍋に似ている）と鉄製のタワ（鉄板）は、よく使われる調理器具である。鉄製のカダイやタワで通常のインド料理を調理すると、鉄の含有量がかなり増加する（Kollipara and Brittin、1996）。
調理法 ゆでる、蒸す（南部に多い）、煮込む、炒める、揚げる、直火で焼く、網で焼く、窯で焼く、ダム（密閉したり封をした鍋で調理する方法で、北部のみで広く行われている）
料理 炊くか蒸した米、サフランを入れることもある。カレー（ギーまたは油で炒めたタマネギに、マサラというスパイスを混ぜたものを入れ、メインの食材を加えて煮込んで作る）。たとえば、チキンカレー（ムルギーカリー）、野菜カレー（アビアル）、エビカレーなどがある。チャツネ（マンゴーチャツネやトマトチャツネなど、生、加熱、または漬け物にした果物や野菜で作るスパイシーな調味料）は、通常カレーに添えられる。アチャール（塩水で作る漬け物）。コルマ（仔羊肉にヨーグルトとナッツまたはケシの実を入れた濃厚なカレーソース）。マナガツオにグリーンチャツネを詰め、バナナの葉に包んで蒸したり、焼いたもの。パコラ（ナス、ジャガイモ、オニオンリングなどの野菜の唐揚げ）。サモサ（三角形の揚げたペストリーで、中にジャガイモなど、肉や野菜のスパイシーな詰め物が入っている）。ピラフ（粒がくっつかないよう、最初に油脂で加熱した米に水を加え、蓋をして煮るが、このときに別の食材を加えることが多い）。ビリヤニ（煮込んだスパイシーな仔羊肉とサフランライスを層に重ね、レーズンとカシ

ューナッツを入れる)。ケバブ(仔羊などの肉、シーフード、果物、野菜を串に刺し、直火や網で焼いたもの)。コフタ(挽き肉にスパイスを加えたミートボールを、揚げてから煮込んだもの)。ライタ(生または調理した野菜、ヨーグルト、ハーブやスパイスをミックスした冷たい料理)は、たとえばゆでたジャガイモのライタなどがある。カチュンバ(キュウリ、トマト、タマネギに緑のハーブを入れたサラダ)。パチャディ(ココナッツパウダーや赤トウガラシなどを入れたヨーグルト)。ダール(レンズマメのピューレ)は、炒めることが多い。サンバル(野菜とスパイスで調理されたレンズマメのピューレ)。金と銀の葉で飾られた料理。有名なベジタリアン料理、マタル・パニール(チーズキューブ、グリーンピース、スパイスの煮込み)。パールシー料理のエクリ(新鮮なハーブと青トウガラシを入れたスクランブルエッグ)。インドの北西部のパンジャブに多いタンドール料理には、ナンと呼ばれるパン、仔羊肉、タンドリーチキン(ライム汁、凝乳、スパイスでマリネし、長い串に刺してタンドールの中で調理した鶏肉)がある。

甘味類 サトウキビ、ジャガリー(ヤシの樹液で作った粗糖)、糖蜜、砂糖:キール(ミルクと米のプディング)。ジャガリー、スパイス、ナッツ、レーズン、ココナッツと炊いた米。バルフィー(ミルクを砂糖とゆっくりと加熱してファッジのような固さにし、ココナッツ、ローズウォーター、時にはアーモンドの粉やピスタチオを加えたキャンディ)。スイートサモサ(甘いフィリングを詰めて揚げた、小さくフレーキーなペストリー)。ハルバ(ミルクやフルーツやニンジンなどの野菜で作ったプディング)。グラブジャムン(ミルク、小麦粉、ギーのボールを揚げてローズ風味のシロップに浸したもの)。ジャレビ(小麦粉のタネをプレッツェルの形に揚げて、サフランとローズウォーター入りのシロップに漬けたもの)。

飲物 インド北部では茶、インド南部ではコーヒー、フルーツドリンク(シャルバット)、フルーツシロップ、スパイス、またはハーブで風味づけした水、ヤシ酒。コーヒーハウスは人と会う場所として人気がある。

食事 一日2食、午前遅めの朝食と夕食(メインの食事)、午後にアフタヌーンティーとして紅茶またはコーヒーに軽食を摂ることが多い。銘々の金属製の皿(ターリー)の中心に米飯またはパン、その周囲に小さな容器に入れた風味豊かな副菜がいくつか置かれる。食べるときは右手の指で、副菜を米飯と混ぜたり、平らなパンではさむ。キンマの葉でビンロウジュの実と香辛料やライムペーストを包んだパーンは、食後に噛んで消化の助けと息の清涼剤にする(口が赤くなる)。

ティフィン 軽食で、時間は決まっていないが、午後が多く、料理はさまざまだが、主食の米やパンはない。

屋台・間食 ベルプリ(穀物、揚げたレンズマメ、ハーブ、チャツネ)など塩味のスナック(チャット)、バルフィー、ジャレビ。

カシミール インド北部で北にパキスタンと接するカシミールは、米が重要な作物であり、ほかにミルク、ハチミツ、サフラン、エシャロット、マスタード、マスタード油が

標準的な調理用媒体である。頻繁に供される塩味のカシミール茶は、水、ミルク、塩、および重曹で特別な茶葉を煮出すことによって調製され、ピンクに近い色を呈する。カシミールは湖が有名で、しばしばピンクのハスの花で覆われ、料理にも多く使われる。また、湖にはハウスボートや、葦と泥で作られた水上菜園があり、肥沃な野菜畑になっている。住民はヒンドゥー教徒、イスラム教徒、仏教徒で、ヒンドゥー教徒の多くは、高い聖職者階級のブラフミンである（男性はパンディットという称号をもつ）。インドのほかの地方のブラフミンとはちがって、カシミールのパンディットは肉を食べる。その一例が、ヨーグルトで味つけした仔羊肉をスパイスで煮込んだ、カシミールの名物料理ローガン・ジョシュ（ラムカレー）である。

インドネシア　Indonesia
インドネシア共和国

[地理]　インドネシアは東南アジアにあり、太平洋、インド洋、マレーシアに接し、赤道沿いに位置している。東南アジア本土の沖合に広がる群島には、ジャワ島（世界で最も人口密度の高い地域のひとつ）、スマトラ島、ボルネオ島の大部分、バリ島、ニューギニア島とティモール島のそれぞれ西半分をはじめとする13,500以上（住民がいるのは6,000）の島々が含まれている。大きな島の山や高原は、熱帯に属する低地より涼しい気候である。活火山の数が世界で最も多く、地震が頻繁に起こる。アジアとオーストラリアの動植物の生物相の境界を示すウォレス線が、インドネシアを横断している。

主要言語	民族		宗教	
インドネシア語（公用語）（マレー語の変形）	ジャワ人	40.1%	イスラム教	87.2%
	スーダン人	15.5%	プロテスタント	7.0%
英語	マレー人	3.7%	カトリック	2.9%
オランダ語	バタック人	3.6%		
方言（最も広く使われているのはジャワ語）	マドゥラ人	3.0%		
	ミナンカバウ人	2.7%		

人口密度　143.8人/km²
識字率　95.4%
平均寿命　男性70.4歳、女性75.7歳
1人あたりGDP　11,700ドル
農業就業人口　32.0%

都市人口率　55.2%
出生1000あたり乳児死亡率　22.7
HIV感染率　0.4%
失業率　5.6%
耕地面積率　13.0%

[農業]　米、サトウキビ、キャッサバ、落花生、ゴム、ココア、コーヒー、パーム油、コプラ、ニワトリ、ヤギ、牛、羊、豚

[天然資源]　石油、漁獲、錫、天然ガス、ニッケル、木材、ボーキサイト、銅、石炭、金、銀

[産業]　石油と天然ガス、繊維、衣料品、履物、鉱業、セメント、化学肥料、合板、ゴム

[食文化への影響]　世界で4番目に人口が多いインドネシアは、広大な地域をカバーし、13,500以上の島々で構成されている。カリマンタン（ボルネオ島のインドネシア領部分）はフランス、スマトラ島はスペイン、ジャワ島はイングランドとほぼ同じ大きさだが、ジャワにはインドネシア人口の約半分が住んでいる。何世紀にもわたり、インドネシア東部の小さな島々は、最も貴重とされる香辛料を旧世界に供給してきた。スマトラ西部、バリ南東部、ジャワは、非常に肥沃な火山性土壌を持ち、豊かな降水量に恵まれ、主要作物、とくに米の効率的な生産に向いた社会体制を備えている。少なくとも2,000年前

に東南アジア本土からもたらされたとおぼしい米は、インドネシアの主食となったが、インドネシア東部とジャワ西部は例外で、この地方ではタロイモ、キャッサバ、サゴが今も好まれている。インド洋、南シナ海、湖沼、川、水田は魚介類を提供する。基本的な食料は、米、魚、野菜（ララブ）、トウガラシである。トウガラシは、16世紀にアメリカへの一連の航海で発見され、新世界から伝わった。ポルトガル商人は、16世紀に当時東インドと呼ばれたこれらの島々を頻繁に訪れている。17世紀にはオランダとの貿易が大部分となり、オランダは1949年までこれらの諸島を支配した。オランダの影響には、焼いた小麦粉製品（ビスケット、甘いペストリー、ケーキ）、目玉焼きをのせた焼き飯、そして一斉にすべての料理を提供するライスターフェルがある。15世紀にはイスラム教が各地に広がり、最後の偉大なヒンドゥー教の帝国を破って、イスラム教が支配的になった。大部分のヒンドゥー教徒はバリ島に逃げ、そこで彼らの文化を維持した。イスラム教徒は豚肉とアルコールを口にしない。世界で最も人口の多いイスラム国家であるインドネシアでは、ラマダン（断食月）の終わりに少なくとも二日間にわたり、目下の者が目上の人々の家を訪問する習慣がある。過去1年間のあやまちに対する赦しを請い、お茶を飲んで、ケーキを食べる。

パンと穀類 米、小麦、トウモロコシ：米料理、ケーキ、麺類、パン、焼きビーフン、小麦パン

肉と魚 魚（生、塩漬け、干物）、鶏肉、ヤギ肉、牛肉、仔羊肉、豚肉、水牛（カラバオ）肉、卵

乳製品 水牛のミルク、ヨーグルト、加糖練乳（コーヒーに使用）、クリーム（ホイップしてペストリーに使う）。ミルクやその他の乳製品はあまり普通ではないが、今ではミルクバーが都会で人気を博している。

油脂 パーム油、ココナッツ油、バター、ラード、マーガリン、植物油およびショートニング、ピーナッツ油、ゴマ油

豆類 落花生、大豆と豆腐、緑豆

野菜 キャッサバ、タロイモ、サゴ、キュウリ、キャベツ、サヤインゲン、ネジレフサマメ（ペテ）、モヤシ、ナス、ピーマン、ゴーヤ

果物 ココナッツ、バナナ、タマリンド、オレンジ、ライム、マンゴー、ジャックフルーツ、パパイヤ、メロン、ドリアン、ザボン

種実類 キャンドルナッツ、ライチー、ケナリナッツ（アーモンドに似る）、ゴマ

香辛料 トウガラシ、タマリンド、ライム汁、レモングラス、ターメリック、塩、醤油、発酵エビペースト（トラッシ）と魚のソース、ココナッツミルク、タマネギ、ニンニク、ショウガ、ラオス、ココア。料理は辛く、酸っぱく、甘く、塩味がある。

食品の調理 食材は台所で料理の前に小片に切るか、刻む。過去には、食材を葉に包んで、熱した石を並べた溝で焼くことも行なわれた。

料理 炊いた米。ナシゴレン（焼き飯。肉と野菜を炒め、同じ油で米を炒めて、すべて

を混ぜる)は、しばしば目玉焼きをトッピングする。米をバナナの葉で包んで、蒸したり、焼いたりしたもの。サテ(肉や魚介類を串に刺し、醤油と油で味つけして、炭火で焼いたもの)を辛くスパイシーなピーナッツソースに浸して供する。ソトアヤム(ショウガ入りチキンスープ)は、しばしば白米にかける。オポールアヤム(チキンとココナッツミルクのカレー)。ルンダン(ドライビーフカレー)は、もともと郷土料理で、水牛肉や牛肉を炒め、タマネギ、ニンニク、トウガラシ、ターメリックリーフを入れたココナッツミルクで、煮汁がどろっとした茶色になるまで煮込んだもの。ジャワレンパー(牛の挽き肉、スパイス、ココナッツミルクを炒めたパテ)。サンバル(トウガラシ、その他のスパイス、タマネギ、ニンニクを少量の油で炒めた辛くスパイシーな調味料で、薬味にも料理の味つけにも使う)。スマトラ・ラド(トウガラシ、塩、タマリンド、タマネギを炒めた激辛のサンバー)は、魚介類や牛肉を加えると、サンバルゴレンという立派な料理になる。ジャワ・ララブ(生または軽くゆでたキャベツやキュウリなどの野菜に、トラッシで作った辛いサンバルを添える)。ジャワ・ガドガド(キャベツ、キュウリ、モヤシなどの野菜に辛くスパイシーなココナッツミルクとピーナッツのソースをかける)。スマトラ・グライ(日常的なカレー。食材をトウガラシ、タマネギ、塩、ターメリック——魚の場合はショウガ——を入れたココナッツミルクで煮込み、ソースを残したもの)、魚、牛肉、鶏肉などのグライがある。スマトラ水牛のシチュー。

祝祭用料理 バリ・トゥンペン(円錐に盛った米飯)は、神々が住む神聖な山を象徴する供え物料理である。ナシクニン(ターメリックを入れたココナッツミルクで炊いた黄色い米飯)は、結婚式で食べられる。

バリの名物料理 刻んでココナッツミルクとスパイスで和えたカメの肉。

甘味類 粗糖、ヤシ糖、砂糖。ココナッツの未熟果。もち米粉、キャッサバ、砂糖、ココナッツの蒸しケーキ。ゴマをまぶした甘い餅。オンデオンデ(米粉、ココナッツミルク、砂糖を球形にしてゆで、ココナッツパウダーをまぶす)。モルッカ・キャンディ(ケナリの粉と砂糖のクリスピーなボール)

飲物 コーヒー、甘い紅茶、ココナッツジュース、ビーンドリンク、フルーツドリンク、アイスティー、チンチャウ(チンチャウの葉のアイス飲料、果物、甘い豆のペースト)、ライスワイン(ブルム)。多くの人々は食事中に飲酒しない。

食事 通常の食事:米、肉または魚の料理、野菜、スープ。大部分のインドネシア人は、右手の指で料理と米を混ぜてから食べる。

ウガンダ　Uganda
ウガンダ共和国

[地理] ウガンダはアフリカ中東部の赤道上に位置し、南の国境上にヴィクトリア湖がある。この内陸国は、大部分が肥沃な高原（標高 900 ～ 1,800m）からなるが、樹木に覆われた丘陵地帯、高い山並み、湿った低地帯、砂漠もある。

主要言語	民族		宗教	
英語（公用語）	ガンダ族	16.5%	プロテスタント	45.1%
スワヒリ語（公用語）	ニャンコレ族	9.6%	カトリック	39.3%
ガンダ語（ルガンダ語）	ソガ族	8.8%	イスラム教	13.7%
	キガ族	7.1%		
	テソ族	7.0%		

人口密度　200.8 人/km²　　　　都市人口率　16.8%
識字率　73.8%　　　　　　　　出生 1000 あたり乳児死亡率　56.1
平均寿命　男性 54.4 歳、女性 57.3 歳　　HIV 感染率　6.5%
1 人あたり GDP　2,100 ドル　　失業率　2.3%
農業就業人口　71.9%　　　　　耕地面積率　34.4%

[農業] プランテーン、キャッサバ、サツマイモ、コーヒー、茶、綿花、タバコ、トウモロコシ、キビ、豆類、切り花、ニワトリ、ヤギ、牛、豚、羊

[天然資源] 漁獲、銅、コバルト、水力発電、石灰石、塩

[産業] 砂糖、醸造、タバコ、綿織物

[食文化への影響] ウガンダの食習慣は、東に隣接するケニアと似ている。狩猟動物が多くいて、牧畜の伝統があるにもかかわらず、肉はほとんど食べない。牛は財産で、食べ物とは考えられていなかったので、マサイ族や同系の部族は乳製品と牛の血を糧とし、その他の人々はおもに穀物、バナナ、採集した葉物を食べていた。最初にやって来た外国の商人、アラブ人は、700 年頃から東アフリカ沿岸に植民地を築き、香辛料、タマネギ、ナスをこの地に広めた。1894 年から 1962 年までウガンダを統治したイギリスが変えた習慣もある。そのひとつは、東アフリカの男性を教育して、調理や給仕ができるようにしたことで、カレー料理等が作られるようになったのも、イギリス人がアジア人に東アフリカへの移住を促したからである。キャッサバ、サツマイモ、トウモロコシといった新世界の食物は、今ではウガンダの主要な作物であり、食糧でもある。魚はヴィクトリア湖で獲れるが、ティラピアとナマズは養殖している。山岳地帯には、保護されているからとはいえ、狩猟動物が多く生息し、飼育されているアンテロープもいる。住民に共通する主食は、コーンミールとキビの粥。

パンと穀類 トウモロコシ、キビ、ソルガム、米：粥、フリッター、パンケーキ、米料理

肉と魚 鶏肉、ヤギ肉、牛肉、豚肉、仔羊肉と羊肉、魚、狩猟動物の肉、卵

昆虫 バッタ、コオロギ、キリギリス、アリ、幼虫（マドラ）、イモムシ（ハラティ）。採集した昆虫は保存のため乾燥させることもあるが、揚げたり焼いたりして、おやつに食べることが多い。

乳製品 ミルク、バターミルク、サワーミルク、凝乳、チーズ（ヨーロッパ風のチーズ）

油脂 バター、澄ましバター、パーム油、ピーナッツ油

豆類 落花生、ササゲ、インゲンマメ、レンズマメ。重要なたんぱく源である豆は、毎日食べる。

野菜 プランテーン、キャッサバ、サツマイモ、葉（アマランス、バオバブ、ゴマ、オクラ、ササゲ、カボチャなど）、トマト、ピーマン、タマネギ、ヤムイモ、ナス

果物 バナナ、ココナッツ、パパイヤ、野生のベリー

種実類 カシューナッツ、ゴマ、カボチャの種

香辛料 トウガラシ、トマト、タマネギ、ココナッツミルク、乾燥させたバオバブの葉、黒胡椒、カレー粉、クローブ

料理 コーンミールやキビで作る硬めの粥（ウガリ）には、料理で余った肉、トマト、トウガラシ、葉物を添えることが多い。ゆでてつぶしたキャッサバ、プランテーン、サツマイモ。揚げたプランテーン、サツマイモ。葉物のピーナッツペースト煮。ピーナッツスープ。カレー風味の鶏肉。イリオ（ゆでたインゲンマメやトウモロコシとジャガイモまたはキャッサバのマッシュ）。牛肉とキャッサバのシチュー。魚とピーナッツのカレー。炊いた米。ジャンジャロ・ムチュジ（赤インゲンマメ、魚、タマネギ、トマトのシチュー）。マトケ・ニャマ（バナナと肉のトマト煮）の主要な材料、プランテーンは、バナナの葉に包んでゆでたものをつぶして使う。蒸しパパイヤ。

甘味類 ハチミツ、砂糖。バナナプディング。ココナッツプディング。

飲物 コーヒー、茶、ビール（トウモロコシやキビを使って、自家醸造することが多い）、ウガンダで製造されるバナナの蒸留酒（ワラギ）

屋台 マンダジ（ドーナツまたはフリッター）、焼きトウモロコシ、米粉とココナッツのパンケーキ、ムカテ・ヤ・マヤイ（挽き肉と卵を包んだ揚げパンケーキ）

ウガンダ

ウクライナ Ukraine

[地理] ウクライナは東ヨーロッパに位置し、黒海に面している。肥沃な黒土地帯の草原が国土を広く覆い、南西部にカルパチア山脈、南部にクリミア山脈、北部に森林と湖がある。

主要言語	民族		宗教
ウクライナ語（公用語） ロシア語	ウクライナ人 ロシア人	77.8% 17.3%	ウクライナ正教会・キエフ総主教庁系 ウクライナ東方カトリック教会 ウクライナ独立正教会

人口密度　76人/km²　　　　　　都市人口率　70.1%
識字率　99.8%　　　　　　　　 出生1000あたり乳児死亡率　7.8
平均寿命　男性67.4歳、女性77.1歳　HIV感染率　0.9%
1人あたりGDP　8,200ドル　　　 失業率　8.9%
農業就業人口　5.8%　　　　　　 耕地面積率　56.2%

[農業] テンサイ、ジャガイモ、小麦、サクランボ、ヒマワリ、野菜、ニワトリ、豚、牛、羊、ヤギ

[天然資源] 漁獲、鉄鉱石、石炭、マンガン、天然ガス、石油、塩、硫黄、カオリン、ニッケル、木材、グラファイト、チタン、マグネシウム

[産業] 石炭、電力、金属、機械装置、輸送用機械、化学製品、食品加工

[食文化への影響] ウクライナ料理に影響を与えたのは、占領者（モンゴル人、ポーランド人、リトアニア人、トルコ人）、隣国（ベラルーシ、ポーランド、スロバキア、ハンガリー、ルーマニア、モルドバ、ロシア）、そしてキリスト教である。ロシアは数百年という長期にわたってウクライナを支配し、多大な影響を及ぼした。肥沃な黒土地帯、十分な雨量、穏やかな気候のおかげで、この国は世界有数の農業国になった。何世紀ものあいだ「ヨーロッパのパンかご〔穀倉地帯〕」と呼ばれたほどで、現在はテンサイやジャガイモの栽培も行なっている。川では魚が獲れる。主食はパンで、豚肉、ジャガイモ、ビーツがそれに次ぐ。国土の広さから、地域による違いもあり、カルパチア山地ではトウモロコシがおもな穀物になっている。ウクライナ人の多くは正教会の信者で、何日もある断食日には動物性食品を口にせず、クリスマスや最大の祝日である復活祭には特別な料理を用意する。

[パンと穀類] 小麦、ソバ、ライ麦、キビ、トウモロコシ、大麦、米：ライ麦パン（黒パン）、全粒粉パン、白パン（たいてい丸く、紅茶かコーヒーがつく）、パンケーキ（ブリ

ニ）、粥、ダンプリング、麺、香料をたっぷり使った甘いパン、ケーキ、コーンブレッド、米料理。中央に塩を盛った円形のパンは、来客用。

[肉と魚] 鶏肉、豚肉、牛肉と仔牛肉、仔羊肉、ヤギ肉、魚（チョウザメ、ニシン、カワカマス）、卵：ハム、ソーセージ

[乳製品] ミルク（牛、羊）、バターミルク、サワークリーム、ヨーグルト、クリーム、カッテージチーズ、その他のチーズ

[油脂] バター、ベーコン、ラード、ヒマワリ油、植物油

[豆類] インゲンマメ、エンドウマメ、レンズマメ

[野菜] ジャガイモ、ビーツ、キャベツ、ナス、キュウリ、ホウレンソウ、ニンジン、ラディッシュ、トウモロコシ、ブドウの葉、トマト、キノコ類、青エンドウ、セロリ、タマネギ、パセリ：野菜のピクルス、ザウアークラウト

[果物] サクランボ、リンゴ、プラム、アプリコット、ブドウ、イチゴなどのベリー類、メロン、レーズン、カラント

[種実類] アーモンド、栗、ヘーゼルナッツ、クルミ、ヒマワリの種、ケシの実、キャラウェイシード

[香辛料] サワークリーム、酢、タマネギ、ニンニク、ディル、パセリ、シナモン、クローブ、ナツメグ。酸味が好まれる。

[料理] スープ：ビーツ、キャベツ、仔羊肉。カーシャ（ソバ、大麦、またはキビの粥）。具入りのダンプリング。ピィリジキ（ピロシキ。イーストを使った小型のパン。肉、キノコ、キャベツまたはカッテージチーズが包まれている）。ベレシチャーカ（豚肉とビーツのキャセロール）。リンゴソースで照りをつけた豚肉のロースト。キャラウェイシードを振って焼いたポークチョップ。厚切りの牛肉に香辛料を加えたパン粉をまぶして巻き、オーブンで焼くか、焼き目をつけてから鍋で蒸し焼きにした料理。パン粉を詰めて焼いたり、バター焼きにしたり、サワークリームで煮たりした魚。コトレーティ（挽き肉、湿らせたパン粉、卵、牛乳を混ぜ、小判形に成形して揚げる）。ロールキャベツ（調理した米、肉またはキノコを包んで煮込む）。キャベツの蒸しスフレ（ナキプリアーク）。リンゴとキャベツのサラダ（サワークリームのドレッシングをかける）。揚げたジャガイモの茎。酢とバターで炒めつけた細切りビーツ。ゆでて水切りしてから、炒めた卵麺（ロクシナ）。ハルシュキ（練った小麦粉を団子状にしてゆでたもの）には、ヒマワリ油でよく炒めたタマネギまたはサワークリームを添える。ゆでトウモロコシ。コーンミールのマッシュ（クレシャ）。ミルク、バター、溶き卵で作る柔らかいコーンブレッドは、スプーンで食べる。

[有名料理] 発祥の地からその名がついたと言われるチキンキエフ〔キエフ風カツレツ〕（鶏胸肉でバターとハーブを巻き、パン粉をつけて揚げる）

[代表的なスープ] ボルシチ（材料は、ビーツ、豚肉、牛肉、タマネギ、トマト、ニンニクなど）

国民食 ヴァレーニキ（小麦粉の皮でカッテージチーズを包んでゆでる）
クリスマスイブの料理 クチヤ（小麦粒、ハチミツ、ケシの実、煮たドライフルーツで作る）
復活祭の料理 赤く染めるか装飾を施した固ゆで卵。パスカ（果物の砂糖漬けとナッツが入ったチーズケーキ。ピラミッド形の型で焼く）。クリーチ（レーズン、ナッツ、果物の砂糖漬けが入った菓子パン。高さのある円筒形の型で焼く）。
甘味類 砂糖、ハチミツ。ハチミツ入りの湯でゆでたプラム入りダンプリング。ベリーのプディング。ライ麦パン粉、アーモンド、ワインシロップで作るタルト。スパイスを使ったハチミツケーキ（メディブニック）。ババ（イーストを使った、香り高く甘い円筒形の菓子）。
飲物 茶、ビール、クワス（ライ麦パンやビーツで作るビール）、ウォツカ、ワイン
食事 栄養のある食事を一日に3回とる。量は昼食がいちばん多い。定番メニューはパン、スープ、カーシャと茶、ビールまたはクワス。
間食 炒ったヒマワリの種

ウズベキスタン　Uzbekistan
ウズベキスタン共和国

[地理] ウズベキスタンは中央アジアに位置する世界に二つしかない二重内陸国である。国土の3分の2は砂漠か半砂漠で、残りの大部分は平原。西部のカラカルパク自治共和国は、ウズベキスタンにある。

主要言語	民族		宗教	
ウズベク語（公用語）	ウズベク人	80.0%	イスラム教（ほとんどがスンニ派）	88%
ロシア語	ロシア人	5.5%		
タジク語	タジク人	5.0%	東方教会	9%
	カザフ人	3.0%		
	カラカルパク人	2.5%		

人口密度　69.9人/km²
識字率　100%
平均寿命　男性71.0歳、女性77.3歳
1人あたりGDP　6,500ドル
農業就業人口　25.9%

都市人口率　38.6%
出生1000あたり乳児死亡率　18.0
HIV感染率　—
失業率　8.9%
耕地面積率　10.3%

[農業] 小麦、綿花、トマト、野菜、果物、穀物、ニワトリ、羊、牛、ヤギ、ラクダ、豚
[天然資源] 天然ガス、石油、石炭、金、ウラン、銀、銅、鉛、亜鉛、タングステン、モリブデン、漁獲
[産業] 繊維、食品加工、機械の組立、冶金、金、天然ガス、化学製品

[食文化への影響] 中央アジアに位置するウズベキスタンは、中国とカスピ海を結ぶ古代の交易路、シルクロードの要衝だった。ウズベク人はもともと遊牧民で、飼っている羊の乳と乳製品を常食とし、足りない分を肉で補っていた。一方、オアシスの住人は川の沿岸で穀物、野菜、果物を栽培した。食文化に影響を与えたのは、大半が砂漠の国土や古代ペルシャ、アラブ人、イスラム教、モンゴル人、中国、ロシアなど。たとえば、中国からは麺が、ロシアからはサモワールが伝わった。身近な食べ物は、フラットブレッド、仔羊肉、濃いスープ、半液体の主菜、お茶などで、隣国のタジキスタンやトルクメニスタンと変わらない。

[パンと穀類] 小麦、大麦、キビ、米：フラットブレッド、麺、米料理（プロフ）。有名なフラットブレッド（ノン）には、タマネギを使ったものもある（刻んだタマネギをバターでキツネ色になるまで炒め、パン種の入っていない生地と混ぜ、小さく丸める。それを平たくつぶし、熱した鉄板か厚手の鍋で焼く）。

[肉と魚] 鶏肉、仔羊肉と羊肉、牛肉、ラクダ肉、ヤギ肉、豚肉、馬肉、狩猟鳥の肉、卵：

馬肉の燻製ソーセージ（カジ）、仔羊肉の燻製ソーセージ（ダムラマ・ハシプ）。ウズベク人は、魚はほとんど、卵もわずかしか食べない。

乳製品 ミルク（牛、羊、ヤギ、馬、ラクダ）、クリーム、サワーミルク、発酵乳（クミス）、ヨーグルト、チーズ（天日で乾燥させたハードタイプのクルト：ラクダ、羊、またはヤギのミルクで作る塩味のアイラン〔チーズではない。ウズベキスタンでもヨーグルト飲料〕）。来客にはサワーミルクをボウルに入れて出し、もてなしの心を示す。

油脂 脂尾羊の脂（溶かすと小さなかすが残る）、バター、植物油

豆類 ヒヨコマメ、インゲンマメ、レンズマメ

野菜 トマト、タマネギ、ニンジン、カボチャ、青物、赤ピーマン、キュウリ、カブ、ラディッシュ

果物 メロン、ブドウ、ザクロ、洋ナシ、プラム、リンゴ、トウグワ、ナツメ（ナツメヤシの一種）、アプリコット、サクランボ、ルバーブ、イチジク、バーベリー、マルメロ

種実類 クルミ、ヘーゼルナッツ、ピスタチオ、キャラウェイシード

香辛料 タマネギ、ニンニク、酢、塩、黒胡椒、乾燥させた赤トウガラシ、コリアンダー、ディル、ミント、アニシード

料理 濃い肉のスープ。麺料理：カウルマ・ラグマン（肉入り焼うどん）、マンパル（生地を削いで作ったパスタ入りシチューまたはスープ）、シマ（細麺）入りスープ。シャシリク（仔羊肉のシシケバブ）は、香辛料で下味をつけた肉を串に刺して炭火で焼く。脂尾羊または狩猟鳥のケバブ。サムサ（ミートパイ）。ウズベキスタンのプロフ（角切りにして油でよく炒めた仔羊肉に、細く切ったニンジン、タマネギを加えてさらに炒め、米を加える。脂をからませるように全体を混ぜながら加熱し、水を加え、蓋をして炊き込む）。

国民食 ウズベキスタンのマンティは、コショウのきいた仔羊の挽き肉を生地に包んで蒸したもので、しばしばヨーグルトが添えられる。

甘味類 ハチミツ、砂糖。果物（生のまま、あるいは干したり、ジャムにしたりする）。ルバーブのゼリーと砂糖煮。ロハチズホウ（アプリコットシロップをかけたかき氷）。菓子：ヤンチミシ（炒って砕いたクルミの団子）、ブクマン（甘く濃厚なクリームとキツネ色になるまで炒めた小麦粉で作る）、ハルバ（穀物、ハチミツまたはシロップ、ナッツが材料）

飲物 茶（熱いお茶、緑茶、ミルクと塩を入れることもある）、サワーミルク、シンニ（フルーツシロップ・ドリンク）。お茶は食事時にかぎらず一日を通して、男性は茶店（屋根つきの大型テント）で、女性は家で飲む。サモワールで入れたものを磁器のボウルで飲み、一緒に甘くない小型のペストリー、果物または菓子を食べたりする。

食事と食べ方 朝食：発酵乳またはチーズ、フラットブレッド、お茶。昼食：濃くて栄養価の高いスープまたはチーズ、野菜と果物、フラットブレッド、お茶。夕飯：肉料理

またはプロフ、果物または甘味類、フラットブレッド、お茶。食事は敷物や椅子に座ってとる。フラットブレッドは匙や皿の代わりにもなる。食べ物は鍋から右手ですくうこともあるが、たいていはフォークを使って皿に取る。

屋台 シャシリク(仔羊の串焼き)は、売り子が可動式の焼き網を使い、街頭で調理する。

ウルグアイ　Uruguay
ウルグアイ東方共和国

[地理] 南アメリカに位置するウルグアイは大西洋に面し、アルゼンチン、ブラジルと国境を接している。南部に草原地帯、北部のところどころに台地や丘陵がある。川が多く、水が豊富。気候は温暖でしのぎやすい。

主要言語	民族		宗教	
スペイン語（公用語）	白人	88%	カトリック	47.1%
ポルトニョール語	メスティーゾ	8%	キリスト教（非カトリック）	
ブラジレロ語（ポルトガル・スペイン語）	黒人	4%		11.0%
			無宗教	23.0%
			無神論・不可知論	17.2%

人口密度　19.2 人/km²　　　　　都市人口率　95.6%
識字率　98.4%　　　　　　　　　出生 1000 あたり乳児死亡率　8.3
平均寿命　男性 74.2 歳、女性 80.6 歳　　HIV 感染率　0.6%
1 人あたり GDP　20,300 ドル　　失業率　8.2%
農業就業人口　13%　　　　　　　耕地面積率　13.8%

[農業] 米、大豆、小麦、トウモロコシ、大麦、ニワトリ、牛、羊、豚、ヤギ
[天然資源] 水力発電、マイナー鉱物、漁獲
[産業] 食品加工、電気機械、輸送機器、石油製品、繊維

[食文化への影響] ウルグアイの料理に影響を与えたのは、インディオ、スペイン、ポルトガル、イタリア、大きな隣国アルゼンチンなどで、食習慣はアルゼンチンと重なる。16 世紀にスペイン人が渡来するまで、住人は数少ないインディオの遊牧民のみだったが、スペイン人は牛を持ち込み、この地に移住した。19 世紀中頃には、インディオの姿はほとんど見られなくなっていた。ウルグアイにはアルゼンチンに広がる大草原、パンパの一部がある。そこは気候が温暖で土が肥え、雨量は理想に近い。食習慣の一部は、インディオの血をひく、遊牧民のガウチョに由来する。パンパを移動しながら半野生の牛を飼うことで暮らしを立てていた彼らは、煮たり焼いたりした肉に数切れのカボチャを添えて食べた。動物は屠ってすぐに調理し、食べることが多かった。食事はたいてい羊肉とビスケット、ジャガイモ、カボチャ、トウモロコシで、菜園があるところでは、そこに青物が加わる。簡素な家の台所で、肉の塊を垂木から吊り下げた大きな鉄鍋で煮たり、長い串に刺して焼いたりしたあと、一人ひとりが手にしたナイフで切り取って食べた。ウルグアイでは現在、パンパで農牧業が営まれ、南部と西部では羊、その他の地域では牛が飼育されている。住民の大部分はヨーロッパ人（大半がスペイン人かイ

タリア人）の子孫で、パスタやピッツァなどはイタリア人がこの地に伝えた。多くの料理にはヨーロッパの影響が見られ、その傾向は首都モンテビデオで際立っている。ウリ、カボチャ、トウモロコシが食材として広く使われているのは、インディオの影響である（どれも昔からインディオが育てていた作物）。ウルグアイには牛肉をおもな材料とした、栄養豊富な食品がある。世界で消費されるコンビーフの多くは、ウルグアイ川沿岸の食品加工工場で生産されている。ラプラタ川とそれにつながるウルグアイ川があり、大西洋にも面しているので、魚や大型のカエル（国民の好物）も獲れる。

パンと穀類 米、小麦、トウモロコシ、大麦：米料理、小麦パン、ビスケット、パスタ、コーンブレッド

肉と魚 牛肉、羊肉と仔羊肉、鶏肉、豚肉、ヤギ肉、魚、甲殻類、カエル、卵

乳製品 ミルク（牛、羊）、エバミルク、チーズ

油脂 バター、オリーブ油、デンデ（パーム）油

豆類 黒豆、インゲンマメ、大豆、ササゲ、落花生

野菜 カボチャ、トウモロコシ、ウリ、ジャガイモ、サツマイモ、トマト、プランテーン、ニンジン、アボカド、キャッサバ、ピーマン、タマネギ、オクラ、ホウレンソウ

果物 リンゴ、バナナ、ココナッツ、ブドウ、レモン、ライム、オレンジ、メロン、レーズン、イチゴ

種実類 ブラジルナッツ、カシューナッツ、カボチャの種

香辛料 タマネギ、シシトウ、トマト、塩、砂糖、赤トウガラシ、シナモン

料理 鉄板や網で焼いたステーキ。ローストビーフ。牛肉の煮込み。スープ（カエルが丸ごと1匹入ったスープなど）。カルボナーダ・クリオージャ（カボチャのビーフシチュー詰め）をはじめとするシチュー料理。ウミータ（熟していないトウモロコシの粒に香辛料を加えて調理する）。マタンブレ（下味をつけた牛バラ肉で、ホウレンソウ、半分に切った固ゆで卵、ニンジン、タマネギの薄切りを巻き、糸で縛るかチーズクロスに包んでゆでる）。パスタ料理。ピッツァ。

甘味類 砂糖、赤砂糖、ハチミツ

飲物 コーヒー、マテ茶、フルーツジュース、ビール、ブランデー、トウモロコシの蒸留酒、ワイン。カフェインを含むマテ茶はヒイラギ科の灌木の葉を乾燥させたもので、冷たくして飲むこともある。

エクアドル　Ecuador
エクアドル共和国

[地理] エクアドルは太平洋に面する南米大陸北部に位置する国で、赤道をまたぐ。2本のアンデス山脈が北から南に延び、国土を三つの地域に分ける。高温多湿の沿岸平野、山脈にはさまれた温暖な高地、東側の多雨の熱帯低地である。ガラパゴス諸島はエクアドルに属し、最高峰は 6,272m である。

主要言語	民族		宗教	
スペイン語（公用語）	メスティーソ（先住民と白人の混血）	71.9%	カトリック	74.0%
ケチュア語	モントゥビオ	7.4%	プロテスタント（福音派）	10.4%
	先住民	7.0%	無神論者	7.9%
	白人	6.1%		
	アフロ - エクアドル	4.3%		

人口密度　58.8 人/km²　　　　　都市人口率　64.2%
識字率　94.4%　　　　　　　　　出生1000あたり乳児死亡率　16.4
平均寿命　男性 74.0 歳、女性 80.1 歳　　HIV 感染率　0.3%
1 人あたり GDP　11,000 ドル　　失業率　5.4%
農業就業人口　27.8%　　　　　　耕地面積率　4.1%

[農業] バナナ、サトウキビ、アブラヤシの実、コーヒー、ココア、米、ジャガイモ、キャッサバ、プランテーン、ニワトリ、牛、豚、羊、ヤギ

[天然資源] 石油、漁獲、材木、水力発電

[産業] 石油、食品加工、繊維、木製品、化学製品

[食文化への影響] 熱帯の沿岸ではバナナが実り、これがかつてココアが病害で損害を受けてから、今では主要な輸出品である。エクアドルは名前の通り赤道が通る国であるが、首都キトがある山間部は穏やかな気候である。沿岸部ではプランテーンやバナナへの依存度が高く、山間部よりさまざまな料理がある。エビを詰めた豚肉などユニークな組み合わせもある。トウモロコシ、インゲンマメ、トウガラシ、ジャガイモを多用したインカ文化を受け継ぎ、さらにスペインは米、オリーブ、牛、豚、チーズを持ち込んだ。南の隣国ペルーと食習慣の多くを共有し、北の隣国コロンビアとはアナトー（アメリカ原産のベニノキの赤い種）を、赤味を添えるスパイスとして使う点が共通している。

[パンと穀類] 米、トウモロコシ、小麦：米料理、トウモロコシ粥、トルティーヤ、バナナの粉もしくはバナナの粉と小麦粉を混ぜて作るケーキ、パン

[肉と魚] 牛肉、鶏肉、豚肉、仔羊肉、ヤギ肉、魚、エビ、卵、クイ

[乳製品] ミルク、エバミルク、チーズ
[油脂] ラード、バター、オリーブ油、パーム油
[豆類] インゲンマメ、落花生（ソースにしたり、煮込み料理にとろみと香りを加えるのに使用）
[野菜] ジャガイモ、キャッサバ（ユッカ）、プランテーン、サツマイモ、アボカド、カボチャ、トウガラシ、ピーマン、タマネギ
[果物] バナナ、オレンジ、その他のトロピカルフルーツ。バナナの葉はタマルなど、料理を包むのにも利用される。
[種実類] アーモンド、カシューナッツ、ベニノキの種（アナトー）、カボチャの種
[香辛料] ココア、アヒ（トウガラシ）、アナトー、コリアンダー
[料理] セビチェ（生魚、貝類をオレンジ果汁、オリーブ油、スパイスでマリネする）は前菜として、またはトウモロコシやサツマイモと一緒に供される。ゆでたジャガイモ。カウサ（マッシュポテトで作る）。オコパ（ゆでたジャガイモで作る）。ジャピンガチョ（フライドポテトとチーズのパテ）は山間部では目玉焼きと、沿岸部では炒めたバナナと供され、ピーナッツとトマトのソースが添えられることもある。牛の脇腹肉の焼肉とジャガイモに、ピーナッツトマトソースが添えられる。ロクロはジャガイモとチーズのスープで、アボカドのスライスとともに供される。バナナチップ（青いバナナもしくはプランテーンを切り口が楕円になるよう斜めに切り、揚げる）。卵とエビのアーモンドソース添え（このソースは多くの料理に使われる）。ボジョス（鶏肉をプランテーンの生地でくるみ、タマルのように包んで蒸す）。ウミータ（生のトウモロコシかコーンミールの生地で肉、魚、野菜をくるんで蒸した料理）。豚肉、ピーマン、コリアンダーのシチュー。サルサ・デ・アヒ（生のトウガラシを刻み、タマネギ、塩で作ったソース）は、食事にほとんどいつも出される。
[甘味類] サトウキビ、ハチミツ、砂糖、ブラウンシュガー。バナナを切ってゆっくり炒めてブラウンシュガーを加え、バナナの両面が焼けたらブランディかラム酒を振ってパウダーシュガーをかける。バナナをつぶし、泡立てた卵と混ぜてスフレのように焼き上げる。
[飲物] コーヒー、ココア、コスタ（ユッカで作った伝統的アルコール飲料。女性が噛んでつばとともに吐きだし、発酵を促す）

エジプト Egypt
エジプト・アラブ共和国

[地理] エジプトはアフリカの北東の角を占め、地中海と紅海に面した、大部分が砂漠の国である。ナイル川が国土を二分し、東は丘陵と山、西は砂漠である。大半の人々は長さ880kmのナイル川の河谷とデルタに住む。

主要言語	民族		宗教	
アラビア語（公用語）	エジプト人	99.6%	イスラム教（スンニ派）（国教）	
英語				90%
フランス語			キリスト教	
			（大多数がコプト教）	10%

人口密度　97.5人/km²　　　　　都市人口率　43.3%
識字率　75.8%　　　　　　　　　出生1000あたり乳児死亡率　19.0
平均寿命　男性71.6歳、女性74.4歳　HIV感染率　0.1%
1人あたりGDP　12,100ドル　　　失業率　12%
農業就業人口　29.2%　　　　　　耕地面積率　2.7%

[農業] サトウキビ、小麦、トウモロコシ、綿花、米、インゲンマメ、果物、野菜、ニワトリ、羊、牛、ヤギ、豚、ラクダ

[天然資源] 石油、天然ガス、鉄鉱石、漁獲、リン鉱石、マンガン、石灰岩、石膏、タルク、アスベスト、鉛、亜鉛

[産業] 繊維、食品加工、観光、化学製品、薬品、炭化水素、建設、セメント、金属

[食文化への影響] エジプトの食文化は古代からの習慣を保ち、中東の食文化と関連している。7世紀にイスラム教の影響が中東で支配的になると、豚肉とアルコールを摂取しないなどの食への変化がもたらされた。16世紀初頭にトルコに征服されると、フィロ生地（紙のように薄い生地にバターをはさんで層にしたもの）のペストリーや甘い菓子など、新しい料理が入って来た。ただしこれらは上流、中流社会に持ち込まれただけで、多くの人々はパンとタマネギ、インゲンマメ、魚、家禽類、卵、オリーブ油といった古代エジプトからの食習慣を続けた。イギリスによる国民全体への影響は、茶の習慣である。大多数の国民は、魚が獲れるナイル川の河谷とデルタに住んでいる。

[パンと穀類] 小麦、トウモロコシ、米、大麦：米料理、小麦、クスクス（小麦粉を湿らして小粒にしたもの）、セモリナ（パスタに使うような小麦の粗い穀粉）、パン、フィロ生地のペストリー、パスタ。毎日のパンは丸い平パン（アエージ・バラディ）で中が空洞であり、ミックススパイスのデュカが振りかけられているものも多い。

肉と魚 鶏肉、仔羊肉と羊肉、牛肉、ヤギ肉、豚肉、水牛、魚、エビ、卵、ラクダ、ハト、ウサギ。魚は普通、乳製品と一緒に食べられることはない。
乳製品 ミルク、クリーム、ヨーグルト、チーズ（白いチーズ、ミシュと呼ばれる塩味の灰色のチーズ）
油脂 オリーブ油、バター、澄ましバター、コーン油、ナッツ油
豆類 ソラマメ、レンズマメ、ヒヨコマメ、落花生
野菜 タマネギ、ナス、トマト、葉物(たとえば調理すると粘り気を持つモロヘイヤなど)、ピーマン、キュウリ、カブ、ズッキーニ、オクラ、サツマイモ、ホウレンソウ、ビーツ、ニンジン、パセリ、オリーブ
果物 ブドウ、ナツメヤシ、レモン、カラント、レーズン、イチジク、リンゴ、サクランボ、ザクロ
種実類 アーモンド、松の実、ピスタチオ、ゴマ
香辛料 タマネギ、レモン、ニンニク、塩、黒胡椒、クミン、ミント、コリアンダー、シナモン、ディル、サフラン、カイエン、バニラ、ローズウォーター：デュカ（ゴマ、コリアンダーの種、クミン、塩胡椒のミックススパイス）
料理 ファラフェル（ソラマメのペーストを小さめにまとめて揚げたもの）。カブやビーツのピクルス。ビードハミン（固ゆで卵）。ベイドムタジャン（固ゆで卵のフライ）。エビのグリル。ニンニクとクミンをきかせたレンズマメのスープ。フェタ（ボールの底にパンを入れ、米、肉を層にする。スープで湿らせ、ニンニク風味にしてある）。ラムロースト、中に米、松の実、アーモンド、カラントを詰めることもある。シシケバブ（仔羊肉を焼き串に刺してあぶったもの）。仔羊肉とオクラ、ニンジンの煮込み。魚を焼いて米と供する。タマネギを油であめ色に炒め、米も炒め、そこに水を加えて蓋をして炊く。蒸したクスクスを、仔羊肉や鶏肉などをタマネギと肉汁と煮たメインディッシュに添える。ハマーム・マハシ(ひき割り小麦とミントを詰めて焼いたハト)。ビラムルズ（鶏肉と米のキャセロール）。バーミア（オクラと挽き肉）。オクラまたはズッキーニをバターで煮込む。ナスなどの野菜に米とディル、または米と仔羊肉を詰めて煮る。サンブーサク（肉またはチーズを詰めて焼いたペストリー）。
国民食 フール・ミダミス（煮込んだソラマメにオリーブ油、レモン汁、ニンニクで調味し、パセリを散らして固ゆで卵と供する）は朝食、おもな食事、間食に食べられる。モロヘイヤのスープ（刻んだモロヘイヤとウサギまたは家禽類のだし汁、ニンニク、クミンのスープ）。
祝祭食 カージ（バターとナッツをたっぷり使った甘いパン）
甘味類 サトウキビ、ハチミツ、砂糖、シロップ。ナツメヤシを詰めたフィロ生地のペストリー。ローズウォーター風味のライスプディング。クスクスを砂糖とピーナッツと蒸したもの。メハラバイヤ（カラントとピスタチオが入った米粉のプディング）。パンをシロップに浸し、焼いてクリームを飾ったもの。バスブーサ（セモリナのケーキにレ

モンシロップとアーモンドをかけたもの）。フィロ生地、クスクス、ナッツで作ったペストリー。

飲物 茶、コーヒー（どちらもとても甘くして飲む）、ヨーグルトドリンク、ビール、ワイン

メゼ ファラフェル、ミシュチーズやオリーブが入った薄く柔らかいパン。つまみと飲み物のメゼの習慣が伝わっている。

食事 朝食：茶かコーヒー、チーズかヨーグルト、豆、卵、オリーブ。おもな食事は午後早めでパン、米かクスクス、野菜か豆、肉料理か魚料理、サラダかオリーブ、デザート、コーヒーか茶。夕食：朝食と同様か残り物、もしくはスープ。食事はコースのように順に出されはしない。パンは食べ物をすくうようにして食べる。

屋台食 フール（ゆでて香辛料を加えた豆）、ターメイヤ（ソラマメ、ニンニク、タマネギ、ハーブ、カイエンのパテのフライ）、コシャリ（スパゲッティ、米、レンズマメに揚げたタマネギと辛いトマトソースをかける）、焼いたサツマイモ

エストニア　Estonia
エストニア共和国

[地理] エストニアは、バルト海とフィンランド湾に面する東欧の国である。大部分が低い湿地で、無数の湖沼、河川があり、40%が森林である。大小合わせて800の島を持つ。

主要言語	民族		宗教	
エストニア語（公用語）	エストニア人	68.7%	ロシア正教	16.2%
ロシア語	ロシア人	24.8%	ルター派	9.9%
			無宗教	54.1%

人口密度　29.5人/km²　　　　　　都市人口率　67.4%
識字率　99.8%　　　　　　　　　　出生1000あたり乳児死亡率　3.8
平均寿命　男性72.1歳、女性81.9歳　HIV感染率　−
1人あたりGDP　29,500ドル　　　　失業率　6.9%
農業就業人口　3.1%　　　　　　　　耕地面積率　15.3%

[農業] 大麦、小麦、ジャガイモ、野菜、ニワトリ、豚、牛、羊、ヤギ

[天然資源] 魚、石油、泥板岩、ピート、リン鉱石、粘土、石灰岩、砂、ドロマイト、海泥

[産業] エンジニアリング、エレクトロニクス、木製品、繊維

[食文化への影響] バルト三国の中で最北に位置するエストニアは、三国の中で食文化がスカンジナビア諸国に最も近い。18世紀初頭までエストニアを支配したフィンランド、デンマーク、スウェーデン、それ以降を支配したロシアからの影響が見られる。エストニア語はフィンランド語、ハンガリー語と並んで、数少ないフィン・ウゴル語に属する。バルト海とフィンランド湾の沿岸、無数の湖沼、河川は重要な産業である漁業と水上交通を支える。

[パンと穀類] 大麦、小麦、ライ麦、オート麦、キビ、米：ポリッジ、パン、パンケーキ、ペストリー、ダンプリング

[肉と魚] 鶏肉、豚肉、牛肉、仔牛肉、ヤギ肉、魚介類、卵、魚卵（キャビア）、魚の塩漬け（バルトニシンとスプラットイワシ）。ハム、ソーセージ。魚の塩漬けとパンが日常食である。

[乳製品] ミルク（牛、羊）、クリーム、サワークリーム、チーズ、カッテージチーズ

[油脂] バター、ベーコン、ラード、植物油

[マメ] インゲンマメ、レンズマメ、スプリットピー

[野菜] ジャガイモ、キャベツ、ビーツ、キノコ、キュウリ、ラディッシュ、トマト：ザウアークラウト、ピクルス

果物 リンゴ、ルバーブ、サクランボ、コケモモ、クランベリー、ブドウ、レモン、オレンジ、カラント、レーズン

種実類 アーモンド、栗、ヘーゼルナッツ、クルミ、キャラウェイシード、ケシの実

香辛料 サワークリーム、酢、塩、コショウ、ディル、マスタード。酸味を好む。

料理 スカハ・プトラ（大麦、サワーミルク、ジャガイモ、豚肉の塩漬けの伝統的な粥）。ミルクのスープとソース。キャベツまたはビーツのスープ。燻製ニシンを切ってチーズを加えたミルクと小麦粉の衣をつけて揚げ、トマトソースと供する。キルボイ（ニシンの小魚の塩漬け）、もしくはスプラットイワシ（エストニアで最も一般的な魚）、バター、魚の塩漬けの汁で作るパテはゆでた温かいジャガイモと供される。小麦粉またはジャガイモのダンプリングは、肉、カッテージチーズ、ジャガイモ、果物が入っているのもある。肉、キャベツ、もしくは米とキノコが入ったペストリーは焼くか揚げるかする。ポークカツレツは軽くパン粉をまぶして揚げる。肉団子（豚肉、仔牛肉、牛肉の挽いたものを大きく丸め、フライにする）。豚か仔牛か牛の、キャベツの肉詰め。ニシンのサラダ（ロッソリ）はニシン、ハムまたはほかの肉、固ゆで卵、ビーツ、ジャガイモ、ディル、ピクルス、リンゴをサワークリームとマスタードで和える。仔牛のローストは挽き肉と固ゆで卵が詰めてある。ジャガイモのパテをバターで炒めたもの。

甘味類 ハチミツ、砂糖、糖蜜。ライ麦パンのスープとリンゴ。ルバーブのプディング。コケモモを添えたパンケーキ。アップルケーキ。カッテージチーズ、砂糖、レーズンをのせた小さなケーキ。クッキー。ケシの実をのせたペストリー。

飲物 ミルク、茶、コーヒー（ホイップクリームをのせることもある）、ホットチョコレート、ビール、クワス（ライ麦もしくはビーツから作る酸味の強いビール）、キャラウェイ風味のウォッカ、ワイン

エスワティニ（旧スワジランド）　Eswatini
エスワティニ王国

[地理] アフリカ南部、インド洋近くに位置するエスワティニは、三方を南アフリカに囲まれている。この小国は東部の乾燥した低地、および西部の台地と山地（標高 457 m～1,829 m）からなる。気候は温暖である。

主要言語	民族		宗教	
スワティ語（公用語）	アフリカ系	97%	キリスト教	90%
英語（公用語）	ヨーロッパ系	2%	（土着のキリスト教	40%）
			（カトリック	20%）
			イスラム教	2%

人口密度　85.3 人/km²　　　都市人口率　21.3%
識字率　87.5%　　　　　　出生 1000 あたり乳児死亡率　48.4
平均寿命　男性 52.7 歳、女性 51.5 歳　　HIV 感染率　27.2%
1 人あたり GDP　9,800 ドル　　失業率　25.3%
農業就業人口　10.7%　　　　耕地面積率　10.2%

[農業] サトウキビ、オレンジ、グレープフルーツ、ザボン、綿花、トウモロコシ、タバコ、米、パイナップル、ニワトリ、牛、ヤギ、豚、羊
[天然資源] アスベスト、石炭、粘土、錫石、水力発電、金、ダイヤモンド、切石、滑石
[産業] 炭鉱、木材パルプ、砂糖、濃縮清涼飲料、繊維、衣料品

[食文化への影響] 温帯性気候はサトウキビ、トウモロコシ、米、柑橘類、パイナップル、落花生、家畜の生産を大いに助けている。食に影響を与えているのは、この小国を取り囲むようにしてある南アフリカやヨーロッパ、マレーシア、アフリカ東部など。1488 年、ポルトガル人バルトロメウ・ディアスは、ヨーロッパ人として初めてアフリカ南端を回航し、インド航路発見に道を開いた。17 世紀、オランダ東インド会社がケープ植民地を建設し、オランダ人と現地人の交易がはじまる。その後移住したヨーロッパの農民（おもにオランダ系移民）とその子孫は、のちにボーア人として知られるようになる。オランダ人とドイツ人は、オーブン料理、ジャム、果物の砂糖漬け（コンフィ）を伝える一方で農場を建設し、東南アジアから連れて来られた奴隷をその労働力とした。この地で有名なケープマレー料理の基礎を作ったのは、マレーシア出身の奴隷である。マレー人は漁の技術に長けているうえに魚の保存にも知識と経験があり、スパイスと酢で漬けた魚や干し魚は、喜望峰を訪れる船の食料になった。イギリスは 1814 年に南アフリカを占領すると、数千人もの入植者を送り込み、ボーア人を北への大移動へと駆り立てた。

インド人はサトウキビ農園で働くためにやって来た。1903年から1968年までスワジランドを支配したイギリスも、食文化に影響を与えた。田舎の人々はいまでもアフリカ東部の祖先と同じもの（乳製品、インゲンマメ、メロン、青物、昆虫）を食べているが、粥はキビでなく、トウモロコシで作る。アフリカ東部の祖先は牛を財産と考え、めったに食べなかった。

パンと穀類 トウモロコシ、米、ソルガム、キビ、小麦：コーンミールの粥（プトゥ）、米料理、小麦パン、ドーナツ、タルト、クッキー

肉と魚 鶏肉、牛肉、ヤギ肉、豚肉、仔羊肉と羊肉、卵、魚介類、アンテロープの肉、鹿肉、ダチョウ肉

昆虫 バッタ、イモムシ、シロアリ、アリの幼虫。揚げたり、焼いたりするのが一般的。

乳製品 ミルク、クリーム、チーズ

油脂類 脂尾羊の脂、バター、サラダ油、植物油

豆類 落花生、インゲンマメ、レンズマメ

野菜 青物、カボチャ、カリフラワー、ジャガイモ、サツマイモ、キュウリ、ニンジン、タマネギ、トマト

果物 オレンジ、グレープフルーツ、ザボン、レモン、タンジェリン、パイナップル、ブドウ、メロン、マルメロ、ナツメヤシ、リンゴ

種実類 アーモンド、クルミ

香辛料 酢、トウガラシ、ニンニク、シナモン、クローブ、ターメリック、ショウガ、カレー粉、サフラン、ローリエ

料理 ブレディー（スパイスをきかせた羊肉とさまざま野菜のシチュー）は、炊いた米と一緒に食べる。ソサティ（カレー粉で下味をつけた羊肉の串焼き）。ボボティー（スパイスで味つけした挽き肉によく混ぜた卵と牛乳をかけ、オーブンで焼く）。フリカデル（丸く成形した肉の蒸し煮）。インゲンマメは、ウリやカボチャと煮ることもある。おろした生の果物あるいは野菜を、レモン汁または酢とトウガラシで和えたサラダ。ビリヤニ（サフランを混ぜた米と、スパイスで調味した肉を重ねて炊き込む）。ケリー（カレー）には炊いた米を添える。アチャール（熟していない果物または野菜を、スパイスを加えたオイルで漬ける）。チャツネ（トウガラシが入った果物または野菜のピクルス）。

甘味類 サトウキビ、ハチミツ、砂糖。シナモン風味のカスタードタルト（メルクタルト）。スパイシーなドーナツ（クックシスター）。

飲物 茶、ワイン

エチオピア　Ethiopia
エチオピア連邦民主共和国

[地理] エチオピアは、「アフリカの角」といわれる東アフリカに位置する。中央部の高地は標高1,800〜3,000mで、大地溝帯の近くから山々が立ち上がり、西と南東の高地へと下がっていく。青ナイルや他の河川がこの高原を流れるが、おもな水源はタナ湖である。

主要言語	民族		宗教	
アムハラ語	オロモ人	34.4%	エチオピア正教	43.5%
ティグレ語	アムハラ人	27.0%	イスラム教	33.9%
オロモ語	ソマリ人	6.2%	プロテスタント	18.5%
グラジェ語	ティグレ人	6.1%	土着信仰	2.7%
ソマリ語	グラジェ人	2.5%		
シダモ語				

人口密度　105.4人/km²　　　　都市人口率　20.4%
識字率　49.0%　　　　　　　　出生1000あたり乳児死亡率　49.6
平均寿命　男性60.1歳、女性65.1歳　　HIV感染率　1.1%
1人あたりGDP　1,900ドル　　　失業率　5.7%
農業就業人口　72.7%　　　　　耕地面積率　15.1%

[農業] 穀類、豆類、コーヒー、脂肪種子、綿花、サトウキビ、ジャガイモ、蜜蝋、ハチミツ、切り花、アラビアチャノキ、牛、ニワトリ、羊、ヤギ、ラクダ、豚、ジャコウネコ

[天然資源] 金、プラチナ、銅、灰汁、天然ガス、水力発電、漁獲

[産業] 食品加工、飲料加工、繊維、皮革、化学製品、金属加工、セメント

[食文化への影響] 国土の大半が中央高原で、半分以上が草原である。気候と標高に大きなばらつきがあるため、多種多様な作物が生育する。非常に小さい穀物のテフはエチオピア以外では生育が難しく、穀類の作付面積の半分以上を占める。高原地域で食べられる酸味のある平パン、インジェラを作るのに最も好まれる。その他の特色ある作物として、ニセバナナはテフより低い標高で育ち、根の皮をむいて発酵させ、平パンのコチョを作る。エチオピアの食は穀物、乳製品、豆、ケールに大きく依存する。日常的に食べるのはインジェラ、ワット（シチュー）、ベルベル（トウガラシ主体のミックススパイスで多くの料理に使われる）である。エチオピアの文化はエジプト、ギリシャ、アフリカの影響を受け、多様な気候、多様な民族、多様な宗教が食習慣に影響を与えている。国民の3分の1、西部の住民の大半を占めるのはアムハラ人とティグレ人であり、集落に住み、コプト教を信仰している。彼らは野菜を主体に、豆とケールを食べる。エチオ

ピア正教は動物を食べることを禁じる断食の日が多く定められており、果物も食べない。イスラム教徒と同様、豚肉も食べない。南西高地のグラジェ人とシダモ人、隣接する低地の人々は家族単位で暮らし、エンセーテを育てる。グラジェ人は、キリスト教徒、イスラム教徒、アニミズム信徒の割合が等分である。シダモ人は牛で耕して、斜面を平らにならす高度な農耕技術を持ち、有名なコーヒーを栽培する。大半がアニミズムを信仰する。エチオピア最大の民族グループのオロモ人は比較的遅く、16世紀にソマリアからやって来て東の高地に住みつき、南部全体にも存在する。自給のためのトウモロコシ、キビ、テフを育て、野菜はめったに食べない。オロモ人とソマリ人は鶏肉と卵を食べない。東部の乾燥地帯の人々は典型的な遊牧民の食習慣を持ち、穀物（たいていキビ）と乳製品、赤トウガラシを食べる。

パンと穀類 テフ、トウモロコシ、小麦、ソルガム、オート麦、キビ、大麦、米：炊いた米、エンセーテのポリッジ、平パンのインジェラ（テフを発酵させた生地を鉄板の上で焼いた大きなパンケーキ）、コチョ（エンセーテで作る、スパイスやハチミツを使った発酵した丸いパン）、このパンは固いので、ミルク、バター、チーズ、ザマモジャッ（チーズ、キャベツ、スパイスを混ぜたもの）で湿らせて食べる。

肉と魚 牛肉、鶏肉、仔羊肉と羊肉、ヤギ肉、豚肉、魚、卵

乳製品 ミルク、バターミルク、凝乳、ホエー、ヨーグルト、チーズ

油脂 バター（澄ましバターが多く、スパイスを加えてある）、油（綿実油など）。グラジェ人は、バターを使わなければ食物は味がしないと信じていて、コーヒーにもバターを入れる。

豆類 スプリットピー、ヒヨコマメ、レンズマメ、ソラマメ、落花生

野菜 ジャガイモ、アビシニアガラシ（英名エチオピアンケール、アビシニアンマスタード）、エンセーテの根、エシャロット（タマネギに似るがもっと小さく、球根が多数でより繊細な香りがする）、ニンジン、サヤインゲン、ピーマン、トウガラシ

種実類 アーモンド、フェヌグリークシード、ヒマワリの種

香辛料 赤トウガラシとカルダモン（高原地帯ではほとんどのシチューに使われる）、ニンニク、ショウガ、マスタード、ディル、キャラウェイ、アジョワン、バジル、ターメリック、ベルベ（トウガラシ、パプリカ、オールスパイス、カルダモン、カイエン、シナモン、クローブ、コリアンダー、クミン、フェヌグリーク、ショウガ、ナツメグ、黒胡椒のミックススパイス。赤くて辛い）、ニッター・ケベ（タマネギ、ニンニク、ショウガ、その他のスパイスが入った澄ましバター）

料理 ゴロ（穀物のペーストを焼いたもの）、イルベット（ソラマメをゆで、ヒマワリの種、ニンニク、ショウガと合わせたもの）、ワット（種子をひいて作るシチュー、ソース）。イエシンブラアッサ（ヒヨコマメのペーストを魚の形に盛り付けた料理）、シロワット（野菜のワット）、イェミンサーサラッタ（レンズマメのサラダ）はレンズマメをゆで、トウガラシ、ニンニク、酢と油のドレッシングで和えたもの。青菜を刻んでバターミルク

の凝乳と和える。ヤタクレーテキルキル（ゆでたジャガイモ、ニンジン、インゲンマメ、ピーマン、ニンニク、ショウガ）。キトフォ（角切りにした生の牛肉をスパイス入りバターで和えたもの）。赤身肉のシチュー（ワット）はトウガラシを使って赤いが、緑の肉のシチュー(アリチャ)には使わない。鶏肉を赤トウガラシ入りソースで煮込んだもの。ティブス（肉のこま切れ、もしくは干し肉の料理）。アヒシュ（野菜に肉を詰めた料理）。ちぎったインジェラにバターかワットをつける。

国民食 ワット（シチュー）は固ゆで卵、レンズマメ、ヒヨコマメ、ピーナッツ、根菜、ニッター・ケベ、ベルベル、牛肉、鶏肉、仔羊肉、魚などを使った濃厚でスパイシーなシチューで、インジェラもしくは米と供される。

甘味 サトウキビ、ハチミツ（巣に入った状態が多い）

飲物 コーヒー(エチオピア原産)、タラ(自家醸造のビール)、タッジ(ハチミツのワイン)

食事 一日1回か2回で、干し肉やパンを間食するのが一般的。日常の食事は鶏肉、牛肉、仔羊のスパイシーなシチューにインジェラもしくは米。食べ物は平パンの上に盛られ、それをちぎって口に運ぶ。

エリトリア　Eritrea
エリトリア国

[地理] エリトリアは、東アフリカの紅海南西岸に位置し、多数の小島からなるダフラク諸島を含む。南の沿岸平野は非常に暑くて乾燥している一方、中部の高原は涼しくて肥沃な谷があり、北には3,000m級の山々が林立する。

主要言語	民族		宗教
アファール語（公用語）	ティグリニャ人	58%	イスラム教（ほぼスンニ派）
アラビア語（公用語）	ティグレ人	30%	エリトリア正教（コプト教）
英語（公用語）	サホ人	4%	カトリック
ティグレ語	クナマ人	2%	プロテスタント
クナマ語	ラシャイダ人	2%	
アファール語			

人口密度　58.6人/km²　　　　　都市人口率　23.6%
識字率　73.8%　　　　　　　　出生1000あたり乳児死亡率　45.0
平均寿命　男性62.7歳、女性67.8歳　HIV感染率　0.6%
1人あたりGDP　1,300ドル　　　失業率　7.3%
農業就業人口　80%　　　　　　耕地面積率　6.8%

[農業] ソルガム、塊茎植物、豆類、野菜、トウモロコシ、綿花、タバコ、サイザル、羊、牛、ヤギ、ニワトリ、ラクダ

[天然資源] 金、その他のミネラル、カリ化合物、塩、漁獲

[産業] 食品加工、飲料加工、繊維、衣服

[食文化への影響] 以前はエチオピアの一部で、その後イタリアの植民地となり、ごく最近まではエチオピア最北の州であった。エリトリアが独立したのは、1993年である。エチオピア、イタリア、アラブ、イスラム教、正教が食習慣に影響を与えている。平パンのインジェラとスパイスミックスのベルベルにエチオピアの影響が見られ、イタリアの影響はパスタ、ピザ、フリタータ、氷菓、アイスクリームに見られる。イスラム教は豚肉とアルコールの摂取を禁じている。インゲンマメ、レンズマメは正教の断食期に重宝される。紅海では魚が獲れる。エリトリアの高原と肥沃な谷ではコーヒー、穀物、レンズマメ、野菜が育てられ、家畜が飼育される。トマトなど海外からの野菜の栽培もできる。

[パンと穀類] ソルガム、トウモロコシ、米、キビ、大麦、小麦：米料理、キビで作る平パンのインジェラは、フライパンで蓋をして大きな円形に焼く。パスタ、ピザ。

[肉と魚] 仔羊肉と羊肉、牛肉、ヤギ肉、鶏肉、魚、卵

乳製品 ミルク（牛、ヤギ、羊、ラクダ）、チーズ
油脂 バター、澄ましバター、植物油、オリーブ油
豆類 レンズマメ、ヒヨコマメ、エンドウマメ、ソラマメ、落花生
野菜 ジャガイモ、プランテーン、インゲンマメ、エンドウマメ、トマト、トウガラシ、ピーマン、タマネギ、ニンニク
果物 ナツメヤシ
種実類 アーモンド、フェヌグリークシード、ゴマ
香辛料 トウガラシ、タマネギ、ニンニク、カイエン、ショウガ：ベルベル（トウガラシ主体のスパイスミックス、オールスパイス、カルダモン、カイエン、シナモン、クローブ、コリアンダー、クミン、フェヌグリーク、ショウガ、ナツメグ、黒胡椒）、スパイスをきかせたバター（澄ましバターにタマネギ、ニンニク、ショウガ、その他のスパイスを加えたもの）
料理 シチュー（ワット）、野菜やつぶした豆などさまざまな種類がある。フール（インゲンマメのシチュー）、トゥムトゥモ（レンズマメのシチュー）、固ゆで卵、レンズマメ、ヒヨコマメ、ピーナッツ、野菜、仔羊肉、牛肉、鶏肉、魚を使った濃厚でスパイシーなシチュー。シチューはいつもベルベルと食べる。インゲンマメとエンドウマメをつぶしたものに植物油、ワットのようなソースを入れて攪拌し、スフレのようなふわりとしたピューレにする。ニンニクとショウガを加えた野菜のキャセロール。レンズマメのサラダ。平パンにスパイスを加えたバターかワットをつける。スパゲッティとピザにはベルベルソースが添えられる。フリタータ（ピーマンを入れたオムレツ）。
甘味類 ハチミツ、砂糖、アイス、アイスクリーム
飲物 コーヒー、ビール（キビまたはトウモロコシから自家醸造する）、ワイン（ハチミツを発酵させる）
食事 標準的な食事は、仔羊肉か牛肉の入ったスパイシーな野菜のシチュー、または植物油を使ったインゲンマメかエンドウマメのピューレ、ベルベル、米かインジェラ、飲物。

エルサルバドル El Salvador
エルサルバドル共和国

[地理] エルサルバドルは中南米最小で、カリブ海に面していない唯一の国である。太平洋には面している。国土の大半は標高約 400～800m の肥沃な火山性台地で、北部に火山があり、南部は暑い沿岸平野である。

主要言語	民族		宗教	
スペイン語（公用語）	メスティーソ	86.3%	カトリック	50%
ナワトル語	白人	12.7%	プロテスタント	36%
			無宗教	12%

人口密度　297.9人/km²　　　　　都市人口率　67.6%
識字率　88%　　　　　　　　　　出生1000あたり乳児死亡率　16.8
平均寿命　男性71.6歳、女性78.3歳　HIV感染率　0.6%
1人あたりGDP　8,900ドル　　　　失業率　6.3%
農業就業人口　21%　　　　　　　耕地面積率　36.2%

[農業] サトウキビ、トウモロコシ、ソルガム、コーヒー、米、インゲンマメ、脂肪種子、綿花、ニワトリ、牛、豚、ヤギ、羊
[天然資源] 水力発電、地熱発電、石油、漁獲
[産業] 食品加工、飲料加工、石油、化学製品、肥料、繊維、家具、軽金属

[食文化への影響] 大西洋では魚とエビが獲れ、肥沃な大地、とくに高原台地で作物が育てられ、家畜が飼育される。たとえば、トウモロコシとインゲンマメなど、先住民の影響は残っている。スペイン人は米、牛、豚とラード、ココナッツ、パンノキなどの新しい食べ物を持ち込んだ。カリブ族、アフリカ、アジアからの労働者も食習慣に影響を与えた。

[主食] トウモロコシ、米、インゲンマメ
[パンと穀類] トウモロコシ、米、ソルガム、小麦：トウモロコシのトルティーヤ、粥、料理、飲物、米料理、小麦パンとロールパン
[肉と魚] 鶏肉、牛肉、豚肉、ヤギ肉、仔羊肉と羊肉、魚、エビ、卵、七面鳥：ソーセージ
[乳製品] ミルク（エバミルク）、クリーム、サワークリーム、チーズ。ミルクは飲料として飲まれることはあまりない。
[油脂] ラード、バター、植物油、ショートニング
[豆類] 黒豆、小豆、インゲンマメ、白インゲンマメ、ヒヨコマメ

エルサルバドル

野菜 プランテーン、キャッサバ、トマト、ピーマン、ハヤトウリ（緑の洋ナシ形をしたウリ）、アボカド、カボチャ、パンノキの実、トウガラシ、タマネギ、ジャガイモ、キャベツ、ニンジン、サヤインゲン、レタス、ビーツ

果物 パイナップル、ココナッツ、バナナ、マンゴー、オレンジ、他の柑橘類、ローゼルの果実（赤茶色の飲物やジャム、ゼリーを作る）、ブドウ、パパイヤ、パッションフルーツ

種実類 アブラヤシの実、ウリの種、ゴマ

香辛料 タマネギ、ニンニク、トウガラシ、ベニノキの種（アナトー／アチョーテ。赤味をつける）、コリアンダー、オールスパイス、シナモン、バニラ、ラム酒

料理 食べ物は焼くことが多く、トウモロコシ、インゲンマメ、トマト、トウガラシ、七面鳥など在来の素材が主である。アトーレ（トウモロコシの粥）。ポソレ（半分発酵させたトウモロコシの生地をのばして薄め飲物にするか、ほかに利用する）。タマレ（トウモロコシの生地でスパイシーな肉をくるみ、トウモロコシの皮か葉に包んで蒸す）。インゲンマメはスパイスとともに煮込んだり（フリホレス・サンコチャーダ）、ピューレにしたり炒めたりし、米に添えられることも多い（フリホレス・コン・アホス）。米を炒めてから煮たり、ココナッツミルクで煮たりする。肉、シーフード、プランテーン、キャッサバのスープやシチューやココナッツミルク煮。肉、魚のロースト。アボカドなどのサラダ。ジャガイモ、プランテーン、パンノキの実のフライ。野菜のピクルス（キャベツ、ニンジン）。フランスパン、七面鳥、野菜のピクルスのサンドイッチ。

名物料理 パイナップルをシチューの具にするなど、思いがけない利用法をする。ププサ（チーズ、黒豆、チチャロンつまり豚の皮を入れたトルティーヤの上を別のトルティーヤで覆い、しっかり閉じて揚げる）

祝祭食 ケサディーヤ（チーズ風味の、柔らかいコーンミールブレッド）は日曜日に食べる。

国民食 ラ・セミタ（パイナップルのタルト）

甘味類 サトウキビ、ハチミツ、砂糖（白、ブラウン）、ノガダ（プラリネのようなキャンディ）、焼きバナナ、フルーツアイス、アイスクリーム、カスタード、ライスプディング、ココナッツまたはラム風味のケーキ、フリッター。

飲物 コーヒー、チョコレート、トロピカルフルーツ・ドリンク、ビール、ラム酒

食事 貧困層は毎食トウモロコシとインゲンマメを食べる。米も、チーズと、余裕があれば肉とともによく食べられる。より裕福な地域の夕食はスープ、肉か魚、トルティーヤかパン、サラダ、プランテーンのフライ、野菜の酢漬けに前菜とデザートがつく。

屋台 ププサ（小さめの厚いトルティーヤにインゲンマメ、ソーセージ、チーズを詰めたもの）は通りで売られる。

軽食 キャンディ、フルーツアイス、アイスクリーム、カスタード、ライスプディング、ケーキ、フリッター

オーストラリア　Australia
オーストラリア連邦

[地理] オーストラリアは南太平洋とインド洋のあいだに位置する大陸である。南東沖にあるタスマニア島を含めれば、オーストラリアはアラスカとハワイを除いたアメリカに匹敵する。西半分は砂漠台地で、東海岸に沿って山地が広がる。北東海岸にはグレートバリアリーフが延び、北東部は降水量が多い。大半の都市と住民は海岸線沿いに集中している。オーストラリアには固有の動植物が多く、たとえばカンガルー、コアラ、カモノハシ、ディンゴ、タスマニアデビル、ウォンバット、オーストラリアヤモリ、エリマキトカゲなどである。

主要言語	民族		宗教	
英語（公用語）	イギリス人	25.9%	プロテスタント	30.1%
中国語	オーストラリア人	25.4%	（英国国教会	17.1%）
イタリア語	アイルランド人	7.5%	カトリック	25.3%
アラビア語	スコットランド人	6.4%	その他のキリスト教	2.9%
	イタリア人	3.3%	正教	2.8%
	ドイツ人	3.2%	仏教	2.5%
	中国人	3.1%	イスラム教	2.2%
			無宗教	22.3%

人口密度　3.0 人/km²
識字率　99%
平均寿命　男性79.8歳、女性84.9歳
1人あたり GDP　48,800 ドル
農業就業人口　3.6%

都市人口率　89.7%
出生1000あたり乳児死亡率　4.3
HIV 感染率　0.1%
失業率　5.7%
耕地面積率　6.1%

[農業] 小麦、ブドウ、大麦、サトウキビ、綿花、果物、野菜、羊、ニワトリ、牛、豚、ヤギ

[天然資源] ボーキサイト、石炭、鉄鉱石、銅、金、その他の鉱石、ダイヤモンド、天然ガス、石油、漁獲

[産業] 鉱業、羊毛、牛肉、製造設備、運送設備、食品加工、化学製品、鉄鋼

[海外領土] ノーフォーク島、サンゴ海諸島、アシュモア・カルティエ諸島、ハード島、マクドナルド諸島、ココス諸島、クリスマス島、オーストラリア南極領土〔現在領有権主張は凍結〕

[食文化への影響] アボリジニは狩猟採集民であり、ブッシュでとれる食糧に依存していた。カンガルー、ウォンバット、エミュー、カモ、魚、エビ、ヘビ、トカゲ、オオボク

トウの幼虫、そしてヤムイモ、タマネギ、ゴールデン・ワトル（ミモザ）の種、ゴウシュウビャクダン（モモのような果物）など野生の植物である。火の上や灰の中で焼いたり、ゆでたりして食べた。最初の白人の入植者（大半が流刑者）は1788年にイギリスからやって来たが、持ち込んだ食糧を食べていた。1830年にイギリスが大陸全体を領有すると多くの人々が移住して来て、カンガルーなどの土着の食べ物も受け入れた。19世紀のあいだ、肉は枝に刺して焚火の上で、ダンパー（イーストが手に入らないため、重曹と酒石酸で作った硬パン）は灰の中で焼かれた。肉とダンパーと茶の食事スタイルは、肉が豊富だったことと、小麦、肉、茶、砂糖という流刑者の配給食に由来する。オーストラリアの肉の生産と消費は世界でも上位に入り、肉は三食供される。トマトなどの野菜は家庭菜園で栽培される。倹約、節約をむねとし、肉体労働には肉のシチューなど大量の食べ物を必要とする。20世紀の初め、女性はパン焼きが得意で、料理本はたいてい肉料理、野菜料理よりもパイ、プディング、ケーキ、スコーン、ビスケットなどに多くのページが割かれていた。20世紀の前半には都市への集中が進み、野生の狩猟動物、果物などは顧みられなくなった。羊肉から仔羊肉へと嗜好は移り、技術の進歩で冷蔵庫が行き渡ると、アイスクリームや冷たい料理がより食べられるようになる。第二次世界大戦後に大きな変化が訪れ、レストランや外食が増えた。旅行が盛んになるとアジアやヨーロッパ文化に触れることが多くなり、アジア、ヨーロッパからの移民も増えた。イギリスの日曜の夕食（ローストビーフ）、食習慣（肉とジャガイモ）は手軽なバーベキューへと変わり、アジアの影響を受けたオーストラリア独自の食事スタイルが出来上がった。

パンと穀類 小麦、大麦、オート麦、米：パン、ミートパイや甘いペストリー、ポリッジ

肉と魚 牛肉、仔羊肉と羊肉、鶏肉、豚肉、ヤギ肉、魚介類（カキ、イセエビ、ロブスター、カニ、エビ）、狩猟動物（エミュー、ウォンバット、カンガルー）、卵：ソーセージ。肉は食事の主役で、牛肉が好まれる。

乳製品 ミルク、クリーム、チーズ

油脂 バター、ラード、塩漬けの豚肉、ベーコン、植物油、キャノーラ油

豆類 インゲンマメ、エンドウマメ、大豆

野菜 ジャガイモ、ニンジン、トマト、ビーツ、キャベツ、トウモロコシ、プランテーン、キュウリ、オリーブ

果物 ブドウ、リンゴ、バナナ、オレンジ、洋ナシ、ココナッツ、イチゴ、マンゴー、グアバ、ブラックベリー、アカスグリの実

種実類 マカダミアナッツ（原産地オーストラリア）、ピスタチオ、ゴールデン・ワトルの種

香辛料 塩、コショウ、タマネギ、トマトソース、ケチャップ、ミント、ローズマリー、セージ、ショウガ、醤油、ニンニク

料理 カニのスープ、エビのグリル、バラマンディ（熱帯地方のスズキ）のフライに卵、オートミール、マカダミアナッツの衣をつけて揚げた料理。ローストビーフ、ローズマリーとミントで風味づけしたローストラム、肉のシチュー、ゆでた仔羊肉とキャベツ、コロニアル・グース（羊肉の脚の骨を抜いて、セージ、タマネギを詰めて焼いたもの）、カーペットバッグステーキ（カキを詰めたステーキ）、シェパードパイ（仔羊肉の細切りにマッシュポテトをのせて焼いた料理）、ミートローフ、ハンバーガーに目玉焼きとビーツのスライスをのせたもの、ステーキと卵。野菜はゆでたり炒めたりする。いろいろな野菜と果物のサラダ。果物を煮たもの。

名物料理 オオボクトウの幼虫の炒め物、カンガルーの尾のシチュー、ダンパー（ソーダパン）

甘味類 サトウキビ、砂糖、ジャム、スコーン、ビスケット（クッキー）、アンザック（ANZAC）・ビスケット（大戦中オーストラリア Australian とニュージーランド New Zealand の陸軍 Army Corps が採用したオートミールビスケット）、パイ、プディング、カスタード、シュークリーム、フルーツケーキ、スポンジケーキ

名物スウィート バタフライケーキ（カップケーキの真ん中を切り出し、中にクリームを詰め、切り取った部分を半分に切って蝶々の羽のように飾る）、ラミントン（クッキーにチョコレートを塗りココナッツを飾ったもの）

国民的デザート パブロバ（メレンゲにイチゴを乗せクリームで飾ったデザート）。1926年にオーストラリアとニュージーランドを訪れたロシアのバレリーナ、アンナ・パブロバにちなんで名づけられ、両国とも発祥の地だと主張している。

飲物 茶、ビール、ワイン。オーストラリアはビールとワインが有名。

食事 一日3回の食事と午後のお茶もしくはビールが標準的食習慣。戸外バーベキューが頻繁に行なわれる。

ファストフード 一人前ステーキやソーセージパイ（トマトソースかケチャップをかける）、フィッシュ・アンド・チップス

オーストリア Austria
オーストリア共和国

[地理] オーストリアは、中央ヨーロッパの南部に位置し、西と南にアルプス山脈が走る山がちな国である。東部諸州とウィーンはドナウ川流域にある。国土の40％は山林と林に覆われている。

主要言語	民族		宗教	
ドイツ語（公用語）	オーストリア人	91.1%	カトリック	73.8%
トルコ語	旧ユーゴスラビア人		プロテスタント	4.9%
セルビア語	（セルビア人、クロアチア人、		イスラム教	4.2%
クロアチア語	スロベニア人、ボスニア人）		無宗教	12.0%
（1州では公用語）		4.0%		

人口密度　106.2人/km²　　　　　都市人口率　66.1%
識字率　98%　　　　　　　　　　出生1000あたり乳児死亡率　3.4
平均寿命　男性78.9歳、女性84.4歳　HIV感染率　－
1人あたりGDP　47,900ドル　　　失業率　6.1%
農業就業人口　0.7%　　　　　　　耕地面積率　16.4%

[農業] テンサイ、トウモロコシ、小麦、ジャガイモ、ブドウ、ワイン、ニワトリ、豚、牛、羊、ヤギ

[天然資源] 石油、石炭、褐炭、木材、鉄鉱石、銅、亜鉛、アンチモニー、マグネサイト、水力発電、漁獲

[産業] 建設、機械、自動車、自動車部品、食品、金属、化学製品、木材、製紙、観光

[食文化への影響] オーストリアの南の隣国イタリアは、オーストリア南部のチロル地方の料理に影響を与えた。多くの料理に添えられるチロルの名物料理シュペックネーデル（バウエルンシュペックという塩漬けしてスモークしたベーコンを入れたダンプリング）、イタリアのニョッキのオーストリア版ノッケル（小さなダンプリング）などである。トルコの影響はシュトゥルーデル（フィロ生地のような薄い生地を重ねたもの）などのペストリーに明らかである。

[郷土食] オーストリアの九つの州は、食に顕著な特色がある。南のケルンテンには高い山と湖があり、淡水魚が獲れる。またヌーデルンは麺生地にさまざまな具を包んで四角にたたんだもので、なかでもカースヌーデルン（チーズ入り）が有名である。旧ユーゴスラビアと国境を接しているスティリアには、栄養たっぷりの料理や、シュトースッペ（サワークリーム、ミルク、ジャガイモ、キャラウェイ）など面白いスープが多い。

[パンと穀類] トウモロコシ、小麦、ライ麦：白パン、全粒粉のパン、ロールパン、パン

ズ、クロワッサン、ペストリー、ダンプリング、パンケーキ、ケーキ

肉と魚 豚肉、仔牛肉と牛肉、鶏肉、卵、仔羊肉、ヤギ肉、魚（とくにマス）：ベーコン、ハム、ソーセージ

乳製品 ミルク、クリーム、サワークリーム、チーズ

油脂 バター、ラード、植物油、オリーブ油。ラードは仔牛のカツを揚げるのに使われる。

豆類 インゲンマメ、レンズマメ、スプリットピー

野菜 ジャガイモ、キャベツ、ビーツ、ニンジン、レタス、キュウリ、トマト、タマネギ、パセリ、キノコ、ラディッシュ、ピーマン：ザウアークラウト（塩水に漬け、発酵させたキャベツ）、ピクルス。ジャガイモは非常によく使われる。

果物 ブドウ、リンゴ、アプリコット、レモン、レーズン、ラズベリー：ジャム

種実類 アーモンド、キャラウェイシード、ケシの実

香辛料 塩、コショウ、マスタード、シナモン、クローブ、ホースラディッシュ、酢、チョコレート、バニラ

料理 野菜、ジャガイモ、キノコの入ったビーフブイヨン、スプリットピーのスープ。小麦粉を使った料理は非常に一般的（メールシュパイゼン）で、塩味もしくは甘いダンプリング、ヌードル、パンケーキ、イーストを使ったパイ、ケーキ、シュトゥルーデルなどである。メインディッシュとしてはウィンナーシュニッツェル（仔牛、牛、豚の薄切り肉に小麦粉、とき卵、パン粉をつけて揚げた料理）、ゆでた牛肉（ゆでた牛肉のスライスに、ジャガイモをフライパンで炒めパセリをのせたものを付け合わせる）、ウィーン風ステーキ（タマネギの薄切りを茶色く炒めたバターで焼いたビーフステーキ）、フライドチキン（ウィンナーシュニッツェルと同様の作り方）。ゆでた牛肉にはたいていピクルス、おろしたホースラディッシュと酢またはアップルソースを添える。野菜料理：ポテトサラダ（ゆでたジャガイモを酢、油、砂糖、塩、コショウ、マスタード、タマネギのみじん切りと混ぜる）、冬野菜をゆでたり焼いたりしてバターやクリームで和える。ザウアークラウトのベーコン添え。グリーンサラダ。

名物魚料理 ブルートラウト（カワマス／ブルックトラウトを水から上げたら頭を叩いてすぐに洗い、さっとゆでる。こうすると青くなり、丸まる）に溶かしバターと新ジャガを添える。

甘味類 砂糖、グーゲルフップフ（イーストを使った滑らかなリング状の背の高いケーキにパウダーシュガーを振りかけたもの）、リンゼルトルテ（ナッツの入った生地で焼いたトルテにラズベリージャムをのせ、格子模様をつけて焼いた菓子）

名物ケーキ シュトゥルーデル、とくにリンゴのシュトゥルーデル（シナモン風味のリンゴを紙のように薄い生地で包んで焼いた菓子）。層になったケーキ、とくにザッハトルテ（チョコレートのスポンジケーキをアプリコットジャムと層にして、ビターチョコレートでコーティングする。シュトゥルーデルはじめ多くのケーキ同様、ホイップクリームを添える）は有名。メッテルニヒ侯のシェフだったフランツ・ザッハーにより

1832年に考案された。ザッハーの子孫が長年にわたりウィーンのザッハーホテルを経営しており、今でもザッハトルテが食べられる。

飲物 コーヒー、ワイン、ミルク、ホットチョコレート、ビール、茶

食事 オーストリアの人々は3度の食事と2回目の朝食（ゲーベルフリュステュク）、午後のお茶（ヤウゼ）をとる。典型的な食事はスープ、主菜と野菜、グリーンサラダ、デザートである。

間食 コーヒーとケーキをコーヒーショップで楽しむ。これはとくにウィーンの風習である。

オマーン　Oman
オマーン国

[地理] オマーンは中東の、アラビア半島の南東端にあり、アラビア海に面している。1,700km の海岸線、狭い海岸平野、不毛の山々、石の多い乾燥した高原、そしてムサンダム半島にペルシャ湾への交通を抑えられる飛び地を持っている。

主要言語	民族	宗教	
アラビア語（公用語）	アラブ人	イスラム教	85.9%
英語	バローチ人	キリスト教	6.5%
バローチ語	南アジア人（インド人、パキスタン人、スリランカ人、バングラデシュ人）	ヒンドゥー教	5.5%
ウルドゥー語			
インドの方言			

人口密度　11.1 人/km²
識字率　94.0%
平均寿命　男性 73.7 歳、女性 77.7 歳
1 人あたり GDP　43,700 ドル
農業就業人口　－

都市人口率　78.5%
出生 1000 あたり乳児死亡率　12.8
HIV 感染率　－
失業率　17.5%
耕地面積率　0.1%

[農業] ナツメヤシ、トマト、バナナ、ライム、アルファルファ、野菜、ニワトリ、ヤギ、羊、牛、ラクダ

[天然資源] 石油、漁獲、銅、アスベスト、大理石、石灰石、クロム、石膏、天然ガス

[産業] 原油の生産と精製、ガス、建設、セメント、銅

[食文化への影響] アラブはオマーンの食文化に最大の影響を与えている。その他の影響としては、1 世紀以上にわたったポルトガルの支配と周辺の文化がある。北のオスマン帝国、西にある「アフリカの角」、東のイランとインドである。宗教はイスラム教徒が多いこの国の料理に影響を与える。彼らは豚肉やアルコールを摂取せず、ラマダンの月には日の出から日没まで断食をする。オマーンの長い海岸線では魚やエビが獲れる。多数の外国人が居住しているおかげで、多種多様な食品が入手できる。

[パンと穀類] 小麦、米：フラットブレッド（たとえば、ピタ）、米料理、クスクス、ロールパン、パンケーキ、フィロ生地のペストリー

[肉と魚] 鶏肉、卵、ヤギ肉、仔羊肉、牛肉、魚、エビ：仔羊肉、鶏肉、魚が好まれる。

[乳製品] ヨーグルト(ラバン)、ラブネ(水切りヨーグルト)、ギー(澄ましバター)、ミルク、クリーム、フェタチーズ

[油脂] ゴマ油とゴマペースト、ギー（澄ましバター）、オリーブ油

[豆類] ヒヨコマメ、レンズマメ

野菜 トマト、ナス、キュウリ、タマネギ、オリーブ、ニンニク、パセリ、ホウレンソウ、ミント、コリアンダー

果物 ナツメヤシ、バナナ、ライム、マンゴー、メロン、スイカ、オレンジ、レモン、イチジク。ナツメヤシは、とくにラマダンの期間に大量に消費される。

種実類 アーモンド、ゴマ、ゴマペースト（タヒーニ）

香辛料 塩、カルダモン、サフラン、ミント、バハラット（黒胡椒、コリアンダー、カッシア、クローブ、クミン、カルダモン、ナツメグ、およびパプリカのスパイスミックス）、乾燥させたオマーンライム（ルーミ）、レモン汁、タマネギ、ニンニク。ルーミは肉料理や紅茶に使われる。

料理 仔羊肉の小間切れやミートボールを串に刺してグリルまたはロースト（ケバブ・マシュウィ）。マクブース（エビ、新鮮なハーブ、野菜を炊き込んだ米料理）。あらかじめ油で炒めた米を、ほかの食材と一緒に調理することの多いピラフなどの料理。蒸したクスクス。ゆでたヒヨコマメやレンズマメ。トマトと時には仔羊肉と炒めたりキャセロールで調理したナス。キュウリ、トマト、青物野菜のサラダ。浅い塩漬けのピクルス。

国民食候補 コウジ（鶏肉や卵と、バハラット、サフラン、タマネギで調味した米を詰めた仔羊の丸焼き）は、アーモンドとギーを飾った米飯にのせて供される。

甘味類 ナツメヤシの糖蜜（ディビス）、ハチミツ、砂糖。バクラバ（ナッツとフィロ生地を重ね、ハチミツに浸したペストリー）。詰め物が入った小さなパンケーキ（アタイフ）は、ラマダンでよく知られたデザート。多くの甘い料理には、ナツメヤシ、ディビス、またはハチミツが入っている。

飲物 コーヒー、茶、フルーツドリンク、ヨーグルトドリンク、ビール、ワイン、ブランデー。主要な飲み物であるコーヒーは、有名なアラビアのおもてなしと強い関係がある。深く焙煎され、細かく挽いた豆から調製され、通常はカルダモンで風味をつける。お茶は、通常ミルクやクリームを入れず、非常に甘くして飲む。

屋台・間食 鶏肉のロースト、仔羊肉のケバブ、シャワルマ（回転肉焼き器で焼いた仔羊肉）をピタパンに挟んだもの。

オランダ　Netherlands
オランダ王国

[地理] オランダはヨーロッパ北西部にあり、北海に面している。大部分が低く平らな農地である。土地の約半分は海面下にあるため、大堤防に守られている。

主要言語	民族		宗教	
オランダ語（公用語）	オランダ人	78.6%	カトリック	28%
	ヨーロッパ人	5.8%	プロテスタント	19%
	トルコ人	2.4%	イスラム教	5%
			無宗教	42%

人口密度　504.1人/km²　　　都市人口率　91.5%
識字率　99%　　　　　　　　出生1000あたり乳児死亡率　3.6
平均寿命　男性79.3歳、女性83.7歳　　HIV感染率　0.2%
1人あたりGDP　50,800ドル　　失業率　6.2%
農業就業人口　1.2%　　　　　耕地面積率　31%

[農業] ジャガイモ、テンサイ、小麦、球根、切り花、果物、野菜、ニワトリ、豚、牛、羊、ヤギ

[天然資源] 天然ガス、石油、泥炭、石灰岩、塩、砂と砂利、漁獲

[産業] 農産業、金属および工学製品、電気機械および装置、化学品、石油、建設、マイクロエレクトロニクス、漁業

[食文化への影響] オランダの平坦な農地は食料作物や家畜を生産し、長い海岸線、運河、川、湖からは魚介類が獲れる。オランダは低い農地を、浸食してくる海から保護し、ゾイデル海の干拓によって拡大してきた。宗教改革は、オランダの偉大な画家たちにテーマを宗教から世俗に転換させた。静物画には16世紀と17世紀の食文化が反映されている。オランダの探検家、交易商人、そして植民地時代が料理に影響を与えた。17世紀、オランダは世界のスパイス取引に卓越し、東洋からスパイスを運んでいた。また、オランダの探検と植民地化は、アメリカ、南アフリカ、東インド諸島、西インド諸島をはじめとした世界中のさまざまな地域に、小麦粉を焼いたパンなどの製品や、スパイスの使用など、オランダの影響力をもたらした。1951年まで数世紀にわたってオランダの領地だったインドネシアは、オランダの食べ物に影響を与えた。インドネシアのレストランで目立つのは、ほとんどどこでもライスターフェル（ライステーブル）が出されていることである。サンバル（炒めたトウガラシなどのスパイスのソースに漬けた食べ物）、サテ（小間切れの肉や魚を小さな串に刺して焼き、辛いカレーソースに浸す）、ルンピ

ア（細かく刻んだ具を非常に薄い皮で巻く）、その他市場で調理される牛肉や鶏肉のスパイシーな細切りは、オランダの定番品である。20世紀前半には、増加する中産階級のための料理学校が目立つようになり、科学的アプローチを用いて栄養が重視された。第二次世界大戦後までは、ほとんどの家は大家族で、豊かではなかったため、生きるための料理が重視された。伝統的な食事は、ジャガイモ、野菜、肉で、それに魚を補った。第二次世界大戦のあいだ、食糧は不足して配給となり、時には球根のような救荒食物を食べた。戦後、経済状況の改善と旧植民地や各国からの労働者の流入により、新しい食料や習慣が発達した。近年、内陸水路の汚染もあって海産物への移行が生じた。オランダの食べ物は、一般的に季節で変動する。たとえば、5月初めに新しいニシン、冬にはスープとシチューなどである。何度かこの土地を支配したフランスも、オランダ料理に影響を与えた。

パンと穀類 小麦、米、オート麦、セモリナ、ライ麦、ホップ：粥、酵母パン、ライ麦パン、ロールパン、パンケーキ、フィリング入りのパイ、フリッター、ビスケット、クッキー

肉と魚 鶏肉、卵、豚肉、牛肉、仔羊肉、ヤギ肉、魚介類（ウナギ、ニシン）：ソーセージ、ベーコン

乳製品 ミルク、クリーム、チーズ（エダム、ゴーダ；どちらもマイルドでセミソフト、輸出されたエダムは皮が赤い）

油脂 バター、ラード、マーガリン、植物油、塩漬け豚肉

豆類 スプリット・グリーンピース、ブラウンビーン、赤インゲンマメ、レンズマメ、落花生

野菜 ジャガイモ、キャベツ、ニンジン、タマネギ、カリフラワー、芽キャベツ、レタス、セロリ、リーキ、トマト

果物 リンゴ、ココナッツ、カラント、レモン、洋ナシ、レーズン、パイナップル、モモ、アプリコット、サクランボ、オレンジ

種実類 アーモンド、ヘーゼルナッツ、ピーカンナッツ、クルミ、ゴマ

香辛料 塩、黒胡椒、シナモン、クローブ、トウガラシ、カレー粉、チャツネ、バニラ、チョコレート

料理 ヒュッツポット・メット・クラップシュトック（ジャガイモ、ニンジン、タマネギが入ったビーフシチュー）。グリンピースのスープ（エルテンスープ）。ブラウンビーンズのスープ（ブライネボネンスープ）。キャベツとソーセージ（ボレコール・メット・ウォルスト）。ウナギの揚げ物、燻製、またはシチュー。ワーテルゾーイ（魚のゆで汁に卵黄とクリームを加えたてとろみをつけ、ゆでた魚を入れる）は、ワンディッシュの食事として供される。ベーコン、パン粉、アーモンド、ゴーダチーズをのせて焼いたプレイス（カレイ）。テセルの仔羊のロースト。炊いた米。マッシュポテトと野菜（スタムポット）。キャベツの漬け物（コールスラ、すなわちコールスロー）。

甘味類 ハチミツ、砂糖：通常のデザート、オートミール、セモリナ、タピオカ、また

オ
オランダ

は米とミルクの粥（パップ）：日曜日の粥は、おそらくバニラが入り、より濃厚（プディング）で、ビスケットとおそらくフルーツソースを添える。有名な日曜日のデザート、ワーテルグルーウェル（レモンピール、シナモン、カラント、レーズン、砂糖を入れたレッドカラントジュースで煮たナシのタピオカ）。アップルベニエ（砂糖をまぶしたリンゴスライスのフリッター）。シロップをかけたパンケーキを巻いてスライスしたもの。

祝祭用菓子 シンタクラースの日のスパイシーなビスケット（スペキュラース）とホットチョコレート。大晦日の揚げたレーズンの酵母パン（オリーボーレン）とリンゴのパイ（アッペルフラッペン）。飲み物は、ホットチョコレート、コーヒー、茶、強いビール、ジェネヴァ（国民的な食前酒、しばしば冷やしてウナギのスモークと供する）。

食事 朝食：半熟卵、チーズ、ロールパン、ホットチョコレート、コーヒーまたはお茶。昼食はサンドイッチショップ（ブローチェスウィンケル）で：ステーキタルタル（生の牛挽き肉）、ハーフオム（レバーとコンビーフ）、またはチーズトースト（グリルサンドイッチ）。冬の食事：ライ麦パンとベーコンのスープ。ライスターフェル（ライステーブル）：ライス、肉、シーフードなどのカレーソース添え、付け合わせ（トマト、オニオンリングのフライ、パイナップル、ピーナッツ、ココナッツ、チャツネ）。

軽食 軽く塩をしたニシンにタマネギのみじん切り、手押し車で販売されている。

ガイアナ Guyana
ガイアナ共和国

[地理] ガイアナは、元のイギリス領ギアナで、大西洋に面する南アメリカの北部にある国である。海岸低地は肥沃な農業用地で、人口の 90% が住む。南部の熱帯林は国土の 80% 以上をなす。地域を分けるのはサバンナ草原である。北から南へと流れる河川は、広大なネットワークをなす。

主要言語	民族		宗教	
英語（公用語）	東インド人	39.8%	プロテスタント	38.4%
ガイアナ・クレオール	黒人（アフリカ系）	29.3%	（ペンテコステ派	22.8%）
先住民の言語	混血	19.9%	ヒンドゥー教	24.8%
	先住民	9.2%	カトリック	7.1%
			イスラム教	6.8%
			無宗教	3.1%

人口密度　3.7 人/km²　　　　　　都市人口率　28.8%
識字率　87.5%　　　　　　　　　出生 1000 あたり乳児死亡率　30.4
平均寿命　男性 65.6 歳、女性 71.8 歳　　HIV 感染率　1.6%
1 人あたり GDP　7,900 ドル　　　失業率　11.4%
農業就業人口　－　　　　　　　　耕地面積率　2.1%

[農業] サトウキビ、米、ココナッツ、エビ、魚、採油用野菜、ニワトリ、羊、牛、ヤギ、豚

[天然資源] ボーキサイト、金、ダイヤモンド、硬材、エビ、漁獲

[産業] ボーキサイト、砂糖、精米、製材、繊維、採金

[食文化への影響] オランダとイギリス、そしてその二国のインドとインドネシアとの交易がガイアナの食に影響を与えた。ガイアナの歴史と食文化は、ラテンアメリカのスペイン、ポルトガル領よりも、西インド諸島とより強く結び付いている。サトウキビとスパイスのプランテーションで働くためにアフリカから奴隷が連れて来られ、奴隷制廃止後の 1840 年代からはインドとインドネシアの労働者がそれに続いた。ガイアナの料理はこれらの労働者の影響を強く受け、地元の食材と宗主国にも影響されている。食生活はマニオク（キャッサバ）の粉への依存度合いが大きいが、沿岸地帯ではそれに魚が加わる。逃亡奴隷の居住地には、アフリカから伝わる料理が残る。ペッパーポットはガイアナが起源かもしれない。ほかはヨーロッパの料理を取り入れたり、アレンジしたりしたものだ。インドとインドネシアからの人口が増えるにつれ、その料理も増え、ブラジル北部、スリナム（やはり以前はオランダ植民地で、イギリス植民地になった）、フラ

ス領ギアナとも共通点を持つ。

パンと穀類 米、小麦、トウモロコシ：米料理、小麦パン、コーンミールのマッシュとパン、トウモロコシ粉のケーキ、トウモロコシの穂、かき取った粒、液体にしたコーンミルク、キャッサバ粉のパン

肉と魚 鶏肉、仔羊肉と羊肉、牛肉、ヤギ肉、豚肉、魚、エビ、その他のシーフード、卵、オコという大きな鳥

乳製品 ミルク（牛、ヤギ）、エバミルク、チーズ

油脂 植物油、バター、ラード、デンデ油、オリーブ油

豆類 インゲンマメ、エンドウマメ、落花生

野菜 キャッサバ、プランテーン、サツマイモ、トマト、オクラ、カラルー（アマランサス、ヤウティア、タロイモなど根菜の食用になる葉）、カボチャ、ジャガイモ、タマネギ、トウガラシ

果物 ココナッツ（生、乾燥、粉、ミルク）、バナナ、パパイヤ、ライム、その他トロピカルフルーツ

種実類 ブラジルナッツ、カシューナッツ、ゴマ、カボチャの種

香辛料 シナモン、クローブ、カイエンペッパー、トウガラシ、カレー粉、黒胡椒、その他のスパイス

料理 ペッパーポットはたっぷりとした煮込み料理で、カサリープ（ニガキャッサバの根をおろして煮詰めた汁）、肉、クローブ、シナモン、コショウで作る。プランテーン、サツマイモ、ジャガイモをゆでたもの、もしくはフライ。オクラとコーンミールのマッシュ（クークー）。ヨーロッパから取り入れた料理としては、オランダのスプリットピーのスープ。リスターフェル。インドカレー。

甘味類 サトウキビ、砂糖、ハチミツ。マドウ（汁に漬けて柔らかくした果物）。ライスプディング。コウアクココ（乾燥させておろしたココナツ粉、砂糖、シナモン、ライムの皮）。ドコノン（コーンミール、バナナ、ココナッツ、スパイスのケーキを葉に包んでゆでる）

飲物 コーヒー、フルーツジュース、ソフトドリンク、サトウキビのジュース、茶、ビール、サトウキビのブランディー（カシャーサ）

屋台食 ワング（ひいたゴマを炒ったものに、シナモン、ライムの皮、砂糖もしくは塩を加える）

カザフスタン Kazakhstan
カザフスタン共和国

[地理] カザフスタンは中央アジアに位置し、北はロシア、西は 2,000km 近い海岸線でカスピ海に面している。世界 9 位の広大な面積を有し、大部分はステップで丘陵や台地が点在し、東に山地がある。

主要言語	民族		宗教	
カザフ語（国語）	カザフ人	63.1%	イスラム教	70.2%
ロシア語（公用語）	ロシア人	23.7%	キリスト教（多くはロシア正教）	26.2%
	ウズベク人	2.9%		
	ウクライナ人	2.1%	無神論	2.8%

人口密度 6.9 人/km²
識字率 99.8%
平均寿命 男性 65.9 歳、女性 76.0 歳
1 人あたり GDP 25,700 ドル
農業就業人口 18.1%

都市人口率 53.2%
出生 1000 あたり乳児死亡率 19.6
HIV 感染率 0.2%
失業率 5.2%
耕地面積率 10.9%

[農業] 小麦、ジャガイモ、大麦、綿、ニワトリ、羊、牛、ヤギ、豚

[天然資源] 石油、天然ガス、石炭、鉄鉱石、マンガン、クロム鉱石、ニッケル、コバルト、銅、モリブデン、鉛、亜鉛、ボーキサイト、金、ウラン、漁獲

[産業] 石油、石炭、チタン、リン酸塩、硫黄、トラクターおよびその他の農業機械、電気モーター、建材

[食文化への影響] カザフスタンは、中央アジアの広大な草原の国で、ロシアを別とすれば旧ソビエト連邦の共和国のうちで最も大きい。中央アジアは大部分が乾燥地帯で、極端な気候と地形を持ち、少雨、頻繁な暴風そして地震に襲われる。何千年も前にテュルク人とイラン人の血が、侵略してきたモンゴル人と中国人の血と混ざり、今日に残る主要部族を形成している。その後、インド人、アラブ人、タタール人、ロシア人、ウクライナ人がやって来た。20 世紀まで、大多数のカザフ人は、馬、ヤギ、ラクダ、羊、ヤク、牛を飼育する遊牧民だった。彼らは、ドーム型のテント（ユルト）に住み、ミルクと乳製品を常食し、補助的に肉を食べたが、その肉は通常、脂尾羊の肉だった。彼らは朝、ミルクと塩を入れた大量の温かい緑茶を飲む習慣があった。オアシスの住人もいて、穀物、果物、野菜を栽培していた。今日では灌漑を用いてそれが行なわれている。カザフスタンの食べ物への影響には、何世紀もここを支配したモンゴル、やはり何世紀にもわたって支配し、北に隣接しているロシア、そして東に隣接し、麺類の起源である中国な

どがある。カザフスタンと他の中央アジア諸国（トルクメニスタン、ウズベキスタン、タジキスタン、キルギスタン）の料理には共通するものがある。仔羊肉、濃厚なスープ、汁気の多いメイン料理、フラットブレッド、乳製品、果物、野菜などである。カザフスタンとキルギスタンが最も似ていて、卵はほとんど食べない。キルギス人など、他の中央アジア人とは異なり、カザフ人は、とくにカスピ海に沿った長い海岸線の近くで魚を食べる。

パンと穀類 小麦、大麦、キビ、米：フラットブレッド（丸いものが普通）、麺類、ダンプリング、ペストリー、米料理

肉と魚 鶏肉、仔羊肉と羊肉、牛肉、ヤギ肉、豚肉、ラクダ肉、魚：燻製馬肉ソーセージ（カジ）

乳製品 ミルク（羊、牛、ヤギ、ラクダ、馬、ヤク）、クリーム、サワーミルク、クラバー、ヨーグルト、チーズ（クルト、ハードチーズ、日干してから砕いて水に浸して戻したもの）：アイラン（ラクダ、羊、ヤギのミルクを、固まって酸っぱくなるまで弱火で煮る）、クミス（発酵させた馬のミルク）、シュバト（発酵させたラクダのミルク、濃厚で脂肪の含有量が高い）

油脂 バター、植物油、脂尾羊の脂肪（溶かす時に完全には液化させず、小さなカスを残す）

野菜 ジャガイモ、タマネギ、ニンジン、カボチャ、青物野菜、ピーマン、キュウリ、カブ、トマト、ダイコン

果物 リンゴ、ブドウ、モモ、メロン、イチジク、ルバーブ、アプリコット、プラム、洋ナシ、ホワイトマルベリー、バーベリー、ナツメ、サクランボ、マルメロ、ザクロ

種実類 クルミ、ヘーゼルナッツ、ピスタチオ、キャラウェイシード

香辛料 タマネギ、ニンニク、酢、塩、黒胡椒、ディル、ミント、コリアンダー、干しトウガラシ

料理 カザフスタン・ベシュバルマク（薄くスライスした仔羊肉、牛肉、または馬肉とひし形に切った麺が、肉のスープを入れた椀とともに供される）。マンティ（胡椒で味つけした仔羊の挽き肉を具に入れた蒸し餃子）。味つけした牛挽き肉を詰めて揚げたペストリー（ベリャシ）。シャシリク（仔羊肉のシシカバブ）は、仔羊肉の小片に味つけし、マリネした上で串に刺して炭火で焼く。プロフ（米のピラフ）、脂尾羊から取った脂肪または油で米を熱してから水を加え、蓋をして炊く。羊肉とタマネギ（あらかじめ脂肪や油で炒めてから米を入れる）と一緒に作ることが多い。ほとんどの料理は冷たいものを食べる。多くには臓物が入る。

甘味類 ハチミツ、砂糖：果物、ドライフルーツ、フルーツの砂糖煮。サムサ（クルミ、バター、砂糖を詰めたフリッター）。キャンディ：ハルバ（小麦粉、ハチミツ、クルミまたはナッツに熱いシロップをかける）、ブクマン（濃縮して甘味をつけたクリームと褐色に炒めた小麦粉で作る）。

飲物 茶、サワーミルク、シンニ（フルーツシロップ飲料）、ワイン。日中を通して、家庭や茶店で緑茶をホットで飲む習慣がある。茶はサモワールで供され、陶器の碗で飲む。小さなペストリー、フルーツ、キャンディが添えられる。

食事 朝食：クラバーまたはチーズ、フラットブレッド、お茶。昼食：濃くたっぷりのスープまたはチーズ、青野菜、果物、フラットブレッド、お茶。夕食：肉料理やプロフ、フラットブレッド、果物やスイーツ、お茶。食事をする時は、敷物または椅子に座り、手を使って食べ物をすくい取る。また、フラットブレッドを食べられる匙や皿として使ったり、平皿を使うこともある。

カタール Qatar
カタール国

[地理] 中東に位置するカタールは、ペルシャ湾西岸に面した小さな半島国で、サウジアラビアと国境を接している。国土の大部分を占める平坦な砂漠には石灰岩が立ち並び、わずかな植物が生育する。

主要言語	民族		宗教	
アラビア語（公用語）	カタール人	11.6%	イスラム教	67.7%
英語	非カタール人	88.4%	キリスト教	13.8%
			ヒンドゥー教	13.8%
			仏教	3.1%

人口密度　199.8人/km²　　　都市人口率　90.4%
識字率　97.8%　　　　　　　出生1000あたり乳児死亡率　6.2
平均寿命　男性76.8歳、女性81.0歳　　HIV感染率　0.1%
1人あたりGDP　129,700ドル　失業率　11.2%
農業就業人口　－　　　　　　耕地面積率　12.4%

[農業] ナツメヤシ、トマト、マスクメロン等のメロン類、野菜、ニワトリ、ヤギ、羊、ラクダ、牛

[天然資源] 石油、天然ガス、漁獲

[産業] 原油生産および精製、アンモニア、肥料、石油化学製品、商船の修繕

[食文化への影響] カタールの食物は、隣国サウジアラビアおよびバーレーンとよく似ている。北のトルコ、西の「アフリカの角」、東のイランやインドといった周辺地域だけでなく、イギリスの文化にも影響を受けてきた。国民の大半はイスラム教徒で、豚肉を食べず、飲酒はしない。ラマダン月は日の出から日没まで断食を行なう。外国人居住者が人口のかなりの割合を占めているため、さまざまな食物が手に入る。国土は大半が砂漠からなるが、沿岸地帯では魚が獲れる。

[パンと穀類] 小麦、米：フラットブレッド（ピタパンなど）、クスクス、パンケーキ、フィロ生地のペストリー、米料理

[肉と魚] 鶏肉、卵、ヤギ肉、仔羊肉、ラクダ肉、牛肉、魚、甲殻類。仔羊肉、鶏肉、魚が好まれている。

[乳製品] ヨーグルト（ラバン）、ラブネ（水切りヨーグルト）、ミルク、クリーム、フェタチーズ

[油脂] ゴマ油、白ゴマペースト（タヒーニ）、ギー（澄ましバター）、オリーブ油

豆類 ヒヨコマメ、レンズマメ

野菜 トマト、ナス、キュウリ、タマネギ、オリーブ、ニンニク、パセリ、ホウレンソウ、ミント、コリアンダー

果物 ナツメヤシ、マスクメロン、スイカ、マンゴー、オレンジ、バナナ、レモン、ライム、イチジク

種実類 アーモンド、ゴマ、タヒーニ用のゴマ

香辛料 塩、カルダモン、サフラン、ミント、バハラット（黒胡椒、コリアンダー、カッシア、クローブ、クミン、カルダモン、ナツメグ、パプリカのミックススパイス）、ルーミ（乾燥させたオマーンライム）、レモン汁、タマネギ、ニンニク

料理 仔羊のこま切れ肉、または挽き肉の串焼き（ケバブ・マシュウィ）。マクブース（エビ、生のハーブ、野菜の炊き込みご飯）。炊いた米。蒸したクスクス。ゆでたヒヨコマメやレンズマメ。ナス、トマト、タマネギ、オリーブ油を使ったキャセロール（仔羊肉を入れることもある）。キュウリのヨーグルトサラダ。ピクルス。

国民食 コウジ（仔羊の塊肉に、バハラット、サフラン、タマネギで調味した米や鶏肉、卵を詰めて焼く）。皿に敷いたライスにのせ、アーモンドとギーを添えて出す。

甘味類 ディビス（デーツシロップ〔ナツメヤシの糖蜜〕）、ハチミツ、砂糖、ナツメヤシ。バクラバ（薄いフィロ生地の層にナッツをはさんで焼き、ハチミツまたはフレーバーシロップをかけたペストリー）。アタイフ（詰め物をした小型のパンケーキ）はラマダン月限定の菓子で、北の隣国から伝えられた。

飲物 コーヒー、茶、フルーツドリンク、ヨーグルトドリンク、ビール、ワイン、蒸留酒。主要な飲物であるコーヒーは、有名なアラブ流のもてなしと深く関わっている。豆はよく煎って細かく挽いたものを使い、風味づけにカルダモンを入れることが多い。お茶はミルクを入れないのが普通で、かなり甘くして飲む。

屋台・間食 焼きたての鶏肉や仔羊肉のケバブは、シャワルマ（ケバブ）の屋台で買うことができる。垂直に立てた串で焼いた肉は、そぎ切りにして、トマト、パセリ、タヒーニとともに、ピタパンやロールパンにはさんで売られる。

カタール

ガーナ Ghana
ガーナ共和国

[地理] ガーナは、大西洋に面した西アフリカの国である。肥沃な低地平野と叢林地帯、沿岸の細い土地、ボルタ川とボルタ湖よりなる。

主要言語	民族		宗教	
英語（公用語）	アカン人	47.5%	キリスト教	71.2%
アサンテ語	モシ・ダゴンバ人	16.6%	イスラム教	17.6%
エウェ語	エウェ人	13.9%	土着信仰	5.2%
ファンティ語	ガー人	7.4%	無宗教	5.2%

人口密度 120.9人/km² 　　　都市人口率 55.3%
識字率 76.6% 　　　出生1000あたり乳児死亡率 35.2
平均寿命 男性64.5歳、女性69.6歳 　　　HIV感染率 1.6%
1人あたりGDP 4,400ドル 　　　失業率 5.8%
農業就業人口 44.7% 　　　耕地面積率 20.7%

[農業] キャッサバ、ヤムイモ、プランテーン、ココア、米、落花生、トウモロコシ、シアの実、バナナ、ニワトリ、ヤギ、羊、牛、豚

[天然資源] 金、材木、鉱業用ダイヤ、ボーキサイト、マンガン、漁獲、ゴム、水力発電

[産業] 鉱業、製材、軽工業、アルミ精錬、食品加工

[食文化への影響] ガーナは、西アフリカでも美食の国のひとつに数えられている。大きな影響は16世紀とそれ以降の、キャッサバ、ココア、トウモロコシ、落花生、トマト、トウガラシ、ジャガイモなど新世界の食べ物が持ち込まれたことである。在来のアフリカの食べ物はササゲ、スイカ、オクラである。1世紀以上支配したイギリスの影響も見られる。ギニア湾、河川、ボルタ湖では魚が獲れ、肥沃な平野ではココア、穀物、根菜、落花生、プランテーン、バナナが栽培され、動物が飼育される。日常食はほとんど穀物とでんぷん質の野菜、豆、青物に、近くで獲れた魚を食べる。スパイスのきいた、とろりとした食べ物が好まれる。

[パンと穀類] 米、トウモロコシ、キビ、ソルガム：北部ではキビのポリッジ（トゥオザフィー）、南部では発酵させたトウモロコシの粉をまとめてトウモロコシの皮に包んで蒸したもの（ケンケー）、ほかに米料理、コーンミールまたはプランテーンのケーキ。

[肉と魚] 鶏肉、ヤギ肉、仔羊肉と羊肉、牛肉、豚肉、魚介類（生、燻製、塩漬け、干物）、ホロホロチョウ、卵、ウサギ、狩猟動物、カタツムリ。鶏肉はよく食べられるご馳走。

[昆虫] シロアリ、イナゴ

ガーナ

乳製品 ミルク、サワーミルク、バターミルク、凝乳、ホエー、チーズ

油脂 シア油、パーム油、ピーナッツ油、ココナッツ油。最も使われるのはパーム油で、赤い。

豆類 落花生、ササゲ、イナゴマメ、小豆

野菜 キャッサバ、ヤムイモ、プランテーン、葉物、オクラ、トマト、ビターリーフ、モロヘイヤ、サツマイモ、ジャガイモ、ナス、カボチャ、タマネギ、赤トウガラシ、キュウリ、ピーマン、パセリ

果物 バナナ、ココナッツ、パイナップル、アキーアップル、バオバブ、スイカ、レモン、オレンジ、マンゴー、パパイヤ

種実類 シアの実、アブラヤシの核、カシューナッツ、コーラナッツ、スイカの種、ゴマ、マンゴーの種

香辛料 塩、トウガラシ、トマト、タマネギ、ニンニク、乾燥させたバオバブの葉、タイム、アフリカナツメグ、ホースラディッシュ、ココア

料理 ゆでた米、ココナッツミルクで煮た米、ゆでたオクラ、固ゆで卵、焼いたプランテーン、焼いたヤムイモなど、食べ物はたいがい煮るか焼くかして食べる。ソースとしてよく使うのはパラバ（葉物）、フレジョン（ササゲまたはインゲンマメのピューレ、ココナッツミルク、時々イナゴマメかチョコレート）。フフ（でんぷん質の野菜をゆでてつぶしたもの、もしくはゆでたトウモロコシ粉のペースト）はひと口大に丸めて、煮込み料理をすくって食べる。ピーナッツシチュー（挽いたピーナッツ、トマト、タマネギ、コショウ、ニンニク、時折鶏肉）。カボチャを他の野菜、挽き肉と煮る。ガリフォト（キャッサバの粉をトマト、タマネギ、トウガラシ、スクランブルエッグと調理したもの）。タタリ（コーンミールとプランテーン、トウガラシのパンケーキ）。ローストチキンのピーナッツソース添え。フエダイをレモン汁でマリネし、油、トウガラシ、タイム、パセリ、削ったココナッツと和える。イモゴ（魚とエビを別々にゆで、骨と殻を取り、レモン汁、トウガラシ、トマト、タマネギ、ニンニクと和える）。アコトンシ（詰め物をしたオカガニ）。鶏の砂肝の串焼き。ピリピリ（トウガラシ、トマト、タマネギ、ニンニク、ホースラディッシュのソース）はいつもテーブルにある。

甘味類 ハチミツ、砂糖、鮮やかな色の丸い揚げドーナツ（トグベイ）、パイナップルのフリッターのピーナッツクリーム添え

飲物 ココア、コーヒー、ビール、レッドジンジャー（ローゼルの果実のハーブティ）

屋台食 スパイスのきいたケバブ、魚のフライ、炊いたご飯を丸めたもの、ココナッツビスケット、甘いポリッジ

カナダ Canada

[地理] カナダは西半球で最大の国で、太平洋から大西洋、北極からアメリカまで広がる。その10の州、3つの準州には海岸線、平野、山脈、森林、川が含まれる。気候はおおむね温帯に属し、冬寒く、夏暑い。

主要言語	民族		宗教	
英語（公用語）	カナダ人	32.2%	カトリック	39.0%
フランス語（公用語）	イギリス人	19.8%	プロテスタント	20.3%
	フランス人	15.5%	イスラム教	3.2%
	スコットランド人	14.4%	無宗教	23.9%
	アイルランド人	13.8%		
	ドイツ人	9.2%		
	イタリア人	4.5%		

人口密度　3.9人/km²
識字率　99%
平均寿命　男性79.3歳、女性84.7歳
1人あたりGDP　46,200ドル
農業就業人口　2%

都市人口率　82.2%
出生1000あたり乳児死亡率　4.5
HIV感染率　−
失業率　7.1%
耕地面積率　5.1%

[農業] 小麦、大麦、脂肪種子、トウモロコシ、ジャガイモ、オート麦、大豆、エンドウマメ、レンズマメ、タバコ、果物、野菜、ニワトリ、牛、豚、羊、ヤギ

[天然資源] 鉄鉱石、ニッケル、亜鉛、銅、金、鉛、モリブデン、カリ化合物、ダイヤモンド、銀、漁獲、木材、野生生物、石油、天然ガス、水力発電

[産業] 輸送設備、化学製品、ミネラル、食品、魚製品、木製品、紙製品、石油、天然ガス

[食文化への影響] 面積がアメリカより大きい世界第2位のカナダは、人口はその10分の1である。この広大な土地はさまざまな食をはぐくむ。魚介類、狩猟動物、農地などの資源に恵まれ、広大で寒冷な荒れ地がある一方、ナイアガラ半島やオカナガンバレー（ブリティッシュコロンビア州）は果物を栽培できるほど温暖で、対照的である。主要鉄道網であるカナダ太平洋鉄道とカナディアン・ナショナル鉄道はホテルも経営し、美味な食事を提供する。カナディアンベーコン、カルガリーサーロイン、スプリングラムチョップ、湖の魚、チェダーチーズ、ホットブルーベリーパイ、銀器で出されるコーヒー。郷土食、先住民の食べ物、イギリス、フランス、北欧、アジアの移民がもたらした食べ物がカナダの食文化に影響を与えた。

[カナダ東部、大西洋諸州] ニューファンドランド州、ノバスコシア州、ニューブランズ

ウィック州、プリンスエドワード島州ではシーフードが食の重きをなし、主食はジャガイモである。ニューファンドランドでは魚やブリース（堅パンを水に浸し、塩漬け豚などと作ったスープ）などの伝統的料理、家庭でパンやケーキを焼く習慣が続いている。沿海州（ノバスコシア、ニューブランズウィック、プリンスエドワード島）ではイギリスとフランスの伝統が生き続け、アカディアポテトのダンプリングなどのフランス料理、糖蜜で甘くしたオートミールブレッドといったスコットランド料理が伝わっている。カナダ東部はメープルシロップの産地でもある。

ケベック州 フランス語圏のケベックにはクレトン（豚のパテ）、トゥルティエール（スパイスのきいたポークパイ）、ケベック風エンドウマメのスープ（黄色いスプリットピー、豚足の燻製もしくは骨付きハム、香辛料）などのフランスの影響が見られる。ケベックはメープルシロップの世界の生産量の大半を供給する。モントリオールは、プーチン（フレンチフライにチーズとグレービーをのせたもの）などの屋台料理が有名。

オンタリオ州 ケベック州の西のオンタリオ州は、湖と果物、ベリー類の宝庫である。都市としてはオタワ（首都）、トロント、チェダーチーズ産業の誕生の地インガーソルがある。料理には、トウモロコシとインゲンマメのスープ、特別料理のムースなど先住民の影響が見られる。ソーセージ、ドライフルーツ、ミートパイ、鶏肉やウサギのポットパイ、糖蜜パイはドイツの影響である。豊富な果物を使った名物料理にダッチアップルパイとアイスワイン（ドイツのデザートワイン、アイスヴァインに似ている）がある（Aspler、1995）。

プレーリー諸州 マニトバ州、サスカチェワン州、アルバータ州はさらに西に位置するカナダの穀倉地帯である。赤身の肉の産地でもある。河川や湖には魚が棲み、入植初期と違ってバッファローではなく牛肉を食べ、小麦と、マコモなど他の穀物を栽培する。料理はスカンジナビアなどヨーロッパの移民の影響を受けるが、とくにマニトバにはウクライナからの移民が多く、カナダの国民食であるピエロギ（甘い具、もしくは塩味の具を詰めたパイ）を伝えた。

カナダ西部、ブリティッシュコロンビア州 ブリティッシュコロンビア州は太平洋に面していてサケが獲れ、先住民のやり方で風乾したサケ、ジャーキーが有名だ。郷土食にはそのほかに葉物、ユリ根、野生のベリーがある。今ではブドウが栽培され、ワインが醸造されている。先住民、イギリス人、アジア人の影響が顕著だが、とくにバンクーバーでは20世紀末に移民のパターンが大きく変わり、アジア、とくに香港、中国、台湾から大量の移民が入って来るようになった（Powers and Stewart、1995）。

パンと穀類 小麦、大麦、トウモロコシ、オートミール、米、マコモ：パン、フランスパン、ポリッジ、ビスケット、スコーン

肉と魚 鶏肉、牛肉、豚肉、仔羊肉、ヤギ肉、魚（サケ、タラ）、シーフード（ロブスター）、ウサギ、狩猟鳥類、狩猟動物（鹿）：ベーコン、カナディアンベーコン、豚の塩漬け、ソーセージ、サケのジャーキー

乳製品 ミルク、クリーム、チーズ（チェダー、フランス風のオカチーズもしくはトラピスト修道僧のチーズ）
油脂 植物油、コーン油、キャノーラ油、ベニバナ油、ナタネ油、ベーコン、豚の塩漬け、バター
豆類 大豆、スプリットピー（黄色）、レンズマメ、インゲンマメ
野菜 ジャガイモ、トマト、キノコ、ニンジン、セロリ、タマネギ、レタス、サヤインゲン、エンドウマメ、アスパラガス
果物 リンゴ、クランベリー、ブルーベリー、バナナ、ブドウ、オレンジ、イチゴ、洋ナシ、サクランボ、ルバーブ
種実類 カナリアクヨサシ、マスタードシード、キャラウェイシード、ナタネ、アマニ
香辛料 塩、黒胡椒、タマネギ、シナモン、ショウガ
料理 貝または魚のチャウダー。ゆでたロブスター、ゆでたトウモロコシ。フィッシュ・アンド・チップス（揚げた魚とフレンチフライ）。サーモンステーキ。スプリットピーのスープ。トウモロコシとインゲンマメのスープ。牛肉、ラムチョップ、サケのグリル焼き。牛肉の蒸し焼きまたはシチュー。ミートパイ。
甘味類 砂糖、メープルシロップ、糖蜜、パイ（リンゴ、ブルーベリー、ルバーブ）、プディング、シナモンバーンズ、ケーキ
飲物 茶、コーヒー、サイダー、ビール、ワイン、アイスワイン（デザートワイン）
屋台食 フィッシュ・アンド・チップス、プーチン（フレンチフライ、チーズ、グレービー）

カーボヴェルデ　Cabo Verde
カーボヴェルデ共和国

[地理] カーボヴェルデは、アフリカ西端の大西洋沖に位置する、15 の火山島からなる国である。荒涼とした大地が広がり、植生は内部の谷に見られるのみである。

主要言語	民族	宗教	
ポルトガル語（公用語）	クレオール（ムラート）	カトリック	77.3%
カーボベルデ・クレオール語（ポルトガル語と西アフリカ言語が混ざってできた言語）	71%	プロテスタント	4.6%
	アフリカ系　28%	無宗教	10.8%

人口密度　139.1 人/km²　　都市人口率　66.8%
識字率　88.5%　　出生 1000 あたり乳児死亡率　21.9
平均寿命　男性 70.1 歳、女性 74.8 歳　　HIV 感染率　0.8%
1 人あたり GDP　6,700 ドル　　失業率　10.5%
農業就業人口　－　　耕地面積率　13.6%

[農業] サトウキビ、果物、豆類、バナナ、トウモロコシ、インゲンマメ、サツマイモ、サトウキビ、コーヒー、落花生、ニワトリ、豚、ヤギ、牛、羊

[天然資源] 塩、玄武岩、石灰石、カオリン、漁獲

[産業] 食品、飲料、魚製品、靴、衣料、岩塩採鉱、船舶修理

[食文化への影響] カーボヴェルデの料理は、ポルトガルと西アフリカの影響を受けている。ポルトガル人は家畜の豚と鶏、オリーブ、塩ダラ、コーヒー、茶、ヨーロッパ風のパンをもたらした。ヤギ肉、卵を使った甘い料理を好むのもポルトガルの影響だ。アメリカ大陸、とくにブラジルからトウモロコシ、トマト、ジャガイモ、サツマイモ、トウガラシ、ピーマン、キャッサバが持ち込まれた。東からはモザンビーク（やはりポルトガルの植民地）経由でオレンジ、レモン、多くの香辛料、それにおそらく砂糖とさまざまなトロピカルフルーツがもたらされた。西アフリカからは乳製品、穀物のペースト、でんぷん質の根菜、葉物野菜、豆、ソースに血を使う習慣が食文化に加わっている。屠畜した動物の血をイエローライスに使うのは、中世のポルトガルの伝統である。

[パンと穀類] トウモロコシ、米、小麦：ポリッジ、穀物のペースト、米料理、ポルトガル風パン

[肉と魚] 鶏肉、卵、豚肉、ヤギ肉、牛肉、仔羊肉と羊肉、魚介類

[乳製品] ミルク、クリーム、凝乳、ホエー、チーズ

[油脂] パーム油、ラード、ゴマ油、バター、オリーブ油

豆類 インゲンマメ、落花生、ササゲ
野菜 サツマイモ、キャッサバ、葉物、タマネギ、トマト、ジャガイモ、ピーマン、トウガラシ、オクラ、オリーブ、カボチャ、レタス、パセリ
果物 バナナ、ココナッツ、バオバブ、パイナップル、オレンジ、レモン、ライム、グアバ、マンゴー、パパイヤ
種実類 カシューナッツ、バオバブの種、ゴマ
香辛料 塩、黒胡椒、タマネギ、ニンニク、トウガラシ、コリアンダー、クローブ、シナモン、サフラン、ショウガ
料理 フレジョン（ココナッツミルクを使ったインゲンマメのペースト）、塩ダラをキャッサバの葉、ピーマン、パーム油と調理した料理。ニンニク、トウガラシ、クローブをきかせたヤギのシチュー。乾燥マメをゆで、ラードで炒めたトウモロコシと混ぜた料理。ライム、すりゴマ、オリーブ油、ニンニク、コリアンダーを使った煮魚料理。エビを切ったタマネギとともにオリーブ油とバターで炒めココナッツミルク、トマト、赤トウガラシ、黒胡椒、ショウガとともに煮る。ワインを加え、ココナッツの粉、パセリ、レタスの上にかけ、ライスとともに供する。切った鶏肉をパーム油、ニンニク、タマネギ、赤トウガラシ、オクラ、カボチャ、サツマイモの葉とともに調理する。エビをグリルで焼き、油、レモン汁、ニンニク、塩、胡椒で味つけしたソースで食べる。炒めた豚肉をマリネする。イエローライス（オリーブ油で米を茶色に炒め、サフランを入れてスープで炊く）。ヤギ肉のポットロースト（薄切りのヤギ肉をベーコン、タマネギと層にし、ベイリーフ、ニンニク、クローブ、赤トウガラシ、辛口のワインを入れて蓋をし、肉がほぼ柔らかくなるまで煮る。切ったジャガイモを加え、ふたたび蓋をして柔らかくなるまで煮る。
甘味類 サトウキビ、砂糖、ココナッツプディング、ココナッツと炒めたバナナ、パパイヤをつぶし卵とカスタードにする。
飲物 コーヒー、ビール、ワイン（パーム、マデイラ、ポート）

ガボン Gabon
ガボン共和国

[地理] ガボンは大西洋に面し、赤道をまたぐ中央アフリカの国である。沿岸低地と高原からなり、北東は山岳地帯である。国土の大部分は森林で覆われている。

主要言語	民族	宗教	
フランス語（公用語）	バンツー系民族	カトリック	41.9%
ファン語、ミエネ語、ンゼビ語	ファン人	プロテスタント	13.7%
プヌ/エシラ語、バンジャビ語	プヌ人	その他のキリスト教	32.4%
	ンゼビ人	イスラム教	6.4%
	オバンバ		
	フランス人		

人口密度 6.9人/km² 　　都市人口率 87.6%
識字率 83.2% 　　出生1000あたり乳児死亡率 44.1
平均寿命 男性51.7歳、女性52.5歳 　　HIV感染率 3.6%
1人あたりGDP 19,300ドル 　　失業率 18.5%
農業就業人口 60% 　　耕地面積率 1.3%

[農業] プランテーン、サトウキビ、キャッサバ、ココア、コーヒー、アブラヤシ、ニワトリ、ウサギ、豚、羊、ヤギ、牛

[天然資源] 石油、天然ガス、ダイヤモンド、ニオブ、マンガン、ウラン、金、材木、鉄、水力発電、漁獲

[産業] 採油、石油精製、マンガン、金、化学製品、船舶修理、食品加工、飲料加工

[食文化への影響] この国の沿岸では魚介類が獲れる。熱帯性気候の低地、高原、山地ではココア、コーヒー、サトウキビ、アブラヤシが育ち、家畜が飼育される。日常的に食べるのはでんぷん質の根菜、プランテーン、バナナ、穀物、豆、葉物である。キャッサバ、トウモロコシ、落花生、トマト、トウガラシ、ジャガイモ、ココアなど新世界からの食べ物は、ガボンの食を大きく変えた。在来のアフリカの食べ物はササゲ、スイカ、オクラである。19世紀と20世紀にこの一帯を支配したフランスも、この国の食に影響を与えた。

[パンと穀類] 米、トウモロコシ、キビ、ソルガム：つぶしたバナナと小麦粉で作るパン

[肉と魚] 鶏肉、豚肉、仔羊肉と羊肉、ヤギ肉、牛肉、魚（生、燻製、塩漬け、干物）、シーフード、ホロホロチョウ、卵、ウサギ、狩猟動物。鶏肉がよく食べられる。

[昆虫] シロアリ、イナゴ

[乳製品] ミルク、サワーミルク、バターミルク、凝乳、ホエー、チーズ

油脂 パーム油、ピーナッツ油、シア油、ココナッツ油。パーム油がいちばん多く使われ、食物に赤味を加える。

豆類 落花生、ササゲ、イナゴマメ、小豆

野菜 プランテーン、キャッサバ、ヤムイモ。葉物（キャッサバ、ビターリーフ）、オクラ、トマト、サツマイモ、ジャガイモ、ナス、カボチャ、タマネギ、トウガラシ、キュウリ、ピーマン

果物 バナナ、ココナッツ、パイナップル、アキーアップル、バオバブ、スイカ、グアバ、レモン、ナツメヤシ、マンゴー、パパイヤ

種実類 アブラヤシの核、シアの実、カシューナッツ、コーラナッツ、スイカの種（エグシ）、マンゴーの種。種実はソースをとろりとさせ、風味を加える。

香辛料 塩、パーム油、タマネギ、トウガラシ、トマト、ココア

料理 たいていの食べものは煮るか焼くかして、塊をソースにつけて手で食べる。ピーナッツソース、ゆでてつぶした葉物、ササゲまたはインゲンマメのピューレ。ヤムイモのフライ。フフ（でんぷん質の野菜もしくはトウモロコシをゆでてつぶしたペースト）はひと口サイズに丸めて、煮込み料理をすくって食べる。根菜、オクラ、ピーナッツ、魚、鶏肉か牛肉の煮込み。モインモイン（ゆでてつぶしたササゲのペースト、トウガラシ、タマネギ）。ココナッツミルクで煮た米。プランテーンをタマネギ、トウガラシとともにパーム油で調理する。卵、タマネギ、トウガラシのオムレツ。ローストチキンのピーナッツソース添え。

甘味類 ハチミツ、砂糖、丸い揚げドーナツ、ピーナッツキャンディ、ハチミツ、砂糖またはココナッツと焼いたバナナ

飲物 ココア、コーヒー、ビール

屋台食 スパイスのきいたケバブ（クープクープ）、魚のフライ、プランテーンのチップス。インゲンマメの団子。蒸した米、ササゲ、ヤムイモ、ピーナッツを丸めたもの。間食は一般的で、通りの屋台で売られている。

カメルーン　Cameroon
カメルーン共和国

[地理] カメルーンは、アフリカの西海岸沿いに位置する中央アフリカの国である。南は沿岸の低い海岸平野と熱帯雨林、中央部は高原台地、西部は森林、北部は草原とチャド湖の周りの沼沢地である。

主要言語	民族		宗教	
英語（公用語）	高地族	31%	カトリック	38.4%
フランス語（公用語）	赤道バントゥー族	19%	プロテスタント	26.3%
24の主たるアフリカ言語	キルディ族	11%	イスラム教	20.9%
	フラニ族	10%	土着信仰	5.6%
	北西部バントゥー族	8%		
	東部ナイジェリア系	7%		

人口密度　52.9人/km²　　　都市人口率　55.5%
識字率　75%　　　　　　　出生1000あたり乳児死亡率　51.0
平均寿命　男性57.6歳、女性60.4歳　　HIV感染率　3.8%
1人あたりGDP　3,300ドル　　失業率　4.5%
農業就業人口　70%　　　　　耕地面積率　13.1%

[農業] キャッサバ、サトウキビ、プランテーン、コーヒー、ココア、綿花、ゴム、バナナ、脂肪種子、穀物、ニワトリ、牛、ヤギ、羊、豚

[天然資源] 石油、ボーキサイト、鉄鉱石、木材、水力発電、漁獲

[産業] 石油製品、石油精製、アルミニウム製品、食品加工、軽工業、繊維、材木

[食文化への影響] この熱帯の国の沿岸では魚とエビが獲れ、雨の降る低地と中央の高原台地ではココア、コーヒー、バナナが生育する。さらに北部の草原地帯では家畜の飼育が行なわれる。南部で栽培されるでんぷん質の根菜と、より乾燥した北部で栽培される穀物が主食である。食への影響はポルトガル人、ドイツ人、フランス人、イギリス人から受けた。国名のカメルーンは、エビを意味するポルトガル語のカマランが由来。カメルーン料理は中央アフリカで最高だと考える人もいる。15、16世紀にもたらされたキャッサバ、トウモロコシ、落花生、トマト、トウガラシ、ジャガイモなどの新世界の食べ物は、食に大きな影響を与えた。伝統的なアフリカの食べ物としてはササゲ、スイカ、オクラがある。でんぷん質の食べ物が真の食べ物であるという考えがあり、ソースやシチューは添え物だとみなされる。食べるのはでんぷん質の野菜、豆、葉物野菜である。オクラのように、ねばねばした触感が好まれる。

[パンと穀類] トウモロコシ、米、キビ、ソルガム：つぶしたバナナと小麦パン、穀物の

ペースト、米料理

肉と魚 鶏肉、卵、牛肉、ヤギ肉、仔羊肉、豚肉、魚（生、燻製、塩漬け、干したもの）、エビ、ウサギ、狩猟動物。鶏肉は一般的で好まれる。魚は豊富に獲れ、肉とともに煮込み料理に使われる。

昆虫 シロアリ、イナゴ

乳製品 ミルク、サワーミルク、バターミルク、凝乳、ホエー、チーズ

油脂 パーム油、ピーナッツ油、シア油、ココナッツ油。パーム油はたいていの料理にふんだんに使われ、赤味を加える。

豆類 落花生、ササゲ、イナゴマメ、小豆

野菜 キャッサバ、プランテーン、ヤムイモ、葉物野菜（キャッサバ、ビターリーフ）、オクラ、トマト、サツマイモ、ジャガイモ、ナス、カボチャ、タマネギ、トウガラシ、キュウリ、ピーマン

果物 バナナ、ココナッツ、パイナップル、アキーアップル、バオバブ、スイカ、グアバ、レモン、ナツメヤシ、マンゴー、パパイヤ

種実類 カシューナッツ、コーラナッツ、スイカの種（エグシ）、ゴマ、マンゴーの種、バオバブの種

香辛料 塩、パーム油、タマネギ、トウガラシ。これらはほとんどの料理に使われる。

料理 標準的なスタイルは材料をゆでるか炒めるかして、その塊をソースにつけ手で食べる。フフ（でんぷん質の野菜やトウモロコシをゆでてつぶし、ペースト状にしたもの）をひと口サイズにして、煮込み料理をすくって食べる。根菜、オクラまたはピーナッツに少量の魚、鶏肉、牛肉を入れた煮込み料理。モインモイン（ゆでたササゲ、トウガラシ、タマネギのペースト）。ココナッツミルクで煮た米。ピーナッツシチュー（ピーナッツ、トウガラシ、トマト、ハーブ、牛肉、鶏肉、魚などとジャガイモ、インゲンマメ、ナス）。ントンバ・ナム（コショウ、タマネギ、ハーブが入ったピーナッツソース）。アロコ（プランテーンをタマネギとトウガラシとともにパーム油で調理する）。刻んだ葉のソース（ビターリーフなど）。

名物料理 カメルーン産のエビを串に刺して焼き、スパイスのきいたピーナッツソースを添える。

甘味類 サトウキビ、ハチミツ、砂糖、丸い揚げドーナツ、ピーナッツキャンディ、ココナッツと炒めたバナナ。

飲物 コーヒー、ココア、ビール

屋台 スパイスのきいたケバブ、魚のフライ、プランテーンのチップス、米もしくはササゲを丸くまとめたもの。

韓国 Korea, South
大韓民国

[地理] 東アジアにある韓国は、日本海と黄海に面する朝鮮半島の北緯38度線の南を占めている。国土の70%は丘陵地と山地で、複雑に入りくんだ西、南海岸と多くの港や島々がある。

主要言語	民族	宗教	
朝鮮語（公用語）	朝鮮人	プロテスタント	19.7%
学校では広く英語が教えられている	中国人（少数）	仏教	15.5%
		カトリック	7.9%
		無宗教	56.9%

人口密度　528.1人/km²　　　都市人口率　82.7%
識字率　99.0%　　　　　　　出生1000あたり乳児死亡率　3.0
平均寿命　男性79.3歳、女性85.8歳　HIV感染率　－
1人あたりGDP　37,900ドル　失業率　3.7%
農業就業人口　4.9%　　　　　耕地面積率　15.1%

[農業] 米、白菜、キャベツ、柑橘類、果物、根菜、大麦、野菜、ニワトリ、豚、牛、ヤギ、羊

[天然資源] 漁獲、石炭、タングステン、グラファイト、モリブデン、鉛、水力の可能性

[産業] エレクトロニクス、通信、自動車生産、化学薬品、造船、鉄鋼

[食文化への影響] 西暦紀元前後、朝鮮には三つの王国があった。一つは北、あとの二つは南である。これらの王国は文化的に進んでいて、宮廷や中央政府をもっていた。その頃、仏教がこの地域に導入されて王族に受け入れられ、儒教は小貴族のあいだに広まった。中国の援助を受けた新羅は、ほかの二つの王国を征服し、668年に朝鮮を統一した。朝鮮は1895年の独立まで中国につながりを持っていた。日本は1910年から第二次世界大戦の終結まで朝鮮を支配した。1948年に朝鮮は北と南に分裂した。韓国には肥沃で温暖な平野があり、穀物、野菜、果物を生産し、家畜を養う。海岸では魚介類が獲れる。食生活は米をベースにしており、スパイシーな野菜、肉、または魚の総菜やタレが含まれている。韓国料理は、味つけが濃く、食事には五つの味（塩味、甘味、酸味、苦味、辛味）と五つの色（赤、緑、黄、白、黒）が含まれている。韓国料理には、一般的大衆の日常食と洗練された宮廷料理があり、後者は多くの調味料、複雑な調理方法を使用して、美しく盛り付ける。今日、後者の料理は、特別な行事や客の食事に使用される。そのような食事では料理が多く、酒とデザートの両方が供される。

パンと穀類 米（通常は短粒で粘り気がある）、大麦、小麦、キビ、ソバ：米料理、饅頭、餅、豆入りの餅、麺類（小麦、ソバ、または緑豆）、チヂミ

肉と魚 鶏肉、豚肉、牛肉（小間切れなど）、ヤギ肉、仔羊肉、羊肉、魚介類、卵：スパム（缶詰の豚肉製品）。牛肉はとくに人気がある。

乳製品 ミルクと乳製品は、一般に消費されず、また調理に使用されない。

油脂 ゴマ油、植物油

豆類 大豆、小豆、緑豆、赤インゲンマメ、落花生：豆腐、醤油、味噌

野菜 キャベツ、青ネギ、ジャガイモ、サツマイモ、ビート、ダイコン、海藻、ナス、ニンジン、キュウリ、シソ、春菊、モヤシ、キノコ、タケノコ、トウガン

果物 ナシ、タンジェリン、マンゴー、温州ミカン、リンゴ、サクランボ、ナツメ、ブドウ、レモン、オレンジ、メロン、柿、プラム。果物は通常、生で食べる。

種実類 松の実、栗、ギンナン、ヘーゼルナッツ、ピスタチオ、クルミ、ゴマ

香辛料 醤油、ニンニク、ショウガ、黒胡椒、青ネギ、唐辛子、ゴマとゴマ油、塩、魚醤（セウジョ）、シナモン、カラシ、砂糖、米酢

料理法 肉は、調理する前に、しばしば油、酢、醤油、刻んだ青ネギ、ゴマに漬け込む。味付けした牛肉は、食卓に設置した小さな炭火コンロやガスグリルの上で焼くことが多い。中央に調理の熱源となる炭を入れる煙突と、それを取り巻くボウルが付いた、火鍋と呼ばれる銅や真鍮製の道具は、特別な料理に使用される。モンゴル式バーベキューは、中央が盛り上がった鉄製の焼き板で食材を炒めるもので、あまり一般的ではないが、国外の韓国レストランで供されることがある。

料理 蒸し米。キムチ（発酵させた野菜、通常は白菜、赤トウガラシ入り）。魚介の漬け物。ミートボール。ワカメスープ（ミョックク）。ゆでた麺。蒸し餃子。プルコギ（牛肉のバーベキュー）は、醤油、ゴマ油、タマネギ、ニンニクに漬けて味つけした牛肉を焼く。火鍋（シンソルロ）は、牛肉やレバー、卵焼き、野菜、ナッツを木炭で加熱した味つきスープで調理する。タレ：醤油、米酢、レモン汁、ニンニク、赤トウガラシ。味つき豆腐。春菊のサラダ。味つきナス。小麦粉の衣で揚げたナス。付け合わせ：薄焼き卵を巻いて細切りにしたもの。ゴマ油を塗って、塩味をつけ、焼いた海苔（キム）。

甘味類 ハチミツ、砂糖、米のクッキー。ナッツ、ナツメ、または赤豆入りの餅。干した果物、とくに干し柿。ゴマをまぶしたナツメは結婚式で供される。菓子は特別な行事や軽食のために作られる。

飲物 スープ、熱い麦茶、玄米茶、ハーブティー（人参茶）、マッコリ、ビール、ソジュ（芋焼酎）

食事 一日3食に間食が普通。朝食：スープ、米の粥、キムチ。昼食：麺または米飯に汁と付け合わせを入れたもの。夕食：米飯（メインディッシュ）に副菜（パンチャン）として、手に入れば肉や魚の料理、野菜2〜3種、キムチ、スープ。夕食前に酒や前菜が供されることもある。食事の最後に果物を食べることもある。麦茶などのお茶が食事

の後に供される。一人ひとりに、米飯、スープ、キムチが碗で供される。金属の箸と金属のスープ用スプーンが用意されている。会食の時は、副菜の碗がテーブルの中央に置いた盆に供される。

屋台・間食 焼き物や蒸し物、菓子、米の酒（マッコリ）に青ネギ味のチヂミを添えたもの。

ガンビア　Gambia, The
ガンビア共和国

[地理] ガンビアは大西洋に面するアフリカ西端の国で、最大幅48kmのアフリカ最小の国である。大半はサバンナで、ガンビア川に二分されている。

主要言語	民族		宗教	
英語（公用語）	マンディンカ人	33.8%	イスラム教	95.7%
マンディンカ語（マリンケ語）	フラ人	22.1%	キリスト教	4.2%
フラ語	ウォロフ人	12.2%		
ウォロフ語	ジョラ人	10.9%		
その他の土着の方言	セラフリ	7.0%		

人口密度　202.7人/km²　　　　　都市人口率　60.8%
識字率　55.6%　　　　　　　　　出生1000あたり乳児死亡率　60.2
平均寿命　男性62.8歳、女性67.5歳　HIV感染率　1.7%
1人あたりGDP　1,700ドル　　　　失業率　29.7%
農業就業人口　75%　　　　　　　耕地面積率　43.5%

[農業] キビ、ピーナッツ、アブラヤシ、ソルガム、米、トウモロコシ、ゴマ、キャッサバ、ニワトリ、牛、ヤギ、羊、豚

[天然資源] 漁獲、チタン、錫、ジルコン

[産業] ピーナッツ加工、魚、皮革、観光、飲料加工、農耕機械組立

[食文化への影響] 大西洋とガンビア川では魚が獲れ、サバンナは家畜を養う草を供給してくれる。ほぼ400年間のイギリス支配による影響がある。トウモロコシ、落花生、トウガラシ、キャッサバ、トマト、ジャガイモなどの新世界の食べ物はガンビアの食習慣を大きく変えた。在来の食べ物はスイカ、ササゲ、オクラ。日常的に食べられるのはでんぷん（穀物とでんぷん質の野菜）、豆、青物で、肉はぜいたく品である。ほとんどの食べ物はゆでるか焼くかして、塊をソースにつけて手で食べる。濃く、どろりとして、スパイスがきいた食べ物が好まれる。種実類はソースをとろりとさせ、風味を加える。

[パンと穀類] キビ、ソルガム、米、トウモロコシ：ポリッジ、米料理、コーンミールまたはプランテーンのパンケーキ、ビスケット

[肉と魚] 鶏肉、牛肉、ヤギ肉、仔羊肉、豚肉、魚介類（生、燻製、塩漬け、干物）、ホロホロチョウ、卵、ウサギ、ブッシュミート（狩猟動物、とくにアンテロープと野生化した豚）。鶏肉は一般的なご馳走。

[昆虫] シロアリ、イナゴ

[乳製品] ミルク、サワーミルク、バターミルク、凝乳、ホエー、チーズ

[油脂] パーム油、シア油、ココナッツ油。料理に最も使われるのはパーム油で、赤味が加わる。
[豆類] 落花生、ササゲ、イナゴマメ、小豆
[野菜] キャッサバ、ヤムイモ、プランテーン、葉物、オクラ、ビターリーフ、モロヘイヤ、トマト、サツマイモ、ジャガイモ、ナス、カボチャ、タマネギ、トウガラシ、キュウリ、ピーマン
[果物] ココナッツ、アキーアップル、バオバブ、パイナップル、スイカ、バナナ、グアバ、レモン、ライム、マンゴー、パパイヤ
[種実類] カシューナッツ、コーラナッツ（カフェイン含有）、ゴマ、スイカの種（エグシ）、マンゴーの種
[香辛料] 塩、トウガラシ、トマト、タマネギ、乾燥させたバオバブの葉、ショウガ、タイム、アフリカナツメグ
[料理] フフ（でんぷん質の野菜をゆでてつぶすかゆでたトウモロコシ粉のペースト）はひと口サイズに丸めて、煮込み料理をすくって食べる。魚や肉の煮込み料理。ピーナッツ、オクラ、根菜、トウガラシ、トマト、ハーブに魚か肉を少量入れた煮込み。ピーナッツソース。パラバソース(葉物)。フレジョン（ササゲまたはインゲンマメのピューレ、ココナッツミルク、ときおりイナゴマメやココア）。ガリ（キャッサバの粉を炒ったもの）。蒸したご飯を丸めたもの。アダル（ゆでるか焼くかした野菜のマッシュ）。ヤッサ（鶏肉か魚をレモンまたはライム汁でマリネしてから、タマネギとともに焼くか炒めるかして、マリネ液で蒸し煮にする）。ジョロフライス（さまざまな肉、野菜、スパイスとともに炊いた米料理）。鶏肉をトマト、タマネギ、オクラ、ピーナッツソースとローストする。
[甘味類] ハチミツ、砂糖、カニヤ（ピーナッツキャンディ）、丸い揚げドーナツ、バナナのフリッター
[飲物] ビール、レッドジンガー（ローゼルの果実のハーブティ）、ジンジャービール
[屋台食] シャワルマ（回転させながら焼いた仔羊肉）、魚のフライ、インゲンマメを丸めた団子、パフパフ（ドーナツ）、ココナッツビスケット

カ

ガンビア

カンボジア Cambodia
カンボジア王国

[地理] カンボジアは、インドシナ半島にあってタイランド湾に臨む東南アジアの国である。国土の大半（76％）は森林に覆われ、メコン川沿いに中央平原、南東部に山地と丘陵がある。

主要言語	民族		宗教	
クメール語（公用語）	クメール人	97.6％	仏教（国教）	96.9％
			イスラム教	1.9％

人口密度　91.8人/km²　　　　　　　都市人口率　21.2％
識字率　78.3％　　　　　　　　　　出生1000あたり乳児死亡率　47.4
平均寿命　男性62.4歳、女性67.5歳　　HIV感染率　0.6％
1人あたりGDP　3,700ドル　　　　　失業率　0.3％
農業就業人口　48.7％　　　　　　　耕地面積率　21.5％

[農業] 米、キャッサバ、トウモロコシ、ゴム、野菜、カシュー、ニワトリ、牛、豚、水牛、ワニ

[天然資源] 石油、天然ガス、材木、宝石、鉄鉱石、マンガン、リン鉱石、漁獲

[産業] 観光、衣服、精米、漁業、木材、木材製品、ゴム、セメント、宝石研磨、繊維

[食文化への影響] 20世紀の前半、王宮と貴族の館の料理は見た目も鮮やかなものだったが、後半には流血の惨事と騒乱とに振り回される日々だった。カンボジア料理はインド北部、マレーシア、中国に影響され、さらにインゲンマメ、ジャガイモ、フランスパン、ペストリー、コーヒーなどフランスの影響も見られる。広く浸透している小乗仏教が食にも影響を与えている。小乗仏教は霊的完成を目指す一人ひとりの努力を重視しており、寺院と僧への布施は生まれ変わりを通しての成長には欠くことができず、托鉢に応えることは重要である。カンボジアの地形と気候は稲作と、トウモロコシ、キャッサバ、野菜、果物、カシューナッツの栽培に適しており、家畜も飼育しやすい。タイランド湾と多くの湖、河川では魚が獲れる。

[パンと穀類] 米（短粒米と長粒米）、トウモロコシ、小麦：米料理、ビーフン、麺。フランスパン、ペストリー。米が主食で、ビーフンも多くの料理に使われる。白いトウモロコシが栽培され、食べられている。

[肉と魚] 鶏肉、牛肉、豚肉、水牛、ワニ、魚（ほとんど淡水魚）：魚醤、発酵した魚の食品。東南アジア全域で魚醤（トゥク・トレイ）が使われ、食事にたんぱく質を加えることにもなっている。カンボジアには魚から作る発酵食品はプラホック（魚が入ったペ

ースト）とファーク（塩水につけた魚と米）の2種あり、どちらも洗って下ごしらえした魚で、何週間もかけて作られる。

乳製品 コンデンスミルク（コーヒーに使用）、生クリーム（ペストリーに使用）

油脂 ココナッツクリーム、ラード、ベーコン、バター、マーガリン、ピーナッツ油、植物油

豆類 大豆と大豆製品（豆乳、大豆を発酵させたもの、もしくはテンペ）、落花生、ヒヨコマメ、レンズマメ、緑豆

野菜 キャッサバ、タピオカ（キャッサバもしくはタロイモから作られる製品）、キャベツ、ケール、ニンジン、サヤインゲン、キュウリ、ラディッシュ、クズイモ、プランテーン、ニガウリ、ジャガイモ、トマト、カボチャ、ナス、クワイ

果物 ココナッツ、バナナ、ライム、タマリンド、ドリアン、マンゴー、パパイヤ、オレンジ、レモン、メロン

種実類 カシューナッツ、アーモンド、ハスの実、カボチャの種、ゴマ

香辛料 魚醤、発酵した魚のペーストとソース、ライム汁、タマリンド、レモングラス、ココナッツミルク、トウガラシ、ニンニク、ワケギ、ショウガ、ターメリック、生のコリアンダー、ミント。香辛料は繊細で香りがある。たとえば、クルーンはガランガル、ニンニク、カフィアッライムの葉、レモングラス、ワケギ、ターメリックなどのハーブやスパイスを刻んで作った調味料である。レモングラスがよく使われ、酸味も好まれる。

料理 米は蒸したり、ゆでたり、炒めたりする。クイティウはビーフンのスープヌードルで、中国スープとも呼ばれる。淡水魚を焼いたりフライにしたりしたメイン料理。肉や野菜を使った焼きそば。野菜炒め。サラダ。野菜と未成熟の果実を細切りにして、牛肉、家禽類の肉、魚を辛いドレッシングで混ぜてのせたもの。米、野菜を肉とともにバナナの葉、または食べられる葉で包んで蒸す。クロラーン（短粒米、ココナッツクリーム、刻んだココナッツ、調味料を竹の筒に入れ、1時間火で焼いて竹を外す）。オンソーム・チュルーク（米、緑豆、豚肉もしくは豚脂をバナナの葉で包み蒸す）はさまざまなバリエーションがある祝祭食である。

国民食 アモック（魚をココナッツミルクで調理し、葉でくるんだ料理）。バン・チョク（ビーフンと魚のスープ）

甘味類 サトウキビ、砂糖、果物、ココナッツのフライ、ココナッツをまぶしたバナナのフライ、甘い黒米

飲物 茶（バラやジャスミンなどの花とブレンドすることが多い）、豆乳、熱いスープ、果物や豆を使った飲み物、コーヒー、ビール、特別な機会には米を使った醸造酒や蒸留酒。

食事 午前11時頃と夕方、一日2回が一般的。標準的な食事は米とスープ（サムロー）、ある時は以下のどれか：チャー（肉、野菜、ビーフンなどの炒め料理）、アーン（肉もしくは魚のグリル料理）、チオン（肉、魚のフライ料理）。すべての料理は同時に出され、食べる人はご飯を少しとってその上に料理をのせる。スプーンか箸、もしくは手で食べ

る。
間食 果物、飲物、タペ（短粒米を発酵させたもので、甘くて少しアルコールを含む）

北朝鮮　Korea, North
朝鮮民主主義人民共和国

[地理] 東アジアにある北朝鮮は、日本海と黄海に面している。朝鮮半島の北緯38度線の北部を占めており、山地が多く、ところどころに谷と平野がある。

主要言語	民族	宗教
朝鮮語（公用語）	朝鮮人 中国人（少数）	伝統的に仏教と儒教

人口密度　209.7人/km²
識字率　99.0%
平均寿命　男性66.9歳、女性74.8歳
1人あたりGDP　1,700ドル
農業就業人口　37%

都市人口率　61.2%
出生1000あたり乳児死亡率　22.1
HIV感染率　ー
失業率　4.3%
耕地面積率　19.5%

[農業] 米、ジャガイモ、トウモロコシ、大豆、ニワトリ、豚、ヤギ、牛、羊
[天然資源] 漁獲、石炭、鉛、タングステン、亜鉛、グラファイト、マグネサイト、鉄鉱石、銅、金、塩、水力
[産業] 軍用品、機械製造、電力、化学品、鉱業、冶金、繊維

[食文化への影響] 西暦紀元前後、朝鮮には三つの王国があった。彼らは文化的に進んでいて、宮廷や中央政府をもっていた。その頃、仏教がこの地域に導入されて王族に受け入れられ、儒教は小貴族のあいだに広まった。三つの王国は統一されて朝鮮を形成した。朝鮮は17世紀から1895年にかけて中国とつながりを持ち、1910年から第二次世界大戦の終結まで日本に支配された。1948年に、それが北朝鮮と韓国に分かれる。寒く山がちな北朝鮮は、韓国の肥沃な暖かい平野よりも生産できる食料が少ない。朝鮮の料理は、穀類（おもに米）にスパイシーに味つけした野菜、肉、または魚の惣菜をベースにしている。味つけは濃く、五つの味（塩味、甘味、酸味、苦味、辛味）と五つの色（赤、緑、黄、白、黒）によって簡単に見分けがつく。朝鮮料理は、一般的大衆の日常食と宮廷料理に分けられるようになり、後者は多くの調味料、複雑な調理方法を使用して、美しく盛り付ける。今日、後者の料理は、特別な行事や客の食事に使用される。そのような食事では料理が多く、酒とデザートの両方が供される。

[パンと穀類] 米（通常は短粒で粘り気がある）、トウモロコシ、小麦、キビ、大麦、ソバ：米料理、饅頭、餅、豆入りの餅、麺類（小麦、ソバ、または緑豆）、チヂミ
[肉と魚] 鶏肉、豚肉、ヤギ肉、牛肉、仔羊肉、羊肉、魚介類、卵：スパム（缶詰の豚肉製品）

[乳製品] ミルクと乳製品は、一般に消費されず、また調理に使用されない。
[油脂] ゴマ油、植物油
[豆類] 大豆、小豆、緑豆、落花生、赤インゲンマメ：豆腐、醤油、味噌
[野菜] ジャガイモ、キャベツ、ダイコン、海藻、キュウリ、シソ、青ねぎ、春菊、モヤシ、キノコ、タケノコ、ナス、サツマイモ、トウガン、ニンジン、タマネギ
[果物] ナシ、リンゴ、サクランボ、ナツメ、ブドウ、洋ナシ、レモン、ミカン、メロン、柿
[種実類] 松の実、栗、ギンナン、ヘーゼルナッツ、ピスタチオ、クルミ、ゴマ
[香辛料] 醤油、ニンニク、ショウガ、黒胡椒、青ネギ、トウガラシ、ゴマとゴマ油、塩、魚醤（セウジョ）、シナモン、カラシ、砂糖、米酢
[料理法] 肉は、調理する前に、しばしば油、酢、醤油、刻んだ青ネギ、ゴマに漬け込む。味付けした牛肉は、食卓に設置した小さな炭火コンロやガスグリルの上で焼くことが多い。中央に調理の熱源となる炭を入れる煙突と、それを取り巻くボウルが付いた、火鍋と呼ばれる銅や真鍮製の道具は、特別な料理に使用される。モンゴル式バーベキューは、中央が盛り上がった鉄製の焼き板で食材を炒めるもので、あまり一般的ではないが、国外の韓国レストランで供されることがある。
[料理] 蒸し米。キムチ（発酵させた野菜、通常は白菜、赤トウガラシ入り）。魚介の漬け物。ミートボール。ワカメスープ（ミヨックク）。ゆでた麺。蒸し餃子。プルコギ（牛肉のバーベキュー）は、醤油、ゴマ油、タマネギ、ニンニクに漬けて味つけした牛肉を焼く。火鍋（シンソルロ）は、牛肉やレバー、卵焼き、野菜、ナッツを木炭で加熱した味つきスープで調理する。タレ：醤油、米酢、レモン汁、ニンニク、赤トウガラシ。味つき豆腐。春菊のサラダ。味つきナス。小麦粉の衣で揚げた野菜。付け合わせ：薄焼き卵を巻いて細切りにしたもの。ゴマ油を塗って、塩味をつけ、焼いた海苔（キム）。
[甘味類] ハチミツ、砂糖。米のクッキー。ナッツ、ナツメ、または赤豆入りの餅。干した果物、とくに干し柿。ゴマをまぶしたナツメ。菓子は特別な行事や軽食のために作られる。
[飲物] 熱い麦茶、玄米茶、ハーブティー（人参茶）、緑茶、マッコリ、ビール、ソジュ（芋焼酎）
[食事] 一日3食に間食が普通。朝食：スープ、米の粥、キムチ。昼食：麺または米飯に汁と付け合わせを入れたもの。夕食：米飯（メインディッシュ）に副菜（パンチャン）として、手に入れば肉や魚の料理、野菜2〜3種、キムチ、スープ。夕食前に酒や前菜が供されることもある。食事の最後に果物を食べることもある。麦茶などのお茶が食後に供される。一人ひとりに、米飯、スープ、キムチの碗がある。金属の箸と金属のスープ用スプーンが用意されている。会食の時は、副菜の碗がテーブルの中央に置いた盆に供される。
[屋台・間食] 焼き物や蒸し物、菓子、米の酒（マッコリ）に青ネギ味のチヂミを添え

たもの。

キ

北朝鮮

ギニア Guinea
ギニア共和国

[地理] ギニアは、大西洋に面する西アフリカの国である。狭い沿岸平野、中央部の山岳地帯（ガンビア川、セネガル川、ニジェール川の源流がある）、内陸のサバンナ高地、南東部の森林地帯からなる。

主要言語	民族		宗教	
フランス語（公用語）	プール人	33.9%	イスラム教	86.7%
それぞれの民族の言語	マリンケ人	31.1%	キリスト教	8.9%
	スースー人	19.1%		
	グベレ人	6.0%		
	キッシ人	4.7%		

人口密度　50.5人/km²
識字率　30.5%
平均寿命　男性59.5歳、女性62.6歳
1人あたりGDP　1,300ドル
農業就業人口　76%

都市人口率　38.2%
出生1000あたり乳児死亡率　50.0
HIV感染率　1.5%
失業率　6.8%
耕地面積率　12.6%

[農業] キャッサバ、米、アブラヤシの実、コーヒー、パイナップル、バナナ、サツマイモ、ニワトリ、牛、ヤギ、羊、豚

[天然資源] ボーキサイト、鉄鉱石、ダイヤモンド、金、ウラン、水力発電、漁獲、塩

[産業] ボーキサイト、金、ダイヤモンド、鉄、アルミ精錬、軽工業

[食文化への影響] 19世紀と20世紀はフランスが支配したため、一部の地域にはフランスパンなど、その影響が残る。大西洋、沿岸平野、サバンナ、山、森林は、魚、放牧の草、狩猟動物の供給源である。キャッサバ、トウモロコシ、トウガラシ、コショウ、トマト、サツマイモなど新世界の食べ物は、ギニアの食文化に影響を与えた。在来のアフリカの食べ物はオクラ、ササゲ、スイカである。食事はおもに米、でんぷん質の野菜、豆、葉物からなる。濃厚でとろりとした、スパイシーな食べ物が好まれる。

[パンと穀類] 米、キビ、ソルガム、トウモロコシ、小麦：料理、ポリッジ、ペースト、蒸すか焼いたコーンミールのパテ、丸いドーナツ、フランスパン

[肉と魚] 鶏肉、牛肉、ヤギ肉、仔羊肉と羊肉、豚肉、魚介類（生、燻製、塩漬け、干物）、ホロホロチョウ、卵、ウサギ、野生動物（アンテロープ、イノシシなど）。鶏肉はご馳走である。

[昆虫] シロアリ、イナゴ

[乳製品] ミルク、サワーミルク、バターミルク、凝乳、ホエー、チーズ

[油脂] パーム油、ピーナッツ油、シア油、ココナッツ油。最も使用されるのはパーム油で、赤い。
[豆類] 落花生、ササゲ、イナゴマメ、インゲンマメ
[野菜] キャッサバ、サツマイモ、ヤムイモ、プランテーン、タロイモ、葉物、オクラ、ビターリーフ、モロヘイヤ、トマト、ジャガイモ、ナス、カボチャ、タマネギ、トウガラシ、キュウリ、ピーマン
[果物] パイナップル、バナナ、ココナッツ、アキーアップル、バオバブ、スイカ、グアバ、レモン、ライム、マンゴー、パパイヤ
[種実類] カシューナッツ、コーラナッツ、アブラヤシの実、スイカの種（エグシ）、ゴマ、マンゴーの種
[香辛料] 塩、トウガラシ、コショウ、トマト、タマネギ、乾燥させたバオバブの葉、タイム、アフリカナツメグ、ショウガ
[料理] ほとんどの食べ物はゆでるか焼いて、塊をソースにつけて手で食べる。フフ（でんぷん質の野菜をゆでてつぶすか、トウモロコシ粉をゆでたもので、ひと口サイズに丸めて、ソースやシチューをすくって食べる）。肉と魚の煮込み。ピーナッツやオクラと、トウガラシ、トマト、タマネギ、鶏肉か牛肉か魚の煮込みを、炊いた米かフフと供する。摺ったピーナッツとコショウのソース。葉物野菜のソース（パラバソース）。フレジョン（ササゲまたはインゲンマメのピューレ、ココナッツミルク、イナゴマメかチョコレートが加わることもある）。ガリ（キャッサバの粉を加熱したもの）。アダル（ゆでてマッシュにした野菜）。ジョロフライス（さまざまな肉、野菜、スパイスと炊いた米）。ヤッサ（鶏肉または魚をレモンかライム汁でマリネしてからグリル焼きし、タマネギと炒めてマリネ液を加える）は炊いたご飯と供する。ローストチキンとトマト、タマネギ、オクラ、ピーナッツソース。魚の姿焼き。卵、ピーマン、トマトのオムレツ、両側を焼く。
[甘味類] ハチミツ、砂糖、パイナップルのフリッター、甘いオムレツのフルーツ添え、丸い揚げドーナツ、カニヤ（ピーナッツキャンディ）
[飲物] コーヒー、ビール、レッドジンガー（ローゼルの果実で作るハーブティ）、ジンジャービール
[屋台食] スパイシーなケバブ、魚のフライ、プランテーンのチップス、丸い揚げドーナツ、蒸した米のボール

キ

ギニア

ギニアビサウ Guinea-Bissau
ギニアビサウ共和国

[地理] ギニアビサウは大西洋に面する西アフリカの、以前はポルトガル領ギニアと呼ばれた国である。国土の大半は湿地の沿岸平野で、東部のサバンナの低地、本土と離れた25の島嶼部からなる。

主要言語	民族		宗教	
ポルトガル語（公用語）	フラニ人	28.5%	イスラム教	45.1%
クリオール語	バランテ人	22.5%	キリスト教	22.1%
アフリカ系諸語	マンディンガ人	14.7%	土着信仰	14.9%
	パペル人	9.1%		
	マンジャカ人	8.3%		

人口密度　63.7人/km²　　　　　　都市人口率　50.8%
識字率　59.8%　　　　　　　　　　出生1000あたり乳児死亡率　85.7
平均寿命　男性48.4歳、女性53.1歳　HIV感染率　3.1%
1人あたりGDP　1,600ドル　　　　　失業率　6.5%
農業就業人口　82%　　　　　　　　耕地面積率　10.7%

[農業] 米、カシューナッツ、アブラヤシ、トウモロコシ、インゲンマメ、キャッサバ、ピーナッツ、綿花、ニワトリ、牛、豚、ヤギ、羊

[天然資源] 漁獲、材木、リン鉱石、ボーキサイト、粘土、花崗岩、石灰岩、未開発の埋蔵石油

[産業] 農産物加工、ビール、ソフトドリンク

[食文化への影響] ポルトガルの影響が大きい。キャッサバ、トウモロコシ、トウガラシ、落花生、トマト、ジャガイモ、カシューナッツなど新世界の食べ物が持ち込まれ、この国の食習慣を大きく変えた。従来のアフリカの食べ物としてはスイカ、ササゲ、オクラが挙げられる。大西洋、沼沢地、湿地、森林は魚と狩猟動物を供給する。日常的に食べるのはほとんど穀物、でんぷん質の野菜、豆、青物である。食物はたいていゆでるか焼く。濃く、とろりとして、スパイシーな料理が好まれる。カシューナッツは主要輸出品目である。

[パンと穀類] 米、トウモロコシ、キビ、ソルガム：米料理、ポリッジ、ペースト、コーンミールのパテを蒸すか焼いたもの。

[肉と魚] 鶏肉、牛肉、豚肉、ヤギ肉、仔羊肉、魚介類（生、燻製、塩漬け、干物）、ホロホロチョウ、卵、ガチョウ、ウサギ、狩猟動物（アンテロープ、野生化した豚）。鶏肉がご馳走である。

昆虫 シロアリ、イナゴ
乳製品 ミルク、サワーミルク、バターミルク、凝乳、ホエー、チーズ
油脂 パーム油、シア油、ココナッツ油。最も使用されるのはパーム油で、料理に赤味を加える。
豆類 インゲンマメ、落花生、ササゲ、イナゴマメ
野菜 キャッサバ、ヤムイモ、プランテーン、タロイモ、葉物、オクラ、ビターリーフ、モロヘイヤ、トマト、サツマイモ、ジャガイモ、ナス、カボチャ、タマネギ、トウガラシ、キュウリ、ピーマン
果物 ココナッツ、バナナ、アキーアップル、バオバブ、パイナップル、スイカ、グアバ、レモン、ライム、マンゴー、パパイヤ
種実類 カシューナッツ、コーラナッツ、スイカの種（エグシ）、ゴマ、マンゴーの種
香辛料 塩、トウガラシ、コショウ、トマト、タマネギ、乾燥させたバオバブの葉、タイム、アフリカナツメグ、ショウガ
料理 ジョロフライス（さまざまな肉、野菜、スパイスと炊いた米）。フフ（でんぷん質の野菜をゆでてつぶすか、トウモロコシ粉をゆでたもので、ひと口サイズに丸めて、ソースやシチューをすくって食べる）。肉と魚の煮込み。ピーナッツやオクラと、トウガラシ、トマト、タマネギ、鶏肉か牛肉か魚の煮込みを炊いた米かフフと供する。摺ったピーナッツと胡椒のソース。葉物野菜のソース（パラバソース）。フレジョン（ササゲかインゲンマメのピューレ、ココナッツミルク、イナゴマメかチョコレートが加わることもある）。ガリ（キャッサバの粉を加熱したもの）。アダル（ゆでてマッシュにした野菜）。ヤッサ（鶏肉もしくは魚をレモンかライム汁でマリネしてからグリル焼きし、タマネギと炒めてマリネ液を加える）。ローストチキンとトマト、タマネギ、オクラ、ピーナッツソース。
甘味類 ハチミツ、砂糖、カニヤ（ピーナッツキャンディ）、バナナのフリッター、丸い揚げドーナツ
飲物 ビール、ソフトドリンク、レッドジンガー（ローゼルの果実で作るハーブティ）、ジンジャービール
屋台食 スパイシーなケバブ、シャワルマ（マリネした仔羊の薄切り肉を垂直の串に隙間なく重ねて刺してローストし、外側から薄く切っていく）、インゲンマメの団子を揚げたもの、丸い揚げドーナツ、ココナッツビスケット

キ
ギニアビサウ

キプロス　Cyprus
キプロス共和国

[地理] キプロスは、トルコの南岸沖に位置する、地中海で3番目に大きな島である。東西に走るふたつの山脈のあいだには、広大で肥沃な平野がある。

主要言語	民族		宗教	
ギリシャ語（公用語）	ギリシャ人	77%	ギリシャ正教	89.1%
トルコ語（公用語）	トルコ人	18%	カトリック	2.9%
英語				
ルーマニア語				

人口密度　132.2 人/km²　　　　都市人口率　66.8%
識字率　99.1%　　　　　　　　　出生 1000 あたり乳児死亡率　7.9
平均寿命　男性76歳、女性81.8歳　HIV 感染率　－
1 人あたり GDP　34,400 ドル　　失業率　11.7%
農業就業人口　3.8%　　　　　　耕地面積率　8.6%

[農業] ジャガイモ、ブドウ、オリーブ、柑橘類、野菜、大麦、ニワトリ、豚、ヤギ、羊、牛

[天然資源] 銅、黄鉄鉱、アスベスト、石膏、材木、塩、大理石、粘土、顔料、漁獲

[産業] 観光、食品加工、飲料加工、セメント、石膏、繊維、軽化学製品、金属製品

[食文化への影響] ギリシャ、トルコ、ビザンチン、島を取り巻く地中海、近隣のアラブ諸国、ギリシャ正教、イスラム教が食文化に影響を与えている。キプロス料理はギリシャ、トルコ、レバノン、シリアの料理に似ている。野菜、豆、小麦パンが日常的に食べられ、スパイスがふんだんに使用される。ギリシャ系住民の料理はギリシャ料理と、トルコ系住民の料理はトルコ料理と共通点がある。ギリシャ正教徒は四旬節のあいだはシンプルにゆでた豆を、イースターには特別料理を食べる。イスラム教徒に豚肉とアルコールの摂取は禁じられている。

[パンと穀類] 大麦、小麦、米：ピタ（薄く丸く、内側が空洞の発酵させた平パン）、ラバシュ（より大きいパリっとしたパン）、パイ、フィロ生地のペストリー（紙のように薄い生地を層にしたパイ）、小麦の穀粒、米料理。

[肉と魚] 鶏肉、豚肉、ヤギ肉、仔羊肉、牛肉、魚介類、卵

[乳製品] ミルク（ヤギ、羊、牛）、バターミルク、ヨーグルト、クリーム、チーズ（とくに白いチーズのフェタ）

[油脂] オリーブ油、ナッツ油、コーン油、植物油、バター、澄ましバター（ギー）、ゴ

マ油

豆類 ヒヨコマメ、レンズマメ、スプリットピー（黄色）、ササゲ

野菜 ジャガイモ、オリーブ、ナス、葉物（ブドウの葉、タロイモの葉、アオイの芽、フダンソウ、ヒエ）、キュウリ、トマト、タマネギ、ピーマン、パセリ、セロリ

果物 ブドウ、レモンなど柑橘類、ナツメヤシ、イチジク、アプリコット、サクランボ、カラント、メロン、ザクロ、レーズン

種実類 アーモンド、ピスタチオ、クルミ、ヘーゼルナッツ、松の実、ゴマ、フェヌグリークシード

香辛料 ニンニク、ベル果汁（未熟なレモンの果汁）、ミント、カルダモン、コリアンダー、クミン、コショウ、シナモン、アニス、ナツメグ、オールスパイス、オレガノ、サフラン、その他のスパイス、ローズウォーター、オレンジ花水

料理 ヒヨコマメまたはレンズマメをコリアンダーとクミンを加えて煮たもの。青物のゆでたもの。グリーンサラダ（青い葉、トマト、キュウリ、オリーブ、レモン汁とオリーブ油のドレッシング）。ピラフ。タヴァス（牛肉または仔羊肉、ジャガイモ、トマト、シナモンに覆いをしてじっくり焼く）。アフェリア（豚肉、赤ワイン、コリアンダー、シナモンのキャセロール）。肉のグリル、とくにシェフタリア（豚肉もしくは仔羊肉を網脂で包んだスパイシーなソーセージ）。ケバブ。焼き肉。肉もしくはチーズを詰めたペストリー。薄いフィロ生地とホウレンソウ、フェタチーズの具を層にして焼いたもの。炒めた青い葉物をくるんだオムレツ。ギリシャ系キプロス住民の料理：鶏肉や魚のスープもしくはキャセロールに卵とレモンのソースを添える。魚のグリル、フライ。パイ。エリオティなどのパン（オリーブとオリーブ油が入る）。古代ギリシャを彷彿とさせる料理ロウヴァナ（黄色いスプリットピーのピューレ）。トラハナ（ひき割り小麦をミルクで煮てパン生地のように丸め、天火で乾かして冬まで保存する。食べるときはポリジのようなスープにする）。とても手間のかかる複雑な料理としてクーベスまたはコピアもしくはドルマ（肉と米、青い葉を野菜でくるんだ料理）、イースターの甘いチーズパイがある。アラブ料理：フムス（ヒヨコマメのディップ）、キッベ（スパイスをきかせた挽き肉、タマネギ、パセリを炒めたものの周りをひき割り小麦でくるんだ料理）はクーベスともコッパともいう。

甘味類 ハチミツ、砂糖、シロップ、果物、イチジクやアプリコットのコンポート、グリコ（果物の砂糖漬け）、ロウコマデまたはジャレビ（衣用生地を揚げてシロップに漬けたもの）、バクラバ（フィロ生地とナッツの具を層にして焼いたペストリーをシロップかハチミツに漬けた菓子）、キャンディ（ロクムもしくはトルコぎゅうひ、シロップとコーンスターチに柑橘類、ミントかローズウォーターでできたものを四角く切り、パウダーシュガーの上で転がす）。

飲物 茶は甘くしてミントが添えられることが多い。コーヒーも甘くして、カルダモンが添えられる。アニス風味の食前酒（ツーヅ、**ラク**）ビール、ワイン、ブランディ

キプロス

食事 朝食はパンとチーズ、オリーブかジャム とコーヒーまたは茶。昼食がメインの食事でメゼ（チーズ、オリーブ、魚卵のディップ、フムスなどとピタパン、詰め物をしたブドウの葉、仔羊のケバブなどの前菜）をウーゾ、ラク、ワインと楽しみ、肉料理、ヨーグルトまたはチーズ、果物と続く。午後遅く、もしくは早目の夕方に友人が立ち寄ると、スイーツとウーゾやラク、またはコーヒーを出す。夜遅く軽い夜食をとる。内容は朝食に、スープもしくは残り物。

軽食 果物、クラビエデス（バタークッキー）、コーヒーか茶

キューバ Cuba
キューバ共和国

[地理] キューバは、フロリダ半島から145km南のカリブ海に位置する、西インド諸島最大の島である。海岸線はおよそ4,000kmあり、島の半分以上を低山、肥沃な渓谷に覆われている。北の海岸線は岩が多くて険しく、南の沿岸は低い湿地である。

主要言語	民族		宗教
スペイン語（公用語）	白人	64.1%	カトリック
	メスティーソ（白人と先住民の温血）	26.6%	プロテスタント
			無宗教
	黒人	9.3%	

人口密度 101.5人/km²　　都市人口率 77.3%
識字率 99.7%　　出生1000あたり乳児死亡率 4.4
平均寿命 男性76.5歳、女性81.3歳　　HIV感染率 0.4%
1人あたりGDP 11,900ドル　　失業率 2.9%
農業就業人口 18%　　耕地面積率 29.7%

[農業] サトウキビ、粗糖、トマト、プランテーン、タバコ、柑橘類、コーヒー、米、ジャガイモ、インゲンマメ、ニワトリ、牛、羊、豚、ヤギ

[天然資源] コバルト、ニッケル、鉄鉱石、クロム、銅、塩、材木、シリカ、石油、漁獲

[産業] 砂糖、石油、タバコ、化学製品、建設、ニッケル

[食文化への影響] フロリダからトリニダードにいたる列島である西インド諸島とカリブ海は同義ではないが、しばしば混同される。最大の島キューバでは、スペイン人の来島後、先住のアラワク族はほぼ絶滅し、その食習慣は痕跡がわずかに残るのみだが、おそらくさまざまな魚介類を食べていただろう。スペインの支配はほぼ4世紀にわたり、強い影響を残した。米、牛肉、豚肉、ラード、オリーブなどの食べ物を持ち込み、アフリカからの奴隷も影響を与えた。この熱帯の島は魚介類、果物、野菜が豊富にとれる。

[パンと穀類] 米、トウモロコシ、小麦：キューバブレッド（小麦粉で作るパリパリしたパン）、キャッサバパン（キャッサバ粉で作る平たい焼きパン）、コーンミールケーキ、米料理

[肉と魚] 鶏肉、牛肉、仔羊肉、豚肉、ヤギ肉、魚介類（フエダイ、塩ダラ、ロブスター、ウミガメ、陸生のカニ）、卵、イグアナ、カエル：ハム、ソーセージ

[乳製品] 牛乳（生乳、コンデンスミルク、エバミルク）、熟成チーズ

[油脂] ラード、塩漬け豚肉、オリーブ油、バター、植物油、ココナッツ油、ココナッツ

クリーム
豆類 黒豆（名物）、ヒヨコマメ、インゲンマメ、小豆
野菜 トマト、プランテーン、ジャガイモ、キャッサバ、ヤムイモ、ヤウティア、サツマイモ、葉物（タロイモ、カラルー、ヤマゴボウ、イヌホウズキ）、アボカド、ウリ、ピーマン、オクラ、タマネギ、オリーブ
果物 柑橘類、バナナ、ココナッツ、マンゴー、パパイヤ、パイナップル、アキー（西インド諸島原産の樹木、三つの黒くて有毒な種の周りの果肉を食べる）、グアバ、カシューアップル、パッションフルーツ、レーズン
種実類 アーモンド、カシューナッツ、ベニノキの種（アナトー）
香辛料 塩、黒胡椒、トウガラシ、タマネギ、ニンニク、アナトー、ココナッツクリーム、ココア、オールスパイス、コリアンダー、サフラン、シナモン、クミン、ケーパー、ラム酒。アナトーを植物油で煮たアナトー油は肉、魚介類に使われて赤味と風味を与える。
料理 黒豆を煮たもの。米を煮たもの。モーロス・イ・クリスティアーノス（イスラム教徒とキリスト教徒の意味。黒豆と米を一緒に料理したもの）。ワンポット料理：カラルー（数種の青い葉にニンニク、ハーブ、他の野菜、ココナッツミルク、塩漬け豚肉か塩漬け牛肉か塩ダラもしくはカニ）、ペッパーポット（さまざまな野菜に豚肉か牛肉を少量入れ、コショウを大量に使った煮込み料理）。チャウダー（海産物を使った具だくさんのスープ）。チリソース。エスカベシュ（魚を揚げてから甘酸っぱい漬け汁をマリネしたりかけたりする）。セビチェ（生魚をレモンまたはライム汁、オリーブ油、スパイスでマリネする。柑橘類の果汁はたんぱく質を変性させ、加熱調理と同じ効果がある）。干し塩ダラのフリッター。アキーを煮込むか焼くか揚げるかしたもの。フフ（キャッサバまたはプランテーンをつぶして団子にしたもの）。ローストポーク。ビフテキ。ロパビエハ（スパイシーな牛のこま切れ料理）。ブラソヒタノ（コンビーフを入れたキャッサバのペストリー）。肉もしくは魚のフライ。ランゴスタクリオジャ（クリオール風ロブスター。ロブスターの尾の身をさっと焼き、白ワイン、トマト、タマネギ、ピーマン、トウガラシで数分調理する）。キンメダイを、ケーパー、オリーブ、ニンニク、タマネギ、ライム汁、ハーブ、スパイス、マスタード、ケチャップを使ってオーブンで料理する。
名物料理 黒豆スープ（黒豆を鶏のスープで煮崩れるまで煮込み、アナトー油で炒めたタマネギとニンニク、ハム、ソーセージ、トマト、酢、クミン、黒胡椒を加えてしばらく煮込む）にはライスと生タマネギを添える。
国民食 ピカディージョ（スパイスをきかせてゆでた牛肉にトマト、トウガラシ、コショウのソースをからめ、オリーブ、レーズンを散らしてご飯もしくはプランテーンの揚げたものを添える。目玉焼きをのせることもある。
甘味類 サトウキビ、未精製の砂糖、糖蜜、砂糖、果物、フラン（カスタード）、コキモル（ココナッツクリームソース）。マンゴーやパパイヤのアンブロジア。ライスプディング、アイスクリーム、ペストリー。

飲物 コーヒーはたいていミルクと混ぜる（カフェコンレチェ）、ミルク、ソフトドリンク、ビール、ラム酒、ダイキリ（ライム果汁、砂糖、ラム酒、氷をシェークする。1896年にこのカクテルが考案されたキューバの町の名前にちなんで名づけられている）。キューバリブレ（ラム酒とコーラとレモンスライス）

食事 朝食はミルクコーヒー、パン、卵、シリアル、果物。昼食は米と豆、あれば肉。夕食はスープ、米と豆と肉、パン、野菜、あればミルクとデザート。

軽食 果物、甘いフルーツジュースを氷にかけたもの、ミルクコーヒー。子どもはよくおやつを食べる。

ギリシャ　Greece
ギリシャ共和国

[地理] ギリシャはバルカン半島の南端で、地中海に面するヨーロッパ南東部の国。どの地域にも山が多く、海岸線は入り組んでいる。

主要言語	民族		宗教	
ギリシャ語（公用語）	ギリシャ人	93%	ギリシャ正教	98.0%
			イスラム教	1.3%

人口密度　82.4人/km²　　　　　　　都市人口率　78.6%
識字率　95.3%　　　　　　　　　　出生1000あたり乳児死亡率　4.6
平均寿命　男性78.0歳、女性83.4歳　　HIV感染率　－
1人あたりGDP　26,800ドル　　　　失業率　23.9%
農業就業人口　12.6%　　　　　　　耕地面積率　20.2%

[農業] テンサイ、トウモロコシ、オリーブ、小麦、大麦、トマト、ブドウ、ワイン、タバコ、ジャガイモ、ニワトリ、羊、ヤギ、豚、牛、ミツバチ

[天然資源] 漁獲、褐炭、石油、鉄鉱石、ボーキサイト、鉛、亜鉛、ニッケル、マンガン

[産業] 観光、食品加工、タバコ、繊維、化学製品、金属製品

[食文化への影響] 地中海とエーゲ海沿岸では魚介類が獲れる。国土の大半が岩の多い山岳地帯であることも、重要な影響がある。地形は台地が多く、暑さと乾燥に強い樹木が植えられていて、とくにオリーブが多い。ブドウの栽培も盛んで、果実としてもワイン醸造のためにも重要である。一般的に食事はつつましく、新鮮な素材を使う。野菜、魚介類、オリーブ油、果物が多く使用される。驚くべきことに、古代ギリシャからの料理法が現代にも生き続けていて、たとえばトラハナは、ひき割り小麦をミルクで煮てから乾燥させたもので、冬のスープに利用する。魚のフライなどに添えるニンニクソース（スコルダリア）、生のタマネギ、オリーブ油、レモンを加えたスプリットピーのピューレ状スープ（ファヴァ）などもそうである。パンやパイも伝統的に作られてきた。食文化への影響は古代ローマ、ビザンチン、オスマン帝国、アラブ、トルコ、バルカン諸国からも受けている。中東の国々からの影響もあるが、宗教の違いによる差異はある。ギリシャで優勢のギリシャ正教は、イスラム教のように豚肉とアルコールの摂取を禁止しない。イスラエルで支配的なユダヤ教も、豚肉の摂取を禁じる。また、断食の規則、祝祭の決まりも正教とイスラム教では異なる。正教は多くの祝祭日、とくに四旬節で動物食を禁じ、イースターなど祝祭日には特別な食べ物がある。

[パンと穀類] トウモロコシ、小麦、大麦、米：ピタパン（丸い平パンで中が空洞になっ

ている)、フィロ生地のパスタ、米料理。
肉と魚 鶏肉、仔羊肉、ヤギ肉、豚肉、牛肉、魚介類、卵：ソーセージ、塩漬けの魚
乳製品 ミルク、ヨーグルト、フェタチーズ（水気と塩気の多い白いチーズ）、ケファロティリチーズ（黄色で硬く、おろして使うことが多い）
油脂 オリーブ油、バター
豆類 インゲンマメ（ソラマメ、白インゲン）、レンズマメ、ヒヨコマメ、スプリットピー（黄色）
野菜 オリーブ、トマト、ジャガイモ、ナス、ブドウの葉、キュウリ、ピーマン、ウリ、ワケギ
果物 ブドウ、レモン、オレンジ、イチジク、プラム、サクランボ、アプリコット、レーズン、カラント、マルメロ
種実類 アーモンド、ヘーゼルナッツ、クルミ、ゴマ
香辛料 レモン、タマネギ、ニンニク、オリーブ油、オレガノ、酢、パセリ、タイム、ディル。アラブの影響が最も強いエーゲ海沿岸以外では、スパイス（黒胡椒、クミン、シナモン、クローブ、オールスパイス、アニシード）の使い方は控えめである。
料理 ムサカ（ナスの薄切り、挽き肉、トマト、タマネギを泡立てた卵またはホワイトソースで覆って焼く料理）。冬期と四旬節のスープ（インゲンマメやレンズマメ）、ファソラサ（トマト、ニンニクベースの白インゲンマメのスープ）。米、肉、香辛料を野菜に詰めるかブドウの葉でくるんだ料理。オリーブ漬け。黄色のチーズを焼いたもの。ギリシャ風サラダ（葉物、キュウリ、トマト、ワケギ、黒オリーブ、フェタチーズ、ドレッシングは酢と油）。魚のフライにスコルダリア（ニンニク、オリーブ油、レモン汁、パン粉またはマッシュポテト）。エビ、トマト、フェタチーズのキャセロール。ニンニク、タマネギ、レモン汁、トマトに漬けた仔羊の脚のロースト。内臓または羊膜に米、レバー、肺、腎臓、パセリ、黒胡椒、オールスパイスを詰めたもの。トマト、タマネギ、ニンニク、シナモンと蒸し煮にした鶏。スパゲッティと牛挽き肉、タマネギ、トマト、シナモンのソース。ゆでたジャガイモ。ソテーしたウリ。
沿岸と島嶼部の料理 おもに野菜とシーフードを使う軽い料理。魚のスープとアヴゴレモノソース（卵とレモン汁）、プサロスパ（魚、米、トマト、その他の野菜のスープ）
内陸の山間部と平野部の食事 芳醇な食事で、パン、チーズ、スパナコピタ（ホウレンソウとフェタチーズを層にしたフィロ生地のパイ）などチーズや肉のパイ、パキシマディア（大麦パンのスライスとアニシードをオーブンで焼いたもの）
祝祭食 クリスマスには詰め物をした七面鳥。正月には仔豚のロースト。イースターには仔羊か仔ヤギの串刺し丸焼きと、赤く塗った固ゆで卵。
甘味類 ハチミツ、砂糖。スプーンスウィート（砂糖煮のフルーツ）をスプーンにのせて、来客到着時に歓迎の意味を込めて出す。ハルバ（ゆでたセモリナ粉、油、砂糖）。バクラバ（フィロ生地とナッツを重ねて焼き、シロップを浸み込ませる）。クリスマスと正

キ ギリシャ

月には、メロマカロナ（オリーブ油とオレンジジュースが入ったビスケットをハチミツに漬けたもの）、クラビエデス（アーモンドを飾り、粉砂糖を振りかけたバタークッキー）などの伝統的菓子を食べる。大晦日には大きく、背の高いイーストケーキ（ヴァシロピタ、もしくは聖バシリウスのケーキ）を作る。イースターの赤く着色した固ゆで卵を飾ったケーキは、子どものためにそれぞれニワトリやウサギの形に作る。食事の最後はフルーツで、ケーキやプディングはコーヒーとともに食べる。

飲物 ワイン、ビール、トルココーヒー、ウーゾ（アニス風味のアルコール飲料）、レッシナ（松脂で香りをつけたワイン）

食器 ギリシャ人は平たい皿を好む。

メゼ フェタチーズ、オリーブ、トマト、リーキ、タラモサラダ（魚卵とレモン汁、オリーブ油、パンを混ぜたもの）、仔羊のレバー、肺を刻んで内臓に詰め串に刺して焼く。

屋台食 ジャイロ（スブラキのスライスもしくは仔羊肉のロティサリーをトマト、ヨーグルトとともにピタパンに入れたサンドイッチ）

キリバス Kiribati
キリバス共和国

[地理] キリバスは、ハワイ諸島の南、太平洋中部のミクロネシアに浮かぶ33の島で構成されている。かつてギルバート諸島と呼ばれたキリバスは、大きく分けてギルバート諸島、フェニックス諸島、ライン諸島という三つの主要な島のグループからなっている。大部分の島は海抜の低いサンゴ環礁で、降水量が一定しない。1999年に、日付変更線がキリバスの東の国境に合わせて移動された。

主要言語	民族		宗教	
英語（公用語） キリバス語（公用語）	ミクロネシア人	98.9%	カトリック プロテスタント（会衆派） モルモン教	55.8% 33.5% 4.7%

人口密度　133.3人/km²　　　　都市人口率　44.6%
識字率　97.7　　　　　　　　　出生1000あたり乳児死亡率　32.1
平均寿命　男性64.0歳、女性69.1歳　HIV感染率　－
1人あたりGDP　1,800ドル　　　失業率　－
農業就業人口　15%　　　　　　耕地面積率　2.5%

[農業] ココナッツ、バナナ、タロイモ、コプラ、パンノキの実、サツマイモ、ニワトリ、豚

[天然資源] 漁獲、リン鉱石

[産業] 漁業、手工芸

[食文化への影響] 食文化への影響には、最初に定住したオーストロネシア人、14世紀頃にやって来たフィジー人およびポリネシア人、1892年から1979年まで一部の地域を支配したイギリス、20世紀に一部の地域を支配したアメリカなどがある。ヨーロッパ人は太平洋諸島に新しい食用植物、小麦パン、何種類かの動物を持ってきた。アジア人は米、大豆、茶を持ってきた。伝統的な食事のおもな食品は、魚介類、根菜や塊茎、パンノキの実、ココナッツである。豚肉がおもな肉であり、とくに祝祭に供され、伝統的に熱した石を敷いた穴の中で、ほかの食物と一緒に調理される。

[パンと穀類] 米、小麦：パン、麺、米料理

[肉と魚] 豚肉、鶏肉、牛肉、魚（ボラ）、甲殻類（カニ、ほかにも多数）、卵：コンビーフ、スパム

[乳製品] ミルクをはじめとする乳製品は普及していない。

油脂 ココナッツオイルとクリーム、ラード、植物油とショートニング、ゴマ油
豆類 大豆、四角豆、エンドウマメ、レンズマメ、落花生
野菜 タロイモとその葉、パンノキの実、サツマイモ、プランテーン、ヤムイモ、キャッサバ、海藻、葉物野菜、クズウコン、ゴーヤ、キャベツ、ダイコン、ナス、タマネギ、青ネギ
果物 ココナッツ、バナナ、レモン、ライム、グアバ、マンゴー、パパイヤ、パイナップル、メロン、タマリンド
種実類 キャンドルナッツ（ククイ）、ライチー、マカダミアナッツ
香辛料 ココナッツクリームまたはココナッツミルク、ライムまたはレモン汁、塩、醬油、ショウガ、ニンニク、タマネギ、赤トウガラシ
料理 ゆでたタロイモ、パンノキの実、サツマイモ。炊くか蒸した米。ゆでるか蒸した青野菜。クズウコンでとろみをつけたプディングなどの料理。ライム汁、タマネギ、ココナッツクリームに漬けた白身魚の切り身。穴の中で調理される料理：丸ごとの豚、タロイモ、サツマイモ、カニ、丸ごとの魚、ぶつ切りの鶏肉、ココナッツクリーム、レモン、タマネギ、刻んだ牛肉のフィリングをタロイモの葉で包んだもの、ほかにもタロイモとパンノキの実、サツマイモとココナッツクリームと調味料を葉に包んだものなど、そのすべてをバナナの葉に包んで調理する。
甘味類 砂糖、未熟なココナッツ、新鮮な果物、砂糖を入れたココナッツミルクで作るプディング。
飲物 ココナッツジュース、茶、コーヒー、トディ（ココヤシの花から作られるワイン）
食事 毎日2回から3回の食事が典型的で、食べ物は全く同じ、夕方の食事が最大である。伝統的な食事は、タロイモ、パンノキの実、またはサツマイモをゆでたもの、魚または豚肉、青野菜または海藻を煮たものである。

キルギス　Kyrgyz
キルギス共和国

[地理] キルギスは、中央アジアにある険しい山間の国で、雪と氷河に覆われた天山山脈とパミール高原が国土の95％を占めている。平均標高は3,000mにおよび、海抜1,600mに大きな湖がある。

主要言語	民族		宗教	
キルギス語（公用語）	キルギス人	70.9%	イスラム教	75%
ロシア語（公用語）	ウズベク人	14.3%	ロシア正教	20%
	ロシア人	7.7%		
	ドゥンガン	1.1%		

人口密度　30.2人/km²
識字率　99.5%
平均寿命　男性66.8歳、女性75.4歳
1人あたりGDP　3,500ドル
農業就業人口　48%

都市人口率　36.0%
出生1000あたり乳児死亡率　25.9
HIV感染率　0.2%
失業率　7.7%
耕地面積率　6.7%

[農業] ジャガイモ、小麦、トウモロコシ、タバコ、綿、野菜、ブドウ、果物、ベリー、ニワトリ、羊、牛、ヤギ、馬、豚

[天然資源] 水力、金、レアメタル、石炭、石油、天然ガス、その他の金属、漁獲

[産業] 小型機械、繊維、食品加工、セメント、製靴、木材、家具、電気モーター

[食文化への影響] キルギスは、トルクメニスタン、ウズベキスタン、タジキスタンとともに、中国とカスピ海を結ぶ古代のキャラバンルートであるシルクロードに沿った土地である。食べ物への影響には、近隣国の中国とカザフスタン、ロシア、そしてイスラム教などがある。たとえば、麺は中国からもたらされた。キルギスの料理は北の巨大な隣国であるカザフスタンとよく似ている：仔羊肉、濃いスープ、汁気の多いメイン料理、フラットブレッド、お茶、卵をほとんど食べないことが共通点だが、キルギスには独特のお茶がある。カザフスタンと違って、キルギスでは他の中央アジアと同様、ほとんど魚を食べない。20世紀になるまで、大部分の人々は、ドーム型のテント（ユルト）に住み、家畜を飼育し、おもに乳製品を食べる遊牧民だった。

[パンと穀類] 小麦、米、トウモロコシ：フラットブレッド、シリアルを入れた粥のようなスープ、麺、米料理（パロー／プロフ）。フラットブレッド（ナン）は通常丸形のパンで、タンディラ（タンドール）と呼ばれる大きな粘土製の壺形オーブンで調理されることが多い。

肉と魚 鶏肉、仔羊肉と羊肉、牛肉、ヤギ肉、豚肉、魚：燻製馬肉ソーセージ（カジ）

乳製品 ミルク（羊、牛、ヤギ、ラクダ、馬、ヤク）、クリーム、サワーミルク、クラバー、ヨーグルト、チーズ（クルト、ハードチーズ、日干してから砕いて水に浸して戻したもの）：アイラン（ラクダ、羊、ヤギのミルクを、固まって酸っぱくなるまで弱火で煮る）、クミス（発酵させた馬のミルク）

油脂 バター、植物油、脂尾羊の脂肪（溶かす時に小さなカスを残す）

豆類 ヒヨコマメ、レンズマメ、インゲンマメ

野菜 ジャガイモ、タマネギ、青物野菜、ニンジン、カボチャ、ピーマン、トマト

果物 ブドウ、リンゴ、バーベリー、マルベリー、メロン、ルバーブ、アプリコット、ザクロ、イチジク、サクランボ、プラム

種実類 クルミ、ヘーゼルナッツ、ピスタチオ、キャラウェイシード

香辛料 タマネギ、ニンニク、酢、塩、黒胡椒、干しトウガラシ、ディル、ミント

料理 粥のようなシリアルのスープ、酸味のあるものが多い。煮たり焼いたりした肉。ベシュバルマク（キルギスでは、薄くスライスした仔羊肉または羊肉と四角く切った麺が、肉のスープを入れた椀とともに供される）。マヌパル（スライスした麺）は、小麦粉の生地を薄くスライスしてスープまたはシチューに入れる。マンティ（子羊の挽き肉、タマネギ、赤トウガラシのフィリングを入れた蒸し餃子）。カウルマ・ラグマン（炒めた麺と肉）。サムサ（挽き肉またはみじん切りのタマネギと青物野菜を詰めたパイ）。シャシリク（仔羊肉のケバブ）は、味をつけ、通常はマリネした角切りの肉を串焼きにしたもので、屋台でも人気がある。パロー（ピラフ）は、油で炒めてから水を加えて炊いた米で、多くの場合、羊肉とタマネギが入る。イシク湖の魚のグリル。

甘味類 ハチミツ、砂糖：ドライフルーツ。バラの花びらのジャム。ルバーブのコンポート。サムサ（クルミ、バター、砂糖の入ったフリッター）。キャンディ：ハルバ（穀物、砂糖またはハチミツ、ナッツ）、ブクマン（甘味をつけたクリームと褐色に炒めた小麦粉）。

飲物 茶（湯と倍量のミルク、塩、胡椒、炒めた小麦粉を混ぜ合わせる）、サワーミルク、ワイン。食事中も食間も、家庭や茶店で茶をホットで飲む。

食事 朝食：クラバーまたはチーズ、フラットブレッド、お茶。昼食：濃くたっぷりのスープまたはチーズ、青野菜、果物、フラットブレッド、お茶。夕食：肉料理やパロー、フラットブレッド、果物やスイーツ、お茶。食事をする時は、敷物または椅子に座り、手を使って食べ物をすくい取る。また、フラットブレッドを食べられる匙や皿として使ったり、平皿を使うこともある。

グアテマラ Guatemala
グアテマラ共和国

[地理] グアテマラは中米の最北の国で、涼しい中央高地と山、太平洋沿いの細い沿岸平野、カリブ海沿いの低地と肥沃な川沿いの谷からなる。

主要言語	民族	宗教
スペイン語（公用語） 22のマヤ系言語（国語）	メスティソ、ラディーノ、 ヨーロッパ系　59.4% キチェ　9.1% カクチケル　8.4% マム　7.9% ケクチ　6.3% その他マヤ系　8.6%	カトリック プロテスタント マヤの土着信仰

人口密度　144.3人/km²　　都市人口率　52.5%
識字率　79.1%　　出生1000あたり乳児死亡率　21.3
平均寿命　男性70.6歳、女性74.7歳　　HIV感染率　0.5%
1人あたりGDP　7,900ドル　　失業率　2.4%
農業就業人口　30.5%　　耕地面積率　8.7%

[農業] サトウキビ、バナナ、トウモロコシ、コーヒー、インゲンマメ、カルダモン、ニワトリ、牛、羊、豚、ヤギ

[天然資源] 石油、ニッケル、希少木材、漁獲、チクル、水力発電

[産業] 製糖、繊維、衣服、家具、化学製品、石油、金属、ゴム、観光

[食文化への影響] とくに高地ではマヤの影響が強い。トウモロコシが主食で、古代から伝わる料理のタマレ、トルティーヤが今もよく食べられる。スペインは米、牛肉、豚肉、ラード、ココナッツ、パンノキの実を持ち込んだ。カリブ海沿岸では、カリブ先住民、アフリカとアジアからの労働者による影響が見られる。

[主食] トウモロコシ、インゲンマメ、米

[パンと穀類] トウモロコシ、米、小麦：トウモロコシのトルティーヤ、粥、飲物。米料理。小麦パン、ロールパン、二つ折りパイ。

[肉と魚] ニワトリ、牛肉、豚肉、仔羊肉、ヤギ肉、魚介類、卵：ソーセージ

[乳製品] ミルク（エバミルク）、クリーム、サワークリーム、チーズ。ミルクは飲用にしない。

[油脂] ラード、バター、植物油、ショートニング

[豆類] インゲンマメ（黒、赤、褐色、白）、ヒヨコマメ。黒豆がとてもよく食べられる。

[野菜] プランテーン、キャッサバ、トマト、ピーマン、ハヤトウリ（洋ナシ形をした緑のウリ）、アボカド、カボチャ、パンノキの実、トウガラシ、タマネギ、ジャガイモ、キャベツ、ニンジン、サヤインゲン、レタス、ビーツ

[果物] バナナ、オレンジ、その他の柑橘類、ココナッツ、パイナップル、マンゴー、ローゼルの果実（赤い飲料、ジャム、ゼリーを作る）、ブドウ、パパイヤ、パッションフルーツ、プルーン、レーズン

[種実類] アブラヤシの実、カボチャの種

[香辛料] カルダモン、タマネギ、ニンニク、ベニノキの種（アナトー／アチョーテ。赤い色がつく）、トウガラシ、コリアンダー、チョコレート、シナモン、バニラ

[料理] アトーレ（トウモロコシの粥）、ポソレ（半分発酵させたトウモロコシの生地を薄めて飲みものにしたり、ほかの用途にしたりする）。ミクスタス（トルティーヤにグアカモーレを塗り、ソーセージや酢漬けのキャベツなどをのせたオープンサンド）、タマレス（トウモロコシの生地でスパイシーな牛肉をくるみ、トウモロコシの皮か葉で包んで蒸す）。エンパナーダ（小麦粉の生地に肉の具を包んだ二つ折りパイ）。インゲンマメをスパイスと煮込んで、ピューレ状にするか炒めて、米と供する（フリホレス・コン・アホス）。黒豆を煮てから炒めたもの（フリホレス・ボルテアドス）は、グアテマラのキャビアと呼ばれている。米を炒めてからゆでるか、ココナッツミルクで煮る。ココナッツブレッドはカリブ海沿岸の名物料理である。肉またはシーフードとプランテーンかキャッサバの、ココナッツミルクのシチュー。マヤから伝わる肉のシチュー（ペピアン）は、ウリの種を炒めたものでとろりとさせる。肉や魚のロースト。アボカド、トマト、酢漬けのキャベツのサラダ。ジャガイモ、プランテーン、パンノキの実のフライ。野菜の酢漬け（キャベツ、ニンジン、ビーツ）。チルモル（トマトのソースで、トウガラシを加えることが多い）をふんだんに使う。

[行事食] 黒いタマレに鶏肉、チョコレート、スパイス、プルーン、レーズンを入れる。イースター前の受難週には、プランテーンにチョコレートを掛けたものを食べる。フィアンブレ（野菜、鶏肉、牛肉、豚肉、ソーセージ、チーズ、固ゆで卵の大きなサラダ。ドレッシングはビネグレットか甘酢ソース）は、諸聖人の祝日に多くの家族、友人が集まって食べる。

[甘味類] サトウキビ、ハチミツ、砂糖（白、ブラウン）、ココナッツキャンディ、焼きバナナ、フルーツアイス、アイスクリーム、カスタード、ライスプディング、ココナッツまたはラム風味のケーキやフリッター。

[飲物] コーヒー、チョコレート、フルーツドリンク、茶、ビール、ラム酒、ワイン、蒸留酒

[食事] 朝食：トウモロコシのトルティーヤ、インゲンマメ（時に卵添え）、コーヒーかジュース。昼食：インゲンマメ、トウモロコシのトルティーヤ、米（あればチーズか肉が添えられる）。夕食：昼食と同様だが裕福な地域ではスープ、肉料理か魚料理、トル

ティーヤまたはパン、サラダ、豆、プランテーンのフライ、野菜の酢漬け、前菜とデザートがつくこともある。
[間食] キャンディ、フルーツアイス、アイスクリーム、カスタード、ライスプディング、ケーキ、フリッター
[インカパリーナ] 伝統的なトウモロコシ粥（アトーレ）をベースにした、栄養豊かで経済的なドライフードで、中米とパナマの栄養研究所が開発したものである。トウモロコシや他の植物など地元の食材の成分を入れ、水で溶いて粥やスープにしたり、ミルク代わりの栄養豊かな飲物にしたりできる。

クウェート Kuwait
クウェート国

[地理] クウェートは、中東のペルシャ湾北端にあり、低地の砂漠で、非常に暑い。

主要言語	民族		宗教	
アラビア語（公用語）	アジア人	37.8%	イスラム教（国教）	76.7%
英語が広く話されている	クウェート人	31.3%	キリスト教	17.3%
	他のアラブ人	27.9%		
	アフリカ人	1.9%		

人口密度　161.4人/km²　　　　都市人口率　98.4%
識字率　96.1%　　　　　　　　出生1000あたり乳児死亡率　7.0
平均寿命　男性76.8歳、女性79.6歳　　HIV感染率　0.1%
1人あたりGDP　71,300ドル　　　失業率　2.4%
農業就業人口　－　　　　　　　耕地面積率　0.5%

[農業] トマト、キュウリ、ジャガイモ、ニワトリ、羊、ヤギ、牛
[天然資源] 石油、漁獲、エビ、天然ガス
[産業] 石油、石油化学製品、セメント、造船、水の淡水化、食品加工、建材

[食文化への影響] アラブ人、隣国のサウジアラビアとイラク、さらにオスマン帝国、アフリカの角、イラン、インド、イギリス、イスラムの文化の影響がある。イスラム教は豚肉とアルコールの摂取を禁じており、ラマダンの月には日の出から日没までの断食が要求される。クウェートは国土の大部分が砂漠であるため、作物は実質的に耕作されていない。長大な海岸線は魚介類を提供する。人口のかなりの割合は外国人であり、多種多様な食品が入手可能である。

[パンと穀類] 小麦、米、フラットブレッド（ピタパンなど）、クスクス、ひき割り小麦、パンケーキ、フィロ生地のペストリー、米料理

[肉と魚] 鶏肉、卵、仔羊肉、ヤギ肉、牛肉、魚、エビ。仔羊肉は最も人気のある肉で、鶏肉が2番目である。エビや、ハムール（ハタ）、ズバイディ（マナガツオ）などの魚も人気がある。

[乳製品] ヨーグルト（ラバン）、ラブネ（水切りヨーグルト）、ミルク、クリーム、フェタチーズ

[油脂] ゴマ油、ゴマペースト、ギー（澄ましバター）、オリーブ油

[豆類] ヒヨコマメ、レンズマメ

[野菜] トマト、キュウリ、ジャガイモ、ナス、タマネギ、オリーブ、ニンニク、新鮮な

ハーブ（とくにパセリ、ホウレンソウ、ミント、コリアンダー）。新鮮なハーブは市場で販売されている。

果物 ナツメヤシ、マンゴー、メロン、スイカ、オレンジ、バナナ、レモン、ライム、イチジク。最も重要な果物であるナツメヤシは、とくにラマダンのあいだに大量に消費される。

種実類 アーモンド、ゴマ、ゴマペースト（タヒーニ）

香辛料 塩、カルダモン、サフラン、ミント、バハラット（黒胡椒、コリアンダー、カシア、クローブ、クミン、カルダモン、ナツメグ、パプリカのスパイスミックス）、ロミ（乾燥ライム）、レモン汁、タマネギ、ニンニク

料理 煮込みまたは蒸した米やクスクス。仔羊の小間切れ肉、または挽き肉の串焼き（ケバブ・マシュウィ）。新鮮なハーブ、野菜と煮込んだエビと米（マクブース）。ゆでたヒヨコマメやレンズマメ、時にはピューレにして揚げる。ナス、トマト、タマネギのキャセロール。トマトとキュウリのサラダ。新鮮な塩漬け。

国民食 コウジ（バハラット、サフラン、タマネギで味つけした鶏肉、卵、米を詰めた仔羊の丸焼き）は、アーモンドとギーを添えた米飯にのせて供される。

甘味類 ディビス（ナツメヤシの糖蜜）、ハチミツ、砂糖、バクラバ（フィロ生地のペストリーとナッツを何層にも重ねて焼き、シロップに浸したもの）、アタイフ（詰め物をした小さなパンケーキ、北の隣国から取り入れたラマダンの名物料理）。

飲物 コーヒー、茶、フルーツドリンク、ヨーグルトドリンク、ビール、ワイン、ブランデー。おもな飲み物はコーヒーで、有名なアラブのもてなしと強い関係があり、よく焙煎して細かく挽いた豆で入れ、通常はカルダモンの風味をつける。お茶は通常ミルクを入れず、非常に甘くして飲む。

屋台・間食 ローストチキン、仔羊肉のケバブ、シャワルマ（縦型の回転肉焼き器で焼いた仔羊肉）を薄くスライスしてトマト、パセリ、タヒーニと一緒にフラットブレッドと供するサンドイッチがシャワルマの屋台で入手できる。

グレナダ　Grenada

[地理] グレナダは、ベネズエラの北方145kmに位置するカリブ海の国である。山の多い火山島カルアク島とプティト・マルティニーク諸島からなる。

主要言語	民族		宗教	
英語（公用語）	アフリカ系	82.4%	プロテスタント	49.2%
フランス語系パトワ語	混血	13.3%	カトリック	36.0%
	東インド系	2.2%	無宗教	5.7%

人口密度　324.8人/km²　　　　　　　都市人口率　35.7%
識字率　－　　　　　　　　　　　　　出生1000あたり乳児死亡率　9.7
平均寿命　男性71.9歳、女性77.4歳　　HIV感染率　－
1人あたりGDP　14,100ドル　　　　　 失業率　－
農業就業人口　11%　　　　　　　　　耕地面積率　8.8%

[農業] サトウキビ、ココナッツ、ナツメグ、バナナ、ココア、メース、柑橘類、アボカド、ニワトリ、羊、ヤギ、牛、豚
[天然資源] 材木、トロピカルフルーツ、漁獲
[産業] 食品加工、飲料加工、繊維、軽工業組立、観光、建設

[食文化への影響] アラワク族とカリブ族は魚介類、果実、野菜など、海から獲れる食べ物や、この熱帯の島に生育する植物を食べていた。今日でも同じ食べ物が利用され、それにスペイン、フランス、イギリスなどがもたらした食べ物が加わっている。フランスはほぼ1世紀、イギリスは2世紀以上この地を支配したので、その影響が残る。たとえば、イギリスは塩ダラ、ビスケット、茶をもたらした。アフリカから連れて来られた奴隷によるオクラも影響を与えた。1843年に東インドの香料諸島から戻るイギリス船がグレナダに立ち寄り、ナツメグの苗木を置いていった。今やグレナダはナツメグとメース（同じ樹になる）の最大産出国で、スパイスの島と呼ばれる。

[パンと穀類] トウモロコシ、米、小麦：焼いたコーンミールケーキ、米料理。キャッサバパン（キャッサバをひき、平らなケーキにして焼く）、小麦粉とキャッサバを使ったパンとビスケット
[肉と魚] ニワトリ、卵、仔羊肉、ヤギ肉、牛肉、豚肉、魚介類（塩ダラ、フエダイ、トビウオ、ウミガメ、ウニ、ロブスター、オカガニ、カエル）
[乳製品] 牛乳（生乳、コンデンスミルク、エバミルク）、クリーム、熟成チーズ
[油脂] バター、ラード、ココナッツ油、植物油
[豆類] インゲンマメ、小豆、ササゲ、ヒヨコマメ、キマメ

野菜 アボカド、キャッサバ、ヤムイモ、ヤウティア（タロイモに似た球茎と緑の葉を持つ植物）、サツマイモ、プランテーン、パンノキの実、ウリ、トマト、オクラ、タマネギ、トウガラシ、ピーマン

果物 バナナ、ココナッツ、オレンジ、ライム、マンゴー、パパイヤ、グアバ、カシューアップル、アキー、パイナップル、サワーソップ

種実類 アーモンド、カシューナッツ、ベニノキの種（アナトー）

香辛料 ナツメグ、メース、塩、黒胡椒、トウガラシ、ココア、オールスパイス、アナトー、シナモン、ニンニク、ラム酒

料理 カラルー（ヤウティアの葉をオクラとともに煮たスープ）。ペッパーポット（キャッサバをゆでた汁を使った肉の煮込み、コショウ風味）。アボカドのスープ、パンノキの実のヴィシソワーズ（パンノキの実をバター、タマネギ、ニンニクと蒸し煮にして混ぜ、クリームを加えて混ぜ、冷やす）、オレンジのコンソメゼリー（チキンスープにゼラチンを入れて加熱し、絞りたてのオレンジジュースを加えて冷やす）など冷たいスープ。ウミガメのスープ。コーンミールとオクラのケーキを焼いたもの。タラのフリッター。プランテーンのフライ。ゆで米。米とエンドウマメまたはインゲンマメの煮込み。トウガラシのソース。

甘味類 サトウキビ、糖蜜、砂糖、グアバとナツメグのゼリー、ココナッツビスケット、チョコレートムース、コーンミールケーキ（コーンミール、小麦粉、果物、ラム酒）、サワーソップフール（サワーソップとホイップクリームを重ね、冷やす）

飲物 ミルクコーヒー、茶、アイスティーのライム添え、フルーツジュース、ソフトドリンク、ミルク、ココア、ビール、ラム酒

食事 朝食：パンとミルクコーヒー、昼食：米とインゲンマメかエンドマメ、あれば肉。夕食：昼食と同じようだが肉、野菜が多く、ミルクとあればデザートが加わる。

間食 果物、かき氷に甘いフルーツジュースをかけたもの、ミルクコーヒー、茶とココナッツビスケット

ク

グレナダ

クロアチア　Croatia
クロアチア共和国

[地理] クロアチアは、バルカン半島に位置する、アドリア海に面したヨーロッパ南東の国で、以前のユーゴスラビア共和国の一つであった。東部には肥沃な農地平野があり、アドリア海沿いは低山地帯である。

主要言語	民族		宗教	
クロアチア語（公用語）	クロアチア人	90.4%	カトリック	86.3%
セルビア語	セルビア人	4.4%	セルビア正教	4.4%
			無宗教、無神論者	3.8%

人口密度　76.7 人/km²　　　　　都市人口率　59.6%
識字率　99.3　　　　　　　　　出生 1000 あたり乳児死亡率　9.3
平均寿命　男性 72.9 歳、女性 79.4 歳　　HIV 感染率　<0.1%
1 人あたり GDP　22,400 ドル　　失業率　13.5%
農業就業人口　1.9%　　　　　　耕地面積率　14.5%

[農業] トウモロコシ、テンサイ、小麦、ヒマワリの種、大麦、ニワトリ、豚、羊、牛、ヤギ

[天然資源] 石油、石炭、ボーキサイト、鉄鉱石、カルシウム、石膏、天然アスファルト、シリカ、雲母、粘土岩、塩、水力発電、漁獲

[産業] 化学製品、プラスチック、工作機械、合金、エレクトロニクス

[食文化への影響] クロアチアの肥沃な平野は農業を支えており、穀物、テンサイが栽培され、家畜が飼育される。アドリア海では魚が獲れる。食文化への影響はカトリック、スラブ、オーストリア、そして北の隣国スロベニア、ハンガリーから受けている。そして中央ヨーロッパが、クロアチアを含むバルカン半島全体の食に影響を与えている。クロアチア人の多くはカトリック教徒であり豚肉と魚も食べ、クリスマスやイースターには特別な祝祭食がある。よく食べられるのは豚肉、仔羊肉、鹿肉と、リンゴやキャベツなどの寒冷な気候に合う果物や野菜である。乳製品やパンも常食する。

[パンと穀類] 小麦、トウモロコシ、大麦、米：ポリッジ、米料理、パン（小麦粉の生地を発酵させたものが多い）。小麦粉のパイ、二つ折りパイ、フィロ生地のパイ（紙のように薄い生地で作ったペストリー）、ダンプリング、パスタ。

[肉と魚] 鶏肉、卵、豚肉、仔羊肉、牛肉と仔牛肉、ヤギ肉、魚：ハム、ベーコン

[乳製品] ミルク（牛、羊、ヤギ）、バターミルク、クリーム、サワークリーム、ホイップクリーム、チーズ。カシュカバル（バルカンのチェダーと呼ばれる、羊の乳で作った

硬い、強い風味のチーズ)
- 油脂 バター、マーガリン、植物油、オリーブ油
- 豆類 ヒヨコマメ、ソラマメ、黒豆、白インゲンマメ、レンズマメ。豆類は重要な食べ物である。
- 野菜 ジャガイモ、キャベツ、キュウリ、キノコ、トマト、ナス、タマネギ、オリーブ:ザウアークラウト
- 果物 リンゴ、ベリー、サクランボ、モモ、洋ナシ、プラム、アプリコット、ブドウ、レモン。フルーツジュースはよく飲まれる。
- 種実類 アーモンド、クルミ、ピスタチオ、ヒマワリの種、ケシの実
- 香辛料 ニンニク、ディル、ミント、カルダモン、シナモン、オレガノ、パセリ、コショウ、パプリカ、レモン汁
- 料理 レンズマメを使ったスープ。肉と野菜のキャセロール。豚肉もしくは仔牛肉とパプリカのシチュー。魚料理。肉もしくは果物を入れたダンプリング。キャベツなどの野菜で肉や米を包み、煮るか焼くかする。肉、チーズ、卵、野菜、ナッツ、ドライフルーツを入れたパイ、もしくは二つ折りパイ。バルカンの名物料理ムサカ（仔羊の挽き肉、ナス、タマネギ、トマトソースのオーブン料理)
- 祝祭食 イースターには仔羊肉、ハム、ポガカ（色づけした固ゆで卵がのったパン）を食べる。クリスマスイブの夕食はタラが中心になる。クリスマス料理としては詰め物をしたキャベツ、ザウアークラウトが挙げられる。
- 甘味類 ハチミツ、砂糖、果物のジャム、フルーツコンポート、チーズもしくは果物を入れたダンプリングやシュトゥルーデル、バクラバ（フィロ生地をナッツなどと層にし、香りづけをしたシロップに浸す）。バルカン名物のスラトコ(濃いシロップで煮た果物)。北バルカンにはポティツァ（クルミ、バター、クリーム、卵の具を巻き込んだ甘いイーストパン）がある。
- 飲物 コーヒー（濃く、甘い）、茶、バターミルク、フルーツジュース、ワイン、プラムブランディー（スリヴォヴィッツ）
- 食事 食事は一日3回で、昼食が一番量が多い。間食もひんぱんにする。
- 屋台・軽食 都市部ではペストリー、アイスクリームは一日中露店で売られている。小さなミートボール（キョフタ／コフタ）、ピクルス、サラダ、コーヒー、ワイン、プラムブランディはカフェや喫茶店での夕方の軽食である。

ケニア　Kenya
ケニア共和国

[地理] ケニアは東アフリカにあり、赤道直下で、インド洋に面している。北部の60%の国土は乾燥気候である。肥沃なビクトリア盆地が南西部にある。高い山々に挟まれた大地溝帯は、西側の高地と沿岸地帯の低地を隔てている。また、南には高さ900～3,000mの高原がある。ケニア山はアフリカで2番目に高い山である。大規模な鳥獣保護区が指定されている。

主要言語	民族		宗教	
スワヒリ語（公用語）	キクユ族	22%	キリスト教	83.0%
英語（公用語）	ルヒヤ族	14%	（含プロテスタント	47.7%)
土着の言語が多数ある	ルオ族	13%	（含カトリック	23.4%)
	カレンジン族	12%	イスラム教	11.2%
	カンバ族	11%		
	キシイ族	6%		
	メルー族	6%		

人口密度　83.7人/km²　　　　都市人口率　26.5%
識字率　78.7%　　　　　　　　出生1000あたり乳児死亡率　37.1
平均寿命　男性62.8歳、女性65.8歳　　HIV感染率　5.4%
1人あたりGDP　3,400ドル　　失業率　11%
農業就業人口　75%　　　　　　耕地面積率　10.2%

[農業] サトウキビ、トウモロコシ、ジャガイモ、切り花、茶、コーヒー、小麦、果物、ニワトリ、牛、ヤギ、羊、豚

[天然資源] 石灰石、ソーダ灰、塩、蛍石、野生動植物、水力発電、漁獲

[産業] 小規模消費財（繊維、衣類、石鹸、たばこ）、農産物加工、石油精製、セメント、観光

[食文化への影響] 沿岸の平野を別にすると国土の大部分は高原で、アフリカでは有数のよい気候に恵まれている。狩猟動物が豊富で、伝統的に牛が飼育されているにもかかわらず、高地の食事に肉はほとんど含まれていない。先住民の多くは昔から牧畜を行なってきたが、牛は食べ物ではなく財産とみなされ、マサイや関連する民族の人々は乳製品や牛の血を食べていた。それ以外の人々は、おもにキビ、ソルガム、バナナ、そして採集した青野菜を食べていた。最も古く外国から来た商人であるアラブ人は、700年頃から海岸沿いを植民地化した。彼らは奴隷や象牙の取引をするかたわら、スパイス、タマネギ、ナスを持ち込んだ。イギリス人は、多くのアフリカ人にヨーロッパ料理を教えたが、

相手は男性で、女性ではない。女性は家庭内でのみ料理をし、屋外で焼き物やバーベキューをするのは男性に限られるという複雑な伝統があった。イギリスが東アフリカにアジア人の定着を奨励したことが、料理にカレー（ムチュジ）を使うこと、多くの魚料理にココナッツミルクを入れることなど、この地の料理に影響を与えた。東アフリカでは、アフリカのほかの地域よりも多くココナッツミルクが一般的に使用されている。農業の発展は、ヨーロッパ人によって作られた農園やプランテーションに依っている。インド洋とビクトリア湖では魚介類が獲れる。海産物の多くは塩漬けの干物にされ、内陸に送られる。ヨーロッパ人の猟師は山地で狩猟をするようになった。現在、動物は保護されているが、狩猟動物は豊富におり、アンテロープは飼育もされている。アフリカのほかの地域と同様に、でんぷん質の食品が「本当の食べ物」で、薬味は付け合わせと見られる。

パンと穀類 トウモロコシ、小麦、キビ、ソルガム、米：粥、パンケーキ、フリッター、米料理

肉と魚 鶏肉、卵、牛肉、ヤギ肉、仔羊肉と羊肉、豚肉、狩猟動物の肉（ガゼル、クーズー）、魚介類

昆虫 イナゴ、コオロギ、バッタ、羽アリ、ガの幼虫（マドラ）、チョウの幼虫（ハラティ）

乳製品 ミルク、チーズ（ヨーロッパのチーズを変化させたものを含む）

油脂 バター、ラード、ピーナッツ油

豆類 落花生、ササゲ、インゲンマメ、レンズマメ。豆は重要なたんぱく源で、毎日食べる。

野菜 ジャガイモ、グリーンバナナ、葉物野菜（アマランス、バオバブ、オクラ）、キャッサバ、ヤムイモ、サツマイモ、トマト、タマネギ、オクラ、ナス。ケニア人は大量のでんぷん質の野菜と葉野菜を食べる。

果物 バナナ、ココナッツ、パイナップル、パパイヤ、マンゴー、イチゴ

種実類 カシューナッツ、ゴマ

香辛料 トウガラシ、ココナッツミルク、乾燥させたバオバブの葉、カレー粉、クローブ

料理 スクマウィキ（スワヒリ語で「一週間を乗り切れ」の意）、残り物の肉と野菜のシチュー。イリオ、キクユ料理（インゲンマメ、トウモロコシ、ジャガイモまたはキャッサバのマッシュ）は、しばしばカレーチキンに添えられる。インゲンマメ、レンズマメ、トウモロコシ、プランテーン（グリーンバナナ）、またはジャガイモのマッシュ。バナナの葉に包んでゆで、マッシュしたグリーンバナナ。ピーナッツのスープ、シチュー、ペースト。ピーナッツペーストと調理した葉物野菜。ココナッツミルクで調理した魚。バターを入れて蒸した米に、牛肉、羊肉、家禽の肉、または魚を添えて供する。狩猟動物の肉の串焼き。ガゼル、クーズー、アンテロープなどの小間切れ肉をマリネして煮込んだもの。ニャマチョマ（ヤギのケバブ）は、グリーンバナナと地元のビールを添えて供する。

国民食 ウガリ、非常に濃いコーンミール（またはキビ）の粥、最も一般的な主食。

甘味類 サトウキビ、ハチミツ、ココナッツプディング、プランテーンカスタード、マンダジ(ドーナツまたはフリッター)。ハチミツは重要である。
飲物 茶、コーヒー、ビール、赤ワイン
屋台・間食 揚げたペストリー、穂軸ごと焼いたトウモロコシ、米とココナッツのパンケーキ、揚げた昆虫

コスタリカ Costa Rica
コスタリカ共和国

[地理] コスタリカは、ニカラグアとパナマにはさまれた中央アメリカの国である。カリブ海沿岸の低地は熱帯、内陸の標高の高い高原（標高1,300m）は温帯気候で、太平洋岸沿いは狭い。

主要言語	民族		宗教	
スペイン語（公用語）	白人、メスティーソ（白人と		カトリック（国教）	76.3%
英語	先住民の混血)	83.6%	プロテスタント（大部分が福	
	ムラート	6.7%	音派）	13.7%
	先住民	2.4%	無宗教	3.2%

人口密度　96.6人/km²　　　都市人口率　78.5%
識字率　97.6%　　　　　　出生1000あたり乳児死亡率　8.0
平均寿命　男性76.1歳、女性81.5歳　　HIV感染率　0.4%
1人あたりGDP　16,100ドル　　失業率　9.0%
農業就業人口　14%　　　　耕地面積率　4.5%

[農業] サトウキビ、バナナ、パイナップル、コーヒー、メロン、観葉植物、トウモロコシ、米、インゲンマメ、ジャガイモ、ニワトリ、牛、豚、ヤギ、羊

[天然資源] 水力発電、漁獲

[産業] マイクロプロセッサー、食品加工、医療機器、繊維、衣服、建設資材、肥料、プラスティック

[食文化への影響] スペイン人が来たときにこの地域に住んでいたグアイミ族やスペイン人、カリブ諸国が食に影響を与えている。スペイン人は米、牛肉、豚肉などの新しい食物をもたらした。カリブ諸島からの影響は、カリブ語を話す諸部族と、アフリカ、アジアから来た労働者からもたらされたもので、コスタリカのカリブ海沿岸にその影響が見られる。

[日常食] トウモロコシ、インゲンマメ、米はほぼ毎食食べられる。

[パンと穀類] トウモロコシ、米、小麦：米料理、トルティーヤ（丸くて薄いコーンブレッド）、小麦パン、ロールパン

[肉と魚] 鶏肉、牛肉、豚肉、ヤギ、仔羊肉と羊肉、魚、卵

[乳製品] ミルク（エバミルク）、クリーム、サワークリーム、チーズ。ミルクを飲料として飲むことは少ない。

[油脂] ラード、バター、植物油、ショートニング

[豆類] インゲンマメ（黒、赤、褐色、白）、ヒヨコマメ
[野菜] ジャガイモ、プランテーン、キャッサバ、トマト、ピーマン、ハヤトウリ（洋ナシの形をした緑のウリ）、パンノキの実、カボチャ、アボカド、タマネギ
[果物] バナナ、パイナップル、メロン、ココナッツ、マンゴー、オレンジ、ローゼルの果実（赤茶色のハーブティー、もしくは、ジャム、ゼリーを作る）、ブドウ、パパイヤ、パッションフルーツ
[種実類] アブラヤシの実、ウリの種
[香辛料] タマネギ、ニンニク、ベニノキの種（アナトー）、トウガラシ、コリアンダー、タイム、オレガノ、ピメント、シナモン、バニラ
[料理] タマレス（トウモロコシの粉を練ったものの中に鶏肉または豚肉を入れ、トウモロコシの葉か外皮で包んで蒸したもの）。ポソレ（トウモロコシの生地を半ば発酵させたもの。薄めて飲み物にすることもある）。アトーレ（トウモロコシの濃い粥）にはトウガラシ、ウリの種、インゲンマメを加えることもある。ゆでた米とインゲンマメを組み合わせた料理（フリホレス・コン・アロス）。米のパンケーキ。牛肉またはシーフードとプランテーン、キャッサバをココナッツミルクで煮込んだスープまたはシチュー。プランテーンまたはパンノキの実のフライ。アボカドのサラダ。
[甘味類] サトウキビ、ハチミツ、砂糖（白、ブラウン）、ノガダ（プラリネのようなキャンディ）、焼きバナナ、フルーツアイス、カスタード、ライスプディング、アイスクリーム、ココナッツまたはラム風味のケーキやフリッター。
[飲物] コーヒー、チョコレート、トロピカルフルーツ・ジュース（レフレスカ）、ビール、ラム酒
[食事] 伝統的な朝食はガジョピントという米と豆の料理で、サワークリームや目玉焼きが添えられることもある。経済的に済ませる食事としてはカサドで、米とインゲンマメの組み合わせに肉、プランテーンのフライ、アボカドを添えたもの。裕福な地域の夕食はスープ、肉、家禽類か魚、トルティーヤまたはパン、サラダ、プランテーンのフライ、酢漬けの野菜に前菜とデザートがつく。

コソボ Kosovo
コソボ共和国

[地理] コソボは南東ヨーロッパにあって、セルビア、マケドニア、アルバニア、モンテネグロに隣接する。コソボは、バルカン半島の小国のひとつで、盆地平野が四方の高い山々に囲まれている。

主要言語	民族		宗教	
アルバニア語（公用語）	アルバニア人	92.9%	イスラム教	95.6%
セルビア語（公用語）	ボスニア人	1.6%		
ボスニア語	セルビア人	1.5%		

人口密度　174.1 人/km²　　　　都市人口率　－
識字率　91.9%　　　　　　　　出生 1000 あたり乳児死亡率　33.8
平均寿命　男性 69.8 歳、女性 74.2 歳　　HIV 感染率　－
1 人あたり GDP　9,600 ドル　　失業率　－
農業就業人口　5.9%　　　　　　耕地面積率　27.4%

[農業] 小麦、乾草、トウモロコシ、ジャガイモ、果物（ベリー）、ワイン、ニワトリ、牛、羊

[天然資源] ニッケル、鉛、亜鉛、マグネシウム、亜炭、カオリン、クロム、ボーキサイト

[産業] 鉱業、建材、基材、皮革、機械、電気器具

[食文化への影響] ローマ人、スラブ人、トルコ人、近隣諸国、宗教などの影響がある。15 世紀にオスマントルコに占領されるまで、アルバニア人はキリスト教徒で、南は東方教会、北はローマカトリック教会だった。19 世紀になると、イスラム教が支配的な宗教となった。キリスト教徒と違って、イスラム教徒は豚肉を食べない。アルバニア料理はイスラム教化の結果とトルコの食習慣の影響によって変化した。ただ、伝統的に東方教会が優勢だった南部では、食べ物がギリシャ地中海風のまま残った。食文化の伝統は高齢の世代や、コソボを含む旧ユーゴスラビアのアルバニア人が住む村で強く、アルバニアから離れていることが伝統を強めている。コソボの料理にはアルバニアとトルコの影響がある。ほとんどの住民はアルバニア系である。多くの人々は、50 人から 90 人で構成される家父長制の共同体に住んでいて、そこでは食べ物の調理やパンの焼成は一括して行なわれ、人々は集団で食べる。食事は低い丸テーブルに巨大な鍋や焼き板で供される。トルコの影響はメゼ（前菜）、米、ピラフ、トルコ風コーヒーと菓子に、ギリシャの影響はフェタチーズに、イタリアの影響はトマトソースに反映されている。コソ

ボの国土は穀物、果物と野菜、ワイン用のブドウ、家畜を生産する。主要な食材はパン、パスタ、チーズ、ヨーグルトである。

パンと穀類 小麦、トウモロコシ、米：小麦粉のパンには標準的な、ずっしり重い、かすかに酸味のある黒パンのほか、発酵させたパン、ピタパン（丸く平らなパン、中が空洞になっている）やラバシュ（大きくぱりっとした薄いパン）などのフラットブレッドがある。コーンミールのパン、米料理、小麦粉で作るペストリー、パイ生地のターンオーバー、パスタ、ダンプリング、ひき割り小麦（ブルグル）

肉と魚 仔羊肉と羊肉、鶏肉、牛肉、ヤギ肉、豚肉、魚、卵

乳製品 ミルク（牛、羊、ヤギ）、クリーム、ヨーグルト（コス）、チーズ（通常はヤギまたは羊のミルクで作られ、フェタと同様の白チーズや、カシカバルと呼ばれる、チェダーに似た、硬く、風味の強い羊乳のチーズなど）

油脂 オリーブ油、バター、ゴマ油、植物油、脂尾羊からとった脂肪

豆類 ヒヨコマメ、ソラマメ

野菜 ジャガイモ、オリーブ、キャベツ、ナス、タマネギ、トマト、キュウリ、ピーマン、キノコ：ピクルス

果物 ブドウ、ベリー、レモン、アプリコット、サクランボ、イチジク、ナツメヤシ、メロン、ザクロ、ナシ、プラム：砂糖煮

種実類 クルミ、アーモンド、ヘーゼルナッツ、落花生、松の実、ピスタチオ、ケシの実、ヒマワリの種、ゴマ。ナッツ、とくにクルミは、多くの辛口や甘口の料理に使われている。

香辛料 タマネギ、ミント、パセリ、ディル、ニンニク、コショウ、アニス、カルダモン、シナモン、オレガノ、レモン汁

前菜 カネロニ・アラ・トスカーナ（細かく刻んだ仔牛肉と野菜を入れ、グラタン風に仕上げたパンケーキ）は、レストランで定番のアンティパスト（前菜）。ブルネ・メ・ジャテ、白チーズと卵を詰めた小さな三角形のペストリー。

料理 米のピラフ（タマネギをバターまたは油でよく炒めてから、そこに米を入れてソテーし、蒸したり、水やスープで煮込む）。コフタ（ミートボールを揚げたり、串に刺してグリルする）。シシケバブ（串に刺してグリルした仔羊肉の小片）。肉詰めのダンプリング。焼いたパスタに仔羊肉またはヤギ肉とトマト。焼きマカロニ、挽き肉、チーズ、トマト、ソース。パスティッチョ（ベシャメルソース）。ブドウまたはキャベツの葉で包んだ米や肉（ドルマ）。バルカンの有名な料理、ムサカ（焼いた仔羊の挽き肉、ナス、タマネギ、トマトソース）。タブーリは、タマネギ、パセリ、ミント、ブルグル、新鮮な野菜のサラダ。

甘味類 ハチミツ、砂糖、シロップ：新鮮な果物。フルーツコンポート。バクラバ（ナッツのフィリングを重ねたフィロ生地のペストリー、味つけしたシロップに浸し、しばしばひし形に切る）。ハルバ（穀物とスリゴマで作った甘いペースト）。

飲物 コーヒー、茶、フルーツジュース、ヨーグルトドリンク、ビール、ワイン、ブラ

ンデー、ウーゾやトルコ特産のラクなど、アニス風味の食前酒（イスラム教徒にはアルコール飲料が禁止されているが、バルカン諸国では摂取されている）、オルム（発酵キャベツで作られた飲み物）、トルコ様式のコーヒー（強く、濃く、甘い、しばしばカルダモンを入れる）。

食事 貧困層の人々は、コーンミールのパン、チーズ、ヨーグルト、手に入ればそれに加えて仔羊肉か羊肉を食べる。余裕のある層は、一日3食に午後の間食が典型的である。朝食：パンにチーズ、オリーブまたはジャム、コーヒーまたは茶。メインの食事（通常は昼食）：メゼにウーゾまたはラク、あるいはスープやピラフ、生野菜のサラダを添えた肉料理、ヨーグルトまたはチーズ、そして果物。

メゼ （前菜）リプタオ（フェタチーズ、パプリカ、加工肉、イワシ、固ゆで卵）やタラトール（ヨーグルト、キュウリ、ニンニク、オリーブ油のスープ風サラダ）などのサラダ、ピクルス、魚介類、オムレツ、串焼きにした仔羊肉や内臓、さまざまな焼き肉：通常はラク、ウーゾ、オルムとともに食べる。

午後の間食 トルコ風コーヒーまたはお茶にペストリー、ナッツ、新鮮な果物など。

コートジボワール　Côte D'Ivoire
コートジボワール共和国

[地理] コートジボワールは、大西洋に面する西アフリカ南岸の国である。海岸沿いの細い地域、人口の少ない内陸の平地、北西の低い山地よりなる。国土の西半分は森林に覆われている。

主要言語	民族		宗教	
フランス語（公用語）	ヴォルタ、アカン族	28.8%	イスラム教	42.9%
60の土着の方言（最も使われ	マンデ族	21.4%	カトリック	17.2%
ているのはジュラ語）	グル族	16.1%	プロテスタント（福音派）	
	クル族	8.5%		11.8%
			アニミスト	3.6%
			無宗教	19.1%

人口密度　76.1人/km²　　　　都市人口率　55.5%
識字率　43.3%　　　　　　　出生1000あたり乳児死亡率　55.8
平均寿命　男性57.8歳、女性60.2歳　　HIV感染率　2.7%
1人あたりGDP　3,600ドル　　失業率　9.3%
農業就業人口　68%　　　　　耕地面積率　9.1%

[農業] ヤムイモ、アブラヤシの実、キャッサバ、コーヒー、ココア、バナナ、トウモロコシ、米、ニワトリ、牛、羊、ヤギ、豚

[天然資源] 石油、天然ガス、ダイヤモンド、マンガン、鉄鉱石、コバルト、ボーキサイト、銅、金、漁獲

[産業] 食料品、飲料、木製品、石油精製、大型車両組立、繊維、肥料

[食文化への影響] キャッサバ、トウモロコシ、トマト、落花生、トウガラシ、ジャガイモなどの新世界の食物の導入が、この国の食文化に大きな影響を与えた。在来のアフリカの食べ物としてはスイカ、ササゲ、オクラがある。1世紀以上フランス保護領であったため、フランスの影響も残る。大西洋と河川では魚が獲れ、熱帯に属する国土では作物が栽培され、家畜、狩猟動物のための草が生える。日常の食べ物はほとんど穀物とでんぷん質の野菜で、それに豆、葉物、魚が加わる。濃い、どろりとしたスパイシーな食べ物が好まれる。

[パンと穀類] トウモロコシ、米、キビ、ソルガム、小麦：ポリッジ、米料理、丸いドーナツ、フランスパン

[肉と魚] 鶏肉、牛肉、仔羊肉と羊肉、ヤギ肉、豚肉、魚（生、燻製、塩漬けまたは干し魚）、ホロホロチョウ、ウサギ、狩猟動物、卵。鶏肉はよく食べられるご馳走。

昆虫 シロアリ、イナゴ
乳製品 ミルク、サワーミルク、バターミルク、凝乳、ホエー、チーズ
油脂 パーム油、ピーナッツ油、シア油、ココナッツ油。パーム油が最もよく使われ、赤味を添える。
豆類 インゲンマメ、落花生、ササゲ、イナゴマメ
野菜 ヤムイモ、キャッサバ、プランテーン、タロイモ、葉物、オクラ、ビターリーフ、モロヘイヤ、トマト、サツマイモ、ジャガイモ、ナス、カボチャ、タマネギ、トウガラシ、キュウリ、ピーマン
果物 バナナ、ココナッツ、パイナップル、アキーアップル、バオバブ、スイカ、グアバ、レモン、ライム、マンゴー、パパイヤ
種実類 アブラヤシの核、カシューナッツ、コーラナッツ、スイカの種（エグシ）、ゴマ、マンゴーの種。種実類はソースをとろりとさせ、風味を加える。
香辛料 塩、トウガラシ、トマト、タマネギ、乾燥させたバオバブの葉、タイム、アフリカナツメグ、ココア
料理 ほとんどの食べ物はゆでるか揚げるかして、塊をソースにつけて手で食べる。ソースはピーナッツソース、パラバソース（青い葉を使ったソース）、フレジョン（インゲンマメもしくはササゲのピューレにココナッツミルク、時折イナゴマメ、もしくはココアを加えることもある）。フフ（でんぷん質の野菜をゆでてつぶしたもの、もしくはゆでたトウモロコシ粉）はひと口サイズの団子にして、シチューをすくって食べる。シチューは魚と肉、鶏肉とピーナッツ、根菜とオクラまたはピーナッツに魚か肉を少々で煮込む。ガリ（炒ったキャッサバ粉）。アダル（野菜のマッシュ）、ジョロフライス（パーム油、トマト、さまざまな野菜、肉、スパイスと煮た米料理）。肉や魚をレモン汁もしくはライム汁でマリネし、タマネギとともに焼くか炒めるか、マリネ液で煮るかする。ライスと供する。焼いた鶏肉にトマト、タマネギ、オクラ、ピーナッツソースを添える。つぶしたヤムイモに卵とトウガラシをのせて焼く。
甘味類 ハチミツ、砂糖、ピーナッツキャンディ、焼きバナナのハチミツ、もしくは砂糖、もしくはココナッツ添え。丸い揚げドーナツ
飲物 コーヒー、ココア、ビール、レッドジンガー（ローゼルの果実のハーブティー）
食事 一日2回、家庭で食事をするのが一般的。間食も一般的。
屋台・間食 スパイシーなケバブ、魚のフライ、プランテーンのチップス、インゲンマメの生地を揚げたもの、甘いポリッジ

コモロ　Comoros
コモロ連合

[地理] モザンビークとマダガスカルのあいだのインド洋上に位置するコモロは、三つの火山島（グランドコモロ、アンジュアン、モヘリ）からなる国である。グランドコモロには活火山がある。

主要言語	民族	宗教
アラビア語（公用語） フランス語（公用語） コモロ語（スワヒリ語とアラビア語の混ざった言語）（公用語）	コモロ人（バンツー人、アラビア人、マレー人、マダガスカル人の混血）	イスラム教（国教） スンニ派　98%

人口密度　361.6人/km²　　　都市人口率　28.5%
識字率　78.1%　　　　　　　出生1000あたり乳児死亡率　60.0
平均寿命　男性62.3歳、女性67.0歳　　HIV感染率　＜0.1%
1人あたりGDP　1,500ドル　　　失業率　20%
農業就業人口　80%　　　　　　耕地面積率　34.9%

[農業] ココナッツ、バナナ、キャッサバ、バニラ、クローブ、イランイラン、香水用精油、コプラ、ニワトリ、ヤギ、牛、羊

[天然資源] 漁獲

[産業] 漁業、観光、精油抽出

[食文化へ影響] コモロの食文化にはアフリカ、マダガスカル、インドネシア、アラビア、フランス、イスラムが影響を与えている。国民の大部分がイスラム教徒で、豚肉とアルコールの摂取を禁じられている。

[パンと穀類] 米、小麦：米料理、フランスパンのバゲット

[肉と魚] ヤギ肉、牛肉、仔羊肉と羊肉、鶏肉、魚、卵

[油脂] ココナッツ油、ココナッツクリーム

[豆類] ササゲ、落花生、レンズマメ、ヒヨコマメ

[野菜] キャッサバ、トマト、タマネギ

[果物] ココナッツ、バナナ、レモン

[香辛料] バニラ、クローブ、トウガラシ、ショウガ、ニンニク、サテ（トウガラシ、ショウガ、ニンニクのペースト）

[料理] 米は煮るか蒸すか、ピラフにする。キャッサバはゆでてつぶすか揚げる。肉、魚、両方とトマトの煮込み料理。ルガイ（トウガラシ、トマト、タマネギ、レモン、ショウ

ガのソース）、アチャール（スパイスがきいた甘酸っぱい野菜のピクルス）
[甘味類] 砂糖、バニラ風味のプディング、ココナッツプディング、焼きバナナ、揚げバナナ
[飲物] フルーツジュース、コーヒー、茶
[朝食] ライススープが朝食によく供される。

コロンビア　Colombia
コロンビア共和国

[地理] コロンビアは南米大陸の北西端に位置し、カリブ海と太平洋に面する。三つのアンデス山脈が北から南に平行に走り、その東寄りの地域は高い台地と渓谷からなる高原地帯で、最も人口が稠密である。東部平原地域には先住民がまばらに住む程度で、オリノコ川とアマゾン水系が流れる。

主要言語	民族		宗教	
スペイン語（公用語）	メスティーソ、白人	84.2%	カトリック	79%
	アフロ・コロンビア	0.4%	プロテスタント	14%
	先住民	3.4%		

人口密度　45.9人/km²　　　　　都市人口率　77%
識字率　94.6%　　　　　　　　出生1000あたり乳児死亡率　13.6
平均寿命　男性72.8歳、女性79.3歳　HIV感染率　0.4%
1人あたりGDP　14,100ドル　　　失業率　9.9%
農業就業人口　17%　　　　　　耕地面積率　1.5%

[農業] サトウキビ、プランテーン、米、切り花、コーヒー、バナナ、タバコ、トウモロコシ、ココア、ニワトリ、牛、ヤギ、羊、馬、豚

[天然資源] 石油、天然ガス、石炭、鉄鉱石、ニッケル、金、銅、エメラルド、水力発電、漁獲

[産業] 繊維、食品加工、石油、衣服、靴、飲料、化学製品、セメント

[食文化への影響] コロンビアは山脈によって地域が分かれ、それぞれが特徴的な食文化を形成した。カリブ海沿岸ではココナッツ、トロピカルフルーツ、魚が食べられ、首都ボゴタの料理は高原を反映し、先住民の影響を残す。標高が異なると実る果物が変わり、さらに海岸地帯ではキャッサバ、高原ではコーヒー、トウモロコシ、インゲンマメ、ジャガイモがとれる。カリブ海、太平洋では魚が獲れ、カリブ海に注ぐ大河では淡水魚が獲れる。ジャングルではアリ、野生のイノシシ（クビワペッカリー、小型の野生豚のように見える）などのたんぱく源が得られる。家畜の飼育は東の平原地帯で行なわれている。米、牛肉、チーズ、クリーム、ケーパーはスペインの初期の入植者がもたらし、スペインの影響の現われである。スペインの料理法と地元の果物を組み合わせたデザートも同様である。

[日常食] 米、インゲンマメ、ジャガイモはコロンビア全土で食べられる。黄色い実のしっかりしたジャガイモ（クリオジャ・ポテト）は、アンデス地方の特徴的な食べ物であ

る。沿岸地帯の主食はキャッサバとプランテーンである。

パンと穀類 米、トウモロコシ：米料理、コーンブレッド、パンケーキ、フリッター、キャッサバパン

肉と魚 鶏肉、牛肉、仔羊肉と羊肉、ヤギ肉、豚肉、魚、エビなどのシーフード、卵、ウサギ、野生のイノシシ、サル、パカなどのげっ歯類、アリ

乳製品 ミルク、クリーム、チーズ、カッテージチーズ

油脂 バター、ラード、オリーブ油、ココナッツ油

豆類 黒インゲンマメ、ボルロッティビーンズ、インゲンマメ、ササゲ、落花生

野菜 プランテーン、ジャガイモ、キャッサバ（ユッカ）、トマト、アボカド、タマネギ、ニンジン、オリーブ、カボチャ

果物 バナナ、ココナッツ、レーズン、グアバ、パパイヤ、パイナップル、ライム、その他トロピカルフルーツ

種実類 ブラジルナッツ、カシューナッツ、カボチャの種

香辛料 トウガラシ、コリアンダー、ニンニク、アナトー（熱帯アメリカ原産のベニノキの赤い実を油脂類の香りづけに使用したり、粉にして料理の色や香りのために使ったりする）、シナモン。ピリ辛味とコリアンダーが好まれる。

料理 ジャガイモは揚げたりゆでたりし、キャセロールやパパス・チョレアーダ（ゆでたジャガイモにトマトかチーズソースをかけたもの）にする。アヒアコ・デ・ポージョ（ジャガイモとトウモロコシが入った鶏肉のシチュー、クリームとケーパーが加わることもある）。コーンミールのパテを焼いたもの（アレパ）、粒トウモロコシを揚げたもの。エンパナーダ（塩味の二つ折りパイ）。キャッサバのスープもしくはボリート・ミストなどのシチュー（鶏肉、サツマイモ、キャッサバ、プランテーン、コリアンダー）。パン・デ・ユッカ（キャッサバ粉とカッテージチーズで作る、高原地方のパン）。キャッサバもしくはプランテーンのフライはつまみにする。アヤカ（スパイスをきかせた肉とトウモロコシの生地をプランテーンの葉でくるみ、蒸した料理）。ボゴタチキンシチュー（鶏肉、ジャガイモ、サツマイモ、クリーム）。牛肉を細かく叩いたり、2度調理したりして柔らかくした料理（ビールとスパイスで煮てからローストする）。サンコーチョ（牛肉、ジャガイモ、プランテーンまたはキャッサバをゆでた料理）。サンコーチョ・デ・ペスカード（シーフードのシチュー）。シーフードのフライ。アボカドはスープ、サラダにしたり、詰め物をしたり、アヒ・デ・フエボ（アボカド、固ゆで卵、トウガラシ）などソースの材料となる。ココナッツのスープ、ウサギやげっ歯類のシチュー。アロス・コン・ココ（ココナッツとレーズンが入ったピラフ）。スパイシーなトウガラシの辛いソースがほとんどの料理に添えられる。オルミガ・クローナは大きなアリの料理。

甘味類 サトウキビ、砂糖、レーズンとシナモンが入ったライスプディング（アロス・デ・レーチェ）、ココナッツプディング、果物のシロップ煮、ケーキ、キャンディ、アイスクリーム

飲物 コーヒー、フレッシュフルーツ・ジュース、バチダス（トロピカルフルーツ・ジュース、アルコールを加えることもある）、アボカド・バチダス（熟したアボカド、ミルク、砂糖、ライム）、ココア、茶、ビール、ワイン

軽食 フルーツレザー（果物を煮てつぶし、干して固めたもの）、ジャム、炒めたアリ

コンゴ（旧ザイール）　Congo
コンゴ民主共和国

[地理] コンゴは、大西洋に細く面する中央アフリカの国である。面積はアメリカの4分の1で、コンゴ川流域のほとんどが含まれる。広い中央部は熱帯雨林が茂る低い台地で、その周りの東西が山地、南はサバンナ、北は草原である。東の国境沿いにタンガニーカ湖がある。

主要言語	民族	宗教	
フランス語（公用語）	200以上の民族があり、大部分はバンツー語族	カトリック	50%
リンガラ語		プロテスタント	20%
キングワナ語（スワヒリ語の方言）	4つの主な民族：モンゴ、ルバ、コンゴ（すべてバンツー語族）、マングベツ-アザンデ（ハム語族）　45%	キンバングー教会	10%
コンゴ語		イスラム教	10%
ルバ語			

人口密度　36.7人/km²　　　都市人口率　43.5%
識字率　77%　　　　　　　出生1000あたり乳児死亡率　68.2
平均寿命　男性56.1歳、女性59.3歳　　HIV感染率　0.7%
1人あたりGDP　800ドル　　失業率　3.6%
農業就業人口　－　　　　　耕地面積率　3.1%

[農業] キャッサバ、サトウキビ、プランテーン、コーヒー、パーム油、ゴム、茶、キニーネ、バナナ、根菜、トウモロコシ、果物、ニワトリ、ヤギ、豚、狩猟動物、羊、牛

[天然資源] コバルト、銅、石油、ダイヤモンド、金、銀、亜鉛、マンガン、錫、ウラン、石炭、水力発電、材木、漁獲

[産業] 鉱業、ミネラル加工、繊維、靴、巻きタバコ、食品加工、飲料加工、セメント

[食文化への影響] コンゴ川とタンガニーカ湖では魚が獲れる。熱帯のコンゴ川流域、山地、サバンナ、草原、高原ではコーヒー、サトウキビ、茶、キャッサバ、バナナ、トウモロコシが栽培され、家畜が飼育される。キャッサバとプランテーンが日常の食物で、そのほかにバナナ、米、トウモロコシ、豆、葉物野菜を常食する。キャッサバ、トウモロコシ、落花生、トマト、トウガラシ、カボチャ、ジャガイモは15、16世紀にもたらされた新世界の食べ物で、食習慣を大きく変えた。在来のアフリカの食物はササゲ、スイカ、オクラなどである。1886年からの75年間のベルギーによる支配も、多少の影響を与えた。

[パンと穀類] トウモロコシ、米、キビ、ソルガム：穀物のペースト、ポリッジ、米料理、プランテーンや小麦パン

肉と魚 鶏肉、ヤギ、豚肉、仔羊肉と羊肉、牛肉、魚（生、燻製、塩漬け、干し魚）、ホロホロチョウ、卵、ウサギ、狩猟動物（アンテロープ、サル、ヤマアラシ）

昆虫 シロアリ、イナゴ

乳製品 ミルク、サワーミルク、バターミルク、凝乳、ホエー、チーズ

油脂 パーム油、ピーナッツ油、シア油、ココナッツ油。最も使われるパーム油は食べ物に赤味を与える。

豆類 落花生、ササゲ、イナゴマメ、小豆

野菜 キャッサバ、プランテーン、ヤムイモ、タロイモ、葉物（タロイモ、キャッサバ、ビターリーフ）、オクラ、トマト、サツマイモ、ジャガイモ、ナス、カボチャ、タマネギ、赤トウガラシ、キュウリ、ピーマン

果物 バナナ、ココナッツ、パイナップル、アキーアップル、バオバブ、スイカ、グアバ、レモン、ナツメヤシ、マンゴー、パパイヤ

種実類 アブラヤシの核、シアの実、カシューナッツ、コーラナッツ、スイカの種（エグシ）、ゴマ、マンゴーの種。種実類はソースやシチューをとろりとさせ、風味を加える。

香辛料 塩、パーム油、タマネギ、トウガラシ。これらは大部分の食べ物に使われる。

料理 ほとんどの食べ物はゆでるか揚げるかして、塊をソースにつけ、手で食べる。ピーナッツソースか、青い葉をゆでてすりつぶしたソースが一般的である。フフ（でんぷん質の野菜かトウモロコシをゆでてつぶしたペースト）をひと口大の団子にして、シチューをすくって食べる。根菜、オクラ、またはピーナッツと魚、肉の煮込み。ガリ（焼いてつぶしたキャッサバ）。ガリフォト（スクランブルエッグ、キャッサバミール、タマネギ、トウガラシ、トマト）。モインモイン（ササゲを蒸してペースト状にしたものにトウガラシ、タマネギを加える）。米をココナッツミルクで煮る。プランテーンをタマネギとトウガラシとともにパーム油で炒める。卵、タマネギ、赤ピーマンのオムレツ。鶏肉のシチュー、ソーソーは特筆すべき料理である。

国民食 モアンベ（パーム油を使ったスパイシーなピーナッツソース）は肉、米とともに供する。

甘味類 サトウキビ、ハチミツ、砂糖、丸い揚げドーナツ、ピーナッツキャンディ、焼きバナナに砂糖またはハチミツ、ココナッツを添えたもの。

飲物 コーヒー、茶、ココア、ビール、パームワイン

屋台・間食 スパイシーなケバブ、魚のフライ、プランテーンのチップス、インゲンマメの揚げ団子、蒸した米の団子、甘いポリッジ、ドーナツ、ココナッツビスケット。間食は一般的で、都市部では通りの屋台で食べられる。

コンゴ共和国　Congo Republic

[地理] コンゴ共和国は中央アフリカの西にあって大西洋に面し、赤道をまたぐ国で、国土の大半が深い森に覆われている。沿岸部の平野、肥沃な谷、中央部の高原、沖積平野、サバンナよりなる。

主要言語	民族		宗教	
フランス語（公用語）	コンゴ族	48%	カトリック	33.1%
リンガラ語	サンガ族	20%	アウエークニングチャーチ	
キトゥバ	テケ族	17%		22.3%
多くの部族言語、方言が使用され、中で最も流通しているのはコンゴ語である。	ンボシ族	12%	プロテスタント	19.9%
			無宗教	11.3%

人口密度　14.5人/km²　　　　都市人口率　66.2%
識字率　79.3%　　　　　　　　出生1000あたり乳児死亡率　54.9
平均寿命　男性58.6歳、女性61.1歳　　HIV感染率　3.1%
1人あたりGDP　6,800ドル　　　失業率　11.2%
農業就業人口　—　　　　　　　耕地面積率　1.6%

[農業] キャッサバ、サトウキビ、アブラヤシの果実、米、トウモロコシ、落花生、野菜、コーヒー、ココア、ニワトリ、ヤギ、牛、羊、豚

[天然資源] 石油、材木、カリ化合物、鉛、亜鉛、ウラン、銅、リン酸塩、金、マグネシウム、天然ガス、水力発電、漁獲

[産業] 石油採掘、セメント、材木、醸造、砂糖、パーム油

[食文化への影響] 大西洋岸とコンゴ川では魚が獲れる。熱帯の沿岸平野、肥沃な谷、中央高原、コンゴ川流域とその沖積平野、サバンナではキャッサバ、サトウキビ、米、トウモロコシ、落花生、野菜、ココアが栽培され、家畜が飼育される。キャッサバとプランテーンが日常の食物で、そのほかにバナナ、米、トウモロコシ、豆、葉物を食べる。キャッサバ、トウモロコシ、トマト、トウガラシ、カボチャ、ジャガイモは新世界の食物で、16世紀以降にもたらされ、食習慣に影響を与えた。また1885年からの75年間のフランスによる支配も、多少の影響を残している。

[パンと穀類] 米、トウモロコシ、キビ、ソルガム、小麦：米料理、穀物のペースト、練り団子、プランテーンをつぶしたものと小麦パン、フランスパン

[肉と魚] ニワトリ、ヤギ、牛肉、仔羊肉と羊肉、豚肉、魚（生、燻製、塩漬け、干し魚）、シーフード、ホロホロチョウ、卵、ウサギ、狩猟動物。鶏肉はよく食べられる。

[昆虫] シロアリ、イナゴ

[乳製品] ミルク、サワーミルク、バターミルク、凝乳、ホエー、チーズ
[油脂] パーム油、ピーナッツ油、シア油、ココナッツ油。最も使われるパーム油は食べ物に赤味を与える。
[豆類] 落花生、ササゲ、イナゴマメ、小豆
[野菜] キャッサバ、プランテーン、ヤムイモ、葉物（キャッサバ、ビタリーフ）、オクラ、トマト、サツマイモ、ジャガイモ、ナス、カボチャ、タマネギ、赤トウガラシ、キュウリ、ピーマン
[果物] バナナ、ココナッツ、パイナップル、アキーアップル、バオバブ、スイカ、グアバ、レモン、ナツメヤシ、マンゴー、パパイヤ
[種実類] アブラヤシの核、シアの実、カシューナッツ、コーラナッツ、スイカの種（エグシ）、ゴマ、マンゴーの種。種実類はソースやシチューをとろりとさせ、風味を加える。
[香辛料] 塩、パーム油、タマネギ、トウガラシ。これらは大部分の料理に使われる。
[料理] ほとんどの食べ物はゆでるか揚げるかして、塊をソースにつけ、手で食べる。ピーナッツソースか、青い葉をゆでてすりつぶしたソースが一般的である。フフ（でんぷん質の野菜かトウモロコシをゆでてつぶしたペースト）をひと口大の団子にして、シチューをすくって食べる。根菜、オクラ、またはピーナッツと魚、肉の煮込み。ガリ（焼いてつぶしたキャッサバ）。ガリフォト（スクランブルエッグ、キャッサバ粉、タマネギ、トウガラシ、トマト）。モインモイン（ササゲを蒸してペースト状にしたものにトウガラシ、タマネギを加える）。米をココナッツミルクで煮る。プランテーンをタマネギとトウガラシとともにパーム油で炒める。ローストチキンのピーナッツソース添え。
[甘味類] サトウキビ、ハチミツ、砂糖、丸い揚げドーナツ、ピーナッツキャンディ、焼きバナナに砂糖またはハチミツ、ココナッツを添えたもの。
[飲物] ココア、コーヒー、ビール
[屋台・間食] スパイシーなケバブ、魚のフライ、プランテーンのチップス、インゲンマメの揚げ団子。米、ササゲ、ヤムイモ、ピーナッツを蒸して団子にしたもの。間食は一般的で、都市部では通りの屋台で食べられる。

サウジアラビア　Saudi Arabia
サウジアラビア王国

[地理] サウジアラビアは紅海とペルシャ湾に面した中東の国で、アラビア半島の大部分を占める。西部の山地は標高2,500 mに達し、世界最大のルブアルハーリー砂漠が延々と続く。油田地帯は東のペルシャ湾沿岸に集中している。

主要言語	民族		宗教	
アラビア語（公用語）	アラブ人	90%	イスラム教（国教）	85%
	アフロアジア語族	10%	（スンニ派	85–90%)
			（シーア派	10–15%)

人口密度　13.3人/km²　　　　　都市人口率　83.5%
識字率　94.8%　　　　　　　　　出生1000あたり乳児死亡率　13.2
平均寿命　男性73.4歳、女性77.7歳　HIV感染率　6.1%
1人あたりGDP　54,100ドル　　　失業率　5.5%
農業就業人口　6.7%　　　　　　　耕地面積率　1.6%

[農業] 小麦、アルファルファ、ナツメヤシ、大麦、トマト、メロン、柑橘類、ニワトリ、羊、ヤギ、牛、ラクダ

[天然資源] 石油、天然ガス、鉄鉱石、金、銅、漁獲

[産業] 石油生産および精製、石油化学製品、セメント、肥料、プラスチック製品、金属製品、建設

[食文化への影響] アラブの食物はサウジアラビア、クウェート、バーレーン、カタール、アラブ首長国連邦、オマーン、イエメンに共通する。広く人口も多いこの地域では、相当数の外国人が暮らしており、さまざまなものが食べられている。ベドウィン族（砂漠の住人）には、土台となるベドウィンの食文化がある。アラブの食物は、イスラム教および周辺（北のトルコ、西の「アフリカの角」、東のイランやインド）の文化に影響を受けてきた。料理の体裁や食事の構成は、レバノンやシリアとよく似ている。この地域で最大の面積を持つサウジアラビアは海岸線が長く、魚やエビが獲れる。

[ベドウィンの食べ物] ベドウィン族はアラブ、シリア、北アフリカの砂漠を旅する遊牧民で、ラクダ、ヤギ、羊が肉やミルクの供給源になっている。ミルク、パン、ナツメヤシを常食とし、煮た羊肉を小麦または米にのせた料理をよく作る。定番のイーストを使わない薄いパンは、火の上に設置した金属板の上で焼く。大型動物の肉は大きな金属鍋で調理するご馳走だ。小型の狩猟動物は直接火に投じて焼く。重要な乳製品は、バターミルク、ヨーグルト、サムヌ（ミルクをかき回して作ったバターに、少量の小麦粉と、

時にはコリアンダーまたはクミンを入れ、熱を加えたもの)。サムヌは米や小麦の味つけに使う。ヨーグルトは移動中にかじって、あるいは水で戻して食べられるように、水切りしてから日干しする。一日1食が普通で、ラクダの乳とナツメヤシ数個のみ、という日もある。

イスラム教と食文化 大半のアラブ人と世界の人口の20％近くは、イスラム教を信仰している。コーランは、神の使いを通してムハンマドに啓示された。食べ物は神から人間への贈り物として称えられ、信者はなにを口にしてもよいとされる。ただし、例外が4つある。血液、豚肉、食べるために意図して殺されたのではない動物の肉、そして異教の神の名のもとに殺された生き物すべてである。あとのふたつに関連したことだが、人間の食料となる生き物はすべて、意識のあるうちに屠らねばならない。また屠殺者は、事前にかならず次の言葉を唱えることになっている。「アッラーの御名において。アッラーは最も偉大なり」。こうした肉はハラル、つまりイスラムの掟にそむくものではない。飲酒は禁止されており、料理にも使うことはできない。ラマダン月のあいだは、日の出から日の入りまで、断食を行なう。

主食 仔羊肉、米、フラットブレッド、ヨーグルト、豆、野菜、ナツメヤシ

パンと穀類 小麦、米、大麦：小麦のフラットブレッド（その一種、ピタは中央に空洞のある円形の平たいパン）、ひき割り小麦で作るブルグル、米料理

肉と魚 仔羊肉と羊肉、鶏肉、卵、ヤギ肉、牛肉、魚、エビ。仔羊肉、鶏肉、魚が好まれている。

乳製品 ミルク（ヤギ、羊、牛、ラクダ）、ヨーグルト（ラビア）、水切りヨーグルト（ラブネ）、フェタチーズ（白）。たいていの発酵食品（ヨーグルト、チーズ）は多く摂取されている。

油脂 バター、ギー（澄ましバター）、サムヌ、オリーブ油、ゴマ油

豆類 ソラマメ、ヒヨコマメ、レンズマメ

野菜 トマト、ナス、タマネギ、キュウリ、オリーブ、生のハーブ（パセリ、ホウレンソウ、ミント、コリアンダー）

果物 ナツメヤシ、メロン、オレンジ、レモン、ライム、マンゴー、バナナ、ザクロ。ナツメヤシの消費量は普段でも多いが、ラマダン期間中はとくに多くなる。熟していないレモンの果汁は、料理の酸味づけに使う。

種実類 アーモンド、ゴマ、クルミ、ピスタチオ、ヘーゼルナッツ、松の実。よく使われるタヒーニ（ゴマのペースト）は、さまざまな料理に欠かせない。ハルバはこれをベースにした甘い菓子。

香辛料 タマネギ、サフラン、カルダモン、ターメリック、バハラット（黒胡椒、コリアンダー、カッシア、クローブ、クミン、カルダモン、ナツメグ、パプリカのミックススパイス）、ルーミ（乾燥させたオマーンライム）は肉料理や甘いお茶に入れる。

料理 ピラフ（バターまたは油で炒めた米と、刻んでよく炒めたタマネギを混ぜ、ブイ

ヨンを加えて炊く。サフランやターメリックを入れてもよい)。串焼きにした仔羊の肉片や団子状の肉 (ケバブ・マシュウィ)。ローストチキン。仔羊や羊の丸焼きは、祝いの席に欠かせない。キシュク (ブルグルとヨーグルトを使ったアラブの名物。干したあとに砕いておき、水で戻してピタパンに詰めたり、スープに入れたりする)。タブーリ (新鮮野菜、タマネギ、パセリ、ミント、小麦粒のサラダ)。ムサカ (ナス、トマト、タマネギ、オリーブ油を使ったオーブン料理)。フムス (ヒヨコマメのピューレ)、ファラフェル (すりつぶしたヒヨコマメやソラマメの小型揚げ団子)。マクブース (エビ、生のハーブ、野菜を入れた炊き込みご飯)。ムハンマドの好物と言われるタリド (フラットブレッドと肉のシチューを層にしたキャセロール)。煮た野菜や豆。ピクルス。

国民食 コウジ (仔羊の塊肉に、バハラット、サフラン、タマネギで調味した鶏肉や卵、米を詰めて焼く)。皿にライスを敷き、その上にのせてアーモンドとギーを添える。

甘味類 ナツメヤシ、ディビス (デーツシロップ)、ハチミツ。バクラバ (薄い生地とナッツを層にして焼き、フレーバーシロップをかける。ひし形に切ることが多い)。アタイフ (詰め物をした小型のパンケーキ) はラマダン中に食べる特別な菓子で、北の隣国から伝えられた。ナツメヤシとディビスは、さまざまな菓子に使われる。ハチミツの消費量は多い。

飲物 コーヒー、茶。主要な飲み物であるコーヒーは、有名なアラブ流のもてなしと深く関わっている。濃厚で甘く、カルダモンを入れることが多い。お茶はミルクを入れないのが普通で、かなり甘くして飲む。

間食・ファストフード 垂直に立てた串で焼いた仔羊肉、シャワルマはそぎ切りにし、ピタパンにはさんだものが屋台で売られている (Obeida and Brittin, 2004)。

サモア（旧西サモア） Samoa
サモア独立国

[地理] サモアは南太平洋の日付変更線に近く、ハワイとニュージーランドのほぼ中間に位置する。中心をなすサバイイ島とウポル島は岩だらけの火山島で、耕作の大半は沿岸にあるわずかな平地で行なう。マノノ島やアポリマ島などの小島も含まれている。

主要言語	民族		宗教	
サモア語（ポリネシア語）（公用語）	サモア人	92.6%	プロテスタント	54.7%
英語（公用語）	ヨーロッパ系ポリネシア人	7.0%	（会衆派教会）	31.8%
			（メソジスト）	13.7%
			カトリック	19.4%
			モルモン教	15.2%

人口密度　70.9人/km²　　　　都市人口率　18.8%
識字率　99.0%　　　　　　　　出生1000あたり乳児死亡率　18.6
平均寿命　男性71.1歳、女性77.0歳　　HIV感染率　－
1人あたりGDP　5,400ドル　　　失業率　7.2%
農業就業人口　65.0%　　　　　耕地面積率　10.6%

[農業] ココナッツ、バナナ、タロイモ、ヤムイモ、コーヒー、ココア、ニワトリ、豚、牛

[天然資源] 広葉樹林、漁獲、水力発電

[産業] 食品加工、建築資材、自動車部品

[食文化への影響] サモアは太平洋に浮かぶポリネシアの島。およそ3万ないし4万年前、東南アジアの人々が南下をはじめ、太平洋の西の島やオーストラリアへ、その後はさらに遠い東の島々へと移住していった。サモアにはトンガからやって来たと思われるポリネシア人が最初に定住し、オランダとフランスの商人、次いでアメリカ合衆国、イギリス、ドイツ、ニュージーランドの人々が到来した。食文化にはその影響が見てとれる。ヨーロッパ人はそれまでになかった食用植物、小麦パン、数種の動物を、アジア人は米、大豆、麺、茶を持ち込んだ。サモアの市場で売られる食べ物の多くは、米国、ニュージーランド、オーストラリアからの輸入品である。おもに食べられているのは、魚、タロイモ、ヤムイモ、ココナッツ、豚肉、鶏肉。肉は豚が中心で、ほぼ毎週日曜日に開かれる宴会には欠かせない。昔から、ウムと呼ばれる「穴」で調理する。ウム料理は、まず穴に石を並べ、火をおこす。熱くなった石の上に、バナナの葉あるいはヤシの葉を重ねる。そこに豚とヤムイモやパンノキの実をのせ、何枚もの葉で覆う。最後に土をかぶせて、数時間置く。

パンと穀類 米、小麦：パン、麺類、米料理
肉と魚 鶏肉、豚肉、牛肉、魚（ボラなど）、甲殻類（タカアシガニ、「南太平洋のキャビア」と呼ばれるパロロ、その他）、卵：コンビーフ、スパム
乳製品 ミルクその他の乳製品は、あまり飲んだり食べたりされていない。ココナッツミルクが牛乳のように多用される。
油脂 ココナッツ油、ココナッツクリーム、ラード、バター、植物油、ショートニング、ゴマ油
豆類 大豆、四角豆、エンドウマメ、レンズマメ、落花生
野菜 タロイモとその葉、ヤムイモ、サツマイモ、プランテーン、パンノキの実、キャッサバ、葉物、海藻、クズウコン、ニガウリ、キャベツ、ダイコン、ナス、ウリ、タマネギ、青タマネギ
果物 ココナッツ、バナナ、レモン、ライム、グアバ、マンゴー、パパイヤ、パイナップル、メロン、タマリンド。生果はおやつに食べたり、料理に添えたりする。
種実類 キャンドルナッツ（ククイノキの実）、ライチー、マカダミアナッツ
香辛料 ココナッツクリームとミルク、ライムやレモンの汁、塩、醬油、ショウガ、ニンニク、タマネギ、タマリンド
料理 たいていの料理は、ココナッツミルクまたはクリームで煮る。発酵させたココナッツの塊はチーズに似ている。パパイヤとココナッツクリームのスープ（スポエシ）。バナナまたはパイナップルを包んで揚げたダンプリング（パニケキ）。ゆでたタロイモやヤムイモ。炊いたり蒸したりした米。ゆでたり蒸したりした葉物や海藻。クズウコンで固めた料理（プディングなど）。オカ（生の白身魚を厚切りにし、レモン汁とココナッツクリームでマリネする）。煮込んだり、直火で焼いたりした魚や甲殻類。ティーの葉で包んだ魚の蒸し焼き（ウム料理）。珍味（サモアのキャビアと呼ばれるパロロのバター炒め）。バナナの葉に包んで蒸した果物。ウム料理の材料：豚や魚は丸ごと、タロイモ、ヤムイモ、サツマイモ、パンノキの実、甲殻類、鶏肉、タロイモの葉でココナッツクリームやレモン、タマネギ、牛肉のこま切れを包み、さらにバナナの葉でくるんだもの、タロイモやヤムイモまたはパンノキの実にココナッツクリームと香辛料を加えて混ぜ、葉で包んだものなど。
甘味類 砂糖、熟していないココナッツ、ハウピア（ココナッツミルクと砂糖、クズウコン〔から採れたでんぷん〕で作るプディング）、小麦粉、おろしたココナッツ、パパイヤで作る甘いビスケット。
飲物 ココナッツジュース、コーヒー、ココア（ココサモア：挽いたカカオ豆と水を混ぜて作る）、茶、フルーツジュース、カバ（コショウ科の植物から作る飲料。酩酊感をもたらす）。カバの儀式は宴会の前に行なわれることが多い。
食事 通常は一日2食か3食で、食べるものは変わらない。いちばん量が多いのは夕飯。ココナッツは毎食欠かさない。朝はスープに入れ、晩にはクリームを果物、魚またはパ

サモア（旧西サモア）

ンノキの実に添える。甘いビスケットには、たいていおろしたココナッツが入っている。
目の前にいる人に食べ物を分けないのは、無作法と考えられている。

サントメ・プリンシペ São Tomé and Príncipe
サントメ・プリンシペ民主共和国

[地理] ギニア湾に浮かぶこれらの小さな火山島は、中央アフリカ西岸のおよそ240km沖に位置する。密林に覆われた山と大農園の島、サントメは、人口の95％が大農園に暮らす。プリンシペは険しい山々からなる。ほかにもペドラス・ティンホサスやロラスといった、さらに小さな島々がある。

主要言語	民族	宗教	
ポルトガル語（公用語）	メスティーソ	カトリック	55.7%
	ファン族	アドベンティスト	4.1%
	アンゴラ人奴隷の子孫	無宗教	21.2%
	ポルトガル人		

人口密度　208.5人/km²　　　都市人口率　66.2%
識字率　91.7%　　　　　　　出生1000あたり乳児死亡率　45.3
平均寿命　男性63.9歳、女性66.7歳　　HIV感染率　－
1人あたりGDP　3,300ドル　　失業率　13.6%
農業就業人口　26.1%　　　　耕地面積率　9.1%

[農業] アブラヤシの果実、タロイモ、バナナ、ココア、ココナッツ、シナモン、コショウ、コーヒー、コプラ、パパイヤ、豆、ニワトリ、ヤギ、牛、羊、豚
[天然資源] 漁獲、水力発電
[産業] 軽量建築、繊維、石けん、ビール、魚加工、木材

[食文化への影響] これらの島々は赤道ギニアの海岸沖に位置する。たいていの料理は西アフリカと共通し、ポルトガルの影響を受けている。15世紀より先頭に立って世界の探検と植民地化を推し進めてきたポルトガル人は、500年ものあいだ島々を支配し、サトウキビ、柑橘類のほかに、アジアのスパイス、新世界のトウモロコシ、トマト、トウガラシ、ジャガイモ、チョコレートなどを持ち込んだ。新世界の食物は、ほとんどがポルトガル領のブラジルから運ばれた。

[パンと穀類] トウモロコシ、小麦、キビ、米：粥、コーンブレッド、米料理、ポルトガル風パン
[肉と魚] 鶏肉、ヤギ肉、牛肉、仔羊肉と羊肉、豚肉、魚、甲殻類、卵、ホロホロチョウの肉
[乳製品] ミルク、クリーム
[油脂] パーム油、ココナッツ油、ピーナッツ油、バター、ラード、オリーブ油

豆類 小豆、ササゲ、イナゴマメ、落花生

野菜 タロイモ、青物、オクラ、キャッサバ、プランテーン、ヤムイモ、ジャガイモ、トマト、ナス、ピーマン、カボチャ

果物 バナナ、ココナッツ、パパイヤ、レモン、バオバブ、マンゴー、スイカ、パイナップル、グアバ、オレンジ、ライム

種実類 コーラナッツ、マンゴーの種、スイカ（エグシメロン）の種、ゴマ

香辛料 ココア、シナモン、タマネギ、黒胡椒、トウガラシ、ニンニク、ココナッツミルク、ターメリック、ショウガ、バニラ

料理 トウモロコシ、キビ、キャッサバの粥。煮た野菜（発酵させたイナゴマメと一緒に煮たオクラなど）。フフ（ゆでてつぶしたでんぷん質の野菜、ヤムイモ、プランテーン、キャッサバ、サツマイモ、またはトウモロコシ粉を練りあげたもの）は匙状にし、シチューをすくって食べる。トウガラシやパーム油を入れたピーナッツソースは、鶏肉など肉のシチューや炊いた米に添える。砕いたピーナッツ、根菜、またはオクラのシチュー（トウガラシ、トマト、ハーブに少量の魚、甲殻類、鶏肉または牛肉を入れる）。付け合わせ：固ゆで卵、生のタマネギ、ピーマン。すりつぶした葉物のソース。フレジョン（ササゲのピューレとココナッツミルクを合わせたスープ。イナゴマメやココアを使うこともある）。揚げ魚。ガリ（粗くひいたキャッサバの粉）を卵、トマト、タマネギ、コショウとともに調理したもの。ヤッサ（レモンまたはライム汁に漬け込んだ鶏肉や魚を網で焼き、タマネギと炒めてから漬け汁で煮る）。ジョロフライス（油で炒めた米に、水またはブイヨン、トマト、鶏肉、その他の肉、魚、甲殻類、野菜、豆、スパイスを加えて炊く：トマトまたはパーム油、あるいは両方で赤く色をつける）。魚のシチュー。エビを油かバターでタマネギとともによく炒め、ココナッツミルク、トマト、赤トウガラシその他のスパイスで煮込んだ料理（出す直前にマデイラワインを加える）。魚とエビのサラダ（ゆでた魚とエビをトマト、タマネギ、ニンニク、トウガラシ、油、酢と混ぜ合わせる）。下味をつけてソテーした豚肉。ヤギ肉のスープ。仔ヤギ肉のシチュー、チリポテト添え。揚げたコーンブレッド。ササゲ、タマネギ、トウガラシをペースト状にし、蒸したもの。揚げたヤムイモ。揚げたバナナ。ササゲのフリッター。

甘味類 サトウキビ、ハチミツ、赤砂糖、砂糖。甘い粥、ココナッツビスケット、バナナやパイナップルのフリッター

飲物 コーヒー、ココア、ワイン（よくあるポルトガル産ワイン、ポートワイン、マデイラワイン）

ザンビア　Zambia
ザンビア共和国

[地理] ザンビア（かつての北ローデシア）は、アフリカ大陸中南部の内陸国。国土の大部分は標高の高い、森林に覆われた高原で、ザンベジ川など複数の河川がそこを流れる。気候は亜熱帯性。

主要言語	民族		宗教	
英語（公用語）	ベンバ系	21.0%	プロテスタント	75.3%
バントゥー系言語（ベンバ語、ロジ語、ニャンジャ語、トンガ語）	トンガ系	13.0%	カトリック	20.2%
	チェワ系	7.4%		
	ロジ系	5.7%		
カオンデ語、ルンダ語、ルバレ語	ンセンガ系	5.3%		
	トゥンブカ系	4.4%		

人口密度　21.5人/km²　　　　　都市人口率　41.8%
識字率　85.1%　　　　　　　　出生1000あたり乳児死亡率 61.1
平均寿命　男性51.1歳、女性54.4歳　　HIV感染率　12.4%
1人あたりGDP　3,900ドル　　　失業率　7.5%
農業就業人口　85%　　　　　　耕地面積率　5.1%

[農業] サトウキビ、キャッサバ、コーヒー、トウモロコシ、ソルガム、花、米、落花生、ヒマワリの種、野菜、タバコ、綿花、ニワトリ、牛、ヤギ、豚、羊

[天然資源] 漁獲、銅、コバルト、亜鉛、鉛、石炭、エメラルド、金、銀、ウラン、水力発電

[産業] 銅の採掘加工、建設、食品

[食文化への影響] ザンビアの料理は、東アフリカ諸国および隣国ジンバブエの料理と似ている。標高の高い、森林に覆われた高原が大部分を占めるこの国で、肉は食事にほとんど取り入れられていない。狩猟動物が多くて、牧畜の伝統があるにもかかわらず、高地では食べられていないのだ。牛は財産で、食べ物とは考えられていなかったので、マサイ族や同系の部族は乳製品と牛の血を糧とし、その他の人々はおもにキビ、ソルガム、バナナと採集した葉物を食べていた。最初にやって来た外国の商人、アラブ人は700年頃から東アフリカ沿岸に植民地を築き、奴隷および象牙貿易を行なうと同時に、香辛料、タマネギ、ナスを食材として広めた。19世紀末から1964年までこの国を支配したイギリスの影響もある。イギリス人は多くのアフリカ人男性にヨーロッパの料理法を教え込む一方で、女性にはまったく教えようとしなかった。それは、女性は自宅内でのみ、外では男性が調理するという風習があったからである。また、イギリス人がアジ

ア人に東アフリカへの移住を促したことで、地元の料理にもカレー粉などが使われるようになった。オランダ人の子孫は喜望峰から北へ大移動し、その後、南のザンビアに移った。その影響はオーブン料理等に残っている。国民の一部はイスラム教徒で、豚肉を食べず、酒も飲まない。ヨーロッパ人は高地地方で狩猟を行なっていたが、狩猟動物が保護の対象となった現在、その数は多く生息している。飼育されているアンテロープもいる。ザンベジ川などの河川では魚が獲れる。アフリカの国々はみなそうだが、でんぷん質の食品が「真の食べ物」と考えられ、付け合わせとして賞味される。粥は主食。ザンビア人はでんぷん質の野菜と葉物をたっぷり取り、毎日豆を食べる。乳製品も欠かさない。

パンと穀類 トウモロコシ、ソルガム、米、キビ：粥、米料理、パンケーキ、フリッター

肉と魚 鶏肉、牛肉、ヤギ肉、豚肉、仔羊肉と羊肉、狩猟動物の肉、魚、塩漬けや干物にした魚介、卵

昆虫 バッタ、コオロギ、キリギリス、アリ、幼虫（マドラ）、イモムシ（ハラティ）。採集した昆虫は保存のため乾燥させることもあるが、揚げたり焼いたりして、おやつに食べることが多い。

乳製品 ミルク、サワーミルク、バターミルク、凝乳、チーズ（ヨーロッパ風のチーズなど）

油脂 バター、ラード、肉の脂、ピーナッツ油、ココナッツ油、パーム油

豆類 落花生、ササゲ、インゲンマメ、レンズマメ

野菜 キャッサバ、青バナナ、ヤムイモ、ジャガイモ、サツマイモ、葉（アマランス、バオバブ、ゴマ、オクラ、ササゲ、カボチャなど）、トマト、タマネギ、ナス

果物 バナナ、ココナッツ、パパイヤ、レモン、スイカ

種実類 ヒマワリの種、カシューナッツ、ゴマ、スイカの種

香辛料 塩、コショウ、トウガラシ、タマネギ、ニンニク、ココナッツミルク、レモン汁、乾燥させたバオバブの葉、クローブ、カレー粉、シナモン、サフラン

料理 トウモロコシ粉やキビで作る硬めの粥。炊いた米。ゆでたキャッサバ。ピーナッツスープ。イリオ（ゆでたインゲンマメやトウモロコシとキャッサバまたはジャガイモのマッシュ）は、カレー風味の鶏肉に付け合わせることが多い。青バナナのマッシュ（青バナナの葉に包んでゆでたものをつぶす）。ココナッツミルクとピーナッツペーストを加えて煮込んだ青物。牛肉とキャッサバのシチュー。ココナッツソースで食べる魚。ザンベジ風チキン（切り分けた鶏肉に塩、コショウ、ニンニク、トウガラシ粉をすり込み、レモン汁でマリネしてココナッツミルクと油で蒸し煮にする）。マリネしたあとで、ココナッツミルクと油をかけながら焼いた鶏肉。蒸しパパイヤ。

甘味類 サトウキビ、ハチミツ、砂糖。米粉とココナッツのパンケーキ。バナナジャム。ドーナツ。ココナッツプディング

飲物 コーヒー、茶、ビール

屋台 揚げたペストリー、フリッター、焼きトウモロコシ、挽き肉と卵を包んだ揚げパンケーキ

サンマリノ San Marino
サンマリノ共和国

[地理] 南ヨーロッパに位置するサンマリノは、四方をイタリアに囲まれた小国（面積61㎢、人口33,537人である。国土はイタリア中央部北、アペニン山脈の一角をなすティターノ山の斜面に広がり、アドリア海が近い。

主要言語	民族	宗教
イタリア語（公用語）	サンマリノ人 イタリア人	カトリック

人口密度　549.8人/㎢　　　　　　　　都市人口率　94.2%
識字率　96%　　　　　　　　　　　　出生1000あたり乳児死亡率　4.3
平均寿命　男性80.8歳、女性86.1歳　　HIV感染率　－
1人あたりGDP　65,300ドル　　　　　失業率　－
農業就業人口　0.2%　　　　　　　　　耕地面積率　16.7%

[農業] 小麦、ブドウ、大麦、トウモロコシ、オリーブ、牛、羊、豚、馬
[天然資源] 建築用石材
[産業] 観光、銀行、繊維、電子機器、陶磁器、セメント、ワイン

[食文化への影響] イタリアはこの小国を取り囲み、食文化にも影響を与えている。サンマリノはイタリアのエミリア・ロマーニャ州南部と国境を接し、その州都ボローニャは北イタリアの美食の中心として知られる。この地域では濃厚な味わいのイタリア料理が作られ、パスタ、豚肉（ハムやソーセージ）、パルマ産チーズが有名。

[パンと穀類] 小麦、大麦、トウモロコシ、米：小麦の白パン、ロールパン、パスタ（トルテッリーニ、ラザーニャ）、トウモロコシや米を使った料理
[肉と魚] 牛肉と仔牛肉、仔羊肉、豚肉、鶏肉、卵、魚介類：ソーセージ、パルマハム（プロシュート）
[乳製品] ミルク、クリーム、チーズ（パルメザン、プロボローネ、モッツァレラ、リコッタ、ゴルゴンゾーラ、ベルパエーゼ）
[油脂] バター、ラード、オリーブ油、植物油、マーガリン
[豆類] ヒヨコマメ、ソラマメ、インゲンマメ、白インゲンマメ、レンズマメ、落花生
[野菜] オリーブ、トマト、ホウレンソウ、レタス、ジャガイモ、タマネギ、アスパラガス、ニンジン、セロリ、ナス、ピーマン、パセリ
[果物] ブドウ、サクランボ、リンゴ、洋ナシ、モモ、レモン、イチジク、アプリコット、オレンジ、タンジェリン、レーズン、メロン

種実類 アーモンド、ヘーゼルナッツ、松の実、クルミ、ルピナスの種

香辛料 塩、黒胡椒、タマネギ、ニンニク、バジル、オレガノ、ナツメグ、セージ、酢、レモン、バニラ、ココア

料理 豚肉、牛乳、タマネギ、ニンジン、トマトを煮込んだミートソース（ラグー）のパスタ。ラザーニャはゆでてからミートソース、クリームソースと交互に重ね、パルメザンチーズを振りかけてオーブンで焼く。ラザーニャ・ベルディ・アル・フォルノ（作り方は同じだが、ホウレンソウ風味のラザーニャを使う）。トルテッリーニ（肉、チーズ、卵を包んだ生地を指輪状にしてゆで、バター、クリーム、おろしたチーズであえる）。ポレンタ（コーンミールの粥）。リゾット（バターで炒めた米をブイヨンで煮て、バター、おろしたパルメザンチーズを加える）。インボルティーニ・アラ・カチャトーラ（ニワトリのレバー、プロシュート、セージなどを仔牛の薄切り肉で巻き、蒸し煮にする）。プロシュートと薄切りのチーズをのせ、パルメザンチーズを振りかけて焼いたニワトリの胸肉。ウナギの酢漬け。豚足の酢漬け（ザンポーネ）。魚のチャウダー（ブロデット）。野菜サラダ。野菜のピクルス。

甘味類 ハチミツ、砂糖。ジャム。チーズ（ゴルゴンゾーラ、ベルパエーゼなど）をのせた生果。ザバリオーネ（ワイン入りのカスタード）、チーズケーキ、パンペパート（ココア、スパイス、アーモンド、レモンピールを使った菓子パン）、アイスクリーム

飲物 コーヒー、茶、チョコレート、ワイン（キャンティ、マルサラ）

サ

サンマリノ

シエラレオネ　Sierra Leone
シエラレオネ共和国

[地理] シエラレオネは大西洋に面した西アフリカの国。リアス式海岸沿いに湿地帯、内陸には台地と樹木に覆われた丘陵地帯、東には山地が広がる。

主要言語	民族		宗教	
英語（公用語）	テムネ族	35%	イスラム教	60%
メンデ語（南部の方言）	メンデ族	31%	土着信仰	30%
テムネ語（北部の方言）	リンバ族	8%	キリスト教	10%
クリオ語（クレオール語）	コノ族	5%		

人口密度　86.1 人/km²　　　　都市人口率　40.7%
識字率　48.4%　　　　　　　　出生1000あたり乳児死亡率　68.4
平均寿命　男性56.0歳、女性61.3歳　　HIV感染率　1.7%
1人あたりGDP　1,700ドル　　　失業率　3.0%
農業就業人口　61.1%　　　　　耕地面積率　21.9%

[農業] 米、キャッサバ、アブラヤシの実、コーヒー、ココア、落花生、ニワトリ、ヤギ、羊、牛、豚

[天然資源] ダイヤモンド、チタン、ボーキサイト、鉄鉱石、金、クロム鉄鉱、漁獲

[産業] ダイヤモンド、小規模製造（飲料、繊維）、石油精製

[食文化への影響] 大西洋では魚や甲殻類が獲れる。丘陵地帯、台地および山地では数種の作物が育ち、動物が群れをなす。食習慣は、キャッサバ、トウモロコシ、トマト、トウガラシ、落花生、ジャガイモ、ココアといった食物が新世界から伝わったことで変化した。アフリカ先住民は、スイカ、ササゲ、オクラなどを食べていた。150年以上イギリスの支配下にあったことから、その影響も受けている。食事は基本的に穀類、でんぷん質の野菜、豆、青物。それに沿岸地域で獲れる魚を加える。スパイスのきいた濃くて粘り気のある食べ物が好まれている。

[パンと穀類] 米、キビ、トウモロコシ、ソルガム：粥、ペースト、米料理、ビスケット

[肉と魚] 鶏肉、ヤギ肉、仔羊肉と羊肉、牛肉、豚肉、魚（生、燻製、干物）、エビ、卵、ホロホロチョウの肉、ウサギ肉、狩猟動物の肉。鶏肉は肉の中で最も好まれており、客は鶏肉料理でもてなす。

[昆虫] シロアリ、バッタ。乾燥させることもあるが、たいていは揚げたり、炒ったりして食べる。

[乳製品] ミルク、サワーミルク、バターミルク、凝乳、ホエー、チーズ

[油脂] パーム油、ピーナッツ油、シアバター、ココナッツ油。料理に多用されるパーム油は赤く、食品の色づけに使われる。

[豆類] 落花生、ササゲ、イナゴマメ、インゲンマメ

[野菜] キャッサバ、ヤムイモ、プランテーン、タロイモ、青菜、トマト、オクラ、苦みのある葉、モロヘイヤ、サツマイモ、ジャガイモ、タマネギ、トウガラシ、ナス、カボチャ、キュウリ、ピーマン

[果物] ココナッツ、パイナップル、アキー、バオバブ、グアバ、レモン、マンゴー、パパイヤ、スイカ、バナナ

[種実類] カシューナッツ、コーラナッツ、パーム核、エグシ（スイカの種）、ゴマ、マンゴーの種

[香辛料] 塩、赤トウガラシ、トマト、タマネギ、乾燥させたバオバブの葉、タイム、アフリカナツメグ、ココア

[料理] 大半の食物は煮たり揚げたりしてから、小さな塊や団子にしてソースに浸し、手で食べる。フフ（ゆでたでんぷん質の野菜やトウモロコシ粉を練りあげたもの）は、丸めたり、シチューをすくえるよう匙状にしたりする。揚げたプランテーン。アダル（ゆでてつぶしたでんぷん質の野菜）。魚と肉のシチュー。鶏肉とピーナッツのシチュー。オクラまたは根菜と、魚、鶏肉または牛肉のシチュー。ピーナッツのソースまたはシチュー（砕いてつぶしたピーナッツ、トウガラシ、トマト、ハーブに牛肉、鶏肉または魚かこれらを混ぜて加えてもよい。ジャガイモ、インゲンマメまたはナスを入れることもある）。パラパソース（すりつぶした青菜に香辛料を加える）。フレジョン（ゆでてすりつぶしたササゲまたはインゲンマメと、ココナッツミルクを合わせたスープ。イナゴマメやココアを使ってもよい）。ガリ（焼いたキャッサバを粉にしたもの）。鶏肉のロースト、ピーナッツソース添え。ピーマン、タマネギ、トマトとともに少量のパーム油で炒めたエビには、ライスを添える。

[国民食] ジョロフライス（鶏肉かそれ以外の肉、または両方を水煮してから油でよく炒める：トマト、タマネギ、つぶした赤トウガラシを先の油で炒める：米を少量の油でよく炒め、ブイヨンで煮る：米にその他の材料を加え、蓋をして数分煮る）。

[甘味類] ハチミツ、砂糖。カニヤ（ピーナッツ菓子）。ボール状の揚げドーナツ。パイナップルのフリッター。

[飲物] コーヒー、ココア、ビール、レッドジンガー（ローゼルの果実から作るハーブティー）

[屋台・間食] 香ばしいケバブ、シャワルマ（回転串で焼いた仔羊肉）、揚げ魚、インゲンマメの団子、ココナッツビスケット

シ

シエラレオネ

ジブチ Djibouti
ジブチ共和国

[地理] ジブチはアフリカの東岸にある、紅海とアデン湾に面する小国で、砂漠、沿岸平野、まばらな山地、内陸の高原からなる。気候は暑くて乾燥している。

主要言語	民族		宗教	
アラビア語（公用語）	ソマリ人	60%	イスラム教	94%
フランス語（公用語）	アファール人	35%	キリスト教	6%
ソマリ語				
アファール語				

人口密度　37.3人/km²　　　　都市人口率　77.5%
識字率　－　　　　　　　　　出生1000あたり乳児死亡率　45.8
平均寿命　男性61.0歳、女性66.2歳　　HIV感染率　1.3%
1人あたりGDP　3,400ドル　　失業率　6.6%
農業就業人口　－　　　　　　耕地面積率　0.1%

[農業] レモン、ライム、乾燥マメ、トマト、ヤギ、羊、牛、ラクダ
[天然資源] 地熱、金、粘土、花崗岩、漁獲
[産業] 建設、農農産物加工

[食文化への影響] 1977年までのほぼ1世紀、フランスはジブチを支配し、食文化にも影響を与えた。また、エチオピア、ソマリ、アラビア、宗教からの影響も受けている。ジブチの食は近隣のエチオピア、ソマリア、エリトリアと似ている。たとえば、日常のパンはエチオピアのような平パンで、トウガラシはすべての隣国で使われる。伝統的なソマリの食は米と肉とトウガラシである。アファール人は米と乳製品という、典型的な放牧民の食習慣を持つ。ここではイスラム教徒もキリスト教徒も豚肉は食べず、ソマリ人は鶏肉と卵を避ける。正教の断食期の食べ物としては、レンズマメが重宝される。

[パンと穀類] 米、キビ（テフも含まれる）、ソルガム、大麦、小麦、トウモロコシ、オート麦：米料理、平パン（エチオピアのインジェラに似て、大きなパンケーキをフライパンの上で蓋をして焼くもので、出来上がると大きな丸いパンの塊になる）
[肉と魚] 牛肉、ヤギ肉、仔羊肉と羊肉、ラクダ、魚介類
[乳製品] ミルク（牛、ヤギ、羊、ラクダ）、チーズ
[油脂] バター（澄ましバターが多く、タマネギ、ニンニク、ショウガ、その他のスパイスで風味づけしてある）
[豆類] インゲンマメ、ソラマメ、レンズマメ、ヒヨコマメ、スプリットピー、落花生

野菜 トマト、ジャガイモ、プランテーン、ケール、トウガラシ、タマネギ、ニンニク
果物 レモン、ライム、ナツメヤシ、その他多種
種実類 アーモンド、フェヌグリークシード、ゴマ
香辛料 トウガラシ、タマネギ、ニンニク、カイエン、カルダモン（ほとんどの煮込み料理に入る）、ショウガ：トウガラシのミックススパイス（オールスパイス、カルダモン、カイエン、シナモン、クローブ、コリアンダー、クミン、フェヌグリーク、ショウガ、ナツメグ、黒胡椒）、スパイスバター
料理 ゆでた米。アナンゲイル（ラクダの乳で作ったキビの粥、ハチミツ添え）。レンズマメのサラダ。ニンニクとショウガ風味の野菜のキャセロール。フール（豆の煮込み）。ワット（シチュー）。ひいた豆のベジタリアンのためのシチュー。レンズマメ、ヒヨコマメ、ピーナッツ、野菜、肉もしくは魚の濃厚でスパイスがきいたシチュー。野菜の肉詰め。生の牛肉にスパイシーなバターを加えて干したもの。平パンにバターかワットを添える。
甘味類 ハチミツ、砂糖
飲物 コーヒー（バターが加えられることがある）、ビール（キビやトウモロコシから自家醸造する）、ワイン（ハチミツから作る）
食事とサービス 早朝に食事をして、あとは一日中軽食をつまむ。平均的な食事は牛肉か仔羊肉のスパイスがきいたシチューと、平パンもしくは米である。料理は平パンの上にのせられることが多く、平パンのかけらでつまんだりもする。

シ

ジブチ

ジャマイカ　Jamaica

[地理] ジャマイカはカリブ海の島で、キューバの南、ハイチの西に位置している。東部のブルーマウンテン山脈を含む山地が国土の80%を占めている。ジャマイカには、沿岸の低地と石灰岩の台地もある。

主要言語	民族		宗教	
英語（公用語）	黒人	92.1%	プロテスタント	64.8%
英語のジャマイカ方言	混血	6.1%	（ペンタコステ	11%)
			（セブンデーアドバンティスト	12%)
			無宗教	21.3%

人口密度　276.1 人/㎢　　　　　都市人口率　55.3%
識字率　88.5%　　　　　　　　 出生1000あたり乳児死亡率　12.8
平均寿命　男性72.1歳、女性75.4歳　HIV感染率　1.7%
1人あたりGDP　9,000ドル　　　失業率　13.3%
農業就業人口　17%　　　　　　 耕地面積率　11.1%

[農業] サトウキビ、ココナッツ、オレンジ、バナナ、コーヒー、ジャガイモ、ニワトリ、ヤギ、牛、豚、羊

[天然資源] ボーキサイト、石膏、石灰岩、漁獲

[産業] 観光、ボーキサイト/アルミナ、農産物加工、軽工業、ラム、セメント、金属工業、製紙

[食文化への影響] 先住民のアラワク族は、スペインが征服したあとにほとんど姿を消した。かすかにその食文化の痕跡だけが残っている。彼らはじつに多様な魚介類を食べていた。ジャマイカはスペインに属し、その後はイギリスに属したことから、食習慣はこれらの国々の影響を受けた。そのほかには、アフリカから買われてきた奴隷とインドからの年季奉公の労働者による影響がある。この熱帯の島国には豊富な魚介類、果物、野菜がある。

[パンと穀類] 米、トウモロコシ、小麦：米料理、揚げたコーンブレッド、粥、小麦パン、揚げたキャッサバパン

[肉と魚] 鶏肉、ヤギ肉、牛肉、豚肉、仔羊肉、魚介類（塩ダラ、ロブスター）、卵：ブラッドソーセージ

[乳製品] 牛乳（生乳、コンデンスミルク、エバミルク）、クリーム、熟成チーズ

[油脂] バター、塩漬け豚肉、ラード、オリーブ油、ココナッツクリーム、植物油、ショートニング

[豆類] キマメ、赤インゲンマメ、ササゲ
[野菜] ジャガイモ、キャッサバ、ヤウティア、ヤム、サツマイモ、プランテーン、青菜（キャッサバ、ヤウティア）、アボカド、パンノキの実、ウリ、トマト、オクラ、タマネギ、ピーマン
[果物] ココナッツ、オレンジ、バナナ、レモン、ライム、グレープフルーツ、アグリフルーツ（ジャマイカで開発されたオレンジとグレープフルーツの交配種）、マンゴー、タマリンド、アキー、パパイヤ、パイナップル、グアバ、スターアップル、カシューアップル、サワーソップ
[種実類] アーモンド、カシューナッツ、ベニノキの種（アナトー）
[香辛料] 塩、黒胡椒、トウガラシ、ジャマイカ・ペッパー（オールスパイス）、タマネギ、ニンニク、アナトー、コリアンダー、サフラン、カレー粉、ショウガ、ライム汁、シナモン、タイム、ココナッツ：トウガラシソース（酢漬けトウガラシ）
[料理] カラルー（オクラと煮たキャッサバまたはヤウティアの青い葉）。ペッパーポット（野菜や肉のシチュー、ペッパーコーンで強く味つけされる）。エスコビッチ（魚のマリネ）。サウス（豚肉のマリネ）。スパイシースープ。緑色のプランテーン・チップのフライ。アクラ（インゲンマメまたはエンドウマメのフリッター）。塩漬けダラのガンディ（スプレッド）。エンドウマメまたはインゲンマメを入れて炊いた米。ブラウンシュガー、ラム酒、ニンニク、ショウガのタレで焼いた豚もも肉のロースト、ライム汁とラムソースを添えて供する。ジャマイカン・ブレックファスト・フルーツボウル（パパイヤ、パイナップル、グレープフルーツ、マンゴースライスなどの果物を氷にのせて供する）。マンゴーチャツネ（マンゴーにスパイスとトウガラシを加えたジャム状の保存食）。
[よく食べられる料理] ヤギ肉のカレー（カレーソースで味つけし、煮込んだ角切りの肉）、サフランライスとマンゴーチャツネを添えて供する。スタンプ・アンド・ゴー（塩漬けダラ、水溶き小麦粉、タマネギ、アナトーで作るタラのフリッター）。ピッカペッパソース（トマト、マンゴー、レーズン、酢、トウガラシで作る）
[よく知られた調理法] ジャークとは、アフリカ人の逃亡奴隷がはじめたと言われる技術で、野豚にスパイスで味をつけ、スモークしたことに発する調理法である。今日では、ジャークは、バーベキュー調味料（オールスパイス、黒胡椒、シナモン、ショウガ、ナツメグ、タイム、青ネギ、トウガラシ、ニンニク、タマネギ、コリアンダー、ベイリーフ、ブラウンシュガーで作る）を指す。肉にジャークミックスをすり込み、数時間マリネしてから焼く。アイタル（「生命にかかわる」の意）は、ラスタファリ教（アフリカ系カリブの信仰）信者の生き方である。シンプルで加工しない食品がよいとされる。典型的なアイタル料理には、キマメや赤インゲン入りの米飯、キャッサバパン、焼いたヤムイモ、野菜のシチュー、コーンミールの粥、プランテーンのソテー、フレッシュジュースなどがある。通常使われる調味料は、タイム、シナモン、オールスパイス、ココナ

シ

ジャマイカ

ッツ、さらにマリファナが入ることもある。

国民食 塩漬け魚とアキー（煮込んだタラと煮込んだアキーに、塩漬け豚肉の脂肪で炒めたタマネギとトウガラシを混ぜ、そのあとで加熱したもの）。

甘味類 サトウキビ、砂糖、ブラウンシュガー、糖蜜、バナナブレッド、ラム風味のホイップクリームをトッピングしたココナッツのカスタード、パイナップルフール（ホイップクリームに刻んだパイナップルを入れて冷やす）、ウェディングケーキ（砂糖漬けの柑橘類を入れてラム酒に浸したダークフルーツケーキ）

飲物 コーヒー、ミルク、ソフトドリンク、普通はライムを入れたアイスティー、ビール、ラム酒、ブルーマウンテン・カクテル（ラム、ウォツカ、コーヒーリキュール、オレンジジュース、ライムジュース、氷を合わせてシェークする）。ジャマイカの名産ブルーマウンテン・コーヒーは、オレンジの皮、シナモンスティック、オールスパイス、またはショウガで風味づけしたり、ホイップクリームやラムがトッピングされることがある。

典型的な食事 鶏肉または豚肉のジャーク（バーベキュー）、エンドウマメまたはインゲンマメを入れた米、キャッサバパンまたはコーンブレッド。

屋台・間食 鶏肉または豚肉のジャーク（バーベキュー）、果物、クラッシュアイスにフルーツジュース、コーヒー

ジョージア（グルジア） Georgia

[地理] ジョージアは黒海の東岸に位置し、北東にカフカス山脈を望む南西アジアの国である。

主要言語	民族		宗教	
ジョージア語（公用語）	ジョージア人	86.8%	ジョージア正教	83.4%
アブハズ語（アブハジアでは公用語）	アゼリー人	6.3%	イスラム教	10.7%
アゼリー語	アルメニア人	4.5%	アルメニア教会	2.9%
アルメニア語				

人口密度　70.7 人/km²　　都市人口率　54.0%
識字率　99.8%　　出生 1000 あたり乳児死亡率　12.3
平均寿命　男性 72.3 歳、女性 80.7 歳　　HIV 感染率　0.5%
1 人あたり GDP　10,100 ドル　　失業率　11.6%
農業就業人口　55.6%　　耕地面積率　6.6%

[農業] ジャガイモ、トウモロコシ、ブドウ、柑橘類、茶、ヘーゼルナッツ、野菜、ニワトリ、牛、羊、豚、ヤギ、

[天然資源] 森林、水力発電、マンガン、鉄鉱石、銅、石炭、石油、漁獲

[産業] 鉄鋼、航空機、機械工作機、電気機器、鉱業、化学製品

[食文化への影響] ジョージアの食文化は侵略者（アラブ、モンゴル、トルコ）、ペルシャ、ロシア（19 世紀と 20 世紀の大半ジョージアを支配した）、隣国（ロシア、トルコ、アルメニア、アゼルバイジャン）から影響を受けた。またジョージアの方からロシア料理への有益な影響があったことも、一般に認められている。カフカスの北端に位置するジョージアは地中海性気候で、肥沃な土地では穀物、果物、野菜が栽培される。黒海の東端にもあたり、魚介類が獲れ、茶の栽培にも適している。川や湖でも魚が獲れる。カフカス山脈の南麓に位置しているので木の実、狩猟動物に恵まれ、高地は家畜の放牧に向いている。西部はトルコの影響が強く、トウモロコシがおもな穀物で、茶と柑橘類が栽培される。一方東部はペルシャの影響が強く、小麦パンを食べ、ブドウなどの果物栽培が盛ん。宗教による影響もある。正教会では動物食を禁じる多くの断食日が決められており、敬虔なイスラム教徒は豚肉製品とアルコールを摂らず、ラマダン月には日の出から日没まで食事をしない。

[パンと穀類] トウモロコシ、小麦、米：ラバシュ（薄くパリパリしたパン）、ペダ（ピタパン）、チャディ（丸くて平たいコーンブレッド）、ハチャプリ（焼く前にチーズを加えたパン）、長い白パン、ポリッジ、米料理。パンはトネと呼ばれる戸外に設置したレ

ンガを敷いた穴の釜で焼かれる。パンは毎食供される。

肉と魚 鶏肉、牛肉、豚肉、仔羊肉、ヤギ肉、魚、卵、狩猟動物：ソーセージ

乳製品 ミルク（牛、羊、水牛）、サワークリーム、発酵乳（マツン）、ヨーグルト、チーズ

油脂 バター、澄ましバター、オリーブ油

豆類 インゲンマメ、レンズマメ、スプリットピー

野菜 ジャガイモ、トマト、葉物、ナス、サヤインゲン、アスパラガス、キュウリ、タマネギ、オリーブ：ピクルス

果物 ブドウ、柑橘類、プラム、アプリコット、バーベリー、その他のベリー類、サクランボ、イチジク、ザクロ、メロン、レーズン

ナッツ ヘーゼルナッツ、クルミ、アーモンド、栗。クルミは、飾りとしてではなく、ふんだんに料理に使われる。

香辛料 タマネギ、ニンニク、パセリ、タラゴン、ミント、バジル、ディル、コリアンダー、オレガノ、タイム、フェヌグリーク、カルダモン、シナモン、クローブ、サフラン、黒胡椒、赤トウガラシ、マリーゴールドの花びら。ハーブとスパイスはふんだんに使われる。

料理 卵や酸味のある食品を入れて濃厚にしたスープ。チヒルトゥマ（卵黄、サフラン、レモン汁を、固まらないように、供する直前に入れたチキンスープ）。ソース：サツィヴィ（砕いたクルミ、ニンニク、バターであめ色に炒めたタマネギ、ブイヨン）は家禽類のローストに添えられ、フルーツソースに少し加えられることもある。トケマリ（プラム、コリアンダー、赤トウガラシ、ニンニクのピリッとしたソース）、その他ブドウ、バルベリー、ザクロ、トマト、ニンニク、ヨーグルトを使ったもの。肉は塊で串に刺して調理する（ケバブ）。ムツヴァディ（狩猟動物もしくは仔羊もしくは仔ヤギをマリネ液に漬けてから焼く）。仔豚のロースト。魚のスモーク、ゆでたもの、網焼き。イワナのバター焼き。チキンの丸焼きのザクロソース。チャホフビリ（鶏肉と薄切りのタマネギをバターでそれぞれ炒め、トマトを入れて蒸し煮にする）。ハルチョー（牛肉、タマネギ、トマト、フェヌグリークのシチュー）。シャナーヒ（肉を少し、野菜をたくさんのシチュー、米を入れることが多い）。ルビオ（ゆでたインゲンマメ、ワケギ、コリアンダー、タラゴン、酢、オリーブ油）。プロフ（米料理）。ゴミ（コーンミールのポリッジ）。インゲンマメの上に泡立てた卵をのせて焼いたキャセロール。ナスをタマネギ、ニンニク、レモン汁、油、コリアンダー、もしくは揚げたタマネギとトマトと焼く（アジャプサンダリ）。チーズを揚げて、コーンミールブレッドを添える。

甘味類 ハチミツ（巣に入ったものもある）、砂糖。新鮮な果物。アプリコット、サクランボ、メロンの皮をシロップで煮る。チュルチヘラ（クルミをブドウ液で包んだもの）。ゴジナキ（クルミ、アーモンド、ヘーゼルナッツの豆板、ハチミツが入っている）

飲物 ミルク、茶、ワイン、ブランディ

ザクスカ（メインの前に供されるちょっとした前菜）チーズ、青物（タラゴン、カラシナ、ワケギ）、薄いパン

シ

ジョージア（グルジア）

シリア Syria
シリア・アラブ共和国

[地理] シリアは地中海の東端に面した中東の国。短い海岸線と肥沃な低地および平野をもつ。東部にシリア砂漠、南部にエッドルーズ山地がある。

主要言語	民族		宗教	
アラビア語(公用語)	アラブ人	90.2%	イスラム教	87%
クルド語	クルド人、アルメニア人		(スンニ派	74%)
アルメニア語		9.7%	(アラウィ派、シーア派	
アラム語				13%)
チェルケス語			キリスト教	10%
			(ドールズ派	3%)

人口密度 98.2人/km² 都市人口率 58.5%
識字率 86.3% 出生1000あたり乳児死亡率 14.8
平均寿命 男性72.7歳、女性77.6歳 HIV感染率 ー
1人あたりGDP 2,900ドル(2015年) 失業率 14.3%
農業就業人口 17.0% 耕地面積率 25.4%

[農業] 小麦、テンサイ、綿花、大麦、レンズマメ、ヒヨコマメ、オリーブ、ニワトリ、羊、ヤギ、牛

[天然資源] 石油、リン酸塩、クロム、マンガン、アスファルト、鉄鉱石、岩石、塩、大理石、石膏、水力発電、漁獲

[産業] 石油、繊維、食品加工、飲料、タバコ、リン酸塩および岩石の採掘

[食文化への影響] 紀元前3000年頃に地中海の東端沿岸に移住したフェニキア人は、都市国家を成立させ、優れた商人として早くから海上交易に従事した。古代ヨーロッパ、アジア、アフリカの十字路にあたるこの地で、香辛料、穀物、食料品、ワインを取引したのである。エジプト、ペルシャ、ギリシャ、ローマ、十字軍、オスマン帝国の侵略は、それぞれの影響を残すことになった。なかでも、1516年から400年にわたりシリアを統治下に置いたオスマン帝国の影響は、少なくない。広大な砂漠地帯を有するシリアだが、穀物、テンサイ、豆、オリーブ、家畜を生産し、海岸線は短いものの、地中海では魚が獲れる。国民の大半はイスラム教徒で、豚肉を食べず、酒も飲まない。ラマダン月には、日の出から日没まで断食を行なう。シリア料理の多くは、他のアラブ諸国に比べてスパイスがきいている。パンはほとんど毎食、口にする。

[パンと穀類] 小麦、大麦、米：ひき割り小麦(ブルグル)、小麦のフラットブレッド(おもに、中央に空洞がある薄くて丸いピタパン)、さらに薄いパン、丸く焼いたアラビア風パン、

フィロ生地のペストリー、米料理
肉と魚 鶏肉、仔羊肉、羊肉、ヤギ肉、牛肉、魚、卵
乳製品 ミルク（ヤギ、羊、ラクダ、牛）、ヨーグルト（ラバン）、チーズの代表はフェタ（白くねっとりした、塩味のチーズ）
油脂類 オリーブ油、澄ましバター、ゴマ油、コーン油、脂尾羊の脂
豆類 レンズマメ、ヒヨコマメ、ソラマメ
野菜 オリーブ、トマト、キャベツ、ナス、キュウリ、ジャガイモ、タマネギ、ピーマン、レタス、トリュフ
果物 リンゴ、アプリコット、サクランボ、ナツメヤシ、イチジク、ブドウ、レモン、メロン、ザクロ、洋ナシ、スマック〔果実はスパイスにする〕、レーズン
種実類 アーモンド、松の実、ヘーゼルナッツ、クルミ、ピスタチオ、ゴマ
香辛料 タマネギ、ニンニク、タヒーニ（ゴマペースト）、レモン、生のハーブ（パセリ、ミント、ディル、コリアンダー、バジル）、塩、スパイス（オールスパイス、シナモン、カルダモン、ショウガ、カイエンペッパー、オレガノ）、ローズウォーター、オレンジ花水
調味料 タラトールソース（タヒーニ、ニンニク、レモン汁）は、魚料理に添えることが多い。
保存食 野菜は干すか、酢漬けにする。果物は干すか、砂糖漬けまたはジャムにする。羊肉や仔羊肉は小さく切って調理し、その脂で表面を覆い、鍋で保存する。キシュクはひき割り小麦をヨーグルトに混ぜて発酵させ、乾燥後、粉にしたもので、スープに入れたり、ペストリーに詰めたり、パンに振りかけたりする。
料理 スフィーハ（仔羊肉をのせた小型のパイ、カイエンペッパー風味）はよく知られている。ファットゥーシュ（パセリ、ミント、トマト、キュウリ、タマネギ、ちぎって炒めたピタパンを混ぜ、白チーズを散らして油と塩、スマックで和えたサラダ）は、シリア人の好物。ラハム・ビアジーン（挽き肉と刻んだタマネギ、ザクロのシロップを混ぜ、薄い生地にのせて焼いたピザ風のパン）。野菜の詰め物、肉と野菜のシチュー、鶏肉を含む肉の網焼きには、ハーブその他の香辛料を（アレッポではトウガラシも）使う。鶏肉にアプリコットソースを添えるなど、肉料理にはよく果物を合わせる。蒸したひき割り小麦。ピラフ（油で炒めた米によく炒めたタマネギを加え、ブイヨンまたは水で炊き込む）。目玉焼き。ザクロの粒を入れた野菜サラダ。仔羊の脚のロースト（ニンニク、タマネギと一緒に焼く）。焼いたり、軽く炒めたりした薄切りトリュフ。
国民食 キッベ（細かく挽いた仔羊肉とひき割り小麦、タマネギ、バジルまたはミントを混ぜて作るコロッケ）。
甘味類 ハチミツ、砂糖、ハチミツ風味や花の香りのシロップ。バクラバ（薄いフィロ生地を層にした菓子）とボルマ（「鳥の巣」を思わせるペストリー）は、どちらもナッツ、砂糖、ローズウォーターまたはオレンジ花水を混ぜたものが入っていて、焼いてからシ

シ
シリア

ロップをかけて食べる。バラジク（薄くて丸いビスケット。片面にピスタチオ、反対の面にゴマがたっぷりついている）。カラベーゲ・ハラブ（ピスタチオをセモリナ生地で包んだ細長い菓子。甘いムース、マテフを添える）。生のクルミや果物の砂糖煮。カマールアルディーン（甘みを加え薄い板状に乾燥させたアプリコットのピューレ）。シナモン、カルダモン、ショウガを使った洋ナシの砂糖煮。乾燥させたアプリコットをシロップで煮てアーモンドをのせ、砂糖にくぐらせたもの。砕いて糖分とバラのエキスを加えたアーモンド。

飲物 コーヒー、茶（どちらもかなり甘い）、フルーツジュース、ヨーグルトドリンク、ワイン

軽食 （前菜）フムス（ヒヨコマメのディップ）。タブーリ（パセリとトマトにひき割り小麦を加え、タマネギ、ミント、オリーブ油、レモン汁、スパイスで和えたサラダ）。

シンガポール Singapore
シンガポール共和国

[地理] シンガポールは東南アジアの国で、マレー半島の分かれた先端に位置する。本島のシンガポールおよび周辺の 60 以上の小島からなる。面積はおよそ 700km²。シンガポールは平坦な島で、かつては沼地に覆われていた。

主要言語	民族		宗教	
中国語（公用語）	中華系	74.3%	仏教	33.9%
マレー語（公用語）	マレー系	13.4%	キリスト教	15.0%
タミール語（公用語）	インド系	9.1%	（カトリック）	7.1%）
英語（公用語）			イスラム教	14.3%
福建語、広東語、潮州語			道教	11.3%
			ヒンドゥー教	5.2%
			無宗教	16.4%

人口密度　8,571.9 人/km²　　都市人口率　100%
識字率　97.0%　　出生 1000 あたり乳児死亡率　2.4
平均寿命　男性 82.6 歳、女性 88.1 歳　　HIV 感染率　−
1 人あたり GDP　87,100 ドル　　失業率　1.8%
農業就業人口　0.96%　　耕地面積率　0.8%

[農業] 野菜、蘭、ゴム、コプラ、果物、観賞魚、ニワトリ、豚、ヤギ、牛
[天然資源] 漁獲
[産業] 電子機器、化学製品、金融、石油掘削装置、石油精製、ゴム加工・製造、加工食品・飲料、海上プラットフォーム建設、生命科学

[食文化への影響] シンガポールの地理と料理は、隣接するマレーシアと重なる。シンガポールの三大料理とは、マレー料理、中華料理、インド料理。住民の多くは中華系（中国南部にルーツをもつ海峡華人〔華人とマレー人とのあいだに生まれた子孫〕）である。植民地時代に数多くの労働者が移ってきただけでなく、アジアの東部および南部のエリート層も入植したことから、中国とインドの影響は大きい。ニョニャ（海峡華人）の料理は、15 世紀に東南アジアに移住し、第二次世界大戦がはじまるまでシンガポールに移住を続けた華人の存在を思わせる。マレーシア料理のようにトウガラシ、エビのペースト、ココナッツミルク、芳香植物の根や葉を使う一方で、いまでも豚肉、ラード、麺類といった中国の伝統的な食材を用い、辛味と酸味を重視する。インドの影響は、薬味やカレー、アチャール（漬物）などに見られる。イスラム教はマレー半島およびボルネオ沿岸の町で 15 世紀から勢力を維持し、シンガポール国民の 15% が信仰している。イ

スラム教徒は豚肉やラードを口にしない。世界有数のスパイスの宝庫、シンガポールには、オランダ商人の影響も見られる。1819 年にこの地に商館を築き、1965 年まで支配下に置いたイギリスの影響も残っている。米は主要食品で、魚介類がそれに次ぐ。

パンと穀類 米、小麦：米料理、もち米を使った菓子、麺類

肉と魚 魚介類、鶏肉、豚肉、ヤギ肉、牛肉、水牛肉、卵、アヒル肉：エビのペースト（ブラチャン）、干したアンチョビ、魚醤、ゼラチン（甘味類に使用）

乳製品 コンデンスミルク（コーヒーに入れる）、クリーム（ホイップしてペストリーに使う）

油脂 ココナッツ油、ココナッツクリーム、パーム油、ラード、植物油

豆類 大豆、大豆製品（醤油、豆乳、豆腐など）、緑豆、四角豆、落花生

野菜 タロイモ、キャッサバ、パンノキの実、海藻、青物、ヤムイモ、サヤインゲン、ナス、サツマイモ、ティープラント、ダイコン、ウリ、クズウコン、ヒシの実

果物 ココナッツ、タマリンド、バナナ、ライム、パイナップル、オレンジ、レモン、マンゴー、パパイヤ、メロン、ドリアン

種実類 ライチー、マカダミアナッツ

香辛料 トウガラシ、エビのペースト、ココナッツミルクまたはクリーム、タマリンド、ライム汁、芳香植物の根と葉、醤油、魚醤、タマネギ、ニンニク、ラオ（マレー半島の植物、ショウガ科）、根ショウガ、レモングラス、キクラゲに似たアラゲキクラゲ、クミン、シナモン、コリアンダー、ターメリック

料理 ココナッツミルクは料理に多用される。炊いた米。焼き飯。焼きそば（クイティオ）。青菜炒め。サテ（小さく切った鶏肉などの肉、または魚介を竹串に刺し、醤油その他の調味料で下味をつけて焼く）。ルンダン（牛肉のドライカレー）は、角切りにした牛または水牛の肉をココナッツミルクと香辛料で煮込んだもの。ルンパ（スパイスミックス：油で炒めてから使うことが多い）。グライ（ココナッツミルクで煮たスープカレー）。焼豚。インドのペッパースープ。辛いカレー。サンバル（スパイスのきいた辛い薬味。トウガラシその他のスパイスを使った、炒め物用調味料）。エビのサンバル炒め（スパイスなどを混ぜ合わせた辛い調味料で炒めたエビ）。

シンガポールの珍味 卵やサツマイモと炒めた川の牡蠣

甘味類 パーム糖、砂糖。熟していないココナッツ。バナナの葉で包んで蒸し焼きにした米。褐色のパーム糖シロップ、ココナッツミルク、おろしたココナッツ、ゼラチン、もち米を基本の材料としたデザート：クエラピス（さまざまな色のゼラチンを重ねた菓子）など。ナガサリ（緑豆、砂糖、ココナッツのプディング）。

飲物 茶、コーヒー、ココナッツジュース、フルーツジュース、豆のドリンク、カバ（コショウ科の植物から作る飲料。酩酊感をもたらす）

屋台・間食 焼きそば。サテ（住民の好物：華人は豚肉か鶏肉、イスラム教徒はヤギ肉か鶏肉、マレー人は鶏肉。どれもトウガラシ、タマネギ、ニンニク、ラオで下味をつけ、

ピーナッツソースをつけて食べる)。屋台食は市場の露店や夜店で売られている。日が暮れると昼間駐車場だったところに食べ物の屋台が円を描くように並び、中央には買ったものを食べる場所が設けられる。シンガポールの人々は屋外で食べることを好む。

ジンバブエ　Zimbabwe
ジンバブエ共和国

[地理] ジンバブエ（かつての南ローデシア）は、アフリカ大陸の南に位置する。国土の大部分は高原だが、東の国境付近には山々がそびえる。気候は亜熱帯性。

主要言語	民族	宗教	
英語（公用語）	アフリカ人　　　99.4%	プロテスタント	82.7%
ショナ語（公用語）	（ショナ族、ンデベレ族）	カトリック	6.7%
ンデベレ語（公用語）		無宗教	4.9%
ほかに少数派の部族語			

人口密度　35.7人/km²　　　　　都市人口率　32.2%
識字率　86.9%　　　　　　　　出生1000あたり乳児死亡率　32.7
平均寿命　男性58.3歳、女性62.5歳　　HIV感染率　13.5%
1人あたりGDP　1,700ドル　　　　失業率　5.1%
農業就業人口　66%　　　　　　　耕地面積率　10.3%

[農業] サトウキビ、トウモロコシ、綿花、タバコ、小麦、コーヒー、落花生、ニワトリ、牛、ヤギ、豚、羊

[天然資源] 漁獲、石炭、クロム鉱石、アスベスト、金、ニッケル、銅、鉄鉱石、バナジウム、リチウム、錫、プラチナ

[産業] 鉱山、鉄鋼、木製品、セメント、化学製品

[食文化への影響] ジンバブエの料理は、タンザニアや隣国のマラウイ、ザンビアといった東アフリカ諸国のそれに似ている。国土の大部分は標高の高い高原で、肉は食事にほとんど含まれていない。狩猟動物が多くいて、牧畜の伝統があるにもかかわらず、高地では食べられていないのだ。牛は財産で、食べ物とは考えられていなかったので、マサイや同系の部族は乳製品と牛の血を糧とし、その他の人々はおもにキビ、ソルガム、バナナと採集した葉物を食べていた。最初にやって来た外国の商人、アラブ人は700年頃から東アフリカ沿岸に植民地を築き、奴隷および象牙貿易を行なうと同時に、香辛料、タマネギ、ナスを食材として広めた。19世紀中頃にはじまったイギリスの支配は100年以上にわたり、食文化にも影響を与えた。イギリス人は多くのアフリカ人男性にヨーロッパの料理を教え込んだ。また、アジア人に東アフリカへの移住を促したことで、地元料理にカレー粉を使った料理や魚のココナッツミルク煮などが加わった。ケープ植民地に入ったオランダ人の子孫は、北へ大移動したあと現在のジンバブエに入り、食習慣に影響を与えた（オーブン料理、果物の砂糖煮など）。ヨーロッパ人は高地地方で狩猟

を行なっていたが、狩猟動物が保護の対象となった現在、その数は多く生息している。飼育されているアンテロープもいる。湖や河川では魚が獲れる。食事の中心は粥で、でんぷん質の野菜、葉物、豆、乳製品。食事に欠かせない粥は、かつてはキビで作られたが、現在ではトウモロコシが使われる傾向にある。

パンと穀類 トウモロコシ、小麦、キビ、ソルガム、米：粥、パンケーキ、フリッター、米料理

肉と魚 鶏肉、牛肉、ヤギ肉、仔羊肉と羊肉、豚肉、狩猟動物の肉、魚、塩漬けや干物にした魚介、卵

昆虫 バッタ、コオロギ、キリギリス、アリ、幼虫（マドラ）、イモムシ。採集した昆虫は保存のため乾燥させることもあるが、揚げたり焼いたりして、おやつに食べることが多い。

乳製品 ミルク、サワーミルク、バターミルク、凝乳、チーズ（ヨーロッパ風のチーズなど）

油脂 バター、ラード、ピーナッツ油、肉の脂、ココナッツ油、パーム油

豆類 落花生、ササゲ、インゲンマメ、レンズマメ

野菜 青バナナ（プランテーン）、キャッサバ、ヤムイモ、ジャガイモ、葉物、トマト、タマネギ、ナス

果物 バナナ、ココナッツ、パパイヤ、スイカ

種実類 カシューナッツ、ゴマ、ヒマワリの種、スイカの種

香辛料 トウガラシ、タマネギ、ココナッツミルク、乾燥させたバオバブの葉、カレー粉、クローブ、シナモン、ナツメグ

料理 トウモロコシやキビで作る硬めの粥。炊いた米。ピーナッツスープ。イリオ（ゆでたインゲンマメとトウモロコシとジャガイモまたはキャッサバのマッシュ）は、カレー風味の鶏肉に付け合わせることが多い。青バナナのマッシュ（青バナナの葉に包んでゆでたものをつぶす）。キャッサバまたはジャガイモのフリッター。ココナッツミルクとピーナッツソースで煮込んだ青物。牛肉または羊肉とキャッサバのシチュー。カレー風味の仔羊肉、ヤギ肉、または豚肉。これらの肉のロースト。スプリングボック（「ボック」は鹿の意）の蒸し煮。魚のココナッツミルク煮やピーナッツカレー煮。

甘味類 サトウキビ、ハチミツ、砂糖。バナナジャム。米粉とココナッツのパンケーキ。バナナカスタード。スパイスクッキー。

飲物 コーヒー、茶、ビール、バナナ酒

屋台 フリッター、焼きトウモロコシ、肉と卵を包んだパンケーキ

スイス Switzerland
スイス連邦

[地理] 中央ヨーロッパに位置するスイスは、南部のアルプス山脈が国土の60％、北西部のジュラ山脈が10％、両山脈にはさまれた中部高原が30％を占めている。フランス、ドイツ・オーストリア、イタリアとの国境をまたいで三つの大きな湖があり、ライン川が主要な内陸水路になっている。

主要言語	民族		宗教	
ドイツ語（公用語）	ドイツ人	65%	カトリック	37.3%
フランス語（公用語）	フランス人	18%	プロテスタント	24.9%
イタリア語（公用語）	イタリア人	10%	無信仰	23.9%
ロマンシュ語（公用語）			イスラム教	5.1%

人口密度　205.9人/km²　　都市人口率　74.1%
識字率　99%　　出生1000あたり乳児死亡率　3.6
平均寿命　男性80.3歳、女性85.1歳　　HIV感染率　－
1人あたりGDP　59,400ドル　　失業率　4.6%
農業就業人口　3.3%　　耕地面積率　10.1%

[農業] テンサイ、小麦、ジャガイモ、果物、野菜、ニワトリ、豚、牛、羊、ヤギ
[天然資源] 開発の余地がある水力発電、木材、塩、漁獲
[産業] 機械装置、化学製品、時計、繊維、精密器械、観光、銀行、保険

[食文化への影響] 山がちの小さな牧畜国スイスは23の州からなり、穀物、テンサイ、果物、野菜が栽培され、乳牛その他の家畜が飼育されている。料理の多くは隣国フランス、ドイツ、イタリアに似ているが、チーズとオーブンを使った料理に特徴があり、チーズとチョコレートの製造は重要な産業になっている。イタリアとの国境に近いティチーノ州では、イタリア料理の人気が高い。フランス語を使うスイス人の料理にフランスの影響が見られるのは、フランスに近いだけでなく、先祖がブルグント人だからである。大きな湖のいくつかはフランス語圏にあり、湖で獲れる魚がしばしば食卓にのぼる。フランスの伝統料理は長いあいだ、おもにアルプス地方で作られてきた。アルプス山脈に近いフリブール州の町グリュイエールは、有名なチーズにその名を冠している。ドイツ風料理としてあげられる栄養価の高いさまざまなスープは、キャベツ、ソーセージ、ジャガイモを添えた豚肉料理の前に出される。シェフやホテルの支配人は、国内に多くあるホテル学校で教育を受ける。

[パンと穀類] 小麦、ライ麦、大麦、トウモロコシ：粥、パン、ロールパン、クロワッサン、

ペストリー、ダンプリング、サンデーブレッド（砂糖とバターをたっぷり使った、白い編み込みパン。来客時に家で焼くことが多い）。

肉と魚 鶏肉、牛肉と仔牛肉、豚肉、仔羊肉、ヤギ肉、魚、卵：ソーセージ、ハム、ベーコン、干し牛肉

乳製品 ミルク（牛、羊）、クリーム、サワークリーム、チーズ（大きな穴のあいたエメンタールは、世界中でスイスチーズと呼ばれている。グリュイエールの穴は小さく、少ない〔スイス産のグリュイエールには穴がない。フランス産には穴がある〕。香りが強く、濃厚な味わい）。

油脂類 バター、ラード、植物油、オリーブ油

豆類 インゲンマメ、レンズマメ、白インゲンマメ、スプリットピー

野菜 ジャガイモ、キャベツ、ニンジン、サヤインゲン、ホウレンソウ、レタス、トマト、セロリ、アスパラガス、エンドウ、タマネギ、キュウリ：ザウアークラウト、キュウリのピクルス、ピクルドオニオン〔小タマネギの酢漬け〕

果物 リンゴ、洋ナシ、オレンジ、カラント、サクランボ、ラズベリー、イチゴ、アプリコット、レモン、プラム、レーズン。

種実類 アーモンド、ヘーゼルナッツ、クルミ、ケシの実、キャラウェイシード

香辛料 酢、タマネギ、ニンニク、塩、黒胡椒、シナモン、ナツメグ、アニス

料理 ブゼッカ（牛の胃袋と野菜のスープ）。クリームスープ。ゆでたフィンガーポテト。ロスティ（ジャガイモのパンケーキ。ゆでてさましたジャガイモをつぶして、バターの溶けた熱いフライパンに広げ、片側を焼いてひっくり返し、もう一方を焼く）。コーンミールの粥：冷やして四角く切り、バターで焼いたものがリーベル。クロックムシュ（パンにハムとチーズをはさみ、表面を焼く）。エマンセ・ド・ボー（仔牛肉の細切りをバターで炒め、白ワインとクリームで煮込む）。スズキのソテー。ベルナープラッテ：煮込んだ肉類（燻製豚肉、牛の胸肉、ベーコン、ソーセージ）を大皿に盛り、ゆでたジャガイモやニンニクで風味づけしたインゲンを添える。アスパラガスのバター煮。チーズと卵を使ったオニオンタルト。ヴェーエ（野菜、果物またはチーズを詰めた大型タルト）は、分け合って食べる。

郷土料理 チーズフォンデュ（チーズに白ワインを加えて溶かし、小さく切ったパンをからめて食べる）。同じく世界的に有名なラクレット（チーズの断面を直火で温め、溶けたところを温めた皿に削ぎ落としたもの：「ラクレ」はフランス語で「削り取る」という意味）はゆでたジャガイモにつけて食べる。

甘味類 ハチミツ、砂糖。果物のジャム。果物とチーズを合わせたもの。ケーキ。クッキー。チョコレート菓子（トリュフなど）。マジパン（アーモンドと砂糖のペースト）を使った菓子やデザート。ビルネンブロート（干した果物、ナッツ、スパイスが入った洋ナシのパン）。ルツェルナー・レープクーヘン（シナモンやアニスを使った洋ナシのケーキ）は、四角く切ってから、ホイップクリームや洋ナシのシロップをかけて出す。リンツァート

ルテ（ラズベリーをたっぷり使った薄型のパイ。表面に生地で格子柄をつける）。チョコレートムース。国民に広く愛されている、アプリコットのヴェーエ（生のアプリコットを詰めた大型のタルト。ホイップクリームをかける）。

飲物 コーヒー、ビール、ミルク、ホットチョコレート、茶、ミネラルウォーター、ワイン、プラムの蒸留酒（グラッパ）

食事 一日3食と複数回の間食、というのが一般的。典型的な食事はサラダ、コールドカット〔スライスした冷製の調理済み肉〕、チーズ、パン：あるいは仔牛肉、豚肉、鶏肉、または魚の温かい料理にジャガイモとパン。

スウェーデン　Sweden
スウェーデン王国

[地理] スウェーデンは北ヨーロッパのスカンジナビア半島に位置し、バルト海に臨む。北の国境線は北極圏まで続いている。国土の半分は森林で、4分の1は北西の国境沿いに広がる山地。平坦な、あるいは緩やかに起伏する地形をもち、肥沃な平地や平原があるのは南部と東部。

主要言語	民族		宗教	
スウェーデン語（公用語）	スウェーデン人	84%	福音ルーテル派	63%
	フィンランド人	3%	その他カトリック、正教会、バプティスト、イスラム教、ユダヤ教、仏教等	17%

人口密度　24.3人/km²
識字率　99%
平均寿命　男性80.2歳、女性84.2歳
1人あたりGDP　49,700ドル
農業就業人口　2%

都市人口率　86.1%
出生1000あたり乳児死亡率　2.6
HIV感染率　0.2%
失業率　7.1%
耕地面積率　6.4%

[農業] テンサイ、小麦、大麦、ニワトリ、豚、牛、羊、トナカイ
[天然資源] 漁獲、鉄鉱石、銅、鉛、亜鉛、金、銀、ウラン、木材、水力発電
[産業] 鋼鉄、精密機器、ベアリング、無線機および電話機の部品、兵器、木材パルプ、紙製品、加工食品、自動車類

[食文化への影響] スカンジナビア半島最大の国、スウェーデンの料理は、古くからの伝統にドイツとフランスの影響が加味されたものである。古い時代の保存法が残されている食べ物は少なくない（干物、塩漬け、酢漬け、燻製にした魚、発酵乳など）。多くの湖、バルト海沿岸の長い海岸線、さらには北海があることで、魚介類には不自由しない。西岸のスウェーデン最大の漁港、イェーテボリでは、カレイをはじめとする大西洋の多様な魚が水揚げされる。南部と東部の肥沃な平地や平原は、穀物、テンサイ、ジャガイモの産地。夏のあいだ西部で放牧される牛と羊は、山間の牧草地で草をはみ、乳製品と食肉の供給源になっている。ラップランド人の住む北部は、トナカイの肉、ミルク、チーズで知られる。16世紀、グスタフ・バーサ大王は国民に、ライ麦を育て、表面が硬いライ麦パン（現在はどこにでもあるクネッケブロード）を作るよう促した。スウェーデンには伝統的な家庭料理（ヒュスマンスコスト）だけでなく、洗練された料理もある。

[パンと穀類] 小麦、大麦、ライ麦、米：発酵生地を使った、あるいは使わないライ麦パ

ン、ライ麦のクリスプブレッド（クネッケブロード）、大麦粉とジャガイモで作る硬くて薄いパン、フランスパン、ロールパン、パンケーキ、ビスケット、米料理

肉と魚 鶏肉、豚肉、牛肉と仔牛肉、仔羊肉、トナカイの肉、魚介類（ニシン、スプラット、カレイ、サケ、ウナギ、ザリガニ）、卵：ハム、ニシンの酢漬け、シュールストレミング（塩と夏の大気熱で発酵させたニシン）、スプラット（ニシン科の小魚：オイル漬けの缶詰は「スウェーデンのアンチョビ」として知られる）。かさが増すよう、肉はこま切れまたは挽き肉にしてほかの材料と混ぜ、調理することが多い。

乳製品 ミルク、クリーム、バターミルク、サワークリーム、チーズ

油脂類 バター、ラード、マーガリン、植物油、塩漬け豚肉

豆類 スプリットピー（黄色、緑）、ライマメ

野菜 ジャガイモ、タマネギ、キャベツ、キュウリ、ビーツ、キノコ類、ニンジン、エンドウ、カラシナ、アスパラガス

果物 リンゴンベリー（小粒のクランベリー）、その他のベリー、イチゴ、リンゴ、アプリコット、サクランボ、レモン、プルーン、カラント、レーズン。ベリー類は、夏は生で食べ、冬はジャムやスープにする。

種実類 アーモンド、アーモンドペースト（マジパン）、キャラウェイシード、ディルシード

香辛料 塩、カルダモン、ショウガ、シナモン、クローブ、サフラン、ディル、コショウの実、酢、マスタード

料理 グラブラックス（保存処理したサケ）は、新鮮なサケをディル、塩、砂糖、コショウの実で漬けたもので、生のままディルやマスタードを合わせたソースをかけて食べる。ゆでたジャガイモ（一日2回、食べることが多い）。ベイクドポテト。ポテトパンケーキ（おろしたジャガイモに香辛料で味をつけ、バターと油で焼く）。スウェーデン風ミートボール（牛挽き肉、タマネギ、パン粉、卵を混ぜ、バターと油で揚げる：ソースは仕上げにクリームを加えてもよい）。ヤンソンさんの誘惑（アンチョビと細切りジャガイモ、タマネギのクリームグラタン）。キノコのオムレツ。湯通ししたサケ。豚肉、ハム、牛肉、鹿肉のロースト。ヴィール・オスカル（仔牛肉にホワイトアスパラ、ロブスターまたはカニをのせ、ベアルネーズソースをかける）。この料理名は美食家で知られるスウェーデン王、オスカル2世（在位1872～1907）にちなんだもの。伝統的な家庭料理である黄エンドウのスープは、残り物で作るピッティパンナ（調理済みの肉を、炒めたベーコン、タマネギ、角切りジャガイモと合わせ、目玉焼きをのせた料理）、パンケーキと合わせることが多い。

祝祭食 聖ルチア祭（12月13日）の朝、一家の長女は丈の長い白い服を着て、リンゴンベリーの葉に火のついたろうそくを刺した冠をかぶり、ベッドで待つ両親のもとにサフラン入りのロールパンとコーヒーを運ぶ。ヨハネ祭（6月24日）は休日で、魚、ゆでた新ジャガイモ、野イチゴを食べる。

クリスマス料理 クリスマスイブの食事は一年で最も大切なものとされる：ルートフィスク（タラなどの干し魚を灰汁に漬け、水洗いしてから煮る）、ユールグロート（砂糖とシナモンをふりかけた米粥）など。

甘味類 砂糖、ハチミツ。果物やローズヒップの冷製スープには、アーモンドやホイップクリームを添える。果物の砂糖煮。パンケーキのリンゴンベリー添え。ブランデー風味の甘いドーナツ。カルダモン、ショウガ、シナモン、クローブを使ったビスケット（クッキー）：ハートなどの型で抜き、糖衣をかける。リンゴのケーキ。スペッテカーカ（高さが50cm以上ある、卵と粉砂糖のケーキ）。オストカーカ（アーモンドが入ったチーズケーキ）。

飲物 ミルク、バターミルク、茶、コーヒー、ビール、アクアビット（「命の水」。ジャガイモまたは穀物から作る蒸留酒）

食事と食事形式 一日に3度の食事と1度のコーヒーブレイクをとるのが一般的。スウェーデン発祥のスモーガスボードは、「バターつきパンの食卓」という意味だが、実際はバイキング形式の食事で、アクアビットとともに出されるさまざまな料理を以下の順で食べる：まずニシン、それから他の魚、加工肉とサラダ、温かい料理、最後にデザート。

スーダン／南スーダン Sudan / South Sudan
スーダン共和国／南スーダン共和国

[地理] スーダンはアフリカ北部、サハラ砂漠の東端に位置し、紅海に沿ったおよそ800kmの海岸線をもつ。その大半が砂漠である。北部は西にリビア砂漠、東に山がちのヌビア砂漠があり、あいだを流れるナイル川沿いにわずかな平地が広がる。ナイル川は南北を貫くように流れ、畑や牧草地、森林のある南部沿岸は、肥沃で雨の多い熱帯性気候の地域。

スーダン

主要言語	民族	宗教
アラビア語（公用語）	スーダン系アラブ人	イスラム教スンニ派
英語（公用語）	約70%	少数のキリスト教、土着信仰
フール語		

人口密度　20.1人/km²　　　　　都市人口率　34.2%
識字率　58.6%　　　　　　　　出生1000あたり乳児死亡率　48.8
平均寿命　男性62.3歳、女性66.7歳　HIV感染率　0.2%
1人あたりGDP　4,500ドル　　　　失業率　13.3%
農業就業人口　80%　　　　　　　耕地面積率　15.7%

南スーダン

主要言語	民族		宗教
英語（公用語）	ディンカ人	35.8%	キリスト教
アラビア語	ヌエル人	15.6%	アニミズム
	シルック人		
	アザンデ人		

人口密度　20.2人/km²　　　　　都市人口率　19.3%
識字率　32.0%　　　　　　　　出生1000あたり乳児死亡率　62.8
平均寿命　男性60.0歳、女性63.2歳　HIV感染率　2.7%
1人あたりGDP　1,700ドル　　　　失業率　－
農業就業人口　人口の圧倒的多数は自給自足農業　耕地面積率　－

[農業] サトウキビ、ソルガム、キビ、綿花、落花生、小麦、アラビアゴム、キャッサバ、マンゴー、パパイヤ、羊、ヤギ、牛、ニワトリ

[天然資源] 漁獲、石油、鉄鉱石、銅、クロム鉱石、亜鉛、タングステン、雲母、銀、金、水力発電

[産業] 石油、綿繰り機、繊維、セメント、食用油、砂糖、製薬、兵器

食文化への影響 スーダンはアフリカ北部の砂漠と、アフリカの東と西に広がる熱帯林にはさまれており、料理にはアフリカと中東の影響が認められる。たとえば、オクラのシチューとスーダンのパンには、キュウリのヨーグルトサラダとソラマメを合わせて食べることがある。スーダンの食習慣は、エジプト、アラブ人、イギリスや宗教の影響を受けてきた。北部は乾燥し、南部は高温で雨が多い。ナイル、青ナイルなどの河川や紅海沿岸では魚が獲れる。主要な食用農産物はアズキモロコシ（2色のソルガム）。ほかにはキビ、小麦、落花生、サトウキビ、キャッサバ、果物の収穫量が多い。飢饉時の重要な食料、パルミラヤシは大半の地域で栽培されている。レッドローゼルとも呼ばれるローゼル（カルカデ、学名はハイビスカス・サブダリッファ）の果実から作る深いバラ色の飲物には、独特のおいしさがある。主要な食用動物は羊で、デザートシープ〔砂漠の羊〕は環境によく適応している。国民の多くはイスラム教徒で豚肉を食べず、酒も飲まない。多くの地域が「肉のない土地」と呼ばれる。ツェツェバエのせいで家畜が育たないからだが、そういうところでも、捕獲された野生動物の肉は食べられている。もてなしの伝統と習慣によって、男性は女性よりも優先的に食事をする。結果として、一般的に女性は男性に比べて食べ物が口に入りにくい。最初に食べるのは男性と決まっているが、食事時間がかなり遅くなってしまったら、小さな子どもはなにか食べさせてもらえるようだ。男性が食べ終わらないうちに客が来れば、かならず食事に誘う。こういう場合、男性以外の家族はほとんどなにも食べられなかったりする。

パンと穀類 ソルガム、キビ、小麦、大麦、トウモロコシ、米：粥、パン、米料理。パンの定番キスラは、エチオピアのインジェラ（エチオピア特産のキビの一種、テフの発酵生地から作る平たいパン）とほとんど変わらない。どちらも大きな円形に広げた生地を、鉄板で焼く。

肉と魚 羊肉と仔羊肉、ヤギ肉、牛肉、鶏肉、豚肉、魚介類、野生動物の肉（ヘビ、ブッシュラット、カメ）、卵：塩漬け肉、干し肉（シャームート）。一般に好まれているのは羊肉だが、南部では牛肉が好まれている。

乳製品 ミルク、ヨーグルト、凝乳

油脂 ゴマ油、綿実油、ピーナッツ油、バター、ギー（澄ましバター）

豆類 落花生、ササゲ、レンズマメ、ソラマメ

野菜 キャッサバ、サツマイモ、プランテーン、ジャガイモ、オクラ、葉物（モロヘイヤ、ルッコラ、アマランサス）、キュウリ

果物 マンゴー、パパイヤ、バナナ、ナツメヤシ、バオバブの実、パルミラヤシの実、ローゼルの果実、その他南部のトロピカルフルーツ

種実類 ゴマ、バオバブの種

香辛料 タマネギ、塩、黒胡椒、赤トウガラシ、シナモン、サフラン

料理 ゆでたキャッサバ。炊いた米。オクラまたは葉物のシチュー（調理したオクラやモロヘイヤは、粘り気をもつ）。ゆでたり、揚げたりしたサツマイモ、ジャガイモ、プ

ランテーン。魚や肉（鶏肉などの肉、あるいは猟獣肉）と野菜のシチュー。揚げたり、網または直火で焼いたりした鶏肉などの肉、あるいは魚。キュウリのヨーグルトサラダ。
甘味類 サトウキビ、ハチミツ、砂糖、果物（とくにナツメヤシ）
飲物 サトウキビのジュース、パルミラヤシのジュース、甘いローゼル飲料、ローゼルハーブティー

スペイン Spain
スペイン王国

[地理] ヨーロッパ南西に位置するスペインは、イベリア半島の85％を占め、大西洋および地中海に面している。アフリカとは16kmしか離れていない。北部のピレネー山脈がスペインとフランスを隔て、内陸には高く乾燥した台地、南部には地中海性気候の低地が広がる。

主要言語	民族	宗教	
スペイン（カスティージャ）語（公用語）	地中海人種と北方人種の混血	カトリック	67.8%
カタルーニャ語（州公用語）		無信仰	18.4%
ガリシア語（州公用語）		無神論	9.1%
バスク語（州公用語）			

人口密度　98.1 人/km²
識字率　98.3%
平均寿命　男性78.8歳、女性84.9歳
1人あたりGDP　36,500ドル
農業就業人口　4.2%

都市人口率　80.0%
出生1000あたり乳児死亡率　3.3
HIV感染率　0.4%
失業率　19.4%
耕地面積率　24.5%

[農業] アルファルファ、大麦、ブドウ、野菜、オリーブ、テンサイ、柑橘類、ニワトリ、豚、羊、牛、ヤギ

[天然資源] 漁獲、石炭、褐炭、鉄鉱石、ウラン、タングステン、水銀、黄鉄鉱、ホタル石、石膏、カオリン、カリ、水力発電

[産業] 繊維および衣料品、食品および飲料、金属製品、化学製品、造船、自動車、工作機械、観光、製薬、医療機器

[食文化への影響] スペインの食文化に影響を与えたフェニキア人は、紀元前1100年頃、現在のカディスに町を作った。古代のギリシャ人とカルタゴ人は、スペインでワインの醸造をはじめたと考えられる。ローマ人はオリーブの木を植えた。現在スペインは、オリーブおよびオリーブ油の主要生産地になっている。アラブ人の700年以上にわたる占領で、アーモンド、柑橘類、サトウキビ、ナスをはじめとする多くの野菜、さまざまなスパイスがスペインの食に取り込まれた。潮汐平地（現バレンシア）では、米が栽培されるようになり、サフランを使ったパエリアも生まれた。スペインのユダヤ人は自分たちの国をセパラデと称した。1492年に追放され、ちりぢりになったのちにスペイン系ユダヤ人がスファラディと呼ばれたのは、そのためだ。彼らはユダヤ料理のふたつの主流のうち、ひとつを形成した。同年にコロンブスが行なった新大陸への航海は、新世界

とフィリピンの征服だけでなく、両地にスペインの食文化を広げることにもつながった。一方、新世界から持ち帰られたトウモロコシ、トマト、ジャガイモ、チョコレートなどは、スペイン料理に影響を与えた。沿岸地域ではとくにそうなのだが、海岸線の長いスペインでは魚介がよく獲れる。南部アンダルシアと西部エストレマドゥーラで生産されるハムとソーセージは一級品である。山地や中央部の台地は乾燥しており、居住者は少ない。とはいえ、こういった地域の食べ物は、素朴で栄養があり、季節感にあふれてもいる。スペインにはこのほかに、ふたつの主要な地方（バスクおよびカタルーニャ）料理がある。

バスク料理 有史以前から人が住んでいたバスクは、ピレネー山脈（大半がスペイン領、一部フランス領）の西端、ビスケー湾南東角にあたり、長いあいだ、この山と海に食物を依存してきた。重要な食品は塩ダラ、仔羊の丸焼き、乾燥小豆、パン、キノコ類、果物、栗、リンゴ酒など。男性の美食団体が多く存在するのも、バスクならではのことだろう。

カタルーニャ料理 カタルーニャ語が話されている、カタルーニャ、バレンシア、バレアレス諸島、ルシヨンを、カタルーニャ地域という。カタルーニャ料理は、カタルーニャ（スペイン北東部）とバレアレス諸島に残っている。中世末期、カタルーニャ君主国は、13世紀のシチリア島、14世紀のサルディーニャ島、15世紀のナポリ併合により、一時的に領土を広げた。結果として、料理はイタリア料理を反映したものになった。スペインのカタルーニャは、ローマの伝統を残す点で、他と異なる。ローマ人は、この地方を紀元前3世紀から紀元476年まで統治していた。アラブ人の影響もある。灌漑によって食糧の供給量が増えただけでなく、ナス、砂糖、ダイダイ、サフランなど、新たに伝えられた食物はどれも、カタルーニャの料理には欠かせないものになった。カタルーニャ料理には独特な4つのソースがある。あらゆる料理に添えられるアリオリ（ニンニクとオリーブ油のソース）。ソフレジット（タマネギとトマトにニンニクとハーブを加えて炒めたソース）。これを作ることから、多くの料理ははじまる。ピカーダ（ニンニク、揚げパン、ナッツ、ハーブ、スパイスをすり鉢と木の棒ですりつぶし、オリーブ油を加えたソース）は仕上げに使う。それだけで、料理は濃厚で風味豊かなものになる。サンファイナ（ナス、トマト、ウリ、パプリカの煮込み）は、さまざまな料理の土台になる。豚肉は主要な食材で、ラードはオリーブ油と同じくらいよく使われる。独特の組み合わせとしては、鶏肉とロブスター、塩味の料理にナッツ、肉や魚介類の料理にビターチョコレートなど。肉や魚を果物と一緒に調理するのは、スペインではこの地方だけだろう。

パンと穀類 大麦、小麦、トウモロコシ、米：表面が堅いパン、ロールパン、コーンブレッド、米料理

肉と魚 鶏肉、豚肉、仔羊肉、牛肉、ヤギ肉、ウサギなど狩猟動物の肉、魚（マグロ、タラ）、甲殻類、卵、カタツムリ：干し塩ダラ（バカラオ）、ハム、ソーセージ（豚肉、パプリカ、ニンニクで作るチョリソなど）

乳製品 ミルク（牛、羊、ヤギ）、チーズ（ケソ）。スペインの大部分の地方で、その地

ならではの伝統的なチーズ作りが行なわれている。チーズの多くは羊かヤギの乳、またはそれらを混ぜ合わせたものから作る。

油脂 オリーブ油、ラード、バター。オリーブ油は多くの料理、揚げ物に使われる。

豆類 ヒヨコマメ、ソラマメ、インゲンマメ、白インゲンマメ、レンズマメ

野菜 オリーブ、ナス、トマト、ジャガイモ、ウリ、赤や緑のピーマン、ニンジン、キノコ類、キュウリ、エンドウ、キャベツ、アスパラガス、ホウレンソウ

果物 ブドウ、オレンジ、レモン、リンゴ、アプリコット、バナナ、イチジク、ナツメヤシ、メロン、イチゴ、カラント、レーズン

種実類 アーモンド、アーモンドペースト（マジパン）、ヘーゼルナッツ、松の実、栗、クルミ、ゴマ

香辛料 ニンニク、トマト、タマネギ、ピーマン、酢、レモン、黒胡椒、シナモン、ナツメグ、サフラン、コリアンダー、パプリカ、アニシード、クローブ、クミン、ミント、チョコレート

料理 コシード（肉、ヒヨコマメ、野菜のシチュー）は3品（スープ、野菜、肉）コースの、オジャ・ポドリーダ（肉と野菜のシチュー）は2品（スープ、野菜を添えた肉）コースのメイン料理になる。ソパス・デ・アホ（は、ニンニク、薄切りのパン、パプリカをオリーブ油で炒め、水と卵を加えて煮込む（卵は煮込んだスープに落としてもよい）。エスカベッシュ（揚げた魚をさまし、ほかの食材と酢に漬ける）。甲殻類のシチュー（サルスエラ・デ・マリスコス）。バカラオ・アル・ピルピル（塩タラをオリーブ油とニンニクで炒める）。焼いた魚や仔羊肉。トマト、コショウ、オリーブと一緒に炒めた鶏肉。ウサギの蒸し煮。仔豚の丸焼き（コチニージョ・アサード）。エンパナーダ（ミートパイ）。ガスパチョ（トマト、キュウリ、ニンニク、タマネギ、コショウで作る冷たいスープ）。トルティーヤは丸く平たいオムレツ（割りほぐした卵を、バターをひいたフライパンで焼く）。チョリソと小豆の煮込み。アリオリ（ニンニク、オリーブ油、塩、レモン汁で作るソース）は、煮たり焼いたりした肉や魚にかける。ロメスク（すりつぶしたアーモンド、ニンニク、パプリカ、トマトに酢とオリーブ油を加えたソース）はアリオリと混ぜ、食事のテーブルについた人全員に味見させることがある。ミガス（ちぎったパンをオリーブ油とニンニクで炒める。少量のハムを加えてもよい）。揚げナス。

国民食 パエリア（サフラン、魚介、鶏肉、ソーセージ、エンドウ、トマト、パプリカを使った炊き込みご飯）

甘味類 ハチミツ、砂糖。生果。果物の砂糖煮。ライスプディング。フラン（カスタードにカラメルをかけたプリン）。バナナのフリッター。細長い揚げドーナツ（チュロ）。ラム酒入りクリームをはさんだケーキ。アーモンドとハチミツのヌガー。

復活祭の聖週間に食べる菓子 トルタス・デ・アセイテ（オリーブ油、ゴマ、アニシードで作る）。イェマ・デ・サンレアンドロ（卵の黄身を小さな穴を通して煮え立つシロップに注ぎ、アーモンドペーストを使って「天使の髪の毛」にする）

ス
スペイン

飲物 ミルク入りコーヒー（カフェ・コン・レチェ）、ホットチョコレート、リンゴ酒、ワイン、シェリー酒、サングリア（赤ワインに果物を入れた飲物）

食事 一日4食に間食、というのが一般的：早朝はパンとコーヒーまたはココア：午前半ばに、焼いたソーセージ、トマトをのせたパン、またはオムレツ：午後の早い時間にゆっくり、スープまたはサラダ、魚または肉、デザートを食べるが、果物とチーズを加えることが多い：遅い夕飯は3品（スープ、オムレツ、果物など）

屋台・間食 チュロやフリッター（揚げたペストリー）は街頭で売られる。薄く切った生のハモンセラーノ（山のハム）に代表されるタパス（ひと口で食べられるつまみ）は、日が暮れるとバルやカフェで、ワインまたはシェリー酒と一緒に供される。タパは「蓋」の意で、最初はパンだった。それでワイングラスの口を覆い、ハエをよけたという。

バレアレス諸島 スペインの一部、バレアレス諸島（マヨルカ、メノルカ、イビサ、フォルメンテラ）は、地中海の西に位置する。スペイン北東部のカタルーニャとともに、これらの島にはカタルーニャ料理が残っているが、島の料理は田舎風で、スペインのカタルーニャ（とくにバルセロナ）ほど洗練されてはいない。ウサギその他の猟獣肉、カタツムリ、野菜、スパイスを使った米料理など、本土と共通の食べ物は多い。ガーリックトーストやキャベツのスープは代表料理と言える。マヨルカ島は豚肉、ソーセージ、ラード、カラント、松の実、シナモン、コショウの実、クローブなどを典型的な食材とし、デザートによく出されるアプリコットやアーモンドで有名。マヨルカ島とイビサ島では、干したイチジクやプラムなどが特産品になっている。アーモンドを使った焼き菓子、アーモンドアイスクリーム、冷やして飲む甘いアーモンドミルクといった、ムーア（アラブ）人の影響を受けたデザートもある。

カナリア諸島 アフリカ大陸北西岸沖の、大西洋に点在する島々。快適な亜熱帯気候をもつこの群島を、ローマ人は「幸運の島」と呼んだ。最初の住人は紀元前2000年頃、フランス南西部から海を渡ってきたと思われる。スペインは15世紀末からこの地を統治しており、スペイン人が栽培をはじめたサトウキビは、およそ100年のあいだ主要な作物だった。その後は新世界から伝わったトウモロコシや、ワインの生産がサトウキビ栽培に取って代わり、さらにはバナナ、ジャガイモ、トマト、柑橘類が中心になる。代表的な料理は、ゴフィオ（炒ってすりつぶした小麦、トウモロコシ、または大麦を水と混ぜて作るパン）、焼いた魚介や魚介のスープなどで、ジャケットポテト（パパス・アルガダス）は塩水でゆで、白い塩の結晶が付着した皮ごと食べる。モホは油、酢、ニンニク、ハーブで作るソース。2種類あり（パセリとコリアンダーを入れた緑、赤トウガラシとサフランを入れた赤）、さまざまな料理の風味づけに使われる。多くの菓子はトウモロコシやアーモンドがおもな材料になっている。

スリナム Suriname
スリナム共和国

[地理] かつてのオランダ領ギアナ。南アメリカ北部に位置し、大西洋に面したスリナムは、堤防を築き農業を行なう沿岸の低地、内陸の熱帯雨林、および丘陵地で国土の75%を占めている。

主要言語	民族		宗教	
オランダ語（公用語）	東インド系	27.4%	プロテスタント	23.6%
英語（広く通用）	マルーン系（黒人逃亡奴隷		ヒンドゥー教	22.3%
スラナン・トンゴ語（スリナム語）	の子孫）	21.7%	カトリック	21.6%
カリブ系ヒンディー語	クレオール（白人と黒人の混血）	15.7%	イスラム教	13.8%
ジャワ語	ジャワ系	13.7%	無宗教	7.5%

人口密度　3.8人/km²　　都市人口率　66.0%
識字率　90.4%　　出生1000あたり乳児死亡率　24.5
平均寿命　男性70.1歳、女性75.1歳　　HIV感染率　1.4%
1人あたりGDP　15,200ドル　　失業率　10.0%
農業就業人口　11.2%　　耕地面積率　0.4%

[農業] 米、サトウキビ、バナナ、パーム核、ココナッツ、プランテーン、落花生、ニワトリ、牛、豚、羊

[天然資源] 木材、水力発電、漁獲、カオリン、エビ、ボーキサイト、金、ニッケル、銅、プラチナ、鉄鉱石

[産業] 鉱山、アルミナ製造、石油、食品加工、漁

[食文化への影響] スリナムはイギリス領からオランダの植民地になった。300年以上この状態だったため、歴史や料理の面で結びつきが強いのは西インド諸島で、南アメリカのスペインやポルトガルの植民地ではない。サトウキビやコーヒー農園の労働力として連れて来られたアフリカ人奴隷と、その仕事を引き継いだインドやインドネシア出身の労働者、どちらの子孫と比べても、インディオの人口は少ない。料理は、移住した奴隷や労働者の好み、さらには地元の食材や植民地の影響を反映したものになっている。食事はマニオク（キャッサバ）粉、プランテーン、バナナと、沿岸部では魚介類に支えられていると言ってよい。かつての逃亡奴隷は、アフリカで暮らした過去を思わせる料理を作った。ペッパーポットシチューは、隣国ガイアナが発祥地だ。ヨーロッパ料理をアレンジしたものも広く食べられている。インド人やインドネシア人の増加とともに、米の利用頻度は高まり、インド、インドネシア料理は種類を増した。スリナム料理は隣接

するブラジル北東部（キャッサバ粉や果物などを多用）、ガイアナ（やはりかつてはイギリスとオランダの植民地だった）、仏領ギアナ（フランスの海外地域圏）の料理と似ている。

パンと穀類 米、トウモロコシ、小麦：米料理、コーンミールのパンと粥、トウモロコシ粉、生のトウモロコシ（削り落とした粒やしぼり汁）、キャッサバパン、小麦粉のパンとクッキー

肉と魚 鶏肉、牛肉、豚肉、仔羊肉と羊肉、ヤギ肉、魚、エビ、その他の魚介、卵、大型の鳥オコの肉

乳製品 ミルク（牛、ヤギ）、エバミルク、チーズ

油脂 パーム油、ココナッツ油、バター、ラード

豆類 落花生、インゲンマメ、スプリットピー

野菜 プランテーン、キャッサバ、オクラ、サツマイモ、ジャガイモ、カラルー（食用葉：根菜のサトイモ、タロイモや、アマランサスなどの葉）、トマト、カボチャ、タマネギ、トウガラシ

果物 バナナ、ココナッツ（生、乾燥、粉、ミルク）、パパイヤ、ライム、その他のトロピカルフルーツ

種実類 ブラジルナッツ、パーム核、ゴマ、カボチャの種

香辛料 シナモン、クローブ、カイエンペッパー、トウガラシ、カレー粉、黒胡椒、その他

料理 炊いたり蒸したりした米。ペッパーポット（おろしたニガキャッサバの根を煮詰めた汁、複数種の肉、クローブ、シナモン、コショウを使った栄養豊富なシチュー）。オクラとコーンミールの粥（クークー）。揚げた魚やエビなどの魚介。トウガラシを加えたオランダ風スプリットピーのスープ。インドネシア料理。インド風カレー。

甘味類 サトウキビ、砂糖、ハチミツ。マドウ（液体に漬けた果物）。米、トウモロコシ粉、タピオカ（キャッサバが原料）のプディング。ドコノン（トウモロコシ粉、バナナ、ココナッツ、香辛料を塊にして葉で包み、ゆでる）。コウアクココ（おろして乾燥させたココナッツを粉にし、砂糖、シナモン、ライムの皮を加える）。ワング（すった炒りゴマ、シナモン、ライムの皮と、砂糖または塩で作る菓子）。トウモロコシのしぼり汁、ココナッツミルク、エバミルク、砂糖、香辛料を材料とした昔ながらのデザート。

飲物 コーヒー、フルーツジュース、清涼飲料、サトウキビジュース、茶、ビール、サトウキビで作る蒸留酒（カシャーサ）

屋台・間食 ワングは円錐形の紙容器に入れて、あるいは小さな団子状にして売られる。

スリランカ Sri Lanka
スリランカ民主社会主義共和国

[地理] スリランカ（かつてのセイロン）は、インド東南のインド洋に浮かぶ島国。国土の大部分が起伏の少ない平地で、中部やや南寄りに丘陵地と山地がある。

主要言語	民族		宗教	
シンハラ語（公用語）	シンハラ人	74.9%	仏教（国教）	70.2%
タミル語（公用語）	スリランカ・タミル人		ヒンドゥー教	12.6%
英語（政府使用）		11.2%	イスラム教	9.7%
	スリランカ・ムーア人		カトリック	6.1%
		9.2%		
	インド・タミル人	4.2%		

人口密度　346.7 人/km²　　　　都市人口率　18.5%
識字率　92.6%　　　　　　　　出生1000あたり乳児死亡率　8.4
平均寿命　男性73.5歳、女性80.6歳　HIV感染率　0.1%
1人あたりGDP　11,200ドル　　　失業率　5.0%
農業就業人口　28.4%　　　　　　耕地面積率　20.7%

[農業] 米、サトウキビ、ココナッツ、オイルシード、香辛料、紅茶、ゴム、ニワトリ、牛、水牛、ヤギ、豚、羊

[天然資源] 森林、ゴム、漁獲、石灰石、黒鉛、鉱物砂、宝石、リン酸塩、粘土、水力発電

[産業] ゴム加工、茶、ココナッツ、保険、銀行、衣料、繊維、セメント、石油精製、タバコ、電気通信

[食文化への影響] スリランカはインドの南東にある大きな島国で、その食文化は、インド、ポルトガル、オランダ、イギリスなどの影響を受けている。インドのパンやチャツネは広く口にされているし、入植者と現地人女性とのあいだに生まれた子孫、バーガーの料理にはヨーロッパの影響が表われている。スパイスの巧みな利用法やフリカデルといったオランダ系の言葉にはオランダの、紅茶農園にはイギリスの影響が見てとれる。東方からは、ブラッチャン（エビのペースト）やサンバル（スパイシーなピクルス）が伝えられた。熱帯のこの国では、米が主要な産物になっていて、パンノキの実、ジャックフルーツ、ヤムイモがそれに次ぐ。ココナッツはカレー料理に多用される。スパイスは多くの種類が栽培され、使われてもいる。島国なので、魚は重要な食材だ。仏教徒が多くを占めるこの国の住人は、肉をほとんど食べない。インドとは異なり、スリランカの料理にはよく、モルディブから輸入した乾燥ツナのフレークが入っている。カレーに

も、やや異なるミックススパイスが使われる。

パンと穀類 米、穀物：米料理、ホッパー（米粉の発酵生地で作るパンケーキ。絞り出して麺状にすることもある）、インドのドーサ（当地ではトーセイという、米粉とレンズマメのパンケーキ）、イドリ（ひと晩水に浸した米と豆をすりつぶし、発酵させて作る、朝食用の小さく丸いパン）

肉と魚 鶏肉、牛肉、水牛肉、ヤギ肉、豚肉、仔羊肉、魚（マグロ）、甲殻類（エビ）、卵

乳製品 ミルク、ヨーグルト

油脂 ココナッツ油、ココナッツクリーム、バター、ギー（澄ましバター）

豆類 ヒヨコマメ、スプリットピー、レンズマメ、インゲンマメ、落花生

野菜 パンノキの実、ジャックフルーツ、ヤムイモ、プランテーン、トマト、タマネギ

果物 ココナッツ、マンゴー、バナナ、ライム、ゴラカ（オレンジほどの大きさで縦に深い溝がある）、ビリング（木になる酸っぱい果実：表面はなめらかで、ガーキン同様黄緑色をしており、野菜としてピクルスに使われる）

種実類 アーモンド、ビンロウジュの実、ゴマ

香辛料 カレー粉（クミン、ブラッククミン、シナモン、カルダモン、クローブ、コリアンダー、フェヌグリーク）、トウガラシ

料理 蒸した米。焼き飯。鶏肉などの肉、魚、甲殻類、野菜のカレー（ミックススパイスやカレー粉で調理する）。サンバル（生の野菜、果物、香辛料と、一般的にはタマネギ、トウガラシ、酢など酸味のある調味料を混ぜ合わせる）。野菜または果物のピクルス。チャツネ（果物または野菜に香辛料を加え、ジャム状に煮る）。揚げた魚やエビ。揚げたパンノキの実、ヤムイモ、プランテーン。煮た野菜。ゆでたヒヨコマメやレンズマメ。ピットゥ（米粉または小麦粉とおろしたココナッツを容器に詰めて蒸したもの）は、ココナッツミルクやカレー、サンバル、またはジャガリーをかけて食べる。マッルン（細かく刻むかすりおろした果物または野菜に、ココナッツを加えて炒める）。

婚礼・祭事食 キリバット（ココナッツミルクで炊いた米で作る粘り気のあるライスケーキ）。カレー、サンバル、またはジャガリー（ヤシの樹液で作るパーム糖）を添える。

甘味類 サトウキビ、パーム糖（ジャガリー）、糖蜜、果物

飲物 茶、コーヒー、トディ（ココナッツなど、ヤシの仲間を原料とするアルコール飲料）

スロバキア Slovakia
スロバキア共和国

[地理] スロバキアは、ヨーロッパ中東部に位置する。北のカルパチア山脈は鉱物資源が豊富。広大な森林に覆われ、ふもとには牧草地が広がる。肥沃なドナウ平原は南部にある。

主要言語	民族		宗教	
スロバキア語（公用語）	スロバキア人	80.7%	カトリック	70.0%
ハンガリー語	ハンガリー人	8.5%	プロテスタント	8.2%
	ロマ人	2%	無宗教	13.4%

人口密度　113.2人/km²
識字率　99.6%
平均寿命　男性73.7歳、女性81.1歳
1人あたりGDP　31,200ドル
農業就業人口　3.9%

都市人口率　53.4%
出生1000あたり乳児死亡率　5.1
HIV感染率　＜0.1%
失業率　10.0%
耕地面積率　29%

[農業] テンサイ、小麦、トウモロコシ、ジャガイモ、ホップ、果物、ニワトリ、豚、牛、羊、ヤギ

[天然資源] 褐炭、鉄鉱石、銅、マンガン、塩、漁獲

[産業] 金属、金属製品、食品、飲料、電力、ガス、コークス、石油、核燃料、化学製品、化学繊維、機械装置、紙、印刷

[食文化への影響] スロバキアと西の隣国チェコ共和国は、20世紀の大半を通して、チェコスロバキアという一国をなしていた。料理の歴史にも重なる部分が多い。料理は素朴で、パン、ダンプリング、根菜、キャベツ、肉、スープ、シチュー、乳製品が中心になっている。何世紀ものあいだハンガリーの一部だったことから、この南の隣国にならった料理もある。その代表がグヤーシュ（パプリカを使った肉のシチュー）だ。ドイツ人やスラブ人は早くから影響を与えている。スロバキア人にはキリスト教徒が多く、クリスマスや復活祭を特別な料理で祝う。

[パンと穀類] 小麦、トウモロコシ、ライ麦、米：小麦やライ麦のパン（ほとんど毎食出てくる）、ダンプリング（菓子パン大から小さいものまで。塩味や甘味のある具を包んだものなど、さまざま）、イーストを使ったロールパン、シュトゥルーデル、ケーキ、米料理。

[肉と魚] 鶏肉、豚肉、牛肉、仔羊肉、ヤギ肉、魚（マス、ウナギ）、卵、アヒル肉、ガチョウ肉：ハム、燻製ソーセージ（クロバーサ）、豚肉ソーセージ（ヤテルニツェ）、ブラッドソーセージ（イェリト）など。肉はほかの具材を加えた挽き肉料理や煮込み料理

にすることが多い。

乳製品 ミルク（牛、羊）、クリーム、サワークリーム、カッテージチーズ、チーズ

油脂 バター、ベーコン、ラード、オリーブ油、植物油

豆類 インゲンマメ、レンズマメ、白インゲンマメ、スプリットピー

野菜 ジャガイモ、その他の根菜、キャベツ、タマネギ、キノコ類、キュウリ：ザウアークラウト、ピクルス

果物 リンゴ、サクランボ、ブドウ、プラム、アプリコット、レーズン、プルーン、サルタナ（大粒のブドウ）

種実類 アーモンド、キャラウェイシード、ケシの実（ケーキやペストリーによく使われる）

香辛料 タマネギ、パプリカ、シナモン、その他のスパイス、サワークリーム、酢、マスタード、ホースラディッシュ

料理 パーレック（蒸した、あるいはゆでたソーセージ）。ダンプリングの煮込み。ジャガイモのダンプリング。ファルスへ（偽物の）スープは、肉でなく野菜のブイヨンで作る。ジャガイモとキノコのスープ。キャベツまたは赤キャベツとキャラウェイシードのシチュー。マッシュポテト。調味した挽き肉を包んだロールキャベツ。「ハンガリアン・グーラッシュ」（ピールキールト）は、パプリカをまぶした肉片を油脂で炒めて焦げ目をつけ、タマネギを加えて、かぶるくらいの水を注ぎ、蓋をして煮込む。火を止める寸前にもう一度パプリカを振り入れる。仔牛肉、キャラウェイシード、キノコで作るドゥシェネ・テレヒー・ナ・クミヌには、麺を添える。ルンゲンブラーテン（牛ヒレ肉のロースト）。スヴィーチコヴァー・ナ・スメタニエ（サワークリームソースで食べるローストビーフ）。メールシュパイゼン（小麦粉食品）の類は必要不可欠。塩味のものもあるが多くは甘い（ダンプリング、イーストを使ったパイ、麺、パンケーキ。野菜、果物、またはソフトチーズやクリーム、バター、ベーコン、ジャム、ケシの実、ハチミツを組み合わせて作ったパンやペストリー）。

祝祭用の食べ物 アヒルやガチョウの丸焼き。クリスマスの食べ物：オブラトク（ハチミツを塗った聖餅）は、クリスマス前夜に食べて待降節の断食を終わらせる。クリスマスのデザート：ババルク（薄切りのパンに熱湯をかけてしぼり、周囲にケシの実と砂糖またはハチミツをつける）。復活祭の食べ物：ハム、イースターチーズ（シレク）、卵で作るチーズボールもどき（ブルドカ）、パスカ（ピラミッド型のデザート。チーズ、クリーム、バター、卵、砂糖、果物の砂糖煮を入れ、十字架で飾る）

甘味類 ハチミツ、砂糖、ジャム。イーストを使ったロールパン。シュトゥルーデル（薄いシート状の生地で、細かくしたリンゴなど、柔らかい具材を包んで焼いた菓子）。果物やジャムを包んだダンプリング。シュクバーンキイ（ジャガイモのダンプリング。バターで焼き、シナモンシュガーをかける）。トプフェンパラチンケン（甘いホイップクリームを添えた厚いパンケーキ）。マコヴィ・コラチ（サルタナが入ったケシの実のケ

ーキ）。ブブラニナ（「泡のケーキ」の意）は、果物を入れて焼いたスポンジケーキ。シュトロイゼルクーヘン（上面をクランブルで覆ったケーキ）。
飲物 コーヒー、ミルク、ホットチョコレート、ビール、ワイン
食事 一日3食と複数回の間食が一般的。

スロベニア　Slovenia
スロベニア共和国

[地理] ヨーロッパ南東部に位置するスロベニアは、アドリア海に面し、イタリアと国境を接している。大部分が丘陵地や山地で、国土の42%は森林に覆われ、中央部と東部一帯に丘陵性の平原が広がる。

主要言語	民族		宗教	
スロベニア語（公用語）	スロベニア人	83.1%	カトリック	57.0%
セルビア＝クロアチア語	クロアチア人	1.8%	無宗教	10.1%
	セルビア人	2.0%		

人口密度　97.9人/km²
識字率　99.7%
平均寿命　男性74.8歳、女性82.2歳
1人あたりGDP　33,100ドル
農業就業人口　3.7%

都市人口率　49.6%
出生1000あたり乳児死亡率　3.9
HIV感染率　＜0.1%
失業率　8.7%
耕地面積率　9.1%

[農業] トウモロコシ、テンサイ、小麦、ジャガイモ、ホップ、ブドウ、ニワトリ、豚、牛、羊、ヤギ

[天然資源] 褐炭、鉛、亜鉛、水銀、ウラン、銀、水力発電、木材、漁獲

[産業] 鉄冶金、アルミニウム製品、電子機器（軍用も含む）、トラック、電力装置、木製品、繊維、化学製品、工作機械

[食文化への影響] かつてのユーゴスラビア構成国の最北にあったスロベニアは、イタリア、オーストリア、ハンガリー、クロアチアと国境を接している。国土の多くを山地が占めるスロベニアでは、穀物、テンサイ、ジャガイモ、ブドウ、家畜が生産されている。初期のスロベニア人が影響を受けたのは、ローマとその後1000年にわたりこの地を支配したオーストリアである。多くの料理（ソバ粥の一種カーシャなど）は昔からあり、現在も変わらずに残っている。最も歴史の古い儀式用のパン、コラチは円やリング状に成形し、入念な飾りを施すことが多い。肉と野菜のスープ、ユバも古くからある料理で、食事には欠かせない。ヨーロッパの国で今なお伝統料理にキビを使うのは、スロベニアだけであろう。ロシア人やポーランド人のように、スロベニア人もソバを好む。ソバはルバーブと同じタデ科の植物で、外皮を取り除いた実を製粉して食用にする。多くのスロベニア人は料理に伝統的な食材を使い続けている。国民は多くがカトリック信者で、豚肉をよく食べる。

[パンと穀類] トウモロコシ、小麦、ホップ、ソバ、オート麦、キビ、大麦、ライ麦、米：

粥、イースト発酵させた小麦パン（ほとんど毎食、食べる）、パイ、具をはさんだパイ、フィロ（紙のように薄いペストリー用の生地）、米料理

肉と魚 鶏肉、卵、豚肉、牛肉と仔牛肉、仔羊肉、ヤギ肉、魚：デドやブラトニクなどのソーセージ（刻んだ豚肉を豚の胃、膀胱、または大腸に詰め、ゆでたり、燻製にしたり、乾燥させたりする）

乳製品 ミルク（牛、羊、ヤギ）、バターミルク、クリーム、サワークリーム、ホイップクリーム、チーズ、チーズの一種カシュカバル（羊乳で作る、鼻をつくような匂いのする硬いチーズ。バルカン半島ではチェダーと呼ばれる）。住民の多くが新鮮な乳製品を口にする。

油脂 バター、マーガリン、植物油、オリーブ油

豆類 ヒヨコマメ、ソラマメ、黒豆、白インゲンマメ、レンズマメ。豆は重要な食材。

野菜 ジャガイモ、キャベツ、キュウリ、キノコ類、トマト、ナス、タマネギ、オリーブ：ザウアークラウト、ピクルス

果物 ブドウ、プラム、リンゴ、ベリー、サクランボ、洋ナシ、アプリコット、モモ、レモン。フルーツジュースは多くの人の好物。

種実類 アーモンド、クルミ、ピスタチオ、ケシの実、ゴマ

香辛料 ディル、ニンニク、ミント、カルダモン、シナモン、オレガノ、パセリ、コショウ、パプリカ、レモン汁

料理 スープ。オーブンで焼いたパイ、または揚げパイ。二つ折りのパイには肉、チーズ、卵、野菜、ナッツ、またはドライフルーツなどをはさむ。ブレクは肉またはチーズを包んで揚げたペストリー。肉または果物を包んだダンプリング。キャベツかブドウの葉で肉または米を包んだもの。肉と野菜のキャセロール：仔羊の挽き肉、ナス、タマネギにトマトソースをかけて焼いたムサカは、バルカン半島の名物料理。

国民食 シュトゥルーデルが変化したシュトルクリは、生地をのばして具材を包んだり、ロール状に巻いたりしたペストリーで、生地は小麦粉またはソバ粉とマッシュポテトで作る。具材は総菜的なもの（チーズ、米、ジャガイモ、インゲンマメ、カーシャ、パリパリに焼いた肉皮、豚などの肉、卵、豚の血）から、製菓材として使われるもの（リンゴ、プラム、サクランボ、クルミ、ケシの実、キビ）まで。

甘味類 ハチミツ、砂糖。果物のジャム。果物の砂糖煮。チーズまたは果物を包んだダンプリングやシュトゥルーデル。バクラバ（フィロ生地とナッツを層にして焼き、フレーバーシロップをかけたペストリー）。バルカン半島の名物、スラトコ（濃いシロップで煮た果物）。バルカン半島北部のごちそう、ポティツァ（イーストの入った生地でクルミ、バター、クリーム、卵などを巻きあげた甘さひかえめのパン）。

飲物 コーヒー（濃くて甘い）、茶、バターミルク、フルーツジュース、ワイン（ロゼワインのツィベクなど）、プラムブランデー（スリヴォヴィッツ）

食事 一日3食、昼に重きを置き、何度も間食するのが一般的。

屋台・間食 都市部ではペストリーやアイスクリームが一日中売られている。カフェやコーヒーハウスで夕方にとる間食：小型のケバブ、ミートボール、野菜サラダ、ピクルス、コーヒー、ワイン、プラムブランデー

赤道ギニア　Equatorial Guinea
赤道ギニア共和国

[地理] アフリカ西岸にある赤道ギニアは、以前はスペイン領ギニアであった。大陸部の沿岸平野リオ・ムニと、ふたつの火山と渓谷のあるギニア湾のビオコ島からなる。

主要言語	民族		宗教
スペイン語（公用語）	ファン人	85.7%	カトリック
フランス語（公用語）	ブビ人	6.5%	その他のキリスト教
ファン語	ンドウェ人	3.6%	
ブビ語			

人口密度　27.7 人/km²　　　　都市人口率　40.3%
識字率　95.2%　　　　　　　　出生1000あたり乳児死亡率　65.2
平均寿命　男性63.4歳、女性65.8歳　　HIV感染率　6.2%
1人あたりGDP　38,700ドル　　失業率　7.3%
農業就業人口　－　　　　　　　耕地面積率　4.3%

[農業] キャッサバ、サツマイモ、アブラヤシの実、コーヒー、ココア、米、ヤムイモ、バナナ、ニワトリ、羊、ヤギ、豚、牛

[天然資源] 石油、天然ガス、材木、金、漁獲

[産業] 石油、漁業、製材、天然ガス

[食文化への影響] ギニア湾では魚介類が獲れる。国土は熱帯気候でコーヒー、ココア、米、ヤムイモ、キャッサバ、バナナの栽培に向いており、家畜も飼育されている。でんぷん質の根菜と米が主食である。ポルトガルが3世紀近く支配し、スペインも2世紀近く支配して影響を与えた。この地域、とくに隣接するカメルーンとガボンへのフランスの支配により、その影響も伝わっている。新世界の食べ物、キャッサバ、トウモロコシ、落花生、トマト、トウガラシ、ジャガイモも食習慣に大きな影響を与えている。在来のアフリカの食べ物はササゲ、スイカ、オクラである。

[パンと穀類] 米、トウモロコシ、キビ、ソルガム、小麦：米料理、つぶしたバナナもしくはプランテーンと小麦パン

[肉と魚] 鶏肉、仔羊肉と羊肉、ヤギ肉、豚肉、牛肉、魚介類（生、燻製、塩漬け、干物）、ホロホロチョウ、卵、ウサギ、狩猟動物。鶏肉はよく食べられる。

[昆虫] シロアリ、イナゴ

[乳製品] ミルク、サワーミルク、バターミルク、凝乳、ホエー、チーズ

[油脂] パーム油、ピーナッツ油、シア油、ココナッツ油。最もよく使われるのはパーム

油で、料理に赤味を加える。

豆類 落花生、ササゲ、イナゴマメ、小豆、黒豆

野菜 キャッサバ、サツマイモ、ヤムイモ、プランテーン、葉物(キャッサバなど)、オクラ、トマト、ジャガイモ、ナス、カボチャ、タマネギ、トウガラシ、キュウリ、ピーマン

果物 バナナ、ココナッツ、パイナップル、アキーアップル、バオバブ、スイカ、グアバ、レモン、ナツメヤシ、マンゴー、パパイヤ

種実類 アブラヤシの核、シアの実、カシューナッツ、コーラナッツ、スイカの種(エグシ)、ゴマ、マンゴーの種。種実はソースをとろりとさせ、風味を与える。

香辛料 塩、パーム油、タマネギ、トウガラシ、トマト、ココア

料理 ほとんどの食べ物はゆでるか焼くかして、塊をソースにつけて手で食べる。ゆでてつぶした葉物野菜のソース。焼いたヤムイモ。フフ(でんぷん質の野菜またはトウモロコシをゆでてつぶしたもの)は丸めて、シチューをすくって食べる。ピーナッツソースまたはシチュー(つぶして粉にしたピーナッツ、トウガラシ、トマト、肉、魚、時折でんぷん質の野菜)。根菜またはオクラと魚、鶏肉、牛肉のシチュー。モインモイン(ササゲをゆでてつぶしたペーストに、トウガラシ、タマネギを加える)。ココナッツミルクで煮た米。パーム油で揚げたプランテーン。卵、タマネギ、トウガラシのオムレツ。ローストチキンのピーナッツソース添え。

甘味類 ハチミツ、砂糖、丸い揚げドーナツ、ピーナッツキャンディ(カニヤ)、ココナッツと炒めたバナナ

飲物 コーヒー、ココア、ビール

屋台 スパイスがきいたケバブ(クープクープ)。魚のフライ、プランテーンのチップス、蒸した米を丸めたもの、ササゲ、インゲンマメ、ヤムイモ、ピーナッツ。間食は一般的で、都市部の通りでは屋台で軽食が買える。

セーシェル Seychelles
セーシェル共和国

[地理] セーシェルはマダガスカルの北西、インド洋に浮かぶ115の島々からなる。半分ほどがサンゴ礁の島で、あとの半分は花崗岩でできた、山がちな島である。

主要言語	民族	宗教	
英語（公用語）	クレオール（フランス人、ア	カトリック	76.2%
クレオール語（公用語）	フリカ人、インド人、中国人、	プロテスタント	10.6%
フランス語（公用語）	アラブ人の混血）		

人口密度　206.4人/km²　　　　　都市人口率　54.5%
識字率　95.3%　　　　　　　　　出生1000あたり乳児死亡率　10.6
平均寿命　男性70.4歳、女性79.6歳　HIV感染率　—
1人あたりGDP　28,000ドル　　　失業率　—
農業就業人口　3%　　　　　　　耕地面積率　0.2%

[農業] ココナッツ、バナナ、茶、シナモン、バニラ、サツマイモ、キャッサバ、ニワトリ、豚、ヤギ、牛
[天然資源] 漁獲、コプラ、シナモンの木
[産業] 漁業、観光、ココナッツとバニラビーンズの加工、コイア（ココヤシの繊維）、ロープ、船の建造

[食文化への影響] セーシェルはアフリカ大陸の東、赤道近くのインド洋に浮かぶ島嶼国。普段の食事は魚介類が中心で、それに米、でんぷん質の野菜、ココナッツ、パンノキの実、トロピカルフルーツを加える。食文化に影響をもたらしたのは、アフリカ人、フランス人、イギリス人、インド人、マレー人、中国人などである。

[パンと穀類] 米、小麦：米料理、パン
[肉と魚] 鶏肉、豚肉、ヤギ肉、牛肉、魚（タイやマグロなど種類は多い）、卵、フルーツコウモリ
[乳製品] ミルク
[油脂] ココナッツ油、ココナッツクリーム、ラード、バター
[豆類] インゲンマメ、エンドウマメ、レンズマメ
[野菜] サツマイモ、キャッサバ、パンノキの実、プランテーン（大きく赤いものなど）
[果物] ココナッツ、バナナ、マンゴー、パパイヤ、ジャックフルーツ、カスタードアップル（ザット）。ジャックフルーツは樹になる果物としては最も大きい。緑の外皮は小突起に覆われ、中の種は黄色く、栗に似た味がする。果肉はバナナやパイナップルのよ

うな香りがし、甘くなる前は、でんぷん質の野菜として使われる。カスタードアップルはリンゴとは無関係。果肉はなめらかで、カスタードの味がする。

種実類 アーモンド、ジャックフルーツの種（ゆでてから粉状にしたり、砂糖で煮込んだりする）

香辛料 シナモン、バニラ、カレー粉、タマネギ、トウガラシ

料理 揚げたり、焼いたり、ゆでたりした魚。魚はソースにもよく使う。ココナッツクリームを入れた魚や肉（鶏肉など）のカレー。マリネした鶏肉、その他の肉や魚の串焼き。揚げたフルーツコウモリ。炊いた米。ゆでたサツマイモ、キャッサバ、パンノキの実、プランテーン、ジャックフルーツ。揚げたサツマイモ、パンノキの実、プランテーン、ジャックフルーツ。キャッサバやジャックフルーツの揚げパン。ゆでたレンズマメは、つぶしてから揚げることもある。生果のサラダ（おもな具材はマンゴーで、シナモンを振りかける）。

甘味類 砂糖。生果。揚げバナナは、ココナッツクリームを添えてデザートにする。ジャックフルーツの砂糖煮。

飲物 コーヒー、茶、フルーツジュース

セネガル　Senegal
セネガル共和国

[地理] セネガルはアフリカ大陸西端に位置し、大西洋に面している。国土のほとんどを緩やかに起伏する平原地帯が占め、北と北東に半砂漠、南西には森林、湿地、密林がある。

主要言語	民族		宗教	
フランス語（公用語）	ウォロフ人	38.7%	イスラム教	95.4%
ウォロフ語	プラール人	26.5%	キリスト教	4.2%
プラール語	セレール人	15.0%		
ジョラ語	マンディンカ人	4.2%		
マンディンカ語	ジョラ人	4.0%		

人口密度　76.2人/km²
識字率　55.6%
平均寿命　男性60.0歳、女性64.3歳
1人あたりGDP　2,600ドル
農業就業人口　77.5%

都市人口率　44.4%
出生1000あたり乳児死亡率　49.1
HIV感染率　0.4%
失業率　9.5%
耕地面積率　16.6%

[農業] サトウキビ、落花生、キビ、トウモロコシ、ソルガム、米、綿花、トマト、青野菜、ニワトリ、羊、ヤギ、牛、豚
[天然資源] 漁獲、リン酸肥料、鉄鉱石
[産業] 農業、魚加工、リン酸塩採掘、肥料製造、石油精製

[食文化への影響] ポルトガル人は15世紀に入植し、影響を与えた。17世紀から強まったフランスの影響は、現在でもはっきり残っている。キャッサバ、トウモロコシ、トウガラシ、落花生、カボチャ、トマト、ジャガイモなど、新世界から伝わった食物は、この国の食習慣を大きく変化させた。アフリカ先住民は、スイカ、ササゲ、オクラなどを食べていた。大半の国民はイスラム教徒で、豚肉は食べない。大西洋と河川からは魚が獲れる。動物は北の半砂漠に集められ、やがて食用になる。ほとんどの国民が日常的に口にするのは、でんぷん質の野菜、豆、そして青物。スパイスのきいた、濃くて粘り気のある食べ物が好まれている。

[パンと穀類] キビ、トウモロコシ、ソルガム、米、小麦：米料理、フランスパン
[肉と魚] 鶏肉、仔羊肉と羊肉、ヤギ肉、牛肉、豚肉、魚（生、燻製、塩漬け、干物）その他の魚介、ホロホロチョウの肉、卵、アヒル肉、ウサギ肉、食用野生動物の肉（アンテロープ、野生の豚など）。人気のある鶏肉は高級食材。
[昆虫] シロアリ、バッタ。乾燥させることもあるが、たいていは炒ったり、揚げたりして食べる。

乳製品 ミルク、サワーミルク、バターミルク、凝乳、ホエー、チーズ

油脂 パーム油、ピーナッツ油、シアバター、ココナッツ油。料理に広く使われるパーム油は赤い。

豆類 落花生、ササゲ、イナゴマメ、小豆

野菜 トマト、青菜、オクラ、苦みのある葉、モロヘイヤ、ヤムイモ、プランテーン、キャッサバ、タロイモ、サツマイモ、ジャガイモ、ナス（緑）、カボチャ、タマネギ、トウガラシ、キュウリ、ピーマン

果物 ココナッツ、アキー、バオバブ、グアバ、レモン、ライム、マンゴー、パパイヤ、パイナップル、スイカ、バナナ

種実類 カシューナッツ、コーラナッツ（カフェインを含む。初期のコカ・コーラには、この抽出液が原料として使われていた）、エグシ（スイカの種）、ゴマ、マンゴーの種、バオバブの種。これらでソースやシチューにとろみや風味をつける。

香辛料 塩、トマト、赤トウガラシ、タマネギ、ミント、乾燥させたバオバブの葉、タイム、アフリカナツメグ、ショウガ、ココア、バニラ

料理 大半の食品は煮たり揚げたりしたあと、塊を手に取り、ソースに浸して食べる。アフリカを除いた世界で最も有名なアフリカ料理は、米、肉片、野菜、スパイスに、トマトまたはパーム油を加えたジョロフライスだろう。フフ（ゆでてすりつぶしたでんぷん質の野菜またはトウモロコシ粉を練りあげたもの）は匙状にし、シチューをすくって食べる。魚と肉のシチュー（フトゥには、干し魚とその倍量の肉を入れる）。ピーナッツシチュー（ピーナッツ、トウガラシ、トマト、ハーブに鶏肉などの肉か魚、または両方を混ぜて加えたり、ジャガイモ、インゲンマメ、オクラまたはナスを入れたりする）。オクラまたは根菜と、魚の切り身、鶏肉または牛肉が入ったシチュー。ピーナツソース。パラバソース（すりつぶした青菜）。フレジョン（エンドウマメまたはインゲンマメのピューレとココナッツミルクを合わせたスープ。イナゴマメやココアを使うこともある）。ガリ（粗くひいたキャッサバの粉）。ガリフォト（ガリと溶き卵の料理）。蒸し米の団子。アダル（煮てつぶした野菜）。ヤッサ（レモン汁に漬け込んだ鶏肉などの肉、または魚を焼き、タマネギ、トウガラシとともに炒めてから、漬け汁で煮る）。炊いた米。焼いた鶏肉、トマトにピーナッツソースをかけたもの。網または直火で焼いた魚。

国民食 チェブジェン（「チェブ」は米、「ジェン」は魚の意）には、たいてい野菜を添える。

甘味類 サトウキビ、ハチミツ、砂糖。カニヤ（ピーナッツ菓子）、焼きバナナ、ボール状の揚げドーナツ、バニラカスタード

飲物 ビール、ビサップルージュ（ハイビスカスで作る甘い飲み物）、ジンジャービール、甘いミントティー

食事 通常は、昼近くと夕方の一日2食。料理は大皿に盛られ、みなで囲んで食べるが、改まった席では、男性、男子、女子、女性の順に料理が出される。

屋台・間食 香ばしいケバブ、シャワルマ（回転串で焼いた仔羊肉）、揚げ魚、バナナ

チップス、甘い粥

セルビア　Serbia
セルビア共和国

[地理] セルビアはヨーロッパの南東部、バルカン半島に位置する。ドナウ川が流れる北部は、肥沃なドナウ平原の一部で、南東部に山地、東部には石灰岩の盆地がある。

主要言語	民族		宗教	
セルビア語（公用語）	セルビア人	83.3%	セルビア正教	84.6%
ハンガリー語	ハンガリー人	3.5%	カトリック	5.0%
	ロマ人	2.1%	イスラム教	3.1%

人口密度　91.8人/km²　　　都市人口率　55.8%
識字率　98.8%　　　　　　　出生1000あたり乳児死亡率　9.0
平均寿命　男性72.8歳、女性78.8歳　HIV感染率　0.1%
1人あたりGDP　14,200ドル　　失業率　16.5%
農業就業人口　17.8%　　　　　耕地面積率　29.8%

[農業] トウモロコシ、テンサイ、小麦、ヒマワリ、タバコ、オリーブ、ニワトリ、豚、羊、牛、ヤギ

[天然資源] 石油、ガス、石炭、アンチモン、銅、亜鉛、金、黄鉄鉱、石灰石、大理石、漁獲

[産業] 砂糖、農業機械、電気・通信・輸送機器、紙とパルプ

[食文化への影響] セルビアの料理はスラブの伝統に基づくが、何世紀ものあいだこの地を支配したローマ、東ローマ、オスマン帝国の影響も受けている。近隣のバルカン諸国もこの国の食物に変化をもたらした。多くのキリスト教徒はよく豚肉を食べるが、イスラム教徒は口にしない。カジュマク（クロテッドクリーム）、シルとカチャヴァリ（羊乳チーズ）、ヨーグルト（牛乳で作る。羊乳で作るのはぜいたくなキセロ・ムレコ）、スラトコ（水分の多い果物のジャム）は、日常食。午後に来客があれば、水やセルビア（トルコ）コーヒーとスラトコを出す。ベオグラードの北に位置するボイボディナ自治州は、ハンガリーおよびルーマニアと国境を接し、穀物、砂糖、牛肉、豚肉、淡水魚の供給地になっている。セルビア人、スラブ人、ハンガリー人、ルーマニア人、スロバキア人が定住したことで、そこではさまざまな料理に中欧の影響が見られる。ハンガリーあるいはウィーン風の菓子やペストリーは、その代表格と言える。

[パンと穀類] トウモロコシ、小麦、米：粥、米料理、イーストを使った小麦パン、ピタパン（空洞のある薄い円形のパン）、小麦粉のパスタやパイ、ダンプリング、フィロ（ペストリー用のとても薄い生地）。ほとんど毎食、パンを食べる。

肉と魚 鶏肉、卵、豚肉、仔羊肉と羊肉、牛肉と仔牛肉、ヤギ肉、魚：ハム、ソーセージ

乳製品 ミルク（牛、羊、ヤギ）、バターミルク、クリーム、サワークリーム、ヨーグルト、チーズ

油脂 バター、マーガリン、植物油、オリーブ油

豆類 ヒヨコマメ、ソラマメ、黒豆、白インゲンマメ、レンズマメ

野菜 ジャガイモ、オリーブ、キャベツ、キュウリ、キノコ類、トマト、ナス、タマネギ：ザウアークラウト

果物 リンゴ、ベリー類、サクランボ、モモ、洋ナシ、プラム、ブドウ、レモン。フルーツジュースは欠かせない。

種実類 アーモンド、クルミ、ピスタチオ、ケシの実、ゴマ

香辛料 ニンニク、ディル、ミント、カルダモン、シナモン、オレガノ、パセリ、コショウ、パプリカ、レモン汁

料理 スープは豆をおもな具材にすることが多い。小麦またはコーンミールの粥。蒸した小麦粒。炊いた米。肉と野菜のキャセロール（ムサカなど。調理した仔羊の挽き肉、ナス、タマネギ、トマトソースを入れ、オーブンで焼く）。パプリカ風味の仔牛肉のシチュー。揚げ魚。肉、チーズ、卵、野菜、ナッツまたは果物を詰めたパイやダンプリング。肉または米のロールキャベツ。チーズと卵のセルビア風パイ（ギバニッツァ）。

祝祭用食物 スラバ（守護聖人の日）に用意されるクルスニ・コラチ（セルビア正教の象徴などを模様のように飾った、儀式用の小麦パン）

甘味類 ハチミツ、砂糖。果物のジャム。果物の砂糖煮。スラトコ（濃いシロップで煮た果物）。果物を包んだダンプリングやシュトゥルーデル。バクラバ（フィロ生地とナッツを層にして焼き、フレーバーシロップをかけたペストリー）。ポティツァ（イーストを使った甘いパン。切り口が渦巻き状になるよう、クルミ、バター、クリーム、卵を生地で巻き込む）。コリジヴォ（小麦粒、ドライフルーツ、砕いたナッツの砂糖煮）。

飲物 コーヒー（濃くて甘い。カルダモンで風味をつけることが多く、長い柄のついた金属製の小鍋、ブリーキーで入れる）。茶（甘い）、フルーツジュース、ワイン、プラムブランデー（スリヴォヴィッツ）。バルカン諸国はワインや蒸留酒で有名。

食事 一日3食。昼食に重きを置き、何度も間食する。

間食 ペストリー、アイスクリーム、小型のケバブ、ミートボール（コフタ／チュフタ）、野菜サラダ、コーヒー、ワイン、プラムブランデー

セントクリストファー・ネーヴィス Saint Christopher and Nevis
セントキッツ・ネーヴィス

[地理] 2島からなるこの国は、カリブ海の東、プエルトリコの南東に位置する。中央にひと続きの火山がそびえる両島は、幅3kmの海峡に隔てられている。セントキッツ島の最高峰はリアムイガ山（1,156m）で、樹木に覆われた噴火口に湖がある。ネーヴィス島はサンゴ礁と海岸に囲まれた火山島である。

主要言語	民族	宗教
英語（公用語）	主に黒人（多少のイギリス系、ポルトガル系、レバノン系） 90%	英国国教会 その他のプロテスタント カトリック

人口密度　202人/km²
識字率　98.0%
平均寿命　男性73.5歳、女性78.4歳
1人あたりGDP　25,500ドル
農業就業人口　－

都市人口率　32.2%
出生1000あたり乳児死亡率　8.4
HIV感染率　－
失業率　－
耕地面積率　19.2%

[農業] サトウキビ、トロピカルフルーツ、ココナッツ、米、ヤムイモ、野菜、ニワトリ、ヤギ、羊、牛、豚

[天然資源] 漁獲

[産業] 観光、綿花、塩、コプラ、衣料品、履物、飲料

[食文化への影響] この地で暮らしていた先住民族、アラワク族とカリブ族は、スペイン人に征服され、大半が姿を消した。彼らの日常食についてはわずかな情報しか残っていないが、さまざまな魚介類や、鍋ひとつでできるスープやシチュー、キャッサバパンが食べられていたようだ。上陸したスペイン人は、牛、豚、米を持ち込むなどして、食習慣に影響を与えた。入植したフランス人やイギリス人の影響は、塩漬けダラのガンディ（スプレッド）、ビスケット、紅茶といった食品に残っている。またアフリカ人奴隷の影響でオクラが食材になり、インド人労働者の影響でペッパーポットにさまざまなスパイスが使われるようになった。

[パンと穀類] 米、トウモロコシ、小麦：米料理、揚げたコーンブレッド、小麦パン、キャッサバパン（キャッサバを乾燥させてから粉にしてこね、鉄板で焼く）、キャッサバと小麦のビスケットやパン。

肉と魚 鶏肉、ヤギ肉、仔羊肉、牛肉、豚肉、魚介類（塩漬けのタラ、タイ、ロブスター、カニ）、卵
乳製品 牛乳（生乳、コンデンスミルク、エバミルク）、クリーム、熟成チーズ
油脂 バター、ラード、ココナッツ油、オリーブ油、植物油
豆類 インゲンマメ、小豆、ササゲ、ヒヨコマメ、キマメ
野菜 ヤムイモ、キャッサバ、ヤウティア、サツマイモ、プランテーン、アボカド、根菜（キャッサバ、ヤウティア）の葉、ウリ、カボチャ、パンノキの実、トマト、オクラ、トウガラシ、ピーマン、タマネギ
果物 ココナッツ、バナナ、マンゴー、パイナップル、オレンジ、ライム、カシューアップル、パパイヤ、サワーソップ、グアバ、アキー
種実類 アーモンド、カシューナッツ、ベニノキの種（アナトー）
香辛料 塩、黒胡椒、トウガラシ、タマネギ、ニンニク、アナトー、オールスパイス（ピメント）、シナモン、ココナッツ、ココア、ラム酒
料理 カラルー（香辛料を使った、葉物とオクラのスープ。ココナッツミルクと少量の塩漬け肉またはタラを入れることもある）。ペッパーポット（肉のシチュー。煮詰めたキャッサバの汁とたっぷりのコショウを入れる）。魚のスープ。カボチャのスープ。詰め物をしたカニ。タラのコロッケ。塩漬けダラのアボカド添え。煮たり揚げたりしたヤムイモ、プランテーン、アキー。コーンミールとオクラのケーキ。炊いた米。煮たインゲンマメやエンドウマメ。豆ご飯。
甘味類 サトウキビ、糖蜜、砂糖。生果。コーンミールのプディング、ココナッツビスケット
飲物 コーヒー（ミルクを入れることが多い）、茶、ライムを浮かべたアイスティー、フルーツジュース、清涼飲料、ミルク、ココア、ビール、ラム酒
食事 朝食：ミルク入りコーヒーとパン。昼食：米飯、豆またはでんぷん質の野菜、塩漬けのタラ。夕食：昼食に肉、野菜、ミルクを加え、あればデザートをつける。
間食 生果、甘くしたフルーツジュースを砕いた氷の上に注いだもの、ミルク入りコーヒー。

セントビンセント及びグレナディーン諸島 Saint Vincent and the Grenadines

[地理] これらの島々はカリブ海の東、トリニダード・トバゴの北に位置する。山が多く、木々が豊かに生い茂る。首都のあるセントビンセント島には、スフリエール火山（標高1,234m）がそびえる。グレナディーン諸島は8つの列島とおよそ600の小島からなり、面積は27km²である。

主要言語	民族		宗教	
英語（公用語）	黒人	66%	プロテスタント	75%
フランス語系パトワ	混血	19%	（英国国教会	47%）
	東インド系	6%	（メソジスト	28%）
	ヨーロッパ系	4%	カトリック	13%

人口密度　262.4人/km²　　　　　都市人口率　51.2%
識字率　88%　　　　　　　　　　出生1000あたり乳児死亡率　12.0
平均寿命　男性73.5歳、女性77.6歳　HIV感染率　―
1人あたりGDP　11,300ドル　　　失業率　19.3%
農業就業人口　26%　　　　　　　耕地面積率　12.8%

[農業] バナナ、サトウキビ、でんぷん質の地下茎や塊茎、ココナッツ、スパイス、ニワトリ、羊、豚、ヤギ、牛

[天然資源] 漁獲、水力発電

[産業] 食品加工、セメント、家具、衣料品、でんぷん食品

[食文化への影響] カリブ族はさまざま魚介類を食べ、海やセントビンセント島でとれる食材を使って、シチューやキャッサバパンを作っていた。この熱帯の島では、今日でも同じ食材を用いているが、スペイン人、フランス人、イギリス人によって持ち込まれたものもそこに加えられた。たとえばパンノキは、1793年にイギリス海軍所属のウィリアム・ブライ船長が南洋からカリブ海地域に運んで来た。この高木はジャマイカをはじめ、この地域のほとんど全島に広がっている。エネルギー源になることから高く評価され、セントビンセント島の男たちはよくこんなことを言う。「働き者の嫁とパンノキがもらえたら、一生遊んで暮らせる」。200年以上にわたるイギリス人支配、アフリカ出身の奴隷、インド人労働者も、この国の食習慣に影響を与えた。

[パンと穀類] トウモロコシ、米、小麦：揚げたコーンブレッド、米料理、小麦パン、キャッサバパン（すりつぶしたキャッサバを鉄板で焼く）、小麦粉、キャッサバ、おろしたココナッツで作るビスケットやパン。

肉と魚 鶏肉、卵、仔羊肉、豚肉、ヤギ肉、牛肉、魚介類（塩漬けのタラ、タイ、トビウオ、ウニ、ロブスター、エビ、カニ、カエル）
乳製品 牛乳（生乳、コンデンスミルク、エバミルク）、クリーム、熟成チーズ
油脂 バター、ラード、ココナッツ油、植物油
豆類 インゲンマメ、小豆、ササゲ、ヒヨコマメ、キマメ
野菜 サツマイモ、パンノキの実、キャッサバ、ヤムイモ、ヤウティア、根菜（キャッサバ、ヤウティア）の葉、プランテーン、アボカド、オクラ、ウリ、カボチャ、トマト、タマネギ、トウガラシ、ピーマン
果物 バナナ、ココナッツ、マンゴー、ライム、オレンジ、パパイヤ、パイナップル、カシューアップル、アキー、サワーソップ、パッションフルーツ
種実類 アーモンド、カシューナッツ、ベニノキの種（アナトー）
香辛料 塩、黒胡椒、トウガラシ、ニンニク、スパイス（オールスパイスなど）、シナモン、カレー粉、アナトー、ココナッツ、ココア、ラム酒、ペッパーソース、マンゴーチャツネ（スパイシーなジャム状の調味料）
料理 カラルー（サトイモの葉とオクラのスープ）。ペッパーポット（煮詰めたキャッサバの汁を入れ、コショウを加えた肉のシチュー）。ココナッツミルクで作るカニのスープ。タラのフリッター。ツリーツリー・ケーキ（新鮮な小魚のフリッター）。ゆでたり、網で焼いたりしたロブスター。サメのシチュー。豚の丸焼き。鶏肉、仔羊肉、ヤギ肉、牛肉、エビのカレー。炊いた米。煮た豆（インゲンマメやササゲなど）。豆ご飯。煮たキャッサバ、ヤムイモ、プランテーン、アキー。揚げたサツマイモ、パンノキの実、アキー、プランテーン、ヒヨコマメの団子。コーンミールとオクラのケーキ。
甘味類 サトウキビ、未精製の砂糖、糖蜜、砂糖。果物。パンノキの実のプディング。メレンゲを添えたココナッツパイ。
飲物 ミルク入りコーヒー、茶、ライムを浮かべたアイスティー、フルーツジュース、清涼飲料、ミルク、ビール、ラム酒
食事 朝食：ミルク入りコーヒーとパン。昼食：米飯と豆に、余裕があれば肉を加える。夕食：昼食とあまり変わらないが、肉や野菜を多めにし、あればミルクをつける。
間食 果物、甘くしたフルーツジュースを砕いた氷の上に注いだもの、お茶とココナッツビスケット、コーヒー、バナナチップス。

セントビンセント及びグレナディーン諸島

セントルシア　Saint Lucia

[地理] セントルシアは、カリブ海の東に浮かぶ太平洋の火山島で、マルティニーク島の南に位置する。南北に連なる森林に覆われた山地と多くの川があり、山あいの平地は豊かな実りをもたらす。気候は熱帯性である。

主要言語	民族		宗教	
英語（公用語）	黒人（アフリカ系）	85.3%	カトリック	61.5%
フランス語系のパトワ語	混血	10.9%	プロテスタント	25.5%
	東インド系	2.2%	（セブンスデーアドヴァンティスト	10.4%）
			無宗教	5.9%

人口密度　272.3人/km²　　　　都市人口率　18.6%
識字率　－　　　　　　　　　　出生1000あたり乳児死亡率　10.9
平均寿命　男性75.2歳、女性80.8歳　HIV感染率　－
1人あたりGDP　12,000ドル　　　失業率　19.8%
農業就業人口　21.7%　　　　　　耕地面積率　4.9%

[農業] バナナ、ココナッツ、柑橘類、トロピカルフルーツ、根菜類、ココア、ニワトリ、豚、羊、牛、ヤギ

[天然資源] 森林、軽石、砂浜、鉱泉、開発可能な地熱、漁獲

[産業] 衣料品、電気部品の組立、飲料、段ボール箱、観光、果物加工

[食文化への影響] 初期の住人であるアラワク族とカリブ族は、魚介類、シチュー、キャッサバパンを食べていた。食材はすべて海やこの熱帯の島でとれたものである。今日ではそれだけでなく、スペイン人、フランス人、イギリス人がこの地に持ち込んだ食物も使われている。塩漬けダラ、ビスケット、紅茶などは、165年にわたって島を支配したイギリスの影響で、習慣的に口にされるようになった。同様にオクラやササゲが食材になったのはアフリカ人奴隷の、カレー粉等の使用はインド人労働者の影響による。

[パンと穀類] トウモロコシ、米、小麦：揚げたコーンブレッド、米料理、小麦パン、キャッサバパン（すりつぶしたキャッサバを鉄板で焼く）、小麦粉、キャッサバ、おろしたココナッツで作るビスケット

[肉と魚] 鶏肉、卵、豚肉、仔羊肉、牛肉、ヤギ肉、魚介類（33.6%がマグロ。塩漬けのタラ、タイ、トビウオ、ウミガメ、ウニ、ロブスター、カニ、カエル）

[乳製品] 牛乳（生乳、コンデンスミルク、エバミルク）、クリーム、熟成チーズ

[油脂] バター、ラード、ココナッツ油、植物油

[豆類] インゲンマメ、小豆、ササゲ、ヒヨコマメ、キマメ

[野菜] キャッサバ、ヤムイモ、ヤウティア、根菜（キャッサバ、ヤウティア）の葉、サツマイモ、ウリ、プランテーン、パンノキの実、アボカド、オクラ、トマト、タマネギ、トウガラシ、ピーマン

[果物] バナナ、ココナッツ、ライムなどの柑橘類、マンゴー、カシューアップル、アキー、パパイヤ、パイナップル、サワーソップ、パッションフルーツ、レーズン

[種実類] アーモンド、カシューナッツ、ベニノキの種（アナトー）

[香辛料] 塩、黒胡椒、トウガラシ、ニンニク、オールスパイス、アナトー、カレー粉、シナモン、ココナッツ、ココア、ラム酒、ペッパーソース

[料理] カラルー（サトイモの葉とオクラのスープ）。ペッパーポット（肉のシチュー。煮詰めたキャッサバの汁を使い、コショウをたっぷり加える）。魚介類のスープ（カニ、ウニ、アオウミガメ）。タラのフリッター。揚げトビウオのバナナ添え。焼いたタイ。豚の丸焼き。カレー風味の鶏肉、その他の肉、魚。煮たり炒めたりした野菜（キャッサバ、ヤムイモ、プランテーン、パンノキの実、アキー）。炊いた米。煮た豆（ササゲ、エンドウマメ、インゲンマメなど）。豆ご飯。コーンミールとオクラのケーキ。

[甘味類] サトウキビ、未精製の砂糖、糖蜜、砂糖。ココナッツカスタードパイ。ライム、ココナッツまたはチョコレートのムース。コーンミールのケーキ（コーンミール、小麦粉、果物、ラム酒で作る）。ラム酒入りフルーツケーキ。

[飲物] コーヒー（ミルクを入れることが多い）、茶、ライムを浮かべたアイスティー、フルーツジュース、清涼飲料、ミルク、ココア、ビール、ラム酒

[食事] 朝食：ミルク入りコーヒーとパン。昼食：米飯と豆に、余裕があれば肉を加える。夕食：昼食とあまり変わらないが、肉や野菜を多めにし、あればミルクをつける。

[間食] 果物、甘くしたフルーツジュースを砕いた氷の上に注いだもの、紅茶とココナッツビスケットまたはパン、バナナチップス。

セントルシア

ソマリア　Somalia
ソマリア連邦共和国

[地理] ソマリアは「アフリカの角」の東部を占め、インド洋に面している。3,000kmに及ぶ海岸線と2つの河川をもつ国土は、大部分が乾燥した不毛の平地で、北部に丘陵地が広がる。

主要言語	民族		宗教
ソマリ語（公用語）	ソマリ族	85%	イスラム教スンニ派（国教）
アラビア語（公用語）	バントゥー族その他	15%	
イタリア語			
英語			

人口密度　17.6人/km²　　　　　　都市人口率　40.5%
識字率　－　　　　　　　　　　　出生1000あたり乳児死亡率　94.8
平均寿命　男性50.7歳、女性54.9歳　HIV感染率　0.4%
1人あたりGDP　400ドル　　　　　失業率　6.6%
農業就業人口　71%　　　　　　　耕地面積率　1.8%

[農業] サトウキビ、トウモロコシ、ソルガム、バナナ、ココナッツ、米、マンゴー、ゴマ、インゲンマメ、樹木生産（アラビアチャノキ、乳香、ミルラ）、羊、ヤギ、ラクダ、牛、ニワトリ、豚
[天然資源] 漁獲、ウラン、鉄鉱石、錫、石膏、ボーキサイト、銅、塩、天然ガス、石油
[産業] 数種の軽産業：砂糖の精製、繊維、無線通信など

[食文化への影響] 大部分が砂漠の国土と3,000kmに及ぶ海岸線は、ソマリアの食文化に少なからず影響を及ぼしいる。インド洋では魚介類が獲れる。アラブ、トルコ、イギリス、イタリア、エチオピア、イスラム教からも影響を受けている。たとえばイタリア人は、スパゲッティとエスプレッソコーヒーを伝えた。伝統的なソマリアの食べ物は、米（バリース）に肉（ヒッビブ）とトウガラシを添えたひと皿。隣国エチオピア同様、フラットブレッドとスパイスのきいたシチューも好まれている。ソマリア人はほぼ全員がイスラム教徒で、豚肉を食べず、飲酒もしない。ラマダン月には日の出から日没まで断食をする。
[パンと穀類] トウモロコシ、ソルガム、米、キビ、大麦、小麦：米料理、フラットブレッド（大きなパンケーキを焼くように、鉄板にのせた種を円形に広げて作る薄いパン）、パスタ
[肉と魚] 仔羊肉と羊肉、ヤギ肉、ラクダ肉、牛肉、鶏肉、豚肉、魚介類、卵

乳製品 ミルク（牛、ヤギ、羊、ラクダ）、チーズ
油脂 バター（澄ましバターにして、タマネギ、ニンニク、ショウガ、その他のスパイスで味をつけることが多い）、植物油
豆類 インゲンマメ、ヒヨコマメ、レンズマメ、落花生
野菜 プランテーン、ジャガイモ、ケール、ナス、赤トウガラシ、タマネギ、ニンニク
果物 バナナ、ココナッツ、マンゴー、ナツメヤシ
種実類 アーモンド、フェヌグリークシード、ゴマ
香辛料 赤トウガラシ、タマネギ、ニンニク、ショウガ：辛くて赤いスパイスミックス（オールスパイス、カルダモン、カイエンペッパー、シナモン、クローブ、コリアンダー、クミン、フェヌグリーク、ショウガ、ナツメグ、黒胡椒）、スパイス入り澄ましバター
料理 アナンゲイル（ラクダの乳とハチミツで煮た薄いキビ粥）は伝統料理。炊いたり蒸したりした米に、肉とトウガラシを添えたもの。豆、根菜、トウガラシと魚または肉（仔羊、ヤギ、ラクダ、牛、鶏）のシチュー。煮た豆のサラダ。スパゲティミートソース。
甘味類 サトウキビ、ハチミツ、砂糖
飲物 ビール（キビまたはトウモロコシで自家醸造する）、ハチミツ酒、コーヒー（とくにエスプレッソ）
食事 夕方近くの1食と一日を通しての間食が一般的。食事にはたいてい米、またはフラットブレッドとスパイシーなシチューが含まれている。料理はフラットブレッドにかけて出すか、ちぎったフラットブレッドでかき集めるようにして食べることが多い。

ソ

ソマリア

ソロモン諸島　Solomon Islands

[地理] ソロモン諸島は南西太平洋、パプアニューギニアの東に位置する、メラネシアの群島国家。起伏の多い大きな10の火山島と小さな低地の島々からなる。

主要言語	民族		宗教	
英語（公用語）	メラネシア系	95.3%	プロテスタント	73.4%
ピジン英語	ポリネシア系	7.1%	カトリック	19.6%
120の土着言語				

人口密度　23.1人/km²　　　　　　　　都市人口率　23.2%
識字率　84.1%　　　　　　　　　　　出生1000あたり乳児死亡率　14.7
平均寿命　男性72.9歳、女性78.3歳　　HIV感染率　-
1人あたりGDP　2,000ドル　　　　　　失業率　31.4%
農業就業人口　75%　　　　　　　　　耕地面積率　0.7%

[農業] ココナッツ、アブラヤシの実、サツマイモ、ココア、インゲンマメ、米、野菜、果物、ニワトリ、豚、牛

[天然資源] 漁獲、森林、金、ボーキサイト、リン酸塩、鉛、亜鉛、ニッケル

[産業] 漁（マグロ）、鉱山、木材

[食文化への影響] およそ3万から4万年前に南下をはじめた東南アジアの人々は、西太平洋の島々やオーストラリアを経て、さらに東の島へと向かった。アジア人は米、大豆、麺、茶、炒め料理を伝え、ヨーロッパ人はそれまでなかった食用植物、小麦パン、数種の動物をこの地にもたらした。メラネシア人が定住していたときに、ソロモン諸島はイギリスの保護領になった。イギリスの支配は100年近く続き、かなりの影響を残した。食事は魚介、地下茎、塊茎、パンノキの実が中心で、果物や種実類、とりわけココナッツは重要な食材になっている。生果はおやつとして食べる。肉はおもに豚肉で、祝いの席には欠かせない。昔から石を並べた穴で火をおこし、その上でほかの食材とともに調理する。

[パンと穀類] 米、小麦：米料理、パン、麺類

[肉と魚] 鶏肉、豚肉、牛肉、魚（ボラ）その他の魚介（カニなど多種）、卵：コンビーフ、スパム

[乳製品] ミルクおよび乳製品は、あまり飲んだり食べたりされていない。

[油脂] ココナッツ油、ココナッツクリーム、パーム油、ラード、植物油、ショートニング、バター、ゴマ油

[豆類] 大豆、大豆製品、四角豆、キマメ、レンズマメ、落花生

野菜 サツマイモ、タロイモの根と葉、ヤムイモ、パンノキの実、プランテーン、キャッサバ、海藻、青菜、クズウコン、ニガウリ、キャベツ、ダイコン、ナス、タマネギ、青タマネギ

果物 ココナッツ、バナナ、レモン、ライム、グアバ、マンゴー、パパイヤ、パイナップル、メロン、タマリンド

種実類 キャンドルナッツ（ククイノキの実）、ライチー、マカダミアナッツ、パーム核、ゴマ

香辛料 醬油、ココナッツミルクまたはクリーム、ライムまたはレモン汁、塩、青タマネギ、ショウガ、ニンニク、ココア

料理 ココナッツミルクは料理に多用される。ゆでたタロイモ、パンノキの実、キャッサバ、ヤムイモ、サツマイモ。炒めたり蒸したりした根菜（タロイモ、ヤムイモ、ティー、サツマイモ）の葉。炊いたり蒸したりした米。クズウコンで固めたプディング、その他の料理。魚介類は煮込んだり、焼いたり、レモンまたはライムの果汁とココナッツクリームでマリネにしたりする。穴で調理するもの：豚や魚は丸ごと、タロイモ、サツマイモ、パンノキの実、ヤムイモ、カニ、切り分けた鶏肉、タロイモの葉でココナッツクリーム、レモン、タマネギ、こま切れの牛肉を包み、それをさらにバナナの葉でくるんだもの、タロイモやサツマイモ、ヤムイモ、またはプランテーンにココナッツクリームや香辛料を加えた葉包み。

甘味類 砂糖。熟していないココナッツ。ハウピア（ココナツミルク、砂糖、クズウコンで作る硬めのプディング）

飲物 ココナッツジュース、ココア、コーヒー、フルーツジュース、茶、カバ（コショウ科の植物から作る飲料。酩酊感をもたらす）

食事 一日2ないし3食、まったく同じものを食べるのが一般的。量は夕飯がいちばん多い。伝統的な食事：ゆでたタロイモ、パンノキの実、ヤムイモまたはプランテーンと魚または豚肉料理、調理した青物や海藻。

ソロモン諸島

タイ　Thailand
タイ王国

[地理] タイ（かつてのシャム）は東南アジアのインドシナ、マレー両半島に位置し、タイランド湾に臨む。東北部に台地、中部のチャオプラヤー川流域に肥沃な平野、北部に森林に覆われた山岳地帯、南部に熱帯雨林がある。

主要言語	民族		宗教	
タイ語（公用語）	タイ族	97.5%	仏教	94.6%
英語（エリート層の第2言語）	ビルマ人	1.3%	イスラム教	4.3%

人口密度　133.9人/km²　　　　都市人口率　52.7%
識字率　94.0%　　　　　　　　出生1000あたり乳児死亡率　9.2
平均寿命　男性71.7歳、女性78.3歳　　HIV感染率　1.1%
1人あたりGDP　16,800ドル　　失業率　0.6%
農業就業人口　31.8%　　　　　耕地面積率　32.9%

[農業] サトウキビ、米、キャッサバ、ゴム、トウモロコシ、ココナッツ、大豆、ニワトリ、豚、牛、ヤギ、羊

[天然資源] 漁獲、錫、ゴム、天然ガス、タングステン、タンタル、木材、鉛、石膏、褐炭、ホタル石

[産業] 観光、繊維、衣服、農産加工、飲料、タバコ、セメント、軽工業（自動車の部品、電子部品、コンピューターとその部品など）

[食文化への影響] ここ数十年のあいだに英語圏の国々でタイ料理の店が増えたことにより、代表的なタイ料理はそれらの国民に広く知られるようになった。タイ料理はトウガラシをたっぷり使うため、世界で最も辛い料理のひとつに数えられる。周辺国の料理との違いは、調味料と手間のかけ方で、タイ料理の原点は宮廷料理にある。多様な料理はこの国の地理と気候に支えられている。中部平野の熱帯モンスーン気候は米の栽培に最適で、米は経済および食料の分野で、中心的な役割を担っている。海岸線が長く、大きな川も複数あるため、魚介類もよく獲れる。熱帯と温帯の果物と野菜の産地で、トウモロコシは現在東北部の高原で栽培されている。タイはヨーロッパ諸国の植民地になったことのない、東南アジアでは唯一の国で、君主国としての長い歴史をもつ。宮廷はこの国の料理を進化させ、タイの国王は料理本を執筆したこともある。国民の大半は仏教徒で、仏教徒は殺生を嫌う。そのため、牛肉を食べないという人もいれば、大豆製品ですますという人もいる。僧が口にするのは、もっぱら人々の捧げものだ。結婚式や葬式では、ご馳走がふるまわれる。葬式料理の本があり、会葬御礼として小型の料理本が配ら

れることも少なくない。米は食べる頻度が最も高く（ほとんど毎食）、最も好まれている食物でもある。麺、スープ、カレー、炒め物も毎日食べる。

パンと穀類 米、トウモロコシ、小麦：米料理、麺（米、小麦、緑豆）。米と言えば普通は長粒種で、粘り気のある米は菓子作りや北部の料理に使われる。

肉と魚 鶏肉、卵、豚肉、牛肉、ヤギ肉、仔羊肉、魚（生、干物）、その他の魚介（とくにエビ）、アヒル

乳製品 ミルク（牛）、アイスクリーム

油脂 植物油、ココナッツクリーム、バター、ラード

豆類 大豆、落花生、緑豆：豆乳、豆腐

野菜 キャッサバ、プランテーン、モヤシ、キュウリ、トマト、キノコ類、キャベツ、タケノコ、タロイモ、ヤムイモ、ハス、トウモロコシ、サヤインゲン、カボチャ、タイナス、ブロッコリー、ニンジン、タマネギ、ネギ、トウガラシ

果物 ココナッツ、マンゴー、オレンジ、バナナ、スイカ、パパイヤ、パイナップル、ブドウ、リンゴ、イチゴ、グレープフルーツ、マスクメロン、ライチ、ドリアン

種実類 ゴマ、ハスの実

香辛料 魚醤（ナンプラー）、小魚や小エビのペースト（カピ）、赤トウガラシ、ココナッツのミルクとクリーム、ニンニク、ショウガ、レモングラス、タマリンド、バジル、コリアンダー、ライム汁、パーム糖、ガランガル〔南姜〕（カヤツリグサ科：ショウガやコショウに似た香りがする）、クミン、カルダモン、ターメリック。タイ人は、酸味、塩味、甘味、旨味とトウガラシを好む。発酵した魚で作るソースやペーストは塩味や旨味を含み、調味料として多用される。魚醤に赤トウガラシを加えたナムプリックは、さまざまな料理に欠かせないディップまたはソース。

料理 炊いたり蒸したりした長粒米。ゲーン・チュート（辛くない澄んだスープ）。ゲーン・トム（米のスープ）、ゲーン・トムヤムクン（レモン風味のエビ入りスープ）。カレー（肉または野菜のスープカレー）は、たいていかなり辛い。イエローカレーはターメリック、レッドカレーはトウガラシ、グリンカレーには青トウガラシが使われる。パッタイ（タイ風焼きそば）。ガイヤーン（タイ風焼き鳥）。ヤム（生野菜のスパイシーサラダ）。ラープ（スパイスを使った豚挽き肉のサラダ）。ネーム（スパイスのきいた豚肉ソーセージ）は、そのまま、あるいは炒めて食べる。

有名料理 ミークローブ（砂糖や香辛料を使って炒めた豚肉やエビと炒めたビーフンを混ぜて皿に盛り、その上に錦糸卵、モヤシ、ネギ、トウガラシを散らす）

甘味類 サトウキビ、砂糖、パーム糖。ココナッツカスタード。フルーツゼリー。粘り気のある米またはヤムイモのプディング。カノム（粘り気のある米またはヤムイモを小さな塊にし、ひとつずつバナナの葉に包んで調理する）。

飲物 茶（熱く、濃く、甘い）はミルクを入れて飲む。清涼飲料、コーヒー

食事と供し方 その日最初の食事は米のスープ、昼食は麺かご飯物、夕食は米飯と炒め

物、というのが一般的。夕食には、食前酒や前菜、スープ、カレー、揚げ魚、生野菜のサラダ、焼いた肉、ナムプリックなどを加えることもある。料理はすべて同時に出される。テーブルは低く、その周囲に横長のクッションを置く。指とスプーンで食べるのが普通で、フォークはスプーンに食べ物をのせるのに使う。見た目を重視することから、果物にはよく精緻な模様が彫られ、デザートは葉を敷いた皿に盛られたりする。こういった果物やデザートは最後に食べる。

屋台、間食 麺類、甘味類（ココナッツカスタード、フルーツゼリー、アイスクリームなど）、お茶。たいていの人がおやつを食べる（Brittin, Sukalakamala, and Obeidat, 2008; Sukalakamala and Brittin, 2006）。

台湾 Taiwan
中華民国

[地理] 台湾は中国本土の南東161kmに位置する、東および南シナ海の島国。中央の山脈が国土を東西に分けている。西には水に恵まれた肥沃で平坦な耕作地が広がり、岩だらけの急峻な地形をもつ東部は、海岸近くまで山々がそびえている。台湾本島のほかに沖合に2島と、近くに多数の小島がある。

主要言語	民族		宗教	
中国語（公用語）	漢民族（客家系など）		仏教	35.3%
台湾語		95%＋	道教	33.2%
客家語	土着系	2%	キリスト教	3.9%

人口密度　728.7人/km²　　　都市人口率　－
識字率　98.5%　　　　　　　出生1000あたり乳児死亡率　4.3
平均寿命　男性77.1歳、女性83.6歳　　HIV感染率　－
1人あたりGDP　49,500ドル（2017年）　失業率　4.0%
農業就業人口　4.9%　　　　　耕地面積率　16.8%

[農業] 米、サトウキビ、柑橘類、トウモロコシ、野菜、果物、茶、豚、牛
[天然資源] 漁獲、石炭、天然ガス、石灰石、大理石、アスベスト
[産業] 電子機器、石油精製、兵器、化学製品、繊維、鉄、鋼鉄、機械装置、セメント、食品加工、医薬品

[食文化への影響] この島には1万年、あるいはそれより前から人が住んでいるが、数十万の台湾先住民とその食習慣は、客家(ハッカ)ほど際立ってはいない。人口の10分の1以上を占める客家は、独特な存在だ。かつては中国北部の少数派だったが、迫害を受け南下。さらに東へと島々をわたり、台湾にたどり着いた。それまでこの島に中国人が到達したことはなかった。その食文化には、おもに豚を飼育しながら農業を行なってきた客家の来歴が反映されている。海外の強国、そして中国の支配は17世紀にはじまった。1949年、中国本土で共産党に敗れた国民党政府は、台湾に撤退する。それとともに中国全土から200万近い人々が移住し、その料理も伝来した。現在は中国と台湾の料理が中心になっている。台湾料理は中国福建省の料理に似て、魚介類をおもな食材とする。1895年から1945年まで日本の統治下にあったことから、日本食の料理店も多い。台湾は、米、サトウキビ、柑橘系の果物、トウモロコシ、野菜、茶（多種）を栽培し、家畜、とりわけ豚の飼育に力を入れている。海岸線が長く、魚介類もよく獲れる。静かで落ち着いた茶房や、にぎやかな通りの屋台が数多くある。

パンと穀類 米、トウモロコシ、小麦、ソバ：米料理、そば、うどん、饅頭、パンケーキ、蒸しパン、春巻きの皮、ワンタン、春巻き。米は主食。

肉と魚 豚肉、家禽類の肉（鶏、アヒル）、牛肉、魚介類、卵

乳製品 ミルク（牛、水牛）。乳製品を日常的に使うことはない。多くの国民が体質的に乳糖を受けつけない。

油脂 大豆油、ピーナッツ油、コーン油、ラード、バター、ベーコンの脂、ゴマ油

豆類 大豆と大豆食品（豆腐、豆乳、醤油）、緑豆、小豆、落花生

野菜 青梗菜（ボクチョイ）、インゲンマメ、サヤエンドウ、キノコ類、タケノコ、モヤシ、青物、海藻、タロイモ、ヒシ、小ナス、ダイコン、ハス、ニガウリ、タマネギ

果物 オレンジ、タンジェリン、キンカン、ライム、リンゴ、バナナ、ココナッツ、ライチー（硬くてざらついた果皮、ブドウに似た白い果肉、黒っぽい種）、ロンガン（竜眼、ライチーの仲間）、マンゴー、柿、パイナップル、スイカ

種実類 アーモンド、カシューナッツ、栗、ギンナン、クルミ、ゴマ、スイカの種

香辛料 醤油、日本酒、ショウガ、ハーブ（バジルやパセリなど）、青タマネギ、ニンニク、からし、五香粉（アニス、八角、シナモン、クローブ、山椒）、化学調味料

調理法 ほとんどの食品は加熱調理するが、果物だけは生で食べることが多い。かぎられた燃料の消費を抑えるため、食材はたいていひと口大に切ってから、短時間で調理する。

料理 蒸し米。米粥：朝食にするか、スープ代わりに一日を通して食べる。野菜と少量の肉（またはどちらか一方）を使った炒飯。青菜炒め。煮たり蒸したりした、でんぷん質の野菜（タロイモなど）。野菜のピクルス。キンカンの砂糖煮。揚げた、またはソテーした魚、甲殻類、豚肉、鶏肉、牛肉。赤い料理（豚や家禽類の肉料理、赤米酒や赤米のペーストを使ったスープ料理）。点心（肉や魚介を包んだ蒸し餃子、焼き餃子、小籠包など）。オーブンを使う（アヒルなどの）料理は、店で買ったり、食べたりするのが普通で、家では作らない。

甘味類 サトウキビ、ハチミツ、シロップ、砂糖、生果、餅菓子、餡

飲物 茶、タピオカミルクティー、スープ、ビール、日本酒。ウーロン茶（半発酵茶）は、台湾の名産品。グリンピース大のタピオカを太いストローで吸うタピオカミルクティーは、台湾で生まれた。

タジキスタン　Tajikistan
タジキスタン共和国

[地理] 中央アジアに位置するタジキスタンは、国土の93%を山地が占め、氷河を源流とする河川が多くある。

主要言語	民族		宗教	
タジク語（公用語）	タジク人	84.3%	イスラム教	
ロシア語（政府内や商取引で広く使われる）	ウズベク人	13.8%	（スンニ派	85%）
			（シーア派	5%）

人口密度　59.8人/km²
識字率　99.8%
平均寿命　男性64.9歳、女性71.4歳
1人あたりGDP　3,000ドル
農業就業人口　43.0%

都市人口率　27.0%
出生1000あたり乳児死亡率　39.9
HIV感染率　0.3%
失業率　10.8%
耕地面積率　5.3%

[農業] ジャガイモ、小麦、綿花、穀物、果物、ブドウ、野菜、ニワトリ、羊、牛、ヤギ、ラクダ、豚

[天然資源] 漁獲、発電用水力、石油、ウラン、水銀、鉛、亜鉛、アンチモン、タングステン、銀、金

[産業] アルミニウム、亜鉛、鉛、化学製品および化学肥料、セメント、野菜油、金属裁断機

[食文化への影響] 中央アジアに位置する、国土の大部分が山岳地帯のタジキスタンは、シルクロード（中国とカスピ海を結ぶ古代の交易路）の一部だった。食文化に影響を与えたのは、古代ペルシャ、アラブ人、イスラム教、隣接するウズベキスタンとアフガニスタン、ロシア、そして中国（麺は中国から伝わった）。20世紀まで、国民のほとんどは山の雪や氷河が溶け出る川沿いの、オアシス集落で暮らしていた。穀物、野菜、果物を栽培し、家畜を育てる生活は、今も変わらない。タジキスタンの一般的な飲食物は、ウズベキスタンとトルクメニスタンと重なる：フラットブレッド、仔羊肉、濃いスープ、半液体の主菜、チョイ（お茶）。また、ウズベキスタン同様、魚や卵は料理にほとんど使われない。

[パンと穀類] 小麦、大麦、キビ、米：フラットブレッド、麺、米料理（プロフ）。平らな円盤状のパンは、タンディラ（タヌール）と呼ばれる粘土製の窯または大きな甕の内壁に、生地を貼り付けて焼く。

[肉と魚] 仔羊肉と羊肉、鶏肉、牛肉、ヤギ肉、ラクダ肉、豚肉、魚、卵：ソーセージ

乳製品 ミルク（牛、羊、ヤギ、ロバ、ラクダ）、サワーミルク、馬乳酒（クミス）、ヨーグルト、チーズ（クルト、硬いチーズ：アイラン、においの強いチーズ）。地元民はサワーミルクをボウルに入れて出し、訪問者にもてなしの心を示す。

油脂 植物油、脂尾羊の脂、バター

豆類 ヒヨコマメ、インゲンマメ、レンズマメ

野菜 ジャガイモ、タマネギ、ニンジン、カボチャ、青物、赤トウガラシ、キュウリ、カブ、トマト、ラディッシュ

果物 ブドウ、メロン、ザクロ、洋ナシ、プラム、アプリコット、サクランボ、リンゴ、モモ、トウグワ、ナツメ（ナツメヤシの一種）、ルバーブ、イチジク、バーベリー、マルメロ

種実類 クルミ、ヘーゼルナッツ、ピスタチオ、キャラウェイシード

香辛料 タマネギ、ニンニク、酢、塩、黒胡椒、乾燥させた赤トウガラシ、コリアンダー、ディル、ミント、アニシード

料理 仔羊肉のシシケバブ（シャシリク）：肉と角切りのタマネギに、コリアンダーまたはディル、塩コショウと酢で下味をつけ、串に刺して、炭火で焼く。ベシュバルマク（仔羊肉でとった濃いスープを薄切り肉にかける）。麺料理には、羊肉の角切りとタマネギを入れることが多い。カウルマ・ラグマン（肉入り焼うどん）。マンティ（仔羊の挽き肉、タマネギ、コショウを混ぜ、小麦粉の生地に包んで蒸す）。ピラフ（パラウ／プロフ）：油で炒めた米に水を加えて炊く（羊肉の角切りとタマネギを入れることが多い）。サムサ（ミートパイ）。

甘味類 ハチミツ、砂糖。果物（生のままか乾燥させる、またはジャムにする）。サムサ（細かくしたクルミ、バター、砂糖を混ぜ、生地に包んで揚げる）。ヤンチミシ（炒って砕いたクルミを丸めた菓子）。ハルバ（小麦粉、ハチミツ、クルミで作る菓子）。ブクマン（クリーム、砂糖、小麦粉で作る菓子）。

飲物 茶、サワーミルク、果物のシロップで作るドリンク、ワイン。お茶は食事時や食間に、自宅や茶店で磁器のボウルに入れたものを飲む。

食事と食べ方 朝食：クミスまたはチーズ、フラットブレッド、お茶。昼食：栄養豊富な濃いスープまたはチーズ、青菜、果物、フラットブレッド、お茶。夕食：肉料理またはパラウ、フラットブレッド、果物または甘味、お茶。食事は敷物または椅子に座ってとる。皿も使うが、フラットブレッドを食べられる匙や皿として使うこともある。

屋台 シャシリク（仔羊肉の串焼き）は、売り子が街頭で調理する。

タンザニア　Tanzania
タンザニア連合共和国

[地理] タンザニアは東アフリカに位置し、インド洋に面している。アフリカの最高峰、標高5,895 mのキリマンジャロが北にそびえ、高温で乾燥した中央の台地と西部の湖沼地帯、南北に温暖な高地があり、東の海岸沿いには平野が広がる。タンザニアには、アフリカで最も有名な三つの湖がある。北のビクトリア湖、西のタンガニーカ湖、南のニアサ（マラウイ）湖である。セレンゲティ大平原とンゴロンゴロ噴火口には、野生動物が多く生息する。ザンジバル島とペンバ島はタンザニアの一部である。

主要言語	民族	宗教
スワヒリ語（公用語） 英語（公用語） アラビア語	アフリカ人　　　99% （そのうち95％はバントゥー系）	キリスト教　　　61.4% イスラム教　　　35.2% ザンジバルではほとんどがイスラム教

人口密度　60.9人/km²
識字率　80.4%
平均寿命　男性61.2歳、女性64.1歳
1人あたりGDP　3,300ドル
農業就業人口　66.9%

都市人口率　33.0%
出生1000あたり乳児死亡率　39.9
HIV感染率　4.7%
失業率　2.6%
耕地面積率　15.2%

[農業] キャッサバ、トウモロコシ、サツマイモ、コーヒー、サイザル麻、紅茶、綿花、カシューナッツ、ジョチュウギク（除虫菊）、タバコ、クローブ、ニワトリ、牛、ヤギ、羊、豚

[天然資源] 水力発電、錫、リン酸塩、鉄鉱石、石炭、ダイヤモンド、宝石、金、天然ガス、漁獲

[産業] 農産加工、鉱山（ダイヤモンド、鉄、金）、石油精製、衣料品

[食文化への影響] 温暖な北部と南部の高地は、アフリカで最も過ごしやすい地域に数えられる。狩猟動物が多くいて、家畜を育てる伝統があるにもかかわらず、住民は肉をほとんど食べない。牛は財産で食べ物とは考えられていなかったため、マサイ族や同系の部族は、乳製品と牛の血を糧とし、その他の人々はおもにキビ、ソルガム、バナナと採集した葉物を食べていた。最も早い時期にやって来た外国の商人、アラブ人は700年頃から沿岸に植民地を築き、奴隷および象牙貿易を行なうと同時に、香辛料、タマネギ、ナスを食材として広めた。ザンジバルでラクダのこぶを食べるのも、アラブ人の影響である。およそ30年にわたるドイツの支配が、この地の食習慣を変えることはなかった。

イギリスの統治はそれなりの影響を残している。イギリス人が多くのアフリカ人男性を教育して、ヨーロッパ料理を作れるようにしたのは、女性は自宅でしか調理しないという伝統があったからである。イギリス人がアジア人に東アフリカへの移住を促したことも、食に影響を与えた。カレー料理やココナッツを使う機会が増えたことなどに、それが表われている。ヨーロッパ人はこの国で狩猟を行なっていたが、現在はその多くの狩猟動物が保護の対象となっている。アンテロープは飼育されている。インド洋に面した沿岸地方と三つの大きな湖では魚介類が獲れる。ティラピアとナマズは養殖され、現在では輸出もされている。魚介類の多くは塩漬けや干物にして、内陸部に運ばれる。でんぷん質の食べ物は「真の食べ物」と考えられ、付け合わせとして賞味されている。トウモロコシまたはキビの粥は主食。でんぷん質の野菜と青菜、重要なたんぱく源である豆は毎日食べる。

パンと穀類 トウモロコシ、小麦、キビ、ソルガム、米：粥、パンケーキ、揚げパン、米料理

魚と肉 鶏肉、牛肉、ヤギ肉、仔羊肉と羊肉、豚肉、狩猟動物の肉（アンテロープ、ガゼル、ウォーターバック）、ラクダのこぶ、魚介類（サメ、カメ、エビ）、卵（ダチョウの卵は1個が一家族分）

昆虫 赤バッタ、コオロギ、イナゴ、アリ、イモムシ、幼虫。揚げたり乾燥させたりして、おやつとして食べる。

乳製品 ミルク、チーズ（ヨーロッパ風のチーズなど）

油脂 バター、ラード、肉の脂、ピーナッツ油、植物油

豆類 落花生、ササゲ、インゲンマメ、レンズマメ

野菜 キャッサバ、サツマイモ、プランテーン、ヤムイモ、ジャガイモ、葉物（アマランス、バオバブ、ゴマ、オクラ、ササゲ、カボチャ）、ナス、オクラ、カボチャ、タマネギ、トウガラシ、ピーマン

果物 バナナ、ココナッツ、パパイヤ、オレンジ、ライム

種実類 カシューナッツ、ゴマ

香辛料 塩、ココナッツミルク、クローブ、乾燥させたバオバブの葉、トウガラシ、カレー粉、ナツメグ、サフラン

料理 トウモロコシまたはキビの粉で作る濃い粥（ウガリ）。プランテーンをその葉で包み、ゆでてからつぶしたもの。プランテーンのスープ（牛肉を入れることもある）、シチュー、フリッター、カスタード。ピーナッツのスープ、シチュー、ペースト。葉物のピーナッツペースト煮。イリオ（豆やトウモロコシとキャッサバまたはジャガイモのマッシュ）は、カレー風味の鶏肉に添えることが多い。網などで焼いたアンテロープ、ガゼル、ウォーターバック。ダチョウの卵のオムレツ。エビのスープ。ザンジバルダック（油でこんがり焼いたアヒルをクローブ、トウガラシ、ブイヨンで蒸し煮にする。最後に、煮汁にオレンジとライムの果汁を加えたソースをかける）。サイコロ状に切って

蒸したパパイヤは、バター、ナツメグ、塩と和え、猟獣肉を含む肉料理の付け合わせにする。蒸し米。カレー。魚のココナッツミルク煮。
- **甘味類** ハチミツ、砂糖、バナナカスタード、メレンゲを盛ったココナッツプディング
- **飲物** コーヒー、茶、ビール、バナナワイン、赤ワイン
- **屋台** 焼きトウモロコシ、挽き肉と卵を包んだ揚げパンケーキ、揚げパン

タ

タンザニア

チェコ　Czech Republic
チェコ共和国

[地理] チェコは、中央ヨーロッパの東に位置する国で、山地に囲まれた平野に川が2本流れる。西部がボヘミア、東部がモラヴィアである。

主要言語	民族		宗教	
チェコ語（公用語）	チェコ人	64.3%	無宗教	34.5%
スロバキア語	モラヴィア人	5.0%	カトリック	10.4%

人口密度　138.2人/km² 　　　都市人口率　73.0%
識字率　99% 　　　　　　　　出生1000あたり乳児死亡率　2.6
平均寿命　男性75.8歳、女性81.9歳　　HIV感染率　0.1%
1人あたりGDP　33,200ドル　　失業率　4%
農業就業人口　2.8%　　　　　耕地面積率　40.7%

[農業] 小麦、テンサイ、大麦、ジャガイモ、ホップ、果物、ニワトリ、豚、牛、羊、ヤギ、魚

[天然資源] 石炭、カオリン、粘土、黒鉛、材木、漁獲

[産業] 冶金、機械設備、自動車、ガラス、武器

[食文化への影響] チェコ共和国とスロバキア共和国は、20世紀の大半をひとつのチェコスロバキア共和国として過ごし、食文化を共有した。1993年に分離し、以前のボヘミアだった西部がチェコ共和国になった。隣国のポーランド、ドイツ、オーストリア、スロバキアがチェコと互いに食に影響をし合った。ボヘミアは洗練された料理法で有名で、当時支配されていたオーストリア・ハンガリー帝国の首都ウィーンに料理人を送り込んだ。ハンガリーからの影響も受けている（たとえばグヤーシュ）。クリスマスやイースターの祝祭料理など、宗教による影響もある。チェコ共和国は肥沃な農地に恵まれ、それも食に影響する。チェコの料理はボリュームがあり、パン、ダンプリング、根菜、キャベツ、ソーセージをはじめとする肉、スープ、乳製品を多用する。

[パンと穀類] 小麦、大麦、ライ麦：パン（黒パンが多く、毎食供される）、ダンプリング（クネドリーネ）、イーストバン、シュトゥルーデル。ダンプリングはスライスしてシチューに添える食パンほど大きいものから、伝統的に花嫁がスープに入れて花婿にサーブする、小さなレバーダンプリングまでさまざまである。ハム、チーズ、果物が入っているのもある。

[肉と魚] 鶏肉、豚肉、牛肉と仔牛肉、仔羊肉、仔ヤギ、魚（マス、ウナギ、コイ）、卵：ハム、ベーコン、ヤテルニツェ（豚肉）やイェリト（血のソーセージ）などのソーセー

260

ジ（クロバーサ）。肉は挽き肉にして煮込むことが多い。
- **乳製品** ミルク（牛、羊）、クリーム、サワークリーム、カッテージチーズ、チーズ
- **油脂** バター、ベーコン、ラード、オリーブ油、植物油
- **豆類** インゲンマメ、レンズマメ、白インゲンマメ、スプリットピー
- **野菜** ジャガイモ、その他根菜、キャベツ、タマネギ、キノコ、キュウリ、ザウアークラウト、ピクルス
- **果物** リンゴ、サクランボ、ブドウ、プラム、アプリコット、レーズン、プルーン、スルタナ（大きなブドウ）
- **種実類** アーモンド、キャラウェイシード、ケシの実。ケシの実はケーキやペストリーによく使われる。
- **香辛料** タマネギ、塩、黒胡椒、パプリカ、シナモン、サワークリーム、酢、マスタード、ホースラディッシュ
- **料理** パーレック（蒸すかゆでるかしたソーセージ）。煮たダンプリング。ジャガイモのダンプリング。ファルシェ（肉ではなく野菜のストックを使ったスープ）。ジャガイモとキノコのスープ。赤キャベツもしくはキャベツをキャラウェイシードとともに煮込む。マッシュポテト。挽き肉をキャベツで包んだ料理。たっぷりとしたシチュー、グヤーシュ（肉、タマネギ、パプリカや他のスパイスを少しの汁気で煮込む）。ドシェナテレチナクミー（仔牛、キャラウェイシード、キノコ）と麺。ルンゲンブラーテン（ヒレ肉のローストビーフ）。スヴィーチコヴァー・ナ・スメタニエ（ローストビーフのサワークリームソース添え）。メールシュパイゼン(小麦粉で作った食べ物)は塩味もあるし、甘いものもある（ダンプリング、イーストを使ったパイ、麺類、パンケーキ、その他野菜、果物、チーズ、クリーム、バター、ベーコン、ジャム、ケシの実、ハチミツを使った練り粉の料理、パスタ）。トプフェンクネーデル（カッテージチーズのダンプリング）。リプタウアーチーズ（カッテージチーズ、バター、サワークリーム、パプリカ、黒胡椒、塩、キャラウェイシード、マスタード、ケーパー、タマネギ）
- **祝祭食** ザウアークラウトを詰めたガチョウのローストにパンとダンプリングを添える。クリスマスにはコイを4通りに調理する。パン粉をまぶして揚げる、プルーンと焼く、冷たいゼリー寄せ、スープ仕立て。甘いパンのコラチ（ケシの実、ドライフルーツ、カッテージチーズを入れた丸いイーストパン）。イースターの料理は焼いたハム、仔ヤギのロースト、マザネツ（レーズンとアーモンドの入った丸くて甘いイーストパン）
- **甘味類** 砂糖、ハチミツ、ジャム、シュトゥルーデル（柔らかい具を包み込んだ薄いパイ皮のペストリー）、イーストパン、サクランボやプラムジャムやアプリコットなどを包み込んだダンプリング。トプフェンパラチンケン(クリームを添えた厚いパンケーキ）。シュクバーンキイ（ジャガイモのダンプリングをバターで焼いて、シナモンシュガーを添える）。マコヴィ・コラチ（ケシの実とブドウのケーキ）。ブブラニナ（フルーツを入れたスポンジケーキ）。シュトロイゼルクーヘン（そぼろ状の小麦粉シュトロイゼルを

のせたケーキ）

飲物 コーヒー、茶、ミルク、ホットチョコレート、ビール、ワイン。チェコはピルスナービールが有名。色が薄く、軽くて苦い。コーヒーハウスでスイーツを食べるのは、ボヘミアの伝統である。

食事 一日3回の食事と軽食が標準的。

チャド　Chad
チャド共和国

[地理] チャドは北アフリカの中央に位置する内陸国で、北にはサハラ砂漠の一部、南には樹木が生え、川が流れるサバンナがあり、西の国境にチャド湖がある。サハラの最高峰はエミクーシ山（標高 3,415m）で、チャド北西部に位置する火山である。

主要言語	民族		宗教	
アラビア語（公用語）	サラ人	29.9%	イスラム教スンニー派	52.1%
フランス語（公用語）	カネム・ボルヌ	9.7%	プロテスタント	23.9%
120以上の言語と方言	アラブ人	9.6%	カトリック	20.0%

人口密度　9.6人/km²　　　都市人口率　22.8%
識字率　22.3%　　　出生1000あたり乳児死亡率　85.4
平均寿命　男性49.4歳、女性51.9歳　　　HIV感染率　1.3%
1人あたりGDP　2,600ドル　　　失業率　5.8%
農業就業人口　80%　　　耕地面積率　3.9%

[農業] ソルガム、キビ、落花生、アラビアゴム、綿花、米、ジャガイモ、キャッサバ、牛、ヤギ、ニワトリ、羊、ラクダ、豚

[天然資源] 石油、ウラン、ナトロン、陶土、漁獲

[産業] 石油、綿織物、精肉、醸造、炭酸ナトリウム、石鹸、タバコ、建築資材

[食文化への影響] チャドはサハラの南に接する他のアフリカ諸国同様、かつてはフランスの植民地であり、住民はまばらであった。食への影響としては北アフリカ、西アフリカ、フランス、新世界からもたらされた食物、宗教が挙げられる。たとえば、肉や魚は西アフリカのようにソースで食べ、都市部ではフランスの影響であるバゲットがよく見られ、トウガラシとトマトが多くの料理に使われるのは新世界の影響である。多くの国民がイスラム教徒なので豚肉を食べないが、豚は飼育されていて他の人々は食べる。フラ族のような遊牧民は北部に居住している。赤身肉はぜいたく品だが、狩猟動物同様よく食べられている。河川とチャド湖では魚が獲れる。地方では、三つの石の上に鍋をのせて薪を燃やす伝統的な炉が今日も使われている。肉は裸火であぶり、オーブンは普及していない。

[パンと穀類] ソルガム、キビ、米、トウモロコシ、小麦、野生の穀物：ポリッジ、クスクス（キビの生地を小さく丸め、蒸して、米のように料理する）、米料理、バゲット

[肉と魚] 牛肉、ヤギ、鶏肉、卵、仔羊肉、ラクダ、豚肉、魚（パーチ、ティラピア）、

ホロホロチョウ、ハト、狩猟動物（アンテロープ、ハイラックス、アフリカタケネズミ）。肉と魚は干すことが多い。

乳製品 ミルク、サワーミルク、バターミルク、凝乳、ホエー、チーズ

油脂 シア油とシアバター（アフリカ原産のシアノキの種から作られる）、パーム油、ピーナッツ油

豆類 落花生、インゲンマメ、エンドウマメ、レンズマメ。豆は重要な食糧である。

野菜 ジャガイモ、キャッサバ、ヤムイモ、プランテーン、サツマイモ、トマト、オクラ、葉物、トウガラシ、タマネギ

果物 ナツメヤシ、レーズン、ココナッツ、バナナ、マンゴー

種実類 コーラナッツ、シアの実、スイカの種、ゴマ。種実類はソースやシチューにとろみを加える。

香辛料 トウガラシ、トマト、タマネギ、ニンニク

料理 米その他の穀物を蒸したりゆでたりし、肉とピーナッツソースを添える。肉、トマトのさらりとしたシチューと米。キビやキャッサバをゆで、ペーストにする。トウモロコシのポリッジ。赤身肉とオクラのシチュー。鶏肉とピーナッツの煮込みにサツマイモ、トマトを添える。キャッサバのポリッジに魚の燻製、トマト、その他の野菜。魚、オクラ、葉物野菜、トマトのシチュー。ラクダの胃に詰め物をした料理（ハギスに類似）。キャッサバの葉と干し魚、パーム油またはオクラにクスクスかご飯を添える。

祝祭食 キビとキャッサバのマッシュにふたつのソースを添え（挽き肉、干し魚、干したオクラの粉末、もうひとつは角切りの肉とトマト）、食べる前に混ぜる。ジョロフライス（米に肉、野菜、スパイス、トマトまたはパーム油を加えて炊く）

甘味類 ハチミツ、砂糖、ピーナッツキャンディ、焼きバナナ、揚げた丸ドーナツ、甘いペストリー

飲物 ビール、コーヒー

屋台 ケバブ、シャワルマ、インゲンマメのフリッター、甘いペストリー、焼きトウモロコシ。屋台食は重要である。

中央アフリカ　Central African Republic
中央アフリカ共和国

[地理] 中央アフリカ共和国は、国土の大半がサバンナの高原台地で平均標高は600m、降水量も十分な、中央アフリカの内陸国である。南部は熱帯雨林で、東部は砂漠。河川はコンゴに流れる。

主要言語	民族		宗教	
フランス語（公用語）	バヤ族	33%	土着信仰	35%
サンゴ語（国語）	バンダ族	27%	プロテスタント	25%
	マンジャ族	13%	カトリック	25%
	サラ族	10%	イスラム教	15%
	ムボム族	7%		

人口密度　19.0人/km²
識字率　36.8%
平均寿命　男性51.4歳、女性54.2歳
1人あたりGDP　700ドル
農業就業人口　－

都市人口率　40.6%
出生1000あたり乳児死亡率　86.3
HIV感染率　4.0%
失業率　6.9%
耕地面積率　2.9%

[農業] キャッサバ、ヤムイモ、落花生、綿花、コーヒー、タバコ、キビ、トウモロコシ、バナナ、ニワトリ、牛、ヤギ、豚、羊

[天然資源] ダイヤモンド、ウラン、材木、金、石油、水力発電、漁獲

[産業] 金およびダイヤ採鉱、木材伐採搬出、醸造業、繊維、履物、自転車およびオートバイ組立

[食文化への影響] この熱帯の国の河川では魚が獲れ、コーヒー、キャッサバ、ヤムイモ、キビ、トウモロコシ、バナナが栽培され、家畜が飼育される。でんぷん質の根菜と穀物が主食である。食文化はフランスの影響を受けている（フランスパンなど）。キャッサバ、トウモロコシ、落花生、トマト、トウガラシ、ジャガイモなど新世界の作物の導入が大きな変化をもたらした。アフリカの土着の食べ物としてはササゲ、スイカ、オクラがある。でんぷん質の食べ物が真の食べ物とみなされ、ソースと煮込み料理は添え物である。大部分の国民は穀物、でんぷん質の野菜、豆、葉物野菜を食べている。肉はぜいたく品である。濃い、どろりとした、スパイスのきいた食べ物が好まれる。

[パンと穀類] キビ、トウモロコシ、米、ソルガム、小麦：コーンミールまたはプランテーンのケーキ、米料理、フランスパン

[肉と魚] 鶏肉、卵、牛肉、ヤギ肉、豚肉、仔羊肉と羊肉、魚（生、燻製、塩漬け、干し魚）、ホロホロチョウ、ウサギ、狩猟動物。鶏肉は一般的で、ご馳走である。魚は肉とともに

煮込み料理に使われることが多い。

昆虫 シロアリ、イナゴ

乳製品 ミルク、サワーミルク、バターミルク、凝乳、ホエー、チーズ

油脂 パーム油、ピーナッツ油、シア油、ココナッツ油。パーム油はほとんどの食べ物にふんだんに使われ、赤味を加える。

豆類 落花生、ササゲ、イナゴマメ、小豆

野菜 キャッサバ、ヤムイモ、プランテーン、タロイモ、葉物（タロイモ、キャッサバ、ビターリーフ）、オクラ、トマト、サツマイモ、ジャガイモ、ナス、カボチャ、タマネギ、トウガラシ、キュウリ、ピーマン

果物 バナナ、ココナッツ、パイナップル、アキーアップル、バオバブ、スイカ、グアバ、レモン、ナツメヤシ、マンゴー、パパイヤ

種実類 カシューナッツ、コーラナッツ、スイカの種（エグシ）、ゴマ、マンゴーの種、バオバブの種

香辛料 塩、パーム油、タマネギ、トウガラシ、乾燥させたバオバブの葉、タイム

料理 食べ物はゆでるか炒め、ソースにつけて手で食べる。ピーナッツソースもしくはシチュー（ひいて粉にしたピーナッツ、トウガラシ、トマト、鶏肉、牛肉、魚、その数種と時折はジャガイモ、インゲンマメ、ナス）、葉をすりつぶしたソースをつける。フレジョン（ササゲまたはインゲンマメのペースト、ココナッツミルク、時折イナゴマメ、チョコレート）。ガリ（キャッサバ粉）。フフ（でんぷん質の野菜またはトウモロコシをゆでてつぶしたペースト）はひと口サイズに丸め、煮込み料理をすくって食べる。根菜またはオクラに魚、鶏肉、牛肉などを入れたシチュー。モインモイン（ササゲを蒸して挽いたペースト、トウガラシ、タマネギ）。ココナッツミルクで煮た米。ピーナツソースを添えたローストチキン。プランテーンをタマネギ、トウガラシとともにパーム油で炒める。

甘味類 ハチミツ、砂糖、揚げた丸いドーナツ、ピーナッツキャンディ、バナナを砂糖かココナッツと焼く。

飲物 コーヒー、ビール

屋台食 スパイスのきいたケバブ、魚のフライ、プランテーンのチップス、インゲンマメの団子のフライ、ササゲのフリッター、蒸した米の団子、ヤムイモのフライ、甘いパン生地を揚げたもの。間食は一般的で、都市部では町の屋台で売っている。

中国　China
中華人民共和国

[地理] 東アジアの居住可能な土地の大半を占め中国は、東シナ海、南シナ海に面する。面積はアメリカよりわずかに大きいが、国土の大半は山か砂漠で、耕作できるのは10分の1に過ぎない。西、北、南西は山岳地帯で、南西部にはヒマラヤ山脈がある。北部はゴビ砂漠で、南西にチベットがある。東部は世界でも有数の水の豊富な肥沃な農業地帯で、三つの大河の水系が広大な農地に水を供給している。南には香港とマカオがある。

主要言語	民族		宗教	
標準中国語（北京語）（公用語）	漢民族	91.6%	民俗宗教	21.9%
広東語			仏教	18.2%
上海語			キリスト教	5.1%
その他の言語と方言			無宗教	52.2%

＊統計値に香港、マカオは含まれていない

人口密度　147.9人/km²　　　都市人口率　57.9%
識字率　96.4%　　　　　　　出生1000あたり乳児死亡率　12.0
平均寿命　男性73.6歳、女性78.0歳　　HIV感染率　－
1人あたりGDP　14,600ドル　　失業率　4.6%
農業就業人口　28.3%　　　　耕地面積率　11.3%

[農業] 米、トウモロコシ、小麦、大麦、キビ、脂肪種子、大豆、落花生、ヒマワリの種、メロン、果物、サツマイモ、サトウキビ、ジャガイモ、野菜、綿花、タバコ、茶、カイコ、アヒル、ニワトリ、豚、ヤギ、羊、水牛、牛

[天然資源] 石炭、鉄鉱石、石油、天然ガス、水銀、錫、タングステン、アンチモン、マンガン、モリブデン、バナジウム、磁鉄鉱、アルミニウム、鉛、亜鉛、ウラン、水力発電、漁獲

[産業] 採鉱、精錬、鉄、鋼鉄、アルミ、石炭、機械製造、軍備、繊維、衣服、石油、セメント、化学製品、肥料

[食文化への影響] 気候や地理的要因により主食として食べられる穀物、副食、郷土食に違いが見られる。中国では食は、「生きるために食べる」だけでなく「楽しみのために食べる」。でんぷん質の食べ物が主食で、それにひとつかふたつの動物性食品または野菜の副菜が加わり、後者が「楽しみのために食べる」食である。でんぷん質の食べ物は穀物が好まれ、塊茎作物の場合もある。大まかな違いとしては北部では小麦が、南部では米が栽培され、長江がふたつの地域を分けている。北京では米も小麦も同じように食べられる。中国北部と中央部のあまり豊かでない農村地域ではトウモロコシやキビを食

べ、穀類がとれない地域では塊茎を代わりに食べていた。亜熱帯地域ではタロイモ、寒冷な地域ではジャガイモやサツマイモである。各地域の作物、とくに地域の代表的な食品は毎年皇帝に献上されていた。古来中国料理は洗練された職人技であり、今日では四つの代表的な料理法が伝えられている（下記参照）。それに加えて、豚肉を食べないイスラム教の料理、仏教徒もしくは殺生を嫌う人々の精進料理も伝えられている。

パンと穀類 米、トウモロコシ、小麦、大麦、キビ：米料理、ビーフン、短粒米の餅、小麦粉を使った麺類、ワンタン、蒸しパン、パンケーキ

肉と魚 アヒル、鶏肉、豚肉、ヤギ肉、仔羊肉と羊肉、牛肉、水牛、魚、エビ、カキ、卵

乳製品 ミルク（牛、水牛）。中国人には乳糖不耐性が多く、乳製品は一般的ではない。カルシウムは豆乳、豆腐、小魚の骨から摂取する。

油脂 ベーコンの脂、ラード、バター、ゴマ油、ダイズ油、ピーナッツ油、コーン油

豆類 大豆、落花生、緑豆、：豆腐、豆乳、醤油、モヤシ

野菜 サツマイモ、ジャガイモ、キャベツ、トマト、キュウリ、タマネギ、ナス、トウガラシ、アスパラガス、ホウレンソウ、カリフラワー、サヤインゲン、ニンジン、レンコン、キノコ、クワイ、タロイモ

果物 スイカ、リンゴ、柑橘類、マスクメロン、洋ナシ、バナナ、ライチー（ブドウのような食感と香りがする）

種実類 アーモンド、カシューナッツ、栗、ギンナン、クルミ、ナタネ、ヒマワリの種、ゴマ

香辛料 醤油、ニンニク、ショウガ、ネギ、酢、トウガラシ、花椒

調理法 中国ではどこでも、炊事場と食堂は分かれている。料理はまず材料を刻むのが一般的で、丸ごと料理するのは珍しい。その場合はできあがったら台所で先に切る。食べ物は果物を除いてすべて、加熱したり何らかの調理（酢漬け、アルコール漬け）をしたりするもので、生で供されることはない。米とパンは蒸され、野菜、肉、卵、炊いた米を強火で炒める調理法が一般的である。小さく切った材料を、個別に高熱で素早く炒め、最後に一緒にして味つけをするのである。この方法だと色鮮やかに、食感や香りもよく仕上がり、調理時間も短いので燃料も節約でき、食材を切る包丁と加熱する中華鍋ひとつあれば料理ができる。

調理器具 鉄もしくは鋼鉄の中華鍋は、炒めるのにも、蒸すのにも、煮込むのにも、揚げるのにも使用され、料理に鉄分を加えることもできる。ローストやオーブンで焼く調理法は、家庭では行なわない。ほとんどの家庭にはオーブンはない。プロの料理人はドラムの形をした垂直のオーブンを使用する。

料理 炊いた米。スープ。肉、魚に衣をつけ揚げて甘酢ソースでからめる。ダンプリング（蒸しパン）。野菜、肉、魚、米を強火で炒める。焼きそば（ゆでた麺を肉、野菜と炒める）。肉団子、魚、春巻き、鶏肉、牛肉、豚肉、豆腐の揚げ物。豚肉、鶏肉、牛肉、

魚、豆腐、野菜の煮込み料理。
甘味類 サトウキビ、ハチミツ、シロップ、砂糖、味噌、餅、サチマ（豆粒大の小麦の生地を揚げ、ハチミツで板状に固める）
飲物 茶（緑茶、紅茶）、豆乳、スープ、酒、ビール
食事と供し方 まずテーブルをセットする。磁器の小皿、飯椀、茶椀（把手がない）、汁椀、スプーンと竹製の箸である。標準的な食事はご飯、肉と野菜の料理（食卓についた人数と同じ数が普通）、スープ、茶、果物。米と茶は各人に供され、肉料理、野菜料理はテーブル（円卓が多い）の真ん中に置かれ、各自が取る。次にスープが出る。
屋台・間食 シャオチー（小吃）はいつでも食べられる小皿料理で、塩味のものもあれば甘いものもある。濃いスープ、澄んだスープ、カスタード、ゼリー、焼き卵料理、ケーキなど（Newman 2000a）。
四大中華料理 北京を中心とする北部の料理はニンニク、酢、醤油を使用する。北京料理として有名なのは緑豆の豆乳（トウジュウ）、北京ダックがある。アヒルのパリパリの皮を生のネギと、小麦粉を焼いて作る薄餅でくるんで食べる料理である。北京の北では羊肉、ニンニク、酢が食べられる。中央部と西部は四川料理が主流で、辛いトウガラシ、花椒、味噌、ゴマ油、ゴマペーストが使われる。有名な料理には四川ダック（蒸したあと揚げる。花椒をふんだんに使って非常に辛い）、鶏肉と栗とトウガラシの料理、豚肉を使った料理などがある。南東部（もしくは沿岸部）は上海料理で、ショウガと酒に甘酸っぱい味が組み合わさった繊細な味つけをする。よく食べられるのはベジタリアンのためのパン、魚のすり身団子、カキのオムレツ、魚、米料理、野菜料理である。南部の広東料理は芳醇で複雑な味つけをする。粥、シーフード、春巻き、点心、青野菜の料理、豚の丸焼きなどが有名で、料理屋の店先にはてらてらした焼き肉がぶら下がっている。多くの広東人は朝食や昼食をレストランの点心と茶で済ませる。
チベット この中国南西部の自治区はヒマラヤ山脈で隔絶した地域のため、固有の食習慣を持つ。標高が高く寒冷な気候のため、大麦が主要な穀類である。主食はツァンパで、大麦の粉を炒って水に溶き、ヤクのバターを使ったバター茶とこねる。ツァンパはソバ粉、小麦粉、トウモロコシ、キビ、オート麦、大豆でも作られる。粉をバター、砂糖、ミルクもしくはクリーム、茶とこねて平らにし、茶やスープと食べることもある。穀物を炒って爆ぜさせたもの、小麦粉で作った生地を蒸したり揚げたりしたもの、ソバ粉のパンケーキ、モモ（小さな肉まん）などがよく食べられる。ヤクと羊がよく食べられるが、仏教徒であるチベット人は豚、家禽類、魚は食べない。遊牧民が食べるのは乳製品や肉で、これは自分の家畜からまかない、周りの人にも分け与える。モモと臓物料理をよく食べ、肉を干したりもする。乳製品は重要で、ミルク（ヤク、牛、ヤクと牛の雑種）、バター、サワーミルク、バターを作る際に出る乳固形分、ミルクを沸騰させ表皮をすくって乾かしたものなどを摂る。バター茶（ブージャ）は煎じ出した茶、バター、ミルクもしくはクリーム、塩を攪拌したもので、一日中飲まれる。野菜はカブ、カリフラワー、ビーツ、

ニンジン、キャベツ、ラディッシュ、タマネギ、ニンニク、リーキ、ジャガイモが食べられている。大麦かソバを原料とする醸造酒は、特別な時に供される。伝統的なチベットの台所は簡素で、燃料には薪か動物の糞を使用する（Ang, 2000；Newman, 1999）。

チュニジア　Tunisia
チュニジア共和国

[地理] チュニジアは北アフリカに位置し、地中海に面している。樹木の生い茂る肥沃な北部にはアトラス山脈が、中部の沿岸平野には牧草地と果樹園がある。南部はサハラ砂漠に近く、乾燥している。

主要言語	民族		宗教	
アラビア語（公用語）	アラブ人	98%	イスラム教スンニ派（国教）	97%
フランス語（国民のあいだで広く用いられている）				

人口密度　73.4 人/km²　　　　　都市人口率　67.3%
識字率　81.1%　　　　　　　　　出生 1000 あたり乳児死亡率　18.2
平均寿命　男性 74.1 歳、女性 77.4 歳　　HIV 感染率　0.1%
1 人あたり GDP　11,700 ドル　　失業率　14.6%
農業就業人口　14.8%　　　　　　耕地面積率　18.7%

[農業] 小麦、オリーブ、トマト、柑橘類、テンサイ、ナツメヤシ、アーモンド、ニワトリ、羊、ヤギ、牛、ラクダ、豚

[天然資源] 漁獲、石油、リン酸塩、鉄鉱石、鉛、亜鉛、塩

[産業] 石油、鉱山、観光、繊維、履物、農業関連、飲料

[食文化への影響] チュニジアの料理に影響を与えたのは、フェニキア人、カルタゴ（チュニスの近くにあった古代都市）、ローマ、アラブ人、オスマン帝国、イタリア、そしてフランスである。アラブ人は東方のスパイス、薄いパン、甘味と酸味の合わせ方を伝えた。アフリカ北西部の一角を占めるチュニジア、アルジェリア、モロッコはマグレブ（「西方」の意）と呼ばれ、遊牧民のベルベル人が多く暮らしている点で中東〔東方〕と異なる。料理はフランス料理と重なり、クスクスやメルゲーズ（赤トウガラシを使った牛肉ソーセージ。イスラムの食物規定により豚肉ではない）、アラブのペストリーを輸出することで、フランス料理に影響を与えもした。新世界からはトマト（現在では主要作物）、トウモロコシ、ジャガイモ、トウガラシが持ち込まれた。チュニジアではアラブ料理が他を圧倒しているが、遊牧民が口にするのはベドウィンの食べ物（ラクダや羊、ヤギの乳とこれらで作る澄ましバター、ヨーグルトなどの乳製品、酵母菌を使わない薄いパン、煮てから米や小麦にのせて食べる羊肉、ナツメヤシ、小型の狩猟動物、バッタ、コーヒー）である。チュニジア人は大半がイスラム教徒で豚肉を食べず、酒も飲まない。地中海で魚が豊富に獲れたのは 1980 年くらいまでで、観光客の増加と乱獲により減少

している。料理は概して味が濃い。

[パンと穀類] 小麦、トウモロコシ、大麦、米：クスクス（粒状の乾燥パスタ。穀物、普通はセモリナ小麦の粉と水を練って作る）、ひき割り小麦（ブルグル）、ピタパン（空洞のある丸くて薄いパン）、スティックパン（カアク）、パスタ、紙のように薄い生地（ワルカ）のペストリー、米料理

[肉と魚] 鶏肉、仔羊肉と羊肉、ヤギ肉、牛肉、ラクダ肉、豚肉、魚介類、卵：メルゲーズソーセージ

[乳製品] バターミルク、ヨーグルト、チーズ

[油脂] オリーブ油、バター、澄ましバター、植物油

[豆類] ヒヨコマメ、ソラマメ、レンズマメ

[野菜] オリーブ、トマト、ナス、キュウリ、ニンジン、セロリ、カブ、ズッキーニ、カリフラワー、ジャガイモ、ピーマン、カボチャ、オクラ、キノコ類

[果物] オレンジ、レモン、ライム、ナツメヤシ、ブドウ、イチジク、モモ、アプリコット、野生リンゴ

[種実類] アーモンド、ピスタチオ、キャラウェイシード、ゴマ

[香辛料] 塩、黒胡椒、ニンニク、タマネギ、トウガラシ、ハーブ（ミント、パセリ）、スパイス（オールスパイス、カルダモン、クミン、シナモン、クローブ、ショウガ、ナツメグ、ターメリック、サフラン）、酢、レモン、オレンジ花水、ローズウォーター、アリッサ（乾燥させ粉末状にした赤トウガラシ、クミン、塩などで作るソース）は、甘味類を除くほとんどの料理に使われる。

[料理] 蒸したクスクスのシチューがけ：シチューは、仔羊肉、牛肉、メルゲーズ、鶏肉、または魚とヒヨコマメや野菜、トウガラシソース（アリッサ）で作る。タジン（油でよく炒めた仔羊肉、鶏肉または牛肉に、スパイス、トマト、ナス、ヒヨコマメ、ニンニク、水を加え、タジンという蓋つきの土鍋で煮たシチュー）は、クスクスにかけて食べることが多い。クスクスとタジンはよく同時に調理する（煮込んでいるタジンの上でクスクスを蒸す）。メシュイ（仔羊肉の串焼き）。メルゲーズの網焼き。炭火で焼いたボラやマグロの切り身には、刻んだパセリとレモンを添える。サラダ・メシュイヤ（缶詰のツナ、直火で焼いたピーマンやトマトとニンニク、タマネギ、固ゆで卵、キャラウェイシードをレモン汁とオリーブ油で漬ける）。ポテトサラダ（ゆでたジャガイモにアリッサとキャラウェイシードを振りかけ、油とレモン汁で和える）。薄く切り、塩を振ってライム汁をかけたキュウリ。

[国民食] ブリーク（薄いフィロ生地に塩味の詰め物をして揚げ、卵をのせたペストリー）には、ブリーク・ビッラハム（味をつけた仔羊の挽き肉を詰めたもの）や、ブリーク・ビランシュワ（アンチョビとパルメザンチーズを詰めたもの）などがある。

[甘味類] ハチミツ、砂糖。生果とナッツ。サムサ（紙のように薄い生地で、すりつぶしたアーモンドやゴマをくるんで焼き、レモン汁やローズウォーターで風味づけしたシロ

ップをかける)。バクラバ(薄い生地とアーモンドを層にしてサムサ同様オーブンで焼き、ハチミツに浸す)。トゥマルミーチ(ローズウォーター風味のピスタチオペーストを詰めたナツメヤシ)。ヨーヨー(オレンジ風味のドーナツに、レモン風味のハチミツシロップを含ませた菓子)。トワジン(アーモンドクッキー)。

飲物 ミントティー(砂糖入り)、コーヒー、バターミルク、レモネード、イチジクの蒸留酒(ブッハ)

食事の仕方 チュニジア人は大きなボウルを囲むようにして敷物に座り、中に入ったクスクスなどを指でつまんで食べる。料理をすくったり、含ませたりするのにパンを使うこともある。みなが手を伸ばす大きなボウルは、低いテーブルに置く。

間食・夕方の軽食 蒸したクスクス(ナツメヤシをのせ、シナモンを振る)、ペストリー、プディング

軽食(メッゼ) スティックパン、オリーブ、角切りチーズ、キュウリのヨーグルト和え、塩水に漬けた生野菜、ナスのピューレ、フムス(ヒヨコマメのディップ)、タブーリ(パセリ、トマト、ブルグルのサラダ)、ファラフェル(すりつぶした豆を小判形に成形して揚げたもの)、ドルマ(詰め物をした野菜)、小型のケバブ(肉の串焼き)。メッゼ(飲み物つきの間食)は、昔からの習慣:イスラム教徒はレモネード、そうでない人たちはブッハなどの酒を飲む。

チリ　Chile
チリ共和国

[地理] チリは南米大陸南部の西海岸に位置し、太平洋に面している。高峰を擁するアンデス山脈が国土の3分の1を占め、その山脈と太平洋にはさまれた細長い国である。北には地球上で最も乾燥した地域のアタカマ砂漠があり、中央部の渓谷地域に人口が集中し、農業地帯でもある。南部は森林と放牧地である。パタゴニアにあるプンタアレーナスは世界の最南端に位置する町で、羊の飼育の中心地となっている。

主要言語	民族		宗教	
スペイン語（公用語）	白人と非先住民	88.9%	カトリック	66.7%
マプチェ語	先住民	9.1%	プロテスタント	16.4%
			無宗教	11.2%

人口密度　23.9人/km²　　　　　都市人口率　89.9%
識字率　96.6%　　　　　　　　　出生1000あたり乳児死亡率　6.6
平均寿命　男性75.9歳、女性82.1歳　HIV感染率　0.5%
1人あたりGDP　24,000ドル　　　失業率　6.6%
農業就業人口　9.2%　　　　　　　耕地面積率　1.7%

[農業] テンサイ、ブドウ、小麦、リンゴ、洋ナシ、タマネギ、トウモロコシ、オート麦、モモ、ニンニク、アスパラガス、インゲンマメ、ニワトリ、牛、豚、羊、ヤギ
[天然資源] 銅、材木、鉄鉱石、硝酸肥料、貴金属、モリブデン、水力発電、漁獲
[産業] 銅（産出量、輸出量ともに世界1位）、その他の鉱物、食品、水産加工、鉄、鋼鉄、材木およびその製品、輸送設備、セメント、繊維

[食文化への影響] インカと他の先住民の影響が、トウモロコシ、ジャガイモ、インゲンマメ、トマト、ウリ、トウガラシの使用に見られる。チリとはトウガラシ科の植物の実の総称である（ピミエント、ピーマンは含まない）。トウガラシが辛いのはカプサイシンという刺激性のアルカロイドを含むからで、種が付着する内部の組織にある。スペインの影響は豚肉（とラード）、牛、オリーブの使用にも残る。国土が細長いため、気候や地形が多様で、食物は地域により異なる。国土の3分の1を占める、北部の標高の高い砂漠では食物はほとんど生産されず、温帯から亜熱帯に属する中央部の肥沃な渓谷地域で作物、ブドウ、モモなどの果物が栽培される。南部の森林は気候と土壌が農業に適さず、羊が飼育される。豚も飼育されており、豚肉料理は一般的である。長く、入り組んだ海岸線、とくに南部では豊富な海産物が獲れる。イチゴの原種は1714年にチリからフランスにもたらされた。

チリ

パンと穀類 小麦、トウモロコシ、米：小麦パン、ペストリー、二つ折りのパイ、ポテトブレッド

肉と魚 鶏肉、牛肉、豚肉、仔羊肉、羊肉、ヤギ、魚（ウナギなど）、シーフードとしてはウニ（エリソス）、ムール貝、ホタテ、アワビ、ハマグリ、カキ（先住民の大切な食糧）、巨大なフジツボのピコロコ（この沿岸にだけ見られる珍味）がある。卵：ソーセージ

乳製品 ミルク、エバミルク、チーズ

油脂 ラード、オリーブ油、植物油、バター。ラードまたは油とニンニク、パプリカ、トウガラシを使うのが一般的な調理法。

豆類 ツルナシインゲンマメ（ポロト）、インゲンマメ、落花生

野菜 ジャガイモ、ハヤトウリ、トウガラシ、トマト、タマネギ、アスパラガス、キャッサバ、プランテーン、カボチャ、サツマイモ、オリーブ、ニンジン、パセリ

果物 ブドウ、リンゴ、洋ナシ、モモ、イチゴ、バナナ、レモン、ライム、オレンジ、レーズン

種実類 カシューナッツ、カボチャの種

香辛料 塩、トウガラシ（アヒ）、タマネギ、ニンニク、パプリカ、コリアンダー、酢

料理 ポロトス・グラナドス（ツルナシインゲンマメ、ウリ、トウモロコシを煮た料理）。パステル・デル・チョクロ（牛肉にトウモロコシをひいたものをのせ砂糖を振りかける）。ウミータ（トウモロコシをつぶしたものにタマネギ、コショウ、トマトを加えたもの、もしくはコーンミールの生地で肉、魚、野菜などの具をくるんだもの）。カンチョ・ア・ラ・チレーナ（豚肉、野菜、トウガラシのキャセロール）。生ウニにパセリソースを添えて供する。ムール貝、ホタテ、アワビ、カキは煮込み料理（パン粉とチーズをのせるチュペ・デ・マリスコス）にしたり、石を敷いた穴で蒸し焼きにしたりする。魚、トマト、ジャガイモのスープ。チリ風ホットソース（オリーブ油、酢、コリアンダー、タマネギ、赤トウガラシ、ニンニク、塩）。エスカベシュ・デ・ガリーニャ（鶏肉をオリーブ油できつね色に炒め、ワイン、酢、水、タマネギ、ニンジン、塩、スパイスで煮て、冷やす）。ゆでたエビとカニ、トウモロコシ、米のシーフードサラダ。ペブレ（タマネギ、酢、オリーブ、ニンニク、トウガラシ、コリアンダーで作ったソース）は冷たい肉料理に使う。アワビまたは牛肉、オリーブ、レーズン、タマネギが入った二つ折りパイを、焼くか揚げるかする。仔羊肉と野菜のシチュー。炒め煮にしたハムとチリソース。

名物料理 ピコロコのクラント（甲殻類、貝、豚肉、ソーセージ、ジャガイモのパテ、エンドウマメ、インゲンマメを海藻と層にした石焼料理）はポテトブレッドと食べる。チュペ・デ・ロコ（貝またはアワビとインゲンマメの入ったチャウダー）。コングリオ（ウナギ、ジャガイモ、タマネギ、ニンニク、白ワインのシチュー）

甘味類 ハチミツ、砂糖、ブラウンシュガー、果物、カスタード、プディング

飲物 コーヒー、フルーツジュース、茶、ビール、ワイン、ピスコサワー（ワインにレ

モン汁、砂糖、卵白を混ぜたもの)

食事 朝食：パンとコーヒー。昼食：前菜、肉か魚介類の煮込み、豆かジャガイモを使った付け合わせ、青野菜、デザート。午後遅く：茶と果物、サンドイッチ、ペストリーの軽食。夕食：シーフードのサラダか煮込み。貧困層はスープかシチューとジャガイモ、プランテーン、トウモロコシ、米、豆を付け合せにした簡単な食事をとる。

ツバル　Tuvalu

[地理] 太平洋の島国ツバルはニューギニアの東、赤道近くに位置する。国土は26km²。国を構成する九つの小島は、100万km²以上の海域に散らばっている。島はすべて、最高地点でも海抜4.5mの平坦な環礁の島で、気候は熱帯性。

主要言語	民族		宗教	
ツバル語（公用語）	ポリネシア人	96%	プロテスタント	98.4%
英語（公用語）	ミクロネシア人	4%	ツバル教会（会衆派教会）	
サモア語				97%

人口密度　425.1人/km²　　　　都市人口率　61.5%
識字率　－　　　　　　　　　出生1000あたり乳児死亡率　29.0
平均寿命　男性64.7歳、女性69.2歳　HIV感染率　－
1人あたりGDP　3,500ドル　　　失業率　－
農業就業人口　国民はおもに漁と海外で働く人々（大半はリン酸塩工場の労働者か船員）からの送金で生計を立てている。　耕地面積率　0%

[農業] ココナッツ、果物、バナナ、パンノキの実、サツマイモ、タロイモ、パンダナスの実、ニワトリ、アヒル、豚

[天然資源] 漁獲

[産業] 漁、観光、コプラ

[食文化への影響] ツバル（かつてのエリス諸島）は、太平洋に浮かぶポリネシアの島。およそ3万ないし4万年前、南下をはじめた東南アジアの人々は、西太平洋の島々やオーストラリアへ、その後はさらに遠い〔ポリネシアを含む〕東の島々へと移住した。イギリスは1892年から1978年までこの地を支配し、やはりツバルの食に影響を与えた。ヨーロッパ人はそれまでなかった食用植物、小麦パン、数種の動物を、アジア人は米、大豆、麺、茶を持ち込んだ。ツバルでおもに食べられているのは、魚、根茎、塊茎、パンノキの実、ココナッツ、果物。肉と言えばたいてい豚肉で、宴会には欠かせない。昔から他の食材と一緒に、石を並べた穴で調理する。

[パンと穀類] 米、小麦：米料理、パン、麺

[肉と魚] 鶏肉、アヒル肉、豚肉、牛肉、魚（ボラなど）、甲殻類（カニなど）、卵：コンビーフ、スパム

[乳製品] ミルクその他の乳製品は、あまり飲んだり食べたりされていない。

[油脂] ココナッツ油、ココナッツクリーム、ラード、植物油、ショートニング、ゴマ油

[豆類] 大豆、四角豆、エンドウマメ、レンズマメ、落花生

[野菜] パンノキの実、サツマイモ、タロイモとその葉、パンダナスの実、ポーポーの実、プランテーン、ヤムイモ、キャッサバ、青菜、海藻、クズウコン、ニガウリ、キャベツ、ダイコン、ナス、タマネギ、青タマネギ

[果物] ココナッツ、バナナ、レモン、ライム、グアバ、マンゴー、パパイヤ、パイナップル、メロン、タマリンド。ココナッツミルクは料理に多用される。生果はおやつ。

[種実類] キャンドルナッツ（ククイノキの実）、ライチー、マカダミアナッツ

[香辛料] ココナッツのクリームとミルク、ライムまたはレモン汁、塩、醤油、ショウガ、ニンニク、タマネギ、トウガラシ

[料理] ゆでたタロイモ、サツマイモ、パンノキの実。炊いたり蒸したりした米。ゆでたり蒸したりした青物または海藻。ライム汁、タマネギ、ココナッツクリームでマリネした白身魚の切り身。魚は焼いたり、揚げたり、葉で包んで蒸したりする。穴で料理する食材：豚や魚は丸ごと、タロイモ、サツマイモ、パンノキの実、甲殻類、鶏肉、タロイモの葉でココナッツクリームやレモン、タマネギ、牛肉のこま切れを包み、さらにバナナの葉でくるんだもの、タロイモやパンノキの実、またはサツマイモに香辛料を加えて混ぜ、葉で包んだもの。

[甘味類] 砂糖。熟していないココナッツ。ココナッツミルク、砂糖、クズウコンで作るプディング

[飲物] ココナッツジュース、茶、コーヒー、トディ（ヤシ酒）、カバ（コショウ科の植物から作る飲料。酩酊感をもたらす）。

[食事] 一般的には、一日2食か3食、常に同じものを食べるが、量は夕飯がいちばん多い。食事はたいてい、ゆでたタロイモ、サツマイモ、または米と、魚か豚肉または鶏肉の料理と、調理した青物か海藻。

デンマーク　Denmark
デンマーク王国

[地理] デンマークは、北海とバルト海にはさまれた北欧の国で、スカンジナビアで最小である。ユトランド半島と周辺の500余りの島々からなるが、そのうち100は無人島である。国全体は低い平地である。

主要言語	民族	宗教	
デンマーク語（公用語）	スカンディナビア人	ルーテル福音派（国教）	76%
フェロー語	イヌイット	イスラム教	4%
グリーンランド語	フェロー人		
英語（広く使われている第2言語）			

人口密度　132.1人/km²
識字率　99%
平均寿命　男性77.1歳、女性82.1歳
1人あたりGDP　46,600ドル
農業就業人口　2.4%

都市人口率　88%
出生1000あたり乳児死亡率　4.0
HIV感染率　－
失業率　2.4%
耕地面積率　57.5%

[農業] 小麦、大麦、テンサイ、ジャガイモ、ニワトリ、豚、牛、羊
[天然資源] 石油、天然ガス、漁獲、塩、石灰岩、白亜、石、砂利、砂
[産業] 鉄、鉄鋼、非鉄金属、化学製品、食品加工、機械、輸送設備、繊維、衣服、エレクトロニクス、建設、家具

[食文化への影響] デンマークの料理は南の隣国ドイツの影響を受けており、近隣のオランダとは酪農とシンプルな料理という伝統を共有する。より裕福な層の料理は、フランスの影響を受けている。デンマークは緑豊かで起伏が穏やかな土地で、畑の作物と牧草に恵まれている。とくに豚と酪農のための牛が多い。北海とバルト海からは、魚介類がもたらされる。過去において東洋と重要な交易があり、それも料理に影響を与えている。
[パンと穀物] 小麦、大麦、ライ麦、オート麦、米：パン（黒いライ麦パンと白い小麦のパン）、ポリッジ、シリアルのスープ、ペストリー
[肉と魚] 鶏肉、豚肉、牛肉、仔牛肉、仔羊肉、魚介類（ニシン、サケ、ウナギ、エビ、カキ、コダラ、カレイ、イワシ）、卵：ベーコン、ハム、ソーセージ
[乳製品] ミルク、サワーミルク、バターミルク、クリーム、サワークリーム、チーズ（チボ）は熟成した味でキャラウェイが含まれることがある：ダンボは固くてマイルドな味：ハヴァティはセミソフトでかすかに酸味がある：クレマダニンはソフトで芳醇：ダニッシュスイス、ダニッシュブルー、ダニッシュブリー、ダニッシュカマンベールなど多く

の種類がある）

油脂 バター、ラード、マーガリン、塩漬け豚肉、菜種油

豆類 スプリットピー（黄色、緑）、ライマメ

野菜 ジャガイモ、キャベツ（紫、緑）、アブラナ、ケール、ビーツ、ニンジン、キュウリ、セロリ、ラディッシュ、キノコ、タマネギ、リーキ、チャイブ、パセリ：ビーツやキュウリのピクルス

果物 リンゴ、サクランボ、アプリコット、プラム、プルーン、レーズン、カラント、ラズベリー、イチゴ、オレンジ、レモン

種実類 アーモンド、キャラウェイシード、ナタネ、マスタードシード

香辛料 ディル、マスタード、酢、ホースラディッシュ、カルダモン、ショウガ、クローブ、カレー粉

調味料 フィッシュマスタード（粗くひいた黄色と茶色のマスタードを酢と塩で調味したもの）

料理 バルト海のニシンの燻製を、ラディッシュのスライスとチャイブとともにバターを塗ったライ麦パンにのせる。ポスタイ：アンチョビが入った豚もしくは仔牛のレバーペースト。ポリッジには、米とバター、バターミルクで煮た大麦などがある。スープ：スプリットピー（黄色）、ビールとライ麦のパン粉。ゆでたジャガイモ、塩漬け豚肉の肉汁を添えることがある。ケールをゆでて刻み、クリームソースと供する。炒めたキャベツとキャラウェイシード。肉詰めキャベツ（キャベツの芯をくりぬき、豚と仔牛の挽き肉を詰めて煮込む）。フリカデラ（豚と仔牛の挽き肉、パン粉、タマネギ、卵を合わせて丸め、バターで炒める）。コダラをバターで炒め、サワークリームやレモンソースと供する。豚の腰肉にリンゴやプルーンを詰め、蒸し煮した赤キャベツと酸味の強いリンゴのスライスを添えたローストポーク。マッシュルームのソテー。鶏にパセリ、バターを詰めて煮込み、重いクリームソースを肉汁に加えて添える。

特別な料理 輸出用のベーコンと缶入りのハム。スモーブロー（ライ麦パンのオープンサンド）はバターを塗ってさまざまな具をのせる（ニシン、チーズ、レバーペースト、固ゆで卵、ソーセージ）。白パンにはエビ。デニッシュペストリー（ウィーンから来たパン職人がもたらし、ウィーンのパンと呼ばれる）はパイ皮を重ねたペストリー（ミルクと卵を入れたイースト生地にバターを折り込む）で、バタークリーム、砂糖、アーモンド、アプリコットなどを入れる。デニッシュペストリーはコーヒーや茶とともに、一日中いつでも食される。

甘味類 砂糖、ハチミツ、糖蜜、冷たいフルーツシロップ、バタークッキー、デニッシュペストリー。赤い果物を煮詰めたものにクリームを添えたもの（ロズグロズメッフルーゼ）。果物はラズベリーかイチゴが使われる。オートミールケーキと冷たいバターミルク。デニッシュアップルケーキはアップルソースとバターで炒めたパン粉を層にして、ホイップクリームをのせる。クリスマスのフルーツブレッドは、芳醇なイースト生地に

砂糖漬けのフルーツが入っている。

[飲物] コーヒー、茶、ミルク、ビール、アクアビット（蒸留酒でキャラウェイ風味のものもあり、「命の水」と呼ばれる）。

[食事] 朝食：オートミールのポリッジにミルクと砂糖をかけるか、ニシンとスープ。昼食：冷菜でパン、バター、さまざまな具でスモーブロー（オープンサンド）にする。夕食：ニシン、スープ、肉料理か魚料理、ジャガイモ、フルーツのデザート、ビール。午前10時頃と午後遅めにコーヒーとペストリーを食べる。

ドイツ　Germany
ドイツ連邦共和国

[地理] ドイツは、北海とバルト海に面する中欧の国である。北部は平地、中央部と西部は丘陵地帯で、南はライン川とドナウ川が流れる山間部である。

主要言語	民族		宗教	
ドイツ語（公用語）	ドイツ人	91.5%	カトリック	29.0%
	トルコ人	2.4%	プロテスタント	27.0%
			イスラム教	4.4%

人口密度　231.1 人/km²　　　　都市人口率　75.7%
識字率　99%　　　　　　　　　出生 1000 あたり乳児死亡率　3.4
平均寿命　男性 78.5 歳、女性 83.3 歳　　HIV 感染率　－
1 人あたり GDP　48,200 ドル　　失業率　4.3%
農業就業人口　1.4%　　　　　　耕地面積率　34.0%

[農業] テンサイ、小麦、ジャガイモ、大麦、ナタネ、ブドウ、果物、キャベツ、ニワトリ、豚、牛、羊、ヤギ

[天然資源] 石炭、褐炭、天然ガス、鉄鉱石、銅、ニッケル、ウラン、カリ化合物、塩、建設資材、材木、漁獲

[産業] 鉄、鉄鋼、石炭、セメント、化学製品、機械、自動車、機械工具、エレクトロニクス、食品加工、飲料加工、造船

[食文化への影響] ドイツはバラエティに豊んだ食べ物を産する、広大で多様な国土を持つ。沿岸では魚介類が獲れる。ローマ帝国、800 年頃カール大帝がヨーロッパの大半を結び付けたキリスト教共同体、十字軍とアラブの征服、香辛料貿易、フランス、新世界がドイツの食文化に影響を与えている。たとえば、ブドウはローマ人が最初にラインラントに苗木を植え付けたものだし、ローマ時代とカール大帝の宮廷で催された宴会も影響を残す。古代ペルシャからはマジパンが、また香辛料を使ったクッキーやケーキももたらされた。18 世紀末にはフランス料理の影響を受け、コーヒー、茶、チョコレート、ペストリーが広まった。ジャガイモもその頃新世界から伝来した。1871 年のドイツ統一以前、この地域には小さな独立国がひしめき、北と東はドイツ語を話すプロイセンの公国、中央部はザクセン、南はウィッテンベルクとバイエルンだった。これらの分割は、今日のドイツ料理の区分にも残っている。北部はスカンジナビア諸国、北海、バルト海に近いことを反映し、黒いライ麦パン、海産物、豚肉、ジャガイモ、リンゴは寒冷な気候の影響である。中央部は穏やかな丘陵と森林地帯で、豊かな料理が受け継がれ、それ

はゾーストの街の教会にあるステンドグラスにも見られる。そこに描き出された最後の晩餐の食卓にはヴェストファーレンのハム、パンパーニッケルのパン、ビールが見られる。南の食事は白パンを食べる軽いもので、山間部にはイタリアの影響が見られ、ラインラントの白ワイン、バーデンの狩猟動物、黒い森のケーキ、バイエルンのシュトゥルーデル、などが知られている。カトリックの地域では金曜日は肉を食べない。ドイツ料理は肉、ジャガイモ、パン、ビールなどたっぷりとした家庭料理が多いが、手の込んだペストリーも作られる。フランクフルトソーセージ、ハンバーガーは世界中に広まった。

パンと穀類 小麦、大麦、ライ麦、米：パン（白、小麦、黒いライ麦、プンパーニッケル）、ロールパン、ダンプリング、塩味のビスケット（ザルツゲバック）、ドーナツ、パンケーキ、クーゲルフップフ（イーストを使った丸いケーキ）、米料理

肉と魚 豚肉、鶏肉、牛肉と仔牛肉、仔羊肉、ヤギ肉、魚と甲殻類（ニシン、ウナギ、ヒラメ、サケ、カワカマス、コイ）、カモ、ガチョウ、狩猟動物（イノシシ、鹿、野鳥）、卵：ソーセージ、ハム（ヴェストファーレンハムは軽くスモークして塩漬けし、紙のように薄く切る。ソーセージ（ヴルスト）にはさまざまな種類がある。ローヴルスト（スモークして保存処理してあり、そのまま食べる）、ブリュースヴルスト（フランクフルトソーセージのタイプ、スモークして煮てある。そのままかゆでて食べる）、クナックヴルスト（完全に調理してあり、冷たいまま切って食べる）、ブラートヴルスト（生のまま売られ、食べる前に必ず加熱する）

乳製品 ミルク、バターミルク、クリーム、サワークリーム、チーズ（エメンタール、リンブルガー、ミュンスター）

油脂 バター、ラード、ベーコン、鶏の脂、ガチョウの脂、植物油、オリーブ油

豆類 インゲンマメ、白インゲンマメ、レンズマメ、スプリットピー

野菜 ジャガイモ、キャベツ（赤、緑）、ビーツ、アスパラガス、ホウレンソウ、サヤエンドウ、ニンジン、キュウリ、サヤインゲン、レタス、カリフラワー、セロリ、タマネギ、カブ、キノコ、アーティチョーク、ピーマン、トマト：ザウアークラウト（塩漬けし、発酵させたキャベツ）、ディルピクルス（キュウリで作る）

果物 ブドウ、リンゴ、カラント、グースベリー、洋ナシ、プラム、プルーン、アプリコット、レーズン、サクランボ、オレンジ、レモン

種実類 アーモンド、栗、ヘーゼルナッツ、クルミ、アニシード、キャラウェイシード、ケシの実

香辛料 塩、サワークリーム、酢、ディル、マスタード、黒胡椒、レモン汁、タマネギ、ニンニク、オールスパイス、シナモン、クローブ、ショウガ、ホースラディッシュ、パセリ、ナツメグ、カルダモン、タラゴン、タイム、セージ、バニラ、アーモンドエッセンス、チョコレート、ココア。酸味、甘酸っぱい味が好まれる。肉を果物と調理することが多い。

料理 ニシンの酢漬け。ビスマルクニシン（ニシンの切り身をオニオンリング、香辛料

とともに酢漬けにする)。ロールモップ(タマネギ、ピクルスを巻いてマリネしたニシン)。ジャガイモ、スプリットピーまたはレンズマメ、ソーセージ、ベーコン、タマネギを使い、小麦粉でとろりとさせた濃厚なスープ。カリフラワーなどのクリームスープ。ヒラメやサケをゆでるかソテーして、バターもしくはレモンソースと供する。カワカマスかコイに詰め物をし、ワインで調理して、サワークリームソースや、レーズンやスパイスを使った甘酸っぱいソースと供する。ガチョウをビールかワインで蒸し煮にするか、リンゴやプルーンを詰めてローストする。カモ(ドイツ人の好物)にタマネギ、リンゴ、ハーブを詰めてローストする。シュワルツザウアー(ガチョウの血と臓物、ドライフルーツのシチュー)。鹿またはイノシシのロースト、もしくは蒸し煮をキノコと酸っぱいベリーのソースで食べる。豚肉(最も一般的な肉)または仔牛肉のシュニッツェル(薄く切った肉にパン粉をつけてフライにする)。ポークチョップのグリル。ローストポークにリンゴ、洋ナシ、アプリコット、プルーンなどのドライフルーツを添える。チキンかキジのローストには緑のブドウを詰めることもある。タルタルステーキ(生の牛肉か豚肉または仔牛肉の挽き肉)はトーストにのせるか、卵黄、タマネギ、アンチョビ、ケーパー、パセリを添える。ハンバーガーは焼くか揚げる。ゆでたミートボール。アイントプフ(ひとつの鍋で作る、肉と野菜の蒸し煮料理)。果物の煮込み(たとえばプルーンは豚肉に添える)。ダンプリング(クネーデル)は普通ゆでて作る。大きいものは肉のローストに添え、小さいものはスープに入れ、さらに小さいもの(シュペッツレ)はソースに入れる。ジャガイモはゆでるか焼くかマッシュする。ダンプリング、パンケーキ、サラダに入れることもある。「天国と地獄」という料理は、リンゴとジャガイモをゆでてベーコンとベーコン脂で炒めたオニオンリングをのせたもの。赤キャベツとリンゴを酢とタマネギを入れて蒸し煮にする。葉物かキュウリのサラダ。ビーツをワイン、酢、タマネギ、スパイスで蒸し煮にする。グリーンのハーブを使ったソース。アスパラガスをオランデーズソースで煮る。

国民食 豚肉、牛肉、仔牛肉のブラーテン(ロースト)。ザウアーブラーテンは肉を酢、ワインもしくはバターミルクに漬け、しっかり蓋をした鍋に入れて少量の水分で蒸し煮にしてからローストし、ジンジャークッキーのかけらを入れた酸味のあるソースと供する。

祝祭食 9月末から10月初めにかけての十月祭ではソーセージでビールを飲む。この敬虔なキリスト教の国にとって最も神聖な降臨節とクリスマスには、明かりを灯し飾り付けをしたクリスマスツリー(ドイツが発祥)、クリスマスプレゼントを用意し、イブにはコイを食べる。クリスマス当日にはリンゴ、レーズン、ナッツを詰めたカモのロースト。その時期にはスパイシーなケーキとクッキー(レープクーヘンとプフェッファーニュッセ)、シュトーレン(アーモンド、レーズン、カラント、砂糖漬けのフルーツが入った甘いイーストパン)、ジンジャーブレッド、マジパン(アーモンドペースト、砂糖、ローズウォーターかオレンジを入れ、果物のような色合いや形にする)を用意する。

[甘味類] ハチミツ、砂糖。ライスプディングにフルーツ、カスタード、クリーム、リキュールを加えたもの。ヘーゼルナッツクリームプディング（卵のカスタード、砕いたヘーゼルナッツをホイップクリームと重ねて冷やす）。ヘーゼルナッツクリームとアップルパンケーキ。シュトロイゼルクーヘン（シナモン風味のクラムをのせたイーストケーキ。クッキー：シュプリッツゲバック（ヘーゼルナッツの型押し）、シュプリンゲルレ（アニシードの型抜き）、ハチミツとスパイスのクッキー（レープクーヘンとプフェッファークーヘン）。アップルシュトゥルーデル（リンゴのスライス、砂糖、シナモン、レーズンを紙のように薄い、バターと層にした生地に巻き込んで焼く）。黒い森のケーキ（シュヴァルツヴェルダー・キルシュトルト）はチョコレートのレイヤーケーキで、キルシュ（サクランボのリキュール）、ホイップクリーム、サクランボ、削ったチョコレートで層にしてある。

[飲物] ミルク、ビール、コーヒー、ワイン（白が多い）。最も飲まれるビールはラガーで軽く（ヘレス）、ボックやドゥンケルは黒くて香りが強く、アルコール度数が高い。

[食事] 一日5回。朝食：パンとバター、ジャム。2回目の朝食：コーヒーとサンドイッチまたはフルーツ。昼食：スープ、肉料理と野菜、デザートとホイップクリーム。カフェ（午後の社交的なティータイム）：コーヒーと小さなケーキやクッキー。夕食（夜のパン）：パン、バター、さまざまな種類の魚、肉の冷製、チーズ、ソーセージ、ハム、サラダ。その後来客があればデザートやワイン、ビール。

[軽食] ケーキ屋で売っているトルテやクーヘン（フルーツタルトやペストリー、たとえばチェリータルトやクリームパフ）、コーヒー

トーゴ Togo
トーゴ共和国

[地理] 西アフリカに位置し、ギニア湾に臨むトーゴは、ガーナの東にある細長い小国。丘陵地帯、サバンナ、低く小規模な砂地の海岸平野からなり、高温多湿の気候をもつ。

主要言語	民族		宗教	
フランス語（公用語）	アフリカ系	99%	土着信仰	51%
エヴェ語、ミナ語（南部）	（37の部族：主な部族は		キリスト教	29%
カビエ語、ダゴンバ語（北部）	エヴェ族、カビエ族）		イスラム教	20%

人口密度　146.5人/km²　　　　　　都市人口率　41.0%
識字率　66.5%　　　　　　　　　　出生1000あたり乳児死亡率　42.2
平均寿命　男性62.8歳、女性68.1歳　HIV感染率　2.1%
1人あたりGDP　1,500ドル　　　　　失業率　6.8%
農業就業人口　65%　　　　　　　　耕地面積率　48.7%

[農業] キャッサバ、ヤムイモ、トウモロコシ、コーヒー、ココア、綿花、ニワトリ、羊、ヤギ、豚、牛

[天然資源] 漁獲、リン酸塩、石灰石、大理石

[産業] リン酸塩採掘、農産加工、セメント、手工芸品

[食文化への影響] 沿岸地方では魚が獲れ、平野や丘陵地ではコーヒー、ココア、キャッサバ、ヤムイモ、トウモロコシ、家畜が生産されている。キャッサバ、トウモロコシ、トマト、トウガラシ、ジャガイモ、ココアといった新世界の食べ物は、この地の食を大きく変化させた。アフリカ先住民の食べ物としては、ササゲ、スイカ、オクラなどがある。多様な部族とヨーロッパの国々、とくにフランスは、トーゴの食文化に影響を与えた。穀物と粘り気のある野菜を主食とするが、沿岸地方ではそこに魚が加わる。粘り気やとろみのあるスパイシーな料理が好まれている。

[パンと穀類] トウモロコシ、キビ、米、ソルガム：粥、米料理、揚げパン、フランスパン、ビスケット

[肉と魚] 鶏肉、仔羊肉と羊肉、ヤギ肉、豚肉、魚介類（生、燻製、塩漬け、干物）、ホロホロチョウの肉、卵、ウサギ肉、狩猟動物の肉。好まれている鶏肉は高級食材。

[昆虫] シロアリ、バッタ。乾燥させることもあるが、普通は揚げたり焼いたりして、おやつに食べる。

[乳製品] ミルク、サワーミルク、バターミルク、凝乳、ホエー、チーズ

[油脂] パーム油、ピーナッツ油、シアバター油、ココナッツ油。料理に広く使われるパ

ーム油は赤い。

豆類 落花生、ササゲ、イナゴマメ、インゲンマメ

野菜 キャッサバ、ヤムイモ、プランテーン、タロイモ、青菜、オクラ、苦みのある葉、モロヘイヤ、トマト、サツマイモ、ジャガイモ、ナス、カボチャ、タマネギ、赤トウガラシ、キュウリ、ピーマン

果物 ココナッツ、バナナ、パイナップル、アキー、バオバブ、スイカ、グアバ、レモン、ライム、マンゴー、パパイヤ

種実類 パーム核、シアナッツ〔シアバターノキの実〕、カシューナッツ、コーラナッツ、スイカの種（エグシ：人気のある食材）、ゴマ、マンゴーの種。種実類はソースやシチューにとろみと風味を加える。

香辛料 塩、赤トウガラシ、トマト、タマネギ、ココア、乾燥させたバオバブの葉、タイム、ナツメグ、ショウガ

料理 たいていの料理は煮るか揚げるかしたもので、塊をソースに浸し、手で食べる。ソース：ピーナッツソース（砕いたり、すりつぶしたりしたピーナッツ）、パラバソース（青菜）、フレジョン（ササゲまたはインゲンマメのピューレとココナッツミルクを合わせたスープ。イナゴマメまたはココアを使うこともある）。トウモロコシやキビの粥。炊いた米。フフ（ゆでてすりつぶした粘り気のある野菜や煮たトウモロコシ粉を練り上げたもの）は、シチューをすくえるよう匙状にしたり、丸めたりする。さまざまなシチュー：魚と肉、鶏肉とピーナッツ、根菜かオクラまたはピーナッツと少量の魚か鶏肉または牛肉。アダル（ゆで野菜のマッシュ）。ジョロフライス（米に肉、野菜、スパイス、トマトまたはパーム油を加えて炊く）。レモン汁に漬けた鶏肉または魚を焼き、タマネギと炒めてから漬け汁で煮た料理。

甘味類 ハチミツ、砂糖。カニヤ（ピーナッツ菓子）。砂糖、ハチミツ、またはココナッツをかけた焼きバナナ。甘い揚げドーナツ。

飲物 コーヒー、ココア、ビール、レッドジンガー（学名をハイビスカス・サブダリッファという、ローゼルの果実から作るハーブティー）

屋台、間食 スパイスのきいたケバブ、揚げ魚、バナナチップス、インゲンマメの団子、ドーナツ、蒸し米の団子

ドミニカ　Dominica
ドミニカ国

[地理] ドミニカは、カリブ海の東に位置し、北から南へ尾根が走る山がちの国である。島の西側の風下斜面には肥沃な土壌、東側の風上斜面には粘土層がある。温泉が無数に湧き出ている。

主要言語	民族		宗教	
英語（公用語）	黒人	88.6%	カトリック	61.4%
フランス語系パトワ語	カリブ先住民	2.9%	プロテスタント	28.6%
	混血	9.1%	無宗教	6.1%

人口密度　98.4人/km²
識字率　94%
平均寿命　男性74.2歳、女性80.3歳
1人あたりGDP　11,400ドル
農業就業人口　40.0%

都市人口率　70.1%
出生1000あたり乳児死亡率　10.6
HIV感染率　－
失業率　－
耕地面積率　8.0%

[農業] バナナ、柑橘類、根菜、マンゴー、ココナッツ、ココア、ニワトリ、牛、ヤギ、羊、豚

[天然資源] 材木、水力発電、漁獲

[産業] 石鹸、ココナッツ油、観光、コプラ、家具、コンクリートブロック、靴

[食文化への影響] ドミニカの先住民はアラワク族と考えられており、その食生活は周辺の海、この熱帯の島で獲れる魚介類、果物、植物でシチュー、キャッサバパン、ホットペッパーソースなどを作って食べていたと思われる。今日でも同じ食物が利用され、それにこの地域にスペインが、そしてドミニカにフランス、イギリス、アフリカの奴隷が持ち込んだものが加わっている。南からやって来たカリブ族によりアラワク族は絶滅し、そのわずかな子孫がドミニカの居留地にいる。優秀な漁師である。英仏の領有権争い、イギリスの支配は2世紀以上におよび、食文化に影響を与えた。たとえば干し塩ダラ、ビスケット、茶などである。アフリカからはオクラなどがもたらされた。

[パンと穀類] トウモロコシ、米、小麦：コーンミールケーキ、キャッサバパン（キャッサバをおろし、絞って乾燥させたものをフライパンでパンケーキのように焼いて、天日干ししたもの）。キャッサバとココナッツのビスケットまたはパン（小麦粉、キャッサバ、ココナッツをおろしたもの）

[肉と魚] 鶏肉、卵、牛肉、ヤギ肉、仔羊肉、豚肉、魚介類（塩ダラ、フエダイ、トビウオ、マングローブ牡蠣、ウミガメ、ウニ、ロブスター、カニ）、カエル

乳製品 牛乳（生乳、コンデンスミルク、エバミルク）、クリーム、熟成チーズ
油脂 バター、ラード、ココナッツ油、植物油
豆類 インゲンマメ、小豆、ササゲ、ヒヨコマメ、キマメ
野菜 キャッサバ、ヤムイモ、ヤウティア（タロイモに似た植物で球茎と葉を食べる）、サツマイモ、ウリ、プランテーン、パンノキの実、葉物（キャッサバ、ヤウティア）、アボカド、トマト、オクラ、タマネギ、トウガラシ、ピーマン
果物 バナナ、グレープフルーツ、ザボン、マンゴー、ココナッツ、カシューアップル、アキー、パパイヤ、パイナップル、サワーソップ、グアバ、パッションフルーツ、レーズン
種実類 アーモンド、カシューナッツ、ベニノキの種（アナトー）
香辛料 塩、黒胡椒、トウガラシ、オールスパイス、アナトー、シナモン、ニンニク、ココナッツ、ココア、ラム酒：ペッパーソース
料理 カラルー（葉物とオクラの料理）。ペッパーポット（キャッサバの煮汁を使った肉のシチュー、コショウがきいている）。塩ダラのスプレッド。キャッサバかプランテーンを揚げたチップス。コーンミールとオクラのケーキ。ゆでた米。豆と料理した米。
名物料理 カエルの脚のフライ
甘味類 サトウキビ、未精製の砂糖、糖蜜、砂糖、ラム酒のフルーツケーキ、ココナッツカスタードパイ
飲物 ミルク入りコーヒー、茶、アイスティーのライム添え、フルーツジュース、ソフトドリンク、ミルク、ココア、ビール、ラム酒、パッションフルーツジュース・パンチ
カリブの名物料理 ゆでた青いバナナの目玉焼きのせ、魚のフライまたはグリル、ココナッツ（液体、果肉）
軽食 フルーツ、甘いフルーツジュースを砕いた氷にかけたもの、茶とココナッツビスケット

ドミニカ

ドミニカ共和国　Dominican Republic

[地理] ドミニカ共和国は、カリブ海と大西洋に面するイスパニョラ島の東側3分の2を占める。残り3分の1はハイチである。国土の中心に西インド諸島最高のドゥアルテ山（標高3,715m）がそびえ、北側のシバオ平原は主要な農業地帯である。

主要言語	民族		宗教	
スペイン語（公用語）	混血	73%	カトリック	95%
	白人	16%		
	黒人	11%		

人口密度　222.1人/km²　　　　　都市人口率　80.6%
識字率　92%　　　　　　　　　　出生1000あたり乳児死亡率　17.5
平均寿命　男性76.0歳、女性80.6歳　HIV感染率　1.0%
1人あたりGDP　15,900ドル　　　　失業率　14.4%
農業就業人口　14.4%　　　　　　　耕地面積率　16.6%

[農業] サトウキビ、米、バナナ、コーヒー、綿花、ココア、タバコ、インゲンマメ、ジャガイモ、トウモロコシ、ニワトリ、牛、豚、ヤギ、羊
[天然資源] ニッケル、ボーキサイト、金、銀、漁獲
[産業] 観光、砂糖精製、鉱業、織物、セメント、タバコ

[食文化への影響] 先住のアラワク族、カリブ族はスペイン人の来島後ほぼ絶滅した。その食習慣の痕跡をかろうじてたどると、さまざまな魚介類を食べていたようだ。3世紀にわたるスペインの支配は大きな影響を与え、米、牛肉、豚肉、ラード、オリーブ、柑橘類などをもたらした。新世界に最初の柑橘類の樹木を持ってきたのはコロンブスで、1493年にオレンジの樹をイスパニョラ島に植えた。新世界最古の台所はドミニカ共和国の首都サントドミンゴのアルカサス宮殿にある。コロンブスの息子ディエゴが住んだこの建物は、1957年に再建された。1世紀以上支配したフランス、アフリカから連れて来られた奴隷、年季奉公の労働者による影響もある。この熱帯の島では魚介類、果物、野菜がふんだんにとれる。
[パンと穀類] 米、トウモロコシ、小麦：コーンブレッド、コーンケーキのフライ、米料理、キャッサバパン（ひいたキャッサバを焼いた平パン）、小麦パン、ロールパン、ペストリー
[肉と魚] 鶏肉、牛肉、豚肉、ヤギ肉、仔羊肉、魚介類（フエダイ、エビ、塩ダラ、ウミガメ、オカガニ）、卵、イグアナ、カエル：ハム、ソーセージ
[乳製品] 牛乳（生乳、コンデンスミルク、エバミルク）、熟成チーズ

油脂 ラード、バター、豚肉の塩漬け、オリーブ油、植物油、ココナッツ油、ココナッツクリーム

豆類 インゲンマメ、小豆、黒豆、ヒヨコマメ

野菜 ジャガイモ、キャッサバ、ヤムイモ、ヤウティア（塊茎を食べる）、プランテーン、サツマイモ、葉物（タロイモ、カラルー、ヤマゴボウ、イヌホウズキ）、アボカド、ウリ、オクラ、トマト、ピーマン、タマネギ、オリーブ

果物 バナナ、ココナッツ、オレンジ、レモン、ライム、マンゴー、パパイヤ、パイナップル、グアバ、カシューアップル、パッションフルーツ、アキー、レーズン

種実類 アーモンド、カシューナッツ、ベニノキの種（アナトー）

香辛料 塩、黒胡椒、トウガラシ、ニンニク、アナトー（赤味がかったオレンジと穏やかな風味を添える）、ココナッツクリーム、ココア、オールスパイス、コリアンダー、サフラン、シナモン、ラム酒

料理 カラルー（数種の葉物とオクラを煮たもの）。ペッパーポット（キャッサバの煮汁、さまざまな野菜、豚肉か牛肉を少々、コショウをかなりきかせる）。実だくさんでスパイシーなシーフードスープ。チリソース。エスカベシュ（魚を揚げて、甘酸っぱくマリネする）。セビチェ（生魚をレモン汁またはライム汁とオリーブ油、スパイスでマリネしたもの：柑橘果汁はたんぱく質を変性し、加熱料理と同じ作用がある）。アキーを煮たり焼いたり、揚げたりする。モフォンゴ（プランテーンの団子をゆでるか焼くかする）。ローストポーク。肉や魚を揚げた料理、たとえばチチャロン・デ・ポジョ（鶏肉をライム汁でマリネし、塩胡椒を振り、小麦粉をつけて揚げる）。エビとジャガイモのパンケーキのフライ（マッシュポテト、刻んだエビ、おろしチーズ、タマネギを丸め、卵とパン粉をつけ揚げる）。パステリート（肉を入れた二つ折りパイ）。ラードと塩を入れゆでたインゲンマメまたはヒヨコマメには、タマネギ、ピーマン、トマトを加えることもある。ゆでた米。ヤムイモケーキのフライ（ヤムイモをおろし、バター、おろしタマネギ、パセリ、塩胡椒、卵を混ぜ、スプーンですくって少量の油で両面を焼く）。

名物料理 サンコーチョ（豚の内臓の煮込み）

甘味類 サトウキビ、未精製の砂糖、糖蜜、砂糖、果物、カスタード、ココナッツプディング、ライスプディング、バナナを炒めるか焼く、アイスクリーム、ペストリー

飲物 ミルク入りコーヒー（カフェ・コン・レチェ）、ミルク、ソフトドリンク、茶、ビール、ラム酒

食事 朝食：ミルク入りコーヒー、パン、卵、シリアル、果物がつくこともある。昼食：米と豆、あれば肉。夕食：米と豆、肉、パン、野菜、ミルク、あればデザート

軽食 果物、フリオフリオ（かき氷のフルーツシロップかけ）、ミルク入りコーヒー。子どもはよく間食をする。

トリニダード・トバゴ　Trinidad and Tobago
トリニダード・トバゴ共和国

[地理] トリニダード・トバゴは、ベネズエラの北東、カリブ海と大西洋に浮かぶ島国である。大部分の国民は、大きなトリニダード島で暮らしている。この島は大半が平地だが、山地と沿岸湿地帯もある。トバゴ島は森林に覆われている。

主要言語	民族		宗教	
英語（公用語）	インド系	35.4%	プロテスタント	32.1%
ヒンディー語	アフリカ系	34.2%	カトリック	21.6%
フランス語	混血	15.3%	ヒンドゥー教	18.2%
スペイン語			イスラム教	5.0%
中国語				

人口密度　237.6人/km²
識字率　99.0%
平均寿命　男性70.2歳、女性76.2歳
1人あたりGDP　31,900ドル
農業就業人口　3.4%

都市人口率　8.3%
出生1000あたり乳児死亡率　22.3
HIV感染率　1.2%
失業率　3.9%
耕地面積率　4.9%

[農業] サトウキビ、果物、ココナッツ、ココア、米、コーヒー、野菜、ニワトリ、ヤギ、豚、牛、羊

[天然資源] 漁獲、石油、天然ガス、アスファルト

[産業] 石油、化学製品、観光、食品加工

[食文化への影響] 原住民族のアラワク族とカリブ族はスペイン人に征服され、その大半が姿を消した。その食文化は痕跡しか残っていない。彼らは魚や狩猟動物（表面を泥で覆った穴で蒸し焼きにしたり、直火で焼いたりした）、ペッパーポット（キャサリープと呼ばれる、煮詰めたキャッサバの汁を使った肉のシチュー）、果物、野菜、辛いペッパーソース、キャッサバパンを食べていた。スペイン、フランス、イギリスは島を占領し、食習慣に影響を与えた（米食もそのひとつ）。アフリカから連れて来られた奴隷や、インド出身の年季奉公の労働者の影響もある。この熱帯の島国では、魚介類、果物、野菜が豊富にとれる。

[パンと穀類] 米、トウモロコシ、小麦：米料理、キャッサバの揚げパン（おろしたキャッサバで作る）、揚げたコーンブレッド、小麦パン、ベーキングパウダーやイーストを使った揚げビスケット、インドのパン。

[肉と魚] 鶏肉、豚肉、ヤギ肉、牛肉、仔羊肉、魚介類（塩漬けダラ、ウミガメ、オオガエル、トビウオ、マングローブ・オイスター）、オオガニ、イグアナ、卵：ブラッドソ

ーセージ

[乳製品] 牛乳（生乳、コンデンスミルク、エバミルク）、クリーム、熟成チーズ

[油脂] バター、ラード、オリーブ油、塩漬け豚肉、ココナッツ油、ココナッツクリーム、植物油、ギー（澄ましバター）

[豆類] 小豆、ヒヨコマメ、スプリットピー、キマメ、ササゲ、大豆

[野菜] キャッサバ、ヤムイモ、ヤウティア、サツマイモ、プランテーン、タロイモやヤウティアの葉、パンノキの実、アボカド、ジャガイモ、ウリ、オクラ、トマト、ピーマン、タマネギ、オリーブ

[果物] オレンジ、レモン、ライム、ココナッツ、バナナ、マンゴー、パパイヤ、タマリンド、アキー、パイナップル、グアバ、カシューアップル、パッションフルーツ、サワーソップ、スターアップル、レーズン、ポメラック（皮は赤く梨形、白い果実はバラの香りがする）

[種実類] アーモンド、カシューナッツ、ベニノキの種（アナトー）

[香辛料] 塩、黒胡椒、トウガラシ、オールスパイス（ピメント）、アナトー、ニンニク、カレー粉、コリアンダー、サフラン、シナモン、クローブ、タイム、ココナッツ、酢、ココア、ラム酒

[料理] 炊いたり蒸したりした米。カラルー（タロイモまたはヤウティアの葉とオクラのスープ。ココナッツミルクや塩漬けにした肉またはタラを使ってもよい）。ゆでたアキー、ジャガイモ、ヤムイモ。豆ご飯。ササゲまたは大豆のフリッター。サンコーチョ（牛肉、タマネギ、スプリットピー、ジャガイモ、キャッサバ、ヤムイモ、トウガラシ、ココナッツクリームのシチューにコーンミールのダンプリングを浮かべ、蓋をしてさらに煮込む）。プディング・アンド・サウス（ブラッドソーセージと豚足の煮込み。ライム汁に漬け、冷めた状態で出す）。小豆の炊き込みご飯を添えたローストポーク。バナナと一緒にソテーしたトビウオ。キマメと塩漬け豚肉を詰めたフエダイにライムとオレンジの果汁を刷毛で塗り、ハーブ、スパイス、マスタード、ケチャップをかけた料理。薄切りトマトを添えたエビカレー。ポロリー（粗くひいたヒヨコマメの揚げ団子）。マンゴー調味料（熟していないマンゴー、トウガラシ、塩、オリーブ油で作る）。ペッパーソース。

[有名料理] フロート（イーストを使った揚げビスケット）を添えたトリニダードのアクラ（塩漬けダラのフリッター）。トバゴのカニピラフは米とカニを炒め、ココナッツミルクで炊きあげる。

[国民食] トリニダードのペッパーポット（キャサリープ、タマネギ、赤砂糖、トウガラシ、シナモン、クローブ、タイム、酢を使った鶏肉や豚肉のシチュー）やピラフ（鶏肉その他の肉または魚介に、サフランを加えた炊き込みご飯）。

[祝祭時の食べ物] 四旬節前の謝肉祭（カーニバル）は、スペイン船が寄港するトリニダード島の特別な祭りで、華やかな衣装をまとったダンサーが行進したりする。インド人が行進ルート沿いに店を出し、ロティ（スプリットピーのピューレとジャガイモのカレ

トリニダード・トバゴ

ーを包んだパン)、ココナッツの菓子、ヒヨコマメの揚げ団子などを売る。
甘味類 サトウキビ、未加工の砂糖、糖蜜、バナナのデザート、ショウガのムース
飲物 コーヒー(ミルクを入れることが多い)、茶、清涼飲料、ミルク、ビール、ラム酒、ソレル(香りのよい深紅の酒。ハイビスカス、シナモン、オレンジの皮、クローブ、砂糖、ラム酒で作る)
食事 朝食:ミルク入りコーヒーとパンに卵、シリアル、果物をつけることもある。昼食:米と豆類に、余裕があれば肉料理を加える。夕食:米と豆類に肉、パン、野菜、ミルク、あればデザート。インド風の食事:ココナッツ、揚げバナナ、パイナップルを添えたカレーライス。
間食 半分に切って塩を振ったオレンジ。

トルクメニスタン　Turkmenistan

[地理] イランと国境を接するトルクメニスタンは、カスピ海に臨む中央アジアの国。世界最大の砂漠のひとつ、カラクム砂漠が国土の80％を占め、多くの灌漑用運河とため池が建設されている。

主要言語	民族		宗教	
トルクメン語（公用語）	トルクメン人	85%	イスラム教	89%
ロシア語	ウズベク人	5%	東方教会	9%
ウズベク語	ロシア人	4%		

人口密度　11.4人/k㎡　　　　　　　都市人口率　50.8%
識字率　99.7%　　　　　　　　　　出生1000あたり乳児死亡率　34.3
平均寿命　男性67.4歳、女性73.6歳　 HIV感染率　－
1人あたりGDP　17,300ドル　　　　 失業率　8.6%
農業就業人口　48.2%　　　　　　　 耕地面積率　4.1%

[農業] 小麦、綿花、トマト、穀物、羊、ニワトリ、牛、ヤギ、豚
[天然資源] 石油、天然ガス、硫黄、塩、漁獲
[産業] 天然ガス、石油、石油製品、織物、食品加工

[食文化への影響] トルクメニスタンの国土は大部分が砂漠だが、カスピ海に臨む西端地域では魚が獲れる。食文化に影響を与えたのは、古代ペルシャ（かつてトルクメニスタンはその一部だった）、トルコ人、モンゴル人、ウズベク人、ロシアなど。トルクメン人は羊を飼う遊牧民がほとんどで、20世紀までミルクと乳製品を糧とし、肉で栄養を補っていた。国民の多くが口にしているものは、ウズベキスタン、タジキスタンのものと重なる：フラットブレッド、仔羊の肉、濃いスープ、半液体の主菜、お茶。ただし、違いもある。カスピ海に近い地域ではとりわけそうだが、トルクメン人は魚を食べるし、部族によっては仔ラクダを食べ、温かいラクダの乳でお茶を入れる。

[パンと穀類] 小麦、米：フラットブレッド、麺、米料理（プロフ）。食事に欠かせないフラットブレッドは円形で、タンディラ（タンドールとも言う粘土製の窯または壺）の内壁に生地を打ちつけて焼くことが多い。

[肉と魚] 仔羊肉、羊肉、鶏肉、牛肉、ヤギ肉、豚肉、仔ラクダ肉、馬肉、ヤク肉、魚介類、卵：カーズィー（馬肉ソーセージ）などのソーセージ。肉は普通は煮て、あるいは焼いて食べる。

[乳製品] ミルク（牛、羊、ヤギ、ロバ、ラクダ）、サワーミルク、発酵乳酒（クミス：伝統的な馬乳酒。「砂漠のシャンパン」）、ヨーグルト、クルト（ハードタイプの乾燥チ

ーズ。砕いたものを水で戻して食べる）やアイラン（まだ温かいラクダや羊、ヤギの乳で作る。凝固し、味が濃くなるまで加熱する）などのチーズ。地元民はボウルに入れたサワーミルクで、訪問者にもてなしの心を示す。

油脂（しびよう） 脂尾羊の脂、バター、植物油
豆類 ヒヨコマメ、インゲンマメ、レンズマメ
野菜 トマト、タマネギ、ニンジン、カボチャ、青物、キュウリ、ラディッシュ、カブ、ピーマン
果物 メロン、ブドウ、アプリコット、ザクロ、洋ナシ、リンゴ、プラム、イチジク、サクランボ、モモ、トウグワ、ナツメ（ナツメヤシの一種）、ルバーブ、バーベリー、ブラックベリー、マルメロ
種実類 クルミ、ヘーゼルナッツ、ピスタチオ、キャラウェイシード
香辛料 タマネギ、ニンニク、酢、塩、黒胡椒、乾燥させた赤トウガラシ、コリアンダー、ディル、ミント、アニシード
料理 ケバブ（赤トウガラシを振った肉の串焼き。肉は普通下味をつけておく）：シャシリク（仔羊肉のシシケバブ）など。ベシュバルマク（薄切り肉と麺を使った、濃いスープまたはシチュー）。マンティ（仔羊肉、タマネギ、赤トウガラシを生地に包んで蒸したもの）。カウルマ・ラグマン（肉入り焼うどん）。サムサ（ミートパイ）。魚は焼いて果物と皿に盛り、果汁または甘酸っぱいソースをかける。プロフ（小さく切った羊肉を油または溶かした脂で炒め、焼き色がついたら、薄切りのタマネギと米も一緒に炒める。水を加え、蓋をして炊きあげる）：肉団子や鶏肉、卵、ヒヨコマメ、レーズンなどを入れてもよい）。
甘味類 ハチミツ、砂糖。果物。ドライフルーツ。果物の砂糖煮（メロンの皮など）。ジャム（バラの花びらなど）。
飲物 茶（食事時にかぎらず一日を通して、自宅や茶店で飲む）、サワーミルク、フルーツドリンク、ワイン
食事と食べ方 朝食：発酵乳またはチーズ、フラットブレッド、お茶。昼食：チーズ、青物または濃くて栄養価の高いスープ、果物、フラットブレッド、お茶。夕飯：肉またはプロフ、果物、フラットブレッド、お茶。食事は敷物や椅子に座ってとる。鍋から手ですくって食べることもあるが、たいていは皿やフォークを使う。
屋台 シャシリク（仔羊の串焼き）は、売り子が街頭で調理する。

トルコ Turkey
トルコ共和国

[地理] 西アジアと東南ヨーロッパにまたがるトルコは、地中海と黒海に面し、小アジア（アナトリア）を領有する。アジア部分（アナトリア）の面積はテキサス州と同程度。国の中央には広大で肥沃な高原があり、3,000mを超す20以上の山々が内陸部を取り囲んでいるが、西側にはそれほど高い山はない。肥沃な沿岸平野は南部と西部に広がる。夏は暑く乾燥しているが、冬は寒い。

主要言語	民族		宗教	
トルコ語（公用語）	トルコ人	70-75%	イスラム教（大半がスンニ派）	
クルド語	クルド人	19%		99.8%

人口密度　105.0人/km²　　　　都市人口率　74.4%
識字率　95.7%　　　　　　　　出生1000あたり乳児死亡率　17.6
平均寿命　男性20.7歳、女性77.5歳　　HIV感染率　－
1人あたりGDP　21,100ドル　　　失業率　10.3%
農業就業人口　18.4%　　　　　　耕地面積率　26.9%

[農業] 小麦、テンサイ、トマト、大麦、ジャガイモ、タバコ、綿花、オリーブ、豆類、柑橘類、ニワトリ、羊、牛、ヤギ、豚（わずか1,362頭）

[天然資源] 漁獲、石炭、鉄鉱石、銅、クロム、アンチモン、水銀、金、重晶石、ホウ酸塩鉱物

[産業] 繊維、食品加工、自動車、電子機器、鉱山、鉄鋼、石油、建設

[食文化への影響] 影響を与えたのは、中国、中央アジア、イラン、アナトリア、地中海沿岸の人々や、イスラム教など。初期のトルコ人は中国西部を転々とする遊牧民であった。最初期のトルコ文化は8世紀中頃、現在の新疆（シンチアン）に定着した。マンティ（具材を小麦粉の生地で包んだもの）は、この頃食事に取り入れられたと思われる。トルコ人は中央アジアを経て、西に移動した。記録に残るトルコ料理の歴史は、10世紀頃にはじまる。当時イラン・イスラム文化に接したトルコ人は、ヨーグルト、ブルグル（ひき割り小麦）、ボレキ（肉やチーズを包んだペストリー）、ギュベチ（シチュー）を食事に加えた。11世紀末、イスラム教を信仰するトルコ人は、棒を使って鉄板上でのしたパン生地をタンドゥル（土のかまど）で焼き、ヨーグルト、アイラン（ヨーグルトドリンク）、チーズを好んで口にしていたが、こういった食習慣は中国の伝統とは異質のものだ。肉のシチューに果物を入れるなど、イラン料理も部分的に取り込まれた。トルコの遊牧民は、すでに肉を串に刺して調理することに慣れていた。米はイランで栽

培され、デザートや付け合わせに使われた。ピラフ（米を油脂で炒め、肉または野菜と炊き込んだ料理）は、トルコとイスラム文化が融合して生まれた。一部のトルコ人がアナトリアに移住をはじめたのも、11世紀末である。やがてオスマン帝国が、ヨーロッパとアジアの架け橋と言われてきたイスタンブールを占領し、何世紀ものあいだ、ここを拠点にバルカン半島、アラブ世界、地中海沿岸地域を支配した。オスマン帝国時代以前は、セルジューク朝が東部のイスラム世界の大部分を治めていた。当時セルジューク朝の人々が普通に食べていたのは野菜、豆類、ナッツ類、果物、パン、ペストリー、甘味類、乳製品、シャーベット、ハルバ、ピクルスなど。トルコのオスマン帝国時代は13世紀にはじまり、1453年のイスタンブール占領を機に繁栄を遂げる。西ローマ帝国滅亡後のイスタンブールは、東ローマ帝国の料理と香辛料貿易の中心地となり、トルコ文化の核として、バルカン半島や中央ヨーロッパの国々に強い影響を及ぼした。芸術が花開き、料理も大いに発展する。トプカピ宮殿では、1,000人を超す職員が1万人分の食事を用意したという。住民はよく食べ、食物にちなんだギルドもできた。農村で暮らす多くの人々は、何世紀も前からパンとヨーグルトを主食としてきた。地中海と黒海では魚が獲れる。イスタンブールでは今なお専門の市場に香辛料が並び、じつにさまざまな食べ物が街頭で売られている。ふたつの大陸とつながるトルコは、それぞれの食の伝統とも結びついており、人気の菓子、ロクムは輸出されている。大半のトルコ人はイスラム教徒で豚肉と酒を口にせず、ラマダン月のあいだは、日の出から日没まで断食をする。

パンと穀類 小麦、大麦、トウモロコシ、キビ、オート麦、米：ブルグル（ひき割り小麦）、イーストを使った小麦パン、ユフカ（ラヴァーシュ、パリパリした薄いパン）などイーストが入っていない小麦パン、ピタパン（円形で中央に空洞がある）、フィロ生地のペストリー、ピラフ

肉と魚 鶏肉、仔羊肉と羊肉、牛肉、ヤギ肉、魚介類、卵：パストゥルマ（スパイシーな乾燥牛肉）

乳製品 ミルク（牛、羊、ヤギ、水牛）、ヨーグルト、アイラン（薄めたヨーグルト）、フェタチーズ（白色、塩味、ねっとりした食感）、カイマク（クロテッドクリームに似た濃厚なクリーム）。ヨーグルトはほとんど毎食、飲んだり食べたりする。

油脂 バター、澄ましバター、オリーブ油

豆類 ソラマメ、ヒヨコマメ

野菜 トマト、ジャガイモ、オリーブ、ナス、ホウレンソウ、キャベツ、ニンジン、タマネギ、ピーマン、キュウリ

果物 レモン、オレンジ、ブドウ、イチジク、サクランボ、リンゴ、ザクロ、カラント

種実類 アーモンド、松の実、ピスタチオ、クルミ、ヘーゼルナッツ、ゴマ

香辛料 塩、黒胡椒、タマネギ、ニンニク、パセリ、ミント、アニス、オールスパイス、シナモン、クローブ、パプリカ、カルダモン、乳香（香りのよい樹脂）、熟していない

レモンの果汁、酢、ローズウォーター、ベルガモット油

前菜 パストゥルマ、仔羊の肉団子、ブドウの葉包み、フムス（インゲンマメまたはヒヨコマメのディップ）、オリーブ

料理 豆のスープ。卵を入れて濃くしたスープ（レモン汁で風味をつける）。酢とニンニクを使ったトライプ〔食用家畜の胃〕スープ。詰め物をしたパスタ。ドルマ（ブドウやキャベツの葉包み。具材は米とカラントと松の実、または挽き肉とスパイス）。ナスのドルマ（ナスをくり抜き、米や肉を中心とした具材を詰める）。二大主菜：トゥルルギュベチ（仔羊の肉片とタマネギを焼き色がつくまでバターで炒め、オクラ、ズッキーニ、トマトと少量の水を加え、蓋をして煮る）；ドネルケバブ（味つけした羊肉または仔羊肉を、脂の断片と交互に重ねて串に巻きつける。串を回転させながら焼き、焼けた部分をそぎ切りにする）。キョフテ（下味をつけて小判形にまとめた羊肉または仔羊肉を串に刺し、直火で焼く）。ピラフ（脂で炒めた米とタマネギに、肉、調味料と水を加え、蓋をして炊く）。ボレク（塩味をつけた仔羊肉を包んだパスタ生地の表面にバターを塗り、オーブンで短時間焼く）。イスパナクル・ボレキ（フィロ生地の層にホウレンソウとフェタチーズをはさみ、オーブンで焼く）。レモン汁とオリーブ油で和えた生野菜のサラダ。トマト、タマネギと、オリーブ油、ニンニクでソテーしたナスやズッキーニは、冷やして食べる。

祝祭用料理 「結婚式のスープ」（デュウン・チョルバス）：レモン風味の、仔羊肉と野菜のやや濃いスープ。

甘味類 ハチミツ、砂糖、シロップ。ドライフルーツ。ペクメズ（ブドウの濃縮果汁）。果物の砂糖煮。ギュルラッチ（小麦粉の薄い生地を重ね、ミルクで煮たものに、甘いローズウォーターをかけ、カイマクのせる）。ケシュキュル（アーモンド、米粉、クリーム、ミルクを使ったプディング）。クラビエ（クローブをひと粒のせ、粉砂糖をかけたバタークッキー）。ターキッシュディライト〔トルコの悦び〕と呼ばれるロクム（角切りにして粉砂糖をまぶした菓子。シロップ、トウモロコシ粉と柑橘類、ミント、またはローズウォーターで作る）。ノアの箱船プディング（アシュレ）は、大洪水が引いたあとに残った食べ物（豆、ドライフルーツ、ナッツ）を材料とする。バクラバ（フィロ生地とナッツ類を層にしてオーブンで焼き、シロップまたはハチミツをかける）。

飲物 熱いお茶（入店者や帰宅した人に、小ぶりのグラスで出す）。トルココーヒー（長い柄のついた金属製の鍋、イブリックで入れる濃くて甘いコーヒー。カルダモンで風味をつけることが多く、小ぶりの円筒形カップを使う）。ラク（アニス風味の蒸留酒。無色透明だが、水を加えると白濁することから「獅子の乳」と呼ばれる）。

食事 一日3食で、夕飯に重きを置く。大皿に盛った料理を、各人が皿に取って食べる。

トルコ

トンガ Tonga
トンガ王国

[地理] トンガは南太平洋のニュージーランド北東に位置する。およそ170の火山島とサンゴ島からなり、そのうちの36島に住民がいる。

主要言語	民族		宗教	
トンガ語（公用語）	トンガ人	96.6%	プロテスタント	64.9%
英語（公用語）			モルモン教	16.8%
			カトリック	15.6%

人口密度　148.5人/km²　　　　　都市人口率　23.9%
識字率　99.4%　　　　　　　　　出生1000あたり乳児死亡率　11.3
平均寿命　男性74.9歳、女性78.1歳　HIV感染率　－
1人あたりGDP　5,300ドル　　　　失業率　4.9%
農業就業人口　27.5%　　　　　　耕地面積率　25%

[農業] ココナッツ、カボチャ、ウリ、キャッサバ、コプラ、バナナ、バニラビーンズ、ココア、コーヒー、ショウガ、黒胡椒、ニワトリ、豚、ヤギ、馬、牛
[天然資源] 漁獲
[産業] 観光、建設、漁

[食文化への影響] トンガは太平洋に浮かぶポリネシアの島で、およそ3万から4万年前、東南アジアの人々が太平洋西部の島々やオーストラリアに南下をはじめ、その後さらに東の島へと移住した。トンガの食文化に影響を与えたのは、ポリネシア人やオランダの探検隊である。クック船長の来訪や、1900年から1970年まで保護領だったことから、イギリスの影響も受けている。ヨーロッパ人は島になかった食用植物、小麦パン、数種の動物を、アジア人は米、大豆、麺、茶を持ち込んだ。伝統的な食事は魚、地下茎、タロイモなどの塊茎やサツマイモなどの塊根、ココナッツなどの果物、ナッツ類が中心で、現在では、カボチャ、ウリ、キャッサバ、バナナ、鶏肉、豚肉、ヤギ肉、牛肉も重要な食材になっている。おもな食肉である豚肉は宴会に欠かせない。昔から石を並べた穴（ウム）で蒸し焼きにする。熱くなった石の上に葉をのせ、そこに豚や野菜などを並べて、葉で覆う。穴に土をかぶせて密閉すれば、数時間で料理ができあがる。生果はおやつに食べる。

[パンと穀類] 米、小麦：パン、麺、米料理
[肉と魚] 鶏肉、豚肉、ヤギ肉、牛肉、魚介類、卵：コンビーフ、スパム
[乳製品] ミルク（牛、ヤギ）。ミルクその他の乳製品は、あまり飲んだり食べたりされ

ていない。ココナッツがミルク代わりに多用される。

油脂 ココナッツ油、ココナッツクリーム、ラード、バター、植物油、ショートニング、ゴマ油

豆類 大豆、四角豆、エンドウマメ、レンズマメ、落花生

野菜 タロイモとその葉、サツマイモ、ヤムイモ、キャッサバ、カボチャ、ウリ、パンノキの実、プランテーン、青菜、海藻、クズウコン、ニガウリ、キャベツ、ダイコン、ナス、タマネギ、青タマネギ

果物 ココナッツ、バナナ、レモン、ライム、グアバ、マンゴー、パパイヤ、パイナップル、メロン、タマリンド

種実類 キャンドルナッツ（ククイノキの実）、ライチー、マカダミアナッツ

香辛料 ココナッツのクリームとミルク、ライムまたはレモン汁、醤油、塩、黒胡椒、ショウガ、ニンニク、タマネギ、タマリンド、バニラ、ココア。多くの料理はココナッツのミルクまたはクリームで調理する。

料理 ゆでたタロイモ、サツマイモ、ヤムイモ。炊いたり蒸したりした米。ゆでたり蒸したりしたウリ、青物、海藻。クズウコンで固めたプディングなどの料理。魚介類はシチューにしたり、焼いたり、あるいは生のままレモン汁とココナッツクリームでマリネして食べる。ティーの葉で包んで蒸した魚。バナナの葉で包んで蒸した果物。ウムで調理する食材：豚や魚は丸ごと、タロイモ、サツマイモ、ヤムイモ、パンノキの実、甲殻類、鶏肉、タロイモの葉でココナッツクリームやレモン、タマネギ、牛肉のこま切れを包み、さらにバナナの葉でくるんだもの、タロイモ、サツマイモ、ヤムイモ、またはパンノキの実をまとめて葉で包んだもの。

甘味類 砂糖、熟していないココナッツ、ハウピア（ココナッツミルクと砂糖、クズウコン〔から採れたでんぷん〕で作る、硬めのプディング）

飲物 ココナッツジュース、ココア、コーヒー、フルーツジュース、茶、カバ（コショウ科の植物から作る飲料。酩酊感をもたらす）

食事 一般的には一日に2度か3度、常に同じものを食べるが、いちばん量が多いのは夕飯。食事はゆでたタロイモやサツマイモ、魚、鶏肉または豚肉の料理と調理したウリ、青物、または海藻、と決まっている。

ナイジェリア　Nigeria
ナイジェリア連邦共和国

[地理] ナイジェリアは西アフリカにあり、ギニア湾に面している。熱帯湿地と熱帯雨林があり、サバンナと森林のある高原、北部には半砂漠、西部にはニジェール川がある。

主要言語	民族		宗教	
英語（公用語）	ハウサ族とフラニ族	29%	イスラム教	50%
ハウサ語	ヨルバ族	21%	キリスト教	40%
ヨルバ語	イボ族	18%	土着の信仰	10%
イボ語	イジョ族	10%		
フラニ語	250以上の民族			
500以上の土着言語				

人口密度　209.3人/k㎡　　　　　都市人口率　49.4%
識字率　59.6%　　　　　　　　　出生1000あたり乳児死亡率　69.8
平均寿命　男性52.8歳、女性55.0歳　HIV感染率　2.9%
1人あたりGDP　5,900ドル　　　　失業率　1.5%
農業就業人口　70%　　　　　　　耕地面積率　37.3%

[農業] キャッサバ、ヤムイモ、ソルガム、キビ、トウモロコシ、ココア、落花生、アブラヤシ、米、ゴム、ニワトリ、ヤギ、牛、羊、豚

[天然資源] 天然ガス、石油、錫、鉄鉱石、石炭、石灰石、ニオブ、鉛、亜鉛、漁獲

[産業] 原油、石炭、錫、コロンバイト、パーム油、綿、ゴム、木材、皮革、繊維

[食文化への影響] この大きくて人口密度の高い国では、ギニア湾とニジェール川からは魚が獲れ、さまざまな土地が根菜、穀物、ココア、落花生、ヤシの栽培を支え、北部では牧畜も行なわれる。ポルトガル、イギリス、イスラム教徒（とくに北部）が食習慣に影響を与えてきた。キャッサバ、トウモロコシ、落花生、トマト、トウガラシなどの新世界からもたらされた食料は大きな影響を与えた。地元アフリカの食料には、ササゲ、スイカ、オクラなどがある。毎日の食事は、ほとんどがでんぷん質の野菜、豆類、青物野菜で、海の近くでは魚が加わり、パーム油、トマト、赤トウガラシ、タマネギで味つけされる。濃厚で粘りのあるスパイシーな食べ物が好まれる。

[パンと穀類] ソルガム、キビ、トウモロコシ、米：粥、米料理、練り生地のフライ、ビスケット

[肉と魚] ヤギ肉、仔羊肉、羊肉、牛肉、豚肉、鶏肉、魚（生、燻製、干物）、ホロホロチョウ、卵、狩猟動物

[昆虫] シロアリ、イナゴ

乳製品 ミルク、サワーミルク、バターミルク、凝乳、ホエー、チーズ

油脂 パーム油、ピーナッツ油、シア油、ココナッツ油。おもな調理用油脂であるパーム油は赤色をしている。

豆類 落花生、ササゲ、イナゴマメ、赤インゲンマメ

野菜 キャッサバ、ヤムイモ、プランテーン、タロイモ、葉物野菜、オクラ、トマト、ビターリーフ、モロヘイヤ、サツマイモ、ジャガイモ、ナス、カボチャ、タマネギ、赤トウガラシ、キュウリ、ピーマン

果物 ココナッツ、パイナップル、バナナ、アキーアップル、バオバブ、スイカ、レモン、ナツメヤシ、マンゴー、パパイヤ

種実類 パームナッツ、カシューナッツ、コーラナッツ、スイカの種（エグシ）、ゴマ、マンゴーの種

香辛料 塩、トウガラシ、トマト、タマネギ、ニンニク、バオバブの葉、「アフリカのナツメグ」、カレー粉、ココア

料理 ほとんどの食べ物はゆでるか揚げ、塊をソースに浸して手で食べる。ソース各種：ピーナッツ（すりつぶしたピーナッツに調味料を入れる）：パラバソース（葉物野菜）：フレジョン（豆のピュレ、ココナッツミルク、時には砂糖を入れる）。フフ（でんぷん質の野菜やトウモロコシをゆでてつぶしたもの）を、ボールまたはひと口サイズのスプーンのような形にひねり、それでシチューをすくって食べる。濃いスープまたは薄いシチュー：エグシ：オクラ：ヤギ肉（重要な集まりで供される）：根菜と魚、鶏肉、または牛肉の小間切れ。ココナッツミルクで炊いた米。プランテーンのフライ。魚のフライ。ローストチキンとピーナッツソース。カレーにココナッツやピーナッツなどの薬味を添えて供する。ピリピリ（トウガラシ、トマト、タマネギ、ニンニク、西洋ワサビのソース）は、通常食べ物を味つけするためテーブルの上に置かれている。モインモイン（ササゲ、トウガラシ、タマネギをすりつぶしたペーストを、型に入れたり葉に載せて蒸したもの）は、一般的にナイジェリア発祥とされている。ガリフォト（スクランブルエッグ、トマト、タマネギ、トウガラシと調理したキャサバミール）は、よく朝食に食べられる人気のナイジェリア料理である。ナイジェリア北部の料理：ゆでて脱穀キビ（ジェロ）をタウシェ（肉、カボチャ、青物野菜、トウガラシ、ピーナッツのシチュー）と一緒に供する。

甘味類 ハチミツ、砂糖：甘い練り粉ボールのフライ、ピーナッツキャンディ（カニヤ）、砂糖やハチミツまたはココナッツをかけた焼きバナナ

飲物 ココア、コーヒー、ビール、レッドジンガー（ローゼルの果実で作るハーブティー）

屋台・間食 スパイシーなケバブ（ツィレ・アガシェ）、魚のフライ、プランテーンのチップ、豆のボール（アカラ）、ドーナツ、甘い練り生地のクリスピーなフライ、ココナッツビスケット、甘い粥

ナウル Nauru
ナウル共和国

[地理] ナウルは、太平洋西部の小さな島（21km^2）で、パプアニューギニアの東、赤道のすぐ南にある。台地が砂浜とサンゴ礁に囲まれている。

主要言語	民族		宗教	
ナウル語（公用語）	ナウル人	58%	プロテスタント	60.4%
英語（政府、ビジネスを含めて広く使われている）	その他太平洋諸島人	26%	カトリック	33.0%
	中国人	8%		
	ヨーロッパ人、その他	8%		

人口密度　459.1人/km²　　　　　都市人口率　100%
識字率　－　　　　　　　　　　　出生1000あたり乳児死亡率　7.8
平均寿命　男性63.3歳、女性70.9歳　　HIV感染率　－
1人あたりGDP　14,800ドル　　　　失業率　－
農業就業人口　－　　　　　　　　耕地面積率　0%

[農業] ココナッツ、マンゴー、その他のトロピカルフルーツ、コーヒー、アーモンド、イチジク、パンダヌス（スクリューパイン）、ニワトリ、豚
[天然資源] リン鉱石、漁獲
[産業] リン鉱石鉱業、オフショア・バンキング、ココナッツ製品

[食文化への影響] ナウルは太平洋のミクロネシアに属している。食べ物への影響には、魚が獲れる太平洋、他の太平洋諸島、中国、イギリス、ドイツ、オーストラリアがある。ヨーロッパ人は新しい食用植物、小麦パン、そして何種かの動物を連れて来た。中国人は米、大豆、茶、麺、炒め物をもたらした。魚、ココナッツ、でんぷん質の根菜、パンノキの実、果物がおもな食べ物である。豚肉がおもな肉で、とくに祝祭に供され、伝統的に熱した石を敷いた穴の中で調理される。

[パンと穀類] 米、小麦：パン、麺、米料理
[肉と魚] 鶏肉、豚肉、魚（ボラなど）、甲殻類（カニなど）、卵、牛肉：コンビーフ、スパム
[乳製品] ミルクをはじめとする乳製品は普及していない。
[油脂] ココナッツ油とココナッツクリーム、ラード、植物油とショートニング、ゴマ油
[豆類] 大豆、緑豆、四角豆、エンドウマメ、レンズマメ、落花生
[野菜] タロイモとその葉、パンノキの実、サツマイモ、プランテーン、ヤムイモ、キャッサバ、海藻、葉物野菜、クズウコン、ゴーヤ、キャベツ、ダイコン、モヤシ、ナス、

タマネギ、青ネギ、キノコ
- **果物** ココナッツ、マンゴー、イチジク、スクリューパイン、バナナ、レモン、ライム、グアバ、パパイヤ、パイナップル、メロン、タマリンド
- **種実類** アーモンド、キャンドルナッツ（ククイ）、ライチー、マカダミアナッツ
- **香辛料** ココナッツクリームとココナッツミルク、ライムおよびレモン汁、塩、醤油（基本的な調味料）、ショウガ、ニンニク、タマネギ、赤トウガラシ、スクリューパインの葉
- **料理** タロイモ、パンノキの実、サツマイモ、その他のでんぷん質野菜をゆでたもの。炊くか蒸した米。ゆでるか、蒸すか、または炒めた青物野菜。ライム汁でマリネした白身魚のぶつ切りに、青ネギとココナッツクリームを添えて供する。穴の中で調理される料理：丸ごとの豚、タロイモ、サツマイモ、カニ、丸ごとの魚、ぶつ切りの鶏肉、タロイモの葉でココナッツクリーム、レモン、タマネギ、刻んだ牛肉のフィリングを包み、そのすべてをバナナの葉で巻いたもの、その他タロイモ、パンノキの実、またはサツマイモにココナッツクリームと調味料を混ぜて葉で包んだもの。
- **甘味類** 砂糖。未熟なココナッツ。新鮮な果物。ココナッツミルク、クズウコン、砂糖で作るプディング。
- **飲物** ココナッツジュース、茶、コーヒー、豆乳、トディ（ココヤシの花から作られるワイン）
- **食事** 毎日2回から3回の食事が典型的で、食べ物は全く同じ、夕方の食事が最大である。日常的な食事は、タロイモ、または米をゆでたもの、魚、豚肉、または鶏肉の料理、青野菜または海藻を煮たものである。

ナミビア　Namibia
ナミビア共和国

[地理] ナミビアはアフリカ南西部にあり、大西洋沿岸に面している。標高 1,000 〜 1,200m の高原で、西には森林、サバンナ、4 本の川、ナミビア砂漠があり、東にはカラハリ砂漠がある。

主要言語	民族		宗教	
英語（公用語）	黒人	87.5%	キリスト教	80-90%
アフリカーンス語（最も普及している）	オバンボ族 人口のおよそ 50.0%		（ルーテル派） 土着信仰	50%） 10-20%
ドイツ語	混血	6.5%		
土着の言語	白人	6.0%		

人口密度　3.0 人/km² 　　　都市人口率　48.6%
識字率　90.8% 　　　出生 1000 あたり乳児死亡率　35.1
平均寿命　男性 62.4 歳、女性 65.6 歳 　　　HIV 感染率　13.8%
1 人あたり GDP　11,800 ドル 　　　失業率　25.6%
農業就業人口　31% 　　　耕地面積率　1%

[農業] 根菜類、トウモロコシ、キビ、ソルガム、落花生、ブドウ、ニワトリ、羊、牛、ヤギ、豚

[天然資源] 漁獲、ダイヤモンド、銅、ウラン、金、銀、鉛、錫、リチウム、カドミウム、塩、水力発電

[産業] 食肉加工、魚加工、乳製品、採掘

[食文化への影響] アフリカ南部にあるこの大きな国には、漁獲に適した長い大西洋の海岸線と、穀物、根菜、落花生、ブドウ、家畜の生産を可能にする高原がある。そのほかに、アフリカ、ヨーロッパ、南アフリカ、東南アジアなどの影響もある。17 世紀、オランダの東インド会社は、喜望峰に植民地を設け、先住民族との取引や、東洋からの商品持ち込みをはじめた。そのあとにヨーロッパの農民が来た。彼らとその子孫は、おもにオランダ人とドイツ人で、のちにボーア人（またはアフリカーナー）と呼ばれるようになり、東南アジアから奴隷を輸入した。これらマレーシア人の奴隷は、南アフリカで有名なケープマレー料理を作り上げた。イギリスは 1814 年に南アフリカの支配権を奪い、イギリス人の入植者を送り込んだ。このため、ボーア人は内陸部への大移動（グレート・トレック）を余儀なくされた。インド人は、東部のサトウキビ・プランテーションの労働力としてやってきた。オランダ人とドイツ人は、ジャム、砂糖煮（コンフィ）、そして焼き菓子をもたらした。彼らは大規模な自給自足の農園を作り上げた。フランス

のユグノーはワイン産業をはじめた。マレー人は漁業や魚の保存に精通していて、スパイスと塩をつけて干した魚は、ケープに寄港する船舶に食料として供給された。グレート・トレックの食料は、干した魚、狩猟動物などいろいろな肉のソーセージ（ボーアウォース／ブルボス）、ビルトン（塩漬けの切り干し肉、しばしば狩猟動物）、およびポイキーコース（鹿肉などの食材を火の上に吊したポティーという3本足の鍋で調理したもの）だった。トレッカーの人々は、古いシロアリの巣をオーブンとして使用した。最初は頂上に穴を開けた上にポティーをのせて食べ物を調理し、開口部をすべて密封したあと、中でサワードウのパンを焼く。肉によっては焚き火の上で料理するブライ（バーベキュー）が使われた。移住者はトウモロコシを植えた。新世界の影響だが、すぐさまアフリカ人も栽培するようになった。ドイツは現在のナミビアを1890年から1915年まで支配し、南アフリカは1968年まで管理して、それぞれの影響を残している。地方の農民は東アフリカの祖先とさほど変わらないものを食べている：粥、豆、メロン、カボチャ、青物野菜、昆虫、乳製品、狩猟動物などである。牛は財産で、ほとんど食べられない。ブッシュマンはまた、砂漠のベリー、野生のタマネギ、野生の果物を食べる。

パンと穀類 トウモロコシ、キビ、ソルガム、小麦、米：粥、パン、ドーナツ、タルト、クッキー、米料理

肉と魚 仔羊肉と羊肉、鶏肉、卵、牛肉、ヤギ肉、豚肉、魚介類、アンテロープ（スプリングボックなど）、ダチョウ、ダチョウの卵

昆虫 イナゴ、チョウの幼虫、シロアリ、アリの幼虫。昆虫は揚げたり焼いたりされる。

乳製品 ミルク、バターミルク、クリーム、ヨーグルト、チーズ

油脂 脂尾羊の脂肪、バター、魚油、植物油

豆類 落花生、インゲンマメ、エンドウマメ、レンズマメ

野菜 葉物野菜、カボチャ、キャベツ、ジャガイモ、キュウリ、ニンジン、ウリ、トマト、タマネギ、ナス

果物 ブドウ、メロン、マルメロ、ナツメヤシ、リンゴ、アプリコット、モモ、タンジェリン、レモン、マンゴー、砂漠のベリー

種実類 アーモンド、クルミ

香辛料 塩、胡椒、酢、トウガラシ、ニンニク、シナモン、クローブ、ターメリック、ショウガ、カレー粉

料理 煮詰めたコーンミール（ミーリー）またはキビの粥。炊いた米。ダチョウの卵のスクランブルドエッグ。インゲンマメの煮込み、時にはメロンやカボチャを入れる。魚または肉の揚げ物、グリル、またはシチュー。塩、胡椒、ショウガ、ニンニクをすり込み、赤ワインとワインビネガーに漬けてから炒め、しっかり蓋をした鍋に入れ、赤ワインとクローブで2時間かけて煮込んだスプリングボックの脚。照り焼きにした肉のパテ。詰め物をした鶏肉の煮込みまたはロースト。煮込むか揚げた野菜。トウガラシ、レモン汁、または酢を添えた、生野菜や果物のサラダ。ブレディー（さまざまな野菜とともに

調理されるスパイシーな羊肉のシチュー）は、米と一緒に食べる。ソサティ（仔羊肉または羊肉のケバブ、スパイスでマリネし、バーベキューで焼き、カレーソースを添えて供する）。ボボティー（カスタードをトッピングして焼いたスパイシーなミートローフ）。カレー。アチャール（スパイスと一緒に油に漬けたピクルス）。チャツネ（果物やトマトのピクルスのスパイシーな薬味）。

甘味類 ハチミツ、砂糖：ドライフルーツ。スパイシーな揚げドーナツ。スパイスクッキー。菓子パン。クルミとアーモンドのケーキ。

飲物 茶、コーヒー、ワイン

ニカラグア　Nicaragua
ニカラグア共和国

[地理] ニカラグアは、中米最大でしかも最も人口密度の低い、カリブ海と太平洋に面した国である。西には山々があり、火山性で肥沃な太平洋沿岸地帯、そして低湿地のカリブ海沿岸地帯がある。活火山を持つ山脈が、この国を北西から南東にかけて連なっている。

主要言語	民族		宗教	
スペイン語（公用語）	メスティーソ（アメリカ先住民と白人の混血）	69%	カトリック	51.6%
カリブ海沿岸ではミスキート語、メスティーソ語	白人	17%	プロテスタント	33.9%
	黒人	9%		
	アメリカ先住民	5%		

人口密度　50.2人/km²
識字率　82.5%
平均寿命　男性71.3歳、女性75.8歳
1人あたりGDP　5,300ドル
農業就業人口　31%

都市人口率　59.4%
出生1000あたり乳児死亡率　18.3
HIV感染率　0.2%
失業率　5.9%
耕地面積率　12.5%

[農業] サトウキビ、トウモロコシ、米、コーヒー、バナナ、綿、タバコ、ゴマ、大豆、ニワトリ、牛、馬、豚、ヤギ、羊

[天然資源] 金、銀、銅、タングステン、鉛、亜鉛、木材、漁獲、海産物（ロブスター）

[産業] 食品加工、化学製品、機械および金属製品、繊維、衣料品、石油精製および流通、飲料、履物、木材

[食文化への影響] ニカラグアは太平洋とカリブ海の沿岸から魚や海産物を得ている。肥沃な土地と山々は、サトウキビ、穀物、果物、コーヒー、家畜を生産する。食料への他の影響には、先住民のインディオやスペイン人、カリブ諸島民がある。マヤ人の主食だったトウモロコシは、今も定番である。スペイン人は、牛肉、豚肉とラード、米などの新しい食品を持ち込んだ。カリブ語を話すインディオとアフリカやアジアから移入された労働者から伝わったカリブ諸島の食習慣は、ニカラグアの料理、とくにカリブ海岸の料理に影響を与えた。住民のほとんどはカトリック教徒で、クリスマス、受難節、イースターの期間には特別な食べ物を食べる。

[パンと穀類] トウモロコシ、米、小麦：米料理、トウモロコシのパン（トルティーヤ）や粥や飲物、小麦粉のパンやロールパン

[肉と魚] 鶏肉、牛肉、豚肉、ヤギ肉、仔羊肉と羊肉、魚介類、卵、イグアナ（インディ

オが好む)
- **乳製品** ミルク（エバミルク）、クリーム、サワークリーム、チーズ。ミルクは飲物とされないのが普通。
- **油脂** ラード、バター、植物油、ショートニング、ゴマ油
- **豆類** インゲンマメ（黒、赤、褐色、白）、ヒヨコマメ、大豆
- **野菜** プランテーン、キャッサバ、トマト、ハヤトウリ（緑色の洋ナシ形のウリ）、レタス、アボカド、カボチャ、パンノキの実、ジャガイモ、キャベツ、ニンジン、トウガラシ、ピーマン、タマネギ、ビート、オリーブ
- **果物** バナナ、ココナッツ、マンゴー、オレンジ、パイナップル、ローゼルの果実（ソレルドリンク、ジャムやゼリーを作る）、ブドウ、パパイヤ、パッションフルーツ、レーズン
- **種実類** ヤシの実、カボチャの種、ゴマ
- **香辛料** タマネギ、ニンニク、トウガラシ、ピーマンやミントを混ぜたダイダイの果汁、ベニノキの種（アナトー。橙赤の色づけ）、コリアンダー、ピメント、ケーパー、シナモン、バニラ
- **料理** トウモロコシ・トルティーヤのフライ。古代インディオから伝わる、ニカラグア・タマレス（ナクタマル）は、トウモロコシ生地のミートパイで、鶏肉や豚肉、ジャガイモ、米、トマト、タマネギ、トウガラシのフィリングにダイダイの果汁で味をつけ、トウモロコシの皮や葉で包んで蒸したもの。ポソレ（半発酵トウモロコシ生地、薄めて飲み物を作ったり、他の方法で使う）。アトーレ（濃厚なトウモロコシ粥）には、チョコレートやインゲンマメを入れることがある。よく煮た赤インゲンマメと米をタマネギと炒めたもの（ガジョピント、「まだらの雄鶏」）。米は炊くが、前もって炒めることが多く、ココナッツミルクで調理することもある。ココナッツパンは、カリブ海岸の名物。ニカラグア風臓物スープ。ココナッツミルクで煮込んだ肉や魚介類と、プランテーンまたはキャッサバのシチュー。ローストした肉や魚。アボカドなどのサラダ。揚げたジャガイモ、プランテーン、またはパンノキの実。キャベツ、ビート、またはニンジンのピクルス。
- **祝祭用料理** ソパ・デ・ロスキージャス（ドーナツの形をしたトウモロコシのダンプリングを入れたスープ）は受難節の金曜日に食べる。ガジーナ・レジェーナ・ナビデーニャ（パパイヤ、ハヤトウリ、ケーパー、レーズン、オリーブ、タマネギ、トマトの詰め物をしたチキン）はクリスマス料理である。
- **甘味類** サトウキビ、ハチミツ、砂糖（白、茶色）、ノガダ（プラリネのようなキャンディ）、焼きバナナ、フルーツアイス、アイスクリーム、カスタード、ライスプディング、ココナッツまたはラム風味のケーキやフリッター
- **飲物** コーヒー、チョコレート、トロピカルフルーツ・ドリンク（レフレスカ）、ビール、ラム酒、ティステ（煎ったトウモロコシ、ココア、砂糖、冷水、砕いた氷で作る人気のある飲み物）。

食事 貧困層は毎食トウモロコシと豆を食べる。米は頻繁に消費され、事情が許せば肉やチーズが一緒に供される。富裕な地域の典型的な夕食：スープ、肉か魚の料理、トルティーヤまたはパン、サラダ、揚げたプランテーン、野菜のピクルス。これにときおり前菜とデザートがつく。

間食 キャンディ、フルーツアイス、アイスクリーム、カスタード、ライスプディング、ケーキ、フリッター

ニジェール　Niger
ニジェール共和国

[地理] ニジェールはアフリカ北部の内陸にある。南西部のニジェール川に沿った肥沃な盆地と、南部の狭いサバンナを除いて、ほとんどが砂漠と山地である。

主要言語	民族		宗教	
フランス語（公用語）	ハウサ族	53.1%	イスラム教	80%
ハウサ語	ジェルマ・ソンライ族		その他（土着信仰、キリスト教）	
ジェルマ語		21.2%		20%
	トゥアレグ族	11.0%		
	プール族（フラ）	6.5%		

人口密度　15.2人/km²　　　　都市人口率　19.3%
識字率　19.1%　　　　　　　　出生1000あたり乳児死亡率　81.1
平均寿命　男性54.7歳、女性57.3歳　　HIV感染率　0.4%
1人あたりGDP　1,100ドル　　　失業率　2.6%
農業就業人口　87%　　　　　　耕地面積率　12.6%

[農業] キビ、ソルガム、ササゲ、綿、落花生、キャッサバ、米、ニワトリ、ヤギ、羊、牛、ラクダ

[天然資源] ウラン、石炭、鉄鉱石、錫、リン鉱石、金、モリブデン、石膏、塩、石油、漁獲

[産業] ウラン鉱業、セメント、レンガ、繊維、食品加工、化学薬品、食肉処理

[食文化への影響] サハラ砂漠のすぐ南にあるほとんどの国と同様、ニジェールは旧フランス領植民地で、人口密度は低い。ニジェール川のほとりの肥沃な地域と南部のサバンナは耕作や畜産が可能だが、それ以外の地域はほとんどが砂漠である。ニジェール川では魚が獲れる。食習慣は北アフリカ、西アフリカ、フランス、新世界からもたらされた食料や宗教の影響を受けている。たとえば、西アフリカのように、肉と魚が一般的におなじソースで組み合わせられる。フランスパンのバゲットが都会では一般的で、これはフランスの影響である。新世界の影響として、トウガラシとトマトが多くの料理に使用されている。人口の大部分は豚肉やアルコールを摂取しないイスラム教徒である。フラ族などの遊牧民はニジェール北部に住んでいる。農村部では、石を三つ置いた上に鍋をのせて薪を燃やす伝統的なかまどが今も使用されている。焚き火で肉を焼くこともある。オーブンは普及していない。

[パンと穀類] キビ、ソルガム、米、トウモロコシ、小麦、野生の穀物：粥、クスクス（キビの生地で作る小さな粒で、蒸して米のように供する）、米料理、バゲット、麺

肉と魚 鶏肉、卵、ヤギ肉、仔羊肉と羊肉、牛肉、豚肉、ラクダ肉、魚（パーチ、ティラピア）、ホロホロチョウ、ハト、狩猟動物（アンテロープ、ハイラックス）。肉や魚はしばしば干物にする。

乳製品 ミルク、サワーミルク、バターミルク、凝乳、ホエー、チーズ

油脂 シア油とシアバター（シアノキの種から採る）、ピーナッツ油、パーム油

豆類 ササゲ、落花生、インゲンマメ、レンズマメ。豆類は重要である。

野菜 キャッサバ、ヤムイモ、プランテーン、サツマイモ、オクラ、トマト、青物野菜、トウガラシ、タマネギ

果物 ナツメヤシ、レーズン、ココナッツ、バナナ、スイカ、マンゴー

種実類 コーラナッツ、シアナッツ、スイカの種、ゴマ。種実類はソースやシチューを濃厚にする。

香辛料 トマト、トウガラシ、タマネギ、ニンニク

料理 キビとキャッサバを煮たもののマッシュ。蒸すかゆでたキビ、米、その他の穀物は、ピーナッツソースを添えた肉やシチューとともに食べることが多い。コーンミールの粥。牛肉とトマトの薄いシチューと米飯。シチュー各種：赤肉とオクラ：キャッサバの葉と魚の干物とパーム油：鶏肉、ピーナッツ、サツマイモとトマト：または魚、オクラ、青物野菜とトマト。乾燥させたキャッサバ粥にシチュー。詰め物をしたラクダの胃（ハギスに似ている）。

祝祭用料理 キビとキャッサバのマッシュに、2種類のソース（挽き肉、干し魚、乾燥オクラの粉：サイコロのように切った肉とトマト）を添え、供する前に混ぜる。ジョロフライス（米とトマトまたはパーム油）

甘味類 砂糖、ハチミツ：ピーナッツキャンディ、焼きバナナ、揚げた甘い生地のボール、甘いペストリー

飲物 ビール、コーヒー

屋台 ケバブ、シャワルマ（回転肉焼き器で焼いた仔羊肉）、インゲンマメのフリッター、甘いペストリー、網焼きしたスイートコーン

日本 Japan

[地理] 日本は、アジア大陸の東に位置する島国で、四つの主要な島と6,000余りの島で構成されている。国土の3分の2が山地で、海岸線は複雑に入りくんでいる。火山活動が活発で、地震の多発国でもある。

主要言語	民族		宗教	
日本語（公用語）	日本人	98.5%	多くが神道と仏教両方の儀式を行う	
	その他	1.5%		
			神道	79.2%
			仏教	66.8%

人口密度　346.9人/km²　　　　都市人口率　94.3%
識字率　99%　　　　　　　　　出生1000あたり乳児死亡率　2.0
平均寿命　男性81.9歳、女性88.8歳　HIV感染率　−
1人あたりGDP　38,900ドル　　　失業率　3.1%
農業就業人口　2.9%　　　　　　耕地面積率　11.6%

[農業] 米、サトウダイコン、野菜、サトウキビ、果物、ニワトリ、豚、牛、ヤギ、羊
[天然資源] 漁獲
[産業] 自動車、電子機器、工作機械、鉄鋼・非鉄金属、造船、化学、繊維、加工食品

[食文化への影響] 日本は山がちな島々で構成されているため、農業に利用できる土地は少ない。食料の多くは輸入されている。沿岸の海域では魚介類が獲れる。島国であったため、日本では、魚、海藻、野菜、果物などの固有の食材に頼った料理が発達した。6世紀から9世紀のあいだに日本にもたらされた中国の影響は、仏教、大豆、茶である。中国から800年頃に初めて輸入された茶は、15世紀に日本の宮廷が仏教の茶礼を採択したこともあり、広く一般的な飲み物となった。茶道は13世紀にはじまり、禅僧が修行のあいだに儀式として、また眠気覚ましとして茶を飲んだ。この儀式は、禅寺では今でも重要視され、社交活動として今も広く行なわれている。今日、茶道は自然との調和と自分自身との調和を反映している。　本格的な茶の儀式（茶事）には、色彩と味のバランスをとり、季節を反映させた小さなコースの食事（茶懐石）が含まれる。それよりシンプルな茶会では、茶の前に菓子が供される。茶は、緑茶の粉末に湯を加え、泡立てて緑色の飲み物を作る。16世紀半ば、ポルトガル人は日本と貿易を開始し、天ぷら（水溶き小麦粉を食材につけた揚げ物）をもたらした。1850年代、日本は固く閉ざされた鎖国時代を終え、工業化とともに西洋の食生活を取り入れはじめた。仏教による菜食主義は徐々に放棄され、牛肉、豚肉、鶏肉が料理に現われはじめる。魚介類と米（ご飯）は、

ほとんどの食事で食べられる主要な食べ物である。大豆製品、海藻、野菜、果物が重要な食品である。日本料理は慎重な調理と巧みなプレゼンテーションが有名で、それぞれの食品の特性をよく理解している。

パンと穀類 米（短粒、粘り気が多い）、小麦、ソバ：粥、餅、煎餅、米麺、小麦粉の麺（うどん）、ソバ粉の麺（ソバ）

肉と魚 魚介類、鶏肉、豚肉、牛肉、ヤギ肉、仔羊肉、卵。

乳製品 ミルク、アイスクリーム。日本人は大した量の乳製品を使用しない。

油脂 ゴマ油、ピーナッツ油、綿実油、オリーブ油、植物油、バター

豆類 大豆、小豆、黒豆、ライマメ、落花生：味噌、豆腐、醤油、餡子

海藻 海苔、昆布：用途はスープ、煎餅、食品包装、飾り

野菜 ジャガイモ、キャベツ、タマネギ、サツマイモ、ニンジン、トマト、キュウリ、枝豆、青ネギ、レタス、ナス、ホウレンソウ、ダイコン、カボチャ、キノコ、サトイモ、ウリ、春菊、タケノコ、エンドウマメ、レンコン、カブ、アスパラガス、ヤマノイモ

果物 ミカン、ウメ、リンゴ、ナシ、カキ、メロン、イチゴ、モモ

漬け物 梅干し、大根、キャベツ、キュウリ、ナス、ショウガ（紅ショウガ）

種実類 栗、ギンナン、クルミ、カシューナッツ、ケシの実、ゴマ

香辛料 醤油、砂糖、米酢、日本酒、みりん、ショウガ、タマネギ、青ネギ、干し椎茸、カラシ、ワサビ、テリヤキ（醤油とミリンのタレ、焼肉の仕上げに使われる）。調味料は、甘味、酸味、塩味、苦味、うま味を提供する。

調理法 通常、食品は小さく切ってから調理される。テーブルでの調理も人気があり、ほとんどの家庭や多くのレストランには、卓上のガスコンロまたは電気コンロがある。

料理 短粒米を炊いた飯。親子丼（鶏肉とタマネギを甘辛く煮て卵でとじ、どんぶり飯の上にのせたもの）。かやく飯（小豆やキノコなどの食材を混ぜて炊いた米）。麺類はゆでる。吸い物（すまし汁）は、通常だし（鰹節や昆布で作る）をベースにする。味噌汁。生魚料理：寿司（酢飯に生魚、海産物、または野菜をのせてにぎり、しばしば海苔で巻いて、醤油をつけて食べる）。刺身（薄くスライスするなどした生の魚介類）は、通常わさび醤油につける。野菜：濃いめの調味料を使う和え物、およびさっぱりした酢の物などがある。たとえば、ホウレンソウのゴマ味噌和えなど。サラダドレッシング：米酢、醤油、胡麻。蒸し物：焙烙焼き（エビ、鶏肉、ギンナン、キノコなどを蒸す）。茶碗蒸し（卵とだしを蒸したもの。中に小さく切った具が入っている）は、子どもたちに人気がある。サトイモなどの煮っころがし。タコなどの煮物（長時間煮たもの）。揚げ物：天ぷら（エビ、魚、野菜を水溶き小麦粉をつけて揚げたもの）。鶏の唐揚げ。トンカツは豚肉の切り身にパン粉をつけた揚げ物。焼き物（直火焼き、網焼き、またはフライパンで焼く）、串に刺して焼くことも多い：ウナギの蒲焼、魚、牛肉、焼き鳥など。鍋物：卓上で調理するものも多い：すき焼き（薄切り牛肉と野菜を浅い鍋で、醤油と酒で煮込む）。しゃぶしゃぶ（牛肉と野菜を熱い湯にくぐらせ、タレに浸す）。水炊き（鶏肉と野

菜の鍋料理。ポンズで食べる）。鉄板焼き：テーブルの中央に置いた鉄板で牛肉、鶏肉、エビ、野菜などを調理する。肝臓や卵巣に致命的な毒がある魚のフグは、特別なライセンスをもつ料理人がいる店で（たとえば刺身として）供される。

[正月料理] お節料理、雑煮、餅
[甘味類] ハチミツ、砂糖。蒸したもち米の菓子。餅菓子(餡子を添えた餅)。饅頭。羊羹。
[生菓子] 和菓子は、訪問客に、または正式な食事のあとにお茶に添える。
[飲物] 緑茶（日本茶）、日本酒（米の酒）、ビール、コーヒーまたは紅茶
[食事] 一日３食と軽食（おやつ）が普通。朝食：梅干し、ご飯、海苔、味噌汁。昼食：ご飯に残り物または出汁：または少量の肉や野菜を入れた麺。夕食：魚の刺身、煮物、焼き物または揚げ物、味噌汁、ご飯、漬け物。食べ物はすべて一度に供され、少量のひとり分ずつ、銘々皿に取り分ける。茶が食事に伴う。果物が夕食の最後に供される。日本人は味噌汁を椀から啜って飲み、箸を使って食べる。茶碗蒸しはスプーンで食べる。弁当箱には昼食用またはピクニック用（数品）の食べ物が入る。
[間食] せんべい、佃煮（醤油で煮込んだ小魚や昆布）、果物、甘味

ニュージーランド　New Zealand

[地理] ニュージーランドは南太平洋にあり、オーストラリアの南東2,000kmに位置している。北島と南島のふたつの主要島で構成されていて、どちらの島も丘陵地と山地であり、東海岸には肥沃な平野がある。北島には中央に火山と高原があり、温泉と間欠泉がある。南島には南アルプス山脈があり、氷河と高山がある。ニュージーランドを構成するその他の島々で人が住んでいるのは、スチュアート島、チャタム諸島、グレートバリア島である。

主要言語	民族		宗教	
英語（公用語）	ヨーロッパ人	71.2%	キリスト教	44.3%
マオリ語（公用語）	マオリ族	14.1%	（カトリック	11.6%）
サモア語	アジア人	11.3%	（聖公会	10.8%）
	太平洋諸島民	7.6%	無宗教	38.5%

人口密度　17.0人/km²　　　　　都市人口率　86.4%
識字率　99.0%　　　　　　　　出生1000あたり乳児死亡率　4.4
平均寿命　男性79.1歳、女性83.5歳　　HIV感染率　－
1人あたりGDP　37,100ドル　　　失業率　5.2%
農業就業人口　7.0%　　　　　　耕地面積率　2.2%

[農業] リンゴ、ジャガイモ、キウイ、小麦、大麦、豆類、野菜、羊、ニワトリ、牛（乳製品）、豚、ヤギ

[天然資源] 漁獲、天然ガス、鉄鉱石、砂、石炭、木材、水力発電、金、石灰岩

[産業] 食品加工、木材および紙製品、繊維、機械、輸送機器、銀行および保険、観光、鉱業

[食文化への影響] ここに来たポリネシア人は、鳥、魚介類、シダ類など、多くの食べ物を発見した。彼らは、タロイモ、サツマイモ（クマラ）、センネンボク（ティー）、夕顔などの食用植物を持ち込んだ。サツマイモはヨーロッパ人が来る前の時代の主要作物となった。彼らの子孫であるマオリは、地面を深く掘って石を敷いた穴で調理した。大きな木の容器に熱した石を使って煮た。魚や鳥を棒に縛って火の上にかざして焼いた。また、二枚貝などを残り火で調理した。ポリネシアの影響は、今もハワイなどのイムに似た、屋外に掘った共同の穴で蒸したり焼いたりする「ハンギ」という調理法に見られる。キャプテン・クックが1769年にここを訪れたとき、乗組員は野生のセロリを集め、スープとオートミールに入れて煮た。また、海岸に生えるホウレンソウのような風味のニュージーランド・ホウレンソウ（ツルナ）を食べた（マオリも食べていた）が、これ

はアイスプラントと同じ科の植物である。ヨーロッパからの入植者は、羊肉（羊毛用の羊飼育から得た）、ジャガイモ、小麦パンなど、新しい食料をもたらし、マオリはそれらを受け入れた。入植者は、マオリの食べ物を食べることもあった。イソギンチャクのスープ、フクシアベリーのプディング、キャベツの木（ティー）から加工された褐色で粘り気のある砂糖の結晶、そして森林地帯ではネズミなどである。彼らは慣習的なイギリスの食べ物を再現する傾向があった。ここの気候はイギリスに似ているが、それより穏やかである。18世紀と19世紀のイギリスによる植民地化は、この地の食習慣に大きく影響し、肉や小麦粉の焼き物が重視されるようになった。その他の影響には、イタリア、ギリシャ、アジアからの移民がある。鹿の移入とその牧畜（今では鹿肉は主要な輸出品である）、タマリロやキウイフルーツなどの植物がここでよく育つことの発見もその一端である。

パンと穀類 小麦、大麦、オート麦、トウモロコシ：小麦パン、ビスケット（クッキー）、パンケーキ、オートミールの粥

肉と魚 仔羊肉と羊肉、牛肉、鶏肉、豚肉、ヤギ肉、鹿肉：牡蠣、ムール貝、ホタテ、ロブスター、アワビ、トヘロア（ハマグリに似た二枚貝）などの魚介類：アヒル、キジ、卵：ソーセージ

乳製品 ミルク、クリーム、チーズ

油脂 バター、ラード、植物油

豆類 エンドウマメ、インゲンマメ

野菜 ジャガイモ、タマリロ（トマトに似ているが、高地の低木に生る）、ニュージーランド・ホウレンソウ、山菜、ナス、キャベツ、セロリ、ニンジン

果物 リンゴ、キウイフルーツ、アプリコット、ベリー、サクランボ、メロン、洋ナシ、パイナップル、オレンジ、レモン

香辛料 塩、胡椒、タマネギ、ミント、パセリ、タイム、ショウガ、ナツメグ、ココア。調味料は最小限に抑える傾向がある。

料理 貝やかぼちゃのスープ。ベーコンや卵などのミートパイ。小魚の丸揚げ。魚のフリッター。魚や牡蠣のパイ。ベジマイトは人気のある酵母のスプレッド。ニュージーランド発祥の料理：トヘロアのスープ（トヘロアを細かく刻んだピュレで作る、葉緑素を含むプランクトンを食べるトヘロアの肝臓に蓄積した葉緑素によって緑色を呈する）、アフガン（コーンフレークとココアが入ったビスケット）。ニュージーランド料理の中心である仔羊肉は、ローストして、ミントソース、ローストポテト、タマリロを添えて供される。味つけしたパン粉を詰めた仔羊脚のロースト。ラムチョップはオレンジ果汁のソースで網焼きするか、またはオーブンで焼く。羊肉のシチュー。鹿肉のロースト。鹿肉のステーキ、パティ、ソーセージを揚げ物や網焼きにしたもの。

甘味類 砂糖、スコーン、スイートペストリー、クリームパン（シュークリーム）、クリーム入りスポンジケーキ、カスタードパイ、アンザック・ビスケット（二度の世界大

戦中ニュージーランドとオーストラリアの軍隊に提供されたオートミールクッキー）
国民食 パブロバは、中が軟らかいメレンゲのケーキ（メレンゲを混ぜた中にコーンフラワーと酢またはレモン汁が入っているため）で、イチゴまたはキウイを中に入れ、ホイップクリームをトッピングする。1926年にここを訪れたロシアのバレリーナ、アンナ・パブロワにちなんで命名されたもの。
飲物 紅茶、コーヒー
食事 一日3食が普通。多くの人が午前と午後にティータイムの休憩をとる。
軽食 衣をつけて揚げたソーセージ

ネパール Nepal
ネパール連邦民主共和国

[地理] ネパールは南中央アジアにあり、中国とインドに接している。ヒマラヤ山脈にまたがり、世界最高峰のエベレスト（8,850m）をはじめ、6,000m以上の山々が数多くある。北部にはヒマラヤ山脈、中央には丘陵地と肥沃な谷、南にはガンジス平原の一部が含まれている。

主要言語	民族		宗教	
ネパール語（公用語）	チェトリ	16.6%	ヒンドゥー教	81.3%
マイティリ語	丘陵ブラーマン	12.2%	仏教	9.0%
ボージュプリー語	マガル	7.1%	イスラム教	4.4%
タルー語	タルー	6.4%		
英語	タマン	5.8%		
	ネワール	5.0%		

人口密度　205人/km²
識字率　64.7%
平均寿命　男性70.4歳、女性71.6歳
1人あたりGDP　2,500ドル
農業就業人口　69%

都市人口率　19.4%
出生1000あたり乳児死亡率　27.9
HIV感染率　0.2%
失業率　3.2%
耕地面積率　14.7%

[農業] 米、サトウキビ、ジャガイモ、トウモロコシ、小麦、ジュート、ニワトリ、ヤギ、牛、水牛、豚、羊

[天然資源] 石英、水、木材、水力、漁獲、亜炭、銅、コバルト、鉄鉱石

[産業] 観光、カーペット、繊維、米、ジュート、砂糖、油糧種子の小規模精製

[食文化への影響] インドとチベットのあいだにあるヒマラヤ山脈の山岳国で、1950年代までほとんどの国からほぼ隔離されていたネパールには、インド・アーリア人やチベット族の人々がいて、じつに多様な文化や宗教を持っている。料理はこの多様性を反映しており、伝統的に各小地域で利用できる食材に依存していた。料理に対するおもな影響は、隣国のインドと中国である。イスラム教徒と古いインドの王侯とのあいだの宗教戦争は、インドのブラフマン（司祭）とクシャトリア（戦士）をヒマラヤに逃れさせ、彼らが食の伝統をもたらした。チベット人は絶えず流入している。先祖が紀元前700年頃から紀元前100年頃までネパールを支配したネワール族は、カトマンズの谷に住み、果物や野菜の栽培に優れている。インドから来た猟師のラナ家が19世紀にこのヒマラヤ山脈の王国を乗っ取り、豚肉と鹿肉の料理を持って来た。グルカ兵のイギリス軍への従軍により食の影響を受けた。ネパール東部の高山でガイドやポーターを務めるシェル

パ族は、多くの肉料理を作る。チベットから来る肉屋はヤクの肉を乾燥させてスモークする。トウモロコシはほぼすべての場所で、小麦と米はカトマンズ渓谷と南部のテライ地方で、ジャガイモと他の根菜はさらに北方で栽培されている。柑橘類は丘陵地帯、マンゴーはテライ平野、パイナップルは東部で生育する。主食である米（バート）は、通常、豆類と野菜と一緒に供される。手に入れば肉を食べるが、牛を神聖であるとみなして、牛肉を食べないヒンドゥー教徒が大多数を占める。鶏とヤギは、しばしば捧げ物として使われ、その後に調理されて食べられる。川、湖や養殖から魚が得られる。ヌードル（チャウチャウ）と肉餃子（モモ）は、チベットと中国の影響を示している。辛く、スパイシーなピクルスとチャツネは、一般的に薄味の食べ物に風味と刺激を加える。数多くの祭りや宴会には、それぞれ特別な食べ物がある。

パンと穀類 米、トウモロコシ、小麦、キビ、ソバ：米料理、穀物や豆類から作るパン（ロティ、マリ）、インドのパン（チャパティ、ロティ、パラタ、プーリ）、蒸しパン（詰め物が入ってダンプリング様のものもある）、麺類。

肉と魚 鶏肉、ヤギ肉、牛肉、水牛肉、豚肉、仔羊肉、羊肉、ヤク肉、鹿肉、魚（コイ、マス）、卵

乳製品 ヨーグルト、ラッシー（薄めたヨーグルト）、凝乳。ヨーグルトと凝乳は珍味で健康によいとされる。

油脂 ギー（澄ましバター）、マスタード油、ラード

豆類 緑豆、赤インゲンマメ、スプリットピー、レンズマメ（多種）、ヒヨコマメ、大豆

野菜 ジャガイモ、根菜（カブなど）、カラシナ

果物 オレンジ、タンジェリン、マンゴー、パイナップル、ベールフルーツ（ネパール語ではベル、黄色で芳香のある柑橘類果実）

種実類 アーモンド、ビンロウジュの実、ピスタチオ、ゴマ

香辛料 ショウガ、ニンニク、タマネギ、チャイブ、カルダモン

料理 蒸すか炊いた米。ダル（スプリットピーまたはいろいろな豆を混ぜて煮る）。ゆでるか揚げたジャガイモ（アルー）または他の野菜。ゆでた麺。肉を詰めて蒸した餃子。カバフ（大きな肉の塊をその肉汁で調理したもの）。揚げた魚。クワティ（多くの種類の煮豆で作る）は、祭りでよく食べられる特別料理。辛くスパイシーなピクルス（アチャール）。チャツネ（スパイシーな野菜やフルーツの薬味）。

甘味類 サトウキビ、砂糖、ブラウンシュガー：米のフリッター（セル）。インドのキール（カルダモンを入れたミルクと米のプディング）とジャレビ（柔らかい生地を揚げてシロップに浸したもの）。ヨマリ（煎ったゴマと赤砂糖を入れて蒸した米粉の餃子、通常は巻き貝の形に作られる）は、特定の祝祭日や誕生日にネワール族の人々が作る。

飲物 茶、ラッシー（薄めたヨーグルト、塩味または甘味をつけ、風味を加える）、シェルパット（フルーツベースの飲み物）

ノルウェー　*Norway*
ノルウェー王国

[地理] ノルウェーは北ヨーロッパのスカンジナビア半島西部にあり、北海とノルウェー海に面している。ヨーロッパ最北端の国で、その国土は北海から北極圏内483kmにまで及ぶ。山地と台地が国土の大部分を覆い、氷河、湿原、川があり、全体の25%は森林である。深いフィヨルドが、何千もの島々が並ぶ海岸線に食い込んでいる。

主要言語	民族		宗教	
ブークモール・ノルウェー語（公用語）	ノルウェー人	94.4%	福音ルーテル教会	82.1%
ニーノシュク・ノルウェー語（公用語）	その他ヨーロッパ人	6%	その他のキリスト教	3.9%
サーミ語			イスラム教	2.3%

人口密度　17.5人/km²
識字率　100%
平均寿命　男性79.8歳、女性84.0歳
1人あたりGDP　69,300ドル
農業就業人口　2.1%

都市人口率　81.0%
出生1000あたり乳児死亡率　2.5
HIV感染率　ー
失業率　4.8%
耕地面積率　2.2%

[農業] 大麦、小麦、オート麦、ジャガイモ、ニワトリ、羊、牛、豚、ヤギ

[天然資源] 石油、天然ガス、鉄鉱石、銅、鉛、亜鉛、リチウム、鉱石、ニッケル、漁獲、木材、水力発電

[産業] 石油とガス、食品加工、造船、パルプ、紙、金属、化学製品、木材、鉱業、繊維、漁業

[食文化への影響] ノルウェーは、何世紀にもわたってデンマークと、また19世紀の大部分はスウェーデンと連合していたため、デンマークやスウェーデンと類似する料理がある。ノルウェーは山地が多く耕地面積が小さな北国のため、耕作期が短い。1年の大半は輸送が困難だったため、保存食が発達した。魚は乾燥させたり、塩漬けや燻製にしたり、酢漬けにした。保存する肉は塩漬けにして乾燥させた。ミルクは発酵させ、酸敗させるか、またはチーズにした。穀物は、数か月間保つ薄くクリスピーなフラットブレッドにした。果物やベリーは砂糖煮にした。ノルウェー人は今もさまざまな保存食品を食べている。食事は、おもにパン、乳製品、魚で構成される。19世紀末までにフラットブレッドはほとんどが酵母で発酵させたパンに取って代わった。ノルウェー東部の広い肥沃な谷は牧牛に使われている。山地とフィヨルドでは羊とヤギが飼われている。森林や山々の野生動物は狩猟肉として得られ、魚は川、湖、長い海岸線で獲られる。18

世紀半ばにジャガイモが導入され、食生活に大きな変化をもたらした。現在ではほとんどの食事にジャガイモが含まれている。最近、ルートフィスクなどの伝統的な食べ物への関心が高まっている。

パンと穀類 大麦、小麦、オート麦、ライ麦、米：オートミールまたは米の粥、薄くクリスピーなフラットブレッド、酵母入りのパン（ライ麦パンが多い）、フランスパン（白）、レフサ（薄く延ばし、バターと砂糖を挟んで、折り畳んだものを網焼きにする）などのジャガイモパン。

肉と魚 鶏肉、仔羊肉と羊肉、牛肉、豚肉、ヤギ肉、卵、魚介類（タラ、ニシン、サーモン、マス、ノルウェー・ロブスター、エビ）、狩猟動物の肉（ヘラジカ、鹿、ウサギ、ライチョウ、アカライチョウ）：塩漬けニシン（通常朝食とビュッフェで供される）、塩漬けして干した魚（クリップフィスク）、干しダラ（トルフィスク）、ハム、ソーセージ

乳製品 ミルク（牛、ヤギ、羊）、サワーミルク、バターミルク、クリーム、サワークリーム、ホエー、チーズ：プルトスト（熟成された強烈な風味の圧搾されていないカードチーズ）やガンメルオスト（濃い茶色で少し柔らかく、滑らかでなく、鋭い風味と強い香りがある）などのサワーミルク。茶色で甘いホエーチーズ（ミスオスト）：ヤギのチーズ（茶色で強い風味があり、甘い）。ノルウェーで最も使用されているクリームはサワークリームで、デンマークの甘いクリームとは対照的である。

油脂 バター、ラード、マーガリン、塩漬け豚肉

豆類 スプリットピー（黄色、緑）、ライマメ

野菜 ジャガイモ、キャベツ、カリフラワー、ニンジン、タマネギ、セロリ、マスタード、キュウリ、マッシュルーム、ルバーブ

果物 リンゴ、リンゴンベリー、イチゴ、ラズベリー、ブルーベリー、クラウドベリー（ブラックベリーに似ているが金色をしている）、アプリコット、サクランボ、カラント、プラム

種実類 アーモンド、キャラウェイシード：マジパン（甘いアーモンドペースト）

香辛料 ディル、パセリ、カルダモン、シナモン、クローブ、ショウガ、マスタード、ホースラディッシュ

季節の食品 9月の仔羊肉：冬のタラ：5月の揚げたサバとルバーブのスープ：夏のイチゴクリーム

料理 ルートフィスク（灰汁汁に浸してから煮た塩漬けの干ダラ）。黄色のスプリットピーのスープにパンケーキ。ヒョットカーケ（牛挽き肉のパティを揚げて、ブラウンソースに浸けて供する：モルス・ヒョットカーケ、つまり自分の母親が作った牛肉のパティが常に最高と考えられている）。フォーリコール（羊肉とキャベツのシチュー）。タラの切り身の塩ゆで。溶かしバターを塗ってグリルしたロブスター。蒸したサーモン。キュウリのサラダ。鍋の残り汁とサワークリームのソースを添えたマスのソテー。ローストポークまたはハム。クリームと溶かしたヤギチーズのソースを添えた鹿肉のロースト。

オムレツ。半熟または固ゆでの卵。オープン・サンドイッチ。ゆでたジャガイモとパセリ・バター。キャロウェイシード入りのザウアークラウト。ベルゲンの魚スープ（魚、根菜、サワークリーム、卵黄）。

国民食 ロンメグロート（シナモンと砂糖を振りかけたサワークリーム・プディング）は、結婚式やスカンジナビアの祝日である夏至祭（6月24日）に供される。

甘味類 ハチミツ、シロップ、砂糖、チーズを添えた果物、果物またはルバーブのスープに濃厚なクリームをトッピングしたもの、砂糖とシナモンを入れた米の粥、北極圏のクラウドベリーのクリーム添え、ブルーベリーのパンケーキ、ワッフル、クッキー、ケーキ、ペストリー。

飲物 ミルク、コーヒー、紅茶、ビール、アクアビット（ジャガイモや穀物から蒸留して、しばしばキャラウェイの風味をつけた酒）。乾杯するとき、スカンジナビア人はスコールと言うが、これはおそらく頭蓋骨を意味する言葉から派生していて、古代のノール人が敵の頭蓋骨を飲み物の容器に使ったことによる。

食事 一日3食のほか、午前半ば、午後半ば、または夕食後にコーヒーブレイクが普通。

間食・パーティー料理 フェナロー（塩漬けして乾燥させ、時にはスモークした仔羊の脚）など、スペークマット（加工肉の盛り合わせ）。

ハイチ Haiti
ハイチ共和国

[地理] ハイチは、カリブ海にあるイスパニョーラ島の西3分の1を占めている。この国の3分の2は山岳地帯で、残りの大半は半乾燥、沿岸地域は温暖湿潤である。

主要言語	民族		宗教	
フランス語（公用語）	黒人	95%	カトリック	54.7%
ハイチ・クレオール語（公用語）	ムラートおよび白人	5%	プロテスタント	28.5%
			（バプティスト	15.4%）
			無宗教	10.2%
			ブードゥー教	2.1%

人口密度　386.3人/km²　　　都市人口率　60.9%
識字率　60.7%　　　　　　　出生1000あたり乳児死亡率　46.8
平均寿命　男性61.6歳、女性66.8歳　　HIV感染率　2.1%
1人あたりGDP　1,800ドル　　失業率　13.2%
農業就業人口　38.1%　　　　耕地面積率　38.8%

[農業] サトウキビ、キャッサバ、果物、コーヒー、米、トウモロコシ、ソルガム、ニワトリ、ヤギ、牛、豚、馬、羊

[天然資源] ボーキサイト、銅、炭酸カルシウム、金、大理石、水力発電、漁獲

[産業] 精糖、製粉、繊維、セメント、輸入部品の軽量組立

[食文化への影響] 先住民のアラワク族は、スペインの征服に伴ってほとんど姿を消し、食文化の痕跡しか残さなかったが、彼らはじつに多様な魚介類を食べていた。アラワクの言葉で肉を焼くことを指した「バルバコア」は、おそらくアメリカのバーベキューの語源である。スペインの支配が2世紀、フランスの支配が約1世紀、そしてアフリカから買われてきた奴隷がハイチの食文化に影響を与えた。

[パンと穀類] 米、トウモロコシ、小麦：揚げたコーンブレッド、小麦パン、キャッサバパン（キャッサバをすりおろして揚げたもの）

[肉と魚] 鶏肉、ヤギ肉、牛肉、豚肉、仔羊肉、魚介類（塩ダラ、ロブスター）、オカガニ、卵

[乳製品] 牛乳（生乳、コンデンスミルク、エバミルク）、熟成チーズ

[油脂] バター、ラード、オリーブ油、ココナッツクリーム、植物油

[豆類] 赤インゲンマメ、ササゲ、ライマメ

[野菜] キャッサバ、ヤウティア、ヤムイモ、サツマイモ、プランテーン、青物（キャッサバ、ヤウティア）、アボカド、パンノキの実、カボチャ、トマト、オクラ、タマネギ、

ピーマン、ブラック・マッシュルーム

果物 バナナ、マンゴー、ココナッツ、柑橘類、パパイヤ、パイナップル、グアバ、スターアップル、カシューアップル、サワーソップ

種実類 アーモンド、カシューナッツ、ベニノキの種（アナトー）

香辛料 塩、黒胡椒、トウガラシ、タマネギ、オールスパイス、ニンニク、ライム汁、アナトー、コリアンダー、サフラン、シナモン、ナツメグ、ラム、ココナッツクリーム、コロンボパウダー（オールスパイス、ニンニク、コリアンダー、サフラン、シナモン）

料理 カラルー（カラルーという野菜の葉をオクラ、ニンニク、少量の塩肉または塩魚で調理）、ペッパーポット（野菜と肉のシチュー、トウガラシで強く味つけ）、エスカベシュ（揚げた魚をマリネまたはソースに漬ける）、セビチェ（オリーブ油とスパイスを加えたレモンまたはライム汁でマリネした生魚）、スパイシースープ、カニのシチュー、アキーの煮込み、魚などのコロンボ（コロンボパウダーで調味）、グリオ（揚げた豚肉）にプランテーンのフライ、アクラ・ド・モル（タラのフリッター）、ソース・ティマリス（ライム汁でマリネしたタマネギをトウガラシとニンニクと一緒にバターで炒め、マリネに混ぜあわせる）、赤インゲンマメ飯（溶けたラードで米を加熱し、豆の煮汁で煮込む、または煮た豆を溶けたラードに入れて加熱し、米飯の上にかける）

有名な料理 ジョンジョン飯（米、ブラック・マッシュルーム、ライマメを煮たもの。キノコの色で煮汁は黒くなる）、クレオール風ローストチキン（バナナを詰めたチキンを焼いたもの）、ヤギ肉のトウガラシ焼き

甘味類 サトウキビ、砂糖、ブラウンシュガー、糖蜜、果物、ガトー・ド・パタート（サツマイモのパン）

飲物 コーヒー、ミルク、ソフトドリンク、ビール、ラム酒

食事 朝食：カフェオレ、パン、ほかに卵、シリアル、果物など。昼食：米飯とインゲンマメ、手に入るなら肉。夕食：米飯とインゲンマメに肉、パン、野菜、ミルク、手に入るならデザート。

供し方 たんぱく質食品は、まず父親に、次に母親と子どもに供される。

間食 新鮮な果物、クラッシュアイスに注いだ果汁、カフェオレ。子どもは頻繁に間食する。

パキスタン Pakistan
パキスタン・イスラム共和国

[地理] パキスタンは南アジアのインド亜大陸に位置し、アラビア海に面している。パキスタン北部のヒンズークシ山脈とヒマラヤ山脈には、世界で2番目に高いK2峰（8,611m）が含まれている。パキスタンには肥沃な谷、高原、砂漠、平野、そしてインダス川がある。

主要言語	民族		宗教	
英語（公用語）	パンジャブ人	44.7%	イスラム教（国教）	96.4%
ウルドゥー語（国語）	パシュトゥーン人	15.4%	（スンニ派）	85-90%)
パンジャブ語	シンド人	14.1%	（シーア派）	10-15%)
シンド語	サライキ人	8.4%		
サライキ語	ムハジール人	7.6%		
パシュトー語	バローチ人	3.6%		

人口密度　265.8人/km²　　　都市人口率　39.7%
識字率　56.4%　　　出生1000あたり乳児死亡率　52.1
平均寿命　男性66.1歳、女性70.1歳　　HIV感染率　0.1%
1人あたりGDP　5,100ドル　　失業率　5.9%
農業就業人口　42.3%　　耕地面積率　39.5%

[農業] サトウキビ、小麦、米、綿、果物、ニワトリ、ヤギ、牛、水牛、羊
[天然資源] 漁獲、天然ガス、石油、石炭、鉄鉱石、銅、塩、石灰石
[産業] 繊維、衣料品、食品加工、医薬品、建材、紙製品

[食文化への影響] インダス川とアラビア海からは魚介類が獲れる。近隣のアフガニスタン、イラン、とくにインド北部もまたパキスタンの料理に影響を与えている。パキスタンは1947年までインドの一部であった。イスラム教も、大多数がイスラム教徒であるこの国の食べ物に影響を与えている。イスラム教徒は豚肉とアルコールの摂取を禁止され、ラマダン月には日の出から日没までの断食が要求される。ほぼすべての肉は、イスラムのハラール指針に従って処理される。パキスタン人はおもにパン、米、肉、乳製品、豆類、甘味を食べている。

[パンと穀類] 小麦、米、トウモロコシ、大麦、ソルガム、キビ：伝統的にタンドール（粘土のオーブン）で焼いた、白い発酵パン（ナン）、無発酵の全粒粉のチャパティ（鉄板などで焼く円形のフラットブレッド）、パラタ（野菜や肉を詰めることもある、揚げパン）、米料理、粥、カラシナの葉を添えたコーンミールのパン。

[肉と魚] 鶏肉、ヤギ肉、仔羊肉と羊肉、牛肉、水牛肉、魚介類、卵

[乳製品] ミルク（牛、水牛）、全乳ヨーグルト（ダヒ）、クリーム、凝乳、パニール（チ

ーズ）、アイスクリーム
- 油脂 ギー（澄ましバター、調理用に好まれる油脂）、バター、植物油
- 豆類 ヒヨコマメ、レンズマメ、インゲンマメ、エンドウマメ。ヒヨコマメの粉（ベサン）が、パンや揚げ物の衣に使用される。
- 野菜 キャベツ、ニンジン、カリフラワー、キュウリ、トマト、サヤエンドウ、ジャガイモ、ナス、ホウレンソウ、カラシナ
- 果物 リンゴ、アプリコット、ナツメヤシ、ブドウ、レーズン、グアバ、マンゴー、オレンジ、パパイヤ、プラム、ザクロ、メロン
- 種実類 アーモンド、ピスタチオ、ビーテルナッツ、カシューナッツ、松の実、クルミ、ケシの実、アニシード
- 香辛料 タマネギ、ニンニク、ショウガ（これら三つを多く使うことがこの国の料理の特徴である）、塩、黒胡椒、ミント、シナモン、クローブ、カルダモン、クミン、サフラン、ターメリック、トウガラシ、コリアンダー、ローズウォーター、キューラ（パンダナス）
- 薬味 チャツネ（果物や野菜で作るスパイシーな調味料）、ピクルス
- 料理 ダリア（ミルクまたは水で煮た全粒ひき割り小麦の粥）。ライタ（野菜と和えたヨーグルト）。クリチュリ（米と豆の煮込み）。チョレ（ヒヨコマメまたは乾燥エンドウマメをトマトと調味料で調理）。カレー（ブレンドしたスパイスと、時には野菜や肉を入れたソース）。時には豆の粉を入れた挽き肉料理。基本的な肉料理：コルマ（炒め煮または煮込み、たとえば牛肉のシチュー）、ケバブ（グリルまたはフライパン焼きのパティまたは小さく切った肉の串焼き）、コフタ（揚げたミートボール）は非常にスパイシーで、ブラニ（ミントヨーグルトソース）を添えて供される。ビリヤニ（肉とサフランライスを層状に重ねる）。プラオ（ピラウまたはピラフ：米を最初に油で加熱して米粒がくっつかないようにし、通常は肉や野菜を入れる米料理）。シャミケバブ（カレー味のミートボール）。チキンティッカ（鶏肉のグリル）。シシケバブ（仔羊肉の串焼き）。ビーフビリヤニ（角切りの牛肉を米とスパイスに合わせて調理）。
- 地方の名物料理 パキスタンには寒い山々から非常に暑い砂漠にいたるまで、さまざまな地理と気候がある。北東部では、果物、サトウキビ、穀物が栽培されており、豊富で洗練された料理、タンドリー料理(ナンとスパイシーな鶏肉の串焼き)、カラヒ(鋳鉄製で、中華鍋の形をした調理道具）で調理した揚げ物。南部では、シンド州のインダス川と長い海岸線から豊富な魚が獲れ、フリッター、ケバブ、蒸し物、カレーなどに調理される。西部の、牧畜が盛んなバルチスタンには、プラム入りのコルマや串焼きの肉（サージ）がある。サージは、仔羊やニワトリを丸ごと棒に刺し、焚き火の周りの地面に突き立てて、手で回しながら肉を焼く。山がちな北西部は、肉、とくに仔羊肉を多く食べ、チャプリケバブ（サンダルのような形に作るスパイシーな挽き肉の塊）の故郷である。遠い北東部では、バルティスタンにはバルティの人々のバルティ料理がある：食べ物はバルティ鍋（ふたつの取っ手を持つ重い鋳鉄製の丸底鍋）で調理される。食べ物は香りは豊

かだが、トウガラシで辛味をつけることはせず、パンですくい取りながら食べる。

甘味類 サトウキビ、グル（粗糖）、砂糖。キール（ミルクと米のプディング）。ハルバ（小麦粉またはセモリナのプディング、時にはナッツやニンジンなどの野菜を入れる）。ラドゥ（ナッツ入りの甘いベサンのボール）。

有名なデザート ザルダ（サフラン、アーモンド、ピスタチオ、レーズンの入った甘い米料理）。ラスマライ（皮のない濃厚なチーズケーキ）。銀箔が特別な日のデザートの飾りに使われることがある。

飲物 茶（非常に甘くしてミルクで煮出し、シナモンまたはカルダモンを入れる）、ラッシー（薄めたヨーグルト）、シャルバット（果汁）、サトウキビのジュース

食事 一日にしっかりした2食で、昼食と夕食、夕食の方が大きいのが普通である。毎食、肉、魚、または家禽（手に入る場合）、米、カレー、チョレ、ライタ、サラダ、ピクルス、チャツネ、フラットブレッド、紅茶が含まれ、夕食にはデザート（通常キールまたはニンジンのハルバ）が供され、パーン（キンマの葉にナッツとペースト）がつくことも多い。

屋台・間食 肉のフリッターまたはパティ、ケバブ、ペストリー、フラットブレッド、そして人気のパコラ（スパイシーなベサンの衣をつけて揚げた魚または野菜）。間食はたっぷりの量でごく普通に行なわれている。

八 パキスタン

バチカン Vatican City
バチカン市国、法王聖座

[地理] バチカン市国は南ヨーロッパの小国で、イタリアの首都、ローマ市内のバチカン丘にあり、テベレ川右岸に位置する。面積は 0.44km²。

主要言語	民族	宗教
イタリア語	イタリア人	カトリック
ラテン語	スイス人	
フランス語	その他	

人口密度　2,272 人/km²
識字率　－
平均寿命　－
1 人あたり GDP　－

就業者　基本的にほとんどは高官、聖職者、修道女、衛兵とバチカン市国外に住む 3,000 人の平信徒。

都市人口率　100%

[産業] 銀行および金融、印刷、観光、貨幣およびメダルの鋳造、郵便切手製造

[食文化への影響] バチカン市国の食文化は、所在地であるイタリア、ローマの影響を受けている。教皇が立法、司法、行政の主権者であることから、カトリック教会の影響もある。

[パンと穀類] 小麦、トウモロコシ、米:パスタ、パン、ロールパン、コーンミールの粥、米料理

[肉と魚] 豚肉、仔羊肉、牛肉、仔牛肉、ヤギ肉、魚、甲殻類、鶏肉、卵：ハム（プロシュート）、ソーセージ。プロシュートは燻煙した生ハムで、薄切りしたものをメロンと合わせ、前菜にすることが多い。

[乳製品] ミルク（牛、羊、ヤギ）、クリーム、チーズ（パルメザン、ベルパエーゼ、モッツァレラ、リコッタ、ゴルゴンゾーラ、ペコリーノ）。長い歴史をもつペコリーノは、羊乳を原料としたこの地方原産のチーズ。

[油脂] オリーブ油、バター、ラード、植物油、塩漬け豚肉

[豆類] ヒヨコマメ、ソラマメ、インゲンマメ、レンズマメ、大豆、白インゲンマメ

[野菜] ジャガイモ、オリーブ、ホウレンソウ、トマト、ブロッコリー、ピーマン、レタス、キャベツ、セロリ、ナス、エンドウ、アーティチョーク、タマネギ、キノコ類、トリュフ

[果物] ブドウ、洋ナシ、モモ、レモン、オレンジ、メロン、レーズン、カラント、アプリコット、サクランボ、イチジク

(種実類) アーモンド、栗、ヘーゼルナッツ、松の実、ピスタチオ、クルミ、ルピナスの種、ケシの実

(香辛料) 塩、オリーブ油、トマト、タマネギ、ニンニク、バジル、オレガノ、パセリ、黒胡椒、ミント、ローズマリー、サフラン、セージ、レモン、酢、バニラ、チョコレート

(料理) ミネストローネ（野菜スープ）。ポレンタ（コーンミールの粥。チーズまたはソースをかけることが多い）。リゾット（バターで炒めた米をチキンブイヨンで煮て、サフランとパルメザンチーズを加える）。フェットチーネ・アルフレード（リボン状のパスタをバター、クリーム、チーズを混ぜたソースで和える）。ニョッキ（セモリナ粉のダンプリングをバターで焼き、チーズをかける）。サルティンボッカ（仔牛の薄切り肉にハムの薄切りと香りづけのセージをのせ、バターでソテーして白ワインを加え、蒸し煮にする）。カネロニ（下味をつけた肉とホウレンソウをパスタで巻き、トマトとクリームのソースをかけて、パルメザンチーズを散らし、オーブンで焼く）。ポロ・アラ・カチャトーラ（鶏肉をワイン、酢、ニンニク、ローズマリーで煮込む）。パスタにのせて出すことが多い、ヴィール・パルミジャーナ（仔牛肉のカツレツを、香辛料を加えたトマトソースで軽く煮て、パルメザンチーズを散らす）。ニンニク、アンチョビ、トマト、ミント、コショウとともに煮たカタツムリ。フィレット・ディ・バッカラ〔塩ダラのフリッター〕（細く切った塩ダラに衣をつけ、オリーブ油で揚げる）。香辛料入りトマトソースとチーズのスパゲッティ。ピッツァ（イーストを使ったパイ生地にトマトソースとチーズをのせ、オーブンで焼く）。ペスト（バジル、ニンニク、ナッツ、チーズで作るソース）。アーティチョークの素揚げ。ブロッコリー・アッラ・ロマーナ〔ローマ風ブロッコリー〕（オリーブ油とニンニクを加えた白ワインで、ブロッコリーを煮る）。炒めたエンドウとプロシュート（ハム）の蒸し煮。オリーブ油と酢で和えた野菜サラダ。

(祝祭食) ポルケッタ（ハーブを詰めた仔豚の丸焼き）。ローズマリー風味の仔羊肉のロースト。

(クリスマス料理) 去勢雄鶏の丸焼き（パン粉、香辛料、臓物、ソーセージ、おろしたチーズを詰めて焼く）

(甘味類) ハチミツ、砂糖。果物とチーズを合わせたもの。氷菓子、シャーベット、アイスクリーム。ザバイオーネ（ワインカスタード）。ビニエ（小型の揚げシュー）。アマレッティ（アーモンドパウダーを使ったビスケット）。チーズケーキ。マリトッツィ（砂糖漬けのドライフルーツとナッツが入った丸いパン）は、四旬節に食べる。ピッツァ・パスクアーレ（卵、リコッタチーズ、ハチミツで作る復活祭用の小菓子）。チョコレート。

(飲物) ワイン、コーヒー、エスプレッソ、カプチーノ、茶、サンブーカ（アニス風味のリキュール）

八 バチカン

パナマ Panama
パナマ共和国

[地理] パナマは中米最南端に位置する国である。東には熱帯雨林と肥沃な土地があり、西には内陸の丘陵地と山地がある。パナマ運河は、カリブ海と太平洋を結んでいる。

主要言語	民族		宗教	
スペイン語（公用語）	メスティーソ（アメリカ先住民と白人の混血）	65%	カトリック	85%
土着の言語	アメリカ先住民	12.3%	プロテスタント	15%
	（ンガベ	7.6%）		
	（クナ	2.4%）		
	黒人、アフリカ人の子孫	9.2%		
	ムラート	6.8%		
	白人	6.7%		

人口密度　50.5人/km²　　　　都市人口率　67.2%
識字率　95.0%　　　　　　　　出生1000あたり乳児死亡率　17.9
平均寿命　男性76.0歳、女性81.7歳　　HIV感染率　0.8%
1人あたりGDP　22,800ドル　　　失業率　5.8%
農業就業人口　17.0%　　　　　　耕地面積率　7.6%

[農業] サトウキビ、バナナ、米、トウモロコシ、コーヒー、ニワトリ、牛、豚、馬、ヤギ

[天然資源] 漁獲、銅、マホガニーの森林、エビ、水力発電

[産業] 建設、醸造、セメントその他の建設資材、製糖

[食文化への影響] パナマは、太平洋とカリブ海の海岸線から魚介類を得ている。山地、熱帯雨林、肥沃な土地では、サトウキビ、バナナ、米、トウモロコシ、コーヒー、家畜の生産が可能である。トウモロコシは、スペイン人が来た時代にはインディオの主食であり、現在も固形食品や飲み物や粥として残っている。スペイン人は牛と乳製品、豚とラード、米をはじめとした新しい食料を持って来た。アンデスの食習慣がいくつかコロンビア経由でパナマにも伝わった。カリブ語を話すインディオとアフリカやアジアから移入された労働者から伝わったカリブ諸島の食習慣も、パナマのカリブ海岸の食文化に影響を与えた。パナマの食べ物は、この地域のほとんどの国よりも国際的な風味がある。これは20世紀初めからパナマ運河を建設し、20世紀の終わりまで支配したアメリカの影響と、運河が引き寄せた国際貿易と観光の影響である。主食は米、トウモロコシ、イ

ンゲンマメである。

パンと穀類 米、トウモロコシ、小麦：米料理、トウモロコシのパン（トルティーヤ）や粥や飲物、小麦粉のパンやロールパン

肉と魚 鶏肉、牛肉、豚肉、ヤギ肉、魚、エビ、卵：ハム、ソーセージ

乳製品 ミルク（エバミルク）、クリーム、サワークリーム、チーズ。ミルクは飲物とされないのが普通。

油脂 ラード、バター、植物油、ショートニング

豆類 インゲンマメ（黒、赤、褐色、白）、ヒヨコマメ

野菜 プランテーン、キャッサバ、トマト、ピーマン、ハヤトウリ（緑色の洋ナシ形のウリ）、アボカド、カボチャ、パンノキの実、ジャガイモ、キャベツ、ニンジン、レタス、ホウレンソウ、ビート、トウガラシ、タマネギ

果物 バナナ、ココナッツ、マンゴー、オレンジ、パイナップル、ローゼルの果実、ブドウ、パパイヤ、パッションフルーツ

種実類 ヤシの実、カボチャの種

香辛料 タマネギ、ニンニク、トウガラシ、ベニノキの種（アナトー。橙赤の色づけ）、コリアンダー、ピメント、シナモン、バニラ

料理 トウモロコシ・トルティーヤのフライ。タマレス（トウモロコシ生地にスパイシーなチキンや豚肉を詰め、トウモロコシの皮やバナナの葉で包んで蒸したもの）。ポソレ（薄めて飲料にする半発酵のトウモロコシ生地）。アトーレ（濃厚なトウモロコシ粥）には、トウガラシ、カボチャの種またはインゲンマメを入れることがある。米とインゲンマメの煮物（フリホレス・コン・アロス）。米はしばしば炒めてから炊いたり、またはココナッツミルクで炊く。ココナッツパンは、カリブ海岸の名物。ココナッツミルクに肉または魚介類と、プランテーンまたはキャッサバを入れたスープやシチュー。肉や魚のロースト。アボカドサラダ。プランテーン、パンノキの実、またはジャガイモのフライ。キャベツ、ニンジン、またはビートのピクルス。

よく知られた料理 サンコーチョ（牛肉、豚肉、ハム、ソーセージ、トマト、ジャガイモ、ウリ、プランテーンのシチュー）

甘味類 サトウキビ、ハチミツ、砂糖（白、茶色）。ローゼルの果実のジャムやゼリー。焼きバナナ。ノガダ（プラリネのようなキャンディ）。フルーツアイス。アイスクリーム、カスタード。ライスプディング。ココナッツまたはラム風味のケーキやフリッター。

飲物 コーヒー、チョコレート、トロピカルフルーツ・ドリンク（レフレスカ）、ローゼルフルーツのドリンク、ビール、ラム酒

食事 貧困層は毎食トウモロコシと豆を食べる。米は頻繁に消費され、事情が許せば肉やチーズが一緒に供される。富裕な地域の典型的な夕食：スープ、肉か魚の料理、トルティーヤ、米またはパン、サラダ、揚げたプランテーン、野菜のピクルス。これにときおり前菜とデザートがつく。

屋台・間食 キャンディ、フルーツアイス、アイスクリーム、カスタード、ライスプディング、ケーキ、フリッター

バヌアツ Vanuatu
バヌアツ共和国

[地理] バヌアツは83の島からなる群島国家で、南太平洋西のメラネシアに属し、オーストラリアの東に位置する。密林があり、耕地が海岸沿いに細長く形成されている。「環太平洋火山帯」の一部をなしているため、たびたび地震と噴火に見舞われる。

主要言語	民族	宗教	
ビスラマ語（クレオール語）（公用語）	バヌアツ人（メラネシア系）97.6%	プロテスタント	70.0%
英語（公用語）		（長老派教会	27.9%)
フランス語（公用語）		（英国国教会	15.1%)
地方言語（100以上）		（セブンスデー・アドヴェンティスト	12.5%)
		カトリック	12.4%

人口密度　23.2人/km²　　　都市人口率　26.8%
識字率　85.1%　　　　　　出生1000あたり乳児死亡率　14.4
平均寿命　男性72.1歳、女性75.4歳　　HIV感染率　—
1人あたりGDP　2,600ドル　　失業率　5.4%
農業就業人口　65%　　　　耕地面積率　1.6%

[農業] ココナッツ、コプラ、バナナ、ココア、コーヒー、タロイモ、ヤムイモ、果物、カバ、ニワトリ、牛、豚、ヤギ

[天然資源] マンガン、広葉樹林、漁獲

[産業] 食品および魚の冷凍、木材加工、肉の缶詰製造

[食文化への影響] ヨーロッパ人はこの地に存在しなかった食用植物、小麦パン、数種の動物を運んで来た。アジア人は米、大豆、麺と、炒めるという調理法を伝えた。英仏の統治とベトナムからやって来た労働者は、この地の食文化に影響を残した。島民は漁がきわめて上手く、魚介類とでんぷん質の野菜、とりわけタロイモやヤムイモなどの根茎や塊茎は、伝統食の要となっている。果物（とくにココナッツ）も重要な食品と言える。肉は豚肉が中心で、宴会時には、石を並べた穴で調理するのが昔からの習わしである。まず、穴で火をおこし、焼けた石の上にバナナまたはヤシの葉を広げる。そこに豚とさまざまな食材をのせ、何枚もの葉で覆う。土で穴を密閉し、数時間置く。日没時に浜で宴会を開く時でも、準備は朝から行なう。敷物とバナナやティーの葉をテーブル代わりにし、木の大皿、かご、ココナッツの殻を並べて、穴で調理した食べ物を盛り付ける。

[パンと穀類] 米、小麦：米料理、パン、麺

[肉と魚] 鶏肉、牛肉、豚肉、ヤギ肉、魚と甲殻類（ボラ、カニなど）、卵：コンビーフ、

スパム

乳製品 ミルクその他の乳製品は、あまり飲んだり食べたりされていない。

油脂 ココナッツ油、ココナッツクリーム、ラード、植物油、ショートニング、ゴマ油

豆類 大豆、四角豆、キマメ、レンズマメ、落花生

野菜 タロイモとその葉、ヤムイモ、サツマイモ、プランテーン、パンノキの実、キャッサバ、海藻、青菜、クズウコン、ニガウリ、キャベツ、ダイコン、ナス、タマネギ、青タマネギ、ネギ

果物 ココナッツ、バナナ、レモン、ライム、グアバ、マンゴー、パパイヤ、パイナップル、メロン、タマリンド。ココナッツの油やミルク、クリームは料理に多用される。生果はおやつ。

種実類 キャンドルナッツ（ククイノキの実）、ライチー、マカダミアナッツ

香辛料 ココナッツのクリームとミルク、ライムやレモンの果汁、塩、醤油、タマネギ、ショウガ、ニンニク、トウガラシ、ココア

料理 でんぷん質の野菜、タロイモなどは火を通してつぶし、ペースト状にする。ゆでたタロイモ、ヤムイモ、サツマイモ。蒸した青菜。魚や甲殻類は煮たり、焼いたり、蒸したりするが、生のままライム汁でマリネし、ココナッツクリームをつけて食べることもある。炊いたり蒸したりした米。穴で調理する食材：豚や魚は丸ごと、タロイモ（大きく切る）、ヤムイモ、サツマイモ、プランテーン、パンノキの実、カニ、鶏肉、タロイモの葉でココナッツクリームやレモン、タマネギ、こま切れの牛肉を包み、さらにバナナの葉でくるんだもの。タロイモやヤムイモ、サツマイモ、またはプランテーンにココナッツクリーム、香辛料を加えた葉包みは「プディング」になる。

甘味類 砂糖。熟していないココナッツ。ハウピア（ココナッツミルクと砂糖、クズウコン〔から採れたでんぷん〕で作る、硬めのプディング）。

飲物 ココナッツジュース、ココア、コーヒー、フルーツジュース、茶、カバ（コショウ科の植物から作る飲料。酩酊感をもたらす）

食事 一般的には一日に2度か3度、毎回同じものを食べるが、いちばん量が多いのは夕飯。ゆでたタロイモ、ヤムイモ、パンノキの実、またはプランテーンに魚または豚肉料理、青物または海藻、というのが伝統的な食事である。

バハマ　Bahamas, The
バハマ国

[地理] バハマはフロリダ半島の東に位置する大西洋上の国で、700の島々（人が住むのは29）と2,000以上の岩礁が連なる。

主要言語	民族		宗教	
英語（公用語）	黒人	90.6%	プロテスタント	69.9%
クレオール語（ハイチからの移民が使用）	白人	4.7%	（バプティスト	34.9%）
	白人と黒人の混血	2.1%	（英国国教会	13.7%）
			（ペンテコステ	8.9%）
			カトリック	12.0%
			その他のキリスト教	13.0%

人口密度　33人/km²
識字率　95.0%＋
平均寿命　男性70.2歳、女性75.1歳
1人あたりGDP　24,600ドル
農業就業人口　3%
観光業就業者　49%

都市人口率　83.0%
出生1000あたり乳児死亡率　11.3
HIV感染率　3.3%
失業率　15.3%
耕地面積率　0.8%

[農業] サトウキビ、柑橘類、野菜、ニワトリ、ヤギ、羊、豚、牛
[天然資源] 塩、アラゴナイト、材木、漁獲
[産業] 観光、金融、セメント、原油海上運搬、塩、ラム酒

[食文化への影響] スペインの征服後、先住民のアラワク族はほぼ絶滅した。その食習慣の痕跡をたどると、人々はさまざまな魚介類、ひとつの鍋で作るスープや煮込み料理を食べていたようである。スペイン人がこの辺りを探検して植民地化し、食習慣に影響を与えた。たとえば牛、豚、米を持ち込んでいる。イギリスは200年間バハマを支配し、やはり食文化に影響を与えた。塩漬けの魚などがそうである。アフリカからの奴隷もオクラ、ササゲといった独自の食習慣を持ち込んだ。また魚介類が獲れる大西洋、隣国アメリカ、観光業も影響の要因である。

[パンと穀類] トウモロコシ、小麦、米：コーンブレッド、小麦パン、ビスケット、パスタ、米料理、キャッサバパン
[肉と魚] 鶏肉、卵、ヤギ、仔羊肉、豚肉、牛肉、魚介類（干し塩ダラ、ウミガメ、カニ）
[乳製品] 牛乳（生乳、コンデンスミルク、エバミルク）、クリーム、チーズ
[油脂] ラード、バター、ココナッツ油、ココナッツクリーム、オリーブ油、植物油、塩漬けの豚

- **豆類** 小豆、インゲンマメ、ヒヨコマメ、ササゲ、ブチインゲンマメ、大豆
- **野菜** キャッサバ、ヤムイモ、ヤウティア、サツマイモ、プランテーン、パンノキの実、アボカド、葉物野菜（タロイモ、ヤウティア、カラルーの葉）、ウリ、トマト、オクラ、キュウリ、トウガラシ、ピーマン、タマネギ
- **果物** 柑橘類、バナナ、ココナッツ、マンゴー、パイナップル、アキー（リンゴの大きさの甘い果物）、カシューアップル、パパイヤ、サワーソップ（綿のような質感をもつ）
- **種実類** アーモンド、カシューナッツ、ベニノキの種（アナトー）
- **香辛料** トウガラシ、ライム汁、塩、黒胡椒、ニンニク、タマネギ、アナトー、コリアンダー、シナモン、オールスパイス、ココナッツ、ラム酒、ココア
- **料理** キャッサバパン（キャッサバをつぶして乾かし、おろして、平たいパンにして焼く）。カラルー（緑の葉とオクラのスープ）。ペッパーポット（キャサリーブと呼ばれるキャッサバのゆで汁で煮た肉のシチュー、コショウ味がきいている）。セビチェ（ライム汁、オリーブ油とスパイスでマリネした生魚料理）。エスカベシュ（魚介類もしくは家禽類を揚げてマリネする）。干し塩ダラの揚げ物。ササゲの揚げ物。アキー、キャッサバ、プランテーンをゆでたり炒めたりする。ご飯。豆と炊いた米。肉、家禽類、魚の入ったピラフ。塩味のきいたパイ。塩ダラのペースト（ガンディ）。チリソース。肉、家禽類、魚のカレー。
- **甘味類** サトウキビ、砂糖、糖蜜、新鮮な果物、コーンミールプディング、パイ、ケーキ、アイスクリーム
- **飲物** コーヒー（ミルクを入れることが多い）、茶、アイスティー、ソフトドリンク、ミルク、ビール、ラム酒
- **食事** 朝食：ミルクコーヒーとパン。昼食：米と豆もしくはでんぷん質の野菜、それに塩ダラ。夕食：昼食と同様で、手に入るなら肉、野菜、ミルクが加わる。
- **間食** 新鮮な果物、かき氷に甘いフルーツジュースをかけたもの、ミルクコーヒー

パプアニューギニア　Papua New Guinea
パプアニューギニア独立国

[地理] この国は南太平洋にあり、太平洋諸島のメラネシアに属し、オーストラリアの北部に位置している。ニューギニア島の東半分と600近くの島で構成され、密林に覆われた山々と熱帯性の沿岸低地がある。

主要言語	民族	宗教	
英語（公用語）	メラネシア人	プロテスタント	69.4%
トク・ピジン語（公用語）	パプア人	カトリック	27.0%
ヒリモツ語（公用語）	ネグリト人		
839の土着言語（話者1,000人以下）	ミクロネシア人		
	ポリネシア人		

人口密度　15.3人/km²
識字率　63.4%
平均寿命　男性65.1歳、女性69.7歳
1人あたりGDP　3,500ドル
農業就業人口　85%

都市人口率　13.1%
出生1000あたり乳児死亡率　36.3
HIV感染率　0.9%
失業率　2.5%
耕地面積率　0.7%

[農業] アブラヤシ、バナナ、ココナッツ、コーヒー、ココア、茶、サトウキビ、ゴム、サツマイモ、ニワトリ、豚、牛、羊、ヤギ

[天然資源] 金、銅、銀、天然ガス、木材、石油、漁獲

[産業] コプラ粉砕、パーム油精製、合板生産、鉱業

[食文化への影響] 約9,000年前に食料用の菜園がここにあったことを示す痕跡が見つかっている。南アジアから人々が移住したあと、紀元前4000年までには農業が狩猟や漁業にほぼ取って代わった。先住民族の食用作物には、サゴヤシ、サトウキビ、バナナ、ヤムイモ、パンノキの実などがある。移民はタロイモ、豚、そしておそらくはココナッツを持ってきた。今では主食で主要な農作物であるサツマイモとアメリカからのトウモロコシがのちに到来した。ヨーロッパとの接触後に紹介された食品には、タピオカ（キャッサバから作る）、ピーナッツ、多くの野菜や果物、牛、鹿、小麦パンなどがある。アジア人は米、大豆、麺、炒め物をもたらした。イギリス、ドイツ、オーストラリアはこの地域を管理または統治したことで、ある程度の影響を残している。主軸になる食物は、魚介類、サゴ、根菜、パンノキの実、果物である。豚肉は、とくに祝宴では主要な肉で、伝統的に熱した石を敷いた穴の中で、ほかの食べ物と一緒に調理する。ココナッツミルクが通常の煮炊きに使われる。新鮮なフルーツが間食として食べられる。

[とくに興味深い食べ物] サゴは、サゴヤシの髄から採れるでんぷんで、プディングを固

めるために使われる。パンダナスの果実をゆで、赤い部分を木質の芯から掻き取って、薄いペースト（マリタ）を得る。高地ではこれをサゴに混ぜる。ローランド・パンダナスの実を房ごとに切ってゆで、豚肉、青菜、またはほかの野菜を添えて供する。ゆでるか、蒸すか、または焼いたローランド・ピトピト。ゆでるか蒸した青菜。炊くかまたは蒸した米。ライム汁とココナッツクリームでマリネした生の魚の切り身。野菜と肉または魚の炒め物。ピトピトはサトウキビに近い植物のつぼみである。

パンと穀類 米、サゴ、小麦、トウモロコシ：米料理、サゴのパンケーキやパン、小麦パン、麺類

肉と魚 鶏肉、豚肉、牛肉、仔羊肉と羊肉、ヤギ肉、魚、海産物、卵、狩猟肉（オポッサム、ブッシュラット）、鳥（ハト）：コンビーフ、スパム

昆虫 大型のサゴゾウムシ（甲虫の幼虫）

乳製品 ミルクをはじめとする乳製品は普及していない。

油脂 ココナッツ油またはココナッツクリーム、パーム油、ラード、植物油とショートニング、バター、ゴマ油

豆類 大豆、四角豆、エンドウマメ、レンズマメ、落花生

野菜 サツマイモ、サゴ、タロイモとその葉、プランテーン、ヤムイモ、パンノキの実、キャッサバ、葉物野菜、クズウコン、ゴーヤ、キャベツ、ダイコン、ナス、タマネギ、青ネギ、海藻

果物 バナナ、ココナッツ、レモン、ライム、グアバ、マンゴー、パパイヤ、パイナップル、メロン、タマリンド

種実類 ヤシの種、キャンドルナッツ（ククイ）、ライチー、マカダミアナッツ

香辛料 ココナッツクリームまたはココナッツミルク、ライムまたはレモン汁、醤油、塩、ショウガ、ニンニク、青ネギ、タマリンド

料理 ゆでるかローストしたサゴゾウムシ。ゆでたサツマイモ、サゴ、タロイモ、パンノキの実、またはヤムイモ。サゴ粉の餅は、火の上に置いた鉄板で調理される。湿らせたサゴ粉に、時には青物を加え、竹の節に詰めて、直火で焼く。サゴを果物、野菜、または小さく切った肉と混ぜ合わせ、葉に包んで、調理する。サゴ、ココナッツ、バナナ、パンノキの実で焼いたパン。穴の中で調理される料理：丸ごとの豚、サツマイモ、ヤムイモ、パンノキの実、タロイモ、カニ、丸ごとの魚、ぶつ切りの鶏肉、ココナッツクリーム、レモン、タマネギ、刻んだ牛肉のフィリングをタロイモの葉で包み、そのすべてをバナナの葉に包んだもの、ココナッツクリームとサゴ、タロイモ、サツマイモ、ヤムイモ、またはプランテーンのプディングを葉で包んだもの。

甘味類 砂糖、未熟なココナッツ、サゴ、ココナッツミルクと砂糖で作ったプディング

飲物 コーヒー、ココナッツジュース、ココア、紅茶、フルーツジュース、ココナッツ・トディ、ココナッツブランデー、カバ（コショウ科の植物から作られる。酩酊感をもたらす）

パラオ Palau
パラオ共和国

[地理] パラオはフィリピンの南東の太平洋諸島のミクロネシアに属し、26の島々（恒久的な居住者がいるのは8島）と300の小島からなる群島である。山の多い本島と、バリアリーフに縁取られた海抜の低いサンゴの環礁がある。

主要言語	民族		宗教	
パラオ語	パラオ人（ミクロネシア人		カトリック	45.3%
英語（公用語）	／マレー人／メラネシア		プロテスタント	34.9%
フィリピン語	人）	73.0%	モデクゲイ（パラオ土着信仰）	
	アジア人	21.7%		5.7%
			イスラム教	3.0%

人口密度　46.7人/km²　　　都市人口率　88.2%
識字率　99.5%　　　　　　　出生1000あたり乳児死亡率　10.6
平均寿命　男性70.2歳、女性76.8歳　　HIV感染率　－
1人あたりGDP　15,300ドル　　失業率　－
農業就業人口　1.2%　　　　　耕地面積率　2.2%

[農業] 卵、キャベツ、キュウリ、ココナッツ、コプラ、キャッサバ、サツマイモ
[天然資源] 森林、金およびその他の鉱物、漁獲、海産物、深海鉱物
[産業] 観光、工芸品、建設、衣料品製造

[食文化への影響] パラオは太平洋諸島のミクロネシア・グループに属している。1543年から1899年までのスペインによる統治は、フィリピンと同様にスペインの影響を残した。1944年から現在までのアメリカとの関係も、ある程度の影響を残した。アジア人は米、大豆、麺、茶を持ち込んだ。スペイン人は新しい食用植物、小麦パン、牛などの家畜、チーズ、パエリア（サフランライスと肉の料理）、アドボ（肉のシチュー）などを持って来た。また、トマト、トウモロコシ、トウガラシなどの新世界の食料やタマレス（コーンミール生地と肉とスパイスをトウモロコシの皮で包んで蒸す）などのメキシコ料理も持ち込んだ。アメリカの影響はハンバーガーやピザなどの手軽なファストフードをもたらした。おもな食べ物は、魚、キャッサバ、サツマイモ、ココナッツである。豚肉は、とくに祭りなどの行事で使う主要な肉で、伝統的に穴の中に並べた熱した石の上にのせ、ほかの食べ物と一緒に調理される。ココナッツミルクが通常の煮炊きに使われる。新鮮なフルーツが間食として食べられる。

[パンと穀類] 米、小麦、トウモロコシ：パン、麺類、米料理
[肉と魚] 魚、甲殻類、豚肉、鶏肉、牛肉、卵：スパム

乳製品 エバミルク（牛、ヤギ、水牛）、ホワイトチーズ
油脂 ココナッツ油、バター、植物油
豆類 大豆、緑豆、ヒヨコマメ、黒インゲンマメ、レンズマメ、赤インゲンマメ、四角豆、落花生
野菜 キャベツ、キュウリ、キャッサバ、サツマイモ、海藻、タロイモ、葉物野菜、トマト、タマネギ、キノコ
果物 ココナッツ、バナナ、レモン、ライム、グアバ、マンゴー、パパイヤ、パイナップル、メロン、タマリンド
種実類 カシューナッツ、キャンドルナッツ（ククイ）、ライチー、マカダミアナッツ、ヤシの種
香辛料 醤油、魚醤、塩、ココナッツクリームまたはココナッツミルク、ライムまたはレモン汁、酢、トウガラシ、ニンニク、ショウガ、タマネギ、タマリンド
料理 ゆでたキャッサバ、サツマイモ、タロイモ。ゆでるか蒸した青物野菜（タロイモの葉、サツマイモの葉、海藻）。炊くか蒸した米。魚介類を野菜と煮込み、ローストしたり、ライム汁や酢に漬けてマリネしてから、ココナッツクリームやタマネギ、ショウガ、そしてトウガラシで味つけしたもの。肉と野菜のシチュー。穴の中で調理、または串刺しで調理する豚の丸焼き。タロの葉で、フィリング（ココナッツクリーム、レモン、タマネギ、刻んだ牛肉、またはトマト根、サツマイモ、またはキャッサバと調味料）を包み、穴で蒸したり焼いたりしたもの。
甘味類 砂糖、未熟なココナッツ、甘いライスプディング、ハウピア（ココナッツミルクと砂糖で作った固めのプディング）
飲物 ココナッツジュース、ミルク入りコーヒー、茶、ココア、豆乳、トディ（発酵させたココヤシの花の樹液）、ココナッツブランデー、カバ（コショウ科の植物から作られる。酩酊感をもたらす）
食事 毎日2回から3回の食事が典型的で、食べ物は全く同じ、夕方の食事が最大である。伝統的な食事：ゆでたキャッサバ、サツマイモ、またはタロイモ：魚または豚肉の料理：青野菜または海藻を煮たもの。

パラグアイ　Paraguay
パラグアイ共和国

[地理] 南米中央部の内陸国パラグアイは、東に草原と肥沃な平地、国を二分するパラグアイ川、そして西に湿地と低木林を持つグラン・チャコ平原がある。

主要言語	民族	宗教	
スペイン語（公用語）	メスティーソ（スペイン人とアメリカ先住民の混血）95%	カトリック	89.6%
グアラニー語（公用語）		プロテスタント	6.2%

人口密度　17.5人/k㎡　　　　都市人口率　60.2%
識字率　95.5%　　　　　　　出生1000あたり乳児死亡率　18.7
平均寿命　男性74.7歳、女性80.2歳　　HIV感染率　0.5%
1人あたりGDP　9,500ドル　　失業率　5.4%
農業就業人口　26.5%　　　　耕地面積率　12.1%

[農業] 大豆、キャッサバ、サトウキビ、マテ、綿、トウモロコシ、小麦、タバコ、果物、野菜、ニワトリ、牛、豚、羊、ヤギ

[天然資源] 水力、木材、鉄鉱石、マンガン、石灰岩、漁獲

[産業] 製糖、セメント、繊維、飲料、木製品

[食文化への影響] パラグアイは、南米大陸の南回帰線をまたぐ位置にあり、熱帯ジャングルと温帯の草原に肥沃な平野を持っている。平野では、パラグアイ原産のモチノキ科のマテ（*Ilex paraguariensis*）が自生している。この国で最も有名な特産品であり、人気のある飲み物の原料である。栽培されているものは低木で、野生で見られる高木ではない。乾燥させた葉でマテ茶を作り、通常は砂糖を入れずに飲む。乾燥した葉の粉末はイェルバと呼ばれ、伝統的に瓢箪の中で熱湯と混ぜて煎じ、その後、そこに金属製のストローを挿入して飲む。マテ茶はコロンブス以前の時代から飲まれ、今も人気がある。また、草原にはレア（*Rhea americana*）という大型の鳥が生息していて、その卵と肉は珍味とされている。小麦のような種子を持つホウレンソウに似た植物、キノアが栽培されている。パラグアイの食事は量も栄養も豊富で、キャッサバを主食とし、牛肉が多用される。食習慣に影響を与えたのは、今も独自の文化を保持しているグアラニー族、そして移民である。たとえば、スペイン人は牛を、イタリア人はパスタを、ドイツ人はソーセージをもたらした。

[パンと穀類] トウモロコシ、小麦、米、キノア：パン、とくにコーンブレッド、コーンプディング、米料理、パスタ

肉と魚 鶏肉、牛肉、豚肉、仔羊肉と羊肉、ヤギ肉、魚、卵、モルモット、レア：ソーセージ、コールドカット

乳製品 ミルク（牛、ヤギ）、エバミルク、フレッシュチーズと熟成チーズ。ミルクはコーヒーやデザートに使われる。

油脂 バター、オリーブ油、デンデ（パーム）油

豆類 大豆、インゲンマメ（黒、褐色）、落花生

野菜 キャッサバ、ジャガイモ、プランテーン、青物野菜、トマト、トウガラシ、カボチャ、ウリ、タマネギ、オリーブ

果物 バナナ、ココナッツ、カシューアップル、ブドウ、グアバ、オレンジ、レモン、マンゴー、パパイヤ、パイナップル、メロン

種実類 カシューナッツ、カボチャの種

香辛料 トウガラシ、タマネギ、チーズ、サルサ（トマト、トウガラシ、その他の調味料）

料理 肉とトウモロコシのシチュー（ロクロ）。ゆでるか揚げたキャッサバ。チパグアス（キャッサバ、卵にチーズまたは肉のケーキ）。ボリボリ（コーンミールとチーズのダンプリングを入れた牛肉のスープ）。ソー・ヨソピー（ピーマン、トマト、バーミセリを入れた牛肉のスープ、パルメザンチーズをトッピングする）。肉や魚のグリル。ゆでるか揚げたジャガイモ。ゆでたインゲンマメ。炊いた米。青物野菜の煮込み。ピーナッツにチリソース。

祝祭用料理 ソパ・パラグアイ（コーンミールとチーズのパン、タマネギを入れることもある）

甘味類 サトウキビ、砂糖、ハチミツ：新鮮な果物。甘いカスタード。キャッサバ製のタピオカ。プディング。

飲物 マテ茶、コーヒー（濃く、しばしばミルクを入れる）、フルーツドリンク

食事 朝食：パンとコーヒー。昼食（通常はメインの食事）：スープ、肉またはシチュー、米、豆、ジャガイモ、青物野菜、デザート。夕食：コールドカット、サラダ、またはシチュー。午後の休憩：マテ茶と果物、サンドイッチ、またはペストリー

バルバドス Barbados

[地理] バルバドスはカリブ海と大西洋のあいだにある島で、西インド諸島の最東端に位置する。長さ34km、幅23kmで、美しい砂浜と狭い海岸平野に囲まれている。

主要言語	民族		宗教	
英語（公用語）	黒人	92.4%	プロテスタント	66.4%
バヤン語（英語系クレオール）	白人	2.7%	（英国国教会）	23.9%
	混血	3.1%	（ペンテコステ）	19.5%
			カトリック	3.8%
			無宗教	20.6%

人口密度　697.9人/km²　　　都市人口率　31.4%
識字率　99.7%　　　　　　　出生1000あたり乳児死亡率　10.2
平均寿命　男性73.2歳、女性77.9歳　　HIV感染率　1.3%
1人あたりGDP　17,200ドル　　失業率　11.4%
農業就業人口　10%　　　　　耕地面積率　25.6%

[農業] サトウキビ、サツマイモ、ココナッツ、野菜、綿花、ニワトリ、豚、羊、牛、ヤギ

[天然資源] 石油、漁獲、天然ガス

[産業] 観光、製糖、軽工業、部品組立

[食文化への影響] 先住民と考えられるアラワク族は海や陸で得られる食べ物で、魚介類やカラルーなどの煮込み料理を食べていたと考えられる。そしてこの熱帯の島では、今日でも同じものが食べられている。3世紀以上にわたって支配したイギリスは、食文化にも影響を与えた。たとえば、塩ダラ、チャウダー、ビスケット、茶などである。アフリカの黒人奴隷の影響は、オクラの使用に残る。

[パンと穀類] トウモロコシ、米、小麦：コーンミールケーキ、キャッサバパン（おろしたキャッサバを平たいパンにして焼く）、キャッサバ・ココナッツ・ビスケットまたはパン（小麦粉、キャッサバ、すりおろしたココナッツなどで作られる）

[肉と魚] 鶏肉、卵、豚肉、仔羊肉、牛肉、ヤギ肉、魚介類（トビウオ、アオウミガメ、アオウミガメの卵、ロブスター、カニ、カエル、塩ダラ、フエダイ）

[乳製品] 牛乳（生乳、コンデンスミルク、エバミルク）、クリーム、熟成チーズ

[油脂] バター、ラード、ココナッツ油、植物油

[豆類] インゲンマメ、小豆、ササゲ、ヒヨコマメ、リュウキュウマメ

[野菜] サツマイモ、キャッサバ、ヤムイモ、ヤウティア、葉物（キャッサバ、ヤウティア）、ウリ、プランテーン、パンノキの実、アボカド、トマト、タマネギ、トウガラシ、

ピーマン、オクラ

果物 ココナッツ、バナナ、カシューアップル、アキー、パパイヤ、パイナップル（ジョージ・ワシントンが1751年にバルバドスを訪れたとき大変気に入ったと伝わる）、サワーソップ、ライム、マンゴー、オレンジ、パッションフルーツ、レーズン

種実類 アーモンド、カシューナッツ、ベニノキの種（アナトー）

香辛料 塩、黒胡椒、トウガラシ、オールスパイス、アナトー、シナモン、ニンニク、ココア、ラム酒、ホットペッパーソース

料理 カラルー（ヤウティアの葉とオクラの料理）、ペッパーポット（キャッサバのゆで汁とコショウの実が入った肉のシチュー）、ココナッツミルクを使ったカニと青い野菜のスープ。コーンミールのクークー（ゆでたオクラを刻んでコーンミールと平らなケーキにしたもの）。タラのフリッター。ロブスターのサラダ。フエダイの丸焼き。豚のロースト。

国民食 トビウオのフライ、アオウミガメ、ウミガメとウミガメの卵の料理

祝祭料理 コンキ（コーンミール、肉、レーズン、ココナッツをバナナの葉に包んだ料理）

甘味類 サトウキビ、未精製の砂糖、糖蜜、砂糖、ラムのフルーツケーキ、ココナッツカスタードのパイ、ココナッツミルクのシャーベット、マンゴームース、チョコレートムース、コーンミールのケーキ（コーンミール、小麦粉、レーズン、チェリー、ラム酒で作る）

飲物 ミルク入りコーヒー、茶、ライム風味のアイスティー、フルーツジュース、ソフトドリンク、ミルク、ココア、ビール、ラム酒（最初にバルバドスで作られた）、プランターポンチ（ライム果汁、砂糖もしくはシロップ、ラム酒、水または氷）

食事 朝食：パンとミルク入りコーヒー。昼食：ご飯と豆、あれば肉。夕食：昼食の内容に加えて肉、野菜、ミルク。

間食 サトウキビ、果物、かき氷に甘いフルーツジュースをかけたもの、茶とココナッツ・ビスケットもしくはパン、プランターポンチとプランテーンのチップス。間食は、とくに子どもの場合、頻繁に摂る。

バーレーン Bahrain
バーレーン王国

[地理] バーレーンは中東の国で、サウジアラビアの東沖、ペルシャ湾に位置する砂と岩の群島である。サウジアラビアとは橋で結ばれている。高温多湿で、降水量は少ない。

主要言語	民族		宗教	
アラビア語（公用語）	アラブ人	46.0%	イスラム教（国教）	70.3%
英語	アジア人	45.5%	キリスト教	14.5%
ペルシャ語	その他アラブ人	4.7%	ヒンドゥー教	9.8%
ウルドゥー語			仏教	2.5%

人口密度　1856.5人/km²　　都市人口率　88.9%
識字率　95.7%　　出生1000あたり乳児死亡率　8.9
平均寿命　男性76.8歳、女性81.3歳　　HIV感染率　0.1%
1人あたりGDP　50,300ドル　　失業率　1.3%
農業就業人口　1%　　耕地面積率　2.1%

[農業] ナツメヤシ、野菜（トマト、タマネギ）、果物、ニワトリ、羊、ヤギ、牛
[天然資源] 石油、天然ガス、漁獲、真珠
[産業] 石油精製、アルミニウム精錬、鉄ペレット製造、化学肥料、イスラム金融、オフショア銀行

[食文化への影響] バーレーンの食文化は、ペルシャ、何世紀も支配されたアラブ、イギリス、近隣諸国（北のオスマントルコ、西の「アフリカの角」、東のイラン、インド）の影響を受けてきた。国民のほとんどがイスラム教徒なので、宗教の影響もある。豚肉は食べない。隣国のサウジアラビア同様、基本的にアラブ風の食べ物である。食事の出し方、食習慣はレバノンやシリアとも類似する。海岸線が長く、魚やエビが豊富に獲れる。外国人の居住者も多く、食も多様性に富んでいる。

[パンと穀類] 小麦、米：平パン、クスクス、ひき割り小麦、ロールパン、パンケーキ、フィロ生地のペストリー、米料理
[肉と魚] 仔羊肉、鶏肉、ヤギ肉、牛肉、エビ、魚（ハタ、マナガツオ）、卵
[乳製品] ヨーグルト（ラバン）、ラブネ（ヨーグルトの水分を抜いて作ったフレッシュチーズ）、ミルク、クリーム、フェタチーズ。ヨーグルトとラブネーはよく食べられ、さまざまな料理にも使われる。
[油脂] ゴマ油、練りゴマ（タヒーニ）、ギー（澄ましバター）、バター、オリーブ油、植物油

[豆類] ヒヨコマメ、ソラマメ、レンズマメ、小豆、落花生
[野菜] トマト、タマネギ、ナス、キュウリ、オリーブ、パセリ、ホウレンソウ、ミント、コリアンダー、春タマネギ
[果実] ナツメヤシ、マンゴー、メロン、スイカ、オレンジ、バナナ、レモン、ライム、イチジク。ナツメヤシは大量に食べられる。とくに生のナツメヤシが採れる時期、断食のラマダンの時期。
[種実類] アーモンド、ヘーゼルナッツ、松の実、ピスタチオ、ゴマ
[香辛料] バハラット（黒胡椒、コリアンダー、カッシア、クローブ、クミン、カルダモン、ナツメグ、パプリカを混ぜたミックススパイス）、ルーミ（乾燥させたオマーンライム）、塩、カルダモン、サフラン、ミント、レモン汁、タマネギ、ニンニク、ローズウォーター、オレンジ花水。ルーミは肉料理、甘い茶に使われる。
[料理] ご飯、スライスもしくは塊の仔羊肉を串で焼くケバブ（ケバブ・マシュウィ）。マクブース（エビ、野菜、フレッシュハーブが入った炊き込みご飯）、タリド（平パンを層に重ね、肉のシチューを入れたキャセロール料理）、フムス（ヒヨコマメのペースト）、ヒヨコマメもしくはソラマメをつぶして団子にして揚げる。フール（ゆでたソラマメ）にトマト、ニンニク、レモン汁、オリーブ油、生のコリアンダーをのせた料理。トマト、炒めたタマネギ、水少々と煮た野菜料理。フレッシュな塩漬ピクルスを肉料理に添えたり、つまみにしたりする。
[国民食] 仔羊を丸ごと焼いたコウジ。鶏肉、卵、米を詰め、バハラット、サフラン、タマネギで風味づけをする。
[甘味類] ナツメヤシの糖蜜（ディビス）、ハチミツ、砂糖、バクラバ（フィロ生地をナッツと層にし、ハチミツかシロップに漬ける）。詰め物をした小さめのパンケーキ（アタイフ）はラマダン月の特別料理である。多くのデザートがナツメヤシもしくはナツメヤシの糖蜜を使用している。ハチミツの消費も多い。
[飲物] コーヒー、茶、フルーツドリンク、ヨーグルトドリンク、ビール、ワイン、ブランデー。最も多く飲まれるコーヒーは、客人をもてなすアラビアの習慣と深い関係がある。深煎りでキメの細かいコーヒーは、カルダモンで風味づけすることが多い。二番目によく飲まれる茶はたいていストレートで、とても甘い。
[屋台料理] ローストチキン、ドネルケバブ（仔羊肉のスライスを縦に重ねて串に刺した焼き肉）を切り取り、平パンもしくはロールパンにはさみ、トマト、パセリ、練りゴマを添える。シャワルマ店で手に入る。

ハンガリー Hungary
ハンガリー共和国

[地理] ハンガリーは中央ヨーロッパの東に位置する国で、東半分は素晴らしく肥沃な平野で、西部と北部は丘陵が多い。ドナウ川は北西部では国境となり、その後南に向かって国を二等分している。

主要言語	民族		宗教	
ハンガリー語（公用語）	ハンガリー人	92%	カトリック	37.2%
英語	ロマ（ジプシー）	2%	カルヴァン派	11.6%
ドイツ語	ドイツ人、その他	6%	無宗教	18.2%

人口密度　109.9人/km²　　　都市人口率　72.1%
識字率　99.4%　　　　　　　出生1000あたり乳児死亡率　4.9
平均寿命　男性72.4歳、女性80.0歳　　HIV感染率　－
1人あたりGDP　27,200ドル　　失業率　5.2%
農業就業人口　4.9%　　　　　耕地面積率　48.6%

[農業] トウモロコシ、小麦、テンサイ、レッドパプリカ、ヒマワリの種、ジャガイモ、ニワトリ、豚、ガチョウ、羊、牛、ヤギ

[天然資源] ボーキサイト、石炭、天然ガス、肥沃な土壌、漁獲

[産業] 鉱業、冶金、建築資材、加工食品、繊維、医薬品、自動車

[食文化への影響] 影響を与えたのは、最古の定住者（おもにスラブ人）、ローマ帝国、ゲルマン人、アジア人、キリスト教、イタリア、来襲したモンゴルとトルコ、新世界の食品、オーストリア、ロシアなどである。ハンガリーが国家となるずっと前から中部ヨーロッパを移動して回っていたマジャル人は、辛くてスパイシーな肉のスープまたはシチューであるグヤーシュを食べていたが、そこにパプリカが加わったのは、おそらく18世紀のことだろう。マジャル人はまた、父祖の地カフカス山脈からキャベツの葉に肉を詰めた料理を持ってきた。国家としてのハンガリーは9世紀末、それまで何世紀にもわたってアジアから南西に移動していたハンガリー部族がこの土地を支配した時にはじまった。ハンガリーでは食べ物と音楽が密接に結び付いているが、これはおもにジプシーのせいである。ジプシーはおそらくインドからこの地域に来たと思われるが、エジプト人と間違えられ、それが名前の由来となった。彼らは神秘的な占いなど、東方の影響をもたらし、その食べ物と音楽は深く絡み合っている。中世のハンガリーは、マーチャーシュ1世の治世下（1458～1490）でピークを迎え、ナポリのベアトリーチェ王女との結婚式での祝宴（ジプシー音楽付き）をはじめとして、宮廷では饗宴が催された。

彼女はイタリアからチーズ、タマネギ、ニンニクを輸入した。イタリアの影響には、食品自体の汁から作られるソースも含まれている。マーチャーシュ王の死後、ハンガリーは衰退し、侵略してきたトルコに敗北した。16世紀から17世紀、ハンガリー中部がトルコに支配されていたあいだに、トルコ人はフィロ・ペストリー（のちにシュトゥルーデルに進化）、ライスピラフ、ピタパン、サクランボ、パプリカ、トマト、トウモロコシを導入した。最後の三つとジャガイモは新世界原産である。ハンガリーの大部分は1282年から約600年のあいだハプスブルク帝国の一部となって、ドイツの影響を受ける。ハプスブルク家が1686年にトルコからブダペストを奪ってそのまま居座ると、彼らは首都のウィーンからフランスの影響力をもたらした。オーストリア・ハンガリーの二重君主制が確立された1867年になると、ブダペストには名高いペストリーショップがいくつもあり、高級ホテルが評判になり、ハンガリー料理の本が登場した。料理本は出版され続け、その結果ハンガリー料理はおそらく中央ヨーロッパ諸国の中で最もよく記録された料理となった。一般人の基本的な料理は、イタリア料理、ドイツ料理、フランス料理を取り入れている。ハンガリー料理は20世紀前半も隆盛を続け、第二次世界大戦後には共産主義のあおりを受けたものの、その後は盛り返してきている。ハンガリーは、中央ヨーロッパ最大の湖であるバラトン湖がある西部地域、中世より前に定着した狩猟部族の子孫が今も住み、ワインで有名なトカイ地方がある北部地域、そして果樹園エリアのあるハンガリー平原に大別される。この土地では穀物、ジャガイモ、果物が栽培され、さらに家畜が飼育されている。ドナウ川をはじめとする川や湖からは魚が獲れる。おもな食べ物はパン、肉、とくに豚肉、ジャガイモである。ハンガリー人は、東西の農民の伝統を受け継いでいて、活力があって人生を愛し、人生と芸術はひとつであり、食べ物や料理は重要であると考えている。

パンと穀類 小麦、トウモロコシ、ライ麦、米：小麦パン、ダンプリング、パスタ、麺、パンケーキ、米料理

肉と魚 豚肉、鶏肉、ガチョウ肉、仔羊肉と羊肉、牛肉、ヤギ肉、魚、卵、ベーコン、ハム、ソーセージ

乳製品 ミルク、クリーム、サワークリーム（よく使われる）、カードチーズ

油脂 ラード、新鮮な豚肉、ベーコン、バター、植物油、ヒマワリ油

豆類 インゲンマメ、レンズマメ、スプリットピー

野菜 ジャガイモ、タマネギ、キャベツ、ピーマン、トマト、ビート、ナス：ピクルス、ザワークラウト

果物 サクランボ（サワーチェリー、スイートチェリー）、リンゴ、アプリコット、ブドウ、レーズン、オレンジ、レモン

種実類 アーモンド、ヘーゼルナッツ、クルミ、ヒマワリの種、キャラウェイシード、ケシの実

香辛料 レッドパプリカ（乾燥させたトウガラシを粉末にした甘く辛味のあるスパイ

ス）、タマネギ、ニンニク、塩、黒胡椒、パセリ、ディル、シナモン、マジョラム、タイム、ショウガ、酢、バニラ、ココア

調理法 大部分の肉料理や野菜料理では、加熱したラードでタマネギをあめ色に炒め、パプリカを混ぜ、肉や野菜を入れ、水かスープストックを加えてから調味料を入れ、蓋をして煮込む。多くの料理では、ラードで小麦粉をきつね色に炒め、そこに調味料を加えたルーが使われる。

料理 ハンガリーで最も有名な料理、グヤーシュ（アメリカではグーラッシュ）は、パプリカ風味の牛肉、豚肉、または鶏肉のシチューで、ラード、タマネギ、パプリカ、キャラウェイシード、水またはスープストック、時にはニンニク、ジャガイモ、トマト、ピーマンで作られる。サワークリームにゆでたジャガイモ、ダンプリング、またはヌードルを添えたシチュー。素晴らしい珍味とされているガチョウ肝臓のパテ。その他の有名な料理：バラトン湖の魚を使ったスープをはじめとする魚料理、たとえば、フォガーシュ（パイクパーチ）に小麦粉とパプリカをまぶして揚げ、焼き、パン粉と調味料を詰めて、ローストしたり白ワインで煮たりしたもの。チキンとヌードルのスープ。ルーでとろみをつけた羊肉と野菜のスープ。レチョー（ピーマン、トマト、ソーセージを、ラードまたはベーコンの脂肪で炒めたタマネギとニンニクと一緒に煮込み、パプリカを加えたもの）。チキンパプリカ（パプリカチルケ）は、熱したラードできつね色に炒めた鶏肉を、ラードで温めたタマネギとニンニク、パプリカ、鶏ガラスープで煮込み、煮汁にサワークリームを加えたソースで鶏肉を温めたもの。ラブロー・フーシュ（強盗の肉）は、田舎の旅館などの野外で串刺しにした仔羊肉や牛肉を焼き、揚げたジャガイモとピクルスのスライスを添えたもの。ローストポーク。ポークチョップの蒸し煮。エスタハージー・ステーキ（牛肉のラウンドステーキに小麦粉をまぶし、熱したラードで炒め、野菜やスパイスと一緒に蒸し煮にして、ニンジンと細切りピクルスで飾ったもの）。テルテット・カーポスタ（キャベツの葉に豚挽き肉、米、卵、パプリカを詰め、ザウアークラウトとトマトのピューレで煮込んだもの）。ポテトパプリカ（ゆでたジャガイモ、時にはソーセージも一緒に、パプリカ、スープストックまたは水、キャラウェイシード、トマト、ピーマン、ラードで加熱したタマネギと一緒に煮込む）。グリーンペッパーサラダ（パプリカサラータ）は、ローストし、皮をむいて、種を除いたピーマンを細切りにし、酢と調味料を混ぜ、冷やし、マヨネーズと和えて、レタスに載せて供する。

祝祭用料理 最も重要な宗教的休日であるイースターは、前夜にダンプリングまたはヌードルの入ったチキンスープ、肉のロースト、ピクルス、詰め物をしたキャベツロール、そしてケーキやペストリーにコーヒーというご馳走で祝う。

甘味類 ハチミツ、砂糖。冷たいサクランボのスープ（ヒデグ・メッジュレヴェシュ）は、砂糖、水、クズウコンで煮たサワーチェリーを冷やし、ヘビークリームと赤ワインを混ぜてから供される。ハニーブレッドとハニーケーキ。アプリコットのジャムを巻き、クルミを散らして粉砂糖を振りかけたパンケーキ。デザートシュトゥルーデル（ヴァル

ガベーレシュ、または靴屋の喜び）は、カードチーズ、バター、サワークリーム、砂糖、卵、バニラ、レーズンを包んだ紙のように薄いペストリー。ドボストルテ（ドボシュトルタ）は、7層にチョコレートペーストを挟んでケーキを重ね、周囲にもチョコレートペーストを塗って、上面をキャラメルで覆ったもの。一般的にハンガリー最大の食材とされるペストリーは、ベーカリー、ペストリーショップ、エスプレッソバー、コーヒーハウスで売られている。

飲物 コーヒー、ホットチョコレート、ビール、ワイン（最も有名なトカイワインなど）。昼夜を問わず、自宅でもオフィスでも、訪問者にはすべて小さなグラスでエスプレッソが供される。

食事と供し方 一日3食と間食が典型的。主要な食事にはスイーツがつく。ジプシーは、通常、朝と午後遅くの一日2食で、シチュー、揚げ物、パン種を使っていないパンを食べることが多い。

屋台・間食 コーヒーハウスで、ペストリーとエスプレッソ、またはホイップクリーム入りホットチョコレート。

バングラデシュ Bangladesh
バングラデシュ人民共和国

[地理] バングラデシュは以前の東パキスタンで、ベンガル湾に面した南アジアの国である。ほぼインドに囲まれた低地で、熱帯モンスーン気候であり、頻繁にモンスーンの襲来を受けて洪水が起こる。

主要言語	民族		宗教	
ベンガル語（公用語）	ベンガル人	98%	イスラム教（国教）	89%
			ヒンドゥー教	10%

人口密度　1212.5人/km²　　　都市人口率　35.8%
識字率　72.8%　　　　　　　出生1000あたり乳児死亡率　31.7
平均寿命　男性71.3歳、女性75.6歳　　HIV感染率　0.1%
1人あたりGDP　3,900ドル　　失業率　4.1%
農業就業人口　47%　　　　　耕地面積率　58.9%

[農業] 米、サトウキビ、ジャガイモ、ジュート、茶、小麦、タバコ、ニワトリ、ヤギ、牛、羊

[天然資源] 漁獲、天然ガス、材木、石炭

[産業] 綿織物、ジュート、衣類、茶、新聞紙、セメント、化学肥料、軽工業、砂糖

[食文化への影響] バングラデシュは18世紀から1947年まではインドに属するベンガル州で、インドとイギリスの影響を受けた。9世紀間ほとんどイスラム教の地域だったので、食習慣にはその影響が見られる。ヒンドゥー教徒の影響もある。たとえば、イスラム教徒は豚肉を食べないし、ヒンドゥー教徒は牛肉を食べない。ベンガル湾に流れる大河の流域にあるため、沖積層のデルタが国土の大半であり、それらの大河はモンスーン期にしばしば氾濫を起こす。豊富な降水量のある亜熱帯気候は、主要農産物である稲作に最適である。川や沿岸では魚と海産物が獲れ、米と魚が食生活の基本である。貧困層が多く、人口密度も高いこの国ではしばしば飢饉が起きる。

[パンと穀類] 米、小麦、トウモロコシ、大麦、ソルガム、キビ：チャパティ（油を敷かないフライパンで焼いた、丸く平たい全粒粉のパン）、ルティ（北インドのプーリーのような揚げパン）、ルティにグリーンピースを詰めたもの、ドーサ（レンズマメと米のパンケーキ）、米料理。米はパンより高級とみなされ、一緒に供されることはない。

[肉と魚] 魚介類（エビ、カニ）、鶏肉、卵、ヤギ肉、牛肉、仔羊肉と羊肉。魚にはインドヒラ、小骨がたくさんあるシャッド、インド太平洋の魚の中でも大変美味な大型のスズキ、ベクティなど。

乳製品 ミルク（牛、水牛）、ヨーグルト、クリーム、チーズ

油脂 ギー（澄ましバター）、マスタード油

豆類 インゲンマメ、エンドウマメ、レンズマメ。ダルはひき割りの豆か、レンズマメか、数種の豆（インゲンマメ、エンドウマメ、レンズマメ）の組み合わせで作る。

野菜 ジャガイモ、葉物野菜、タマネギ、トウガラシ、ナス、ニンジン、キュウリ、グリーンピース、ジャックフルーツの髄（パンノキの実に類似）

果物 ココナッツ、マンゴー、ナツメヤシ、タマリンド（豆のさやの中にある果肉、酸味がある）。干したナツメヤシはよく食べられる。

種実類 アーモンド、クルミ、松の実、ピスタチオ、カルダモンの種、クミンシード、マスタードシード

香辛料 タマネギ、ニンニク、トウガラシ、ミント、マサラ（スパイスのミックス、トウガラシ、コリアンダー、クミン、黒胡椒、ショウガ、ターメリック、サフラン、カルダモン、シナモン、クローブが含まれ、カレーのスパイスに使われる）、ローズウォーター

調味料 チャツネ（果物もしくは野菜のスパイスがきいたペースト）

料理 ゆでるか蒸した米。ゆでたジャガイモ。ジャガイモと米の料理（ジャガイモをギーとサフランであめ色まで炒め、米とミントで層にして水を加えて炊く。混ぜてから供する）。カレー（肉、鶏肉、魚、野菜をスパイスがきいたソースで煮込む）。たいてい米とチャツネとともに供する。魚介類にマサラ（トウガラシ入りで赤いか、ターメリック入りで黄色い）をまぶし、マスタード油でフライにする。

甘味類 サトウキビ、砂糖。ニンジンもしくはココナッツのプディング。バルフィー（削ったココナッツをミルクと砂糖で煮込む。挽いたアーモンドを加えることもある）。ラスグッラ（フレッシュチーズをクルミ大の団子に丸めて砂糖のシロップに漬け、ローズウォーターで風味づけをする）。レディカニー（小麦粉と砂糖その他で作った生地を、カルダモンの砂糖漬けまたは他の砂糖菓子を包んだ小さな団子にし、ギーで揚げ、ローズウォーター風味のシロップに漬ける）は、カニング卿が初代インド副王として1858年にインドに来たあと、カニング夫人の誕生日のために作られた菓子である。こうして世界的に有名な菓子が誕生した。菓子職人（モイラ）は尊敬される。

飲物 茶、ラッシー（薄めたヨーグルト）

日常の食べ物 多くの貧困層の食事は米、タマネギをひとつかふたつ、トウガラシ、葉物を少々（シャク）もしくはゆでたジャガイモである。スラムに住む都市の労働者は米とダルを食べる。より裕福な人は、手の込んだ料理、デザートを食べる。

東ティモール East Timor
東ティモール民主共和国

[地理] 東南アジアの国、東ティモールはインドネシアの南に位置し、ティモール海に面している。ティモール島の東半分と西ティモール沿岸の飛び地からなり、半乾燥気候の山がちの国土に標高2,963 mのラメラウ山がそびえる。

主要言語	民族	宗教	
ティトン語（公用語） ポルトガル語（公用語） インドネシア語 英語 約21の土着言語	アウストロネシア（マレー・ポリネシア）系 パプア系	カトリック	97.6%

人口密度　86.8人/km²　　　都市人口率　34.0%
識字率　64.1%　　　　　　　出生1000あたり乳児死亡率　35.1
平均寿命　男性66.8歳、女性70.1歳　　HIV感染率　－
1人あたりGDP　4,200ドル　　失業率　4.0%
農業就業人口　64%　　　　　耕地面積率　10.4%

[農業] トウモロコシ、米、キャッサバ、コーヒー、サツマイモ、ニワトリ、豚、水牛、ミツバチ、牛、ヤギ、羊
[天然資源] 漁獲、金、石油、天然ガス、マンガン、大理石
[産業] 印刷、石けん製造、手工芸品、布地

[食文化への影響] ポルトガルは400年以上にわたってこの地を占領し、言語と宗教に影響を与えた。ポルトガル人がここで行なった交易と、オランダ人がこの地域で行なった交易により、食文化は変化した。小麦粉を使ったポルトガルの甘いパンや、オーブンで焼くオランダのペストリーやケーキなどが作られるようになったのだ。影響は、近隣のインドネシアとオーストラリア、さらにはマレー人、ポリネシア人、パプア人、中国人からも受けている。

[パンと穀類] 米、トウモロコシ、小麦：米料理、パン、甘いパン、ライスケーキ、キャッサバケーキ
[肉と魚] 魚介類、鶏肉、豚肉、牛肉、ヤギ肉、仔羊肉、卵
[乳製品] ミルクその他の乳製品は、あまり飲んだり食べたりされていない。大きな町にはミルクスタンドができた。
[油脂] ココナッツ油、ラード、バター、植物油
[豆類] 大豆、落花生

野菜 キャッサバ、サツマイモ、キャベツ、タロイモ、サゴ
果物 マンゴー、バナナ、ココナッツ、タマリンド、ライム
種実類 クミリ（ククイノキの実）、ケナリ（アーモンドに似たナッツ）
香辛料 トウガラシ、ココナッツミルク、タマリンド、レモングラス、ターメリック、醤油、エビのペースト、ショウガ、ラオスパウダー、タマネギ、ニンニク、塩、バニラ。料理はトウガラシで辛くする。
料理 食材は調理前に食べやすい大きさに切っておくか、調理したあと、台所で切り分ける。ゆでたキャッサバ。炊いた米。ナシゴレン（焼き飯）は、目玉焼きをのせることが多い。煮たり、揚げたりしたサツマイモ。キャベツとタロイモの葉は生で、あるいは短時間蒸して食べる。ゆでてつぶしたタロイモ。酸味のある鶏肉などのスープには、タマリンドが使われている。サンバルゴレン（スパイス、タマネギ、ニンニク、トウガラシを少量の油で炒めたもの。おもな食材の調味料に使う。魚入りサンバルなど）。ルンダン（牛肉のココナッツミルク煮）。鶏肉などのカレー（スパイスとココナッツミルクで作るスープカレー）。グライ（スパイスの種類を抑えた日常のカレー：トウガラシ、塩、タマネギ、ターメリックを使い、魚を入れるときはショウガを加える）。詰め物。マリネ。サテ（醤油またはライム汁で下味をつけ、炭火で串焼きにした鶏肉、その他の肉、または魚介）は、辛いピーナッツソースをつけて食べる。米、鶏肉その他の肉や魚は、汁がこぼれないようにバナナの葉で包むか、割った竹に入れて蒸したり焼いたりする（かつては土を掘り、熱した石を並べて調理した）。
甘味類 ハチミツ、砂糖、パーム糖。生果。熟していないココナッツ。粘り気のある米の粉、キャッサバ、砂糖とココナッツミルクの蒸しケーキ。砂糖とココナッツを使った、キャッサバ（タピオカ）、粘り気のある米またはサゴのプディング。
飲物 コーヒー、茶、ココナッツジュース、フルーツジュース、豆のドリンク
食事と食べ方 一般的な食事：米かキャッサバと、鶏肉、その他の肉、または魚、野菜、スープなどの料理。米は料理と混ぜて食べる。多くの人は指を使って食べ、食事中は酒を飲まない。

フィジー　Fiji
フィジー共和国

[地理] フィジーは南太平洋の西部、ニュージーランドの北に位置する 322 の島（人が住むのは 106）からなる国である。最大の島ビチ・レブ島で国全体の面積の半分以上を占める。山、森林、広大な肥沃な地帯を有する。

主要言語	民族		宗教	
英語（公用語）	フィジー人（主にメラネシア人、ポリネシア人）		プロテスタント	45.0%
フィジー語（公用語）			（メソジスト派	34.6%）
ヒンディー語		57%	ヒンドゥー教	27.9%
	インド人	38%	カトリック	9.1%
	その他	5%	イスラム教	6.3%

人口密度　50.4 人/km²　　　　都市人口率　54.5%
識字率　－　　　　　　　　　　出生 1000 あたり乳児死亡率　9.5
平均寿命　男性 70.3 歳、女性 75.6 歳　　HIV 感染率　0.1%
1 人あたり GDP　9,400 ドル　　失業率　7.9%
農業就業人口　70%　　　　　　耕地面積率　9%

[農業] サトウキビ、ココナッツ、キャッサバ、米、サツマイモ、バナナ、ニワトリ、牛、ヤギ、豚、羊
[天然資源] 材木、漁獲、金、銅、沖合に石油が埋蔵されている可能性あり、水力発電
[産業] 観光、砂糖、衣服、コプラ、金、銀

[食文化への影響] フィジーは太平洋諸島の中ではメラネシアのグループに属する。3 万年から 4 万年前、東南アジアから西太平洋及びオーストラリアに人々が移動し、そこからさらに東を目指した。マゼランが 1519 年に南米の南端を回って太平洋へと航海し、初めてこれらの人々を目にしたヨーロッパ人となった。ヨーロッパ人は新しい食用植物、小麦パン、動物を持ち込んだ。イギリス人は大規模なサトウキビ栽培のためにインドから年季労働者を連れて来て、カレーがもたらされた。アジア人は米、大豆、麺、揚げ料理法をもたらした。島民はすぐれた漁師である。伝統的なおもな食べ物は魚介類とタロイモ、パンノキの実、サツマイモ、キャッサバなどでんぷん質の野菜である。果物、木の実、とくにココナッツは重要である。よく食べる肉は豚肉で、とくに祝祭日には伝統的な方法で調理する。穴の中に石を並べて熱し、その上にバナナの葉またはヤシの葉を重ね、豚肉とサツマイモ、パンノキの実などの食べ物を入れ、さらに葉を重ね、時には水を注いでから穴を泥で密閉し、数時間熱を加える。祝祭は一日かけて食べ物を準備し、日暮れに浜辺で催される。ござ、バナナやティーリーブ（センネンボクの葉）を敷いて

テーブルとし、木の皿、編みかご、ヤシの実の殻に調理した食べ物を盛る。
- **パンと穀類** 米、小麦：米料理、パン、麺
- **肉と魚** 鶏肉、牛肉、ヤギ肉、豚肉、仔羊肉と羊肉、魚（ボラ）、貝、卵、コンビーフ、ランチョンミート
- **乳製品** ミルクなどの乳製品は一般的ではない。
- **油脂** ココナッツ油、ココナッツクリーム、ラード、植物油、ショートニング、バター、ゴマ油
- **豆類** 大豆、四角豆、キマメ、レンズマメ、落花生
- **野菜** キャッサバ、タロイモ、サツマイモ、葉物（タロイモ、サツマイモ）、パンノキの実、プランテーン、ヤムイモ、クズウコン、ゴーヤ、キャベツ、ダイコン、ナス、ネギ、海藻
- **果物** ココナッツ、バナナ、レモン、ライム、グアバ、マンゴー、パパイヤ、パイナップル、メロン、タマリンド。ココナッツミルクはよく使われる調理素材である。果物は軽食としてよく食べられる。
- **種実類** ククイノキの実、ライチー、マカデミアナッツ
- **香辛料** 醤油（基本的調味料）、ココナッツミルク、ココナッツクリーム、ライムまたはレモン汁、ネギ、ニンニク、塩、コショウ、ショウガ、カレー粉、赤トウガラシ
- **料理** タロイモなどのでんぷん質の野菜をゆでたり焼いたりして、つぶしてペースト状にする。キャッサバ、サツマイモ、タロイモのゆでたもの。葉物を蒸したもの。クズウコンでとろりとさせた料理（プディングなど）。魚介類は煮込む、蒸す、焼く、生、マリネなどの料理法がある。ココンダ（白身魚のマリネ。ライムまたはレモン汁と塩でマリネし、汁から出してココナッツミルク、トウガラシに漬けて供する）。米はゆでるか蒸す。牛肉のインドカレー（コルマ）。石穴料理：豚を丸ごと、タロイモとタロイモの葉、サツマイモ、カニ、魚丸ごと、鶏肉、タロイモの葉で包んだ蒸し物（ココナッツクリーム、レモン、タマネギ、牛肉）、その他の葉で包んだプディング（タロイモ、サツマイモ、ヤムイモ、プランテーンなど）
- **甘味類** サトウキビ、砂糖、青いココナッツ。ハウピア（ココナッツミルク、砂糖、クズウコンのプディング）
- **飲物** ココナッツジュース、フルーツジュース、コーヒー、茶、カバ（コショウ科の植物の根から作る飲料で、酩酊感をもたらす）。
- **食事** 一日に2、3回の食事。いちばん重いのは夕食で、ゆでたキャッサバ、サツマイモ、米と魚、鶏肉、牛肉料理。葉物か海藻の蒸したもの。

フィリピン Philippines
フィリピン共和国

[地理] フィリピンは、東南アジアの群島で、フィリピン海と南シナ海のあいだに位置している。北から南に1,800kmにわたる7,000以上の火山島で構成されていて、11の大きな島が国土と人口の約95%を占めている。これらの島は山が多いが、例外は最大の島であるルソン島の入り組んだ海岸線と中央平原である。

主要言語	民族		宗教	
フィリピノ語（タガログ語）（公用語） 英語（公用語） 8つの主要な方言	タガログ人	28.1%	カトリック	82.9%
	セブアノ人	13.1%	プロテスタント	2.8%
	イロカノ人	9.0%	イスラム教	5.0%
	ビサヤ人／ビニサヤ人	7.6%		
	ヒリガイ・イロンゴ人	7.5%		
	ビコール人	6.0%		

人口密度　349.7人/km²　　　　都市人口率　44.2%
識字率　96.6%　　　　　　　　出生1000あたり乳児死亡率　21.4
平均寿命　男性65.9歳、女性73.1歳　　HIV感染率　0.1%
1人あたりGDP　7,700ドル　　　失業率　5.9%
農業就業人口　26.9%　　　　　耕地面積率　18.9%

[農業] サトウキビ、米、ココナッツ、トウモロコシ、バナナ、キャッサバ、パイナップル、マンゴー、ニワトリ、豚、ヤギ、水牛、牛、羊

[天然資源] 木材、漁獲、石油、ニッケル、コバルト、銀、金、塩、銅

[産業] 電子機器組立、衣料品、履物、医薬品、化学品、木製品、食品

[食文化への影響] フィリピンは、マレー、ポリネシア、中国、スペイン、アメリカなど、いろいろな料理のるつぼである。マレー人は古い時代の住民だった。交易船は11世紀頃から中国の食料（麺類、春巻き）を持って来た。ここを350年以上にわたって支配したスペイン人は、小麦パン、デザート、アドボ（肉のシチュー）、タマレスなどのメキシコのトウモロコシ料理をもたらした。1898年から1946年までのアメリカによる支配は、ハンバーガーやピザなどのファストフードや手軽な食品をもたらした。おもに食べられている食料は米と魚である。キリスト教が盛んなこの国では、日曜日の夕食が重要とされる。この国にはルソン島北部のバナウエに2,000年前から続く棚田があり、ロスバニョスには国際稲作研究所がある。島の海岸線、多くの川、運河、水を張った田んぼ

や養殖によって魚介類を供給している。野菜や果物、とくにココナッツが豊富に穫れる。フィリピンは四つの地方に分けられる。最北端で最大のルソン島には首都マニラがあり、民族的に多様である。スペインの影響を受けた料理がある。ビコル地方は、マレーとポリネシアの料理の影響があった、民族的に多様な地域で、トウガラシとココナッツを使う辛い料理がある。ビサヤ諸島は、海産物、海藻、甘味をさまざまに使う。甘味はサトウキビのプランテーションによって広まった。インドネシアとマレーシアの影響を受けているミンダナオ島には、豚肉やアルコールを摂取しないイスラム教徒が住み、スパイシーなピーナッツソースやチリソース、カレーがある。

パンと穀類 米、トウモロコシ、小麦：米料理、米を粉にひいて作るケーキ、米や小麦や緑豆の麺、小麦粉の大型パンや丸パン、朝食用のパンデサル

肉と魚 鶏肉、豚肉、ヤギ肉、牛肉、仔羊肉、水牛（カラバオ）、ハタ科の一種（ラプラプ）やミルクフィッシュ（バンガス）などの魚、海産物（カキ、エビ）、アヒル、卵：スパイシーなソーセージ（エンブティード）

乳製品 エバミルク（牛、ヤギ）、水牛のミルク、ホワイトチーズ（ケソンプティ）

油脂 ココナッツ油（フィリピンは世界最大の生産国）、ラード、オリーブ油、植物油

豆類 大豆、緑豆、ヒヨコマメ、黒インゲンマメ、レンズマメ、赤インゲンマメ、四角豆、落花生

野菜 キャッサバ、海藻、パルミット、カミ（キュウリに似ている）、キュウリ、キャベツ、サヤインゲン、ホウレンソウ、タロイモ、トマト、マッシュルーム、サツマイモ、カボチャ、ウリ、ナス、タマネギ、青ネギ

果物 ココナッツ、バナナ、パイナップル、マンゴー、ドリアン、オレンジ、ライム、ポメロ、マンダリン、パパイヤ、カラマンシ（ライムに似ている）、ジャックフルーツ、タマリンド、ゴーヤ。ココナッツのミルクとクリームと果肉はおもにデザートに使われる。

種実類 カシューナッツ、ヤシの実（カオン）

香辛料 発酵させた魚のペースト（バゴーン）とソース（パティス）、酢、トウガラシ、ニンニク、ショウガ、タマネギ、ライム汁、醤油、ココナッツ、カレーパウダー、チョコレート。冷たく酸っぱく塩からい味、スパイシーな食べ物が好まれる。

料理 米と、揚げ物や焼き物にする一部の魚を除いて、食材が単独で調理されることはほとんどない。ニンニクとタマネギと合わせて炒めたり、魚や肉と野菜を合わせたスープやシチューが典型的である。蒸した米。炒めた残り物の米飯。肉、ソーセージ、目玉焼き卵などをトッピングしたガーリックライス。ルーガオ（濃厚な乳白色の粥）。最も古い料理のひとつ、キニラウ（酢またはライム汁でマリネし、タマネギ、ショウガ、トウガラシで味つけした魚介類）。アヒルの卵は、しばしば他の食材と混ぜ合わされるか、または塩漬けして赤く着色される ショウガ入りチキンスープ。シニガン（魚または肉、酸味のある果物、トマト、その他の野菜で作る酸っぱいスープもしくはシチュー）。シ

ナンパルカン（タマリンドの葉で酸味をつけた魚のシチュー）。カリカリ（牛肉、オックステール、サヤインゲン、ナス、砕いたピーナッツのシチュー）。アドボ（鶏肉と豚肉、または魚とエビのシチュー、酢とニンニクでマリネし、漬け汁のまま煮詰め、ラードとニンニクで炒めてから、出汁で煮込む）。パンシット（醤油とニンニクで味つけしたソースに浸した肉やエビを添えた麺）。ルンピア（鶏肉、豚肉、野菜を入れて揚げた巻物）。ウコイ（揚げたエビ、サツマイモ、ウリをまとめた団子）。ガーリックソース（細かく刻んだニンニク、塩、酢）が、ルンピアとウコイに添えられる。詰め物をして揚げたカニ。モルコン（ソーセージとゆで卵を牛の脇腹肉で巻き、炒め煮にしてスライスする）。豚の足肉の塩漬け。ヤギ肉のシチュー（カルデレータ）。ティオラ・サピ（ゆでた牛肉のカレー）。塩、玉ねぎ、酢で和えたゴーヤとキュウリのサラダ。ホウレンソウの炒め物。サツマイモチップのフライ。スパイシーな野菜や果物のピクルス。

日曜日の夕食 プチェーロ（牛肉、鶏肉、または豚肉、サツマイモ、トマト、ヒヨコマメのシチュー）、米、ナスのソース。

祝祭の料理 串刺しで焼いた豚（レチョン）は最も人気がある。チキンのレリエノン（骨を外した鶏にゆで卵、豚肉、ソーセージ、タマネギを詰めローストする）。

甘味類 サトウキビ、パーム糖、砂糖：未熟なココナッツ。シロップで煮たフルーツ。プト（もち米、砂糖、ココナッツミルクで作るふわふわのケーキ）。ビビンカ（チーズをふりかけた米粉のしっとりしたケーキ）。スーマン（もち米、パーム糖、ココナッツミルクをバナナの葉やトウモロコシの皮に包んで蒸したもの）。チャンプラード（甘いもち米とチョコレートのマッシュ）。レチェ・フラン（カスタード）。ブカヨ（ココナッツケーキ）。ハロハロ（ココナッツミルク、その他の食材、かき氷）。

飲物 ココナッツジュース、ミルク入りコーヒー、ココア、紅茶、豆乳、ビール、ココナッツのワインとブランデー（トゥバ、ランバノグ）

午後の軽食 ケーキ、甘いフリッター、ウコイ、米飯以外何でも（米飯はすべての食事に供される）

間食 孵化直前のアヒルの卵をゆでたバロット、揚げた豚の皮（チチャロン）、ハロハロ

フィンランド Finland
フィンランド共和国

[地理] フィンランドは、ロシアとスウェーデンにはさまれ、北極圏を超えてフィンランド湾まで伸びる北欧の国である。大部分が低地で深い森林、多くの湖、河川、広大な湿地よりなる。北部に山々があり、冬は厳しく長い。

主要言語	民族		宗教	
フィンランド語（公用語）	フィン人	93.4%	ルーテル派	72%
スウェーデン語（公用語）	スウェーデン人	5.6%		

人口密度　18.2人/km²　　　　　都市人口率　84.5%
識字率　100%　　　　　　　　出生1000あたり乳児死亡率　2.5
平均寿命　男性78.0歳、女性84.1歳　　HIV感染率　－
1人あたりGDP　40,600ドル　　　失業率　9%
農業就業人口　4.5%　　　　　　耕地面積率　7.3%

[農業] 大麦、オート麦、テンサイ、小麦、ジャガイモ、ニワトリ、豚、牛、羊、ヤギ
[天然資源] 材木、漁獲、鉄鉱石、銅、鉛、亜鉛、クロム鉄鉱
[産業] 鉱業、金属加工、エレクトロニクス、機械、化学機器、造船、パルプ製紙業、銅精錬、食品、化学製品、繊維

[食文化への影響] フィンランドは比較的人口が少なく（550万人）、国土は広大であり、ふたつの言語がどこでも話される。フィンランド語は、エストニア語とハンガリー語と並んで、フィン・ウゴル語族に属す数少ない言語である。伝統食は狩猟、漁労、キノコ、ベリー類の採集に依存し、ライ麦パンなど、他のスカンジナビアの国々と共通する点がある。フィンランド、スウェーデン、ノルウェーに属する北極圏のラップランドにはラップ人が住み、サンタクロースとトナカイの故郷である。ラップ人は独自の文化や食習慣を持ち、トナカイに大きく依存する。フィンランドの森林ではヘラジカ、クマ、野ウサギ、トナカイの狩りが行なわれ、食用になる。多くの湖沼で淡水魚が獲れ、バルト海ではニシンなど海水魚が獲れる。これらの食べ物は、落ち着いた色合いの古い建物が残るヘルシンキ港の市場で売られている。スウェーデン、ロシアの影響もある。フィンランドは600年以上隣接するスウェーデンに属し、ロシアにも100年属していたためである。たとえば、スモーガスボードやカレリアンパイだが、カレリアはフィンランドの東部の州で、これはロシアのパイに似ている。

[パンと穀類] 大麦、オート麦、小麦、ライ麦、米：全粒粉のポリッジ、ライもしくは小麦パン、クラッカー、米を入れたパイ、パンケーキ。フィンランドのパン（スオミルイ

ルイレイパ）は、小麦粉とライ麦から作る丸くて平たいイーストパンである。

肉と魚 鶏肉、豚肉、牛肉と仔牛肉、仔羊肉と羊肉、ヤギ肉、魚（バーボット、ムイック、ザリガニなどの淡水産、バルトニシン、サケなどの海水魚）、バーボット、サケ、ホワイトフィッシュ、チョウザメの魚卵（チョウザメのものはキャビア）、トナカイ、ヘラジカ、クマ、野ウサギの肉、ソーセージ。珍味としてバーボットのキャビア、トナカイのスモークタン。

乳製品 ミルク、サワーミルク（発酵乳のピーマ、ヴィリ）、クリーム、サワークリーム、チーズ

油脂 バター、ラード、マーガリン、塩漬け豚肉、植物油

豆類 スプリットピー（緑、黄色）、ライマメ

野菜 ジャガイモ、キャベツ、ニンジン、レタス、ホウレンソウ、エンドウマメ、キュウリ、カブカンラン、キノコ、ディルのピクルス

果物 コケモモ（クランベリーに似ているが小さい）、イチゴ、ラズベリー、ブルーベリー、ホロムイイチゴ（北極圏で見られる黄金色のベリー）、リンゴ、レモン、オレンジ、レーズン。夏季には生のベリーが人気。

種実類 アーモンド、マジパン（甘いアーモンドのペースト）

香辛料 ディル（フィンランドで魚を買うと無料で付いてくる）、パセリ、塩、マスタード、酢、コショウ、オールスパイス、バニラ

料理 ニシンのディル添え。じっくり煮込んだ香り高いスープ：肉とジャガイモのダンプリングのスープ、魚とジャガイモのディル風味のスープ、夏季の野菜スープ（ケサケイットはニンジン、新ジャガ、エンドウマメ、ホウレンソウのクリームスープ。ピタヤヨウルプーロ（全粒大麦のポリッジ）には果物のピューレをのせる。フィンランド人はジャガイモが大好きで、ジャガイモのポリッジ、ゆでた新ジャガにディルを添えたりして食べる。カブカンランはシンプルに切ってゆでたり、豚肉や羊肉とキャセロールにしたりする。豚肉のグレービー。カレリアンパイ（ピーラッカ）はライ麦の生地に米などを入れた三日月形のパイで、エッグバター（柔らかくしたバターに刻んだ固ゆで卵を混ぜたもの）が添えられる。カラクッコ（魚と豚肉脂をライ麦生地で包んで焼いたパイ）はフィンランド中央のサヴォ州で食べられていた。サヴォのホワイトフィッシュはゆでたり、シチューにしたり、上記のように三日月パイの中身にしたりする。パタクッコ（魚と豚肉の上にライ麦パンの砕いたものをのせたキャセロール）。ザリガニをディル風味の液に漬け、ゆでて冷ましてからトーストと供する。米とキュウリを詰めてオーブンで焼いた魚。羊肉、豚肉、仔牛肉のオールスパイスを使ったシチュー。ミートボール。オムレツ。ローストポークもしくは仔羊の脚のロースト。トナカイのシチュー（ポロンカリシュトゥシタ）やスープ、またはあぶり焼きにして、マッシュポテト、コケモモのピューレ、サワークリームを添える。葉物とキノコまたはキュウリのサラダ。魚は戸外でも食べる。生、塩漬け、新聞紙で包んで燃えさしの上に置いた燻製、棒に刺して焼く、

フィンランド

板に止めて直火の前に置いて焼く、鍋に入れたジャガイモの上にのせて蒸す、など。
祝祭食 夏至祭（6月24日）にはスモークサーモンと新ジャガのディル添え。
甘味類 砂糖、糖蜜。生のベリーをそのまま、砂糖とクリームまたはピーマをかけて、ホイップクリームと。キーッセリ（ベリーのプディング）、ワトカット・マルヤプーロ（泡立てたコケモモのプディング）、冷たい果物のスープ。ベリーを使ったパイやタルト。砂糖、ベリージャムをのせた大きなパンケーキ。クルーラー（イースト生地を揚げ、粉糖をまぶしたもの）。
イースターの菓子 マンミ（ライ麦のプディング）、ライ麦粉と麦芽を沸騰させ、糖蜜、オレンジピールを混ぜて泡立ててから焼き、クリームと砂糖を添える。
飲物 ミルク、サワーミルク（ピーマ）、茶、コーヒー、ビール、ウォツカ、コニャック、クラウドベリーのリキュール、自家醸造ビール（コティカルヤ）、ハチミツ酒（シマ）
サウナ後の食べ物 ニシン、豚肉や仔羊のソーセージでサウナで失われた体内の塩分を補う。

ブータン Bhutan
ブータン王国

[地理] ブータンはヒマラヤ山脈の東部に位置し、インドとチベットに接する南アジアの国である。北部は高峰、中央部は肥沃な谷、南部は深い森林と平野よりなる。

主要言語	民族		宗教	
ゾンカ語（公用語）	ンガロン	50%	チベット仏教	75.3%
ネパール語	ネパール人	35%	ヒンドゥー教	22.1%
シャチョップカ語	先住部族	15%		

人口密度　19.8人/km²　　　　都市人口率　40.1%
識字率　63.9%　　　　　　　　出生1000あたり乳児死亡率　32.1
平均寿命　男性69.6歳、女性71.7歳　　HIV感染率　－
1人あたりGDP　8,100ドル　　　失業率　2.4%
農業就業人口　58%　　　　　　耕地面積率　2.6%

[農業] トウモロコシ、ジャガイモ、米、柑橘類、穀類、乳製品、牛、ニワトリ、豚、馬、ヤギ、羊

[天然資源] 木材、水力発電、石膏、石灰石

[産業] セメント、木製品、果物加工、アルコール飲料、石灰、観光

[食文化への影響] 東部のヒマラヤ山脈、肥沃な谷、森林、平野が食文化に影響を与えている。また近隣のチベット（元々のブータン先住民のふるさと）とインド、中国、ネパールからの影響もある。たとえば、チベットと中国からは麺、インドからはカレー、ピクルス、ハルバである。スプリットピーのパンケーキはインドとネパールから伝わった。1世紀半のあいだブータンを支配したイギリスの影響も見られ、仏教とヒンドゥー教の影響もある。仏教徒は殺生を嫌うので、ほとんど肉食はしないで、穀物や野菜を食べる。しかし、生きるために肉食が必要な者には禁じられていない。遊牧民は乳製品と肉類で生活する。ヤク、羊を食べるが、仏教徒は魚、豚肉、家禽類を食べない。ヒンドゥー教では牛は神聖な生き物とされ、殺したり食べたりしてはいけない。ミルク、ギー、糞など、生きている牛からとれる産物は神聖で、浄化作用があると考えられている。山地と北部の食習慣はチベットに類似し、インド国境に近い地域の食文化はインド北部に類似する。

[パンと穀類] 米、トウモロコシ、その他の穀物：パン、パンケーキ、ダンプリング、麺。標高の高い地域ではツァンパ（穀物の粉を炒ったもの）が常食である。

[肉と魚] 牛肉、鶏肉、卵、豚肉、ヤギ肉、羊肉と仔羊肉、ヤクの肉。標高が高く寒冷で

乾燥した気候では、肉、脂、チーズは簡単に乾く。シャカムは肉の厚切りを干したもので、そのままでも料理しても柔らかい。

乳製品 ミルク、クリーム、ヨーグルト、チーズ。乳製品は重要な食品で、ディ（雌ヤク）は乳と乳製品のためにだけ飼われている。雌牛、および雌牛とヤクの交配種も飼われている。

油脂 バター、ギー（澄ましバター）、その他の動物の脂。標高の高い地域では人々は脂を大量に摂る。

豆類 スプリットピー

野菜 ジャガイモ、その他の根菜、タマネギ、ニンニク

果物 柑橘類、ナツメヤシ、レーズン

香辛料 塩、カレースパイス（黒胡椒、カイエンペッパー、シナモン、コリアンダー、クミン、フェヌグリーク、ショウガ、カルダモン、ターメリック）、シナモン

料理 蒸すか焼くかしたパン。スプリットピーのパンケーキ。蒸した肉饅頭（モモ）。動物は余すところなく利用するので、内臓料理も食べる。麺料理。カレー。野菜のピクルス。

甘味類 ハルバ（穀物、ギー、スパイスのきいたシロップ、果物を使ったさまざまな糖菓）。

飲物 茶。茶は大量に飲む。とくにバター茶（スージャ）〔チベットではブージャと呼ばれる〕は、茶、バターミルクまたはクリーム、塩を攪拌したもので、一日中飲まれる。

ブラジル　Brazil
ブラジル連邦共和国

[地理] ブラジルは南米大陸最大の国で、大陸の東半分を占める。北部の深い森に覆われたアマゾン川流域が、国土の半分を占める。北東部は雨の非常に少ない低木地帯、中南部は人口のほぼ半分が住む農業地帯、南部はブラジル高地である。大都市は狭い沿岸地帯に集中する。国土全体は熱帯と亜熱帯気候に属する。

主要言語	民族		宗教	
ポルトガル語（公用語）	白人	47.7%	カトリック	64.8%
	白人と黒人の混血	43.1%	プロテスタント	22.2%
	黒人	7.6%	無宗教	8.0%

人口密度　24.8人/km²　　　　　都市人口率　86.2%
識字率　92.6%　　　　　　　　　出生1000あたり乳児死亡率　17.5
平均寿命　男性70.5歳、女性77.7歳　HIV感染率　0.6%
1人あたりGDP　14,800ドル　　　失業率　11.5%
農業就業人口　10%　　　　　　　耕地面積率　9.6%

[農業] コーヒー（主要農産物）、サトウキビ、大豆、トウモロコシ、キャッサバ、オレンジ、米、バナナ、綿花、トマト、小麦、完熟白インゲンマメ、ココナッツ、ジャガイモ、パパイヤ、ココア、ニワトリ、牛、豚、羊、馬、ヤギ

[天然資源] ボーキサイト、金、鉄鉱石、マンガン、ニッケル、リン鉱石、プラチナ、錫、ウラン、石油、水力発電、材木、漁獲

[産業] 繊維、靴、化学製品、セメント、材木、鉄鉱石、錫、鉄鋼、航空機、自動車、自動車部品

[食文化への影響] ブラジルはポルトガル語を話す国として、大きさでも人数でも世界トップで、ラテンアメリカ最大の国でもある。食文化に影響を与えたのは気候、地理、土着の食べ物、習慣、ヨーロッパ人、アフリカからの奴隷である。とくにポルトガルとアフリカの影響により、他の南米の国々とは非常に異なっている。16世紀にやって来たポルトガル人は、まず北東のバイア州に入植した。そこにサトウキビプランテーションを作り、西アフリカのとくにギニアから奴隷を連れて来た。奴隷貿易がなくなる1853年までに、350万人以上の人々が連れて来られた。ポルトガル人の食への影響は干し塩ダラ、干しエビ、米、オリーブ、ワイン、アーモンド、ニンニク、タマネギ、リングイーサ（ガーリック・ポークソーセージ）、砂糖と卵を使う甘いデザート、レフォガード（ソフリット）をはじめとする基本的調理法などである。ソフリットとは、料理の初めに刻

んだタマネギとニンニクをオリーブ油で軽く炒める手法である。アフリカからはパーム油（ブラジルではデンデ）が持ち込まれ、特徴的なオレンジ色を料理に添えている。またココナッツ、オクラ、プランテーンなどの野菜、ササゲ、落花生、いくつかの料理ももたらされた。たとえば、ヴァタパ（シーフードのシチューで、ピーナッツ、パーム油、ココナッツミルク、トウガラシを入れる）、カルル（オクラ、タマネギ、干しエビ、ギニアショウガ、パーム油、青野菜、カシューナッツ）、マーリョ・デ・ナゴ（干しエビ、レモン汁、オクラ、ギニアショウガ）などである。バイア州の料理は、地元で豊富な魚とエビを使うことに特色があり、アフリカの影響が見られる。ブラジル南部は北東部、北部沿岸より遅れて開けた。コーヒーは換金作物で、1830年頃サンパウロ州近郊ではじまった。サンパウロではアフリカの奴隷よりもヨーロッパの影響の方が大きく、料理はより国際的、よりポルトガル風になった。たとえば、クスクスパウリスタはコーンミール、鶏肉、野菜を煮込み、型に入れてから抜いた料理である。ドイツ人、イタリア人なども産業が発達したサンパウロ州近郊の鉱山にやって来てチーズ作りや肉の保存法などを伝えた。ブラジルの広大な大地と草原はコーヒー、穀物、サトウキビ、ココア、キャッサバの栽培、家畜の飼育に最適である。航行可能な河川はアマゾンも含めて総延長2万5,500kmにおよび、大西洋岸は長さ7,400kmあり、さまざまな魚介類をもたらす。南のウルグアイ国境近くでは、牛が飼育されている。アルゼンチンと同じような焼き肉はシュラスコと呼ばれ、シュラスコを出すレストランはシュラスカリア、カウボーイはガウチョと呼ばれる。リオ・デ・ジャネイロとサンパウロとバイアのあいだに位置するミナス・ジェライス州はおいしい食べ物と料理で有名。多くのブラジル人はカトリック教徒で、イースターとカーニバルを伝統的な行事食で祝う。

日常的な食物 キャッサバ（マニオク）、米、インゲンマメなどの豆類、トロピカルフルーツ

パンと穀類 トウモロコシ、米、小麦、キャッサバ：ポリッジ、米料理、キャッサバの粉

肉と魚 鶏肉、卵、牛肉、豚肉、仔羊肉と羊肉、ヤギ肉、魚、エビ：燻製肉、干し肉、ソーセージ。新鮮な肉も重要だが、北東部の乾燥した気候では保存肉も重要である。天日干しの牛肉はカルネ・セッカまたはシャルケ（ジャーキー）と呼ばれる。

乳製品 ミルク、チーズ

油脂 デンデ油、ラード、バター、オリーブ油

豆類 大豆、インゲンマメ（黒豆が好まれる）、ササゲ、落花生

野菜 キャッサバ、トマト、ジャガイモ、タマネギ、アボカド、プランテーン、青菜（ケール、マスタード、コラード）、カボチャ、オリーブ

果物 オレンジ、バナナ、ココナッツ、パパイヤ、カシューアップル、パイナップル、ブドウ、レモン、ライム、マンゴー、リンゴ、グアバ

種実類 カシューナッツ、ブラジルナッツ（アマゾン川流域のジャングルに生える非常

に高い木になる)

香辛料 ギニアショウガ（ブラジルではメレゲッタ）、ニンニク、ココナッツ、ショウガ、ココア。ギニアショウガは小さな辛いトウガラシで、種は香りと刺激性があり、よく使われる。たいてい粉にしてデンデ油に加えられ、干しエビと混ぜて辛いソースを作る。ココナッツまたはココナッツミルクはさまざまな料理に使われる。

料理 米またはコーンミールのポリッジ（ピラン）。軽く炒ったキャッサバの粉（ファリーニャ）はひょうたんや木製ボールに入れていつもテーブルにあるか、料理にかかっている。ファロファ（キャッサバの粉をバターで炒ったもの）は付け合わせにするか、湯に混ぜる。フェジョン（ポルトガル語でインゲンマメの意味）はゆでたインゲンマメで、ブラジル全土で食べられる。アカラジェ（粉にひいたインゲンマメもしくはササゲに干しエビを混ぜ、デンデ油で揚げたもの）にはエビのソース、ギニアショウガとショウガが添えられる。魚をココナッツミルクで煮込んだ料理。魚を丸ごと、もしくはアバラ（ササゲとエビを胡椒とデンデ油でスパイスをきかせたもの）をバナナの葉に包んで焼き網の上で焼いた料理。焼き肉。

ブラジル北部の料理 シンシン・デ・ガリーニャ（鶏肉を干しエビ、ピーナッツ、デンデ油と調理したもの）。エフォ（マスタードの葉などの葉物野菜とともに新鮮なエビ、干しエビを調理したもの）。干しエビ、干ダラ、インゲンマメまたはササゲ、ピーナッツ、プランテーンのフリッター。

ブラジル南部の食 あぶり肉、ランプ肉のロースト（ピカーニャ）、キャッサバ、マテ茶

国民食 フェジョアーダ・コンプレッタ（黒豆を、燻製肉やソーセージとともに調理し、ご飯、オレンジスライス、生またはゆでた青野菜、レモンまたはライム汁を混ぜた辛いソースとともに供する）。リオ・デ・ジャネイロが発祥。

甘味類 サトウキビ、砂糖。果物とブラジルナッツの砂糖漬け。フィオス・デ・オヴォ（卵の糸）。キンジンは、ココナッツが入った卵のカスタードでとても人気がある。プディングにはタピオカ（精製したキャッサバ）、カボチャ、ココナッツ、甘いクスクス（タピオカ、おろしたココナッツ、ココナッツミルク、砂糖、塩を湯で溶き、型に入れてひと晩冷やす）などがある。クッキー、カップケーキ。ホメオ・イ・ジュリエッタ（グアバのジャムとクリームチーズ）はレストランの定番で、ポルトガルで食べられるマルメロのジャムとチーズを彷彿とさせる。アボカドクリーム（熟したアボカドをつぶし、ライム汁、粉砂糖を混ぜて冷やす）

飲物 コーヒー（すでに甘くなっていることが多い）、マテ茶、（ラテンアメリカ原産の常緑樹の葉を乾かして作る茶）、フルーツジュース、ビール、ラム酒、ガラナ（ガラナの種で作る、カフェインを含んだソフトドリンク）、カシャッサ（サトウキビの蒸留酒）、バチダス（カシャッサと柑橘類で作るパンチ）

食事 軽い朝食、重い昼食、軽い夕食に、午後にはコーヒーかマテ茶を飲むのが一般的

である。貧困層では日常食は黒豆とご飯にキャッサバの粉をかけたもの。
間食 アカラジェ（インゲンマメかササゲのフリッター）、コーヒー、フルーツジュース

フランス France
フランス共和国

[地理] フランスは、大西洋と地中海に面する西ヨーロッパの国である。広い平野が国土の半分以上を占め、中央部の高原には山が多く、南西のスペインとの国境沿いにはピレネー山脈、東にはアルプス（モンブランの標高 4,808m は西ヨーロッパ最高）がある。大河としてはセーヌ川とロワール川が流れる。

主要言語	民族	宗教	
フランス（公用語）	フランス人（ケルト系とラテン系）	カトリック	63-66%
方言と地域の言語		イスラム教	7-9%
	北アフリカ人、インドシナ人、バスク人、その他の少数民族	プロテスタント	2%
		無宗教	23-28%

人口密度　104.8 人/km²　　　　都市人口率　80%
識字率　99%　　　　　　　　　出生1000 あたり乳児死亡率　3.2
平均寿命　男性78.8歳、女性85.2歳　HIV 感染率　0.4%
1人あたり GDP　42,400 ドル　　　失業率　10.0%
農業就業人口　2.4%　　　　　　　耕地面積率　33.5%

[農業] 小麦、テンサイ、穀物、ブドウ、ジャガイモ、野菜、果物、ニワトリ、牛、豚、羊、ヤギ

[天然資源] 石炭、鉄鉱石、ボーキサイト、亜鉛、ウラン鉱石、アンチモン、ヒ素、カリ化合物、長石、蛍石、石膏、材木、漁獲

[産業] 機械、化学製品、自動車、金属加工、航空機、エレクトロニクス、観光

[食文化への影響] フランスの食は有名である。それは広く、さまざまな特徴を持つ国土が多種多様な食べ物を産することと、沿岸で海産物が獲れることが要因である。食品加工も盛んで、ヨーロッパ最大の食糧輸出国である。1533 年、メディチ家のカトリーヌがアンリ2世に興入れしてきたことで、ルネッサンス期にイタリアで生まれた洗練された料理法が伝わり、フランスの食文化を大いに刺激した。フランスは偉大な料理法を発達させ、18 世紀には宮廷で盛んになった。フランスの首都パリは古くから美食の町で、伝統料理の上に新しい味を探究する料理人、食通、食に関するライターなどが多い。主食はパンで、1900 年頃は、白いパンは都会に住む金持ちだけのぜいたく品で、地方ではライ麦と小麦の黒パン、南部ではコーンミールブレッドが食べられていた。第二次世界大戦後、小麦粉で作られた柔らかいバゲットがパリから地方に急速に広まった。逆に地方の食べ物もパリ、そしてフランス全土に広まった。たとえば、クレープは 1920 年

代にブルターニュから、カスレ（白インゲンマメ、ソーセージ、ガチョウ、カモ、豚肉、仔羊肉のキャセロール）は1990年代にラングドックからというように。フランス料理は伝統的な料理と郷土料理に分けられる。伝統的な料理はエレガントで、形式に沿い、フランスじゅうから集められた最良の素材を使って、パリに多いレストランで供される。郷土料理はシンプルで、地方の新鮮な素材を使って、家庭で出される食事である。

郷土料理 歴史的には地方は11に分けられる。フランス北西部のブルターニュはシーフード、とくにヨーロッパヒラガキが有名で、クレープ発祥の地でもある。ブルターニュの東にあるノルマンディは、カマンベールチーズなどの乳製品、リンゴ、シードルの産地である。北部のシャンパーニュは、この地方の名で呼ばれる発泡酒の産地である。西部のトゥレーヌでは果物と野菜が豊富に採れる。パリを取り巻くイル・ド・フランスは伝統的な料理法が生まれた土地で、国じゅうから集められた最良の素材を使うことができ、イセエビのビスク（香料、チキンスープ、トマト、白ワイン、クリーム）や牛フィレのベアルネーズソース（卵黄、バター、レモン汁または酢、タラゴン）などがあげられる。北東のアルザスロレーヌ地方にはドイツの影響を受けた料理が伝わっており、ガチョウ、ソーセージ、ザウアークラウト、ラインワインなどを利用する。フォアグラのパテ（ガチョウのレバーとトリュフを細かい豚の挽き肉と焼く）、キッシュロレーヌ（卵、クリーム、ベーコンをパイ皮に詰めて焼いた料理）もこの地方の名物である。フランスの東部にあるブルゴーニュは、ワイン（と、ブドウの蔓で育てられるカタツムリ）の産地であり、とくに赤のブルゴーニュワインはビーフ・ブルゴーニュ（ビーフシチュー）の材料として欠かせない。中心的都市ディジョンは毎年美食祭りを開催しており、ワインとハーブで作るマスタードを生んだ土地でもある。ボルドーはフランス中央部と南西部に位置し、やはりワインの産地であり、ボルドレーズソース（13の材料と赤のボルドーワイン、主としてカベルネソービニヨンで作られる）、コニャック（ブランディの最高級品）で有名である。またペリグーはトリュフの産地として知られている。フランシュ・コンテはフランス東部の山間部に位置し、ブレス鶏（通常より小型でたいていシンプルにローストされる）の産地である。ラングドック、フォア、ルションはフランス中西部にあり、ランドックにはローマ時代の影響であるカスレがあり、フォアとルションにはスペインの影響を残すトマト、ピーマン、ハムを使ったオムレツがある。南東部に位置するプロバンスの料理は北フランスより香りが強く、ニンニク、オリーブ油、トマト（プロバンス風というと、これらの材料が使われていることを示す）の使用といった地中海の影響が見られる。有名なブイヤベース（さまざまな地中海の魚介類を使ったシーフードスープ）にはこれらの材料がすべて使われている。もうひとつのこの地方の町、ニースにちなんで名づけられたニース風サラダ（ツナ、トマト、オリーブ、レタス、その他の生野菜、固ゆで卵、ケーパー）も有名である。

パンと穀類 小麦、トウモロコシ、大麦、ライ麦：バゲット（皮がパリパリした細長い白パンで、国民的パンでありフランスパンとも呼ばれる）、クロワッサン（バターが多い、

サクサクした三日月形のパン)、ライ麦と小麦パン、コーンミールブレッド、ポリッジ

肉と魚 牛肉と仔牛肉、鶏肉、豚肉、仔羊肉、七面鳥、ガチョウ、ヤギ、魚(タラ、ヒラメ)、貝(カキ、ムール貝、)ロブスター、卵、カタツムリ、ソーセージ、ハム

乳製品 ミルク、クリーム、ヨーグルト、チーズ(国民的チーズのカマンベールとブリーはどちらも柔らかくマイルドである)

油脂 バター、ラード、オリーブ油、ガチョウの脂、クルミ油、コーン油、サフラワー油。北西部ではバターが料理の基本であり、北東部ではラード、地中海沿岸ではオリーブ油が使われる。

豆類 白インゲンマメ、スプリットピー、レンズマメ

野菜 ジャガイモ、トマト、ニンジン、レタス、グリーンピース、カリフラワー、インゲンマメ、リーキ、キノコ、ホウレンソウ、キャベツ、アスパラガス、タマネギ、ナス、ズッキーニ、アーティチョーク、キュウリ、ピーマン、ラディッシュ、黒トリュフ(オークの木の根元に生えるキノコ)、カブ、パセリ、オリーブ、ザウアークラウト

果物 ブドウ、リンゴ、モモ、ネクタリン、洋ナシ、イチゴ、ラズベリー、オレンジ、レモン、アプリコット、メロン

種実類 栗、クルミ、ピスタチオ、アーモンド、ヒマワリの種

香辛料 塩、黒胡椒、タマネギ、ニンニク、ワイン、酢、レモン汁、ブーケガルニ(タラゴン、タイム、ベイリーフなどのハーブ)、マスタード、ナツメグ、チョコレート、バニラ

料理 パテ(牛、家禽類の細かく挽いた肉、魚、香料、ワインを混ぜ型に入れて焼く)。エスカルゴ(ガーリックバターで調理したカタツムリ)。白いスープ(魚、鶏、仔牛)か茶色のスープ(牛、仔牛)、さまざまな香辛料、ルー(小麦粉をバターか脂で炒めたもの)で作ったソース、たとえばベシャメルソース(クリームソース、もしくは基本的な白いソース、白いスープとミルクとルーで作る)。オニオンスープ(タマネギの薄切り、ニンニクを使った魚や肉を煮出したスープ、チーズをかけたフランスパンの薄切りをのせる)。ポタージュサンジェルマン(グリーンピースのスープ)、ステーキ(コショウ風味のものはポアブル)はフレンチフライ(ポムフリット)を添える。ラタトゥイユ(トマト、ナス、ズッキーニをオリーブ油で調理したもの)。グリーンサラダ、ドレッシングはオリーブ油、酢、香料。コックオーヴァン(ワインで煮た鶏肉)。チーズスフレ(白ソース、おろしチーズ、泡立てた卵白をふんわりと焼いた料理)。フレンチトースト(パンペルデュ:食べ残したパンを卵とミルクの液に漬け、バターで焼く。たいてい、バターとシロップを添える)。パン・バーニャ(フランスパンのサンドイッチ、中身はオリーブ油、アンチョビ、トマト、ピーマン、タマネギ、オリーブ、固ゆで卵など)。

甘味類 砂糖、果物、ジャム、マーマレード。イチゴとクレームシャンティ(ホイップクリーム、粉糖、バニラ)。イチゴとクリームを巻いたクレープ。クレープシュゼット(オレンジリキュール風味のクレープ)。クリームを入れたケーキやペストリー(シュー

クリーム、エクレア)。イチゴかチーズのタルト（小さなパイに生のイチゴやチーズを詰めた菓子)。オレンジスフレ。プティフール（小さなデコレーションケーキ)。マドレーヌ（小さなケーキやクッキー）

飲物 コーヒー、ホットチョコレート、ワイン、シャンパン、リキュール。コーヒーはブラックで、朝食のときは熱いミルクを添える。それ以外の食事、もしくは通りのカフェではデミタスカップで出す。

食事 一日3食が基本。朝食：パンかクロワッサン、バター、マーマレード、コーヒー、ホットチョコレート。主たる食事：パテのトーストのせなどの前菜、鶏肉、牛肉、魚、卵の料理と野菜、グリーンサラダ、チーズ、果物、デザートまたはプティフール、パンとバター、たいていワインが食事に添えられる。食事はコースで出される。

屋台・間食 焼き栗、イチゴと生クリームを巻いたクレープ、ペストリー、コーヒー

ブルガリア Bulgaria
ブルガリア共和国

[地理] ブルガリアはバルカン半島の東に位置し、黒海に面するヨーロッパ南東部の国である。北部と南部の平野が国土の3分の2を占め、中央部で東から西に横断する山地が3分の1を占める。北の境界はドナウ川である。

主要言語	民族		宗教	
ブルガリア語（公用語）	ブルガリア人	76.9%	ブルガリア正教	59.4%
トルコ語	トルコ人	8.0%	イスラム教	7.8%
ロマニ語	ロマ	4.4%	無宗教	3.7%

人口密度　65.5人/km²
識字率　98.4%
平均寿命　男性71.4歳、女性78.2歳
1人あたりGDP　20,100ドル
農業就業人口　6.8%

都市人口率　74.6%
出生1000あたり乳児死亡率　8.4
HIV感染率　0.1%
失業率　8.0%
耕地面積率　32.1%

[農業] 小麦、トウモロコシ、ヒマワリの種、野菜、果実、タバコ、ワイン、大麦、テンサイ、ニワトリ、羊、豚、牛、ヤギ

[天然資源] ボーキサイト、鉛、銅、亜鉛、石炭、材木、漁獲

[産業] 機械設備、食品加工、飲料、タバコ

[食文化への影響] ブルガリアは可耕地の割合が高く、残りは山岳地帯である。高地はほぼ森林で、夏期は森林より高いところで羊の放牧が行なわれる。山地の森は狩猟動物の棲みかである。ドナウ川沿いの平原では穀物、温帯の果実が栽培され、家畜が飼育される。黒海沿いと低地では木の実、イチジク、落花生が栽培され、南部では米、レンズマメが栽培される。黒海、河川では魚が獲れるが、魚の消費量は少ない。全土で赤い食べ物、飲物が好まれる。4世紀以来、最初のブルガール人は赤いワインに赤い石の砕いたもの、もしくは赤い粘土を混ぜて薬とした。赤は健康によく、強壮作用があると考えられてきたのである。リンゴでも、他の色に比べて赤が好まれる。16世紀に赤トウガラシが持ち込まれて以来、ブルガリアのシチューはトウガラシで赤く作られる。料理は、素材が左右される四季に対応する。成熟した動物の肉は豆類、冬野菜、冬の果物と組み合わされ、若い動物の肉は春野菜と組み合わされる。夏はサラダ、野菜、冷たいスープ、冷たいヨーグルトドリンク、甘くないコンポート、新鮮な果物の出番である。ブルガリアはバラ精油を使った香水が有名で、ローズエッセンスはゼリー、ローズウォーター、シロップに利用される。500年間のオスマントルコの支配はブルガリア料理に強い影響を与

えた。イスラム教徒は豚肉を食べないが、キリスト教徒は食べる。

パンと穀類 小麦、トウモロコシ、大麦、米：イーストを使った小麦のパン（ふつう大きくて丸く、熱くしてスパイスのディップとともに供される）、ロールパン、米料理。

肉と魚 鶏肉、卵、仔羊肉、豚肉、牛肉、ヤギ、魚、水牛、ウズラ、ヤマウズラ、キジ、ウサギ、鹿、イノシシ：ソーセージ。魚（リバ）はrのつく月にしか食べない人が多い。食事時にミルクやヨーグルトは出ない。

乳製品 ミルク、ヨーグルト、チーズ（シレネ、白くクリーミーなヤギのチーズでフェタに似る。カシュカバルは羊のチーズでチェダーに似る）。ミルクの産出量の3分の2（大部分が牛乳）はヨーグルトになる。羊の濃いヨーグルトが最も好まれ、7世紀からすでに作られており、現代でも高地や地方では、冬に備えてバターで蓋をして蓄えられる。乳製品は大量に作られ、消費される。

油脂 ヒマワリ油、ラード、バター、オリーブ油。現在ブルガリアでは動物脂ではなくヒマワリ油の利用が広く行きわたっており、これはブルガリア料理の最大の特徴であろう。ラードやバターはシチューやペストリーに時折使われる。

豆類 レンズマメ、落花生

野菜 キャベツ、ネギ、葉ニンニク、ホウレンソウ、ソラマメ、エンドウ、トマト、ジャガイモ、ナス、タマネギ、キュウリ、サヤインゲン、トウガラシ、赤ピーマン、ピーマン、オリーブ：ザウアークラウト（毎夏2樽作られる。1樽は詰め物用もしくはサラダ用に丸ごとキャベツで、もう1樽は料理用に刻んだキャベツで作られる）

果実 リンゴ、アプリコット、柑橘類、サクランボ、イチゴ、イチジク、ブドウ、プラム、洋ナシ、モモ、マルメロ、メロン、スイカ、プルーン、レーズン、カラント

種実類 クルミ、アーモンド、栗、ヒマワリの種。クルミは栽培量が多く、多くの料理に使用される。

香辛料 塩、黒胡椒、赤トウガラシ、タマネギ、ニンニク、ディル、パセリ、チュブリツァ（タラゴンに類似）、クミン、フェヌグリーク、チリパウダー、アニス、酢、ローズ油、ローズウォーター。チュブリツァはブルガリアで最も一般的な香辛料でシチューに使われたり、塩、粉トウガラシと混ぜてパンにつけるディップ（これもチュブリツァと呼ばれる）を作るのに利用されたりする。

料理法 かつてのブルガリアではフライ料理は作られなかったが、これは高熱に耐える鍋がなかったからだろう。ザプルツカはタマネギを揚げて小麦粉と煮込んだソースで、これは最近のほぼ1世紀のあいだに登場した新しい料理法である。今日の揚げ料理のほとんどは、ギリシャ、トルコ、中央ヨーロッパ由来である。

料理 ブルガリア風シチュー（ヤーニヤ）は野菜、肉、トウガラシ、タマネギをことこと煮込んだもので、とろりと独特の香りがある。肉のシチューにはマルメロなど果実が入ることが多い。ギュベチ（肉と野菜にチュブリツァ、小さな青トウガラシを加えたシチュー。泡立てた卵とヨーグルトをのせて、オーブンでパリパリに仕上げる）。あぶり

肉（パストゥ）。ソーセージ（ケバブチェ）、仔羊肉のケバブ（漬け汁につけていない）。ローストチキン、ローストポーク。仔羊を丸ごと串に刺して焼く。クルミを鯉に詰めて焼く。ウズラのトルコ風料理、ニンニクとタマネギと一緒にバターで茶色く炒め、米、カラント、レーズンと煮る。極楽鳥（イーストを用いた丸いパンで、表面をチーズ、オリーブ、ハム、赤ピーマンで飾る）。バニッツァ（紙のように薄いパイ生地でチーズフィリングを包んだペストリー）。ショプスカサラタ（トマト、キュウリ、チーズ）はドレッシングを使わずに、温かい丸パンとミックススパイス（チュブリツァ）とともに供する。サラダドレッシング（刻んだクルミ、ニンニク、酢、油）。生のトマトもしくはヨーグルトスープ（タラトールはキュウリとクルミを入れた冷たいヨーグルトスープ）。チョルバ（レモン汁と供されるトルコ風スープ）。クルバン（肉でだしをとり、トマトが入ったコショウのきいたスープ）。焼きトウモロコシ。ナスのペーストは、ピーマン、トマト、オリーブ油、酢、パセリ、ニンニク、塩、コショウで作られる。シレネをピーマンに詰め、パン粉をつけて揚げる。

甘味類 砂糖、果実、甘くないコンポート、ローズゼリー

飲物 ヨーグルトドリンク、コーヒー、茶、赤ワイン、プラムブランデー（スリボバ）

ブルキナファソ　Burkina Faso

[地理] ブルキナファソ（以前のオートボルタ）は、西アフリカのサハラの南に位置する内陸国で、広大なサバンナと北の砂漠からなる。乾燥して暑い。

主要言語	民族		宗教	
フランス語（公用語）	モシ人	52.5%	イスラム教	61.6%
スーダン系言語	フラニ人	8.4%	カトリック	23.2%
	グルマ人	6.8%	土着信仰	7.3%
	ボボ人	4.8%	プロテスタント	6.7%
	グルンシ	4.5%		
	ロビ人	2.5%		

人口密度　73.4人/km²　　　　　都市人口率　31.5%
識字率　37.7%　　　　　　　　 出生1000あたり乳児死亡率　72.2
平均寿命　男性53.8歳、女性58.0歳　　HIV感染率　0.8%
1人あたりGDP　1,800ドル　　　　失業率　3.0%
農業就業人口　90%　　　　　　　耕地面積率　21.9%

[農業] ソルガム、キビ、トウモロコシ、綿花、落花生、シアナッツ、ゴマ、鶏肉、ヤギ、牛、羊、豚

[天然資源] マンガン、石灰石、大理石、金、リン鉱石、軽石、塩、漁獲

[産業] 綿花、リント、飲料、農産物加工、石鹸、タバコ、織物、金

[食文化への影響] ブルキナファソは、サハラに接する他のサハラ以南のアフリカ諸国同様、フランスの植民地であった。ニジェール川では魚が獲れる。食文化は北アフリカ、西アフリカ、フランス、新世界からもたらされた食べ物（トウモロコシ、トマト、トウガラシ、サツマイモ）、宗教の影響を受けている。たとえば、西アフリカのように鶏肉とホロホロチョウがよく食べられ、都市部ではフランスのようにバゲットが食べられ、トマトとトウガラシが多くの料理に使われる。多くの人がイスラム教徒なので、豚肉を食べない。地方では三つの石の上に鍋をのせて薪を燃やす伝統的な炉が今も使われ、肉は裸火で料理し、オーブンは普及していない。

[パンと穀類] ソルガム、キビ、トウモロコシ、米、野生の穀物、小麦：ポリッジ、バゲット、クスクス（キビの生地を小さい粒にしたものを蒸してあり、米のように供する）、麺、米料理

[肉と魚] 鶏肉、卵、ホロホロチョウ、ハト、ヤギ肉、牛肉、仔羊肉と羊肉、豚肉、ラクダ肉、魚、狩猟動物（アンテロープ、ハイラックス、アフリカタケネズミ）。赤身肉はご馳走である。肉と魚は干すことが多い。

乳製品 ミルク、サワーミルク、バターミルク、凝乳、ホエー、チーズ
油脂 シア油、シアバター（アフリカ原産のシアノキの種から作る）、パーム油、ピーナッツ油
豆類 落花生、インゲンマメ、ササゲ、レンズマメ
野菜 オクラ、葉物野菜、トマト、ヤムイモ、プランテーン、キャッサバ、サツマイモ、タマネギ、トウガラシ
果物 ナツメヤシ、レーズン、ココナッツ、マンゴー、スイカ
種実類 シアナッツ、コーラナッツ、ゴマ、マンゴーの種、スイカの種。種や実、ピーナッツはソースを濃くするのに用いられる。
香辛料 トウガラシ、タマネギ、トマト
料理 キビをつぶしたものをキャッサバとゆでる。トウモロコシのポリッジ。ミートボールとピーナッツソースを、ゆでたキビまたは米とともに供する。肉や魚のソース。肉をオクラと調理したもの。ラクダの胃の詰め物（ハギスに似ている）。炊いた米を肉とトマトのさらりとしたシチューとともに供する。キャッサバの葉、干し魚、パーム油、オクラで作ったシチューをクスクスもしくはご飯と供する。鶏肉の料理。魚の燻製、トマト、その他の野菜を入れた乾燥キャッサバのポリッジ。魚、オクラ、青菜、トマトで作ったシチュー。
祝祭食 キビとキャッサバをつぶしたものにソースを2種添える（挽き肉、干し魚、干したオクラの粉、もうひとつは肉のこま切れとトマト）。出す前に混ぜることが多い。ジョロフライス（ご飯とトマトペーストもしくはパーム油、必ず赤い）
甘味類 砂糖、ハチミツ、甘いペストリー、ピーナッツキャンディ、丸い揚げドーナッツ
飲物 ジンジャービール、コーヒー
屋台 ケバブ、シャワルマ、インゲンマメのフリッター、甘いペストリー、焼きトウモロコシ。屋台食は重要である。

フ

ブルキナファソ

ブルネイ　Brunei
ブルネイ・ダルサラーム国

[地理] ボルネオ島の北部に位置し、南シナ海とマレーシアに接する東南アジアの国。狭い海岸平野、沼沢地、東部山地、西部丘陵からなる。国土の多くが熱帯雨林に覆われている。

主要言語	民族		宗教	
マレー語（公用語）	マレー人	65.7%	イスラム教（国教）	78.8%
英語	中国人	10.5%	キリスト教	8.7%
中国語	その他の先住民	3.4%	仏教	7.8%
			土着の信仰とその他	4.7%

人口密度　84.3人/km²　　　　　都市人口率　77.8%
識字率　96.7%　　　　　　　　出生1000あたり乳児死亡率　9.6
平均寿命　男性75.0歳、女性79.8歳　　HIV感染率　－
1人あたりGDP　33,800ドル　　　失業率　2.0%
農業就業人口　4.2%　　　　　　耕地面積率　0.9%

[農業] 野菜、パイナップル、バナナ、キャッサバ、米、ニワトリ、水牛、羊、ヤギ、豚、牛

[天然資源] 石油、天然ガス、材木、漁獲

[産業] 石油、石油精製、液化天然ガス、建設

[食文化への影響] ブルネイの位置するボルネオ島北部は部族のるつぼで、交易商人、探検家が活躍する地であった。マレーシアとは地理的位置も食習慣も共有しており、ブルネイのふたつの食は中国料理とマレー料理である。人口の3分の2はマレー人で、したがってイスラム教徒であり、11％が中国人である（南中国にルーツを持つ海峡華人もしくはプラナカン）。植民地時代の労働力の大量流入、東および南アジアからのエリート層の入植により、中国の影響は大きい。たとえば、この地域に15世紀から第二次世界大戦までに入植した中国人がもたらしたニョニャ（プラナカン）料理がある。トウガラシ、エビのペースト、ココナッツミルク、芳香のある根菜、葉を利用するのはマレーシア料理と同じだが、中国料理とちがって豚肉、ラード、麺は使用しない。辛味と酸味が好まれる。15世紀以来イスラム教が優勢で、豚肉と豚に由来する食品、たとえばラードなどは食べないが、中国人（とキリスト教徒）は食べる。1888年から1984年まで多かったヨーロッパからの商人とイギリスも、多少の影響を残した。

[パンと穀類] 米、小麦：米料理、粘り気のある米を使った菓子、麺。米が主食である。

|肉と魚| 鶏肉、仔羊肉、ヤギ、豚肉、牛肉、魚介類、水牛、卵：エビのペースト（ブラチャン）、カタクチイワシの干したもの、魚醤、ゼラチン（菓子に使用）。シーフードは米の次に重要な食物である。

|乳製品| ミルクなどの乳製品は一般的ではない。

|油脂| ココナッツ油、パーム油、ラード、植物油

|豆類| 大豆と、醤油など大豆から作る食品、緑豆、四角豆、落花生

|野菜| キャッサバ（タロイモ）、ヤムイモ、パンノキの実、海藻、青物野菜、クズウコン（あまり味のない塊茎で料理にとろみをつけるために使われる）、サヤインゲン、ナス、サツマイモ、ティーリーフ、ダイコン、ウリ、クワイ

|果物| パイナップル、バナナ、ココナッツ、タマリンド、オレンジ、ライム、レモン、マンゴー、パパイヤ、メロン、ドリアン

|ナッツ| レイシ、マカデミアナッツ

|香辛料| トウガラシ、タマリンド、ココナッツミルク、ココナッツクリーム、ライムまたはレモン汁、エビのペースト、香りのする植物の根や葉、醤油、魚醤、タマネギ、ニンニク、コショウ、ガランガル（ショウガ科の植物の根）、ショウガ、レモングラス、コリアンダー、ターメリック、クミン、シナモン、オールスパイス

|料理| ココナッツミルクが多用される。ご飯、炒飯、焼きそば（クイティオ）〔平たい米麺〕。サテ（醤油ベースのつけ汁につけた肉、鶏肉、シーフードを竹串に刺して焼いた料理）。ルンダン（干し牛肉のカレー、以前は鹿肉を使ったが今は水牛もしくは牛肉をサイコロ状に切って、スパイスをきかせたココナッツミルクで煮込む）。ルンパ（スパイスミックス、使う前に炒めることが多い）。グライ（カレーやココナッツミルクで煮た料理）。中国風焼き豚。仔羊の肩肉をココナッツミルク、タマネギ、ニンニク、スパイスで炒め煮にして、汁、ココナッツクリーム、ソースで煮たパイナップルとともに供する。キャッサバなどでんぷん質の野菜をゆでてつぶしてマッシュにする。加熱した青物野菜。サンバル（辛くてスパイシーな付け合わせ、もしくはトウガラシや他のスパイスを一緒に炒め、エビのサンバルなどに使う）。アチャール（ピクルス）。

|甘味類| パーム糖、砂糖。未成熟なココナッツ。バナナの葉で米をくるんで焼いたもの。デザートにはたいてい濃い、茶色のパーム糖のシロップ、ココナッツミルク、おろしたココナッツ、ゼラチン、粘り気のある米が使われる。たとえばクエラピス（さまざまな色で層になったケーキ）。ナガサリ（緑豆、砂糖、ココナッツプディング）

|飲物| 茶、フルーツジュース、ココナッツジュース、発酵したココナッツの樹液、カバ（コショウ科の植物から作る飲料。酩酊感をもたらす）

|食事| 多くの家庭で、3度の食事に米が出る。

|屋台料理| 焼きそば、サテ（人気のある食べ物。イスラム教徒はヤギの肉、中国人は豚肉、鶏肉は両者に、そして必ずトウガラシ、タマネギ、ニンニク、ガランガル、ピーナ

ッツの辛いソースをかける)。通りで、市場の売り台で、夜市で食べ物が売られる。

ブルンジ Burundi
ブルンジ共和国

[地理] ブルンジは、中央アフリカにある深い谷に分断される標高の高い高原、草原台地、山々からなる国。白ナイルとタンガニーカ湖の最南端の源流はこの国にある。

主要言語	民族		宗教	
ブルンジ語（公用語）	フツ族（バンツー族）	85%	カトリック	62.1%
フランス（公用語）	ツチ族	14%	プロテスタント	23.9%
スワヒリ語			イスラム教	2.5%

人口密度　446.5人/km²　　　　都市人口率　12.7%
識字率　85.5%　　　　　　　　出生1000あたり乳児死亡率　58.8
平均寿命　男性59.2歳、女性62.7歳　　HIV感染率　1.1%
1人あたりGDP　800ドル　　　　失業率　1.6%
農業就業人口　93.6%　　　　　耕地面積率　46.7%

[農業] バナナ、サツマイモ、キャッサバ、コーヒー、綿花、茶、トウモロコシ、ニワトリ、ヤギ、牛、羊、豚

[天然資源] ニッケル、ウラン、希土類酸化物、泥炭、コバルト、銅、プラチナ、バナジウム、水力発電、漁獲

[産業] 軽工業、輸入部品の組立、公共事業、建設、食品加工

[食文化への影響] ブルンジの食文化は同じ東アフリカのケニア、タンザニアに類似する。狩猟動物が大量に生息し、牛の飼育が伝統的に行なわれているが、肉の摂取は少ない。牛は食糧ではなく富の象徴とみなされ、マサイ族や関連する民族は乳製品や牛の血を糧としていた。その他の国民は穀物、バナナ、採取した青菜を食べる。湖では魚が獲れ、ティラピアとナマズは養殖されている。山地では動物は保護され、狩猟動物が豊富である。アンテロープは飼育もされている。最初にやって来た交易商人のアラブ人は、700年頃から東アフリカの沿岸に植民地を築き、奴隷と象牙を取引し、スパイス、タマネギ、ナスをもたらした。ドイツとベルギーもこの地域を支配したが、食習慣にさほどの影響は残していない。むしろイギリスが、アジア人に東アフリカへの定着を促したことによる影響が大きい（たとえばカレー）。

[パンと穀類] トウモロコシ、ソルガム、キビ、米：ポリッジ、平パン、パンケーキ

[肉と魚] 鶏肉、卵、ヤギ肉、牛肉、仔羊肉、豚肉、魚、沿岸から魚の塩漬けや干物、狩猟動物

[昆虫] イナゴ、コオロギ、バッタ、アリ、幼虫（マドラ）、イモムシ（ハラティ）。虫を

炒めたものはおやつになる。

乳製品 ミルク、凝乳、チーズ（ヨーロッパからもたらされた）。乳製品は大事な食糧である。

油脂 バター、澄ましバター、パーム油、ピーナツ油

豆類 落花生、ササゲ、赤インゲンマメ、レンズマメ。レンズマメは毎日食べられる。

野菜 サツマイモ、キャッサバ、プランテーン（青いバナナ）、葉物、オクラ、カボチャ、トマト、トウガラシ、タマネギ、ジャガイモ、ヤムイモ、ナス。でんぷん質の野菜と葉物は大量に食される。

果物 バナナ、ココナッツ、パパイヤ

種実類 カシューナッツ、ゴマ、カボチャの種

香辛料 トウガラシ、トマト、乾燥させたバオバブの葉、タマネギ、ココナッツミルク、黒胡椒、カレー粉、クローブ

料理 日常的に食べられるのはウガリというコーンミールもしくはキビの濃いポリッジで、残り物の肉、トマト、トウガラシ、葉物やその他の野菜の煮込みとともに供されることが多い。葉物をピーナッツペーストと調理したもの。鶏肉のカレー煮とイリオ（ゆでた豆、トウモロコシをジャガイモ、キャッサバのマッシュに加えたもの）。プランテーンをバナナの葉にくるんでゆでてつぶす。ココナッツミルクで調理した魚。インゲンマメ、レンズマメ、トウモロコシ、プランテーンをゆでてつぶす。プランテーンのスープ、シチュー、フリッター。

甘味類 ハチミツ、プランテーンのカスタード

飲物 コーヒー、茶、ビール（トウモロコシやキビから自家醸造されることが多い）

屋台食・間食 マンダジ（ドーナツまたはフリッター）、焼きトウモロコシ、米とココナッツのパンケーキ、ヤギのケバブ

ベトナム Vietnam
ベトナム社会主義共和国

[地理] ベトナムは東南アジアのインドシナ半島東岸に位置する、細長い国。南シナ海と接する海岸線は、長さ2,300kmほど。北部のソンコイ川流域は人口密集地で、中部に沿岸平野、南部に湿ったメコンデルタが広がる。半乾燥の高原地帯、山地、熱帯雨林もある。

主要言語	民族		宗教	
ベトナム語（公用語）	ベトナム人（キン族）		仏教	7.9%
英語		85.7%	カトリック	6.6%
フランス語			無宗教	81.8%
中国語				
クメール語				

人口密度　310.1 人/km²　　　都市人口率　34.9%
識字率　94.5%　　　　　　　出生1000あたり乳児死亡率　17.3
平均寿命　男性71.2歳、女性76.4歳　　HIV感染率　0.4%
1人あたりGDP　6,400ドル　　失業率　2.2%
農業就業人口　48.0%　　　　耕地面積率　20.7%

[農業] 米、サトウキビ、キャッサバ、コーヒー、ゴム、綿花、茶、コショウ、大豆、カシューナッツ、落花生、バナナ、ニワトリ、豚、牛、水牛、アヒル、ヤギ

[天然資源] 漁獲、リン酸塩、石炭、マンガン、ボーキサイト、クロム酸塩、海洋石油・ガス、森林、水力発電

[産業] 食品加工、衣服、靴、機械の組立、鉱山

[食文化への影響] ベトナム料理は地元食材（魚介類、熱帯の果物や野菜、粘り気のある米）と、中国、フランス、インドおよびマレーシアの影響を反映したものになっている。1000年以上にわたり支配を続けた中国の影響は、長粒米、茶、炒め物や煮込み料理、箸の普及に見ることができる。ヨーロッパの影響は、1516年のポルトガル人の到来にはじまる。ジャガイモ、アスパラガス、サヤインゲン、フランスパン、クリームを詰めたペストリー、肉や魚のパテ、コーヒー、サトウキビは、1883年から第二次世界大戦まで支配したフランスの影響で取り入れられた。ベトナム（とりわけ北部）には、中国料理とその食事法が昔のまま残っている。住民はスープ類や野菜料理を好み、肉を卓上の鍋で煮たりゆでたりし、箸を使って食べるのだ。トウガラシ（ポルトガル人が持ち込んだ）、魚醤、狩猟肉などを使った中部の料理は、やや香ばしく、洗練されてもいる。熱帯の南部では、ココナッツミルクを入れた料理やカレーに、インドやマレーシアの影響が認められる。南部は北部に比べて生果、野菜、菓子の種類が多く、香辛料も多く使

う。葉に包んで食べる（各自が、葉菜に肉入りの料理と香草をのせて包む）習慣は、中国に支配される前からあり、現在でもおもに、中国の影響が最も少ない南部で実践されている。ベトナムの主要な食物は米、スープ、野菜、果物、大豆食品、魚、エビ、豚肉で、味つけには魚からつくる塩味のソースとレモングラスを使う。ベトナムの仏教徒は肉食が禁じられている太陰月の、1日、15日、最終日に大豆食品を食べる。ベトナム料理が北米やオーストラリアに広がっているのは、ベトナム戦争後に難民が多く移住したからである。

パンと穀類 米（長・短粒種）、トウモロコシ、小麦：米料理、棒状の揚げパン、麺、ライスペーパー、ライスケーキ、小麦麺、ペストリー、フランスパン。一般に毎食、米を食べる。

肉と魚 鶏肉、豚肉、牛肉、水牛肉、アヒル肉、ヤギ肉、猪肉、鹿肉、魚介類、卵

乳製品 コンデンスミルク（コーヒーに入れる）：ホイップクリーム（ペストリーに使う）

油脂 植物油、塩漬け豚肉、ココナッツ油。油脂は避けられる傾向にあり、多くの食品は揚げたりせず、生で、あるいは煮て食べる。

豆類 大豆、落花生、緑豆：豆乳、豆腐、テンペ（噛み応えのある豆腐）

野菜 キャッサバ、白菜、青菜、ジャガイモ、レタス、ニンジン、モヤシ、タマネギ、キノコ類、サヤエンドウ、キュウリ、ハス、ラディッシュ、アスパラガス、クズイモ、ネギ、プランテーン：ピクルス

果物 バナナ、ココナッツ、ジャックフルーツ、マンゴー、パパイヤ、オレンジ、ライム、メロン、パイナップル

種実類 カシューナッツ、アーモンド、ゴマ、ハスの実、スイカの種

香辛料 魚醤（ヌクマム）、ヌクチャム（ヌクマムにトウガラシ、酢、砂糖、ニンニク、柑橘類のしぼり汁を加えたもの）、レモングラス、ショウガ、ミント、バジル、コショウ、コリアンダー、トウガラシ、ニンニク、ライムの葉、酢、柑橘類の果汁、ココナッツミルク、カレー粉。ニョクマムは料理に塩味と旨味を加える、使用頻度の高い調味料。

料理 蒸し米。チャオ（米の粥）。煮たキャッサバ。フォー（牛肉スープ米麺）には生野菜をのせる。ミエンガー（鶏肉スープ麺）には生の香草をのせる。牛肉のブイヨン、イカ、フカヒレ、またはカニとアスパラガスのスープ。肉と野菜の焼きそば。肉料理と香草の葉包み。調理した挽き肉、エビ、キノコ、タマネギを蒸した米粉の皮で巻いたバンクオンは、ヌクチャムをつけて食べる。ライスケーキ。魚は蒸したり、煮たり、焼いたりするが、細かく刻んで団子や詰め物にすることもある。揚げたフエダイには甘酸っぱいソースをかける。ボーヌオンサ（ニョクマムで下味をつけた豚肉または牛肉で刻んだレモングラスを巻いて焼く）。豆腐と野菜の炒め物。ゆでたり、揚げたりしたジャガイモ。サラダ：ゴイガー（キャベツと熟していないパパイヤの千切りに、蒸し鶏とカシューナッツをのせたもの）など。カレー。スパイスのきいたピーナッツソース。付け合わせ：生の香草や野菜。つけ汁：ヌクマム、ヌクチャム

名物料理 チャーゾー（挽き肉と野菜をライスペーパーに包んで揚げた、ベトナムの春巻き）

甘味類 サトウキビ、砂糖。果物。カスタード。甘いライスケーキ。クリームペストリー

飲物 スープ、茶（ハスの花が入った蓮花茶）、コーヒー、豆乳、フルーツジュース、清涼飲料、ビール、酒、ウィスキー

屋台 フォー、竹串に刺したサトウキビ、チャオトム（エビのすり身をサトウキビの軸に巻きつけて焼いたもの）

ベナン　Benin
ベナン共和国

[地理] ベナンはギニア湾とナイジェリアの西側に接する西アフリカの国である。国土の大半は深い森に覆われ、狭い沿岸地帯、沼の多い森林台地、北部の高原地帯よりなる。熱帯気候である。

主要言語	民族		宗教	
フランス語（公用語）	フォン人	38.4%	イスラム教	27.7%
フォン語	アジャ人	15.1%	カトリック	25.5%
ヨルバ語	ヨルバ人	12.0%	プロテスタント	13.5%
部族の言語	バリバ人	9.6%	ヴォドゥン	11.6%
	フラニ人	8.6%	無宗教	5.8%

人口密度　99.8人/km²　　　　都市人口率　44.8%
識字率　38.4%　　　　　　　出生1000あたり乳児死亡率　52.8
平均寿命　男性60.9歳、女性63.8歳　　HIV感染率　1.0%
1人あたりGDP　2,200ドル　　失業率　1.0%
農業就業人口　－　　　　　　耕地面積率　23.9%

[農業] キャッサバ、ヤムイモ、トウモロコシ、綿花、インゲンマメ、ニワトリ、牛、ヤギ、羊、豚

[天然資源] 漁獲、石油、石灰岩、大理石、木材

[産業] 繊維、食品加工、建設資材、セメント

[食文化への影響] 高温多湿で多雨のこの国では、海岸で魚が獲れ、畑ではキャッサバ、ヤムイモ、トウモロコシが育ち、家畜が飼われる。15、16世紀に新世界から持ち込まれたキャッサバ、トウモロコシ、落花生、トマト、トウガラシ、カボチャ、ジャガイモなどの新しい作物は、ベナンの食習慣に大きな影響を与えた。従来のアフリカの食べ物はササゲ、スイカ、オクラなどである。フランスの影響も強い。日常の食べ物はでんぷん質の野菜に豆、青物野菜に、沿岸では魚が加わり、パーム油、トマト、トウガラシ、タマネギで調味する。ドロドロして粘り気のある、スパイスのきいた料理が好まれる。

[パンと穀類] トウモロコシ、ソルガム、ヒエ、米：ポリッジ、トウモロコシ粉のペースト、小麦粉の団子、ビスケット、米料理

[肉と魚] 鶏肉、卵、牛肉、ヤギ肉、仔羊肉、豚肉、魚（生、燻製、塩漬け、干物）、ホロホロチョウ、ウサギ、狩猟動物。鶏肉はとても好まれるご馳走。

[昆虫] シロアリ、イナゴ

[乳製品] ミルク、サワーミルク、バターミルク、凝乳、ホエー、チーズ

[油脂] パーム油、シア油、ココナッツ油。料理で最もよく使われるのはパーム油で、料理に赤味が加わる。

[豆類] インゲンマメ、落花生、ササゲ、イナゴマメ

[野菜] キャッサバ、ヤムイモ、プランテーン、タロイモ、葉物野菜、オクラ、ビターリーフ、モロヘイヤ、トマト、サツマイモ、ジャガイモ、ナス、カボチャ、タマネギ、トウガラシ、キュウリ、ピーマン

[果物] ココナッツ、バナナ、パイナップル、アキーアップル、バオバブ、スイカ、グアバ、レモン、ライム、マンゴー、パパイヤ

[種実類] カシューナッツ、コーラナッツ、スイカの種(エグシ、よく使われる調理素材)、ゴマ、マンゴーの種。種実はソースを濃くし、風味を加える。

[香辛料] 塩、トウガラシ、トマト、タマネギ、ニンニク、乾燥させたバオバブの葉、タイム、ターメリック、ナツメグ、ショウガ、ココナッツ、コンソメキューブ

[料理] ほとんどの料理はゆでるか焼いて、ソースにつけて手で食べる。ソースにするのはピーナッツ(粉にして)、パラバソース(葉物)、フレジョン(ササゲ、ココナッツミルク、イナゴマメで作る。チョコレートが入ることもある)などである。フフはでんぷん質の野菜をゆでてつぶすか、ゆでたトウモロコシ粉をひと口サイズにして、煮込み料理を食べるとき供する。煮込み料理:魚と肉、鶏肉とピーナッツ、根菜とオクラもしくはピーナッツに魚、鶏肉、牛肉。アダル(野菜の裏ごし)。ココナッツミルクで炊いたご飯は、上記のさまざまな鶏、魚料理の付け合わせになる。ジョロフライス(肉、野菜、スパイス、トマトまたはパーム油を入れた炊き込みご飯)。鶏肉や魚は、レモン汁でマリネする、直火で焼く、タマネギと炒める、マリネ液で蒸し煮にするなどの料理法がある。タマネギ、コショウ、ターメリック、ニンニク風味のローストチキンはココナッツソースにつけ、食べるときにも添える。

[甘味類] ハチミツ、砂糖、カニヤ(ピーナッツキャンディ)、ハチミツ、砂糖、ココナッツと焼いたバナナ、揚げ団子

[飲物] コーヒー、ビール、レッドジンガー(ローゼルの果実のハーブティー)

[屋台料理] スパイスのきいたケバブ、揚げ物(魚、豆団子、プランテーンのチップス、甘い揚げ団子)、炊いた米の団子、ココナッツビスケット、甘いポリッジ

ベネズエラ　Venezuela
ベネズエラ・ボリバル共和国

[地理] ベネズエラは南米大陸北部に位置し、カリブ海と大西洋に面している。カリブ海沿岸平野、北部から北西部にまたがるアンデス山脈、オリノコデルタの平野と森林、オリノコ川南に広がるギアナ高地と平原で、国土のほぼ半分を占めている。国土の80%はオリノコ川（全長2,500km）流域にあたる。気候は熱帯性だが、アンデス地方は比較的涼しい。

主要言語	民族	宗教	
スペイン語（公用語）土着言語	スペイン、イタリア、ポルトガル、アラブ、アフリカ先住民	カトリック	96%

人口密度　35.5人/km²　　　　都市人口率　89.1%
識字率　97.1%　　　　　　　出生1000あたり乳児死亡率　12.2
平均寿命　男性73.0歳、女性79.1歳　　HIV感染率　0.6%
1人あたりGDP　15,100ドル　　失業率　6.9%
農業就業人口　7.3%　　　　　耕地面積率　3.1%

[農業] サトウキビ、トウモロコシ、米、ソルガム、バナナ、野菜、コーヒー、ニワトリ、牛、豚、ヤギ、羊

[天然資源] 石油、天然ガス、鉄鉱石、金、ボーキサイト、その他の鉱物、水力発電、ダイヤモンド、漁獲

[産業] 石油、建設資材、食品加工、繊維、鉄鉱石採掘、鉄鋼、アルミニウム、自動車の組立

[食文化への影響] ベネズエラは南米大陸初のスペイン植民地であった。熱帯気候のカリブ海沿岸地帯には川や島があり、魚やパルメットヤシの芯芽（パーム核）と果物の産地になっている。密林湿地帯の住民（多くはインディオかアフリカ人）は、ユッカ（甘いキャッサバ）、プランテーン、トウモロコシ、インゲンマメを栽培し、捕らえたものは何でも食べる。西部のアンデス山脈の山あいには高地文化があり、大平原（リャノ）では牛の放牧が行なわれている。近年ベネズエラは、石油生産により中南米では最も豊かで都市化の進んだ国になった。一般的な料理は、隣国コロンビアの料理と重なる。食文化に影響を与えたのは、スペイン人（米、牛肉、オリーブなど）、アフリカ人、カリブ人、メキシコ人（アボカドなど）で、主食はトウモロコシ、米、バナナ、キャッサバ、黒豆。ドイツ人移民は20世紀にビールを伝えた。

パンと穀類 トウモロコシ、米、ソルガム、小麦：コーンブレッド（アレパ）、フリッター、米料理、小麦パン、ケーキ

肉と魚 牛肉、豚肉、ヤギ肉、仔羊肉、羊肉、鶏肉、魚介類、卵、カメ、鹿肉、ペッカリー（イノシシに似た動物）の肉、サル肉、ホウカンチョウ（きわめて珍しい狩猟鳥）の肉：ベーコン、ハム

虫 アリ。炒めたアリは珍味とされている。

乳製品 ミルク（牛、ヤギ）、エバミルク、クリーム、チーズ

油脂 オリーブ油、ココナッツ油、パーム油、ラード、バター

豆類 黒豆、落花生

野菜 キャッサバ、プランテーン（サンコチョ）、ジャガイモ、トマト、パーム核、アボカド、トウガラシ（アヒアコ）、タマネギ、セロリ（アピオ）、サツマイモ、オクラ、ウリ、カボチャ、ピーマン、キャベツ、ニンジン、オリーブ

果物 バナナ、ココナッツ、パイナップル、グアバ、ブドウ、レーズン、レモン、ライム、リンゴ

種実類 カシューナッツ、ブラジルナッツ、カボチャの種

香辛料 ベニノキの種（アナトー／アチョーテ：香味料、赤、橙、黄色の着色料）、ニンニク、ケーパー、トウガラシ、コリアンダー、オールスパイス、シナモン、クミン、アリーニョ・プレパラド（クミン、オレガノ、アナトー、コショウ、パプリカのミックススパイス：スーパーマーケットで買うことができる）、柑橘類の果汁

料理 主食のアレパ（パンの一種。コーンミールに水と塩を加えた生地を丸め、3センチくらいの厚さにのばしてから、薄く油をひいた鉄板で焼く）。生トウモロコシの粒を使ったパンケーキ。炊いた米。クミンと煮た黒豆。揚げたキャッサバ。プランテーンは煮たり、焼いたり、炒めたりしてスープやシチューに入れる。シナモン風味のバナナケーキは、肉料理に添える。牛肉と羊肉は柔らかく煮たものを焼いてひと口大に切るか、切れ込みを入れてベーコンまたは豚の脂とニンジン、タマネギ、ニンニク、クローブを詰めて焼く。肉または魚とキャッサバ、プランテーン（サンコチョ）またはトウモロコシ、ジャガイモ、アボカドとトウガラシ（アヒアコ）で作るシチューやスープ。フエダイ、カボチャ、根菜、レモン、トマトでつくるシチュー。ボジョス（香辛料で調味した肉をアレパの生地で包み、煮るか揚げるかする）。アヤカ（トウモロコシ粉の生地と肉、調味料をバナナの葉で包んで蒸す）。網焼きステーキ。パベリョン・クリオリョ（トマトソースで煮たこま切れの牛脇腹肉に、黒豆、プランテーンを添える）。アボカドソース（ワサカ）は、つぶしたアボカドとオリーブ油で作る。チリソース。

クリスマスと新年の料理 パン・デ・ハモン（ハム、グリーンオリーブ、レーズンを生地に巻き込んだ柔らかい白パン）

甘味類 サトウキビ、砂糖、ハチミツ。ワインに浸し、ココナッツクリームをのせたケーキ（ビエンメサベ・デ・ココ）。

飲物 コーヒー、フルーツジュース、サトウキビジュース、カシャーサ（サトウキビから作る蒸留酒）、バチダス（フルーツジュースとカシャーサのパンチ）、トウモロコシの蒸留酒、ビール、ワイン。

ベラルーシ Belarus
ベラルーシ共和国

[地理] ベラルーシは、東ヨーロッパのポーランドとロシアにはさまれた内陸国である。ほぼ低地で、起伏のある森林、沼沢地、泥炭の低湿地、河川、湖からなる。

主要言語	民族		宗教	
ベラルーシ語（公用語）	ベラルーシ人	83.7%	東方正教会	84%
ロシア語（公用語）	ロシア人	8.3%	カトリック	7%
	ポーランド人	3.1%	無宗教	6%
	ウクライナ人	1.7%		

人口密度　47.1人/km²
識字率　99.7%
平均寿命　男性67.5歳、女性78.8歳
1人あたりGDP　17,500ドル
農業就業人口　9.7%

都市人口率　77.4%
出生1000あたり乳児死亡率　3.8
HIV感染率　0.4%
失業率　0.5%
耕地面積率　27.9%

[農業] トウモロコシ、その他の穀物、ジャガイモ、テンサイ、野菜、亜麻、ニワトリ、牛、豚、ヤギ、羊

[天然資源] 森林、ピート、石油、天然ガス、花崗岩、石灰石、泥灰岩、チョーク、砂、砂利、粘土、漁獲

[産業] 工作機械、トラクター、トラック、大型機械、二輪車

[食文化への影響] 東はロシア、西はポーランドにはさまれたベラルーシは、社会と宗教の激変が続いた。農民はロシア正教を信仰するが、わずかな数の貴族はユニテリアン派であり、大部分がポーランド人かリトアニア人の貴族はカトリック教徒である。上流階級の料理はポーランドとドイツに類似するが、地方の商人や職人の食習慣は17世紀のユダヤ人の流入以降ユダヤ風になっていく。農民は先祖伝来のスラブの伝統を保持している。国民の大半が東方正教徒であり、戒律をよく守る人たちは斎日には動物性食品は食べない。祭日、とくにイースターには特別な食べ物、特別なケーキや装飾が施された固ゆで卵を食べる。冷たく湿った気候のため育つ野菜の種類は限られ、ジャガイモ、ライ麦、大麦、オート麦がおもな作物である。ジャガイモ、ライ麦パン、乳製品がよく食べられる。湖や河川では魚が獲れる。食物は乾燥、酢漬け、塩漬け、発酵（例：サワークリーム）などの方法で保存される。

[パンと穀類] ライ麦、大麦、オート麦、小麦、ソバ、キビ：ポリッジ、パン（黒いライ麦パンが多い）、ダンプリング、ペストリー、パンケーキ、ケーキ

肉と魚 鶏肉、牛肉、豚肉、ヤギ肉、仔羊肉、魚、卵：ハム、ソーセージ、酢漬けのニシン

乳製品 ミルク、バターミルク、クリーム、サワークリーム、チーズ。乳製品は毎日食べられる

油脂 バター、ラード、ベーコン、亜麻仁油、植物油

豆類 インゲンマメ、レンズマメ、白インゲンマメ、スプリットピー

野菜 ジャガイモ、ビーツ、キャベツ、ニンジン、パースニップ、カリフラワー、カブ、キュウリ、タマネギ、キノコ。粉っぽいジャガイモが好まれる。

果物 リンゴ、アプリコット、ブラックベリー、サクランボ、オレンジ、モモ、プラム、レーズン、ルバーブ、イチゴ

種実類 アーモンド、ヘーゼルナッツ、クルミ、ケシの実、キャラウェイシード

香辛料 酢、ニンニク、ディル、ホースラディッシュ、マスタード、シナモン、クローブ、ショウガ、パプリカ、バニラ

料理 ビーツのスープ（ボルシチ）、キャベツのスープ（シチー）、魚のスープ（ウハー）。カーシャ（ソバ、大麦、キビのポリッジ）。ゆでたジャガイモ。フライドポテト。キュウリのサワークリーム和え。小麦粉もしくはジャガイモのダンプリング（クレツキ）に肉、チーズ、もしくは果物を入れてゆでた料理。肉かキャベツを詰めて焼くか揚げるかしたペストリー。

ベラルーシの名物料理 オート麦のスープには塩味のほかハチミツや果物で甘くしたものもある。塩味のものはわずかに酸味を感じるが、これはオート麦をひと晩水につけてあるためで、ジャガイモを添えて熱い状態で供される。モカンカ（カッテージチーズ、サワークリーム、ミルク、バターミルクを混ぜたものに、たいていネギのみじん切りとディルを混ぜ込んだもの）はオードブルとしても、食事としても、パンケーキとともに食べられる。ライ麦とソバ粉で作ったパンケーキは、サワークリームやジャムとともに食べる。

甘味類 ハチミツ、砂糖、果物、ベリープディング（キセル）など調理した果物。

飲物 ミルク、バターミルク、茶、コーヒー、ビール、ウォッカ

食事 一日に3回しっかりとした食事をする。昼食が一番多い。パン、スープ、カーシャ、ミルク、茶、ビールをよく摂る。間食はほとんどしない。

ベリーズ　Belize

[地理] ベリーズは中米に位置し、メキシコ、カリブ海、グアテマラに囲まれた国である。沿岸は沼沢地だが、内陸に入るにつれて丘陵、山岳地帯となる。国土の大部分は深い森林に覆われている。

主要言語	民族		宗教	
英語（公用語）	メスティーソ	52.9%	カトリック	40.1%
スペイン語	クレオール人	25.9%	プロテスタント	31.5%
クレオール語	マヤ人	11.3%	（ペンテコステ	8.4%）
カリフナ語	カリフナ	6.1%	（セヴンスデーアドヴァンティスト	5.4%）
			その他	10.5%
			無宗教	15.5%

人口密度　15.8人/km²　　　都市人口率　43.7%
識字率　82.8%　　　　　　出生1000あたり乳児死亡率　18.9
平均寿命　男性67.3歳、女性70.6歳　　HIV感染率　1.8%
1人あたりGDP　8,200ドル　　失業率　11.0%
農業就業人口　10.2%　　　　耕地面積率　3.4%

[農業] サトウキビ、オレンジ、バナナ、カカオ、ニワトリ、牛、豚、羊、ヤギ
[天然資源] 木材、漁獲、水力発電
[産業] 衣類、食品加工、観光、建設

[食文化への影響] カリブ海沿岸では魚介類が獲れ、熱帯性気候のためサトウキビと果物がよく育つ。スペインに征服された当時はマヤ文明の影響が強く、現在も高地ではそれが続いて主食はトウモロコシであり、固形食、飲物、粥、トルティーヤ、タマレスにして食べる。またポソレ（半分発酵させたトウモロコシの生地、薄めて飲み物を作ったり、その他に利用する）、アトーレ（濃いめのトウモロコシ粥でトウガラシや豆を加えたり、料理の素材にもする）もある。スペイン人は牛、豚、米などの新しい食べ物を持ち込み、カリブ諸島に住むカリブの先住民、労働者としてやって来たアフリカ、アジアの人々がベリーズ沿岸の食文化に影響を与えた。イギリスは2世紀にわたってこの地を支配したので、その影響もある。ほとんどの国民はキリスト教徒なので、宗教的祭日（クリスマス、イースター、四旬節）、日曜日には特別な食事をする。

[主食] トウモロコシ、豆、米
[パンと穀類] トウモロコシ、米、小麦：トウモロコシのトルティーヤとアトーレ、小麦粉のロールパンとケーキ、沿岸ではココナッツのパン

肉と魚 鶏肉、卵、牛肉、豚肉、仔羊肉、ヤギ肉、魚、エビ、イセエビ、コンク貝、ウミガメ、ウミガメの卵

乳製品 ミルク（エバミルク）、クリーム、チーズ

油脂 ラード、バター、植物油、ショートニング

豆類 小豆、インゲンマメ、黒豆、白インゲンマメ、ヒヨコマメ

野菜 アボカド、トウガラシ、ウリ、プランテーン、パンノキの実、レタス、タマネギ、ピーマン、ジャガイモ、カボチャ、トマト、ヤムイモ、キャッサバ、ハヤトウリ（洋ナシ形の緑色のウリ）、キャベツ、ビーツ、ニンジン

果物 オレンジ、バナナ、ココナッツ、パイナップル、マンゴー、ブドウ、リンゴ、グアバ、ローゼル

種 ウリの種、カボチャの種

香辛料 トウガラシ、ニンニク、ベニノキの種（赤い着色料アナトー）、シラントロ（コリアンダー）、シナモン、クローブ、ライム汁、ココナッツミルク、バニラ、ココア

料理 コーンミールと肉の料理、たとえばタマレス（コーンミールの生地にスパイスをきかせた肉を混ぜ、トウモロコシの皮もしくはバナナの葉で包んで蒸した料理）。米と豆の料理（フリホレス・コン・アロス）、ガジョピント（小豆と米をタマネギと炒めた料理）など米はよくタマネギと炒めてから炊いたり、ココナッツミルクで煮たりする。野菜料理はアボカドとライム汁のサラダ（ワカモーレ）、キャベツ、ビーツ、ニンジンなどのピクルス、プランテーンのフライなどがある。肉、家禽類、魚をプランテーン、豆、キャッサバとココナッツミルクで煮込んだスープ。

名物料理 カリブ海沿岸地域ではイセエビのスープ、コンク貝のスープまたはフリッターが食べられる。パカ（小さなシカのようなげっ歯類）など、森で捕まえる珍しい動物の肉も食べる。

甘味類 サトウキビ、砂糖、ハチミツ、カスタード、ライスプディング、果汁で作ったアイス、アイスクリーム、ココナッツやラム酒で風味づけをしたケーキや揚げ菓子、プラリーヌのようなキャンディ、プランテーンを焼いて甘くしたもの。

飲物 コーヒー、ホットチョコレート、トロピカルフルーツ・ジュース、ビール、ラム酒

食事 貧困層は毎食トウモロコシと豆を食べる。米も普通に食べられる。より裕福な層の夕食はスープ、肉もしくは魚、添え物としてサラダか炒めた野菜、そしておそらくデザートもつく。

間食 サトウキビ、果物、果汁で作ったアイス、アイスクリーム

ペルー Peru
ペルー共和国

[地理] ペルーは南アメリカに位置し、太平洋に面している。細長い海岸地帯は灌漑され、人口のほとんどが住んでいる。中央部のアンデス山脈は国土の27%を占め、6,000m級の山々と、高原、谷がある。東部には密林に覆われた傾斜地がある。

主要言語	民族		宗教	
スペイン語（公用語）	アメリカ先住民	45%	カトリック	81.3%
ケチュア語（公用語）	メスティーソ（アメリカ先住民と白人の混血）	37%	プロテスタント	12.5%
アイマラ語（公用語）			無宗教	2.1%
	白人	15%		

人口密度　24.2人/km²
識字率　94.4%
平均寿命　男性71.9歳、女性76.1歳
1人あたりGDP　13,000ドル
農業就業人口　25.8%

都市人口率　79.2%
出生1000あたり乳児死亡率　17.8
HIV感染率　0.2%
失業率　4.9%
耕地面積率　3.2%

[農業] サトウキビ、アルファルファ、ジャガイモ、アスパラガス、コーヒー、綿、米、トウモロコシ、プランテーン、ブドウ、オレンジ、コカ、ニワトリ、羊、牛、ラマおよびアルパカ、豚、ヤギ

[天然資源] 銅、銀、金、石油、木材、漁獲、鉄、石炭、リン鉱石、カリ、水力発電、天然ガス

[産業] 鉱業、石油の採掘と精製、天然ガス、漁業、繊維、衣料品、食品加工

[食文化への影響] ペルーは、トウモロコシ、豆、トウガラシ、ジャガイモをおもに食べていたインカの伝統と、牛肉とチーズ、米、豚肉と揚げ物用の脂肪、そしてオリーブをもたらしたスペイン人の遺産を持っている。ペルーは大きな国で、地域差がある。西部の海岸線にはメスティーソが多く住み、首都リマには少数のヨーロッパ人がいるが、この地域にはインカの食材と調和したスペインの食文化がある。インカの本拠地だった中央部のアンデス山脈は、今も圧倒的にインディオが多く、コロンブス以前の食文化を保ち、スペイン語よりもケチュア語が多く使われている。ジャングルの人口密度は低い。ペルーの食料の中心は、ジャガイモ、トウモロコシ、豆、米である。ペルーには牧畜を行なう大きな地域がないため、大きな塊の肉は珍しい。クイ（モルモット）は山間部で広く入手できる。クイとジャガイモはペルーの高地が発祥地で、この地方ではジャガイモがほとんどの食事で食べられ、トウモロコシが栽培されている。ジャガイモは夜の冷

たい空気で凍らせてから、熱い日光で乾燥させる。

パンと穀類 米、トウモロコシ、小麦、キノア（上質のたんぱく質の種子を持つ植物、粉にして使う）：米料理、トウモロコシのアトーレ（粥）、トルティーヤ、コーンミールとトルティーヤの料理、キノア粉パン、バナナブレッド

肉と魚 鶏肉、仔羊肉と羊肉、牛肉、豚肉、ヤギ肉、魚介類（エビ、ザリガニ、スズキ、ホタテ、アワビ）、卵、モルモット、ウサギ、リャマ

乳製品 ミルク（牛、ヤギ）、クリーム、チーズ。ミルクはコーヒー、ココア、フルーツドリンク、プディングに使われる。

油脂 バター、ラード、アナトー油、ピーナッツ油、オリーブ油

豆類 インゲンマメ、落花生、ヒヨコマメ

野菜 ジャガイモ、プランテーン、サツマイモ、カボチャ、トマト、キャッサバ（ユッカ）、アピオ（白いニンジンに似ている）、アヒパ（ヒカマ）、タマネギ、トウガラシ、オリーブ、アスパラガス

果物 ブドウ、オレンジ、バナナ、レモン、ライム、パイナップル、サクランボ、レーズン

種実類 アーモンド、クルミ、カボチャの種、ベニノキの種（アナトー／アチョーテ）、アニシード。アナトーと高原のパリージョというハーブは、人気のある黄橙色を提供する。アナトーは粉にして、ラードやオイルの香りづけに使う。

香辛料 アヒ（トウガラシ）、ココア、タマネギ、ニンニク、コリアンダーの葉、コリアンダーの実、バニラ。食べ物は、トウガラシを十分に使うのでスパイシーである。サルサ・デ・アヒ（みじん切りのトウガラシとタマネギに塩で作るソース）は、ほとんどの食事で供される。

料理 ゆでたジャガイモやサツマイモ。穂のままでゆでるか、またはローストしたトウモロコシ（チョクロ）。オコパ（ゆでたジャガイモにチーズソース、トウガラシ、ピーナッツをトッピング）。ジャピンガチョ（ジャガイモとチーズのパティのフライ）は、山間地では目玉焼き、海岸地方では揚げたバナナを添える。ロクロ（ポテトのスープまたはシチュー）。タマレス（トウモロコシの生地に、肉、トウガラシ、ゆでたピーナッツまたはオリーブとレーズンを入れ、バナナの葉やトウモロコシの皮で包んで蒸したもの）。タマル・エン・カスエラ（タマルのキャセロール）、タマネギとトウガラシと炒めた肉にトウモロコシの粥を加えたもの。 ザリガニのチュペ（ジャガイモとチーズまたはクリームを入れたザリガニのスープまたはシチュー）。アロス・コン・マリスコス（エビのだしで調理し、新鮮なコリアンダーで風味をつけた魚介と米）。魚介類のフライにタマネギとアヒのソースを添えたもの。細切り、または小間切れにした肉に濃厚なソース。ジャガイモ、ニンニク、アヒでフライ、網焼き、ロースト、または煮込んだクイ。煮込んで、骨を除き、ぶつ切りにしたチキンを、タマネギ、ニンニク、アヒ、クルミのスパイシーなソースで加熱し、ゆでたジャガイモのスライスと一緒に温めて添える。サ

イコロ状に切った豚肉をマリネし、煮込み、オレンジとレモン果汁のソースで仕上げ、ゆでたサツマイモのスライスに添えて供する。

海岸地方の名物料理 セビチェ（柑橘類の果汁にオリーブ油とスパイスでマリネした生の魚介類）。

アンデス地方の名物料理 チャルキ（干したリャマの細切り肉）。アンティクーチョ（牛の心臓の角切りを酢とトウガラシとコリアンダーでマリネし、串に刺して焼き、チリソースを塗る）。

甘味類 サトウキビ、ブラウンシュガー、砂糖、ハチミツ。マンハル・ブランコ（ブラマンジェ）は、ミルク、砂糖、バニラ、時には砕いたクルミで作ったプディング。マサモラ・モラダ（フルーツコンポートに紫トウモロコシでとろみをつけたシロップ）。ピカロネス（カボチャとサツマイモにアニシードを入れた甘いフリッター）。

飲物 コーヒー、ココア、ビール、マテ茶、チカ（トウモロコシの蒸留酒）、チチャ・モラダ（チカとフルーツのドリンク、たとえばサクランボ、レモン、パイナップルに紫トウモロコシで色をつける）、ピスコ（ペルー発祥のブドウのブランデー）

食事と供し方 スペイン領リマやアシエンダでの植民地時代の食事は、豊かで洗練されていた。ピケオというビュッフェが最初に供され、その後に宴会またはパチャマンカ（土中オーブンで調理するご馳走：仔豚または仔ヤギ、モルモット、ニワトリ、タマレス、ジャガイモ、トウモロコシを熱した石、芳香のある葉やハーブを層に重ねて蒸す）。メインの食事（昼食）のコース：エントラダス（前菜）、スープ、ジャガイモ料理、肉料理、甘い料理。

屋台・間食 アンティクーチョ、セビチェ、ビール

ベルギー　Belgium
ベルギー王国

[地理] ベルギーは、北海、フランス、ドイツ、オランダ、ルクセンブルグに囲まれた西ヨーロッパの国である。国土の大半は平地で、南東部に丘陵と森林があり、商業上重要な大河が国を三つに分けている。

主要言語	民族		宗教	
オランダ語（公用語）	ベルギー人	75%	カトリック	50.0%
フランス語（公用語）	イタリア人	4.1%	イスラム教	5.0%
ドイツ語（公用語）	モロッコ人	3.7%	プロテスタント、その他の	
	フランス人	2.4%	キリスト教	2.5%
	ドイツ人	2.0%	ユダヤ教	2.5%
	トルコ人	2.0%	無神論者	9.2%

人口密度　379.5 人/km²　　　　　　都市人口率　97.9%
識字率　99.0%　　　　　　　　　　出生 1000 あたり乳児死亡率　3.4
平均寿命　男性 78.5 歳、女性 83.8 歳　　HIV 感染率　－
1 人あたり GDP　44,900 ドル　　　　失業率　2.5%
農業就業人口　1.3%　　　　　　　　耕地面積率　27%

[農業] テンサイ、ジャガイモ、小麦、野菜、果物、タバコ、ニワトリ、豚、牛、羊、ヤギ

[天然資源] 建設資材、シリカ、砂、炭酸塩、漁獲

[産業] エンジニアリング、金属製品、自動車組立、運輸設備、科学機器、食品加工、飲料加工、化学製品、繊維、ガラス、石油

[食文化への影響] ベルギーは 1830 年代に、北部はフラマン人の地域（オランダ語）、南部はワロン人の地域（フランス語）で、2 つの言語が通用する首都ブリュッセルが中央に位置する現在の形になった。ブリュッセルでは、たとえば「バター通り」など街路に食べ物の名がつけられることがある。ベルギー北部は平地で、沿岸では魚介類が獲れる。南部は牧草地、丘陵、森林で豚肉、狩猟動物の肉が得られる。違いは言語と地理にとどまらず、雇用形態、富、出生率、気質にもみられる。多数派でより裕福なフラマン人はやり手が多く、ワロン人は一般的に娯楽好きな美食家である。ベルギーのワッフルとチョコレートは世界的に有名。スペインの影響は肉、家禽類、魚を揚げてマリネにする料理にみられる。サフランライスのトルテ、アーモンドのマカロン、謝肉祭の最終日に食べるセビリアオレンジもスペインの影響である。

[パンと穀類] 小麦、ライ麦、米：イーストを使ったパン（全粒粉、小麦粉、ライ麦）、

ワッフル、ビスケット、甘いパン
肉と魚 鶏肉、卵、豚肉、牛肉、仔羊肉、ヤギ肉、魚介類（ウナギ、ザリガニ、エビ、ムール貝、カキ）、狩猟動物（ウサギ、イノシシ、鹿）：ハム、ソーセージ、肉加工品
乳製品 ミルク、クリーム、チーズ
油脂 バター、ラード、マーガリン、植物油
豆類 スプリットピー、インゲンマメ
野菜 ジャガイモ、エンダイブ（チコリ）、アスパラガス、芽キャベツ、キャベツ、タマネギ、ホップの芽、トマト
果物 洋ナシ、ブドウ、レモン、ジュニパーベリー、プルーン、オレンジ、リンゴ、サクランボ、レーズン
種実類 アーモンド、栗、ヘーゼルナッツ、ペカン、クルミ、ゴマ
香辛料 ハーブ（セロリ、パセリ、チャービル、ソレル、タラゴン、ベイリーフ）、タマネギ、ワケギ、ニンニク、レモン、シナモン、ナツメグ、ショウガ、サフラン、バニラ、チョコレート
歴史的な料理 カール大帝の祖母のスープ（リエージュ風ポタージュ）、インゲンマメとエンドウマメのスープ、チャンチェスープ（野菜、バーミセリ、ミルク）、ショウガパンを砕いた冷たいスープ。
国民食 ムールフリット（ムール貝とフライドポテト）はレストランでも屋台でも売られる。フライドポテトはマヨネーズをつけて食べる。カルボナード（牛肉とタマネギのビール煮）。アンギーユ・オヴェール（ウナギをハーブ、バター、白ワインで煮て卵黄を加え、レモン果汁で風味をつける）。ワーテルゾーイ（魚もしくは鶏肉をハーブ、白ワイン、卵黄、クリームを加えた汁で煮込む）。ザリガニを白ワインとクリームソースで煮込んだ料理。クロケット・ドゥ・クルベット（小エビのコロッケ）。トマトクルベット（くりぬいたトマトに小エビを詰め、マヨネーズをのせる）。エンダイブのクリームスープ。カキやエビのクリーム煮。エビやチーズのフリッター。オシポ（肉、野菜、ハーブをブイヨンで煮込む）。
北部の名物料理 アスパラガスのフランドル風はゆでたアスパラガスにハム、ゆで卵、溶かしバター、ナツメグで作ったソースをかけ、ジャガイモと一緒に供する。ホップのつるをゆでたもの。
南部の名物料理 城と要塞の多いこの地域では、生ハム、肉類加工品、パテ、狩猟動物の肉（イノシシ、鹿、ウサギ）、タルト（パイ皮で蓋をしたパイ、中に甘いか塩味の具が詰まっている）、ビスケット、甘いパン、ワッフルなどが名物。
甘味類 砂糖、ハチミツ。クラミック（フルーツの入ったパン）、クラックラン（砂糖の入ったパン）。ワッフルにバター、砂糖、ホイプクリーム、果物、キャラメルシュガーを添える。カフェ・リエージュ（モカアイスにコーヒーシロップと生クリームをのせたデザート）。スペキュロス（クリスマス・スパイスを使ったクッキーで、いろいろな

形に焼いてある）。ベルギーのチョコレート。
国民的デザート ダム・ブランシュ（アイスクリーム、生クリーム、チョコレートソース）
飲物 ビール、コーヒー、茶、ホットチョコレート、ワイン。ベルギーのビールは有名。

ボスニア・ヘルツェゴビナ Bosnia and Herzegovina

[地理] ボスニア・ヘルツェゴビナは、バルカン半島に位置する南ヨーロッパの国で、アドリア海に面する。北のボスニアには丘陵、山地、森林があり、南のヘルツェゴビナには農作に適した平地と狭い海岸平野がある。

主要言語	民族		宗教	
ボスニア語（公用語）	ボスニア人	50.1%	イスラム教	50.7%
クロアチア語（公用語）	セルビア人	30.8%	セルビア正教	30.7%
セルビア語（公用語）	クロアチア人	15.4%	カトリック	15.0%

人口密度　75.3人/km²　　　　都市人口率　40.1%
識字率　98.5%　　　　　　　　出生1000あたり乳児死亡率　5.5
平均寿命　男性73.9歳、女性80.2歳　　HIV感染率　－
1人あたりGDP　11,000ドル　　失業率　25.8%
農業就業人口　19%　　　　　　耕地面積率　19.7%

[農業] トウモロコシ、ジャガイモ、小麦、果物、野菜、ニワトリ、羊、豚、牛、ヤギ、ミツバチ

[天然資源] 石炭、鉄鉱石、ボーキサイト、銅、鉛、亜鉛、クロム鉄鉱、コバルト、マンガン、漁獲

[産業] 鉄鋼、石炭、鉱業、自動車組立、繊維、タバコ、木製家具、タンクおよび航空機組立、家庭電化製品

[食文化への影響] 旧ユーゴスラビアに属していたボスニア・ヘルツェゴビナは、国土の大半が森林のある山地と肥沃な平野で、大規模な農業に適している。アドリア海のわずかな海岸線では魚が獲れる。近代的大規模農業が営まれ、小麦とトウモロコシが主要な穀類である。数多くの果樹園があり、牛、豚、羊の飼育も盛ん。4世紀にわたるトルコの支配により、大部分のスラブ人はイスラム教に改宗した。国民はほとんどがイスラム教徒と正教徒であり、食文化への宗教の影響が見られる。たとえば、イスラム教徒は豚肉を食べないが、キリスト教徒は食べても構わない。イスラム教徒は飲酒が禁止だが、ボスニアのイスラム教徒はワイン、アプリコットのブランデーの飲酒が存続している。

[パンと穀類] トウモロコシ、小麦、米：小麦の粒、パン（小麦粉で作る発酵パン）、丸い平パン、ペストリー（とくに、紙のように薄いフィロ生地で作ったもの）、パイ、ダンプリング、パスタ

[肉と魚] 鶏肉、卵、仔羊肉、豚肉、牛肉、ヤギ、魚。豚肉はとてもよく食べられる（イスラム教徒を除く）。

[乳製品] ヨーグルト、フェタ（塩のきいた白いチーズ）をはじめとするチーズ、カシェバル（固い、ピリッとした羊のチーズで、バルカンのチェダーと呼ばれることもある）。ミルク、バターミルク、クリーム、サワークリーム

[油脂] バター、オリーブ油、植物油、精製ラム脂

[豆類] ヒヨコマメ、ソラマメ、黒豆、白インゲンマメ、レンズマメ

[野菜] ジャガイモ、キャベツ、キュウリ、ブドウの葉、タマネギ、ピーマン、トマト、オリーブ、ナス

[果物] プラム、洋ナシ、アプリコット、サクランボ、ブドウ、リンゴ、ベリー類、モモ、レモン。プラムが最もよく食べられる。

[種実類] アーモンド、ピスタチオ、クルミ、ゴマ、ケシの実

[香辛料] ディル、ニンニク、ミント、カルダモン、シナモン、オレガノ、パセリ、コショウ、レモン汁。レモン汁をはじめとする果物の果汁、シロップで料理は風味づけられる。

[料理] チュフタ（コフタ。焼いたミートボール）、ケバブ（仔羊肉を焼き串に刺して焼くかあぶる）、ドルマ（キャベツまたはブドウの葉で挽き肉、タマネギ、ピーマン、トマトを包む）。バルカンの名物料理としてムサカ（容器にナスの薄切りを並べ、仔羊の挽き肉、ナス、タマネギ、トマトソースを入れて天火で焼く）がある。

[甘味類] ハチミツ、砂糖。果物、生のままもしくはコンポート。イーストを使った甘いパンの中にクルミ、バター、クリーム、卵を詰めたもの。バクラバ（フィロ生地の層にクルミ、アーモンド、ピスタチオを重ね、ハチミツ、ブランデー、ローズウォーターもしくはオレンジ花水で風味づけしたシロップに漬け、ひし形に切る）はカフェやベーカリーで手に入る。バルカン名物スラトコ（濃いシロップで煮た果実）。

[飲物] コーヒー（濃く、たいていはとても甘く、カルダモンで風味づけする）、茶、ワイン、スモモのブランデー（スリヴォヴィッツ）

[メゼ] 飲んで語りながら、ちょっとしたつまみを食べる（チーズ、オリーブ）。好んで集まるのは夕方で、男たちが土地のブランデーとメゼで楽しい会話に興じる。

[レストランの歴史] おいしい食事のレストランの伝統は、1462年頃、料理人がいる宿屋に関する記載から、15世紀半ばまでさかのぼる。19世紀末、サラエボのレストランでは200種近い料理が供されたというが、20世紀初めには多くの料理がメニューから消えていた。

[レストランの食事] ひと皿に6種類以上の料理を少しずつ盛るのが伝統。たとえば、仔羊肉の串焼き、詰め物をしたタマネギ、ピーマン、トマト、揚げたミートボールが数個、ブドウの葉かキャベツで中身をくるんだ料理（ボスニアではサルマ、ヘルツェゴビナではヤプラク）などが盛られている。いくつもの鍋から煮汁を合わせ食べ物の上にかける。さらにヨーグルトを少量かけることが多い。

[食事] 食事は一日に3回で、昼食を一番しっかり食べるのが一般的。朝食：パンにハチミツかジャムと紅茶かコーヒー。昼食：スープ、肉と野菜のキャセロールか魚料理、パ

ンとチーズ、フルーツコンポートとペストリー。夕食:昼の残りもしくはスープとワイン。
間食 果物、ペストリー、アイスクリーム。間食をたびたびする。

ホ

ボスニア・ヘルツェゴビナ

ボツワナ　Botswana
ボツワナ共和国

[地理] ボツワナは南アフリカの国で、南西部のカラハリ砂漠には遊牧民が住み、野生生物が生息する。東部は起伏のある平野で、牧草地となっている。北部には塩湖、沼沢地、農地がある。

主要言語	民族		宗教	
英語（公用語）	ツワナ人（セツワナ人）		キリスト教	79.1%
セツワナ語（ツワナ語）（国語）		79%	バディモ（先祖祭祀）	4.1%
	カランガ人	11%	無宗教	15.2%
	バサルワ人	3%		

人口密度　3.9人/km²　　　　　　都市人口率　58.3%
識字率　88.2%　　　　　　　　　出生1000あたり乳児死亡率　29.6
平均寿命　男性61.2歳、女性65.5歳　　HIV感染率　21.9%
1人あたりGDP　16,900ドル　　　　失業率　18.4%
農業就業人口　－　　　　　　　　耕地面積率　0.7%

[農業] 根菜、塊茎、ソルガム、豆類、トウモロコシ、キビ、ヒマワリ、ニワトリ、牛、ヤギ、羊、豚

[天然資源] ダイヤモンド、銅、ニッケル、塩、ソーダ灰、灰汁、石炭、鉄鉱石、銀、漁獲

[産業] ダイヤモンド（産出量は価格で世界第1位）、銅、ニッケル、塩、ソーダ灰、灰汁

[食文化への影響] 砂漠、平原、農地からなるこの国には遊牧民であるブッシュマン、野生動物、家畜が暮らし、農業、鉱業が行なわれる。人口の大半は先住のアフリカ人である。南の隣国は南アフリカ。ボツワナの食はヨーロッパからの移住者の影響を受けている。オランダ人、ドイツ人、フランス人、最も大きい影響は80年間イギリスの保護領であったため、イギリス人である。オランダ人とドイツ人はジャムや砂糖漬け（コンフィ）、オーブン料理をもたらした。フランスのユグノーはワイン産業の基礎を築いた。マレーシアとインドから連れて来たイスラム教徒の奴隷と労働者も影響を与えた。マレー人は優秀な漁民で、魚の保存技術にも秀でていた。この地域で有名なケープ・マレー料理を根づかせたのも彼らである。地方の人々の食習慣は、祖先である東アフリカの人々の習慣と、トウモロコシ（新世界からもたらされ、ヨーロッパの移住者が育てた）をポリッジにする以外はほぼ同じだ。牛は財産として扱われ、めったに食べない。乳製品、豆、

メロン、カボチャ、青菜、昆虫を食べる。

パンと穀類 ソルガム、トウモロコシ、キビ、小麦、米：ポリッジ、米料理、パン、ペストリー、ドーナツ、クッキー

肉と魚 鶏肉、卵、牛肉、ヤギ、仔羊肉と羊肉、豚肉、魚、狩猟動物（アンテロープ、鹿、ダチョウ）：ボーアウォース／ブルボス（さまざまな肉のソーセージ、狩猟動物が使われることが多い）、ビルトン（塩漬け肉を干して燻製にしたもの）、干し魚

昆虫 イナゴ、イモムシ、シロアリ、アリの幼虫

乳製品 ミルク、クリーム

油脂 脂尾羊の脂肪、バター、魚油、植物油

豆類 インゲンマメ、落花生、レンズマメ

野菜 サツマイモ、ニンジン、タマネギ、ジャガイモ、葉物、カボチャ、カリフラワー、キュウリ、トマト

果物 メロン、マルメロ、ナツメヤシ、リンゴ、アプリコット、タンジェリン、グレープフルーツ、レモン、ブドウ、レーズン、ココナッツ

種実類 アーモンド、クルミ、ヒマワリの種

香辛料 酢、レモン汁、トウガラシ、ニンニク、シナモン、クローブ、ターメリック、ショウガ、カレー粉、ベイリーフ

料理 ブレディー（さまざまな野菜が入ったスパイシーな羊肉のシチュー）、ソサティ（カレー味にマリネした羊肉を串に刺してあぶり焼くか、マリネ液で蒸し煮にする）。ボボティー（カレー味のミートローフで、卵とミルクを混ぜたものをのせて天火で焼く）。フィリカデル（肉のパテを炒めた料理）。鶏か仔豚にブドウを詰めた料理は行事食としても食べられる。コーンミールのポリッジ、酸味があるものもある（ティン）。虫は焼くか揚げて食べる。インゲンマメまたはレンズマメを煮込んだものは、メロンかカボチャが添えられることが多い。果物や野菜をすりおろして、酢かレモン汁、トウガラシと合わせる。果物か野菜のスパイスがきいた薬味（チャツネ）。未成熟の果実もしくは野菜をスパイスと油で保存する（アチャール）。

甘味類 ハチミツ、砂糖。ドライフルーツ。フルーツレザー（柔らかくした果物を板状にのばして乾かす）。果物のジャム、砂糖煮。レーズン、サツマイモ、ココナッツ、カスタードなどを使ったペストリーやタルト。クックシスター（編んだ形の、スパイスのきいたドーナツ）。甘いワイン風味のクッキー（スウートクーキ）。

飲物 茶、ワイン

ホ

ボツワナ

ポーランド Poland
ポーランド共和国

[地理] ポーランドは中央ヨーロッパ東部に位置し、バルト海に面している。低地は平野であり、南には 2,400m に達するカルパティア山脈があり、西には多くの川がある。

主要言語	民族		宗教	
ポーランド語（公用語）	ポーランド人	96.9%	カトリック	87.2%

人口密度　126.5 人/km²　　　　　　都市人口率　60.5%
識字率　99.8%　　　　　　　　　　出生 1000 あたり乳児死亡率　4.4
平均寿命　男性 73.9 歳、女性 81.8 歳　　HIV 感染率　－
1 人あたり GDP　27,700 ドル　　　　失業率　6.2%
農業就業人口　11.5%　　　　　　　　耕地面積率　35.7%

[農業] テンサイ、ジャガイモ、小麦、果物、野菜、ニワトリ、豚、牛、羊、ヤギ
[天然資源] 漁獲、石炭、硫黄、銅、天然ガス、銀、鉛、塩、琥珀
[産業] 機械、鉄鋼、石炭採掘、化学品、造船、食品、ガラス、飲料、繊維

[食文化への影響] ポーランドは、国土の大きさが劇的に変化した国で、一時はバルト海から黒海にいたるヨーロッパ最大の国だったものが、19 世紀から 20 世紀初めには小国になった。現在は、この両極端の中間となっている。古代のポーランドの食生活は、ポーランドの土壌と気候に依存していた。その後は、貿易ルート、戦争、宗教、その他の要因による影響を受けた。豊かな黒土と厳しい北の気候が、穀物や野菜を生産する。ポーランド人はキノコ、狩猟動物、そして肉を好む。キノコは、カトリックの断食が導入された 10 世紀以来、肉の代用品として重要な役割を果たしてきた。森は豊富な狩猟動物を供給する。バルト海、湖、川では魚介類が獲れる。冬の寒さが厳しいため、食品はしばしば、乾燥、缶詰、塩漬け、または発酵させて（たとえば、サワークリーム）保存する。圧倒的にカトリック教徒が多いこの国では、祝日、とくにクリスマスとイースターが重要で、祝宴や特別な食べ物がつきものである。14 世紀に多数のユダヤ人が流入して、ポーランドは世界最大のユダヤ人コミュニティのひとつを持つようになり、ユダヤ料理のうちアシュケナージ料理の本場とみなされている。イタリアの影響はミラノのボナ・スフォルツァ皇女が 1518 年にポーランド王ジグムントと結婚したときに、ともに来た。今もウォスクズナ（イタリアのもの）として知られているサラダ用の食材をもたらしたのだ。フランスの影響が到来したのは、ポーランド最後の王、スタニスワフ・アウグスト・ポニャトフスキが 1764 年に即位して、シェフのトレモを雇ったときで、彼はフランスの洗練された料理をもたらした。第二次世界大戦による食料不足と苦難は、

ポーランド本来の料理に戻した。シンプルでたっぷりの料理と甘いものである。具だくさんのスープ、乳製品、豚肉、とくにソーセージ、キノコ、蜂蜜がおもな食料である。そのほかに、ドイツ、ハンガリー、オーストリア、ロシアなどの影響がある。たとえば、ポーランドとロシアでは前菜、ビートスープ、バブカが共通している。

パンと穀類 小麦、ライ麦、キビ、大麦、ソバ：ライ麦の黒パン、白パン、ソバの実、麺、ダンプリング、ペストリー

肉と魚 鶏肉、卵、豚肉、牛肉と仔牛肉、仔羊肉、魚介（コイ、パイク、ニシン）、狩猟動物：スモークハム、ソーセージ、とくにキールバサ（ニンニク風味の豚肉ソーセージ）、ベーコン。肉の中では豚肉が好まれる。

乳製品 ミルク、フレッシュクリーム、サワークリーム、シミエターナ（サワークリームとフレッシュクリームを混ぜたもの）、カードチーズ

油脂 バター、ラード、亜麻仁油、植物油、塩漬け豚肉。調理脂肪としてはバターが最も好まれる。

豆類 スプリットピー（緑、黄色）

野菜 ジャガイモ、キノコ（生と乾物）、キャベツ、ビート、アスパラガス、カリフラワー、キュウリ、サヤインゲン、ニンジン、カブ、ニンニク、タマネギ：ザウアークラウト（塩漬け発酵キャベツ）をはじめとする野菜のピクルス。

果物 リンゴ、プラム、ベリー、サクランボ、レモン、オレンジ、アプリコット、洋ナシ、ルバーブ、レーズン、プルーン

種実類 アーモンド、クリ、ヘーゼルナッツ、クルミ、ケシの実、キャラウェイシード、ヒマワリの種

香辛料 サワークリーム、ディル、ホースラディッシュ、マスタード、酢、レモン、シナモン、クローブ、ショウガ、バニラ、チョコレート

料理 大麦を入れた黄色いエンドウマメのスープ（グロフフカ）など、穀物と野菜が入る具だくさんのスープ。バルシチ・ヴィギリニ（ビートとキノコのスープ）。フウォドニク（ビート、エビまたはザリガニ、サワークリームの冷製スープ）。蒸したソバの実は、肉やジビエに付け合わせる。ピエロギ（揚げるか焼いた小さなパイ、塩味と甘いものがあり、カードチーズが入っていることが多い）。キノコを詰めた小さなダンプリングの煮込み（ウシュカ）。ビゴス（猟師のシチュー）は、さまざまな肉や野菜で作るが、必ずキャベツが入る。ピッチョーネ・スハブ（リンゴソースで照り焼きにした豚肉）に塩漬けのスパイシーなプラムを添える。炒め煮にした牛肉とキノコ、サワークリームソースを添えて供する。バターで炒めたパン粉のガーニッシュ（ア・ラ・ポロネーズ）。ゆでたアスパラガスまたはカリフラワーのア・ラ・ポロネーズ。

祝日の料理 クリスマスイブのカルプ・ポ・ジドウスキ（レーズンとアーモンドを入れた甘酸っぱい鯉のゼリー寄せ）。ロールケーキの形をしたクリスマスケーキ（マコヴィエツ）は、ブラック・ポピーシード、ハチミツ、レーズン、アーモンドがフィリングに

使われる。イースターの彩色を施した固ゆで卵とババカ（レモンとオレンジピールとレーズンが入った芳醇で甘い酵母入りケーキ）。

甘味類 ハチミツ、砂糖：フルーツスープ。マズルカ（ケーキ・ペストリー、焼きメレンゲのように小さな四角形に作ることもある）。カードチーズで作ったチーズケーキ。ゼリードーナツ(ポンチュキ)。チョコレートをかけたハニーケーキ。オジェホーヴィ（クルミのトルテ）。ハチミツ入りジンジャークッキー。

飲物 ミルク、コーヒー、茶、ホットチョコレート、ビール、クワス（ライ麦パンまたはビートから発酵させた発泡性で酸味があるビール）、ウォツカ（ライ麦またはジャガイモの蒸留酒）、ゴールドワッサー（純金のフレークが入っているウォツカリキュール）。

ザコンスキ （ロシアのザクースキと同様に、一口の食べ物で、しばしば前菜として供される）ニシンの塩漬け、固ゆで卵。

食事 一日３回、ボリュームたっぷりの食事が典型的で、昼食が最大。間食は滅多にしない。

ボリビア　Bolivia
ボリビア多民族国

[地理] ボリビアは、南米大陸の中西部にある内陸国のひとつ。西のアンデス山脈、東の亜熱帯森林、平野、低地にはさまれて広大な中央高地（3,658m）がある。ラパスは世界一標高の高い首都（3,630m）である〔現在の首都はスクレ〕。チチカカ湖も世界一標高の高い、商船が航行可能な湖である。

主要言語	民族		宗教	
スペイン語（公用語）	メスティーソ（インディオ		カトリック（国教）	76.8%
ケチュアチャ語（公用語）	と白人の混血）	68%	ペンテコステ、福音派	8.1%
アイマラ語（公用語）	先住民	20%	プロテスタント	7.9%
	白人	5%	無宗教	5.5%
	チョロ、チョラ	2%		

人口密度　10.3人/km²　　　　　　都市人口率　69.3%
識字率　92.5%　　　　　　　　　　出生1000あたり乳児死亡率　35.3
平均寿命　男性66.7歳、女性72.4歳　　HIV感染率　0.3%
1人あたりGDP　7,200ドル　　　　失業率　都市部では3.7%
農業就業人口　29.4%　　　　　　　耕地面積率　4.1%

[農業] サトウキビ、ダイズ、トウモロコシ、コーヒー、コカ、綿花、米、ジャガイモ、ニワトリ、羊、牛、豚、ラマ、アルパカ、ヤギ

[天然資源] 錫、天然ガス、石油、亜鉛、タングステン、アンチモニー、銀、鉄、鉛、金、木材、水力発電

[産業] 鉱業、精錬、石油産業、食品、飲料、タバコ、手工芸品、衣服

[食文化への影響] かつてインカ帝国の一部であったこの内陸国は、チチカカ湖から東に延びるアルティプラーノ高原から、多湿のジャングルへと急激に低くなる。アルティプラーノではジャガイモが常食で、山地ではコカが主要産物である。コカの葉は高山病を抑える作用がある。ジャングルではキャッサバ、サツマイモ、ココナッツといった熱帯の作物を栽培する。二つの大きな湖、チチカカ湖とポーポ湖では淡水魚が獲れ、チチカカ湖では巨大なカエルも獲れる。ボリビアはインディオ文化にインカの文化が混ざり、さらにスペインの影響を受けた。料理にはインディオの文化、土地がやせていること、スペインの影響といった要素が見られる。たとえば、スペイン人は牛、豚、米、オリーブを持ち込んだ。ボリビアの料理は、ペルーやエクアドルなど他のアンデスの国々との共通点が多い。トウガラシを好み、煮込み料理、野菜料理が多く、アナトー（アメリカ大陸の熱帯地方原産のベニノキの種。赤く、カロテンを含む）を頻繁に使って着色する。

ジャガイモは種類が多く、霜に強い白い種やチューニョを作る紫の種などがある。チューニョとはフリーズドライ処理したジャガイモで、これで通年の食糧を確保する。チチカカ湖周辺のアンデスの高所では、キヌアが常食の穀類である。ホウレンソウに似た青い葉も食べられ、ソルガムに似た大きな房になる種は粉にしてパンを作るのに利用される。キヌアの粉は必須アミノ酸が凝縮されていて、高タンパクである。ボリビアは魚介類が獲れる海岸線はなく、食用となる大型動物が住む草原もない。ラマは肉やミルクのためではなく、運搬のために飼われている。

日常食 ジャガイモ、キヌア、トウモロコシ：これらはアルコール飲料の原料にもなる。

パンと穀類 トウモロコシ、米、キヌア：パン、ひき割りトウモロコシ

肉と魚 鶏肉、卵、仔羊肉と羊肉、牛肉、豚肉、ヤギ、クイ（テンジクネズミ）、ウサギ、カエル。テンジクネズミとウサギはごく一般的である。シチューをよく食べる。

乳製品 ミルク（牛、ヤギ）、エバミルク、生チーズ、熟成チーズ

油脂 バター、ラード、オリーブ油

豆類 大豆、インゲンマメ、落花生

野菜 ジャガイモ、キャッサバ、サツマイモ、ヤムイモ、トウガラシ、カボチャ、ウリ、プランテーン、ピーマン、ニンジン、ヤーコン（形がニンジンに似た白い根菜）、タマネギ、トマト、オリーブ

果物 ココナッツ、バナナ、リンゴ、レモン、ライム、オレンジ、グアバ、レーズン

種実類 カシューナッツ、カボチャの種、ウリの種

香辛料 トウガラシ、ベニノキの種（アナトー）、オールスパイス、シナモン、柑橘果汁、ニンニク

料理 ゆでたジャガイモ。栄養豊富な野菜料理、チューニョ（乾燥ジャガイモ）に辛いトウガラシソースやチーズをかけたり、煮込み料理（チュペ）にしたりする。ニンジン、タマネギ、ひき割りトウモロコシ、チューニョを入れたビーフシチュー。コネホ・エスチラードは、ウサギ肉を叩いて伸ばし、柔らかくした料理。魚のフライ。ウミータは挽いたコーンミールの生地で肉、魚、野菜を包んだ料理。鶏肉の周りにコーンミールをまぶしてトマトソースで煮た料理。

名物料理 チチカカ湖の巨大カエルの脚のフライ

甘味類 サトウキビ、砂糖、ハチミツ

飲物 コーヒー、ミルクを入れることが多い。チチャ（トウモロコシの蒸留酒）、ブランデーとオレンジジュース（名物飲料）

ポルトガル Portugal
ポルトガル共和国

[地理] ポルトガルはヨーロッパの南西端の国で、イベリア半島にあり、スペインと国境を接し、大西洋に面している。大西洋には領有する島がある。ポルトガル北部は山が多く、多雨で冷涼である。中央地域は平坦で、南部には、乾燥した温暖な平野がある。三つの大きな川がこの国を流れている。

主要言語	民族		宗教	
ポルトガル語（公用語）	ポルトガル人	92%	カトリック	81.0%
ミランダ語（公用語）			無宗教	6.8%

人口密度　118.5 人/km²　　　　都市人口率　64.6%
識字率　95.4%　　　　　　　　出生1000あたり乳児死亡率　4.3
平均寿命　男性76.2歳、女性82.9歳　　HIV感染率　－
1人あたりGDP　28,500ドル　　　失業率　11.2%
農業就業人口　8.6%　　　　　　耕地面積率　12.4%

[農業] ブドウ、トマト、小麦、ジャガイモ、コルク、穀物、オリーブ、ニワトリ、羊、豚、牛、ヤギ

[天然資源] 漁獲、森林（コルク）、鉄鉱石、タングステン、ウラン、大理石、水力発電

[産業] 繊維、製靴、木材およびコルク、製紙、化学品、自動車部品製造、ワイン、陶磁器、船舶の建造と改装、観光

[食文化への影響] ポルトガル人は、紀元前1100年頃に初めてイベリアの海岸を訪れたフェニキア人船乗りまでさかのぼる航海好きな伝統がある。ポルトガル料理には、昔7世紀に渡ってローマ帝国の一部であったためにローマの影響があった。1143年まではムーア人が支配するスペインの一部であったため、アラブの影響があり、またアフリカ、アジア、アメリカ大陸、とりわけブラジルの影響もある。ポルトガルは、15世紀以降、世界の探検と植民地化に主導的役割を果たした。ポルトガル人は、アフリカ、アジア、そして新世界アメリカの食べ物や料理を使っている。アジアはココナッツ、バナナ、マンゴー、スイートオレンジ、および多くのスパイスを供給した。ジャガイモ、トウモロコシ、トマト、ウリ、ピメント、パイナップル、チョコレート、バニラなどの新世界の食べ物は、ポルトガル料理に大きな影響を与えた。また、ポルトガル人は日本に天ぷらの技法を伝え、マカオの植民地を通じて中国の料理に影響を及ぼすなど、世界各地の食べ物にも影響を与えた。隣国のスペインは、ゆっくりと煮込んだ食べ物の多いシンプルな食事という、よく似た料理体系を持っているが、ポルトガルの方がより多くのハーブ

とスパイスを使う。ポルトガルの長い大西洋沿いの海岸と川からは、食生活に欠かせない魚介類が獲れる。

パンと穀類 トウモロコシ、米、小麦：パリッとしたカントリーブレッド、コーンミールのパン（ブロア）、米料理、スイートブレッド

肉と魚 鶏肉、仔羊肉、豚肉、牛肉、仔牛肉、仔ヤギ肉、魚介類（タラ、ヤツメウナギ）、ジビエ（ヤマウズラ、ウズラ、アナウサギ、ノウサギ）、卵：塩漬けダラの干物（バカリャウ）、ポークソーセージ（とくにニンニク風味のチョリソーとリングィーサ）、生ハム（プレズント）は特産品。

乳製品 ミルク（牛、羊、ヤギ）、クリーム、クリーミーでシャープな白いセラ（酸味のチーズ）をはじめとするチーズ。

油脂 オリーブ油、ラード、バター、植物油

豆類 ヒヨコマメ、ソラマメと赤インゲンマメ、レンズマメ、ルーピンシード（トレモッソ）、白インゲンマメ

野菜 ジャガイモ、トマト、オリーブ、ケール、キャベツ、ニンジン、カブ、サヤエンドウ、レタス、ウリ、ピーマン、ピメント

果物 ブドウ、リンゴ、オレンジ、レモン、洋ナシ、レーズン、イチジク、ナツメヤシ、パイナップル、バナナ、マンゴー、マルメロ

種実類 アーモンド、栗、ヘーゼルナッツ、ピニョリア（松の実）、クルミ、ルーピンシード

香辛料 塩、黒胡椒、ニンニク、タマネギ、レモン、酢、パセリ、コリアンダー（シラントロ）、ミント、バジル、シナモン、ナツメグ、クローブ、サフラン、クミン、チョコレート、バニラ。ハーブとスパイスの多用がポルトガル料理を独特のものにする。

料理 タラの団子（ボリーニョス・デ・バカリャウ）は、パセリ、コリアンダー、ミントを入れたタラのパティの揚げ物で、しばしば1個ずつにポーチドエッグをトッピングする。バカリャウ・ドラド（卵とスクランブルした塩ダラ）。バカリャウ・ア・ゴメス・デ・サ（ゆでた塩ダラ、ゆでたジャガイモ、タマネギを油で熱したキャセロール、黒オリーブと卵焼きを飾る）。ソパ・ア・ポルトゥゲーザ（豚肉、仔牛肉、キャベツ、白インゲンマメ、ニンジン、マカロニのスープ）。コジード・ア・ポルトゥゲーザ（肉、ヒヨコマメ、野菜、米の煮込み）。薄切りジャガイモのフライ（バタタ）。炊いた米、しばしばジャガイモのフライを添えて供する。トマトソースで煮たり焼いたりしたイワシ。魚介類のシチュー（カルデイラーダ）。トライプとインゲンマメのシチュー、米飯を別に供する。アソルダ（油や酢で湿らせたパンの上に、肉、魚介、野菜などをのせるドライスープ）。ビーフェ・ア・ポルトゥゲーザ（フライパンで焼いたビーフステーキの上に調味ハム）。ウズラの丸焼き。ゆでたキャベツまたはジャガイモ。クリームで煮たカブの葉。エンドウマメのポルトゥゲーザ（グリンピースをバターで炒めたタマネギ、パセリ、コリアンダー、ソーセージと一緒にスープで煮込み、卵をトッピングし、蓋をして煮込

んだもの)。葉物野菜、トマトの薄切り、赤タマネギ、黒オリーブ、レモン汁のサラダ。ブロア（同量のコーンミールと小麦粉で焼いた酵母入りの丸いパン）。スイートブレッド（マッサ・ソバーダ）、卵とたっぷりの砂糖を使って作られた酵母パン。乳飲み仔豚のロースト。

国民食 カルド・ベルデ（ケールとジャガイモのスープ）。カンジャ（レモンスライスとミント入りのチキンスープ）。

祝祭用料理 カブリート（仔ヤギのロースト）

甘味類 ハチミツ、砂糖：マルマラータ（マルメロの砂糖煮）。チーズを添えた新鮮な果物。アーモンドとチョコレートを詰めた乾燥イチジク（フィゴス・レチェアドス）。ライスプディング（アロス・ドース）。ポルト・プディム・フラン（焼いたカラメルカスタードにポートワイン）。小麦粉をほとんどまたは全く使わず、アーモンドと卵で作られたケーキ。オボス・モレス（砂糖と煮た卵黄）。チョコレートムース。

飲物 コーヒー、チョコレート、茶、ワイン、ビール、ポートワイン、マデイラワイン、シェリー、各種のリキュール、味つきソーダ。ポルトガルは甘く芳醇な、ポートワインやマデイラワインがよく知られており、しばしばデザートとともに飲まれる。

食事 軽い朝食と午前半ばの朝食、昼食、夕食の一日4食が普通。メインの食事は昼食で、通常はスープまたはサラダ、魚または肉、それにデザートで、パンと赤ワイン。しばしばその後に果物とチーズが供される。

人気のある外食 目玉焼きの卵2個、フライドポテト、米、レタス、オリーブをトッピングした仔牛の網焼きステーキ。

間食 タパス（魚などを小さな円形の薄切りパンにのせたもの）は、午後遅くまたは夕方にワインやシェリーとともにカフェやバーで供される。午後遅くに紅茶とペストリー。

祝祭の食事 闘牛見物後に家族での夕食は、タラの団子または焼いたイワシにカントリーブレッドとワイン（ポルトガルの闘牛は闘牛士が馬に乗ったままで牛を殺さないため、子ども連れの見物が家族のイベントとなっている）。クリスマスイブ：バカリャウ（タラ）とジャガイモのキャセロールにメレンゲクッキー（ススピーロ）の夕食。真夜中のミサの後、タラのコロッケやソーセージなど手で摘まむような軽食のビュッフェ。

マデイラ諸島とアゾレス諸島の食べ物 ポルトガルの領土にはマデイラ諸島とアゾレス諸島がある。両方とも本土よりも穏やかな調味料を用いた、変化の少ない食習慣を持っている。風光明媚な大西洋の美しい島であるマデイラ島は、昔からアルコール度数が高いマデイラワインの産地として知られている。多く使われる食品は、マグロ、コーンブレッド、そしてマンゴー、パパイヤ、アボカドなどの果物や野菜である。アゾレス諸島には、トウモロコシ、バナナ、パイナップル、ヤムイモ、シーフードがあり、お茶が普通の飲み物で、朝食の名物にアソルダ・ダゼド（コーンブレッド、酢、タマネギ、ニンニク、サフラン、ラードを一緒に煮たもの）がある。

ホ
ポルトガル

ホンジュラス Honduras
ホンジュラス共和国

[地理] ホンジュラスは、カリブ海側に800km、太平洋側に65kmの海岸線をもつ中米の国で、山が多く、広い肥沃な谷と豊かな森林がある。

主要言語	民族	宗教
スペイン語（公用語）	メスティーソ（先住民と白人の混血） 90%	カトリック 97%
アメリカ先住民の方言	アメリカ先住民 7%	プロテスタント 3%
	黒人 2%	

人口密度　80.8人/km²　　　　都市人口率　55.9%
識字率　89.0%　　　　　　　出生1000あたり乳児死亡率　17.2
平均寿命　男性69.5歳、女性72.9歳　　HIV感染率　0.4%
1人あたりGDP　5,300ドル　　失業率　6.3%
農業就業人口　39.2%　　　　耕地面積率　9.1%

[農業] サトウキビ、アブラヤシ、バナナ、コーヒー、柑橘類、ニワトリ、牛、豚、ヤギ、羊

[天然資源] 木材、金、銀、銅、鉛、亜鉛、鉄鉱石、アンチモン、石炭、漁獲

[産業] 砂糖、コーヒー、繊維、衣類、木製品

[食文化への影響] カリブ海沿いの長い海岸線からは、魚やエビが獲れる。マヤの影響はとくに高地に残っていて、トウモロコシが主食とされ、タマレスやトルティーヤがはるか昔の名残となっている。スペイン人は米、牛肉とチーズ、豚肉とラード、ココナッツ、パンノキの実といった新しい食材をもたらした。カリブ語を話す先住民と、アフリカやアジアから連れて来られた労働者が織りなすカリブ海食文化がホンジュラスのカリブ海沿岸地域の食生活に影響を与えている。

[主食] トウモロコシ、インゲンマメ、米

[パンと穀類] トウモロコシ、米、小麦：トウモロコシのトルティーヤや粥、米料理、小麦粉の食パンやロールパン

[肉と魚] 鶏肉、牛肉、豚肉、ヤギ肉、仔羊肉、魚介類（エビ、コンク貝、ウミガメ）、卵

[乳製品] ミルク（エバミルク）、クリーム、サワークリーム、チーズ。ミルクは飲物とされないのが普通。

[油脂] ラード、バター、パーム油、植物油、ショートニング

[豆類] インゲンマメ（黒、赤、褐色、白）、ヒヨコマメ
[野菜] プランテーン、キャッサバ、トマト、ピーマン、ハヤトウリ（緑色の洋ナシ形のウリ）、アボカド、カボチャ、パンノキの実、トウガラシ、タマネギ、ジャガイモ、キャベツ、ニンジン、サヤインゲン、レタス、ビート
[果物] バナナ、柑橘類、ココナッツ、パイナップル、マンゴー、ローゼルの果実、ブドウ、パパイヤ、パッションフルーツ
[種実類] ナツメヤシの実、カボチャの種
[香辛料] タマネギ、ニンニク、トウガラシ、ベニノキの種（アナトー。橙赤の色づけ）、コリアンダー、ピメント、シナモン、バニラ
[料理] アトーレ（トウモロコシ粥）、ポソレ（半発酵のトウモロコシ生地、薄めて飲料を作ったり、その他の方法で使う）、タマレス（トウモロコシ生地にスパイシーな肉を詰め、トウモロコシの皮や葉に包んで蒸したもの）、インゲンマメをスパイスと一緒に煮込み、ペーストにしたり炒めて、米に付け合わせる（フリホレス・コン・アロス）。米は水やココナッツミルクで炊く前に炒めることが多い。ココナッツブレッドはカリブ海沿岸地域の名物。肉、鶏や魚介のスープやシチューに、ココナッツミルクに浸したプランテーンまたはキャッサバ添え。ローストした肉、鶏、魚。アボカドなどのサラダ。揚げたジャガイモ、プランテーン、パンノキの実。野菜のピクルス（キャベツ、ニンジン、ビート）。
[有名な料理] コンク貝、ウミガメ、モンドンゴ（モツのスープ）
[甘味類] サトウキビ、ハチミツ、砂糖（白、茶色）、ノガダ（プラリネのようなキャンディ）、焼きバナナ、フルーツアイス、アイスクリーム、カスタード、ライスプディング、ココナッツまたはラム風味のケーキやフリッター
[飲物] コーヒー、チョコレート、トロピカルフルーツ・ドリンク（レフレスカ）、ビール、ラム酒、ワイン（チカ）
[食事] 貧困層は毎食トウモロコシと豆を食べる。米は頻繁に消費され、事情が許せば肉やチーズが一緒に供される。富裕な地域の夕食：スープ、肉か魚の料理、トルティーヤまたはパン、サラダ、揚げたプランテーン、野菜のピクルス。これに時おり前菜とデザートがつく。
[間食] キャンディ、フルーツアイス、アイスクリーム、カスタード、ライスプディング、ケーキ、フリッター

ホ

ホンジュラス

マケドニア　Macedonia
マケドニア旧ユーゴスラビア共和国

[地理] マケドニアは南東ヨーロッパ、ギリシャの北に位置している。ほとんどが山岳地帯で、深い谷と小さな農地がある。大きな湖が2つあり、主要河川はバルダル川である。

主要言語	民族		宗教	
マケドニア語（公用語）	マケドニア人	64.2%	マケドニア正教	64.8%
アルバニア語（公用語）	アルバニア人	25.2%	イスラム教スンニ派	33.3%
トルコ語	トルコ人	3.9%		
	ロマ人	2.7%		

人口密度　82.7人/km²　　　都市人口率　57.3%
識字率　97.8%　　　出生1000あたり乳児死亡率　7.4
平均寿命　男性73.8歳、女性79.2歳　　　HIV感染率　0.1%未満
1人あたりGDP　14,500ドル　　　失業率　26.7%
農業就業人口　16.6%　　　耕地面積率　16.4%

[農業] 小麦、ブドウ、ジャガイモ、ワイン、タバコ、野菜、ニワトリ、羊、豚、牛、ヤギ

[天然資源] 鉄鉱石、銅、鉛、亜鉛、マンガン、ニッケル、タングステン、金、銀、アスベスト、漁獲

[産業] 食品加工、繊維、化学薬品、セメント、医薬品、鉱業

[食文化への影響] マケドニアはバルカン半島にあり、ギリシャの北隣りの国である。古代にはアレクサンドロス大王の帝国の中心だった。その後、さまざまな大きさで、ローマ帝国、ビザンチン帝国、そして14世紀から20世紀まではオスマン帝国などの支配下に置かれながら生き残ってきた。20世紀の大部分にわたって、マケドニアはユーゴスラビアの一部だった。この歴史がマケドニアの食べ物に影響を与えている。この土地は春が早く、果物と野菜が早く収穫され、その後は長く暑い夏が続く。穀物、ブドウ、家畜が生産され、なかでも羊は重要であり、そのヨーグルトは名高い。川では魚が獲れる。食べ物はバルカン諸国の典型（パンをはじめとする小麦粉食品、乳製品、果物、そして野菜）である。バルカンの人々は、おもに肉を食べる人々とは対照的に、穀物を食べる人々と呼べるだろう。マケドニアで好まれる食べ物には、仔羊肉、ヨーグルト、チーズ、ナス、ワインがある。古いスラブ料理とともにギリシャ料理やトルコ料理の応用があり、すべてにマケドニア料理に特徴的な激しい味を与える赤トウガラシやチリパウダーが加えられることが多い。祭りと断食のあいだの食事は、正教会のキリスト教徒とイスラム

教徒で異なり、イスラム教は豚肉の摂取を禁じている。アルコールの摂取も禁止しているが、バルカン諸国ではワインとウーゾに人気がある。

パンと穀類 小麦、トウモロコシ、キビ、米：米料理、粥、発酵パンやピタパンなどの小麦パン、クスクス、ひき割り小麦、フィロ生地、麺類、チーズまたは肉のパイ、パスタ

肉と魚 鶏肉、卵、仔羊肉と羊肉、牛肉、豚肉、魚

乳製品 ミルク（牛、羊）、ヨーグルト、チーズ（たとえば、フェタや、バルカン半島のチェダーと呼ばれる硬く、風味の強い羊乳チーズであるカシカバル）。羊のヨーグルト（オフコ・キセロ・ムレコ）は、非常に濃厚でこくがあり、金色のクリーム・クラストの下で繊細な風味が加わっているもので、高山の酪農家で羊飼いによって作られる。

豆類 ヒヨコマメ、ソラマメ、黒インゲンマメ、白インゲンマメ、レンズマメ

油脂 バター（牛、羊）、オリーブ油、ヒマワリ油、トウモロコシ油

野菜 ジャガイモ、ナス、オリーブ、カボチャ、トマト、キャベツ、ブドウの葉、キュウリ、タマネギ

果物 ブドウ、ナツメ、イチジク、レモン、ナシ、プラム、サクランボ、オレンジ、メロン

種実類 アーモンド、ピスタチオ、クルミ、ゴマ、ヒマワリの種

香辛料 アニス、ミント、赤トウガラシ、カルダモン、その他多くのハーブやスパイス、ニンニク、レモン汁

料理 コーンミールの粥（バクラン）。ムサカ（ナス、仔羊肉、トマト、タマネギ、卵のキャセロール）。ドルマ（詰め物をしたブドウの葉またはキャベツなどの野菜）。チョフテ（コフタ。肉を叩き、他の食材と混ぜ合わせて、小さなミートボールにし、焼くか揚げたもの）。ケバブ（肉の小塊をマリネし、串に刺して焼く）。

甘味類 ハチミツ、砂糖：バクラバ（薄いフィロ生地の層にバターを塗り、甘みをつけたナッツのフィリングを重ねたペストリー、ハチミツまたは味つけしたシロップに浸し、しばしばひし形に切る）。

飲物 コーヒー、茶（どちらも甘く、それぞれカルダモンとミントを入れる）、ワイン、ウーゾ（アニス風味の食前酒）

食事 朝食：パンにチーズ、オリーブ、またはジャムとコーヒーまたはお茶。メインの食事（午後早い時間）：フムス（ヒヨコマメのディップ）、ドルマなどの前菜；生野菜のサラダを添えた肉または豆の料理；ヨーグルトまたはチーズ；果物。夕食：夜遅くの軽食。訪問客は午後の遅い時間に来て菓子、コーヒー、ワイン、またはウーゾを供される。

屋台・間食 フムス、ドルマ、オリーブ、チーズなどのメゼ（ひと口料理）は、屋台やカフェで広く提供され、ごく一般的な軽食である。

マケドニア

マーシャル諸島　Marshall Islands
マーシャル諸島共和国

[地理] マーシャル諸島は太平洋上、ハワイとパプアニューギニアの中間に位置している。島々は石灰岩と砂のサンゴ環礁が1,000km以上に及ぶ2本の平行な鎖をなしており、海抜はわずか数mである。

主要言語	民族		宗教	
マーシャル語（公用語）	マーシャル人	92.1%	プロテスタント	54.8%
英語（公用語）	マーシャル人との混血	5.9%	アッセンブリー・オブ・ゴッド	25.8%
			カトリック	8.4%

人口密度　411.8人/km²　　　都市人口率　73.2%
識字率　98.3%　　　　　　　出生1000あたり乳児死亡率　19.3
平均寿命　男性71.2歳、女性75.7歳　　HIV感染率　−
1人あたりGDP　3,300ドル　　失業率　−
農業就業人口　11.0%　　　　耕地面積率　11.1%

[農業] パンノキの実、ココナッツ、バナナ、トマト、メロン、タロイモ、果物、ニワトリ、豚

[天然資源] ココナッツ製品、海産物、深海鉱物、漁獲

[産業] コプラ、マグロ加工、観光、工芸品

[食文化への影響] マーシャル諸島は太平洋諸島のミクロネシア集団に属している。およそ3万年から4万年前、東南アジアの人々は南下して西太平洋諸島に移動し、その後はさらに東へ移住した。マーシャル諸島の食文化への影響には、島に最初に住みついたミクロネシア人、スペイン人、イギリス人、ドイツ人、日本人、アメリカ人が含まれる。アジア人は米、大豆、麺、茶を持ってきた。ヨーロッパ人は新しい食用植物、小麦パン、そして数種類の家畜を持ってきた。新世界の食べ物であるトマトは、今や重要な食料となった。おもな食品は、魚、タロイモ、パンノキの実、米、ココナッツ、果物、トマト、豚肉、鶏肉である。主要な肉である豚肉は、とくに祝祭に供され、伝統的に熱した石を敷いた穴の中で、ほかの食べ物と一緒に調理する。

[パンと穀類] 米、小麦：米料理、パン、麺

[肉と魚] 豚肉、鶏肉、魚（ボラ、マヒマヒ、サーモン）、甲殻類（多種）、卵：スパム

[乳製品] ミルクをはじめとする乳製品は普及していない。

[油脂] ココナッツクリームとココナッツ油、ラード、植物油とショートニング、ゴマ油

[豆類] 大豆、四角豆、エンドウマメ、レンズマメ、落花生
[野菜] パンノキの実、トマト、タロイモとその葉、サツマイモ、プランテーン、ヤムイモ、キャッサバ、海藻、葉物野菜、クズウコン、ゴーヤ、キャベツ、大根、ナス、タマネギ、青ネギ
[果物] ココナッツ、バナナ、メロン、レモン、ライム、グアバ、マンゴー、パパイヤ、パイナップル、タマリンド。ココナッツミルクが通常の調理に使われる。生の果物は軽食として食べる。
[種実類] キャンドルナッツ（ククイ）、ライチー、マカダミアナッツ
[香辛料] ココナッツクリームとココナッツミルク、ライムおよびレモン汁、塩、醤油、ショウガ、ニンニク、タマネギ、トウガラシ
[料理] ゆでたタロイモ、ゆでるか揚げたパンノキの実。炊くか蒸した米。ゆでるか蒸した青物野菜と海藻。クズウコンでとろみをつけたプディングやその他の料理。魚を野菜と煮込み、ローストしたり、ライム汁でマリネして、タマネギ、ココナッツクリーム、そしておそらくトウガラシで仕上げる。鶏肉や豚肉を野菜と一緒にローストまたは煮込んだもの。タロイモの葉で、フィリング（ココナッツクリーム、レモン、タマネギ、刻んだ牛肉；またはタロイモ、パンノキの実、またはサツマイモとココナッツクリームに調味料）を包み、穴で蒸したり、調理する。穴の中で調理される料理：丸ごとの豚、タロイモ、パンノキの実、サツマイモ、エビやカニ、丸ごとの魚、ぶつ切りの鶏肉、タロイモの葉でさまざまなフィリングを包み、そのすべてをバナナの葉で巻く。
[甘味類] 砂糖、未熟なココナッツ、新鮮な果物、ココナッツプディング
[飲物] ココナッツジュース、茶、コーヒー、ココヤシの花の樹液を発酵させて作られるワイン
[食事] 毎日2回から3回の食事が典型的で、食べ物は全く同じ、夕方の食事が最大である。日常的な食事は、タロイモ、パンノキの実、または米をゆでたもの、魚、豚肉、または鶏肉の料理、青野菜または海藻を煮たものである。

マーシャル諸島

マダガスカル Madagascar
マダガスカル共和国

[地理] 世界で4番目に大きい島マダガスカルは、アフリカ南東部沖合のインド洋に位置する。肥沃な谷がある中央の高地と、沿岸地域の低地がある。

主要言語	民族	宗教
マダガスカル語（公用語） フランス語（公用語） 英語	マダガスカル人（マレー・インドネシア、アフリカ、アラブの混血） フランス人、インド人、コモロ人	土着の信仰 キリスト教 イスラム教

人口密度　43.1 人/km²　　　　　都市人口率　36.4%
識字率　64.7%　　　　　　　　　出生1000 あたり乳児死亡率　41.2
平均寿命　男性64.7歳、女性67.8歳　　HIV 感染率　0.2%
1 人あたり GDP　1,500 ドル　　　失業率　2.1%
農業就業人口　－　　　　　　　　耕地面積率　6%

[農業] 米、サトウキビ、キャッサバ、コーヒー、バニラ、クローブ、ココア、インゲンマメ、バナナ、落花生、ニワトリ、牛、豚、ガチョウ、ヤギ、羊

[天然資源] 漁獲、黒鉛、クロマイト、石炭、ボーキサイト、塩、石英、タールサンド、半貴石、雲母、水力

[産業] 食肉加工、魚介類、石鹸、醸造、皮革、砂糖、繊維、ガラス製品、セメント、自動車組立

[食文化への影響] マダガスカルはそれ自体の地殻構造プレートを占有しているため、固有の動植物が近隣のアフリカ大陸とは別個に進化した。住民であるマダガスカル人は、マレー・インドネシア人の船乗りを先祖としている。アフリカのバンツー族の子孫が西海岸に住んでいる。マレー・インドネシア、東アフリカ、アラブ、インドの影響に加えて、1896年から1960年までのフランスの統治を反映して、フランスの影響が明白に見られる。主要な食料は米とキャッサバで、バニラとクローブが重要な役割を果たす。

[パンと穀類] 米、小麦：米料理、パン（モフォと呼ばれる）は通常バゲット（フランスパン）である。

[肉と魚] 鶏肉、牛肉、豚肉、ガチョウ肉、ヤギ肉、仔羊肉と羊肉、魚介類、卵

[乳製品] ヨーグルト

[油脂] バター、ラード、ココナッツクリームとココナッツ油、植物油

[豆類] インゲンマメ、落花生、レンズマメ

[野菜] キャッサバ、葉物野菜、トマト、プランテーン、タマネギ
[果物] バナナ、レモン、ココナッツ
[香辛料] バニラビーンズ、クローブ、トウガラシ、ショウガ、ニンニク、カレー、ココア。塩味の料理はさほどスパイシーではないが、一部にはトウガラシとショウガとニンニクのペースト（サカイ）が使用される。
[料理] アパンゴロ（煮込んだ米）。米は陶器の鍋でひんぱんに調理され、中央の部分を食べる。残りは焦がして湯を注ぎラヌナンパング（米の水）を作る。ソソア（スープのように炊いた米）は、朝食で食べる。ブレーデ（葉物で作るスープ）。煮込んだキャッサバ。キャッサバケーキ。インゲンマメまたはレンズマメは、煮込んでしばしばマッシュにする。スパイシーなピーナッツシチューまたはソース。プランテーンのフライ。小さなトウガラシで辛くスパイシーにした、マダガスカルのピルピル料理。ルガイ（トウガラシ、トマト、タマネギ、レモン、ショウガのソース）。スパイシーな野菜のピクルス（アチャール）は、塩味の料理と一緒に供される。
[国民食] ルマザヴァ（牛肉、豚肉、鶏肉、トマト、ブレーデのシチュー）
[甘味類] サトウキビ、砂糖。ココナッツプディング。バニラ風味のプディング
[国民的デザート] バナナフランベ、しばしばメニュー上で唯一のデザート。
[飲物] 米の水（食事の時に飲む）、コーヒー、茶

マダガスカル

マラウイ Malawi
マラウイ共和国

[地理] マラウイはアフリカ南東部の内陸国である。高原と山地が、国を南北に走るグレート・リフト・バレーに沿っている。マラウイはニアサ・リフト・バレーにあるマラウイ湖の大部分を占めている。

主要言語	民族		宗教	
英語（公用語）	チェワ族	34.7%	プロテスタント	26.9%
チェワ語（公用語）	ロムウェ族	19.1%	カトリック	18.1%
ニャンジャ語	ヤオ族	13.4%	イスラム教	12.5%
ヤオ語	ンゴニ族	11.8%		
トゥンブーカ語	トゥンブーカ族	9.4%		
	ンゴンデ族	4.0%		
	セナ族	3.6%		

人口密度　204人/km²　　　　都市人口率　16.6%
識字率　62.1%　　　　　　　出生1000あたり乳児死亡率　43.4
平均寿命　男性59.7歳、女性63.8歳　　HIV感染率　9.2%
1人あたりGDP　1,100ドル　　失業率　6.7%
農業就業人口　64.1%　　　　耕地面積率　40.3%

[農業] サトウキビ、キャッサバ、ジャガイモ、タバコ、綿、茶、トウモロコシ、ニワトリ、ヤギ、牛、豚、羊

[天然資源] 漁獲、石灰岩、水力、未採掘のウラン鉱床、石炭およびボーキサイト

[産業] タバコ、紅茶、製糖、製材、セメント、消費財

[食文化への影響] マラウイの料理は、近隣のタンザニアなど東アフリカ諸国の料理に似ている。国土の多くは高原と山である。豊富な狩猟動物と牛を繁殖する伝統を持ちながら、高地の食生活はほとんど肉を含まない。牛は食べ物ではなく財産だとみなされ、マサイや関連する人々はもっぱら乳製品や牛の血を食べていた。他の人々はおもに穀物やバナナを食べ、採集した葉物を補っていた。最古の外国人商人であるアラブ人は、700年頃に海岸沿いに植民地を有し、奴隷と象牙を取引して、スパイス、タマネギ、ナスを持ち込んだ。19世紀半ばから1964年までのイギリスによる支配も影響を残した。たとえば、イギリス人はアフリカ人男性にヨーロッパ料理の訓練を施し、またアジア人がこの地域に定着するよう奨励した。アジア人は、カレースパイスを使用したり、ココナッツミルクを使った魚料理などの調理法を持ってきた。ケープから北に向かって移動し、その後さらにマラウイ南部まで北上したオランダ人の子孫は、一定の影響を残した。食

事はおもに粥、でんぷん質の野菜、葉物である。マラウイ湖では魚が獲れる。ティラピアとナマズ（それぞれチャンボ、ミランバと呼ばれる）が養殖され、輸出されている。ヨーロッパ人の猟師は山地で狩猟をするようになった。現在、動物は保護されているが、狩猟動物は豊富である。

パンと穀類 トウモロコシ、ソルガム、キビ、米：粥（一般的な主食）、米料理、パンケーキ、フリッター

肉と魚 鶏肉、卵、ヤギ肉、牛肉、豚肉、仔羊肉と羊肉、魚、狩猟動物の肉、シーフード（塩漬けにして乾燥）

昆虫 イナゴ、コオロギ、バッタ、アリ、ガの幼虫（マドラ）、チョウの幼虫（ハラティ）。これらはフライまたは干物にする。

乳製品 ミルク、チーズ（ヨーロッパのチーズを変化させたものを含む）。乳製品は重要な食料である。

油脂 バター、ラード、肉汁、ピーナッツ油

豆類 ササゲ、インゲンマメ、レンズマメ、落花生。豆は重要なたんぱく源で、毎日食べる。

野菜 ジャガイモ、キャッサバ、グリーンバナナ、ヤムイモ、サツマイモ、葉物、ナス、オクラ、カボチャ

果物 バナナ、ココナッツ、パパイヤ、スイカ

種実類 カシューナッツ、ゴマ、スイカの種

香辛料 トウガラシ、タマネギ、ココナッツミルク、乾燥させたバオバブの葉、クローブ、カレー粉、シナモン、サフラン

料理 トウモロコシやキビの濃厚な粥。ピーナッツのスープとペースト。ピーナッツペーストと煮た葉物。イリオ（ゆでたインゲンマメとトウモロコシに、ジャガイモまたはキャッサバを加えたマッシュ）。カレーチキン。炊いた米。バナナの葉で包んだグリーンバナナのマッシュ。ヤギ肉、牛肉、または羊肉のシチュー。フライ、グリル、または煮た魚にココナッツソースを添える。

甘味類 サトウキビ、ハチミツ、砂糖、バナナジャム、ドーナツ、米とココナッツのパンケーキ、ココナッツプディング

飲物 茶、ビール

屋台 揚げたペストリー、穂軸ごと焼いたトウモロコシ、挽き肉と卵を入れて揚げたパンケーキ。

マリ Mali
マリ共和国

[地理] マリは西アフリカに位置する内陸国で、大部分がサハラ砂漠である。南には草原と唯一の肥沃な地域があり、セネガル川とニジェール川が灌漑用の水を供給している。

主要言語	民族		宗教	
フランス語（公用語）	バンバラ族	34.1%	イスラム教スンニ派	94.8%
バンバラ語	フラニ人	14.7%	キリスト教	2.4%
	サラコレ族	10.8%		
	セヌーフォ族	10.5%		

人口密度　14.7人/km²　　　　都市人口率　41.4%
識字率　33.1%　　　　　　　出生1000あたり乳児死亡率　69.5
平均寿命　男性58.2歳、女性62.5歳　　HIV感染率　1.0%
1人あたりGDP　2,300ドル　　失業率　8.1%
農業就業人口　80%　　　　　耕地面積率　5.3%

[農業] キビ、米、トウモロコシ、綿、野菜、落花生、ニワトリ、ヤギ、羊、牛、ラクダ、豚

[天然資源] 金、リン鉱石、カオリン、塩、石灰岩、ウラン、石膏、花崗岩、水力、漁獲

[産業] 食品加工、建設、リン鉱石および金鉱業

[食文化への影響] マリはサハラ以南の諸国と共通点が多い。食習慣は、北アフリカ、西アフリカ、フランス（マリは元フランスの植民地だった）、新世界からもたらされた食料、宗教の影響を受けている。たとえば、仔羊の脚にナツメヤシとレーズンを詰めたものは、モロッコ料理に似ている。西アフリカのように、肉と魚はしばしばソースで混ぜ合わされ、ニワトリとホロホロチョウは人気がある。町中でバゲットがよく売られているのは、フランスの影響である。トウモロコシ、トマト、トウガラシはすべて新世界のアメリカからもたらされたもので、人気がある。人口の大部分は豚肉を食べないイスラム教徒である。マリの国土の多くはほとんど人の住まない砂漠である。肥沃な地域は南部にあり、そこではセネガル川とニジェール川が魚と灌漑用の水を供給する。牧畜は北部で行なわれている。赤身肉は贅沢品だが、いくらかは食べられていて、狩猟動物も食べる。農村部では、石を三つ置いた上に鍋を載せて薪を燃やす伝統的なかまどが今も使用されている。焚き火で肉を焼くこともある。オーブンは普及していない。

[パンと穀類] キビ、米、トウモロコシ、野生の穀物、小麦：粥、米料理、キビのクスクス（穀物の生地で作る小さな粒で、蒸して米のように供する）、麺（カタ）、バゲット

肉と魚 鶏肉、卵、ヤギ肉、仔羊肉、牛肉、豚肉、魚（パーチ、ティラピア）、ラクダ肉、ホロホロチョウ、ハト、狩猟動物（アンテロープ、ハイラックス、アフリカアシネズミ）。肉や魚はしばしば干物にする。
乳製品 ミルク、サワーミルク、バターミルク、凝乳、ホエー、チーズ
油脂 シア油とシアバター（シアノキの種から採る）、赤パーム油、ピーナッツ油
豆類 落花生、ササゲ、インゲンマメ、レンズマメ。豆類は重要である。
野菜 ヤムイモ、プランテーン、キャッサバ、オクラ、サツマイモ、トマト、葉物野菜、トウガラシ、タマネギ
果物 ナツメヤシ、レーズン、ココナッツ、バナナ、スイカ、マンゴー
種実類 コーラナッツ、シアナッツ、スイカの種、ゴマ。種実類はソースやシチューを濃厚にする。
香辛料 トウガラシ、トマト、タマネギ、ニンニク
料理 キビとキャッサバを煮たもののマッシュ。コーンミールの粥。炊いた米、牛肉とトマトの薄いシチューを一緒に食べることがある。ミートボールにピーナッツソース。さまざまなシチュー：赤身肉とオクラ：キャッサバの葉と魚の干物とパーム油：魚、オクラ、葉物野菜、トマト。蒸したクスクス。乾燥させたキャッサバ粥にスモークした魚、トマト、その他の野菜。詰め物をしたラクダの胃（ハギスに似ている）。バンバラ族が発明したマフェ（サツマイモとトマトを入れた鶏肉とピーナッツのシチュー）。
祝祭用料理 キビとキャッサバのマッシュに、2種類のソース（挽き肉、干し魚、乾燥オクラの粉：サイコロのように切った肉とトマト）を添え、供する前に混ぜる。ジョロフライス。
甘味類 ハチミツ、砂糖、ピーナッツキャンディ、ツニーンアクラ（マリの特別なお祝い用米粉と蜂蜜のペストリー）。
飲物 ビール、コーヒー
屋台 ケバブ、シャワルマ（回転肉焼き器で焼いた仔羊肉）、インゲンマメのフリッター、甘いペストリー、網焼きしたスイートコーン

マ

マリ

マルタ Malta
マルタ共和国

[地理] マルタは、イタリアのシチリア島の南の地中海に浮かぶ島国である。マルタ島（246km^2）、ゴゾ島（67km^2）、コミノ島（3.5km^2）の島々の内陸は低い丘陵からなっている。海岸線は複雑に入りくんでいる。

主要言語	民族	宗教
マルタ語（公用語） 英語（公用語）	マルタ人	カトリック（国教） 90%+

人口密度　1,317.5人/km^2　　　　　　都市人口率　95.6%
識字率　94.1%　　　　　　　　　　　　出生1000あたり乳児死亡率　3.5
平均寿命　男性78.1歳、女性83.0歳　　　HIV感染率　0.1%
1人あたりGDP　37,900ドル　　　　　　失業率　5.3%
農業就業人口　1.7%　　　　　　　　　　耕地面積率　28%

[農業] ジャガイモ、メロン、トマト、カリフラワー、ブドウ、小麦、大麦、柑橘類、切り花、ピーマン、ニワトリ、豚、牛、羊、ヤギ

[天然資源] 漁獲、石灰石、塩

[産業] 観光、エレクトロニクス、造船および修理、食品および飲料、医薬品

[食文化への影響] マルタの料理は地中海とイタリアの近くという位置に大きく影響されている。魚介類、パスタ、野菜がベースである。ローマのカトリック教会から強い影響を受けている。聖パウロは60年にマルタで船が難破し、その後カトリックのヨーロッパ貴族から選ばれた聖ヨハネ騎士団がマルタを何世紀も支配した。一部の人々は今も金曜日には魚を食べ、受難節のあいだに好まれるケーキは、脂肪や卵を含まないクアレジマルである。もうひとつの影響は150年にわたってマルタを支配したイギリスで、イギリスからの観光客が大部分を占めたことから、レストランや観光の発展はイギリスの料理に重点が置かれた。また、人口の1%以上がイギリス人である。多くのマルタ料理は地元の魚、野菜、果物に依存している。

[パンと穀類] 小麦、大麦、米：パスタ、パン、ペストリー、米料理

[肉と魚] 鶏肉、仔羊肉、牛肉および仔牛肉、ヤギ肉、卵、魚および海産物（たとえば、イルカ、アンチョビ）

[乳製品] ミルク（牛、羊、ヤギ）、クリーム、チーズ（柔らかいチーズ、たとえばリコッタ、カッテージチーズに類似している）

[油脂] オリーブ油、バター、ラード

[豆類] ヒヨコマメ、ソラマメ、赤インゲンマメ、レンズマメ、白インゲンマメ
[野菜] ジャガイモ、トマト、カリフラワー、ピーマン、オリーブ、ホウレンソウ、ズッキーニ、ナス、キュウリ、サヤエンドウ、タマネギ
[果物] メロン、ブドウ、有名なマルタのオレンジを含む柑橘類、その他の果物
[種実類] アーモンド、ヘーゼルナッツ、松の実、クルミ、ルーピンシード
[香辛料] 塩、黒胡椒、トマト、タマネギ、ニンニク、バジル、オレガノ、パセリ、マジョラム、サフラン
[料理] ゆでたパスタ、トマトソースまたはクリームソースを添えたり、時にはトマトソースまたはほかの食材と一緒に焼く。ロスフィルフォルン（焼き飯、肉、トマトソース、卵、サフラン）。ティンパナ（マカロニ、トマトソース、肉、卵、チーズを薄いペストリーに詰めて焼いたもの）。ランプキパイ（イルカを入れて焼いたペストリー）。ソーパ・タル・アームラ（未亡人のスープ）は、緑と白の野菜で作り、ポーチドエッグと柔らかいチーズを添える。アルジョッタ（ニンニクとマジョラム風味の軽い魚のスープ）。パスタを入れた野菜スープ。
[甘味類] ハチミツ、砂糖：リコッタを詰め、砂糖を振りかけたパスティッツィ（閉じた小タルト）。トライフル（ジャムとホイップクリームまたはカスタードを重ねたケーキ）。
[飲物] コーヒー、茶、ワイン
[軽食] 至る所で見られるパスティッツィは、通常リコッタチーズが入っていて、砂糖をまぶしてあるが、フィリングはエンドウマメやタマネギ、アンチョビなどのものもあり、しばしば午前の半ばにたっぷりのコーヒーやお茶と一緒に熱々のものを食べる。

マルタ

マレーシア Malaysia

[地理] マレーシアは東南アジアにあって、南シナ海に面している。マレー半島の南部と、ボルネオ島の北部3分の1を国土としている。その大部分は熱帯ジャングルで、半島の南北に連なる山脈、東マレーシア内陸の山地、海沿いの湿原がある。

主要言語	民族		宗教	
マレー語（公用語）	マレー人	50.1%	イスラム教（国教）	61.3%
英語	中国人	22.6%	仏教	19.8%
中国語	先住民	11.8%	キリスト教	9.2%
パンジャブ語	インド人	6.7%	ヒンドゥー教	6.3%
タミール語				

人口密度　95.5人/km²　　　　　都市人口率　76.0%
識字率　94.6%　　　　　　　　　出生1000あたり乳児死亡率　12.5
平均寿命　男性72.4歳、女性78.2歳　HIV感染率　0.4%
1人あたりGDP　27,200ドル　　　失業率　3.3%
農業就業人口　11%　　　　　　　耕地面積率　2.9%

[農業] アブラヤシ、米、天然ゴム、ココア、ココナッツ、胡椒、ニワトリ、豚、牛、ヤギ、羊

[天然資源] 漁獲、錫、石油、木材、銅、鉄鉱石、天然ガス、ボーキサイト

[産業] ゴムとパーム油の加工、軽工業、エレクトロニクス、錫鉱業と製錬、木材、石油

[食文化への影響] マレーシアは、マレー半島でタイとシンガポールに隣接する西マレーシアと、大きなボルネオ島の北部でブルネイに隣接する東マレーシアで構成されている。マレーシアには、マレー、中国、インドという3種の主要な料理がある。西マレーシアは隣国タイの影響を受けている。東マレーシアは部族、貿易商人、冒険者のるつぼである。中国とインドの影響力は、植民地時代の大規模な労働者の移動や、東アジアと南アジアの移民エリートによって強くなっている。ニョニャ（海峡華人）の料理は、15世紀から第二次世界大戦までに定着した移民に関係がある。ニョニャ料理はマレーシアの料理のように、トウガラシ、タマリンド、エビペースト、ココナッツミルク、香りの良い根菜やハーブを使用するが、中国の伝統から豚肉、ラード、麺の使用を残している。辛さと酸味が喜ばれる。インドの影響には、スパイス、カレー、アチャール（ピクルス）が挙げられる。16世紀以前から半島やボルネオの沿岸の町で支配的だったイスラム教は、豚肉やアルコールの摂取を禁じている。その他の影響としては、ヨーロッパの貿易商人やイギリスの支配（1867～1963年）が挙げられる。米は毎日3度の食事で調理される主食で、魚介類が最も多い副食である。

パンと穀類 米、小麦：米料理、もち米の入った菓子、麺類
肉と魚 鶏肉、豚肉、牛肉、ヤギ肉、仔羊肉、魚介類（マナガツオが最も珍重される）、水牛、家鴨、卵：エビや小エビのペースト（ブラチャン）、乾燥アンチョビ、魚醤、ゼラチン
乳製品 加糖練乳、クリーム。乳製品は一般的でないが、コーヒーにコンデンスミルクを入れたり、ペストリーにホイップクリームを使用することはある。
油脂 パーム油、ココナッツ油、ラード、植物油
豆類 大豆や醤油などの大豆製品、緑豆、落花生
野菜 タロイモ、キャッサバ、パンノキの実、海藻、葉物、ヤムイモ、サツマイモ、ティー、ズッキーニ、クワイ
果物 ココナッツ、タマリンド（サヤの中の果肉）、ライム、パイナップル、バナナ、マンゴー、パパイヤ、メロン、ドリアン
種実類 ライチー、マカダミアナッツ
香辛料 トウガラシ、タマリンド、ココナッツミルクとココナッツクリーム、ライム汁、エビペースト、香りの良い根菜やハーブ、醤油、魚醤、ニンニク、タマネギ、コショウ、クミン、シナモン、コリアンダー、ターメリック、レモングラス、ショウガ、ラオス（ショウガの近種）、ココア
料理 炊いた米（ナシ）。ナシゴレン（肉と野菜を炒め、同じ油で米を炒めて、すべてを混ぜる）。ナシサミン（ニンニク、タマネギ、スパイス、ブイヨン、鶏肉と一緒に油で調理した米）。ロンロン（バナナの葉に包んで蒸した米）。焼きそば（クイティオ）。サテ（肉、鶏肉、または魚介類の細切りを竹串に刺し、醤油などで味つけして焼き上げたもの）。ルンダン（「ドライビーフカレー」、元は鹿肉で作ったが、現在は水牛肉または牛肉で作り、角切りの肉をスパイスやココナッツミルクで煮込む）。ココナッツミルクとチリソースで炒めた鶏肉。ルンパ（さまざまな成分のスパイスミックス、使用前に炒めることが多い）。エビカレーなどのグライ（カレー、またはココナッツミルクで調理し、そのソースを保持するもの）。牛挽き肉のカレーを詰めて焼いたパイ。サンバル（辛く、スパイシーな薬味、またはトウガラシなどのスパイスを一緒に炒め、おもな食材、たとえば、エビにあえる）。
甘味類 パーム糖、砂糖。ニョニャのデザートは濃厚な茶色のパーム糖シロップをベースにして、ココナッツミルク、ココナッツパウダー、ゼラチン、もち米を加えたものが大部分で、たとえばクエラピス（さまざまな色のゼラチン層が重なっている）など。ナガサリ（緑豆、砂糖、ココナッツのプディング）。
飲物 茶、コーヒー、ココナッツジュース、フルーツジュース、豆乳、カバ（コショウ科の植物から作られる。酩酊感をもたらす）
屋台 焼きそば、サテ；市場や夜店で販売されている。マレー人と中国系マレーシア人は豚肉のサテを、イスラム教徒のマレーシア人はヤギ肉を買うことが多い。トウガラシ粉、ニンニク、タマネギ、ラオス、ピーナッツの辛いソースをつけた鶏肉は誰もが食べる。

ミクロネシア　Micronesia
ミクロネシア連邦

[地理] かつてカロリン諸島と呼ばれたミクロネシアは、ニューギニアの北東、太平洋上の 607 の島で構成されている。ヤップ、チューク、ポンペイ、コスラエの四つの島を中心とした州がある。島々は高い山が多いものから海抜の低いサンゴ礁までさまざまで、気候は熱帯性である。

主要言語	民族		宗教	
英語（公用語）	チューク人	49.3%	カトリック	54.7%
チューク語	ポンペイ人	29.8%	プロテスタント	41.1%
コスラエ語	ヤップ人	5.7%		
ポンペイ語	コスラエ人	6.3%		
ヤップ語				

人口密度　148.4 人/km²　　　都市人口率　22.5%
識字率　90.4%　　　　　　　出生 1000 あたり乳児死亡率　19.8
平均寿命　男性 71.1 歳、女性 75.3 歳　　HIV 感染率　—
1 人あたり GDP　3,000 ドル　　失業率　—
農業就業人口　0.9%　　　　　耕地面積率　2.9%

[農業] ココナッツ、キャッサバ、サツマイモ、黒胡椒、バナナ、カバ、ビンロウジュの実、ニワトリ、豚、牛、ヤギ

[天然資源] 漁獲、林産物、海産物、深海鉱物

[産業] 観光、建設、魚加工、専門的海産物の養殖

[食文化への影響] 太平洋からは魚が獲れる。気候は、熱帯の果物や野菜の栽培を可能にする。ミクロネシアの食べ物への影響にはほかに、アジア、スペイン、ドイツ、日本、アメリカがある。アジア人は米、大豆、麺、茶を持ってきた。スペイン人は新しい食用植物、小麦パン、牛などの家畜、ミルク、チーズ、コーヒー、パエリアなど肉と米の料理、タマレスなどメキシコのスパイシーなコーンミール料理などを伝えた。おもな食べ物は、魚、キャッサバ、サツマイモ、青物野菜、ココナッツ、果物である。豚肉は、とくに祝祭の際のおもな肉で、伝統的に穴の中に並べた熱した石の上に置き、ほかの食べ物と共に調理されている。

[パンと穀類] 米、小麦、トウモロコシ：米料理、パン、麺
[肉と魚] 豚肉、鶏肉、牛肉、ヤギ肉、魚（カツオなど）、甲殻類（多種）、卵：スパム
[乳製品] エバミルク（牛、ヤギ、水牛）、チーズ。伝統的に乳製品はあまり使われない。
[油脂] ココナッツ油とココナッツクリーム、ラード、植物油とショートニング、バター、

ゴマ油

豆類 大豆、ヒヨコマメ、黒インゲンマメ、レンズマメ、赤インゲンマメ、四角豆、落花生

野菜 キャッサバ、サツマイモ、タロイモとその葉、プランテーン、ヤムイモ、パンノキの実、海藻、葉物野菜、クズウコン、ゴーヤ、キャベツ、ダイコン、ナス、タマネギ、青ネギ

果物 ココナッツ、バナナ、レモン、ライム、グアバ、マンゴー、パパイヤ、パイナップル、メロン、タマリンド。ココナッツミルクが通常の調理に使われる。生の果物は軽食として食べる。

種実類 カシューナッツ、キャンドルナッツ（ククイ）、ライチー、マカダミアナッツ

香辛料 醤油（基本的調味料）、塩、黒胡椒、ココナッツクリームとココナッツミルク、ライムおよびレモン汁、ショウガ、ニンニク、タマネギ、タマリンド、トウガラシ

料理 ゆでたキャッサバ、サツマイモ、またはタロイモ。ゆでるか蒸した葉物野菜や海藻。炊くか蒸した米。クズウコンでとろみをつけたプディングなどの料理。魚介類を野菜と一緒に煮込み、ローストしたり、ライム汁や酢に漬けてマリネしたりして、ココナッツクリームやタマネギ、ショウガ、トウガラシなどで味つけする。肉と野菜のシチュー。丸ごとの豚を串に刺してローストするか、サツマイモ、丸ごとの魚、ぶつ切りの鶏肉、葉で包んだフィリングと一緒に穴の中で調理する。フィリング（ココナッツクリーム、レモン、タマネギ、刻んだ牛肉。またはココナッツクリームと調味料を入れたサツマイモやキャッサバ）をタロの葉で包み、蒸したり穴の中で調理したもの。

甘味類 砂糖、未熟なココナッツ、甘いライスプディング、ハウピア（ココナッツプディング）

飲物 ココナッツジュース、ミルク入りコーヒー、紅茶、カバ（コショウ科の植物から作られる。酩酊感をもたらす）、トディ（ココヤシの花の樹液を発酵させて作られるワイン）

食事 毎日2回から3回の食事が典型的で、食べ物は全く同じ、夕方の食事が最大である。日常的な食事は、キャッサバ、サツマイモ、または米、魚、鶏肉、または豚肉の料理、青野菜または海藻を煮たものである。

南アフリカ South Africa
南アフリカ共和国

[地理] 南アフリカはアフリカ大陸最南端に位置し、大西洋とインド洋に面している。国土の大部分を広大な台地が占め、2,800kmほどの海岸線をもつ。西部は降水量が少なく、東部は多い。

主要言語	民族		宗教	
アフリカーンス語、英語、ンデベレ語、ペディ語、ソト語、スワジ語、ツォンガ語、ツワナ語、コサ語、ズールー語、ヴェンダ語（11言語すべて公用語）	黒人 白人 カラード（混血） アジア系	80.2% 8.4% 8.8% 2.5%	独立教会 プロテスタント カトリック 無宗教	37.0% 36.6% 7.1% 15.1%

人口密度　45.2人/km²　　　　　都市人口率　65.8%
識字率　94.9%　　　　　　　　出生1000あたり乳児死亡率　31.0
平均寿命　男性62.4歳、女性65.3歳　HIV感染率　18.9%
1人あたりGDP　13,500ドル　　　失業率　25.9%
農業就業人口　4.6%　　　　　　耕地面積率　10.3%

[農業] サトウキビ、トウモロコシ、小麦、果物、野菜、ニワトリ、羊、牛、ヤギ、豚
[天然資源] 金、漁獲、クロム、アンチモン、石炭、鉄鉱石、マンガン、ニッケル、リン酸塩、ウラン、ダイヤモンドの原石、プラチナ、銅、バナジウム、塩、天然ガス
[産業] 鉱山（とくに金、プラチナ、クロム）、自動車の組立、金属細工、機械装置、繊維、化学製品、肥料、食品

[食文化への影響] 南アフリカの穏やかな亜熱帯性気候と肥沃な国土は、サトウキビ、穀物、果物、野菜、家畜の生産を大いに助けている。1488年、ポルトガル人バルトロメウ・ディアスは、ヨーロッパ人として初めてアフリカ南端を回航し、インド航路発見に道を開いた。1652年にケープ植民地を建設したオランダ人は、ヨーロッパと東洋を行き来するオランダ船に食料を供給するだけでなく、牧畜を営む現地遊牧民との交易も開始した。その後ヨーロッパの農民（おもにオランダ人とドイツ人）も移住して、のちにボーア人（オランダ語で農民の意）として知られるようになる。彼らとその子孫は、東南アジアから連れて来られた奴隷を使った。南アフリカで評価の高いケープマレー料理の基礎を築いたのは、これらのマレー語を話すイスラム教徒の奴隷たちである。この地を占領したイギリスは、イギリス人入植者を送り込み、ボーア人を内陸への大移動へと駆り立てた。サトウキビ農園で働くため、インド人も移り住んだ。サトウキビ等の食物の栽

培には、イギリスの支配が影響している。オランダ人とドイツ人はジャムや果物の砂糖漬け（コンフィ）、オーブン料理のおいしさを伝える一方で大農園を建設し、自給自足の生活を送った。フランスのユグノー教徒はワインの生産をはじめた。インドネシアの影響も、多くの料理に見ることができる。マレー人は漁がうまく、魚は揚げてから酢とスパイスで漬け、保存した。スパイスと酢で漬けた魚、干し魚、果物、野菜は、喜望峰を訪れる船の食料になった。初期の入植者は、大きな魚をぶつ切りにしてタマネギと煮込んだが、ボラとニシンは塩を振って干物にした。北に向かう人々が大移動中に食べたのは、干し魚、ボーアウォース／ブルボス（猟獣肉を含む混合肉のソーセージ）、ビルトン（塩味をつけた細切りの干し肉）、ポイキーコース（鹿肉などのシチュー。3本脚の鉄鍋、ポイキを火にかけて煮込む）。彼らが植えた新世界の食べ物トウモロコシは、まもなくアフリカでも栽培されるようになる。料理には古いシロアリの塚を使った。まずは開いている穴の上でポイキ料理を作り、できあがったら穴に蓋をして、中でサワードウのパンを焼く。たき火で焼いた肉はブライ（バーベキュー）と呼ばれた。田舎の人々は今でもアフリカ東部の祖先と似た食事をとっているが、粥はキビでなく、トウモロコシで作ることが多い。アフリカ東部の祖先は牛を財産と考えめったに食べなかったが、乳製品は口にした。

パンと穀類 トウモロコシ、小麦、キビ、オート麦、米：オートミール、キビまたはコーンミールの粥（ミーリーパップ）、米料理、小麦またはトウモロコシのパン、クッキー、ペストリー、インスタントのシリアル、パスタ

肉と魚 鶏肉、仔羊肉と羊肉、牛肉、ヤギ肉、豚肉、魚とザリガニやイセエビなどの甲殻類（生、酢漬け、塩漬け、干物）、卵、アンテロープやスプリングボックの肉、ダチョウの肉と卵：ソーセージ、ベーコン、ビルトング

昆虫 バッタ、イモムシ、シロアリ、アリの幼虫。揚げたり焼いたりすることが多い。

乳製品 ミルク、クリーム、バターミルク、ヨーグルト、チーズ、アイスクリーム

油脂 脂尾羊の脂、魚油、植物油、バター、ココナッツ油、ピーナッツ油

豆類 インゲンマメ、レンズマメ、落花生、グリンピース

野菜 青物、カボチャ、キャベツ、ジャガイモ、サツマイモ、ニンジン、トマト、キュウリ、カブ

果物 ブドウ、メロン、リンゴ、柑橘類、アプリコット、モモ、ナツメヤシ、バナナ、マンゴー、パパイヤ、パイナップル、マルーラ、グーズベリー、イチゴ、ココナッツ、レーズン、プルーン

種実類 アーモンド、クルミ、マカダミアナッツ

香辛料 酢、レモン汁、タマネギ、トウガラシ、ニンニク、シナモン、クローブ、ナツメグ、ターメリック、ショウガ、カレー粉、ローリエ、サフラン

料理 スープ（ジャガイモ、グリンピース）。ロブスターのビスク。魚の酢漬け（インゲレグデ・ビス）は、油で揚げた魚を酢とスパイスで漬ける。青物とトマトのサラダ。

南アフリカ

ナツメヤシとタマネギのサラダ（ダデルスラアイ）は、ゆがいたナツメヤシの実と薄切りにしたタマネギを赤砂糖、塩、酢またはレモン汁で和える。蒸し米には、サフランとレーズンを入れることもある。ブレディー（羊肉と野菜、またはどちらか一方のスパイシーなシチュー）。ソサティ（スパイスで下味をつけた仔羊肉の串焼き。カレーソースをかけて食べる）。ボボティー（カレー粉で味つけした仔羊の挽き肉に、よく混ぜた卵と牛乳をかけ、オーブン焼く）。フリカデル（丸く成形した肉の蒸し煮）。ビリヤニ（サフランを混ぜた米と、スパイスで調味した肉を重ねて炊き込む）。パリパリした薄い生地でアンテロープのシチューを包んで焼いたもの。下味をつけてから、赤ワインとスパイスで蒸し煮にしたスプリングボックの脚。ラムチョップの網焼き。フィッシュ・アンド・チップス（揚げ魚とジャガイモ）。肉、野菜、果物（干したリンゴ、レーズン、プルーンなど）のカレー（ケリー）。ブドウを詰めた鶏肉。ダチョウの卵のオムレツ。インゲンマメとメロンまたはカボチャの煮込み。煮たり焼いたりしたサツマイモ。ベーコンとキャベツの葉の重ね焼き。おろした生果または野菜に、トウガラシと酢またはレモン汁を加えた調味料（サンバル）には、キャロットサンバルなどがある。アチャールは、オイル漬けにした熟していない果物または野菜を、スパイスとともにゆっくり炒めて作る（マンゴーアチャールなど）。ブラチャン（チャツネの一種）もスパイスと果物や野菜を使った薬味で、アプリコットブラチャンなどがある。

国民食 ゲスモールデ・ビス（塩ダラを、炒めたタマネギ、ゆでたジャガイモ、トマト、トウガラシ、ニンニクと煮込む）。

甘味類 サトウキビ、ハチミツ、砂糖、赤砂糖。グーズベリージャム。マルバ（プディング）。カスタードタルト（メルクタルト）。シナモンシュガーをかけたねじりドーナツ（クックシスター）。スパイスクッキー（スゥートクーキ）。ブドウ果汁をイースト代わりに使った甘いロールパン（モスボレーキ）。タメレーキ（赤砂糖のトフィー）。

飲物 茶、コーヒー、ワイン、シェリー酒、ブランデー、タンジェリン風味のリキュール、アマルーラ（マルーラの実のリキュール）

ミャンマー（旧ビルマ）　Myanmar
ミャンマー連邦共和国

[地理] ミャンマーは東南アジアにあって、インドシナ半島北西部のベンガル湾に面している。山、密林、肥沃なデルタ、川と谷がある。気候は熱帯モンスーン気候である。

主要言語	民族		宗教	
ビルマ語（公用語）	ビルマ族	68%	仏教	87.9%
	シャン族	9%	キリスト教	6.2%
	カレン族	7%	イスラム教	4.3%
	ラカイン族	4%		
	中国人	3%		

人口密度　84.4人/km²　　　都市人口率　35.2%
識字率　75.6%　　　　　　出生1000あたり乳児死亡率　35.8
平均寿命　男性66.6歳、女性69.9歳　　HIV感染率　0.8%
1人あたりGDP　6,000ドル　　失業率　0.8%
農業就業人口　70%　　　　耕地面積率　16.5%

[農業] 米、サトウキビ、豆類、インゲンマメ、ゴマ、落花生、ニワトリ、牛、豚、ヤギ、羊

[天然資源] 漁獲、石油、木材、錫、アンチモン、亜鉛、銅、タングステン、鉛、石炭、大理石、石灰岩、宝石、天然ガス、水力発電

[産業] 農産品加工、木材および木材製品、建設資材、医薬品、衣類

食文化への影響　中国とインドはビルマ料理に影響を与えた。中国は米と麺料理、醤油、キノコをもたらした。インドは香りの良い調味料とカレー料理をもたらした。ビルマの肥沃な土地は米などの食料作物を生産し、家畜を育む。米が主食である。長い海岸線からは魚介類が獲れる。海水魚よりも淡水魚が好まれ、ターメリックとショウガを使用して臭みを消す。ミャンマーの美しい観光地のインレー湖には、湖上の村、浮き島の畑、有名な舟の漕ぎ方がある。漕ぎ手は足を櫂に絡めて舟を操り、鯉（ンガペイン）を捕まえる。ビルマ料理はトウガラシや魚のソースやペーストのように、隣国のタイ料理と多くを共有しているが、ミャンマー人は（ココナッツ油の代わりに）ピーナッツ油またはゴマ油を使い、香り高い香草をあまり使わずに調理することを好む。その結果、ミャンマーのカレーはタイに劣らず辛いが、滑らかさと甘さが少ない。中国との境界にある北部のシャン州では、料理は中国の影響を受けており、ミャンマーの他の地域やタイよりも変化が少ない（たとえば、魚醤の代わりに醤油、カレーソースの代わりにスープや揚げ物料理など）。

パンと穀類 米、トウモロコシ：蒸し米、ライスヌードル
肉と魚 魚（コイ、ナマズ、イワシ）、エビ、鶏肉、牛肉、豚肉、ヤギ肉、仔羊肉と羊肉、卵
乳製品 加糖練乳、ホイップクリーム
油脂 ピーナッツ油、ゴマ油、ラード、ベーコン、ギー（澄ましバター）
豆類 大豆、緑豆、ソラマメ、落花生：豆乳、豆腐、テンペ（固めの豆腐）
野菜 モヤシ、タケノコ、キャベツ、青ネギ、タロイモ、ジャガイモ、サツマイモ、クワイ、プランテーン、キノコ、カボチャ、ウリ、レンコン
果物 ココナッツ、ライム、マンゴー、パイナップル、バナナ、パパイヤ、ドリアン、タマリンド、オレンジ、レモン、メロン
種実類 アーモンド、カシュー、蓮の種、カボチャの種、ゴマ、スイカの種
香辛料 ニンニク、青ネギ、エシャロット、トウガラシ、レモングラス、ショウガ、ターメリック、カレー粉、塩
薬味 調製されたンガピ（魚ペースト）、ンガピーイェー（発酵させた魚醤）、醤油：自家製のバラチャン（干しエビ、ニンニク、ショウガ、ターメリック、エビペースト、タマネギ、ゴマ油を細かく刻んだペースト）
料理 蒸し米は、すべての食事で熱いものが供される。ふわふわにほぐしてあるが、指でつまむとまとまる程度に粘り気がある。指を使うのが伝統的な食べ方である。タミン・レトケという料理の名前は、指で混ぜた米飯という意味である。室温で供される料理もある。炒めた米、ワンディッシュの食事。ダンバウ（ギーで調理されたピラフ）。オンノ・カウスェー（ココナッツミルク・カレーを入れた鶏肉と麺）。ビンライ（マンゴーのピクルスを添えたポークカレー）。魚卵、調味料、薬味、およびマリーゴールドの葉を詰めたインレー湖の鯉。魚のフライ。砂糖、塩、およびトウガラシ粉に漬けた未熟なマンゴー。エビやカシューナッツが入った細切り未熟マンゴーのスパイシーなサラダ。
シャン高地の料理 豚肉とタケノコの炒め物。大豆カスと揚げた魚。三層豚肉（皮、脂肪、ベーコンの肉を切ったものと、ニンニク、ショウガ、エシャロットとの揚げ物）。揚げた水牛の皮のチップ。ニンニクの芽の炒め物。魚の混ぜご飯（調理された魚の身をほぐし、骨を除いて、調味料と一緒に炊いた米に混ぜ合わせる。5日ごとの市で販売され、シャン高地ではどこでも無料の熱い茶とトウガラシとともに供される）。
国民食 モヒンガ（魚とココナッツカレーのスープに入った細いライスヌードル）には、固ゆで卵、ライム、揚げたニンニク、青ネギ、ひと口サイズのエビや緑豆パティのフライが添えられる。
甘味類 サトウキビ、砂糖。果物。インゲンマメ、サツマイモ、またはもち米で作られたキャンディなどの菓子。タイェーサ（唾液のための食べ物、いつでも食べられるちょっとした軽食）。
飲物 茶（濃く、甘く、ミルクと供される）、白湯、スープ、豆乳、果物や豆の飲み物、

ビール

食事と供し方 収入に応じて、一日2食以上が普通。すべての食事にスープと米飯が供される。空の皿や碗は、その人がまだ食べ足りない、飲み足りないことを示すため、少量を残すことが満腹の印となる。茶葉の漬け物（ラペソー）は、食後に茶とともに供され（口中をきれいにするため）、揚げたニンニク、煎ったゴマ、揚げたソラマメ、塩が添えられることもある。

屋台・間食 モヒンガ、果物、お茶。屋台や喫茶店がたくさんあり、軽食は人気がある。

メキシコ Mexico
メキシコ合衆国

[地理] メキシコは北アメリカの南部に位置し、アメリカと中米のあいだで、メキシコ湾と太平洋に面している。東と西に山脈があり、そのあいだに乾燥した中央高原（海抜1,500～2,400m）があって、沿岸低地は熱帯気候である。国土の約45％が乾燥地帯である。

主要言語	民族		宗教	
スペイン語	メスティーソ（アメリカ先		カトリック	82.7%
マヤ語	住民とスペイン人の混血）		無宗教	4.7%
ナワトル語		62%		
その他先住民の言語	アメリカ先住民	21%		
	白人	7%		

人口密度　64.1人/km²　　　　　　都市人口率　79.8%
識字率　94.5%　　　　　　　　　出生1000あたり乳児死亡率　11.6
平均寿命　男性73.3歳、女性79.0歳　HIV感染率　0.3%
1人あたりGDP　18,900ドル　　　　失業率　4.0%
農業就業人口　13.4%　　　　　　耕地面積率　11.5%

[農業] サトウキビ、トウモロコシ、ソルガム、オレンジ、小麦、トマト、バナナ、インゲンマメ、綿、コーヒー、その他の果物、ニワトリ、牛、豚、ヤギ、羊

[天然資源] 石油、銀、銅、金、鉛、亜鉛、天然ガス、木材、漁獲

[産業] 食品および飲料、タバコ、化学品、鉄鋼、石油、鉱業、繊維、衣類、自動車、耐久消費財、観光

[食文化への影響] 人口の大半は海抜1,800m以上の中央高原に住んでいる。多くの人にとって、暮らしと料理はインディオのものだが、世界最大の都市のひとつであるメキシコシティは国際的な影響を受けている。メキシコ全土で、何世紀にもわたって、そして今も、トウモロコシはメキシコ料理の基盤である。メキシコのパンであるトルティーヤは、トウモロコシを水と石灰でゆで、浸しておいたものを水切りし、皮を擦り落とし、粗粉（マサ）に粉砕し、水を加えて生地を作って円盤状に伸ばし、網焼きする。インゲンマメとトウガラシも重要な食材である。インゲンマメのたんぱく質が、トウモロコシのたんぱく質を補う。トウガラシは味とビタミンを提供する。果物は北部を除いて豊富である。メキシコ湾と太平洋、湖、川では魚介類が獲れる。七面鳥とチョコレートは、この国で昔から食べられていて、国民食であるモーレ・ポブラノのように、時には両方一緒に、またトウガラシを入れることもある。3世紀にわたったスペインの支配はメキシコの食べ物に重要な影響を与えた。16世紀に来たスペイン人は、米、小麦、タマネギ、

ニンニク、オリーブ、砂糖、レーズン、シナモン、ナツメグ、アーモンド、ゴマ、牛、豚、羊、およびヤギをもたらし、肉および脂肪(とくに、揚げ物を可能にした豚由来のラード)、ミルク、バター、チーズをメキシコの食生活に加えた。スペイン人はまた、メキシコの天然飲料にアルコールの蒸留を導入し、リュウゼツランから作るテキーラとメスカルをもたらした。このように、メキシコ料理はインディオ料理とスペイン料理のブレンドである。また、ドイツ移民は19世紀にビールを持ち込み、19世紀後半にフランスの影響力が強まった結果、ロールパンとスイートブレッドが普及した。メキシコの広範な飲み物は、地理と歴史を反映している。トウモロコシ、サボテン、サトウキビ、コーヒー、ココアなど、この国の農産物から飲み物が作られている。地理的多様性により、地域特有の食べ物が生まれる。メキシコ湾岸のベラクルスは黒インゲンマメ、エビ、魚、果物が有名で、ユカタン半島は調味料としてのベニノキの種(アチョーテ／アナトー)およびサワーオレンジが、プエブラとオアハカはモーレ(ソース)が、そして北部の州は牛肉、乳製品、小麦粉トルティーヤが名高い。また、食べ物はさまざまな収入、季節、祭り、国民の休日によって異なる。宗教も食べ物に影響する。大多数がカトリック教徒であるこの国では、宗教的な休日や季節、とくにクリスマスとイースターを祝うための特別な食べ物が重要である。

パンと穀類 トウモロコシ、小麦、米：トルティーヤ、アトーレ、パン、ロールパン、パン・ドゥルセ(スイートブレッド)、ペストリー、米料理。

肉と魚 鶏肉、牛肉、豚肉、ヤギ肉、仔羊肉、魚介類(エビ、コンク貝、ウミガメ)、卵、七面鳥：チョリソー(スパイシーなソーセージ)

乳製品 ミルク(牛、ヤギ)、エバミルク、クリーム、チーズ

油脂 バター、ラード(マンテカ)、植物油、オリーブ油

豆類 ウズラマメ、大豆、赤エンドウマメ、黒エンドウマメ、サヤインゲン、ヒヨコマメ

野菜 トマト、トウガラシ、ジャガイモ、青ネギ、ウリ、カボチャ、ウチワサボテン、アボカド、プランテーン、青物野菜、タマネギ、ヒカマ(クズイモ。ジューシーでサクサクした食感の塊茎)、サツマイモ、エンドウマメ、キャッサバ、レタス、オリーブ

果物 オレンジ、バナナ、グアバ、マンゴー、レモン、ライム、パパイヤ、パイナップル、ココナッツ、グレープフルーツ、ザボン、メロン、サボテンの実

種実類 松の実、アーモンド、ペピータ(カボチャの種)、ウリの種、ゴマ

香辛料 トウガラシ(生または乾燥して粉にしたもの)、ニンニク、バニラ、チョコレート、アチョーテ、コリアンダー、シナモン

料理 アトーレ(トウモロコシの粉、水、調味料で作られる粥または濃厚な飲み物)。トウガラシを加えて煮込んだインゲンマメ。インゲンマメを煮て、そのあとに炒めたもの(フリホレス・レフリトス)。炊いた米。米とインゲンマメの煮込み。トマトとトウガラシを添えた米飯。サルサ(トマト、トウガラシ、タマネギのソース)は食事の時に

は必ず食卓に供される。たっぷりのスープ各種：野菜、トルティーヤの小片、小さく切った鶏肉または肉；メヌード（モツとひき割りトウモロコシ）。タマネギとニンニクを炒め、肉を加えて煮詰めたシチュー（カルドス）。固くなったトルティーヤまたは米で作られたカセロール（ソパ・セカ）。ゆでてマッシュし、油で玉ねぎとトマトと炒めたプランテーン。目玉焼き（ウェボス・ランチェロス）。カルネ・アサーダ（牛肉のグリル）。カブリート（若いヤギのロースト）。焼くかフルーツジュースで蒸した鶏肉。焼いたフエダイのアチョーテソース漬け。モーレ（トウガラシ、ナッツ、種子、ニンニク、スパイスをすりつぶし、熱した油で炒めたものに水を加えて煮詰める。ビターチョコレートを入れることもある。そこに調理済みの肉や鳥肉を入れる）。ワカモーレ（熟したアボカドのマッシュに、トマト、みじん切りのタマネギ、トウガラシ、コリアンダーを混ぜたペースト）。チレ・レイェーノ（肉、魚、インゲンマメ、チーズなどを詰めたあまり辛くないトウガラシ、卵の衣を付けて揚げる）。エンチラーダ（トウモロコシのトルティーヤを温かい油やトマトチリソースで柔らかくし、味つけした肉、鶏肉、またはチーズミックスに巻き付け、ソースとチーズで覆い、オーブンで焼いたもの）。タマレス（スパイシーな肉や鶏肉をトウモロコシの生地に包み、トウモロコシの殻やバナナの葉に包んで蒸したもの）。タコス（味つけ肉入りのトルティーヤ）。ブリート（インゲンマメとサルサの具に小麦粉トルティーヤを巻いて折り畳んだもの）。トルティーヤチップのフライ。シーザーサラダ（チーズと卵のドレッシングをかけたロメインレタス）。

国民食 モーレ・ポブラノ（プエブラのソース）は、トウガラシ、チョコレート、ナッツ、種子、レーズンのソースに七面鳥を入れる。

甘味類 サトウキビ、粗糖（パノーチャ）、砂糖：フルーツ。砂糖漬けの果物。フラン（甘い卵カスタードにカラメル化した砂糖をトッピング）。アロス・コン・レーチェ（ライスプディング）。

飲物 ミルク入りコーヒー（カフェ・コン・レチェ）、アトーレ、ホットチョコレート、果物や野菜のスムージー（リクアド）、アグアス・フレスカス（果物または野菜の飲料にライムジュースを入れたもの）、清涼飲料水、ビール、プルケ、テキーラ、メスカル、ラム酒、ワイン、リキュール、ウイスキー、マルガリータ（テキーラ、ライムジュース、砂糖、コアントローまたはトリプルセック、氷のカクテル、グラスの縁に塩をつける）。

食事 早朝の朝食：コーヒー、ホットチョコレート、またはアトーレにフルーツとペストリー。ことによると遅い朝食（午前半ば）：目玉焼き、ベーコンまたは豆、トマトとチリソース、トルティーヤ、ホットチョコレート。メインの食事（午後1時から2時頃）、5皿のコース：スープ、米料理（ソパ・セカ）、肉または魚料理にトルティーヤ、豆、果物やデザートにコーヒー。夕食：残り物、アトーレ、またはペストリー、フルーツ、ホットチョコレート。

屋台・間食 穂軸ごと焼いたトウモロコシ、揚げた豚の皮（チチャロン）、カットスイカ、アグアス・フレスカス、タコス、タマレス、カルニタ（豚肉の脂肪で調理した角切りの

豚肉)、砂糖衣をかけたサツマイモ。

モザンビーク　Mozambique
モザンビーク共和国

[地理] モザンビークはアフリカ大陸南東部に位置し、インド洋に面している。おもに沿岸は低地であり、西側の山々に向かって上る低い台地である。五つの大きな川と港があり、最大の河川はザンベジ川である。

主要言語	民族	宗教	
ポルトガル語（公用語） マクア語 ツォンガ語 ロムウェ語 セナ語	アフリカ人（マクア族、ツォンガ族、セナ族、ロムウェ族）　99.66%	カトリック その他のキリスト教 イスラム教 現地の信仰 無宗教	28.4% 18.0% 17.9% 17.0% 23.0%

人口密度　33.8人/km²　　　　　　都市人口率　32.8%
識字率　58.8%　　　　　　　　　　出生1000あたり乳児死亡率　65.9
平均寿命　男性52.9歳、女性54.5歳　HIV感染率　12.3%
1人あたりGDP　1,200ドル　　　　　失業率　24.4%
農業就業人口　81%　　　　　　　　耕地面積率　7.2%

[農業] キャッサバ、サトウキビ、トウモロコシ、綿、カシューナッツ、茶、ココナッツ、サイザル、柑橘類、トロピカルフルーツ、ジャガイモ、ヒマワリ、ニワトリ、牛、ヤギ、豚、羊

[天然資源] 漁獲、石炭、チタン、天然ガス、水力発電、タンタル、グラファイト

[産業] 食品、飲料、化学品、アルミニウム、石油製品、繊維、セメント

[食文化への影響] アラブの商人と奴隷商人は、ここアフリカの南東部に東洋からのスパイスを持ち込んだ。ポルトガル人は東への貿易ルートの経由地としてここに港を建設した。ポルトガルの貿易と植民地化はモザンビークの料理に影響を与えた。ポルトガル人は、豚、ニワトリ、塩漬けのタラ、オリーブ、コーヒー、紅茶を持って来た。東洋からは、オレンジ、レモン、スパイス、新しい種類の米と豆、そしておそらくはバナナ、砂糖、熱帯の果物が到来した。やはりポルトガルの植民地だったアンゴラを経て、ポルトガル人はアメリカからのトウモロコシ、トマト、ジャガイモ、サツマイモ、トウガラシ、ピーマン、パイナップル、キャッサバを紹介した。東洋の米、スパイス、果物は、アンゴラと比べると、モザンビークで一層顕著に見られる。ポルトガルの影響は、たとえば卵を使う甘い料理に残っている。インドの西海岸にある旧ポルトガル領のゴアから来た移民は、インドのカレーやココナッツ料理という影響を、モザンビークに加えた。モザンビークの長い海岸では魚が獲れ、その立派な港の数々は南アフリカ内陸部からの出口

になっている。その黄砂のビーチは、内陸に住むヨーロッパ人お気に入りの休日の遊び場になっている。

パンと穀類 トウモロコシ、米、小麦：ポルトガル風のパン、フリッター、米料理

肉と魚 鶏肉、卵、牛肉、ヤギ肉、羊肉、豚肉、魚介類（塩ダラ、二枚貝、小エビ、クルマエビ）

乳製品 ミルク

油脂 ココナッツバター、バター、オリーブ油、ピーナッツ油

豆類 落花生、インゲンマメ

野菜 キャッサバ、ジャガイモ、オリーブ、トマト、サツマイモ、トウガラシ、ピーマン、葉物野菜、カボチャ、タマネギ、パセリ、プランテーン

果物 ココナッツ、オレンジ、レモン、ライム、バナナ、パイナップル、パパイヤ、スイカ

種実類 カシューナッツ（多くの料理で使用される）、ヒマワリの種、ゴマ、スイカの種

香辛料 トウガラシ、ニンニク、シナモン、クローブ、コリアンダー、ターメリック、その他のカレー用スパイス、レモン汁、ライム汁

料理 炊いた米。マトンカレーなどのカレー。調理用にココナッツミルクを使った料理：魚とエビのシチュー：タマネギ、トマト、トウガラシを入れてココナッツミルクで炊いた米（アロス・デ・ココ）。沿岸のシーフード・ホットポット（魚の切り身とむきエビを、ピーマン、トウガラシ粉、トマト、タマネギ、コリアンダー、オリーブ油、ココナッツミルクと盛り合わせて煮込み、温めたピーナッツ油をトッピングして、米飯と一緒に食べる）。エビのフリッター（エビ、ニンニク、パセリ、タマネギ、トウガラシ、シナモンを合わせてソテーした具を、丸く薄いペストリーで包んで折り畳み、ピーナッツ油で揚げる）。マタタ（貝、ナッツ、カボチャの葉）。ザンベジ川沿いの鶏肉を、カシューナッツとココナッツミルクを入れて煮込み、焼いたサツマイモや炊いた米を添える。モザンビークで最も有名な料理、ピリピリ（小さなトウガラシで味つけした料理またはソース）；このソースは肉や魚介類にかけて、通常は米飯と一緒に食べる。人気のある料理は、エビをピリピリでマリネしたり、塗りながらあぶったグリル。

甘味類 サトウキビ、砂糖：ココナッツのプディングとキャンディ。パパイヤと卵黄のプディング（パパイヤ、ライムジュース、水、砂糖、シナモン、クローブを煮詰め、とろみがつくまで撹拌しながら泡立てた卵黄に注ぐ）。

飲物 茶、コーヒー

モナコ Monaco
モナコ公国

[地理] モナコは、ヨーロッパの地中海北西海岸、フランスのニースから東に 15km ほどの場所にある。丘陵が多く、細長い小国（約 2km^2）だが、壮大な景色と穏やかな気候を持つ。

主要言語	民族		宗教	
フランス語（公用語）	フランス人	47%	カトリック（国教）	90%
英語	モナコ人	16%		
イタリア語	イタリア人	16%		
モナコ語				

人口密度　15,322.5 人/km²　　　　都市人口率　100%
識字率　99%　　　　　　　　　　　出生 1000 あたり乳児死亡率　1.8
平均寿命　男性 85.6 歳、女性 93.5 歳　　HIV 感染率　ー
1 人あたり GDP　115,700 ドル　　　失業率　ー
農業就業人口　ー　　　　　　　　　耕地面積率　0

[農業] ある程度の園芸および温室栽培
[天然資源] 漁獲、気候、景色
[産業] 観光、建設、小規模の工業および消費者製品

[食文化への影響] フランスとイタリアのあいだにある、地中海沿岸の小さな丘陵国モナコは、気候、風景、カジノのおかげで一大観光地となっている。モナコの食べ物への影響には、魚介類が獲れる地中海、近隣のフランスとイタリア、そしてヨーロッパやその他世界中からの観光客という土地柄が含まれる。魚以外の食品は輸入されている。

[パンと穀類] 小麦、トウモロコシ、米：フランスパン（バゲット）、ロールパン、クロワッサン、パスタ、米料理
[肉と魚] 魚介類、牛肉、鶏肉、豚肉、仔羊肉、卵；プロシュート
[乳製品] ミルク、クリーム、ヨーグルト、チーズ（ブリー、カマンベール、リコッタ）
[油脂] オリーブ油、バター、ラード、マーガリン、植物油
[豆類] スプリットピー、レンズマメ、ヒヨコマメ
[野菜] ジャガイモ、トマト、レタス、キュウリ、オリーブ、サヤインゲン、ナス、ズッキーニ、ピーマン、アーティチョーク、エンドウマメ、キノコ、トリュフ、タマネギ
[果物] ブドウ、洋ナシ、リンゴ、サクランボ、イチゴ、ラズベリー、オレンジ、レモン、メロン、レーズン

種実類 アーモンド、栗、ヘーゼルナッツ、クルミ、ゴマ
香辛料 トマト、ニンニク、オリーブ油、酢、レモン汁、塩、コショウ、パセリ、バジル、オレガノ、シナモン、タラゴン、タイム、ベイリーフ、マスタード、ケーパー、サフラン、バニラ
料理 ブイヤベース（何種類かの魚介類とトマト、ニンニク、オリーブ油をサフランで味つけした魚のシチュー）。ラタトゥイユ（トマト、ナス、ズッキーニをオリーブ油で煮る）。ニース風サラダ（マグロ、トマト、オリーブ、レタス、その他の生野菜、時には固ゆで卵を入れて作るニース発祥のサラダ）。パン・バーニャ（オリーブ油と、アンチョビ、トマト、ピーマン、タマネギ、オリーブ、固ゆで卵、ケーパーなどの素材で作ったフランスパンのサンドイッチ）。フライドポテト。この地域特産のブラックトリュフを飾った料理。
甘味類 砂糖：新鮮な果物。フルーツタルト。ペストリー。クレープ、イチゴ、ホイップクリーム。プチフール。チーズケーキ
飲物 コーヒー、清涼飲料、ワイン（赤、白、シャンパン）、ビール、紅茶、ウイスキー、ポートワイン、シェリー、ジン、リキュール

モーリシャス　Mauritius
モーリシャス共和国

[地理] モーリシャスはマダガスカルから東に 800km 離れたインド洋に位置する。サンゴ礁に囲まれた火山島で、中央の台地が山々に囲まれている。

主要言語	民族	宗教	
英語（公用語）	インド系モーリシャス人	ヒンドゥー教	48.5%
クレオール語	（国民の約3分の2）	カトリック	26.3%
ボージュプリー語	クレオール	イスラム教	17.3%
フランス語			

人口密度　668.2 人/km²　　　　　都市人口率　39.4%
識字率　92.7%　　　　　　　　　出生 1000 あたり乳児死亡率　9.8
平均寿命　男性 72.4 歳、女性 79.5 歳　　HIV 感染率　—
1 人あたり GDP　20,500 ドル　　　失業率　7.8%
農業就業人口　8%　　　　　　　　耕地面積率　36.9%

[農業] サトウキビ、トマト、ジャガイモ、茶、トウモロコシ、バナナ、豆類、ニワトリ、ヤギ、牛、豚、羊

[天然資源] 漁獲

[産業] 食品加工（おもに製糖）、繊維、衣料品、化学品

[食文化への影響] モーリシャスとその食文化は、オランダ、フランス、イギリス、アフリカ、インド、中国の影響を受けている。オランダは 16 世紀の終わりにモーリシャスを植民地化し、1 世紀以上支配した。フランスがあとに続き、ほぼ 1 世紀近く占拠した。イギリスは 1 世紀半のあいだ、この島を支配した。オランダ人とフランス人の植民者は、アフリカの黒人奴隷を砂糖農園で働かせるために移入していた。地理的要因は、アフリカ、マダガスカル、アラブ世界、インド亜大陸およびアジアからの影響を可能にした。インド人は建設業と製糖産業で働くために来島した。中国人はおもに 20 世紀に入ってから、小売業者やビジネスマンとして頭角を現わした。モーリシャスの食べ物に対するインドと中国の影響の例には、インドからのマサラ（カレー粉）と中国からの麺がある。フランス料理、インド料理、中華料理に加えて、クレオール料理が盛んに調理される。この国のクレオールの料理は、アフリカ黒人の料理、ヨーロッパ料理（オランダ料理、フランス料理、イギリス料理）、およびインド料理のブレンドである。モーリシャスは料理と言葉のるつぼで、最も一般的に話されるのはクレオール語である。

[パンと穀類] トウモロコシ、小麦、米：パン、麺、米料理

肉と魚 鶏肉、ヤギ肉、牛肉、豚肉、仔羊肉、卵、魚介類（ヒメジ、マグロ、エビ、タコ）
乳製品 ヨーグルト
油脂 バター、ギー、ラード、ココナッツ油、植物油
豆類 インゲンマメ、エンドウマメ、レンズマメ、落花生
野菜 トマト(小さく味の濃い品種、ポム・ダムール)、ジャガイモ、葉物野菜（ブレーデ）、ヤシの芽（パルミット）、ウリ（ハヤトウリ、シュシュとも呼ぶ）
果物 バナナ、ココナッツ、レモン
香辛料 ニンニク、トマト、マスタード、サフラン、トウガラシ、油、酢、カレー粉（スパイスを調合したもの）
料理 ビンデイ（マスタード、サフラン、トウガラシ、ニンニク、油、酢で作るソース）。魚やタコのフライ、ビンデイをトッピングする。ルガイ（トマト味のガーリックソース）は、常に熱々で供する。クレオールソース(色と香りのためにトマトを入れたソース)は、ステーキのバーベキュー、ヒメジのフライ、ゆでたエビ、オムレツ、ライスなどにかける。炊いたり蒸した米。ブレーデ（葉物野菜の煮込み）。
甘味類 サトウキビ、砂糖、バナナ、バナナフランベ、ココナッツプディングやライスプディング
飲物 茶、サトウキビジュース

モーリシャス

モーリタニア　Mauritania
モーリタニア・イスラム共和国

[地理] モーリタニアはアフリカの北部に位置し、大西洋に面している。肥沃なセネガル川流域が南部にある。広い中央地域は灌木の生える砂地の平原である。北部は乾燥しており、サハラ砂漠につながっている。

主要言語	民族	宗教
アラビア語（公用語、国語）	ムーア人・黒人の混血 40%	イスラム教（国教） 100%
プラール語（国語）	ムーア人 30%	
ソニンケ語（国語）	黒人 30%	
ウォロフ語（国語）		
フランス語		

人口密度　3.6人/km²　　　　　　都市人口率　61.0%
識字率　52.1%　　　　　　　　　出生1000あたり乳児死亡率　51.9
平均寿命　男性61.1歳、女性65.8歳　HIV感染率　0.5%
1人あたりGDP　4,400ドル　　　　失業率　11.0%
農業就業人口　50%　　　　　　　耕地面積率　0.4%

[農業] ソルガム、米、ナツメヤシ、キビ、トウモロコシ、羊、ヤギ、ラクダ、ニワトリ、牛
[天然資源] 鉄鉱石、石膏、銅、リン鉱石、ダイヤモンド、金、石油、タコなどの漁獲
[産業] 魚加工、鉄鉱石および石膏鉱業

[食文化への影響] モーリタニアは、サハラのすぐ南にある他の国と同様に、ほとんどが砂漠で、人はまばらにしか住んでいない。その土地では穀物、ナツメヤシの栽培と、家畜の飼育が可能である。大西洋とセネガル川では魚が獲れる。モーリタニアの食習慣は、北アフリカ、西アフリカ、フランス、新世界からもたらされた食糧（たとえば、トウモロコシ、サツマイモ）、そして宗教の影響を受けている。たとえば、モーリタニア料理のメシュイ（ナツメヤシとレーズンを詰めた仔羊の脚）はモロッコ料理に似ている。西アフリカと同様、肉と魚がしばしば同じ料理に入る。バゲットはフランスの影響で、都会では一般的になっている。トウガラシやトマトは、新世界の影響であり、多くの料理に使用されている。ほとんどすべての人々がイスラム教徒であり、豚肉やアルコールの摂取を禁じられている。牧畜は北部で行なわれている。赤肉身はぜいたく品である。農村部では、石を三つ置いた上に鍋を載せて薪を燃やす伝統的なかまどが今も使用されている。野焼きで肉を焼くこともある。オーブンは普及していない。

[パンと穀類] キビ、ソルガム、米、トウモロコシ、小麦、野生の穀物：粥、キビのクス

クス（穀物の生地で作る小さな粒で、蒸して米のように供する）、米料理、麺、バゲット

肉と魚 仔羊肉と羊肉、ヤギ肉、鶏肉、卵、牛肉、魚介類（たとえばタコ）、ホロホロチョウ、ハト、ラクダ、狩猟動物（たとえばアンテロープ、ハイラックス）。肉や魚はしばしば干物にする。

乳製品 ミルク、サワーミルク、バターミルク、凝乳、ホエー、チーズ

油脂 シア油とシアバター（シアノキの種から採る）、パーム油、ピーナッツ油

豆類 落花生、ササゲ、インゲンマメ、レンズマメ。豆類は食生活の中で重要である。

野菜 キャッサバ、ヤムイモ、プランテーン、サツマイモ、トマト、オクラ、青物野菜、トウガラシ、タマネギ

果物 ナツメヤシ、レーズン、ココナッツ、バナナ、スイカ、マンゴー

種実類 コーラナッツ、シアナッツ、スイカの種、ゴマ。種実類はソースやシチューを濃厚にする。

香辛料 トウガラシ、トマト、タマネギ、ニンニク

料理 キビとキャッサバを煮たもののマッシュ。コーンミールの粥。米、キビ、または野生の穀物を炊いたもの。ゆでるか蒸したクスクス。ミートボールとピーナッツソース。肉と魚のソース。赤身肉とオクラのシチュー。さまざまなシチュー：キャッサバの葉と魚の干物とパーム油：魚、オクラ、青物野菜、トマト。詰め物をしたラクダの胃（ハギスに似ている）。一般的な料理、炊いた米と仔羊肉や羊肉とトマトの薄いシチュー。人気のある料理：乾燥させたキャッサバ粥にスモークした魚、トマト、その他の野菜。

祝祭用料理 キビとキャッサバのマッシュに、2種類のソース（挽き肉、干し魚、乾燥オクラの粉：サイコロのように切った肉とトマト）を添え、供する前に混ぜる。ジョロフライス（米とトマトまたはパーム油）

甘味類 ハチミツ、砂糖、ピーナッツキャンディ、焼いたバナナ、甘いペストリー、甘みをつけて練った生地のボールを揚げたもの。

飲物 ビール、コーヒー

屋台 ケバブ、シャワルマ（回転肉焼き器で焼いた仔羊肉）、インゲンマメのフリッター、甘いペストリー、網焼きしたスイートコーン

モーリタニア

モルディブ　Maldives
モルディブ共和国

[地理] モルディブはインド南西部のインド洋に位置する。19 の環礁と、1,190 の島々で構成され、そのうち 198 の島に住民がいる。環礁は海抜が 2m 以下と平坦で、島々は最大でも 2km^2 ほどしかない。

主要言語	民族	宗教
ディベヒ語（公用語） 英語（政府の役人の大多数が話す）	南インド人 シンハラ人	イスラム教（国教） 　（ほとんどスンニ派）

人口密度　1317.8 人/km^2　　　　都市人口率　47.5%
識字率　99.3%　　　　　　　　　出生 1000 あたり乳児死亡率　22.0
平均寿命　男性 73.5 歳、女性 78.3 歳　HIV 感染率　－
1 人あたり GDP　15,300 ドル　　　失業率　3.2%
農業就業人口　15%　　　　　　　耕地面積率　13%

[農業] ココナッツ、バナナ、トウモロコシ、サツマイモ
[天然資源] 漁獲
[産業] 観光、魚加工、海運、ボート建造、ココナッツ加工、衣料品

[食文化への影響] 約 200 の島に人が住み、全部で 1,200 近くの島々からなるモルディブは、その領土の 99％以上が海であり、シンガポールとほぼ同じ陸地しかないという点で、ユニークな国である。海からは主食である魚が獲れる。その他の影響には、インド、アラブ、イスラム、セイロン、イギリスなどがある。ココナッツ、バナナ、トウモロコシ、サツマイモが栽培されている。

[パンと穀類] トウモロコシ、米
[肉と魚] 魚介類（通常はリーフフィッシュとカツオ）。カツオは生、缶詰、燻製、または燻製干物（ヒキマス）で販売されている。ヒキマスは「モルディブ・フィッシュ」と呼ばれ、細かい粉にすると風味を増すので、料理には重要である。カツオはスープ、ペースト（リハークル）、グルハとバジヤーなど「短い食べ物（軽食）」のフィリングに使用される。
[油脂] ココナッツクリームとココナッツ油
[豆類] インゲンマメ、エンドウマメ、レンズマメ
[野菜] サツマイモ、タマネギ
[果物] ココナッツ、バナナ、ライム、その他のトロピカルフルーツ

香辛料 トウガラシ、タマネギ、ライム汁、ココナッツミルク

料理 炊くか蒸した米。揚げる、焼く、または煮た魚は、通常、米飯、タマネギ、ココナッツ、トウガラシ、ライム果汁と供される。ゆでるか揚げたサツマイモ。

国民食 ガルディア（マグロのぶつ切りのスープ）

甘味類 ハチミツ、ヤシの樹液、砂糖：新鮮な果物。ココナッツ、ハチミツ、米粉、ヤシの樹液、バナナで作った菓子。

飲物 茶、コーヒー、ココナッツジュース、フルーツジュース

モルドバ　Moldova
モルドバ共和国

[地理] モルドバは東ヨーロッパの、ルーマニアとウクライナのあいだに位置する。おもに丘陵地の平原であり、豊かな黒土がその地域の4分の3を占め、南には草原がある。

主要言語	民族		宗教	
モルドバ語（公用語）	モルドバ人	75.1%	東方教会	90.1%
（事実上ルーマニア語と同一）	ルーマニア人	7.0%		
ロシア語	ウクライナ人	6.6%		
ガガウズ語	ガガウズ人	4.6%		
	ロシア人	4.1%		

人口密度　105.6人/km²　　　　都市人口率　45.2%
識字率　99.2%　　　　　　　　出生1000あたり乳児死亡率　12.0
平均寿命　男性67.1歳、女性75.1歳　　HIV感染率　0.6%
1人あたりGDP　5,200ドル　　　失業率　5.0%
農業就業人口　33.7%　　　　　耕地面積率　55.3%

[農業] 穀物、テンサイ、野菜、ブドウ、ヒマワリの種、タバコ、ニワトリ、羊、豚、牛、ヤギ

[天然資源] 亜炭、亜リン鉱石、石膏、石灰石

[産業] 製糖、植物油、食品加工、農業機械、鋳造設備

[食文化への影響] モルドバは、ウクライナとルーマニアのあいだに位置し、西ヨーロッパと東方のあいだの往来が頻繁な貿易ルートであった場所にある。近隣国やビザンチン料理、ギリシャ、トルコの影響を反映している。例としてはギリシャ、トルコ、ルーマニアのムサカ、ルーマニアのママリガ、トルコやバルカン諸国のようなギュベチなどがある。ほとんどの人は東方教会のキリスト教徒で、信者は断食日には動物性の食べ物を摂取せず、祭日、とくにイースターのために特別な食品を準備する。

[パンと穀類] トウモロコシ、小麦、ライ麦、ソバ、大麦、キビ、オート麦：粥、ライ麦または小麦パン、ダンプリング、ペストリー、パンケーキ、ケーキ

[肉と魚] 鶏肉、仔羊肉と羊肉、豚肉、牛肉、ヤギ肉、卵：ハム、ソーセージ

[乳製品] ミルク（牛、羊）、バターミルク、クリーム、サワークリーム、チーズ

[油脂] バター、ベーコン、ラード、オリーブ油、植物油、トウモロコシ油、ヒマワリ油

[豆類] 赤インゲンマメ、レンズマメ、スプリットピー

[野菜] ジャガイモ、キャベツ、ビート、キュウリ、ニンジン、ナス、タマネギ、キノコ、トマト、オリーブ：ピクルス、ザウアークラウト

[果物] ブドウ、リンゴ、プラム、アプリコット、サクランボ、ブラックベリー、レーズン、カラント、マルメロ：ジャム

[種実類] アーモンド、栗、ヘーゼルナッツ、クルミ、ヒマワリの種、ケシの実

[香辛料] ムジデイ（ニンニクとビーフストックを混ぜて濃縮したもの）、タマネギ、ニンニク、パセリ、ディル、ショウガ、タラゴン

[料理] ムサカ(焼きナス、挽き肉、タマネギ、トマト)。ママリガ(コーンミールのマッシュ、固くなるまで加熱したあと、小片に切る)。ギュベチ（蓋なしの陶器皿またはその中で調理される食べ物、通常は仔羊肉または羊肉と野菜やハーブの料理)。チョルバ（肉を塩ゆでして作るスープ)。赤インゲンマメとタマネギのピューレにムジデイ。肉と果物の組み合わせ、たとえば、蒸し煮にした鶏肉にアプリコットまたはプラムのソース。カーシャ（ソバ、大麦、またはキビの粥)。ゆでるか揚げたジャガイモ。サワークリームにキュウリ。肉、ジャガイモ、またはフルーツを詰めて、ゆでた小麦粉またはジャガイモのダンプリング。ペストリーの生地に、挽き肉またはキャベツを詰め、焼くか揚げたもの。挽き肉詰めのキャベツ。味つけした挽き肉にパン粉とミルクまたは卵を混ぜて、焼いたパティ。薄く切った肉に軽くパン粉をつけて揚げたもの。

[伝統的なクリスマス料理] クチヤ（小麦の粒、ハチミツ、ケシの実、および煮込んだドライフルーツ）

[イースターの料理] 赤く染めたり、または装飾を加えた固ゆで卵。パスカ（フルーツとナッツを入れたチーズケーキ)。クリーチ（たっぷり甘い酵母生地に、ナッツ、フルーツを入れ、背の高い円筒形に作ったケーキ)。

[甘味類] ハチミツ、砂糖：フルーツコンポート。ベリーのプディング（キセル)。スパイシーなジンジャーケーキ。

[飲物] ミルク、茶、クワス、ビール、ウォッカ、ワイン

[食事] 一日3食が普通で、昼食がメイン。軽食は滅多に摂らない。普通の食事：スープ、カーシャ、パン

モ

モルドバ

モロッコ Morocco
モロッコ王国

[地理] モロッコは北アフリカに位置し、大西洋と地中海に面している。国土は、大西洋沿岸の肥沃な平野、地中海沿岸の山々、北東から南へ連なるアトラス山脈、耕作された中央高原、そして東と南東の乾燥地帯である。

主要言語	民族	宗教	
アラビア語（公用語）	アラブ系ベルベル人　99%	イスラム教（国教）	
ベルベル語の方言各種		（ほとんどスンニ派）	99%
フランス語（ビジネスや政府内でしばしば使われる）		その他	1%

人口密度　76.2人/km²　　　　　都市人口率　61.2%
識字率　71.7%　　　　　　　　出生1000あたり乳児死亡率　21.9
平均寿命　男性74.0歳、女性80.3歳　HIV感染率　0.1%
1人あたりGDP　8,400ドル　　　　失業率　10.0%
農業就業人口　39.1%　　　　　　耕地面積率　18.2%

[農業] 小麦、テンサイ、ジャガイモ、大麦、柑橘類、ブドウ、野菜、オリーブ、ニワトリ、羊、ヤギ、牛、豚

[天然資源] リン鉱石、鉄鉱石、マンガン、鉛、亜鉛、漁獲（おもにイワシ）、塩

[産業] リン鉱石採掘および加工、食品加工、皮革製品、繊維、建設、観光

[食文化への影響] モロッコの肥沃な平野、高原、高山、砂漠は、穀物、果物、野菜、家畜を生産する。大西洋と地中海沿岸の長い海岸線では魚介類が獲れる。モロッコの食べ物への影響には、先住のベルベル人、フェニキア人、カルタゴ人、ローマ人、アラブ人、スペイン人、フランス人がある。アラブ人は薄いパン（のちに薄いペストリーに進化した）、東洋のスパイス、そしてモロッコ料理に典型的な甘酸っぱくスパイシーな味をもたらす、甘味と酸味の組み合わせを伝えた。モロッコ、アルジェリア、チュニジアは、アフリカの北西に位置し、アラビア語でマグレブ（西部）と呼ばれ、遊牧民であるベルベル人の豊富な人口によって中東との違いが際立っている。これらの国々はよく似た料理を持ち、クスクス、メルゲーズ・ソーセージ（イスラム教の食事規定を遵守するため、豚肉の代わりに牛肉で作られ、赤トウガラシで味つけする）、アラブ風のペストリーなどの食品を輸出してフランスに影響を与えてきた。パリなどにモロッコ料理のレストランが進出した。モロッコではアラブ料理が主流だが、遊牧民はベドウィンの食べ物（おもに羊、ヤギ、ラクダから得るミルク、澄ましバター、ヨーグルトなどの乳製品、薄い

無発酵パン、ゆでた羊肉を米飯にのせたもの、ナツメヤシ、小さな狩猟動物、イナゴ、コーヒー）を食べている。イスラム教徒は、豚肉やアルコールの摂取が禁止されており、ラマダンの月は日の出から日没までの断食が必要である。モロッコ料理は、仔羊肉料理、バスティラ（スパイシーなハトまたは鶏肉のパイ）、アーモンドとハチミツの甘いペストリーが特徴的である。

パンと穀類 小麦、大麦、トウモロコシ、キビ、米：フラットブレッド、非常に薄いペストリー（ワルカ）、クスクス（穀物、通常はセモリナ小麦で作って乾燥させた小さな粒）、パスタ、米料理。

肉と魚 仔羊肉と羊肉、鶏肉、ヤギ肉、牛肉、豚肉、魚（イワシ）、卵、鳩肉：メルゲーズ・ソーセージ

乳製品 ミルク（牛、羊、ヤギ、ラクダ）、バターミルク、ヨーグルト、チーズ

油脂 オリーブ油、新鮮なサワーバター（ゼベダ）、保存された透明なバター（スメン）、バター、植物油

豆類 ヒヨコマメ、ソラマメ、レンズマメ

野菜 ジャガイモ、オリーブ、キュウリ、ナス、オクラ、トマト、青物野菜、キャベツ、ピーマン、ラディッシュ

果物 レモン、オレンジ、グレープフルーツ、ブドウ、ナツメヤシ、サクランボ、モモ、イチゴ、バナナ、スイカ、レーズン

種実類 アーモンド、ヘーゼルナッツ、松の実、ピスタチオ、ゴマ

香辛料 塩、黒胡椒、タマネギ、ニンニク、ハーブ（パセリ、ミント、バジル、コリアンダー、マジョラム）、スパイス（シナモン、ショウガ、サフラン、クミン、カルダモン、クローブ、トウガラシ、アニス、オールスパイス、キャラウェイ、ナツメグ、ターメリック）、レモン汁、ローズウォーター、オレンジ花水：アリッサ（トウガラシとニンニクのペースト調味料）、ラスエルハヌート（10種から25種のハーブとスパイスのミックス）

料理 ハリラ（仔羊肉、ヒヨコマメやレンズマメ、スパイス、レモン、シナモンのスープ、卵でとろみをつける）は、通常、ラマダンの期間の夕方、断食明けに食べる最初の料理である。タジン（シチュー）、肉、魚、野菜、果物を自由に組み合わせ、ゆっくりと煮詰める。マリネした仔羊肉を網焼きにしたケバブ。レモンとオリーブで煮込んだ仔羊肉または鶏肉。バスティラ（スパイシーなハトまたは鶏肉のパイ）。クスクス、ハチミツ、ナッツ、レーズンを詰めて蒸したチキン。アーモンドペーストで覆われた焼き魚。マリネした野菜のサラダ。オレンジとラディッシュのサラダ。塩漬けしたオリーブのピクルス。ムシール（塩漬けして密閉した瓶に保存したレモン）。

国民食 仔羊肉のシチューをトッピングした、蒸しクスクス。

甘味類 ハチミツ、砂糖：新鮮な果物。ナツメヤシ、ナッツ、レーズンのミックス。ブリワット（アーモンドペースト、米、ハチミツを薄い皮で包んだもの）。グリバ（アー

モンドをトッピングした小麦粉、バター、砂糖のクッキー)。カーブ・ガザール(三日月形のペストリー、オレンジ花水を入れたアーモンドと砂糖のペーストを、非常に薄い生地で包んだもの)。

飲物 ミントティー(非常に甘い、家や店などを訪れるすべての人に供される)、レモネード、コーヒー

食事と供し方 典型的なのは、正午にメインの食事、そして軽食である。食事には通常、メインディッシュ1皿、サラダ、パン：新鮮なフルーツとナッツ：続いてミントティーが供される。料理は低いテーブルで供され、食べる人はクッションに座って右手の指で大皿から料理を食べる。シチューをすくい取ったり、ソースをぬぐい取るのにパンが使われる。

軽食 甘いクスクス、プディング、ペストリー

メゼ オリーブ、サイコロ状に切ったチーズ、ナスのピューレ(ハムシ)、フムス(ヒヨコマメのディップ)、小さなケバブ、ファラフェル(揚げた豆の小さなパティ)。イスラム教徒はアルコールを飲まないが、メゼの伝統(飲みながらの軽食)は行なわれている。

モロッコの宴会(ディファ) 次のように、6種から20種以上の料理が特定の順序で供される。バスティラ(フレーキーでスパイシーなハトまたはチキンのパイ)は、砂糖とシナモンを混ぜて挽いたアーモンドをはさんだ紙のように薄いペストリーの層と、タマネギ、ラスエルハヌート、サフランと煮込んだハトまたはチキンの層を交互に重ね、レモン入りの卵ソースをかけてからオーブンで焼いて、砂糖とシナモンを振りかける。蒸した仔羊(シュ)または串焼きの仔羊または仔ヤギ(マシュア)。数種のタジン(最後は仔羊肉、タマネギ、ハチミツ)、魚、または鶏肉。クスクス。ミントティー。

モンゴル　Mongolia
モンゴル国

[地理] モンゴルは中央アジア北部、ロシアと中国に接する内陸に位置する。大部分は標高 1,000～1,500m の高原で、山地、塩湖、河川、広大な草原があり、南部にゴビ砂漠の大部分がある。

主要言語	民族		宗教	
ハルハ・モンゴル語（公用語）	モンゴル人	81.9%	チベット仏教	53.0%
チュルク語	カザフ人	3.8%	イスラム教	3.0%
ロシア語	バヤド人	2.1%	シャーマン信仰	2.9%
			無宗教	38.6%

人口密度　2.0 人/km²　　　　　　　都市人口率　73.6%
識字率　98.4%　　　　　　　　　　出生 1000 あたり乳児死亡率　21.1
平均寿命　男性 66.7 歳、女性 74.4 歳　　HIV 感染率　0.1%
1 人あたり GDP　12,200 ドル　　　　失業率　6.7%
農業就業人口　31.1%　　　　　　　耕地面積率　0.4%

[農業] 乾草、小麦、ジャガイモ、大麦、飼料作物、ヤギ、羊、馬、ラクダ、牛、ニワトリ、豚

[天然資源] 漁獲、石油、石炭、銅、モリブデン、タングステン、リン鉱石、錫、ニッケル、亜鉛、蛍石、金、銀、鉄

[産業] 建築および建築資材、鉱業、石油、食品および飲料、動物製品の加工

[食文化への影響] モンゴルはモンゴル人とタタール料理の故郷である。モンゴル帝国は 13 世紀に中国からヨーロッパまで広がっていたが、数百年後には中国の外藩になっていた。1924 年に独立し、20 世紀の大部分はソビエト支配下にあった。このまばらにしか人の住まない内陸国は、南部が（ゴビ砂漠の一部を含む）乾燥地帯で、北部は小麦が栽培され、家畜が飼育される牧草地がいくらかある山岳地帯である。大部分の人は、夏の牧草地から冬には安全な川沿いに移動する遊牧民であったし、今も多くはそういう暮らしをしている。ヤギ、羊、馬、ラクダの大きな群れが経済の柱で、肉、ミルク、チーズ、バターなどの主要な食料を供給する。歴史的に、モンゴル人は赤い食品（肉）と白い食品（乳製品）を摂取してきたが、今日もこの伝統は続いており、いくつかの穀物製品と茶が加わっている。パン、麺、ジャガイモ、果物、輸入された米と野菜が現在消費されている。夏のあいだ、家畜は十分なミルクを与えてくれる。馬は日々の生活に不可欠で、馬乳や輸送手段を提供し、牧畜や狩りを助ける。モンゴル人は、生のまま食べる

馬肉のソーセージや、日干しにした細切り肉（ジャーキー）を作った。今日も料理は伝統的なままであり、特徴のある遊牧民の暮らしを反映している。

パンと穀類 小麦、大麦、キビ、米：粥、キビ粒、小麦粉のパンケーキ、フラットブレッドは木炭または乾燥した家畜の糞の火で熱した金属板（タヴァ）の上で蒸したり焼いたりする。麺、米料理。

肉と魚 仔羊肉と羊肉、ヤギ肉、牛肉、鶏肉、豚肉、ラクダ肉、馬肉、魚、卵：馬肉ソーセージ、乾燥馬肉（ジャーキー）。ラクダ肉は一部の地域で禁止されている。

乳製品 ミルク（羊、ヤギ、牛、ラクダ、馬）、サワーミルク（ヨーグルトに似ている）、ミルクレザー（沸騰させたミルクの表面の膜をすくい取り、風で乾かしたもの）、新鮮なチーズ、乾燥させた凝乳、固めたクリーム。馬乳酒（アイラグ）は人気のある飲み物で、半分発酵しているため酸味があり、時にはわずかに発泡する。バターをつくったあと、バターミルクを沸騰させて凝乳を形成させ、日干しにして冬のあいだ貯蔵し、湯で溶いて飲む。

油脂 バター（通常は牛または羊のミルクで作る）、脂尾羊の脂肪、ラード。脂尾羊の脂肪は料理のために溶かし、珍味として食べられる。

野菜 ジャガイモ、キャベツ：ザウアークラウト

果物 一部の果物は食べられている。

種実類 ゴマ

料理 木炭にのせた網、タヴァ、またはテーブルの上に置いた火鍋で焼いた肉；その肉をスープに入れたり、パンケーキに詰めたり、ゴマのパンにのせて供する（Newman、2000b）。この「モンゴルの火鍋」は、蓋付きの金属製（真鍮または錫）鍋で、下部に炭を入れて加熱し、中央に煙突がある。薄切りの肉（通常は仔羊肉または羊肉）を30秒だけ調理し、取り出し、ソースに浸して食べる。スープは鍋で加熱し、その中で食べ物（肉、野菜、時には麺）を調理し、食べたり、または残った出汁をスープとして椀に取り分ける。蒸すかゆでた麺または米。キビの粥。キビを弾けるまで炒めたり、ローストしたもの。

甘味類 ミルクパイ（砂糖と小麦粉を混ぜて焼いたチーズ）

飲物 モンゴル茶（ミルクと塩で入れた茶、時には軽く炒めたり煎ったキビや、生の脂尾羊の脂肪の塊を、片方または両方加える）。 クミス（伝統的に馬の発酵乳から醸造される。馬乳酒）、特産品。

食事と供し方 一日3食が典型的。手で食べる。食事や軽食と一緒に茶を飲む（Cramer, 2001; Newman, 2000b）。

モンテネグロ　Montenegro

[地理] モンテネグロは、南東ヨーロッパのアドリア海に面するバルカン半島にある。険しい地形で山が多い。肥沃な流域を持つ川と、狭くて複雑に入りくんだ海岸線がある。

主要言語	民族		宗教	
モンテネグロ語（公用語）	モンテネグロ人	45.0%	東方教会	72.0%
セルビア語	セルビア人	28.7%	イスラム教	19.1%
ボスニア語	ボスニア人	8.7%	カトリック	3.4%
アルバニア語	アルバニア人	4.9%		
クロアチア語				

人口密度　47.8人/km²　　　　都市人口率　64.4%
識字率　98.7%　　　　　　　　出生1000あたり乳児死亡率　8.3
平均寿命　男性75.8歳、女性81.9歳　　HIV感染率　0.1%
1人あたりGDP　17,000ドル　　失業率　17.5%
農業就業人口　5.3%　　　　　　耕地面積率　6.0%

[農業] ジャガイモ、ブドウ、トマト、穀類、タバコ、柑橘類、オリーブ、ニワトリ、羊、牛、豚

[天然資源] ボーキサイト、水力発電、漁獲

[産業] 製鋼、アルミニウム、農産品加工、消費財、観光

[食文化への影響] ローマ、ビザンチン、オスマン帝国、トルコ、近隣のバルカン諸国がモンテネグロの食べ物に影響を与えている。気候、地理、宗教も食文化に影響があった。この国は山がちで、耕作地がほとんどないので、羊は牛よりも重要であり、スモークした羊肉（プロシュッタ）は特産品である。夏には豊富なミルクからクロッテド（凝固した）クリーム、バター、ヨーグルト、チーズを作る。内陸の高原では、ところどころにある肥沃な土壌でトウモロコシとジャガイモが栽培される。アドリア海沿いでは、ブドウ畑、柑橘類の果樹園、オリーブ林が山々を囲んでいる。海岸では魚が獲れる。モンテネグロ住民の大部分はギリシャ正教のキリスト教徒である。厳格な信者は、教会カレンダーの多くの祭宴と断食の日を守る。モンテネグロには多くの（19%）イスラム教徒がいて、ラマダンの月には日の出から日没まで断食し、豚肉を摂取しない。キリスト教徒は豚肉を禁じられていない。

[パンと穀類] 小麦、トウモロコシ、米：粥、米料理、発酵小麦粉の食パン、ピタパン（薄く丸い中にポケットのあるパン）、小麦粉のパスタ、パイ、ダンプリング、フィロ生地（薄いペストリー）、クスクス。食事にはパンを食べる。

[肉と魚] 鶏肉、卵、仔羊肉と羊肉、牛肉と仔牛肉、豚肉、魚：ハム、ソーセージ

乳製品 ミルク（牛、羊）、バターミルク、クリーム、サワークリーム、ヨーグルト、チーズ（とくにフェタ）
油脂 バター、マーガリン、植物油、オリーブ油
豆類 ヒヨコマメ、ソラマメ、黒インゲンマメ、白インゲンマメ、レンズマメ
野菜 ジャガイモ、トマト、オリーブ、ナス、キャベツ、キュウリ、キノコ、タマネギ：ザウアークラウト
果物 ブドウ、レモン、その他の柑橘類、リンゴ、ベリー、サクランボ、モモ、洋ナシ、プラム、ナツメヤシ、イチジク
種実類 アーモンド、クルミ、ピスタチオ、ケシの実、ゴマ
香辛料 ニンニク、ディル、ミント、カルダモン、シナモン、オレガノ、パセリ、コショウ、パプリカ、レモン汁
料理 スープはしばしば豆類が重要な食材となる。小麦またはコーンミールの粥。蒸した小麦玄麦。炊いた米。ムサカなど、肉と野菜のキャセロール（仔羊の挽き肉、ナス、タマネギ、トマトソースをオーブンで焼く）。パプリカ入り仔牛肉のシチュー。魚のフライ。肉、チーズ、卵、野菜、ナッツ、果物をフィリングにしたダンプリングやパイ（たとえば、チーズと卵のパイ）。肉または米を詰めたキャベツ。セルビア風チーズと卵のパイ（ギバニッツァ）。トマトと炒めたタマネギと少量の水で調理した野菜（たとえばナス）。
甘味類 ハチミツ、砂糖：ミルクプディング。カスタード。果物の砂糖煮。フルーツコンポート。スラトコ（ヘビーシロップで煮た果物）。果物のフィリングをしたダンプリングとシュトゥルーデル。ドライフルーツやナッツをフィリングにしたペストリー。バクラバ（ナッツのフィリングを層状に重ねたフィロ生地の焼き菓子、風味をつけたシロップに浸したもの）。ポティツァ（甘い酵母のパンで、クルミ、バター、クリーム、卵のフィリングを巻いたもの）。コリヴォ（砂糖で煮た小麦玄麦、ドライフルーツ、ひいたナッツ）。
飲物 コーヒー（強い、濃い、甘い、しばしばカルダモン風味、長い柄のついた金属製のイブリックで入れる）、茶（甘い）、フルーツジュース、ワイン、プラムのブランデー（スリヴォヴィッツ）。バルカン諸国はワインと蒸留酒で名高い。
食事 一日3食、メインの食事は昼食で、頻繁に軽食を摂るのが典型的。
軽食 ペストリー、アイスクリーム、小さなケバブ、ミートボール（コフタ）、野菜サラダ、コーヒー、ワイン、プラムブランデー

ヨルダン Jordan
ヨルダン・ハシェミット王国

[地理] ヨルダンは中東にあり、イスラエルと死海を共有している。乾燥した丘と山々が国土の約88%を覆い、西部に肥沃な地域がある。ヨルダン川がこの国を流れている。

主要言語	民族		宗教	
アラビア語（公用語）	アラブ人	98%	イスラム教（国教）	97.2%
上流および中流階級では英語が	アルメニア人	1%	（スンニ派がほとんど）	
広く理解されている	チェルケス人	1%	キリスト教（ギリシャ正教が多数派）	2.2%

人口密度　115.4人/km²　　　　　　都市人口率　84.1%
識字率　98.0%　　　　　　　　　　出生1000あたり乳児死亡率　14.2
平均寿命　男性73.4歳、女性76.3歳　HIV感染率　0.1%
1人あたりGDP　11,100ドル　　　　失業率　13.2%
農業就業人口　2%　　　　　　　　　耕地面積率　2.7%

[農業] トマト、ジャガイモ、キュウリ、柑橘類、オリーブ、ニワトリ、羊、ヤギ、牛
[天然資源] リン鉱石、カリ、シェール、石油、漁獲
[産業] 衣料品、リン鉱業、肥料、医薬品、石油精製、セメント、カリ、軽工業

[食文化への影響] ペルシャ、アラブ、オスマン帝国、イギリス、そしてイスラム教の影響が見られる。伝統的に、食料はヨルダンの三つの地域の気候を反映している。すなわち、柑橘類、バナナ、野菜はヨルダン川流域から；穀物、豆類、オリーブ、オリーブ油、およびその他の果物は高原から；羊やヤギの乳製品は砂漠から来ている。最近まで、食べ物は農村部のものと砂漠のものだった。アンマンとイルビドのような大都市の発展によって、パレスチナ、レバノン、シリアから新たな食習慣が加わった。ヨルダンの農村部の主食は、今も穀物、豆類、野草、羊やヤギの乳製品で、レンズマメ、ヒヨコマメ、ヨーグルト、ひき割り小麦が基本的な食材である。伝統的な農村部の食べ物フリーカ（青いうちに収穫して、直火でローストした小麦）は、今や都市部の名物である。農村部と砂漠の人々は貧しかった。丸ごと1頭の羊は、結婚式のような特別な機会のぜいたく品である。最近では、中産階級が増加して肉が入手しやすくなった。イスラム教の食事規定は豚肉やアルコールの摂取を禁じており、ラマダンの月には日の出から日没までの断食が行なわれる。

[パンと穀類] 小麦、大麦、米、トウモロコシ：ひき割り小麦（ブルグル）、小麦粉のフラットブレッド（大部分は円形で中が空洞のピタパン）、フィロ生地のペストリー、米

料理、焼きトウモロコシ

肉と魚 鶏肉、仔羊肉や羊肉、ヤギ肉、牛肉、魚、卵、ラクダ肉

乳製品 ミルク（羊、ヤギ、牛）、ヨーグルト、水切りヨーグルト（ラブネ）、ホワイトチーズ（フェタ）

油脂 オリーブ油、バター、澄ましバター（ギー）、植物油、タヒーニ（すりゴマ）、仔羊の脂肪、マーガリン

豆類 ヒヨコマメ、ソラマメ、レンズマメ、落花生

野菜 トマト、ジャガイモ、キュウリ、オリーブ、ナス、タマネギ、ニンジン、ピーマン、ウリ

果物 レモン、オレンジ、メロン、ナツメヤシ、リンゴ、バナナ、ブドウ、イチジク、ザクロ、スマック、モモ、サクランボ

種実類 アーモンド、松の実、ピスタチオ、クルミ、ゴマ（ペーストのタヒーニにすることが多い）、フェヌグリークシード

香辛料 タマネギ、ニンニク、ミント、パセリ、レモン汁、コリアンダーの葉、黒胡椒、シナモン、カルダモン、コリアンダーの実、クミン、サフラン、ターメリック、オレガノ、バジル

料理 グリーンサラダ。ファラフェル（インゲンマメまたはヒヨコマメをすりつぶして揚げた小さなボール）。フムス（ゆでて味つけし、すりつぶしたインゲンマメまたはヒヨコマメ）。シャワルマ（回転肉焼き器で焼いた仔羊肉または牛肉）。タブーリ（刻んだトマト、タマネギ、パセリ、ひき割り小麦のサラダ）。詰め物をしたブドウの葉（米、仔羊肉または牛肉の挽き肉、ハーブとスパイスを葉に包んで煮込む）。ケバブ（通常は小間切れ肉、時には挽き肉のボールを、串に刺して焼く）。レンズマメのスープ。フール（生野菜とハーブをトッピングしたソラマメの煮込み）。肉のシチューは、果物、レモン汁、またはヨーグルトを添えることがある。ピラフ（刻んだタマネギを炒めた油に米を入れ、次に水またはスープを加えた上で蓋をして煮込む）。野菜を煮込んでから冷やし、ドレッシングとして油をかける。野菜と肉のシチュー。野菜に米、牛または羊の挽き肉、ハーブとスパイスを詰めて煮込む。焼きナス、トマト、ヒヨコマメのキャセロール。果物と肉のシチューを、冷やして供する。ムサカ（薄切りのナスを深皿に敷き詰め、仔羊の挽き肉、ナス、タマネギ、トマトソースを入れてオーブンで焼く）。ゆでてトマトソースを添えた仔羊のすね肉。米と松の実を詰めたローストチキン。

国民食 マンサフ（ひき割り小麦または米をジャミードという乾燥ヨーグルトで調理する。あいだにヨーグルトをはさんで積み重ねた平らなパンが大皿に置かれ、米と煮付けたラムまたは鶏肉をトッピングし、味つけしたバターのソースまたはホエーやヨーグルトのスープを上から注ぐ）。

甘味類 ハチミツ、砂糖、味つきシロップ、ナツメヤシ。バクラバ（バターとナッツの薄いフィロ生地のペストリー、ハチミツやシロップに浸し、しばしばひし形に切る）。

ハルバ（ゴマの甘いペースト）。チョコレート・キャンディ。ヨルダン・アーモンド（砂糖衣をかけたアーモンド）。

飲物 茶（甘い、しばしばミント入り）、アラビアコーヒー（甘い、しばしばカルダモン入り）、ソフトドリンク、ビール、ワイン

食事 朝食：紅茶またはコーヒー。ラブネ、チーズまたはヨーグルト。フールなどの豆料理。卵。オリーブ。メインの食事（昼下がり）：パン、米またはひき割り小麦の料理、野菜または豆の料理、肉または魚の料理、サラダまたはオリーブ、デザート、コーヒーまたはお茶。夕食：朝食と同様、残り物、スープなど。 男性は最初に食べるか、最初に供され、次に女性と子どもの番になる。フォークなどが出されない場合は右手で食べる。

屋台・間食 シャワルマ入りのピタパン、焼きトウモロコシ（Brittin, Sukalakamala, and Obeidat, 2008; Obeidat and Brittin, 2004）

ラオス　Laos
ラオス人民民主共和国

地理　ラオスは東南アジアに位置し、インドシナ半島の北中央部を占めている。この内陸国はジャングルに覆われ、東の国境に沿って高山があり、メコン川が1,500km近く、おもに西の国境に沿って流れている。

主要言語	民族		宗教	
ラオ語（公用語）	ラオ族	53.2%	仏教	64.7%
フランス語	クメール系	11.0%	無宗教	31.4%
英語	モン族	9.2%		
民族語				

人口密度　30.9人/km²　　　都市人口率　40.7%
識字率　79.9%　　　　　　出生1000あたり乳児死亡率　49.9
平均寿命　男性62.6歳、女性66.7歳　　HIV感染率　0.3%
1人あたりGDP　5,700ドル　　失業率　1.5%
農業就業人口　73.1%　　　　耕地面積率　6.6%

農業　米、サツマイモ、サトウキビ、ラミー、野菜、トウモロコシ、コーヒー、ニワトリ、豚、牛、水牛、ヤギ

天然資源　漁獲、木材、水力、石膏、錫、金、宝石

産業　鉱業、木材、電力、農産物加工、建設、衣類、観光、セメント

食文化への影響　ラオスの料理には、中国、タイ、フランス、インド、マレーシア、ベトナムが影響を与えている。中国は大豆製品をもたらし、フランスはフランスパンとコーヒーを普及させ、インドとマレーシアはカレーやココナッツミルク風味の料理に貢献した。人口の少ない美しい大国ラオスでは、ラオ族が田園地帯で食料の多くを採集し、米とトウモロコシを栽培している。食料は、米、魚（内陸国でありながらラオスでは川と水田から豊富に獲れる）、魚醬、野菜、果物で、卵や肉も手に入る。肉と菓子はぜいたく品とされる。ラオ族はパンを食べず、通常は乳製品を使わない。彼らは祝宴を楽しむ。東南アジアの紛争中に山地から低地に強制移住させられたモン族の人々は、伝統的にラオ族とは異なり、ベトナムに似た食習慣をもっている。ただし、調味料だけはラオ族のものを使う。

パンと穀類　米（粘り気のあるもち米、また長粒種）、トウモロコシ、小麦：米料理、小麦粉のフランスパン、麺類、ペストリー

肉と魚　鶏肉、卵、豚肉、牛肉、ヤギ肉、水牛肉、鹿肉などの狩猟動物肉、魚（生、塩

漬け、干物)、アヒル。 ナンプラー (魚醤)、パーデーク (魚肉を発酵させたソースまたはペースト)、およびナンパーデーク (パーデークの液体のみ): 魚醤は重要なたんぱく源であり、多くの料理に使用される。

乳製品 加糖練乳、ホイップクリーム

油脂 ベーコン、バター、ラード、ココナッツクリーム、マーガリン、ピーナッツ油、植物油

豆類 テンペ (豆腐に似ているが、もっと歯ごたえがある)、豆乳などの大豆製品、落花生

野菜 サツマイモ、ジャガイモ、タケノコ、バナナの葉、ゴーヤ、パンノキの実、プランテーン、キャベツ、キャッサバ、ウリ、セロリ、ニンジン、ラディッシュ、キク、トウモロコシ、キュウリ、ナス、レンコン、ヒカマ (クズイモ)、モヤシ、キノコ、カラシナ、カボチャ、タロイモ、クワイ、エンドウマメ、タマネギ

果物 バナナ、ココナッツ、パイナップル、パパイヤ、ライム、マンゴー、マンゴスチン、スターフルーツ、サワーソップ、グアバ、カスタードアップル、ドリアン、ジャックフルーツ、タマリンド、オレンジ、スイカ、レモン。果物はデザートや軽食として人気がある。

種実類 カシューナッツ、アーモンド、ハスの実、ゴマ

香辛料 ココナッツクリーム、ココナッツミルク、魚のソースとペースト、醤油、ライム汁とライムの葉、トウガラシ、新鮮なコリアンダー、ニンニク、レモングラス、ミント、バジル、ショウガ、カレー粉

料理 炊いた米。ラープ (スパイシーな挽き肉料理、通常は豚肉で、伝統的には生肉)。シチューまたはグリルした肉。炒めた野菜。バナナの葉で巻いて蒸した米、野菜、または肉。乾燥した麺に肉と野菜をのせたもの。ライム汁、パームシュガー、トウガラシのドレッシングをかけた、生野菜、未熟パパイヤ、未熟マンゴーなどのサラダ。

よく食べられる料理 フー (豚肉、麺、ニンニク、大麻、つまりマリファナの葉のスープ)。塩味のビーフジャーキーに魚のソース。

甘味類 サトウキビ、パーム糖、果物、キャンディ

飲物 出汁 (唯一の飲料であることが多い)、茶 (ジャスミンのような花と混ぜ合わされることが多い)、豆乳、コーヒー (加糖練乳を入れる)、豆や果物の飲料、米の酒またはウィスキー (特別な行事の場合)。

食事 一日に1食から3食が普通。ほとんどの食事では米飯、魚または肉料理、スープ、調理した野菜または生野菜のサラダ、お茶またはコーヒーが供される。食べ物は一度に供され、人々は自分で取り分ける。ラオス人はしばしば指で食べ、もち米を丸めたもので料理を口に運ぶ: スープは磁器や木のスプーンで食べる。夕食は社交の時で、食べ物は低い籐の盆で供される。女性は片側に、男性は反対側に集まる。 最も偉い人が最初のひと口を取り、続いて年齢の高い順に食べる。そのあとはそれぞれが自由に食べるが、

他人が取り分けている時や、目上の人より前には手を出さない。

ラトビア Latvia
ラトビア共和国

[地理] 東ヨーロッパのバルト海沿岸に位置するラトビアは、湖や沼地、泥炭地などをもつ肥沃な低地である。東部の内陸部には丘陵がある。

主要言語	民族		宗教	
ラトビア語（公用語）	ラトビア人	61.8%	ルーテル教会	19.6%
ロシア語	ロシア人	25.6%	ロシア正教会	15.3%
	ベラルーシ人	3.4%	カトリック	
	ウクライナ人	2.3%		
	ポーランド人	2.1%		

人口密度　31.2人/km²　　　　都市人口率　67.4%
識字率　99.9%　　　　　　　　出生1000あたり乳児死亡率　5.2
平均寿命　男性70.1歳、女性79.5歳　　HIV感染率　0.7%
1人あたりGDP　25,700ドル　　失業率　9.9%
農業就業人口　7.7%　　　　　耕地面積率　19.4%

[農業] 小麦、ジャガイモ、テンサイ、野菜、ニワトリ、豚、牛、羊、ヤギ
[天然資源] 漁獲、泥炭、石灰岩、ドロマイト、琥珀、水力、木材
[産業] 自動車および鉄道車両、合成繊維、農業機械、肥料、洗濯機、ラジオ、電子機器、医薬品

[食文化への影響] ラトビアはバルト三国の中心で、北にエストニア、南にリトアニアがある。ラトビア語とリトアニア語はインドヨーロッパ語族のサンスクリット語に密接に関連するグループで唯一残っている、非常に珍しい言語である。食べ物への影響には、バルト民族、ドイツ、ポーランド、スウェーデン、ロシアが挙げられる。肥沃な土壌によって農業（穀物、テンサイ、ジャガイモ、野菜）、牧畜、酪農が可能である。バルト海と湖は魚介類を提供する。パン、魚、乳製品がおもな食品である。

[パンと穀類] ライ麦、小麦、大麦、キビ、オート麦、トウモロコシ、米：大麦のシリアルや粥（プトラ）、ライ麦パン（ほとんどの食事で食べる）、淡い色の小麦パン、ダンプリング、パンケーキ、ペストリー、米料理

[肉と魚] 鶏肉、豚肉、牛肉と仔牛肉、仔羊肉、ヤギ肉、魚介類（ウナギ、スプラット、ニシン）、卵、鹿肉：ベーコン、ハム、ソーセージ、スプラットの燻製、ニシンの塩漬け、魚卵（キャビア）

[乳製品] ミルク（牛、羊）、バターミルク、サワークリーム、カッテージチーズ、チーズ

- 油脂 バター、ベーコン、ラード、塩漬け豚肉、植物油
- 豆類 インゲンマメ、レンズマメ、スプリットピー
- 野菜 ジャガイモ、キャベツ、ビート、カリフラワー、ニンジン、タマネギ、キュウリ、グリーンピース、キノコ、ラディッシュ、トマト、カブ：ザウアークラウト、ピクルス
- 果物 リンゴ、アプリコット、サクランボ、カラント、プラム、レーズン、クランベリー、リンゴンベリー、ラズベリー、ルバーブ、レモン
- 種実類 アーモンド、栗、ヘーゼルナッツ、クルミ、キャラウェイシード（しばしばキャベツと使用される）、ケシの実、ゴマ（ペストリーでよく使用される）、ヒマワリの種
- 香辛料 タマネギ、レモン、酢、パセリ、ディル、塩、コショウ、シナモン、ベイリーフ、バニラ。酸味と塩味が際立ち、エストニアよりもスパイスが多い。
- 料理 ニシンの塩漬け。スモークサーモン。ディルとサワークリームで和えたキュウリ。魚のスープ（ジジュスパ）は、調理済みの魚とジャガイモのスープで、揚げたオニオンリングとおろしたニンジンを加える。ソリャンカ（調理された角切りの魚、タマネギ、キュウリ、トマトのスープ）。バルト海サーモンのフライ、プラムのコンポート添え（セプト・ラシス・アル・プルム・コンポトゥ）。キャベツとビートのスープ。小麦粉やジャガイモのゆでたダンプリングは、肉、チーズ、ジャガイモ、米、果物などのフィリングが施されることがある。味つけした肉やキャベツを詰めて焼いたり揚げたりしたペストリー。豚肉のクールゼメ（小麦粉を付けたハムのスライスを茶色く炒めたタマネギと一緒にブイヨンで煮込み、サワークリームとキノコを添える）。煮込み、またはパン粉を付けて揚げた鶏肉。挽き肉パティの大きなフライ（たとえば、リグジハス：おもに牛肉に豚肉とパンのパティで、各パティの中心には殻をむいた固ゆで卵が入っている）。ゆでるか揚げたジャガイモ。味つけした挽き肉を詰めたキャベツ。
- 国民食 スカバ・プトラ（大麦、サワーミルク、ジャガイモ、塩漬け豚肉の粥、発酵させ、冷やしてサワークリームを添えて供する）は、ニシンまたはバター付きパンと一緒に食べる。
- 甘味類 砂糖、ハチミツ、糖蜜。キゼルス（ジャガイモの穀粉でとろみをつけたカラントやベリーのジュース）。ベリーやジャムを添えたパンケーキ。アレキサンダー・トルテ（ラズベリーの砂糖煮を詰めて、粉砂糖とレモン汁のアイシングを施したペストリー）。
- 飲物 ミルク、コーヒー（ホイップクリームをトッピングすることもある）、茶、ホットチョコレート、ビール、クワス、ウォッカ、ワイン

リトアニア　Lithuania
リトアニア共和国

[地理] リトアニアは、東ヨーロッパのバルト海の東岸に位置する。低地の国で、西と南に丘陵地があり、肥沃な土壌、多くの森林、小さな川、湖、沼地が北と西にある。

主要言語	民族		宗教	
リトアニア語（公用語）	リトアニア人	84.1%	カトリック	77.2%
ロシア語	ポーランド人	6.6%	ロシア正教会	4.1%
ポーランド語	ロシア人	5.8%	無宗教	6.1%

人口密度　45.1 人/km²　　　　　　都市人口率　66.5%
識字率　99.8%　　　　　　　　　　出生1000 あたり乳児死亡率　3.8
平均寿命　男性69.7 歳、女性80.7 歳　HIV 感染率　0.2%
1 人あたりGDP　29,900 ドル　　　　失業率　9.2%
農業就業人口　9.1%　　　　　　　　耕地面積率　37.5%

[農業] 小麦、大麦、ジャガイモ、テンサイ、亜麻、野菜、ニワトリ、豚、牛、羊、ヤギ
[天然資源] 漁獲、泥炭、琥珀
[産業] 金属切削工具、工作機械、電気モーター、テレビ、冷蔵庫および冷凍庫、石油精製、繊維

[食文化への影響] リトアニアはバルト三国の最南端にある。中世には大きな領土をもち、4 世紀に渡って隣接するポーランドと同盟し、一時は黒海に達するほどであった。モンゴル・タタール人やオスマン帝国と緊密な取引ラインをもっていた。この歴史はリトアニアの食文化に影響を与えた。リトアニア料理はポーランド、ロシア、ドイツから最も影響を受けている。たとえば、ロシアの影響を受けた料理には、ビートのスープ、果物のスープ、カーシャなどがある。リトアニアは、言語と旧来の食文化の多くを維持しているが、これは農業国であることとバルト海沿岸に位置していることを反映している。おもな食品は、バルト海で獲れるタイセイヨウニシン、豚肉、ライ麦のパン、乳製品、ジャガイモである。

[パンと穀類] 小麦、大麦、ライ麦、ソバ、キビ、トウモロコシ、オート麦：パン（通常ライ麦のパンで、大部分の食事で供される）、粥、ダンプリング、ペストリー、パンケーキ

[肉と魚] 鶏肉、豚肉、牛肉と仔牛肉、ヤギ肉、仔羊肉、魚介類（とくにタイセイヨウニシン）、卵、ガチョウ：塩漬けニシン、キャビア、燻製のハム、スビエジア・デシラ（牛と豚の挽き肉にニンニク、黒胡椒、パセリ、ナツメグを入れる）などのソーセージ。肉

はパンの次に重要とされ、挽き肉にされることが多い。

乳製品 ミルク、バターミルク、サワークリーム、フレッシュクリーム、チーズ（リトアニア・ファーマーチーズなどの新鮮な甘いチーズ、カッテージチーズ、しばしばキャラウェイシードを入れるハードチーズ）

油脂 バター、アマニ油、ベーコン、ラード、塩漬け豚肉、植物油

豆類 インゲンマメ、スプリットピー、レンズマメ

野菜 ジャガイモ、キャベツ、ビート、ニンジン、キュウリ、サヤインゲン、レタス、タマネギ、キノコ、大麻（マリファナ、伝統的なリトアニア料理で使用される）：ザウアークラウト、野菜のピクルス

果物 リンゴ、アプリコット、サクランボ、カラント、プラム、レーズン、クランベリー、リンゴンベリー、ラズベリー、ルバーブ

種実類 アーモンド、栗、ヘーゼルナッツ、クルミ、キャラウェイシード、ケシの実、ヒマワリの種

香辛料 サワークリーム、酢、レモン、タマネギ、ニンニク、コショウ、パセリ、ディル、シナモン、クローブ、ナツメグ、ショウガ

料理 キュウリとサワークリームのサラダ。ビートやキャベツや魚のスープ（夏には冷やして食べる）。カーシャ（大麦、ソバ、またはキビの粥）。ゆでたジャガイモ。ジャガイモのパンケーキ。小麦粉やジャガイモで作ってゆでたダンプリングは、ジャガイモ、肉、果物などを詰めることもある。セペリナイ（すりおろしたジャガイモで作り、肉、キノコ、またはチーズを詰めたダンプリング）。肉またはキャベツをフィリングにして焼くかまたは揚げたペストリー。クルドニ（仔羊肉を詰めたペストリー）にサワークリームを添えて供する。豚肉、鶏肉、または仔牛肉の薄切りに、軽くパン粉を付けて揚げたもの。挽き肉、湿らせたパン粉、みじん切りのタマネギ、ミルクで作ったパテを揚げたもの。豚の胃にジャガイモとニシンを詰めて焼いたものは、人気のある料理。ニンニクと黒パンのフライ。

伝統的なクリスマスイブの料理 アビジネ・コセ（発酵させたオートミールの粥、つぶしたケシの実、刻んだアーモンド、ミルク、砂糖を入れて沸騰させたシロップと一緒に供される）

甘味類 ハチミツ、砂糖、糖蜜：キシエリウス（濃厚なフルーツスープ）。リンゴとショウガのクッキー。ハチミツケーキ（レカク）。有名なスイーツ：アップルチーズ（焼きリンゴを裏ごしし、ハチミツと香辛料を合わせ、プレスして乾燥させたもの）。

飲物 ミルク、茶、コーヒー、ビール、クワス（ライ麦パンまたはビートから発酵させた発泡性で酸味があるビール）、ウォツカ

国民的飲物 クルプニカス（クローブ、シナモン、その他のスパイスを加えて軽く発酵させた飲料）

食事 一日3回、ボリュームたっぷりの食事が典型的で、昼食が最大。通常の食事：パ

ン、サラダまたはスープ、カーシャまたはゆでたジャガイモ、ミルク、お茶またはビール。間食は滅多にしない。

リビア Libya
リビア国

[地理] リビアは北アフリカに位置し、地中海に面している。大部分の土地（92%）は砂漠と半砂漠で、北と南に山地がある。耕地は地中海沿岸の狭い地域にある。

主要言語	民族		宗教	
アラビア語（公用語）	アラブ系ベルベル人	97%	イスラム教（国教）	
イタリア語			（ほとんどはスンニ派）	
英語				96.6%
ベルベル語			カトリック	2.7%

人口密度　3.8人/km²　　　　　　　都市人口率　79.0%
識字率　91.0%　　　　　　　　　　出生1000あたり乳児死亡率　10.8
平均寿命　男性74.9歳、女性78.5歳　HIV感染率　-
1人あたりGDP　14,200ドル　　　　失業率　19.2%
農業就業人口　17%　　　　　　　　耕地面積率　1%

[農業] トマト、オリーブ、ジャガイモ、小麦、大麦、ナツメヤシ、柑橘類、野菜、落花生、大豆、ニワトリ、羊、ヤギ、牛、ラクダ

[天然資源] 石油、天然ガス、石膏、漁獲

[産業] 石油、鉄鋼、食品加工、繊維、手工芸品、セメント

[食文化への影響] 古代の影響としては、ベルベル人、フェニキア人、ギリシャ人、ローマ人がある。アラブ人は強い影響を与えた。16世紀のスペイン支配に続いて、同じ世紀にオスマン帝国支配がはじまり、1912年から第二次世界大戦の終わりまでのイタリア支配も、リビアの食習慣に影響を与えた。短期間ではあるが、イギリスとフランス支配も影響を残している。20世紀末の数十年間で、石油による繁栄と食糧輸入の増加も料理に影響を与えた。ほとんどのリビア人はイスラム教徒であり、豚肉やアルコールを口にしない。リビアは国土の大部分が砂漠で、熱帯の気候が農業を限定的にしている。タマネギは昔から栽培されている。現在は、キュウリなどの野菜も新しいテクノロジーを使って栽培されている。いくらかの豆類と、ナツメヤシや一部の柑橘類を除くほとんどの果物が輸入されている。地中海から魚介類が得られ、リビア料理は辛く、スパイシーである。

[パンと穀類] 小麦、大麦：ひき割り小麦、フラットブレッド、バゲット（フランスパン）、クスクス、パスタ、ペストリー

[肉と魚] 鶏肉、卵、仔羊肉と羊肉、ヤギ肉、牛肉、魚介類：ガルグシュ（肉を細長く切

り、塩をまぶして日干しし、刻んでオリーブ油で揚げ、冷やしたものをそれ自身の脂肪の中に貯蔵する：調理に一般的に使われる）。

乳製品 バターミルク、ヨーグルト、チーズ

油脂 オリーブ油、ギー（澄ましバター）、ゴマ油、植物油、溶かした仔羊肉の脂肪

豆類 落花生、大豆、ヒヨコマメ、ソラマメ、レンズマメ

野菜 トマト、オリーブ、ジャガイモ、キュウリ、ナス、カボチャ、オクラ、青物野菜、ニンジン、ピーマン、パセリ

果物 ナツメヤシ、柑橘類、ワイルド・クラブアップル、イチジク、モモ、アプリコット

種実類 アーモンド、松の実、ピスタチオ、ケシの実、カボチャの種、ゴマ、キャラウェイシード

香辛料 赤トウガラシ、タマネギ、ニンニク、レモン汁、黒胡椒、シナモン、クミン、ローズウォーター、オレンジ花水

料理 クスクス（穀物の小さな練り生地の粒、蒸して米のように供される）にシチューまたはソースを混ぜたもの。鶏肉のシチュー。赤トウガラシのソース。肉と野菜のトマトソース和えを添えたマカロニ。仔羊の挽き肉をはさんだターンオーバー。アンチョビを入れて揚げたペストリー。ポテトサラダ（ゆでたジャガイモを、油、レモン汁、キャラウェイシード、赤トウガラシソースで加熱）。バジンはリビア特有の料理（大麦の粉を煮て、硬い生地になるまで練り、ピラミッド形に整え、とろみのついた肉とジャガイモのシチューを周囲に注ぎ、固ゆで卵を丸ごと飾る）。

甘味類 ハチミツ、砂糖：ナツメヤシ、ローズウォーター風味のピスタチオペーストを詰めることもある。甘いアーモンドまたはゴマのペーストを詰めたペストリー。揚げたドーナツをレモン風味のハチミツシロップに浸したもの。アーモンドクッキー。バクラバ。

飲物 茶（甘味をつけ、何度も注いで泡をたて、上に泡がのった状態で小さなグラスで供される）。

食事 メインの食事である昼食には、上記の料理がいくつか含まれる。残りの2食は軽い。

メゼ （軽食、前菜）オリーブ。チーズキューブ。タラモサラダ（魚卵のスプレッド）、キュウリとヨーグルト、ナスのピューレ、フムス（ヒヨコマメのピュレ）などのディップ。タブーリ（パセリ、トマト、ひき割り小麦のサラダ）。ファラフェル（小さな豆のピューレを揚げたケーキ）。ドルマ（詰め物をした野菜）。ケバブ（小さな角切りにした肉の串焼き）。

リヒテンシュタイン Liechtenstein
リヒテンシュタイン公国

[地理] この小さな国（面積 160km^2、人口 38,244 人）は、オーストリアとスイスのあいだの中央ヨーロッパに位置する。ライン渓谷が国の3分の1を占め、残りはアルプス山脈が連なる山地である。

主要言語	民族	宗教	
ドイツ語（公用語）	リヒテンシュタイン人 66%	カトリック	75.9%
		プロテスタント	6.5%
		イスラム教	5.4%
		無宗教	5.4%

人口密度　239人/km^2　　　　　都市人口率　14.3%
識字率　100%　　　　　　　　　出生1000あたり乳児死亡率　4.2
平均寿命　男性79.7歳、女性84.7歳　HIV感染率　－
1人あたりGDP　139,100ドル　　　失業率　－
農業就業人口　0.8%　　　　　　　耕地面積率　14.5%

[農業] ブドウ、市場園芸、小麦、大麦、トウモロコシ、リンゴ、ジャガイモ、牛、豚、羊、ヤギ

[天然資源] 開発の余地がある水力発電

[産業] エレクトロニクス、金属製造、歯科製品、セラミックス、医薬品、食品生産、精密機器、観光

[食文化への影響] このヨーロッパの小さい山岳国では、スイス、オーストリア、ドイツの近隣諸国、そして地理と気候が食文化に影響している。寒冷で、しばしば湿気の多い気候は、穀物とジャガイモの栽培、家畜の飼育、乳製品の生産を可能にする。湖と川では魚が獲れる。食品は乾燥させたり、塩や酢に漬けたり、または発酵させることが多い。パン、肉、乳製品、甘味類は毎日食べる。

[パンと穀類] 小麦、大麦、トウモロコシ、ライ麦：パン（ライ麦やほかの穀物で作られているため、小麦粉で作ったパンよりも黒っぽいことが多い）、小麦やジャガイモで作るダンプリング、ペストリー

[肉と魚] 牛肉と仔牛肉、豚肉、仔羊肉と羊肉、ヤギ肉、鶏肉、卵、魚：ソーセージ、ベーコン、ハム

[乳製品] ミルク（牛、羊）、クリーム、サワークリーム、チーズ

[油脂] バター、ラード、塩漬け豚肉、植物油

[豆類] 赤インゲンマメ、白インゲンマメ、レンズマメ、スプリットピー
[野菜] ジャガイモ、キャベツ、インゲンマメ、ニンジン、ビート、キュウリ、タマネギ：ザウアークラウト、キュウリのピクルス
[果物] リンゴ、アプリコット、サクランボ、ブラックベリー、ブドウ、レモン、レーズン。 果物は普通、加熱される。
[種実類] アーモンド、栗、ヘーゼルナッツ、クルミ、ケシの実、キャラウェイシード
[香辛料] サワークリーム、酢、シナモン、ディル、マスタード、レモン、バニラ：酸味のある食べ物が好まれる。
[料理] ジャガイモをゆでる、つぶす、揚げる、または焼く。エンドウマメのスープ。挽き肉、ジャガイモ、キャベツ、または果物を中に詰めて、揚げたり焼いたりしたダンプリング。豚肉や仔牛のシュニッツェル（薄切りにパン粉をつけて揚げることが多い）。挽き肉に味つけし、パン粉、ミルクまたは卵を加え、パティにして揚げる。肉の詰め物をした野菜（たとえば、キャベツ）またはペストリーを焼くか揚げたもの。煮付けまたは揚げたミートボール。切った肉を入れたシチュー、スープ、または鍋料理。果物と煮た肉。煮込んだ果物。
[甘味類] ハチミツ、砂糖：果物やベリーのプディング、ケーキ、クッキー、ペストリー（果物のフィリングが入ることもある）、ホイップクリーム
[飲物] コーヒー、ビール、ホットチョコレート、ワイン
[食事] 一日3食に軽食が普通。朝食：パン、バター、ジャム、おそらく半熟のゆで卵、チーズまたはハムがつく。午前の軽食：コーヒーとペストリー。昼食（メインの食事）：スープ、魚料理、肉料理1〜2品、付け合わせに野菜とおそらく煮込んだ果物、デザート、通常ホイップクリームを添える。軽いランチ：シチューまたは鍋料理。午後のコーヒーブレーク：コーヒー、ケーキまたはクッキー。夕食：パン、冷たい魚料理、チーズ、ハム、ソーセージ。客は、夕食ではなく、夜遅くにデザートとワインに招くのが普通。

リ

リヒテンシュタイン

リベリア　Liberia
リベリア共和国

[地理] リベリアは西アフリカの南西部に位置し、大西洋に面している。大部分は熱帯雨林で覆われた高原と低山で、海岸部には湿地があり、6本の主要河川をもつ。

主要言語	民族		宗教	
英語（公用語）	クペレ族	20.3%	キリスト教	85.6%
約20種の民族言語	バサ族	13.4%	イスラム教	12.2%
	グレボ族	10%		
	ギオ族	8%		
	マノ族	7.9%		
	クル族	6%		

人口密度　48.7人/km²　　　都市人口率　50.5%
識字率　47.6%　　　　　　出生1000あたり乳児死亡率　52.2
平均寿命　男性61.2歳、女性65.5歳　　HIV感染率　1.6%
1人あたりGDP　900ドル　　　失業率　4%
農業就業人口　70%　　　　　耕地面積率　5.2%

[農業] キャッサバ、サトウキビ、アブラヤシ、ゴム、コーヒー、ココア、米、ニワトリ、ヤギ、羊、豚、牛

[天然資源] 鉄鉱石、木材、ダイヤモンド、金、水力、漁獲

[産業] ゴム加工、パーム油加工、木材、ダイヤモンド

[食文化への影響] 大西洋と河川では魚が獲れる。熱帯の気候と多雨は、キャッサバやサトウキビなどの作物を成長させる。ココア、キャッサバ、トウモロコシ、トウガラシ、落花生、トマトなどの新世界の食料は食習慣に大きく影響した。反対に、スイカ、ササゲ、オクラなど、元々アフリカの食材は、新世界の食習慣に影響している。アメリカからの解放奴隷はアメリカの影響をもたらした。毎日の食べ物は、ほとんどが穀物とでんぷん質の野菜、マメ科植物、青物野菜、魚である。もっちりとして粘り気のあるスパイシーな食べ物が好まれる。

[パンと穀類] 米、キビ、ソルガム、トウモロコシ：粥、パンケーキ、フリッター、ビスケット

[肉と魚] 鶏肉、ヤギ肉、仔羊肉と羊肉、豚肉、牛肉、魚介類（生、燻製、塩漬け、または干物）、卵、ホロホロチョウ、ウサギ、狩猟動物の肉。鶏肉は好まれ、特別な客に供される。

[昆虫] シロアリ、イナゴ：昆虫は揚げたり焼いたりされる。

[乳製品] ミルク、サワーミルク、バターミルク、凝乳、ホエー、チーズ
[油脂] パーム油、ピーナッツ油、シア油、ココナッツ油。おもな調理用油脂であるパーム油は赤色をしている。
[豆類] 落花生、ササゲ、イナゴマメ、インゲンマメ
[野菜] キャッサバ、ヤムイモ、プランテーン、タロイモ、葉物野菜、オクラ、ビターリーフ、モロヘイヤ、トマト、サツマイモ、ジャガイモ、ナス、カボチャ、タマネギ、トウガラシ、キュウリ、ピーマン
[果物] バナナ、ココナッツ、パイナップル、アキー、バオバブ、スイカ、グアバ、レモン、ライム、マンゴー、パパイヤ
[種実類] カシューナッツ、コーラナッツ、スイカの種（エグシ）、ゴマ、マンゴーの種
[香辛料] 塩、赤トウガラシ、トマト、タマネギ、乾燥させたバオバブの葉、タイム、アフリカナツメグ、ココア
[料理] ほとんどの食品はゆでるか揚げ、塊やボールをソースまたはシチューに浸して、手で食べる。フフ（でんぷん質の野菜やトウモロコシ粉をゆでて、つぶす）。米飯。シチュー：魚と肉；鶏肉とピーナッツ；オクラ、根菜、またはピーナッツに魚や肉の小片。ピーナッツソース（ピーナッツペースト、トウガラシ、トマト、タマネギ）。パラバソース（葉物野菜と調味料を煮る）。フレジョン（エンドウマメまたはインゲンマメのピューレ、ココナッツミルクにイナゴマメまたはチョコレート）。ガリ（キャッサバミールを焼いたもの）。アダル（ゆでた野菜のマッシュ）。鶏肉や魚をレモン汁でマリネし、グリルし、タマネギと炒めて、マリネ液で煮込む。鶏肉をトマト、タマネギ、オクラ、ピーナッツソースと焼く。ジョロフライス（肉、野菜、およびスパイスと炊いた米）。固ゆで卵。
[甘味類] サトウキビ、砂糖、ハチミツ、カニヤ（ピーナッツキャンディ）、バナナフリッター、甘い練り粉ボールのフライ。
[飲物] コーヒー、ココア、ビール、レッドジンガー（ローゼルの果実で作るハーブティー）
[屋台・間食] スパイシーなケバブ：魚のフライ、プランテーンのチップ、豆のボール、甘い練り生地：ココナッツビスケット

ルクセンブルク　Luxembourg
ルクセンブルク大公国

[地理] ルクセンブルクは西ヨーロッパに位置し、フランス、ベルギー、ドイツに接している。北に鬱蒼とした森林に覆われた山岳、南に肥沃な低い台地がある。

主要言語	民族		宗教	
ルクセンブルク語（国語）	ルクセンブルク人	53.3%	カトリック	87%
フランス語（公用語）	ポルトガル人	16.2%	その他	13%
ドイツ語（公用語）	フランス人	7.2%		
	イタリア人	3.5%		
	ベルギー人	3.4%		
	ドイツ人	2.2%		

人口密度　229.7 人/km　　　　　　　　都市人口率　90.7%
識字率　100%　　　　　　　　　　　　出生 1000 あたり乳児死亡率　3.4
平均寿命　男性 79.9 歳、女性 84.9 歳　　HIV 感染率　－
1 人あたり GDP　102,000 ドル　　　　　失業率　5.9%
農業就業人口　1.1%　　　　　　　　　　耕地面積率　24.2%

[農業] ワイン、小麦、大麦、ジャガイモ、ブドウ、オート麦、果物、ニワトリ、牛、豚、羊、ヤギ

[天然資源] 鉄鉱石（現在は採掘されていない）

[産業] 銀行および金融サービス、鉄鋼、情報技術、電気通信、貨物輸送、食品加工、化学製品、金属製品、ガラス、アルミニウム

[食文化への影響] ルクセンブルクはベルギー、フランス、ドイツに囲まれた小国（面積 2,500km^2 あまり）である。料理もこれら隣国の影響を受けているが、とくにベルギーとフランスの影響が大きい。1556 年から 1713 年までこの地域を支配したスペインと、のちにこの土地を所有したオランダもここの食文化に影響を与えた。その他の影響としては、ルクセンブルクが長年経験してきた貧困の歴史や、国際的な金融センターとなった現在の繁栄などがある。南部の肥沃な台地は、穀物、ジャガイモ、果物、家畜の生産を支え、河川は魚を供給する。

[パンと穀類] 小麦、大麦、オート麦、ライ麦、米：パン（全粒小麦、小麦、ライ麦）、ワッフル、クッキー、ペストリー

[肉と魚] 鶏肉、牛肉、豚肉、仔羊肉、ヤギ肉、魚、卵：スモークハム、ソーセージ、肉加工食品

[乳製品] ミルク、クリーム、サワークリーム、チーズ

油脂 バター、ラード、マーガリン、植物油、塩漬け豚肉

豆類 スプリットピー、赤インゲンマメ、ソラマメ

野菜 ジャガイモ、キャベツ、芽キャベツ、アスパラガス、トマト、ニンジン、タマネギ：ザウアークラウト、ピクルス

果物 ブドウ、レーズン、プラム、プルーン、リンゴ、サクランボ、洋ナシ、レモン、オレンジ、イチゴ、メロン。

種実類 アーモンド、栗、ヘーゼルナッツ、ピーカンナッツ、クルミ、ゴマ

香辛料 酢、コショウ、青ネギ、ケーパー、セージ、シナモン、クローブ、ナツメグ、マスタード、バニラ、チョコレート

料理 スプリットピーやインゲンマメのスープ。内臓のスープ（ゲベック）。豚足の塩漬け。揚げるか焼くかした鱒。ゆでる、つぶす、または揚げたジャガイモ。ルクセンブルク風と銘打つ料理には、いろいろある：肉のフライに、ガーキン、青ネギ、またはケーパーのいずれかが組み合わされたソースを添えた料理。ルクセンブルクワインが入っているシチューまたは魚料理。ミルクまたはクリームの代わりに赤ワインが使われたマッシュポテト（ルクセンブルク風マッシュポテト）

国民食 ジュッド・マット・ガーデボウネン（スモークした豚肉を煮て、セージを入れて煮たジャガイモとソラマメを添える）

祝祭用料理 クリスマス（ケルメス）：豚のくず肉で作られたスープ（ゲヘック）。酵母で膨らませ、レーズンを入れたケーキ（キルメスクッフ）は、バターを塗り、スモークハムの薄いスライスを載せて食べる。地元のワインに浸したプルーン。

甘味類 ハチミツ、砂糖：バター、砂糖、またはホイップクリームとイチゴを添えたワッフル。プラムで作る季節のタルト（タルト・デ・クエッチ）。スイートブレッド。クッキー

飲物 コーヒー、茶、ホットチョコレート、ビール、ワイン（白、赤）

ルーマニア　Romania

[地理] ルーマニアはヨーロッパ南東部に位置し、黒海に面している。中央にカルパティア山脈、トランシルバニアアルプス、トランシルバニア台地。南から東にかけては平野が広がり、ドナウ川の支流が流れる。

主要言語	民族		宗教	
ルーマニア語（公用語）	ルーマニア人	83.4%	ルーマニア正教	81.9%
ハンガリー語	ハンガリー人	6.1%	プロテスタント	6.4%
	ロマ人	3.1%	カトリック	4.3%

人口密度　93.7 人/km²　　　　　都市人口率　54.9%
識字率　98.8%　　　　　　　　　出生 1000 あたり乳児死亡率　9.4
平均寿命　男性 71.9 歳、女性 79.0 歳　　HIV 感染率　0.1%
1 人あたり GDP　22,300 ドル　　　失業率　6.4%
農業就業人口　28.3%　　　　　　　耕地面積率　38.2%

[農業] トウモロコシ、小麦、ジャガイモ、ヒマワリの種、テンサイ、ブドウ、ニワトリ、羊、豚、牛、ヤギ

[天然資源] 石油（埋蔵量は減少している）、木材、天然ガス、石炭、鉄鋼石、塩、水力発電、漁獲

[産業] 電気設備、電気機械、繊維、履物、軽機械、自動車の組立、鉱山、木材

[食文化への影響] ローマの支配、500 年にわたるオスマン帝国時代、ロシア、ドイツ、ハンガリー、東方正教に加え、地理や気候がルーマニア料理に影響を与えたのは明らかである。羊乳を使ったカシュカバル（黄色い脂肪分無調整のハードチーズ）は、ローマ時代から作られていたと思われる。国民食、ママリガはイタリアのポレンタによく似ている。トルコの影響が認められるのは、ワラキア地方（ルーマニア南部）の料理、バクラバ、ムサカ、そしてピラフ。ルーマニア北東部、ウクライナとの国境付近でビーツのスープや穀物の粥（カーシャ）が作られるようになったのは、ロシアの影響である。ザクセン（ドイツ）料理の昔からの特徴は、ルーマニア最大の地域、トランシルバニア北部の山地で食べられている、クヌーデルン（ダンプリング）や焼いて食べるブラートヴルスト（牛肉または豚肉のソーセージ）に、はっきり表れている。トランシルバニア地方には、ルーマニア、ハンガリー、ドイツの影響が混在する。トランシルバニア南東部のスエケル族（896 年にはハンガリー人と同化していた）は、スエケリー・グヤーシュ（ハンガリアン・グーラッシュの原型）など、本物のハンガリーの郷土料理を作るという。ルーマニアは農業中心の国。トウモロコシや小麦を栽培し、色鮮やかなヒマワリやケシ

からは油や種をとる。果物、とくにブドウは高地で栽培される。牛の飼育は古くから行なわれていて、牛肉は北東部モルドバ地方の主要な食べ物になっている。乳牛は平野の牧草地で草をはみ、水牛はドナウ川下流域に、羊は丘陵地帯や山地に生息する。首都ブカレストのあるワラキア（南部の低地地方）では穀物やクルミが栽培され、ドナウ川やその他の河川では魚が獲れる。製菓用のローズオイルは有名。大半のルーマニア人が属す正教会には、断食〔正確には食事制限〕日が多くあり、祝日、とりわけ復活祭には特別な料理が用意される。

パンと穀類 トウモロコシ、小麦、大麦、米：コーンミールの粥やパン、小麦パンやケーキ、米料理

肉と魚 鶏肉、卵、仔羊肉と羊肉、豚肉、牛肉と仔牛肉、ヤギ肉、ガチョウやアヒルの肉、魚（カマス、ナマズ）：挽き肉、ソーセージ。名物のパストラマ（スパイスをきかせた仔羊、または牛、豚、ガチョウ肉の燻製）。

乳製品 ミルク（牛、羊、ヤギ、水牛）、クリーム、サワークリーム、ヨーグルト、チーズ（羊、ヤギ）。代表的なチーズ（テレメア）は羊またはヤギの乳から作る。フェタチーズに似ているが、アニシードを入れることが多い。

油脂 バター、ヒマワリ油、ケシ油、オリーブ油。最近は動物性脂の代わりに、ヒマワリ油が使われている。

野菜 ジャガイモ、キャベツ、ピーマン、リーキ〔ポロネギ〕、トマト、タマネギ、オリーブ、レタス、ナス：ザウアークラウト、ピクルス

果物 ブドウ、プラム、ベリー類、サクランボ、マルメロ、リンゴ。果物は食事に欠かせない。

種実類 クルミ、ハシバミ、アーモンド、ピスタチオ、ヒマワリの種、ケシの実（パンや菓子に使用する）

香辛料 酢、ニンニク、黒胡椒、ディル、アニシード、オールスパイス、ナツメグ、トウガラシ、ローズオイル

料理 ママリガ（コーンミールの粥）は固まったら切り分けて、パン代わりに食べる。温めても、冷めたままでもよい。魚は串焼きや網焼き、またはスープに入れる（チョルバ・デ・ペシュテ）。チョルバ（ピーマン、タマネギ、ザウアークラウト、トマトなどの野菜、肉、おもに挽き肉、または魚のスープ。仕上げにザウアークラウトや酢で酸味をつける）。ミティティ（スパイスをきかせた牛挽き肉をソーセージ状にまとめ、焼いたもの）には、焼きパプリカのオイル漬け（アルデイ・ク・ウントデレムン）が添えられる。ギベチ（肉と野菜のシチュー）。サルマーレ（ルーマニア風ロールキャベツ）は国民食に近い。

国民食 ムサカは仔羊または仔牛肉、野菜（長くナスとトマトが定番だったが、ジャガイモやセロリ、キャベツ、カリフラワーでもよい）、卵を使ったオーブン料理。

甘味類 砂糖、ケーキ、カスタード（イタリアのデザート、ザバリオーネに似たサトウは、風味づけに甘口のワインを使う）。スフレ。コゾナック（ケシの実をたっぷり入れ

た菓子パン）は聖金曜日に焼き、ルーマニア正教の復活祭を祝う。

飲物 コーヒー、茶（どちらもかなり甘い）、ワイン（赤、白、甘口、辛口）、ツイカ（プラムブランデー）

食事 シチューやスープなどのひと皿料理とパン、というのが一般的。ほぼ毎食、パンか米を食べる。

間食 ミティティ、ママリガ、ワイン

ルワンダ Rwanda
ルワンダ共和国

[地理] ルワンダは、アフリカ大陸中東部に位置する。国土の大半を占める緑の高原と丘陵地帯に、深い谷が散在する。北西部には火山が連なり、アフリカで最も標高の高い湖、ギブ湖（標高1,472 m）がある。ルワンダの最高峰は、カリシンビ山（標高4,507m）。

主要言語	民族	宗教	
ルワンダ語（バントゥー語）	フツ人（バントゥー）	カトリック	49.5%
英語（公用語）	ツチ人（ハム）	プロテスタント	39.4%
フランス語（公用語）	トゥワ人（ピグミー）	無宗教	3.6%
スワヒリ語（公用語）			

人口密度　482.5人/km²　　　　　都市人口率　30.7%
識字率　71.2%　　　　　　　　　出生1000あたり乳児死亡率　29.7
平均寿命　男性62.3歳、女性66.3歳　HIV感染率　3.1%
1人あたりGDP　1,900ドル　　　　失業率　2.5%
農業就業人口　75.3%　　　　　　耕地面積率　46.6%

[農業] プランテーン、ジャガイモ、サツマイモ、コーヒー、茶、バナナ、インゲンマメ、ソルガム、ジョチュウギク（殺虫剤の原料）、ニワトリ、ヤギ、牛、羊、豚

[天然資源] 金、錫鉱石、タングステン鉱石、メタンガス、水力発電、漁獲

[産業] セメント、農業用製品、石けん、プラスチック製品、繊維

[食文化への影響] ルワンダの食習慣は、アフリカ東部のケニアや隣国タンザニアと似ている。狩猟動物が多くいて、牧畜の伝統があるにもかかわらず、住民は肉をほとんど食べない。牛は財産で、食べ物とは考えられていなかったので、マサイや同系の部族は乳製品と牛の血を糧とし、その他の人々は穀物、バナナ、採集した葉物を主食とした。住民は湖で魚を獲り、ティラピアとナマズの養殖を行なう。保護の対象とはいえ、狩猟動物が多く生息し、飼育されているアンテロープもいる。最も早い時期にやって来た外国の商人、アラブ人は紀元700年頃からアフリカ東部沿岸に植民地を築き、香辛料、タマネギ、ナスを食材として広めた。ドイツ人は最初のヨーロッパ人入植者で、その後ベルギー人がこの国を支配下に置いたが、ルワンダの食文化にヨーロッパの影響はほとんど残っていない。トウモロコシ、ジャガイモ、トマトなど、新世界からの移入食物は変化をもたらした。イギリス人に促されてアジア人がアフリカ東部に移住し、その影響でカレー粉なども使われるようになった。食事の大部分はでんぷん質の野菜と豆類で、豆は重要なたんぱく源になっている。

パンと穀類 ソルガム、トウモロコシ、キビ、米：粥、フラットブレッド、パンケーキ
肉と魚 鶏肉、卵、ヤギ肉、牛肉、仔羊肉、豚肉、魚、狩猟動物の肉
昆虫 バッタ、コオロギ、キリギリス、アリ、幼虫（マドラ）、イモムシ（ハラティ）。採集した昆虫は保存のため乾燥させることもあるが、揚げたり焼いたりして、おやつに食べることが多い。
乳製品 ミルク、凝乳、チーズ（ヨーロッパ風のチーズ）
油脂 バター、澄ましバター、パーム油、ピーナッツ油
豆類 インゲンマメ、ササゲ、落花生、レンズマメ
野菜 プランテーン、ジャガイモ、サツマイモ、青菜、トマト、ピーマン、キャッサバ
果物 バナナ、ココナッツ、パパイヤ
種実類 カシューナッツ、ゴマ、カボチャの種
香辛料 コショウ、トマト、乾燥させたバオバブの葉、タマネギ、ココナッツミルク、黒胡椒、カレー粉、クローブ
料理 ウガリ（コーンミールやキビで作る硬めの粥）。調理後に余った肉、トマト、ピーマン、葉物などの野菜で作るシチュー。ピーナッツペーストで調理した青菜。カレー風味の鶏肉。イリオ（ゆでたインゲンマメ、トウモロコシ、ジャガイモまたはキャッサバをよくつぶして混ぜる）。皮のままゆでてつぶしたプランテーン。揚げたり、ココナッツミルクで煮たりした魚。柔らかく煮てつぶした、インゲンマメやレンズマメ、トウモロコシ、プランテーン。プランテーンのスープ、シチュー、フリッター。
甘味類 ハチミツ、プランテーンのカスタード
飲物 コーヒー、茶、ビール（トウモロコシやキビを使って自家醸造することが多い）
屋台 マンダジ（揚げパン）、焼きトウモロコシ、米とココナッツのパンケーキ、ヤギ肉のケバブ

レソト　Lesotho
レソト王国

[地理] レソトは、南アフリカ共和国に囲まれた内陸の小国である。国は山岳地帯で、標高1,500〜3,300mにおよび、岩の多い高原がある。

主要言語	民族		宗教	
英語（公用語）	ソト族	99%	キリスト教	80%
ソト語（公用語）			土着の信仰	20%
ズールー語				
ホサ語				

人口密度　64.5人/km²　　都市人口率　28.4%
識字率　79.4%　　　　　　出生1000あたり乳児死亡率　46.1
平均寿命　男性53.0歳、女性53.1歳　　HIV感染率　25.0%
1人あたりGDP　3,100ドル　　失業率　27.4%
農業就業人口　86%（自給自足）　　耕地面積率　9%

[農業] ジャガイモ、トウモロコシ、ソルガム、小麦、大麦、豆類、ニワトリ、羊、ヤギ、牛、豚

[天然資源] 水、ダイヤモンド、砂、粘土、建築用石材

[産業] 食品、飲料、繊維、衣料品縫製、手工芸品

[食文化への影響] レソトは岩山が多く、おもに穀物の栽培や家畜の飼育を行なっている。人口の大部分は先住民族である。レソト料理は、ヨーロッパ人入植者の影響を受けていて、オランダ、ドイツ、フランスの影響が見られるが、1世紀近くイギリスの保護領だったため、とくにイギリスの影響が大きい。オランダとドイツは、焼き菓子、ジャムや砂糖煮（コンフィ）への好みをもたらした。フランスのユグノー教徒はワイン産業を創始した。マレーシアとインドから南アフリカに輸入されたイスラム教徒の奴隷や労働者も、地元の食べ物に影響を与えた。優秀な漁師であり、魚の保存にかけては経験豊富なマレー人は、南アフリカで著名なケープマレー料理を作り上げた。農民の食生活は、東アフリカから来た先祖とほぼ同じで、違うのはキビ粥がトウモロコシ（ヨーロッパ人の植民が初めて植え、アフリカ人がすぐに栽培するようになった）粥に代わったことである。牛は財産であり、滅多に食べられなかった。乳製品、粥、豆、メロン、青物野菜、昆虫が過去に食べられ、現在も食べられている。

[パンと穀類] トウモロコシ、ソルガム、小麦、大麦、米：粥、米料理、パン、ドーナツ、タルト、クッキー

肉と魚 鶏肉、仔羊肉と羊肉、ヤギ肉、牛肉、豚肉、魚介類、狩猟動物の肉（鹿、ダチョウ）、卵

昆虫 イナゴ、チョウの幼虫、シロアリ、アリの幼虫。昆虫は揚げたり焼いたりされる。

乳製品 ミルク、クリーム

油脂 脂尾羊の脂肪、バター、魚油、植物油

豆類 インゲンマメ、エンドウマメ、レンズマメ、落花生

野菜 ジャガイモ、葉物野菜、カボチャ、タマネギ、サツマイモ、カリフラワー、キュウリ、ニンジン、トマト

果物 メロン、マルメロ、ナツメヤシ、リンゴ、アプリコット、タンジェリン、グレープフルーツ、レモン、ブドウ、レーズン、ココナッツ

種実類 アーモンド、クルミ

香辛料 酢、トウガラシ、ニンニク、シナモン、クローブ、ターメリック、ショウガ、カレー粉、ベイリーフ

料理 トウモロコシ粥（プトゥ）。米飯。ソサティ（仔羊肉または羊肉をマリネし、串に刺して、焼くかまたはマリネ液で煮込み、カレーソースを添える）。ブレディー（スパイスを付け、タマネギ、トウガラシ、トマト、ジャガイモ、カボチャなどの野菜と調理した羊肉のシチュー）は、必ず米飯と食べる。フリカデル（煮込んだ肉のパテ）。ボボティー（カスタードミックスをトッピングして焼いたスパイス入りミートローフ）。ビルトン（塩漬けした肉片を乾燥させ、燻製にしたもの）。ポイキー（鍋で煮込んだ鹿肉などのシチュー）。ブドウを詰めたチキンや乳飲み豚は特別な日に供することがある。煮詰めたインゲンマメ（メロンやカボチャを入れることもある）。すりおろした生の果物や野菜にレモン汁または酢とトウガラシを入れたサラダ。スパイシーなフルーツや野菜の調味料（チャツネ）。アチャール（熟していない果物や野菜をスパイス入りの油に漬けた保存食）。

甘味類 ハチミツ、砂糖。ドライフルーツ。フルーツレザー（平らな板状に延ばしたドライフルーツ）。果物の砂糖煮やジャム。サツマイモや卵のカスタードで作ったタルト。クックシスター（編みドーナツ）。スゥートクーキ（ワインを入れたスパイスクッキー）。

飲物 茶、ワイン

レバノン Lebanon
レバノン共和国

[地理] レバノンは中東に位置し、地中海の東端にある。海沿いに狭い平地があるが、国土の大部分は南北に走るふたつの山脈と、そのあいだに挟まれた肥沃なベッカー高原である。

主要言語	民族		宗教	
アラビア語（公用語）	アラブ人	95%	イスラム教	54.0%
フランス語	アルメニア人	4%	（スンニ派）	27.0%)
英語			（シーア派）	27.0%)
アルメニア語			キリスト教	40.5%
			（マロン典礼カトリック	
				21.0%)
			ドルーズ教	5.6%

人口密度　609人/km²　　　　　都市人口率　88.0%
識字率　94.1%　　　　　　　　出生1000あたり乳児死亡率　7.4
平均寿命　男性76.5歳、女性79.1歳　　HIV感染率　0.1%
1人あたりGDP　18,500ドル　　　失業率　6.8%
農業就業人口　－　　　　　　　耕地面積率　12.9%

[農業] ジャガイモ、トマト、オレンジ、ブドウ、リンゴ、オリーブ、タバコ、ニワトリ、ヤギ、羊、牛、豚

[天然資源] 石灰石、鉄鉱石、塩、水（水不足の地域で余剰がある）、漁獲

[産業] 金融、観光、食品加工、ワイン、ジュエリー、セメント、繊維、鉱物、化学製品

[食文化への影響] 世界の小国のひとつであるレバノンは、山地が多いものの、地中海沿岸に長い海岸線をもち、そこから魚介類が獲れる。フェニキア人は紀元前3000年頃にこの土地に来て、都市国家を確立し、大規模な海上交易の嚆矢となってヨーロッパ、アジア、アフリカを結ぶ古代の岐路に立ち、香辛料、穀物、食料品、ワインを取引した。エジプト、ペルシャ、ギリシャ、ローマ、十字軍、オスマン帝国の侵略を受け、フランスの統治下に置かれた。それぞれが影響を残したが、とくにオスマン帝国の影響が大きい。ローマはタウルス山脈とシナイ砂漠のあいだの地域をシリアと呼ぶ州にまとめた。1946年にレバノンは独立した。レバノン料理は近隣のシリア料理と共通点が少なくないが、受難節に肉を食べないキリスト教コミュニティが大きいため、ベジタリアン料理が多い。多数派のイスラム教徒は、豚肉やアルコールの摂取を禁じられ、ラマダンの月には日の出から日没まで断食する義務がある。

パンと穀類 小麦、米：ブルグル（ひき割り小麦）、小麦パン、通常はピタパン（中が空洞の薄い円形のパン）をはじめとするパン種を使ったフラットブレッド、フィロ生地、米料理。パンはほとんどの食事で食べる。

肉と魚 鶏肉、ヤギ肉、仔羊肉や羊肉、牛肉、豚肉、魚介類、卵

乳製品 ミルク（ヤギ、羊、ラクダ、牛）、ヨーグルト、フェタチーズ（白く湿り気があり塩味）

油脂 オリーブ油、澄ましバター、ゴマ油、植物油、脂尾羊からとった脂肪。レバノン人は油脂を控えめに使う。

豆類 ヒヨコマメ、ソラマメ、レンズマメ、黒、白、赤のインゲンマメ

野菜 ジャガイモ、トマト、オリーブ、ナス、キュウリ、タマネギ、ピーマン、レタス、チコリー

果物 オレンジ、ブドウ、リンゴ、ナツメヤシ、イチジク、メロン、ザクロ、アプリコット、サクランボ、マルメロ、レーズン、スマック

種実類 アーモンド、松の実、ヘーゼルナッツ、クルミ、ピスタチオ、ゴマ

香辛料 タヒーニ（ゴマペースト）、タマネギ、ニンニク、新鮮なハーブ（パセリ、ミント、バジル）、スパイス（オールスパイス、シナモン、カルダモン、コショウ、オレガノ）、レモン汁、ローズウォーター、オレンジ花水

保存食 野菜は干したり漬け物に。果物は干す、砂糖煮、またはジャムにする。仔羊肉や羊肉は小さく切り、煮てからそれ自体の脂肪で覆い、鍋に保存する。ひき割り小麦はヨーグルトの中で発酵させ、乾燥させたものを粉にしてキシュクを作る（スープ、ペストリーのフィリング、パンのトッピングに使用）。

料理 詰め物をしたペストリー。詰め物をした野菜。肉（バラエティカットを含む）と野菜のシチュー。肉や魚のグリルまたはフライ。ローストチキン。サンブーサク（三日月形の、肉またはチーズを詰めて揚げたパイ）。米を詰めたブドウの葉。シシケバブ（串焼きにした仔羊肉）。ピラフ（タマネギを炒めた油に米を入れて炒め、水またはスープを加えて炊いたもの）。ラハム・ビアジーン（フラットブレッドに挽き肉、みじん切りのタマネギ、トマト、レモン汁をトッピングする）。名物料理：ブルグル・ビドフェネ（ひき割り小麦、ヒヨコマメ、肉）。ヒンドベ・ビルゼイト（オリーブ油でソテーし、よく炒めた玉ねぎで味つけした野生のチコリー）。

人気のある料理 ファットゥーシュ（パセリ、ミント、トマト、キュウリ、タマネギ、ピタパンを割り入れたサラダ）

国民食 キッベ（ひき割り小麦、タマネギ、バジルまたはミントを入れて細かく刻んだ仔羊肉のペースト、生のままままたは加熱して食べる）

甘味類 ハチミツ、砂糖、ハチミツまたは花の味つきシロップ。バクラバ（フィロ生地の層にナッツ、砂糖、ローズウォーターまたはオレンジ花水をかけ、焼いてシロップに浸す）。バラジク（ピスタチオとゴマをまぶした小さな丸いビスケット）。スクエアハニ

ーケーキ。ナツメヤシの砂糖漬け。煮立てた砂糖と水とレモン汁で作るキャンディ。

飲物 コーヒー、茶、ヨーグルトドリンク、フルーツジュース、ワイン、アラック（アニス風味の食前酒、しばしばメゼと一緒に供される）

メゼ（軽食）フムス（ヒヨコマメのディップ）、タブーリ（刻んだトマト、パセリ、ひき割り小麦にタマネギ、ミント、油、レモンジュースをあえたサラダ）、オリーブ、ピクルス、タヒーニソースを添えた焼きナス、キッベのフライ。食べるときは、円盤状のフラットブレッドをちぎり取ったものを食器代わりにしてメゼをすくい取る。レバノンのメゼは一般的に高く評価されている。

ロシア　Russia
ロシア連邦

[地理]　ロシア連邦は東欧と北アジアの大半を占め、22の共和国からなる。国土はバルト海から太平洋に広がり、北極海、カスピ海、黒海に面している。世界最大の面積をもつロシアは地形に富み、広大な平原、台地、低い山並み、森林、砂漠、湿地などに、熱帯性を除くすべての気候型を見ることができる。

主要言語	民族		宗教	
ロシア語（公用語）	ロシア人	77.7%	ロシア正教	53%
タタール語	タタール人	3.7%	その他のキリスト教	5%
			イスラム教	8%
			無信仰	6%

人口密度　8.7人/km²　　　　　　都市人口率　74.2%
識字率　99.7%　　　　　　　　　出生1000あたり乳児死亡率　6.8
平均寿命　男性65.3歳、女性77.1歳　HIV感染率　－
1人あたりGDP　26,100ドル　　　失業率　5.7%
農業就業人口　9.4%　　　　　　　耕地面積率　7.5%

[農業]　穀物、ジャガイモ、テンサイ、ヒマワリの種、野菜、果物、ニワトリ、牛、羊、豚、ヤギ

[天然資源]　石油、天然ガス、石炭、鉱物、木材、漁獲

[産業]　石炭、石油、ガス、化学製品、金属製品、機械の組立、防衛手段（レーダー、ミサイルなど）、輸送設備、通信設備、農業機械、建設機材、電力設備、医療および科学機器、耐久消費財、繊維

[食文化への影響]　モンゴルの支配を脱したあとの数世紀間、ロシアは皇帝が治める帝国であった。その後この国は20世紀の大半にわたりソビエト連邦の中核をなし、1990年代初めにロシア連邦となる。それまでの長いあいだ、多くのロシア人は農業にいそしみつつ質素な食事をとっていた。普段口にしたのはライ麦パン、カーシャ（ソバ粉の粥）、栄養のある野菜または魚のスープ、クワス（ライ麦ビール）。19世紀まで肉はほとんど食べなかったが、現在、一日でいちばん主要な食事は肉料理が中心になっている。キノコ類、チーズ、サワークリーム、タマネギ、ニンニク、ディル、ホースラディッシュは、よく食べられていた。13世紀に攻め入り、1480年までこの地を支配したモンゴル人はスラブ人に肉の焼き方やヨーグルト、クミス（アルコール度数の低い馬乳酒）、発酵乳を使ったカードチーズの作り方を教えた。保存食であるキャベツの塩漬けは、ザウアー

クラウトになった。茶やサモワール（お茶用の湯沸かし器）、アジアの香辛料もモンゴル人が伝えた。大半のロシア人が信徒であるロシア正教会は、多くの断食日に四旬節の食べ物（野菜、キノコなど）のほかは、口にすることを認めていない。そのため、動物性食物（卵、ミルク、バター、肉類）は断食日を避けてとる。復活祭には特別な食べ物がある。ピョートル大帝は17世紀末から18世紀初頭にかけてフランスおよびスカンジナビアの料理をとり入れることで、富裕層の食べ物やウォッカとともに供されるザクスカ（前菜）を変化させた。19世紀、サンクトペテルブルクとモスクワにやって来たフランス人シェフは、ビーフストロガノフやシャルロートカ（シャルロット）といった料理、さらにはロシア式サービス（召使いがテーブルの客に一品ずつ料理を運ぶ方式）で、富裕層の食事を進化させた。広大な国土はさまざまな気候と地形をもち、多様な作物や家畜が生産されている。ロシアはソバ（タデ科の植物）の主要な生産地でもある。ソバは擬穀類〔イネ科以外の穀類〕の一種で、実の外皮を取り除いたり、粉にしたりして食用にする。世界のキャビア（チョウザメの卵の塩漬け）は、その大半が黒海とカスピ海を産地としている。

パンと穀類 小麦、大麦、オート麦、トウモロコシ、ライ麦、ソバ、キビ：最もよく食べられているのは、酸味のあるパン生地で作るライ麦パン、あるいは小麦とライ麦を使った黒パン。ソバ粉の粥（カーシャ）、パンケーキ（ブリニ）、ペストリー、パスタ

肉と魚 鶏肉、牛肉、仔羊肉と羊肉、豚肉、ヤギ肉、魚、キャビア、卵：ハム、ソーセージ（さまざまなスパイスを使ったカルバサ）

乳製品 ミルク（牛、羊）、クリーム、サワークリーム（スメタナ）、カッテージチーズ、チーズ

油脂 ヒマワリ油、バター、ラード、オリーブ油、植物油

豆類 インゲンマメ、レンズマメ、エンドウマメ

野菜 ジャガイモ、キャベツ、トマト、ニンジン、カブ、タマネギ、キュウリ、エンドウ、ビーツ、キノコ類、パースニップ、カブハボタン（ルタバガ、黄色い根菜）、ラディッシュ、ピーマン：ピクルス、ザウアークラウト

果物 リンゴ、ブドウ、イチゴ、ラズベリー、サクランボ、プラム、レーズン、カラント：砂糖漬け、ジャム

種実類 アーモンド、栗、ヘーゼルナッツ、クルミ、ヒマワリの種、ケシの実、キャラウェイシード

香辛料 サワークリーム、タマネギ、ニンニク、パセリ、ディル、ホースラディッシュ、シナモン、ショウガ、サフラン。酸味が好まれる。

料理 最も有名なのは、カーシャ（ソバ、大麦、キビの粒を柔らかく煮た濃い粥。タマネギやキノコを付け合わせにすることが多い）。スープ：シチー（キャベツ）、ボルシチ（ビート）、ウハー（魚）。ロールキャベツ、ピーマンの肉詰め。ブリニ（ソバ粉のパンケーキ）は中世期からロシアに欠かせない料理で、四旬節の前の週には必ず食べられている。

クレビヤーカ（魚、刻んだゆで卵、ディル、カーシャをイースト入りの生地で包んだパイ）。ピロシキ（ピローグ）は、肉や魚を包んだ小型のパイまたはパン。コトレーティ（挽き肉、タマネギ、卵、湿らせたパンを混ぜ、小判形に成形して揚げたもの）には、ゆでたジャガイモあるいはマカロニを添える。仔豚の丸焼きは、宴席で人気が高い。ビーフストロガノフ（さっと炒めた薄切りの牛ヒレ肉を、煮たタマネギ、キノコと混ぜ、サワークリームを加えた料理）は、世界的に有名。シベリアのシチューは、羊の胃にミルク、羊の血、ニンニク、青タマネギを詰め、羊の腸で縛ったものを、肉と一緒に鍋で煮る。

復活祭の食べ物 クリーチ（レーズンやナッツが入った大きな円筒状の菓子パン。糖衣をかけることが多い）、パスハ（砂糖漬けの果物やナッツが入った甘いチーズケーキ。キリストの復活を意味する「XB」の文字で表面を飾る）、赤く染めたり、手書き模様をつけたりしたゆで卵。

甘味類 ハチミツ、砂糖、糖蜜、果物の砂糖煮。キセル（ベリーのプディング、またはリンゴなどの果物のピューレ）。クチヤ（小麦、ケシの実、ドライフルーツをハチミツとともに煮込む）。ババ（甘く香りの高い菓子パン。円筒状の型で焼く）。シャルロートカ（シャーロットルース）は、型に細長いスポンジ生地をはりつけ、ゼラチンやホイップクリームと、ラズベリーなど風味づけになるものを詰めて冷やした菓子。

飲物 茶、ビール、クワス、ウォッカ（ジャガイモなどで作る蒸留酒）。濃いお茶はサモワール（中央を通る垂直の管に燃料の木炭を入れて使う、真鍮製の道具）で沸かした湯で入れたり、薄めたりする。

前菜 キャビア、塩漬けニシン、サワークリームで和えたキュウリなどが、ウォッカとともに供される。

食事 三食しっかり食べるのが特徴で、昼食がいちばん重い。パン、カーシャ、スープが中心。

タタールスタンとタタール料理 かつてソビエト連邦の一部だったタタールスタンは、ロシア連邦の沿ヴォルガ連邦管区に位置する、自治権の認められた共和国。首都カザンは最北端のイスラム都市で、カザンのタタール人はピラフ（米料理）など、さまざまな中近東料理を作り、ケバブ（肉の串焼き）には牛肉やガチョウ肉といった寒い地方の食材が使われる。栄養価の高いミートパイも有名。大きな長方形のバリシュ、大きな円形のグバディア、円形で小ぶりのペレメチ〔パイではなく（揚げ）パン〕には、オニオンスープとヨーグルトをかけることが多い。ロシア同様、ソバ、ジャガイモ、ホースラディッシュをよく食べ、サモワールとペストリーで客をもてなす。タタールのサモサは生地がふっくらしていて、ロシアのピロシキに似ている。タタールのバクラバは、麺生地と甘味料をかけたナッツを交互に重ねて作る。チャクチャクはボール状のドーナツをハチミツでつなぎ、平たくまとめた菓子。

参考文献
料理名索引
英和対照料理名索引

参考文献

Abraham, N. 1995. Arab Americans. In R. J. Vecoli, J. Galens, A. Sheets, and R. V. Young, eds., *Gale Encyclopedia of Multicultural America*. New York: Gale Research.

Algert, S. J., Brzezinski, E., and Ellison, T. H. 1998. *Mexican American Food Practices, Customs, and Holidays*. Chicago: American Dietetic Association/American Diabetes Association.

American Dietetic Association. 2004. HOD Backgrounder: Meeting the challenges of a culturally and ethnically diverse US population. http://www.eatright.org (accessed October 1, 2008).

American Dietetic Association. 2007. HOD Backgrounder: Health disparities. Fall 2007. http://www.eatright.org/ HOD Backgrounders Fall 2007 (accessed October 1, 2008).

Anderson, A. W. 1956. *Plants of the Bible*. London: Crosby Lockwood & Sons.

Ang, C. 2000. Tibetan food and beverages. *Flavor & Fortune* 6(3): 21.

Apicius. *The Roman Cookery Book*. Translated by B. Flower and E. Rosenbaum. 1958. London: P. Nevill.

Archer, S. L. 2005. Acculturation and dietary intake. *Journal of the American Dietetic Association* 105: 411–12.

Arrington, L. R. 1959. Foods of the Bible. *Journal of the American Dietetic Association* 35: 816–20.

Aspler, T. 1995. Icewine. In J. M. Powers and A. Stewart, eds., *Our Northern Bounty: A Celebration of Canadian Cuisine*. Toronto: Random House.

Ayala, G. X., Baquero, B., and Klinger, S. 2008. A systematic review of the relationship between acculturation and diet among Latinos in the United States: Implications for future research. *Journal of the American Dietetic Association* 108: 1330–44.

Bachman-Carter, K., Duncan, R. M., and Pelican, S. 1998. *Navajo Food Practices, Customs, and Holidays*. Chicago: American Dietetic Association/American Diabetes Association.

Bailey, A. 1969. *The Cooking of the British Isles*. New York: Time-Life.

Balagopal, P., Ganganna, P., Karmally, W., Kulkami, K, Ran, S., Ramasubramanian, N., and Siddiqui-Mufti, M. 2000. *Indian and Pakistani Food Practices, Customs, and Holidays,* 2nd ed. Chicago: American Dietetic Association/ American Diabetes Association.

Basaran, P. 1999. Traditional foods of the Middle East. *Food Technology* 53(6): 60–66.

Bennion, M. 1976. Food preparation in colonial America. *Journal of the American Dietetic Association* 69:16–23.

Bodenheimer, R. S. 1951. *Insects as Human Food*. The Hague: Dr. W. Junk Publishers.

Brittin, H. C. 1978. Argentina Food and Culture. Personal observations.

Brittin, H. C. 1990. Australia Food and Culture. Personal observations.

Brittin, H. C. 1968, 1984, 1986. Austria Food and Culture. Personal observations.

Brittin, H. C. 1998. Barbados Food and Culture. Personal observations.

Brittin, H. C. 1984. Belgium Food and Culture. Personal observations.

Brittin, H. C. 1978. Brazil Food and Culture. Personal observations.

Brittin, H. C. 1963, 1964, 1999. Canada Food and Culture. Personal observations.

Brittin, H. C. 1980. China Food and Culture. Personal observations.

Brittin, H. C. 1968, 1984. Denmark Food and Culture. Personal observations.

Brittin, H. C. 1998. Dominica Food and Culture. Personal observations.

Brittin, H. C. 2000. Ethiopia Food and Culture. Personal observations.

Brittin, H. C. 1972, 1991, 2002. Finland Food and Culture. Personal observations.

Brittin, H. C. 1968, 1984, 1985, 1987, 1988, 1989, 1990, 1991, 1992, 1993, 1994, 1995, 1996. France Food and Culture. Personal observations.

Brittin, H. C. 1968, 1984, 1992. Germany Food and Culture. Personal observations.

Brittin, H. C. 2000. Ghana Food and Culture. Personal observations.

Brittin, H. C. 1975, 1980, 1996. Hong Kong Food and Culture. Personal observations.

Brittin, H. C. 1968. Ireland Food and Culture. Personal observations.

Brittin, H. C. 1968, 1984. Italy Food and Culture. Personal observations.

Brittin, H. C. 1975, 2004. Japan Food and Culture. Personal observations.

Brittin, H. C. 2000. Kenya Food and Culture. Personal observations.

Brittin, H. C. 1968, 1984. Liechtenstein Food and Culture. Personal observations.

Brittin, H. C. 1998. Martinique Food and Culture. Personal observations.

Brittin, H. C. 1967, 1971, 1972. Mexico Food and Culture. Personal observations.

Brittin, H. C. 1968, 1984. Monaco Food and Culture. Personal observations.

Brittin, H. C. 1968, 1984. Netherlands Food and Culture. Personal observations.

Brittin, H. C. 1990. New Zealand Food and Culture. Personal observations.

Brittin, H. C. 1968, 1972, 1984. Norway Food and Culture. Personal observations.

Brittin, H. C. 1978. Peru Food and Culture. Personal observations.

Brittin, H. C. 1980. Philippines Food and Culture. Personal observations.

Brittin, H. C. 1972. Russia Food and Culture. Personal observations.

Brittin, H. C. 1998. St. Maarten/St. Martin Food and Culture. Personal observations.

Brittin, H. C. 2006. South Africa Food and Culture. Personal observations.

Brittin, H. C. 1989. South Korea Food and Culture. Personal observations.

Brittin, H. C. 1968. Spain Food and Culture. Personal observations.

Brittin, H. C. 1968, 1972, 1984. Sweden Food and Culture. Personal observations.

Brittin, H. C. 1968, 1984, 2008. Switzerland Food and Culture. Personal observations.

Brittin, H. C. 1975. Taiwan Food and Culture. Personal observations.

Brittin, H. C. 2000. Tanzania Food and Culture. Personal observations.

Brittin, H. C. 1996. Thailand Food and Culture. Personal observations.

Brittin, H. C. 1991. Turkey Food and Culture. Personal observations.

Brittin, H. C. 1968, 1984, 1985, 1986, 1994. United Kingdom Food and Culture. Personal observations.

Brittin, H. C. 1968, 1984. Vatican City Food and Culture. Personal observations.

Brittin, H. C. 1999. U.S. Region Alaska Food and Culture. Personal observations.

Brittin, H. C. 1975, 2006. U.S. Region Hawaiian Islands Food and Culture. Personal observations.

Brittin, H. C. 1961–1963, 1964, 1970, 1973, 1977, 1990, 1993. U.S. Region Mid-Atlantic Food and Culture. Personal observations.

Brittin, H. C. 1964, 1970, 1993, 1994, 2004. U.S. Region Midwest Food and Culture. Personal observations.

Brittin, H. C. 1961, 1963, 1970, 1990. U.S. Region New England Food and Culture. Personal observations.

Brittin, H. C. 1960–1961, every year since. U.S. Region South Food and Culture. Personal observations.

Brittin, H. C. 1963–2009. U.S. Region Southwest Food and Culture. Personal observations.

Brittin, H. C. 1960, 1973, 1999, 2004, 2005, 2006, 2007, 2009. U.S. Region West Food and Culture. Personal observations.

Brittin, H. C. 1964, 1998. U.S. Puerto Rico Food and Culture. Personal observations.

Brittin, H. C. 1964, 1998. U.S. Territory Virgin Islands Food and Culture. Personal observations.

Brittin, H. C. 2001. *Food Preparation Essentials,* 4th ed. Dubuque, IA: Kendall/Hunt.

Brittin, H. C., and Nossaman, C. E. 1986a. Iron content of food cooked in iron utensils. *Journal of the American Dietetic Association* 86: 897–901.

Brittin, H. C., and Nossaman, C. E. 1986b. Use of iron cookware. *Home Economics Research Journal* 15: 43–51.

Brittin, H. C., Sukalakamala, S., and Obeidat, B. A. 2008. Food practices, changes, preferences, and acculturation of Arabs and Thais in the United States: A cross cultural comparison. Presentation at the International Federation for Home Economics XXI Congress, Lucerne, Switzerland.

Brittin, H. C., and Zinn, D. W. 1977. Meat-buying practices of Caucasians, Mexican-Americans, and Negroes. *Journal of the American Dietetic Association* 71(6): 623–28.

Brothwell, D., and Brothwell, P. 1969. *Food in Antiquity.* New York: Frederick A. Praeger.

Brown, D. 1968. *American Cooking.* New York: Time-Life.

Brown, D. 1968. *The Cooking of Scandinavia.* New York: Time-Life.

Burke, C. B., and Raia, S. P. 1995. *Soul and Traditional Southern Food Practices, Customs, and Holidays.* Chicago: American Dietetic Association/American Diabetes Association.

Chaudry, M. M. 1992. Islamic food laws: Philosophical basis and practical implications. *Food Technology* 46: 92–93, 104.

Cheng, Y. J., and Brittin, H. C. 1991. Iron in food: Effect of continued use of iron cookware. *Journal of Food Science* 56: 584–85.

Claiborne, C., and Claiborne, P. F. 1970. *Classic French Cooking.* New York: Time-Life.

Claudio, V. S. 1994. *Filipino American Food Practices, Customs, and Holidays.* Chicago: American Dietetic Association/American Diabetes Association.

Coates, R. J., and Monteilh, C. P. 1997. Assessments of food-frequency questionnaires in minority populations. *American Journal of Clinical Nutrition* 65(suppl):1108S–1115S.

Cook, J. D. 1977. Absorption of food iron. *Federation Proceedings* 36: 2028–32.

Cramer, M. 2001. Mongolian culture and cuisine in transition. *Flavor & Fortune* 8(2): 12–14, 16.

Crane, N. T., and Green, N. R. 1980. Food habits and food preferences of Vietnamese refugees living in northern Florida. *Journal of the American Dietetic Association* 76: 591–93.

Curry, K. R. 2000. Multicultural competence in dietetics and nutrition. *Journal of the American Dietetic Association* 100: 1142–43.

Davidson, A. 2002. *The Penguin Companion to Food.* New York: Penguin.

Feibleman, P. S. 1969. *The Cooking of Spain and Portugal.* New York: Time-Life.

Field, M., and Field, F. 1970. *A Quintet of Cuisines.* New York: Time-Life.

Fisher, M. F. K. 1968. *The Cooking of Provincial France.* New York: Time-Life.

Geissler, E. M. 1998. *Pocket Guide to Cultural Assessment.* St. Louis: Mosby.

Gordon, B. H. J., Kang, M. S. Y., Cho, P., and Sucher, K. P. 2000. Dietary habits and health beliefs of Korean-Americans in the San Francisco Bay Area. *Journal of the American Dietetic Association* 100: 1198–1201.

Grivetti, L. E., and Paquette, M. B. 1978. Nontraditional food choices among first generation Chinese in California. *Journal of Nutrition Education* 10: 109–12.

Hahn, E. 1968. *The Cooking of China.* New York: Time-Life.

Halderson, K. 1998. *Alaska Native Food Practices, Customs, and Holidays.* Chicago: American Dietetic Association/American Diabetes Association.

Hammoud, M. M., White, C. B., and Fetters, M. D. 2005. Opening cultural doors: Providing culturally sensitive healthcare to Arab American and American Muslim patients. *American Journal of Obstetrics & Gynecology* 193(4): 1307–11.

Harding, T. S. 1949. Native foods of the Western Hemisphere. *Journal of the American Dietetic Association* 24: 609–14.

Harris-Davis, E., and Haughton, B. 2000. Model for multicultural nutrition counseling competencies. *Journal of the American Dietetic Association* 100: 1178–85.

Hatahet, W., Khosla, P., and Fungwe, T. V. 2002. Prevalence of risk factors to coronary heart disease in an Arab-American population in Southeast Michigan. *International Journal of Food Sciences and Nutrition* 53: 325–35.

Hazelton, N. S. 1969. *The Cooking of Germany*. New York: Time-Life.

Higgins, C., Laredo, R., Stollar, C., and Wardshaw, H. S. 1998. *Jewish Food Practices, Customs, and Holidays*. Chicago: American Dietetic Association/American Diabetes Association.

Hussaini, M. M. 1993. *Islamic Dietary Concepts and Practices*. Bedford Park, IL: Islamic Food and Nutrition Council of America.

Ikeda, J. P. 1999. *Hmong American Food Practices, Customs, and Holidays*. Chicago: American Dietetic Association/American Diabetes Association.

Jaber, L. A., Brown, M. B., Hammad, A., Zhu, Q., and Herman, W. H. 2003. Lack of acculturation is a risk factor for diabetes in Arab immigrants in the U.S. *Diabetes Care* 26: 2010–14.

Kilara, A., and Iya, K. K. 1992. Food and dietary practices of the Hindu. *Food Technology* 46: 94–102, 104.

Kittler, P. G., and Sucher, K. P. 2004. *Food and Culture*, 4th ed. Belmont, CA: Wadsworth/Thomson Learning.

Kollipara, U. K., and Brittin, H. C. 1996. Increased iron content of some Indian foods due to cookware. *Journal of the American Dietetic Association* 96: 508–10.

Lau, G., Ma, K. M., and Ng, A. 1998. *Chinese American Food Practices, Customs, and Holidays*. Chicago: American Dietetic Association/American Diabetes Association.

Lee, R. D., and Nieman, D. C. 2003. *Nutritional Assessment*, 3rd ed. New York: McGraw-Hill.

Lee, S. K., Sobal, J., and Frongillo, E. A. 1999a. Acculturation and dietary practices among Korean Americans. *Journal of the American Dietetic Association* 99: 1084–89.

Lee, S. K., Sobal, J., and Frongillo, E. A.1999b. Acculturation, food consumption, and diet-related factors among Korean Americans. *Journal of Nutrition Education* 31: 321–30.

Leistner, C. G. 1996. *Cajun and Creole Food Practices, Customs, and Holidays*. Chicago: American Dietetic Association/American Diabetes Association.

Leonard, J. N. 1968. *Latin American Cooking*. New York: Time-Life.

Liou, D., and Bauer, K. D. 2007. Exploratory investigation of obesity risk and prevention in Chinese Americans. *Journal of Nutrition Education and Behavior* 39:134–41.

Liou, D., and Contento, I. R. 2001. Usefulness of psychosocial theory variables in explaining fat-related dietary behavior in Chinese Americans: Association with degree of acculturation. *Journal of Nutrition Education* 33: 322–31.

Lowenberg, M. E., Todhunter, E. N., Wilson, E. D., Savage, J. R., and Lubawski, J. L. 1979. *Food and People*, 3rd ed. New York: Wiley.

Mead, M. 1970. The changing significance of food. *American Scientist* 258: 176–81.

Meilgaard, M., Civille, G. V., and Thomas, C. 1999. *Sensory Evaluation Techniques*, 3rd ed. Boca Raton, FL: CRC Press.

Meiselman, H. L., ed. 2000. *Dimensions of the Meal: The Science, Culture, Business, and Art of Eating*. Gaithersburg, MD: Aspen.

Mermelstein, N. H. 1992. Seeds of change: The Smithsonian Institution's Columbus quincentenary exhibition. *Food Technology* 46(10): 86–89.

Mistry, A. N., Brittin, H. C., and Stoecker, B. J. 1988. Availability of iron from food cooked in an iron utensil determined by an in vitro method. *Journal of Food Science* 53: 1546–48, 1573.

Newman, J. M. 1999. Tibet and Tibetan foods. *Flavor & Fortune* 6(4): 7–8, 12.

Newman, J. M. 2000a. Chinese meals. In H. L. Meiselman, ed., *Dimensions of the Meal: The Science, Culture, Business, and Art of Eating*. Gaithersburg, MD: Aspen.

Newman, J. M. 2000b. Mongolians and their cuisine. *Flavor & Fortune* 7(1): 9–10, 24.

Nickles, H. G. 1969. *Middle Eastern Cooking*. New York: Time-Life.

Obeidat, B. A., and Brittin, H. C. 2004. Food practices, changes, preferences, and acculturation of Arabs in the United States. *Journal of the American Dietetic Association* 104 (Suppl. 2): A-34.

Packard, D. P., and McWilliams, M. 1993. Cultural foods heritage of Middle Eastern immigrants. *Nutrition Today* (May–June): 6–12.

Painter, J., Rah, J., and Lee, Y. 2002. Comparison in international food guide pictorial representations. *Journal of the American Dietetic Association* 102: 483–89.

Pan, Y. L., Dixon, Z., Himburg, S., and Huffman, F. 1999. Asian students change their eating patterns after living in the United States. *Journal of the American Dietetic Association* 99: 54–57.

Papashvily, H., and Papashvily, G. 1969. *Russian Cooking*. New York: Time-Life.

Park, J., and Brittin. H. C. 1997. Increased iron content of food due to stainless steel cookware. *Journal of the American Dietetic Association* 97: 659–61.

Park, J., and Brittin, H.C. 2000. Iron content, sensory evaluation, and consumer acceptance of food cooked in iron utensils. *Journal of Food Quality* 23: 205–15.

Park, S. Y., Paik, H. Y., Skinner, J. D., Ok, S. W., and Spindler, A. A. 2003. Mothers' acculturation and eating behaviors of Korean American families in California. *Journal of Nutrition Education and Behavior* 35: 142–47.

Perl, L. 1965. *Red-Flannel Hash and Shoo-Fly Pie*. Cleveland, OH: World Publishing.

Powers, J. M., and Stewart, A., eds. 1995. *Northern Bounty: A Celebration of Canadian Cuisine*. Toronto: Random House.

Raj, S., Gangnna, P., and Bowering, J. 1999. Dietary habits of Asian Indians in relation to the length of residence in the United States. *Journal of the American Dietetic Association* 99: 1106–08.

Ratner, M. 1995. Thai Americans. In R. J. Vecoli, J. Galens, A. Sheets, and R. V. Young, eds., *Gale Encyclopedia of Multicultural America*. New York: Gale Research.

Rau, S. R. 1969. *The Cooking of India*. New York: Time-Life.

Root, W. 1968. *The Cooking of Italy*. New York: Time-Life.

Sakr, A. H. 1971. Dietary regulations and food habits of Muslims. *Journal of the American Dietetic Association* 53: 123–26.

Sakr, A. H. 1975. Fasting in Islam. *Journal of the American Dietetic Association* 67:17–21.

Satia, J. A., Patterson, R. E., Taylor, V. M., Cheney, C. L., Shiu-Thornton, S., Chitnarong, K., and Kristal, A. R. 2000. Use of qualitative methods to study diet, acculturation, and health in Chinese-American women. *Journal of the American Dietetic Association* 100: 934–40.

Satia-Abouta, J., Patterson, R. E., Neuhouser, M. L., and Elder, J. 2002. Dietary acculturation: Applications to research and dietetics. *Journal of the American Dietetic Association* 102: 1105–18.

Scrimshaw, N.S. 1991. Iron deficiency. *Scientific American* 265: 46–52.

Skipper, A., Young, L. O., and Mitchell, B. E. 2008. Accreditation standards for dietetics education. *Journal of the American Dietetic Association* 108: 1732–35.

Southeastern Michigan Dietetic Association. n.d. Cultural food pyramids. http://www.semda.org/info/ (accessed October 1, 2008).

Stang, J., Kong, A., Story, M., Eisenberg, M. E., and Neumark-Sztainer, D. 2007. Food and weight-related patterns and behaviors of Hmong adolescents. *Journal of the American Dietetic Association* 107: 936–41.

Stein, K. 2004. Cultural literacy in health care. *Journal of the American Dietetic Association* 104: 1657–59.

Steinberg, R. 1969. *The Cooking of Japan*. New York: Time-Life.

Steinberg, R. 1970. *Pacific and Southeast Asian Cooking*. New York: Time-Life.

Sukalakamala, S., and Brittin, H. C. 2006. Food practices, changes, preferences, and acculturation of Thais in the United States. *Journal of the American Dietetic Association* 106: 103–08.

Thompson, F. E., Subar, A. F., Brown, C. C., Smith, A. F., Sharbaugh, C. O., Jobe, J B., et al. 2002. Cognitive research enhances accuracy of food frequency questionnaire reports: Results of an experimental validation study. *Journal of the American Dietetic Association* 102: 212–24.

U.S. Department of Agriculture. 1992. Food guide pyramid: A guide to daily food choices. *Home and Garden Bulletin* no. 252. Washington, DC.

U.S. Department of Agriculture. 2005. MyPyramid.gov. http://www.mypyramid.gov/ (accessed September 11, 2008).

U.S. Department of Agriculture. 2008. Cultural and ethnic food and nutrition education materials: A resource list for educators. http://www.nal.usda.gov/fnic/pubs/bibs/gen/ethnic.html#6 (accessed October 1, 2008).

Van der Post, L. 1970. *African Cooking*. New York: Time-Life.

Vecoli, R. J., Galens, J., Sheets, A., and Young, R. V., eds. 1995. *Encyclopedia of Multicultural America*. New York: Gale Research.

Weaver, M. R., and Brittin, H. C. 2001. Food preferences of men and women by sensory evaluation versus questionnaire. *Family and Consumer Sciences Research Journal* 29(3): 288–302.

Wechsberg, J. 1968. *The Cooking of Vienna's Empire*. New York: Time-Life.

Weigley, E. S. 1964. Food in the days of the Declaration of Independence. *Journal of the American Dietetic Association* 45: 35–40.

Wenkam, N. S., and Wolff, R. J. 1970. A half century of changing food habits among Japanese in Hawaii. *Journal of the American Dietetic Association* 57: 29–32.

Wiecha, J. M., Fink, A. K., Wiecha, J., and Herbert, J. 2001. Differences in dietary patterns of Vietnamese, White, African-American, and Hispanic adolescents in Worcester, Mass. *Journal of the American Dietetic Association* 101: 248–51.

Wolfe, L. 1970. *The Cooking of the Caribbean Islands*. New York: Time-Life.

Woolf, N., Conti, K. M., Johnson, C., Martinez, V., McCloud, J., and Zephier, E. M. 1999. *Northern Plains Indian Food Practices, Customs, and Holidays*. Chicago: American Dietetic Association/American Diabetes Association.

World Health Organization. 2008. Chronic Disease Information Sheet—Obesity and Overweight. http://www.who.int/dietphysicalactivity/publications/facts/obesity/en/print.html (accessed September 29, 2008).

Yang, E. J., Chung, H. K., Kim, W. Y., Bianchi, L., and Song, W. O. 2007. Chronic diseases and dietary changes in relation to Korean Americans' length of residence in the United States. *Journal of the American Dietetic Association* 107: 942–50.

Zhou, Y. D., and Brittin, H. C. 1994. Increased iron content of some Chinese foods due to cooking in steel woks. *Journal of the American Dietetic Association* 94: 1153–56.

料理名索引

【ア行】
アイスワイン ice wine 113
アイラグ ayrag 460
アイラン ayran 56, 297
アイントプフ eintoff 284
アヴゴレモノ avgolémono 143
アエージ・バラディ eish baladi 78
アカラ akara 303
アカラジェ acarajé 369, 370
アグアス・フレスカス aguas frescas 442, 442
アクアビット aquavit 213, 281, 324
アクラ akkra 195
アクラ・ド・モル acrats de morue 326
アコトンシ akotonshi 111
アシード asîd 38
アジャプサンダリ adzhersandal 198
アシュレ asure 299
アソーラ・デ・マイス assola de mais 32
アソルダ açordu 414
アソルダ・ダゼド açorda d'azedo 415
アタイフ ataif 19, 99, 109, 153, 179, 348
アダル adalu 125, 133, 135, 167, 191, 236, 287, 389, 479
アチャール achar/atjar 60, 84, 169, 203, 308, 321, 381, 407, 423, 430, 436, 488
アップルベニエ appelbeignets 102
アッペルフラッペン appelflappen 102
アッラ・フィオレンティーナ alla fiorentina 51
アッラ・ミラネーゼ Alla Milanese 51
アドボ adobo 17, 341, 359, 361
アトーレ atole 91, 150, 162, 310, 333, 395, 398, 417, 441
アナンゲイル anan geil 193, 247
アバラ abara 369
アパンゴロ apangoro 423
アヒアコ・デ・ポージョ ajiaco de pollo 171
アビアル aviyal 60
アビジネ・コセ avizine kose 472
アヒ・デ・フエボ aji de huevo 171

アフェリア afelia 137
アフガン afghan 318
アブグーシュト ab-goosht 57
アブライシュム・ケバブ abrayshum kebab 9
アマルーラ amarula 436
アマレッティ amaretti 51, 331
アモック amok 127
アヤカ hallacas 171, 391
アラック arak 54, 491
ア・ラ・ポロネーズ à la polonaise 409
アリオリ alioli 218, 219
アリチャ alich'a 87
アリッサ harissa 272, 457
アリーニョ・プレパラド aliño preparado 391
アルー alu 321
アルカパラド alcaparrado 17
アルジョッタ aljotta 429
アルデイ・ク・ウントデルメン ardei cu untdelemn 483
アレキサンダー・トルテ alexander torte 470
アレパ arepa 171, 391
アロコ aloco 120
アロス・コン・ココ arroz con coco 171
アロス・コン・ポヨ・アサパオ arroz con pollo asapao 17
アロス・コン・マリスコス arroz con mariscos 398
アロス・コン・レーチェ arroz con leche 442
アロス・デ・ココ arroz de coco 445
アロス・デ・レーチェ arroz de leche 171
アロス・ドス arroz doca 415
アンギーユ・オヴェール anguilles au vert 401
アンティクーチョ anticuchos 399
アンブロージア ambrosia 140
イエシンブラアッサ ye-shimbra asa 86
イェマ・デ・サンレアンドロ Yemas de San Leandro 219
イェリト jelito 225, 260
イスパナクル・ボレキ ispanakli börek 299

503

イドリ idli 59, 224
イモゴ imogo 111
イリオ irio 67, 159, 186, 207, 258, 384, 425, 486
インゲレグデ・ビス Ingelegde Vis 435
インジェラ injera 86, 88, 89, 192
インボルティーニ・アラ・カチャトーラ involtini alla cacciatora 189
ヴァタパ vatapá 368
ヴァルガベーレシュ vargabéles 351
ヴァレーニキ varenyky 70
ヴィシソワーズ vichyssoise 155
ヴィリ viili 363
ヴィール・オスカル Veal Oscar 212
ヴィール・パルミジャーナ veal parmigana 331
ウィンナーシュニッツェル wiener schnitzel 96
ヴェーエ wähen 209
ウェボス・ランチェロス huevos rancheros 442
ウェルシュラビット welsh rabbit 44
ウガリ ugali 67, 159, 258, 384, 486
ウコイ ukoy 361
ウシュカ uszka 409
ウーゾ ouzo 28, 137, 138, 144, 165, 419
ウハー ukha 394, 493
ウミータ humitas 24, 75, 77, 275, 412
ウルク uruq 53
ヴルスト wurst 283
エクリ ekuri 61
エスカベシュ escabeche 140, 291, 326, 338
エスカベシュ・デ・ガリーニャ escabeche de gallina 275
エスコビッチ escovitch 195
エスタハージー・ステーキ Steaks Eszterházy 351
エスパレガドス・デ・バカラオ esparrega dos de bacalao 32
エフォ efó 369
エマンセ・ド・ボー émincé de veau 209
エリオティ elioti 137
エルテンスープ erwtensoep 101
エンチラーダ enchiladas 442
エンパナーダ empanada 24, 25, 150, 171, 219
オカ oka 181
オコパ ocopa 77, 398
オジェホーヴィ orzechowy 410

オシポ hochepot 401
オジャ・ポドリーダ ollo podrida 219
オストカーカ ostkaka 213
オフコ・キセロ・ムレコ ovcho kiselo mleko 419
オプラトク oplatky 226
オボス・モレス ovos moles 415
オポールアヤム opor ajam 65
オリーボーレン oliebollen 102
オルミガ・クロナ hormiga culona 171
オルム orme 28, 165
オンソーム・チュルーク ansam chrouk 127
オンデオンデ onde-onde 65
オンノ・カウスェー oh-no kauk-swe 438

【カ行】
カアク kaaki 272
カイマク kaymak/qymaq 9, 298
カイマクチャイ qymaq chai 9
ガイヤーン kai yang 251
カウサ causas 77
カウルマ・ラグマン kaurma lagman 72, 148, 256, 296
ガーキン gherkins 481
ガーケーキ gur cake 5
カサド casado 162
カザフスタン・ベシュバルマク kazakhstan besh barmak 106
カサリープ cassareep 104
カージ kahj 79
カジ kazy 72, 106, 148
カシキ kashki 53
カーシャ kasha 69, 228, 229, 394, 455, 472, 482, 492, 493
カシャーサ cachaça 104, 222, 392, 369
カシュカバル kashkaval 229, 482
カジュマク kajmak 238
ガジョピント gallo pinto 162, 310, 396
カースヌーデルン kasnudeln 95
ガスパチョ gazpacho 219
カスレ cassoulet 372
カチャヴァリ kačkavalj 238
カチャトーラ cacciatora 50
カチュンバ cachumbar 61

カッサータ cassata 51
カッシア cassia 109
カット qat 46
カート kat 46
ガトー・ド・パタート gâteau de patate 326
カニヤ kanya 125, 133, 135, 191, 236, 287, 303, 389, 479, 232
カネロニ canneloni/kanelloni 27, 50, 331
カネロニ・アラ・トスカーナ kanelloni alla toskana 164
カノム khanom 251
カバ kava 181, 204, 249, 278, 301, 336, 340, 358, 381, 431, 433
カバフ kabafs 321
カフェ・コン・レチェ café con leche 219, 291
カフェ・リエージュ café liégeois 401
カーブ・ガザール gab el ghzal 458
カブリート cabrito 415, 442
カマールアルディーン qamar al-deen 202
カラクッコ kalakukko 363
ガラナ guaranã 369
カラベーゲ・ハラブ karabeege halab 202
カラルー callaloo 34, 140, 195, 241, 243, 245, 289, 291, 293, 326, 338, 346
ガリ gari 125, 133, 135, 167, 174, 176, 184, 191, 236, 479, 266
カリカリ kari-kari 361
ガリフォト gari foto 111, 174, 176, 236, 303
ガルグシュ gargush 474
カルツォーネ calzone 51
ガルディア garudhiya 453
カルデイラーダ caldeirada 414
カルデレータ caldereta 361
カルドス caldos 442
カルド・ベルデ caldo verde 415
カルニタ carnitas 442
カルネ・アサーダ carne asada 442
カルネ・セッカ carne sêca 368
カルバサ kolbase 493
カルプ・ポ・ジドウスキ karp po zydowsku 409
カルボナーダ・クリオージャ carbonada criolla 24, 75
カルボナード carbonade 401
カルル caruru 368

カレリアンパイ karelian pastie 363
カンジャ canja 415
カンチョ・ア・ラ・チレーナ cancho a la chilena 275
ガンディ gundy 33, 195, 240, 338
カンノーロ cannoli 51
ガンボ gumbo 12
ガンメルオスト gammelost 323
キシエリウス kiselius 472
キシュク kishk 179, 201, 490
キシュミシュ・パニール kismish panir 10
キシル quishr 38
キスラ kisra 215
キゼルス kisels 470
キセロ・ムレコ kiselo mleko 238
キーッセリ kiisseli 364
キッパー kippers 42, 43
キッベ kibbeh 47, 201, 490, 137
キトフォ kitfo 87
キニラウ kinilaw 360
ギバニッツァ gibanjica 239, 462
キムチ kimchi 122, 130
キューバリブレ cuba libre 141
ギュベチ güveç/givech/gyuvech 297, 376, 454, 455
ギュルラッチ güllâç 299
キョフテ köfte 299
キリバット kiri bath 224
キール kheer/khir 61, 321, 329
キルシュ kirsch 285
キルボイ kiluvõi 82
キルメスクッフ kiirmeskuch 481
キンジン quindim 369
クアレジマル qwarezimal 428
クイティウ kutiev 127
クイティオ kway teow 204, 381, 431
クエラピス kuey lapis 204, 381, 431
クークー coo-coo 104, 346
グーゲルフプフ kugelhopf 96, 283
クスクス couscous 21, 79, 312, 450, 456, 457, 457, 461, 475
クスクスパウリスタ cuzcuz paulista 368
クチヤ kutia 70, 455, 494
クックシスター koeksister 407, 436, 488

料理名索引 505

クナックヴルスト knockwurst 283
グバディア gubadia 494
クープクープ coupé-coupé 118, 232
クーペス koupes 137
クミス kumys 72, 106, 148, 256, 295, 460, 492
グヤーシュ goulash/gulyás 47, 225, 260, 349
グライ gulai 204, 381, 431, 356
クラックラン craquelin 401
グラッパ grappa 210
グラニータ granita 51
クラビエ kurabiye 299
クラビエデス kourabiedes 138, 144
グラブジャムン gulab jamun 61
グラブラックス gravlax 212
クラミック cramique 401
グリオ griots de porc 326
グリコ gliko 137
クリーチ kulich 70, 455, 494
グリバ ghoriba 457
クルスニ・コラチ krsni kolac 239
クールゼメ kurzemes 470
クルドニ kulduny 472
クルバン kurban 377
クルプニカス krupnikas 472
クルーン kroeung 127
クレオールソース creole sauce 449
クレシャ kulesha 69
クレトン cretons 113
クレビヤーカ coulibiar 494
クレープシュゼット Crêpes Suzette 373
クレプラハ kreplach 47
クレマダニン crèma danin 279
クロケット・ドゥ・クルベット croquettes de crevettes 401
クロスタータ・ディ・リコッタ crostata di ricotta 51
クロックムシュ croque monsieur 209
クロバーサ klobása 225, 261
グロフフカ grochowka 409
クロラーン kralan 127
クワス kvass 70, 82, 410, 472, 492, 494
クワティ kwati 321
ケサディーヤ quesadilla 91
ケシュキュル keskul 299

ケシュケグ keshkeg 30
ゲスモールデ・ビス Gesmoorde Vis 436
ケスラ kesra 21
ケバブ kababs/kabobs/kebabs 9, 57, 61, 99, 137, 198, 273, 296, 313, 328, 404, 419, 451, 457, 464, 475
ケバブチェ kebabcha 377
ケバブ・マシュウィ kabob mashwi 19, 99, 179, 109, 153, 348
ゲフィルテ・フィッシュ gefilte fish 47
ゲベック gebeck 481
ゲヘック gehäck 481
ケリー kerry 84, 436
ケンケー kenkey 110
ゲーン・チュート kaeng chud 251
ゲーン・トム kaeng tom 251
ゲーン・トムヤムクン kaeng tom yam kung 251
ゴイガー goi go 386
コウアクココ couac coco 104, 222
コウジ khouzi 19, 99, 109, 153, 179, 348
コキモル coquimol 140
ココサモア koko Samoa 181
ココンダ kokonda 358
コシード cocida 219
コシード・ア・ポルトゥゲーザ cozida à portuguêsa 414
ゴジナキ gozinakh 198
コシャリ kushari 80
ゴーシュエフィール goash-e-feel 9
コス kos 27
コスタ costa 77
コゾナック cozonac 483
コチニージョ・アサード cochinillo asada 219
コッカリーキー cockaleekie 43
コックオーヴァン coq au vin 373
コッパ cups 137
コティカルヤ kotikalja 364
コトレーティ kotlety 69, 494
コーニッシュペスティ cornish pasties 41
コネホ・エスチラード conejo estirado 412
ゴフィオ gofio 220
コフタ kofta 27, 30, 61, 157, 164, 239, 328, 404, 419, 462
ゴミ ghome 198

506　料理名索引

コラチ kolač 228, 261
コリヴォ kolijivo 462
コルカノン colcannon 5, 43
コールスラ kool sla 101
コルマ korma 7, 9, 60, 328, 358
ゴロ golo 86
コンキ conkies 346
コン・クエーロ con cuero 24
コングリオ congrio 275
コンフィ konfyt 83, 306, 406, 487

【サ行】
サイミン saimin 16
サウス souse 195
サカイ sakay 423
サコタッシュ succotash 12
サージ sajji 328
刺身 315
サチマ saqima 269
サツィヴィ satsivi 198
ザッハトルテ sachertorte 96
サテ satay/sate 65, 100, 168, 204, 356, 381, 431
ザバイオーネ zabaione 51, 331
サハウィグ sahâwig 38
ザバリオーネ zabaglione 189, 483
サマヌー samanu 57
サムサ samsas 72, 106, 148, 256, 272, 296
サムヌ samn 177
サムボサ sambosa 10
サムロー samla 127
サモサ samosa 47, 60
サモワール samovar 493
サラダ・メシュイヤ salade meshouiwa 272
ザリガニのチュペ crayfish chupe 398
サリーラン sally lunn 42
サルサ salsa 13, 441
サルサ・デ・アヒ salsa de aji 77, 398
サルスエラ・デ・マリスコス zarzuela de mariscos 219
ザルダ zarda 329
ザルツゲバック salzgebäck 283
サルティンボッカ saltimbocca 331
サルマーレ sarmale 483
サンコーチョ sancocho 17, 171, 291, 293, 333

サンコーチョ・デ・ペスカード sancocho de pescado 171
ザンジバルダック zanzibar duck 258
サンダルケバブ sandal kebab 9
サンバル sambal 61, 65, 100, 204, 223, 224, 381, 431, 436
サンバルゴレン sambal goreng 356, 65
サンファイナ samfaina 218
サンブーカ sambucca 51, 331
サンブーサク sanbusak 79, 490
ザンポーネ zampone 189
ジェネヴァ jenever 102
シェパーズパイ shepherd's pie 5, 41
シェフタリア sheftalia 137
シェルバット sherbats 321
シシケバブ shish kabob/kebabs 27, 79, 164, 328
ジジュスパ zivju supa 470
シチー shchi 394, 493
シナンパルカン sinampalukan 360361
シニガン sinigang 360
シムネルケーキ shrewsbury simnel 42
ジャイロ gyro 144
シャオチー（小吃）xioaochi("small foods") 269
シャカム shay kampo 366
ジャガリー jaggery 61, 224
ジャーク jerk 195
ジャケットポテト jacket potatoes 220
シャシリク shashlik 7, 30, 72, 73, 106, 148, 256, 296
シャナーヒ chankhi 198
ジャピンガチョ llapingachos 77, 398
しゃぶしゃぶ 315
シャミ shami 9
シャミケバブ shami kabob 328
シャルケ charque 368
シャルバット sharbat 57, 61, 329
シャルロートカ sharlotka 494
ジャレビ jalebi 9, 61, 137
ジャワ・ガドガド java gado-gado 65
ジャワ・ララブ java lalab 65
シャワルマ shawarma 153, 47, 99, 179, 191, 236, 313, 451, 464
ジャワレンパー java rempah 65

料理名索引　507

ジャンジャロ・ムチュジ janjalo muchuzi 67
シュヴァルツヴェルダー・キルシュトルト
　Schwarzwälder Kirschtorte 285
シュクバーンキイ skubanky 226, 261
ジュッド・マット・ガーデボウネン Judd mat
　Gaardebounen 481
シュトゥルーデル strudel 95, 157, 225, 226, 261
シュトースッペ stoss-suppe 95
シュトルクリ struklji 229
シュトロイゼルクーヘン streuselkuchen 227,
　261, 285
シュニッツ・ウン・グレップ schnitz un grepp
　12
シュニッツェル schnitzel 47, 284, 477
シュバト shubat 106
シュプリッツゲバック spritzgebäck 285
シュプリンゲルレ springerle 285
シュベックネーデル speckknödel 95
シュペッツレ spätzle 284
シュラスコ churrasco 368
シュリヴォヴィッツァ šljivovica 404
シュールストレミング sürstromming 212
シュワルツザウアー schwarzsauer 284
ショウシン・ボズバシュ shoushin bozbash 30
ショートブレッド shortbread 43
ショプスカサラタ shopska salata 377
ショラ shola 9
ショラエザード shola-e-zard 9
ジョロフライス jollof rice 125, 133, 135, 167,
　184, 191, 236, 264, 287, 313, 379, 389, 427, 451,
　479
ジョンジョン飯 riz au djon djon 326
シリンポロ shireen polo 56
シル sir 238
シレク syrek 226
シレネ sirene 377
シロワット shiro wat 86
シンシン・デ・ガリーニャ xinxim de galinha
　369
シンニ shinni 72, 107
スヴィーチコヴァー・ナ・スメタニエ svíčková
　na sonetane 226, 261
スートクーキ soetkoekies 407, 488, 436
スエケリー・グヤーシュ székely gulyás 482

スオミルイルレイパ suomalaisleipä 362
スカバ・プトラ skaba putra 470, 82
スカロピーネ scaloppine 50
スカンピ scampi 51
スクマウィキ sukuma wiki 159
スクラップル scrapple 12
スコッチエッグ scotch egg 43
スコッチパイ scotch pie 43
スコッチブロス scotch broth 43
スコルダリア skordalia 142, 143
寿司 315
ススピーロ suspiros 415
スタンプ・アンド・ゴー stamp and go 195
ストヴィーズ stovies 43
スパナコピタ spanakopita 143
スビエジア・デシラ sviezia desira 471
スフィーハ sfeehas 201
スフェリア sferia 21
スプモーネ spumoni 51
スペキュラース specculaas 102
スペキュロス speculoos 401
スペークマット spekemat 324
スペッテカーカ spettekaka 213
スポエシ supo 'esi 181
スマトラ・グライ sumatra gulai 65
スマトラ・ラド sumatra lado 65
スーマン suman 361
スメタナ smetana 493
スメン smen 457
スモーガスボード smörgåsbord 213, 362
スモーブロー smørrebrød 280
スラトコ slatko 157, 229, 239, 404, 462
スリヴォヴィッツ sljivovica 157, 229, 239, 462
スリボバ slivova 377
スルリトス surrulitos 17
セウジョ saewujeot 122, 130
セビチェ ceviche 34, 77, 140, 291, 326, 338, 399
セプト・ラシス・アル・プルム・コンポトゥ
　cepts lasis ar plumju kompotu 470
ゼベダ zebeda 457
セペリナイ cepelinai 472
セル sel 321
セレナータ serenata 17
ソサティ sosaties 84, 308, 407, 488, 436

ソジュ soju 122, 130
ソース・ティマリス sauce ti-malice 326
ソーソー soso 174
ソソア sosoa 423
ソトアヤム soto ajam 65
ソパ・ア・ポルトゥゲーザ sopa à portuguêsa 414
ソパ・セカ sopas secas 442
ソーパ・タル・アームラ soppa tal-armla 429
ソパデアホ sopa de ajo 219
ソパ・デ・ロスキージャス sopa de rosquillas 310
ソパ・パラグアイ Sopa Paraguay 344
ソフリート sofrito 17
ソフレジット sofregit 218
ソー・ヨソピー o-yosopy 344
ソリャンカ solianka 470
ソレル sorrel 294

【タ行】
タイェーサ thayesa 438
ダイキリ daiquiri 141
タヴァス tavas 137
タウシェ tausche 303
ターキッシュディライト turkish delight 299
タコス taco 442
タジン tagine 21, 457
タタリ tatali 111
ダデルスラアイ dadel-slaai 436
タパス tapa 415
タブーリ tabbouleh/tabouli 27, 47, 164, 179, 202, 273, 464, 475, 491
タペ tapé 128
タマル・エン・カスエラ tamal en cazuela 398
タマレス tamales 91, 150, 162, 333, 341, 396, 398, 417, 442
タミン・レトケ htamin lethoke 438
ダム・ブランシュ dame blanche 402
ダムラマ・ハシプ damlama khasip 72
ターメイヤ tamiya 80
タメレーキ tameletjie 436
タラトール tarator 28, 165
タラモサラダ taramosalata 144, 475
ダリア dalia 328

タリド tharid 53, 179, 348
ダール dal 61
ダル dal 321, 354
ターン than 30
ダンディーケーキ dundee cake 43
ダンパー damper 93
ダンバウ danbauk 438
ダンボ danbo 279
チェブジェン thieboudienne 236
チェロ・ケバブ chelo kabob 57
チオン chion 127
チカ chica 399, 417
チキンティッカ chicken tikka 328
チーズフォンデュ cheese fondue 209
チチャ chichi 412
チチャ・モラダ chicha morada 399
チチャロン chicarrones 361, 442
チチャロン・デ・ポジョ chicharrones de pollo 291
チチョカデ・サパーロ chichocade zapallo 24
チパグアス chipá-guazu 344
チヒルトゥマ chikhirtma 198
チボ tybo 279
チミチュリ chimichurri 24
チャー chhâ 127
チャイ chai 9
チャウダー chowders 140
チャウチャウ chau chau 321
チャオ chao 386
チャオトム chao tom 387
チャカ chaka 9
チャクチャク chekchek 494
チャーゾー cha gio 387
チャット chat 61
チャツネ chutney 60, 84, 224, 407
チャディ mchadi 197
チャパティ chapati 8, 59, 321, 327, 353
チャプリケバブ chappli kabob 328, 9
チャホフビリ chakhokhbili 198
チャラウ chalau 9
チャルキ charqui 399
茶碗蒸し 315
チャンプ champ 5
チャンプラード tsampurado 361

料理名索引　509

ヂュシペレ dyushbara 7	
チューニョ chine 412	
チュブリツァ ciubritsa 376	
チュペ chupe 412	
チュペ・デ・マリスコス chupe de mariscos 275	
チュペ・デ・ロコ chupe de loco 275	
チュルチヘラ chuchkella 198	
チュロ churros 219	
チョクロ choclos 398	
チョリソ chorizo 219	
チョルバ chorba 455, 377, 483	
チョルバ・デ・ペシュテ ciorba de pesta 483	
チョレ cholay 328	
チョレント cholent 47	
チリコンカルネ chili con carne 14	
チルモル chirmol 150	
チレ・レイェーノ chilies rellẽnos 442	
チンチャウ tjintjau 65	
ツァンパ tsampa 365, 269	
ツイカ tuica 484	
ツィベク civek 229	
ツィメス tzimmes 47	
ツィレ・アガシェ tsire agashe 303	
佃煮 316	
ツニーンアクラ tsnein achra 427	
ツリーツリー・ケーキ tree-tree cake 243	
ティオラ・サピ tiola sapi 361	
ディジ dizzi 57	
ティステ tiste 310	
ディビス dibis 19, 38, 99, 153, 179, 348	
ティブス t'ibs 87	
ティン ting 407	
ティンパナ timpana 429	
デド ded 229	
デュウン・チョルバス düğün çorbasi 299	
デュカ duqqa 78	
テルテット・カーポスタ töltött káposzta 351	
テレメア telemea 483	
天ぷら 314, 315, 413	
テンペ tempeh 127, 386, 467	
トゥオザフィー tazafi 110	
トゥク・トレイ tuk trey 126	
ドゥシェネ・テレチー・ナ・クミネ dušené telecí na kmině 226	

トゥジュウ douzhi 269
トゥバ tuba 361
トゥマルミーチ tmar mihchi 273
トゥムトゥモ tum 'tumo 89
ドゥルセデレチェ dulce de leche 24
トゥルティエール tourtière 113
トゥルルギュベチ türlü güveç 299
トグベイ togbei 111
トケマリ tkemali 198
ドコノン doconon 104, 222
ドーサ dosa 59, 224, 353
トーセイ thosai 224
トディ toddy 146, 224, 278, 305, 342, 433
トード・イン・ザ・ホール toad in the hole 41
ドネルケバブ döner kebab 299, 348
ドピアサ dopyasa 9
トプフェンクネーデル topfenknödel 261
トプフェンパラチンケン topfenpalatshchinken 226, 261
ドボシュトルタ doboschtorte 352
トマトクルベット tomatoes crevettes 401
トライフル trifle 42, 429
トラハナ trachanas/tarhana 53, 137, 142
トルタス・デ・アセイテ tortas de aceite 219
トルティーヤ tortillas 149, 162, 219, 310, 333, 395, 398, 416, 440
トルテッリーニ tortellini 51, 189
ドルマ dolma 27, 30, 53, 137, 164, 273, 404, 419, 475
トワジン twajin 273

【ナ行】

ナガサリ naga sari 204, 431, 381
ナキプリアーク nakypliak 69
ナクタマル nactamal 310
ナシクニン nasi kuning 65
ナシゴレン nasi goreng 64, 431, 356
ナシサミン nasi samin 431
ナン naan/nan 8, 59, 327
ニッター・ケベ niter kibbeh 86
ニャマチョマ n'yama choma 159
ニョッキ gnocchi 51, 331
ヌクチャム nuoc cham 386
ネーム nam 251

ノガダ nogada 91, 162, 310, 333, 417
ノグル noql 9, 57
ノン non 71

【ハ行】
ハヴァティ havarti 279
ハウピア haupia 16, 181, 249, 301, 336, 342, 358, 433
パエリア paella 219, 341
バカライートス bacalaitos 17
バカラオ・アル・ピルピル bacalao al pil-pil 219
バカリャウ・ア・ゴメス・デ・サ Bacalhau à Gomes de Sà 414
バカリャウ・ドラド Bacalhau dorado 414
ハカール hákarl 2
パキシマディア paximathia 143
ハギス haggis 43
バクラバ baklava 9, 19, 21, 27, 30, 38, 54, 57, 99, 109, 137, 143, 153, 157, 164, 179, 201, 229, 239, 273, 299, 348, 404, 419, 462, 464, 475, 482, 490
バクラバ paklava 30
バクラン bakrdan 419
パコラ pakora 10, 60, 329
バジン bazin 475
パスカ pascha/paska 70, 226, 455
パスタ・エ・ファジョーリ pasta e fagiole 51
パスティッチョ pastitsio 27, 164
パスティッツィ pastizzi 429
パスティラ bastilla 457, 457
パステリート pastelitos 291
パステル・デル・チョクロ pastel del choclo 275
パステレス pasteles 17
パストゥ pastermá 377
パストゥルマ basturma 30
パストゥルマ pastirma/pastourma 30, 298, 299
パストラマ pastrama 483
パスハ paskha 494
パスブーサ basboosa 79
バタ bata 9
パタクッコ patakukko 363
バタタ batabas 414
バチダス batidas 172, 369, 392

パチャ pacha 53
パチャディ pachadi 61
ハチャプリ kachapuri 197
パチャマンカ pachamanca 399
ハッシュパピー hushpuppies 14
パッタイ pad thai 251
パップ pap 102
パーデーク padek 467
ハトゥト fatout 38
パニケキ pani keki 181
バニッツァ banitsa 377
バーニャ・カウダ bagna cauda 51
パニール panir 9
パネトーネ panettone 51
バノック bannock 43
ババ baba 70, 494
パパス・アルガダス papas arrugadas 220
パパス・チョレアーダ papas chorreadas 171
バハラット baharat 19, 99, 109, 153, 178, 348
ババルク babalky 226
ハーフオム half-om 102
ババカ babka 410
ハフトメルヴァ haft mewa 9
パフパフ puff-puff 125
パプリカチルケ paprika csirke 351
バブル・アンド・スクイーク bubble and squeak 5
パブロバ pavlova 94, 319
パベリョン・クリオリョ pabellón caraqueño or criollo 391
ハマーム・マハシ hamam mahshi 79
バーミア bamai 79
ハムシ ghanoush 458
ハモンセラーノ jamón serrano 220
バラジク baraziq 202, 490
パラタ parata 321, 327
パラーター paratha 59
バラチャン balachaung 438
パラバソース palaver sauce 125, 133, 135, 167, 191, 236, 287, 303, 389, 479
バラブリス bara brith 44
パリジャ parrilla 25
バリシュ belish 494
バリース brees 246

バリ・トゥンペン　bali tumpeng　65
ハリラ　harira　457
バルシチ・ヴィギリニ　Barszcz Wigilijny　409
ハルシュキ　halushky　69
ハルチョー　kharcho　198
ハルバ　khalva　30, 72, 106, 148, 256, 298
バルフィー　barfi　61, 354
パルミジャーナ　parmigana　50
パーレック　párek　226, 261
バロット　balut　361
ハロハロ　halo-halo　361, 361
パロロ　palolo　181
パーン　paan　61, 329
ハンガリアン・グーラッシュ　hungarian goulash　226
バンクオン　banh cuon　386
パンシット　pancit　361
バン・チョク　banh choc　127
パン・デ・ハモン　pan de jamón　391
パン・デ・ユッカ　pan de yucca　171
パン・バーニャ　pan bagna　373
パンペパート　pampeto　189
ピエロギ　pierogi　113, 409
ビエンメサベ・デ・ココ　bien me sabe de coco　391
ピカーダ　picada　218
ピカディージョ　picadillo　140
ピカーニャ　picanba　369
ピカロネス　picarones　399
ヒキマス　hikimas　452
ビゴス　bigos　409
ピコロコのクラント　picoroco cooked in a curanto　275
ビサップルージュ　bissap rouge　236
ピスコ　pisco　399
ピスコサワー　pisco sour　275
ピーズプディング　pease pudding　42
ピタ　pita　27
ピタヤヨウルプーロ　pitaja-joulupuuro　363
ピッカペッパソース　pickapeppa sauce　195
ピッチョーネ・スハブ　pieczony schab　409
ピッティパンナ　pytt i panna　212
ピットゥ　pittu　224
ヒッビブ　hibbib　246

ヒデグ・メッジュレヴェシュ　Hideg Meggyleves　351
ビニエ　bigné　331
ピピカウラ　pipikaula　15
ビビンカ　bibingha　361
ビーフェ・ア・ポルトゥゲーザ　bife à portuguêsa　414
ビーフビリヤニ　beef biryani　328
ピーマ　piimä　363
ヒュッツポット・メット・クラップシュトック　hutspot met klapstuk　101
ビュルネ・メ・ヂャスス　byrne me djathë　27
ヒョットカーケ　kjøttkaker　323
ピーラッカ　piirakka　363
ピラフ　pilaf　60, 299, 464, 490
ピラン　pirão　369
ピリピリ　pili-pili/piri-piri　111, 303, 445
ビリヤニ　biriyani/biryani　60, 84, 436
ピールキールト　pïrkïlt　226
ビルトン　biltong　307, 407, 488, 435
ビルネンブロート　birnbrot　209
ピルピル料理　pil-pil dishes　423
ヒルベー　hilbeh　38, 47
ピローク　pirog　47
ピロシキ　pirozhki　494
ビンデイ　vindaye　449
ビントアルサーン　bint al-sahn　38
ヒンドベ・ビルゼイト　hindbeh bil-zeyt　490
ビンライ　bin lay　438
フー　furr　467
ファヴァ　fava　142
ファーク　pha-âk　127
ファソラサ　fasolatha　143
ファットゥーシュ　fattoush　201, 490
ファラフェル　falafel　47, 79, 80, 179, 273, 458, 464, 475
ファリーニャ　farinha　369
ファロファ　farofa　369
フィアトラグラサミョルク　fjallagrasamjólk　2
フィアンブレ　fiambre　24, 150
フィオス・デ・オヴォ　fios de ovos　369
フィゴス・レチェアドス　figos recheados　415
フィナンハディー　finnan haddie　43
ブイヤベース　bouillabaisse　447

ピィリジキ pyrizhky 69	ブラトニク vratnik 229
フィレット・ディ・バッカラ filetti di baccalà 331	ブラニ burani 9, 328
	ブラホック prahoc 126
フウォドニク chloderik 409	プラムプディング plum pudding 42
フェジョアーダ・コンプレッタ feijoada completa 369	フラメリー flummery 42
	プラリーヌ praline 396
フェジョン feijão 369	フラン flan 17, 140, 219
フェセンジャン fesenjan 53, 57	プランターポンチ planter's punch 346
フェットチーネ・アルフレード Fettuccine Alfredo 51, 331	フリオフリオ frio-frio 291
	フリーカ freeki 463
フェナロー fenaldr 324	フリカデラ frikadeller 280
フェルニ firni 9	フリカデル frikkadels 84, 436, 488
フォー pho 386	ブリーク brik 272
フォガーシュ fogas 351	ブリーク・ビッラハム brik bil lahm 272
フォーリコール fårikål 323	ブリーク・ビランシュワ brik bil anchouwa 272
ブカヨ bucayo 361	ブリース brewis 113
ブクマン bukman 72, 106, 148, 256	フリタータ frittata 88, 89
プサロスパ psarosoupa 143	ブリート burrito 442
ブージャ boeja 269, 366	ブリニ blini 47, 493
ブゼッカ busecca 209	フリホレス・コン・アロス frijoles con arroz 162, 333, 396, 417
ブーダン boudin 12	
プチェーロ puchero 24, 361	フリホレス・サンコチャーダ frijoles sancochadas 91
プーチン poutine 113, 114	
ブッハ boukha 273	フリホレス・ボルテアドス frijoles volteados 150
ブッリダ burrida 51	
プト puto 361	フリホレス・レフリトス frijoles refritos 441
プトゥ putu 488	ブリュースヴルスト bruhwurst 283
フフ foo-foo 140	ブリワット briwat 457
フフ fufu 111, 117, 120, 125, 133, 135, 167, 174, 176, 184, 191, 236, 287, 303, 389, 479, 232, 266	フール foul/ful 89, 193, 348, 464
	ブルグル bulgur 30, 178, 297
	ブルグル・ビドフェネ burghul bi d'feeneh 490
プブ pupu 16	
プフェッファーニュッセ pfeffernüsse 284	プルコギ bulgogi 122, 130
ププサ pupusas 91	ブルドカ brudka 226
ブブラニナ bulblanina 227, 261	プルトスト pultost 323
フムス（フンムス）hummus 47, 137, 179, 202, 273, 299, 348, 419, 458, 464, 475, 491	フール・ミダミス foul/ful medames 47, 79
	ブルム brom 65
ブライ braai 435	ブレク boeregs/börek/burek 30, 47, 229
ブライネボネンスープ bruinbonensoep 101	フレジョン fréjon 111, 116, 125, 133, 135, 167, 184, 191, 236, 266, 287, 303, 389, 479
プラオ pulao 328	
ブラソヒタノ brazo gitano 140	プレズント presunto 414
ブラックバン black buns 43	ブレーデ brèdes 423, 449
ブラッチャン blachan 223	ブレディー bredie 84, 307, 407, 488, 436
ブラーテン braten 284	ブロア broa 414
ブラートヴルスト bratwurst 283, 482	プロシュッタ pršuta 461

料理名索引　513

ブローチェスウィンケル broodjeswinkel 102
ブロデット brodetto 189
フロート floats 293
プロフ palov 71, 106, 107, 147, 256, 296
プロフ plov 198
フンジ funge 32
ヘイスティプディング hasty pudding 41
ベーグル bagel 46
ベジマイト vegemite 318
ベシュバルマク besh barmak 148, 256, 296
ペスト pesto 50
ペダ peda 197
ペッパーポット pepper pot 34, 140, 222, 241, 243, 245, 291, 293, 338, 346
ペピアン pepián 150
ペブレ pebre 275
ペミカン pemmican 12
ベリャシ beliashi 106
ベルナープラッテ berneplatte 209
ベルプリ bhelpuri 61
ベルベル berbere 86, 88, 89
ベレシチャーカ vereshchaka 69
ペレメチ peremech 494
ボーアウォース／ブルボス boerewors 307, 407, 435
ポイ poi 12
ポイキー potjie 488
ポイキーコース potjiekos 307, 435
焙烙焼き 315
ポガカ pogaca 157
ボクスティ boxty 5
ボゴタチキンシチュー bogotá chicken stew 171
ボジョス bollos 77, 391
ポスタイ postej 280
ボズバシュ bozbash 7
ポソレ posole 91, 150, 162, 310, 333, 395, 417
ホット・ポット hot pot 32
ポットロースト pot roast 116
ポティツァ potica 157, 229, 239, 462
ボーヌオンサ bo noung xa 386
ボボティー bobotie 84, 308, 407, 488, 436
ポムフリット pommes frites 373
ホメオ・イ・ジュリエッタ Romeu e Julieta 369
ボラニ boulanee 10

ボリート・ミスト bollito misto 171
ボリーニョス・デ・バカリャウ bolinhos de bacalhau 414
ボリボリ bori-bori 344
ポルケッタ porchetta 331
ボルシチ borsch/borscht 69, 394
ポルトゥゲーザ portuguêsa 414
ボルマ borma 201
ボレク börek 299
ボレコール・メット・ウォルスト boerekool met worst 101
ホレシュト khoresht 57
ポレンタ polenta 50, 189, 331
ポロ・アラ・カチャトーラ pollo alla cacciatore 331
ポロウ plov 6
ポロトス・グラナドス Porotos Granados 275
ポロリー poulouri 293
ポロンカリシュトゥシタ poronkäristys 363
ポンチュキ paczki 410

【マ行】
マイタイ mai tai 16
マクブース machbous 19, 99, 109, 153, 179, 348
マコヴィエツ makowiec 409
マコヴィ・コラチ makovy kolac 226, 261
マザネツ mazanec 261
マサモラ・モラダ mazamorra morada 399
マスグーフ masquf 53
マースト mast 9
マズルカ mazurka 410
マタタ matata 445
マタル・パニール mutter paneer 61
マタンブレ matambre 24, 75
マッコリ rice wine 122, 130
マッサ・ソバーダ massa sovada 415
マッツォー matzoh 46
マッルン mallums 224
マッーン mahdzoon 29
マツン matsoni 198
マテ茶 yerba maté 25, 75, 344, 369, 399
マドウ madou 104, 222
マトケ・ニャマ matoke n' yama 67
マヌパル manpar 148

514　料理名索引

マフェ maafe 427
ママリガ mamaliga 454, 455, 482, 483
マリ mari 321
マリタ marita 340
マリトッツィ maritozzi 331
マーリョ・デ・ナゴ malho de nagô 368
マルサラ marsala 50
マルバ malva 436
マルマラータ marmalata 415
マンサフ mansaf 464
マンダジ mandazi 67, 160, 384, 486
マンティ manty 72, 106, 148, 256, 296
マンハル・ブランコ manjar blanco 399
マンミ mämmi 364
ミエンガー mien ga 386
ミガス migas 219
ミクスタス mixtas 150
ミークローブ mee krob 251
ミシュ mish 79
ミシュチーズ mish cheese 80
ミソオスト mysost 323
水炊き 315
ミティティ mititei 483
ミネストローネ minestrone 50
ミヨックク miyak gook 122, 130
ミーリー mealie 307
ミーリーパップ mealie pap 435
ミンスパイ mincemeat pie 42
ムアンバチキン muamba chicken 32
ムカテ・ヤ・マヤイ mkate mayai 67
ムサカ moussaka/musaca 19, 27, 143, 157, 164, 179, 229, 239, 404, 419, 454, 455, 464, 482
ムジデイ muzhdei 455
ムシール msir 457
ムタッバグ mutabbag 53
ムタバク mutabaqa 54
ムチュジ mchuzi 159
ムツヴァディ mtswadi 198
ムルギーカリー murgi kari 60
ムールフリット moules et frites 401
メシュイ mechoui 21, 272, 450
メディブニック medivnyk 70
メテグリン metheglyn 44
メヌード menudo 442

メハラバイヤ mihallabiyya 79
メルクタルト melktart 84, 436
メルゲーズソーセージ merguez sausage 21, 271, 456
メールシュパイゼン mehlspeisen 96, 226, 261
メロマカロナ melomarkaroma 144
モアンベ moambé 174
モインモイン moin moin 117, 120, 174, 176, 303, 232, 266
モスボレーキ mosbolletjies 436
モスル・クッバ（キッベ） mosul kubba (kibbeh) 53
モヒンガ mohinga 438
モフォ mofo 422
モフォンゴ mofongo 291
モフォンゴ・コン・チチャロン mofongo con chicharron 17
モホ mojo 220
モモ momo 321, 269, 366
モーラク moraq 38
モルコン morcon 361
モーレ mole 442
モーレ・ポブラノ mole poblano 440, 442
モーロス・イ・クリスティアーノス Moros y Cristianos 140
モンドンゴ mondongo 417

【ヤ行】
ヤッサ yassa 125, 133, 135, 184, 236
ヤテルニツェ jaternice 225
ヤプラク japrak 404
ヤム yam 251
ヤンチミシ yanchmish 72, 256
ユバ juba 228
ユールグロート julgrot 213
ヨークシャープディング yorkshire pudding 41
ヨマリ yomari 321
ヨーヨー yo-yo 273

【ラ行】
ライスターフェル rijsttafel 100
ライタ rayta 61, 328
ラヴァーブレッド laver bread 44
ラウラウ laulau 15

料理名索引 515

ラグー ragù 189	ルガイ rougaille 168, 423, 449
ラク raki 28, 137, 138, 165, 299	ルーガオ lugao 360
ラクレット raclette 209	ルツェルナー・レープクーヘン luzerner kuchen 209
ラザーニャ・ベルディ・アル・フォルノ lasagna verdi al forno 51, 189	ルティ luchi 353
ラシ rashi 53	ルートフィスク lutefisk 213, 323
ラスエルハヌート ras el hanout 457	ルビオ lubio 198
ラスグッラ roshgulla 354	ルマーキ rumaki 16
ラスマライ ras malai 329	ルマザヴァ romazava 423
ラ・セミタ la semita 91	ルーミ loomi 19, 109, 178, 348
ラタトゥイユ ratatouille 373, 447	ルンゲンブラーテン lungenbraten 226, 261
ラッシー lassi 59, 321, 321, 329, 354	ルンダン rendang 65, 204, 381, 431, 356
ラドゥ ladoos 329	ルンパ rempah 204, 381, 431
ラトケス latkas 47	ルンピア loempia/lumpia 100, 361
ラヌナンパング ranon' apango 423	レカイート recaito 17
ラバシュ lavash 27, 29, 30, 56, 136, 164, 197	レカク lekakh 472
ラハム・ビアジーン lahm bi-ajine 201, 490	レチェ・フラン leche flan 361
ラバン laban 18, 98, 108, 152, 347	レチョー lecsó 351
ラビア labia 178	レチョン lechon 361
ラビオリ ravioli 50	レッシナ retsina 144
ラープ laap 251, 467	レディカニー ladikanee 354
ラブネ labneh 18, 98, 108, 152, 178, 347, 464	レフォガード refogado 367
ラフフ lahuh 38	レープクーヘン lebkuchen 284
ラフマジュン luhjuman 30	レフサ lefser 323
ラブロー・フーシュ rabló-hus 351	レフレスカ refrescas 162, 310, 333, 417
ラペソー lepet 439	レリエノン rellenong 361
ラミントン lamingtons 94	ロウヴァナ louvana 137
ランカシャー・ホットポット lancaster hot pot 41	ローガン・ジョシュ rogan josh 62
ランゴスタクリオジャ langosta criolla 140	ロクシナ lokshyna 69
ランバノグ lambanog 361	ロクム lokum 298, 299
ランプキパイ lampuki pie 429	ロクロ locro 24, 77, 344, 398
リクアド licuados 442	ロズグロズメッフルーゼ rod grod med flode 280
リグジハス ligzdinas 470	ロスティ rösti 209
リジ・エ・ビジ risi e bisi 51	ロスフィルフォルン ross fil-forn 429
リゾット risotto 51	ロッソリ rossolye 82
リハークル rihaakuru 452	ロティ roti 59, 293, 321
リプタウアーチーズ liptauer cheese 261	ロハチヅホウ rokhati dzhou 72
リプタオ liptao 28, 165	ロパビエハ ropa vieja 140
リーベル riebeles 209	ロミロミ lomi-lomi 16
リングイーサ linguiça 367	ロメスク romescu 219
リンゼルトルテ linzertorte 96	ロラ lola 9
リンツァートルテ linzenberry tart 209	ロンメグロート rommegrot 324
ルアウ luau 15	ロンロン longlong 431

【ワ行】
ワカモーレ guacamole 396, 442
ワサカカ guasacaca 391
ワット wat 86, 89, 193
ワーテルグルーウェル watergruwel 102
ワーテルゾーイ waterzooi 101, 401

ワラギ waragi 67
ワルカ warqa 457
ワング wang 104, 222
ンガピ ngapi 438
ンガピーイェー ngan-pya-ye 438
ントンバ・ナム ntomba nam 120

英和対照料理名索引

【a】
à la polonaise ア・ラ・ポロネーズ 409
ab-goosht アブグーシュト 57
abara アバラ 369
abrayshum kebab アブライシュム・ケバブ 9
acarajé アカラジェ 369, 370
achar/atjar アチャール 60, 84, 169, 203, 308, 321, 381, 407, 423, 430, 436, 488
açorda d'azedo アソルダ・ダゼド 415
açordu アソルダ 414
acrats de morue アクラ・ド・モル 326
adalu アダル 125, 133, 135, 167, 191, 236, 287, 389, 479
adobo アドボ 17, 341, 359, 361
adzhersandal アジャプサンダリ 198
afelia アフェリア 137
afghan アフガン 318
aguas frescas アグアス・フレスカス 442
aji de huevo アヒ・デ・フエボ 171
ajiaco de pollo アヒアコ・デ・ポージョ 171
akara アカラ 303
akkra アクラ 195
akotonshi アコトンシ 111
alcaparrado アルカパラド 17
alexander torte アレキサンダー・トルテ 470
alich'a アリチャ 87
aliño preparado アリーニョ・プレパラド 391
alioli アリオリ 218, 219
aljotta アルジョッタ 429
alla fiorentina アッラ・フィオレンティーナ 51
Alla Milanese アッラ・ミラネーゼ 51
aloco アロコ 120
alu アルー 321
amaretti アマレッティ 51, 331
amarula アマルーラ 436
ambrosia アンブロージア 140
amok アモック 127
anan geil アナンゲイル 193, 247
anguilles au vert アンギーユ・オヴェール 401

ansam chrouk オンソーム・チュルーク 127
anticuchos アンティクーチョ 399
apangoro アパンゴロ 423
appelbeignets アップルベニエ 102
appelflappen アッペルフラッペン 102
aquavit アクアビット 213, 281, 324
arak アラック 54, 491
ardei cu untdelemn アルデイ・ク・ウントデレムン 483
arepa アレパ 171, 391
arroz con coco アロス・コン・ココ 171
arroz con leche アロス・コン・レーチェ 442
arroz con mariscos アロス・コン・マリスコス 398
arroz con pollo asapao アロス・コン・ポヨ・アサパオ 17
arroz de coco アロス・デ・ココ 445
arroz de leche アロス・デ・レーチェ 171
arroz doca アロス・ドース 415
asîd アシード 38
assola de mais アソーラ・デ・マイス 32
asure アシュレ 299
ataif アタイフ 19, 99, 109, 153, 179, 348
atole アトーレ 91, 150, 162, 310, 333, 395, 398, 417, 441
avgolémono アヴゴレモノ 143
aviyal アビアル 60
avizine kose アビジネ・コセ 472
ayrag アイラグ 460
ayran アイラン 56, 297

【b】
baba ババ 70, 494
babalky ババルク 226
babka ババカ 410
bacalaitos バカライートス 17
bacalao al pil-pil バカラオ・アル・ピルピル 219
Bacalhau à Gomes de Sà バカリャウ・ア・ゴメス・

デ・サ 414
Bacalhau dorado バカリャウ・ドラド 414
bagel ベーグル 46
bagna cauda バーニャ・カウダ 51
baharat バハラット 19, 99, 109, 153, 178, 348
baklava バクラバ 9, 19, 21, 27, 30, 38, 54, 57, 99, 109, 137, 143, 153, 157, 164, 179, 201, 229, 239, 273, 299, 348, 404,419, 462, 464, 475, 482, 490
bakrdan バクラン 419
balachaung バラチャン 438
bali tumpeng バリ・トゥンペン 65
balut バロット 361
bamai バーミア 79
banh choc バン・チョク 127
banh cuon バンクオン 386
banitsa バニッツァ 377
bannock バノック 43
bara brith バラブリス 44
baraziq バラジク 202, 490
barfi バルフィー 61, 354
Barszcz Wigilijny バルシチ・ヴィギリィニ 409
basboosa バスブーサ 79
bastilla バスティラ 457
basturma バストゥルマ 30
bata バタ 9
batabas バタタ 414
batidas バチダス 172, 369, 392
bazin バジン 475
beef biryani ビーフビリヤニ 328
beliashi ベリャシ 106
belish バリシュ 494
berbere ベルベル 86, 88, 89
berneplatte ベルナープラッテ 209
besh barmak ベシュバルマク 148, 256, 296
bhelpuri ベルプリ 61
bibingha ビビンカ 361
bien me sabe de coco ビエンメサベ・デ・ココ 391
bife à portuguêsa ビーフェ・ア・ポルトゥゲーザ 414
bigné ビニエ 331
bigos ビゴス 409
biltong ビルトン 307, 407, 488, 435
bin lay ビンライ 438

bint al-sahn ビントアルサーン 38
biriyani/biryani ビリヤニ 60, 84, 436
birnbrot ビルネンブロート 209
bissap rouge ビサップルージュ 236
blachan ブラッチャン 223
black buns ブラックバン 43
blini ブリニ 47, 493
bo noung xa ボーヌオンサ 386
bobotie ボボティー 84, 308, 407, 488, 436
boeja ブージャ 269, 366
boeregs/börek/burek ブレク 30, 47, 229
boerekool met worst ボレコール・メット・ウォルスト 101
boerewors ボーアウォース／ブルボス 307, 407, 435
bogotá chicken stew ボゴタチキンシチュー 171
bolinhos de bacalhau ボリーニョス・デ・バカリャウ 414
bollito misto ボリート・ミスト 171
bollos ボジョス 77, 391
börek ボレク 299
bori-bori ボリボリ 344
borma ボルマ 201
borsch/borscht ボルシチ 69, 394
boudin ブーダン 12
bouillabaisse ブイヤベース 447
boukha ブッハ 273
boulanee ボラニ 10
boxty ボクスティ 5
bozbash ボズバシュ 7
braai ブライ 435
braten ブラーテン 284
bratwurst ブラートヴルスト 283, 482
brazo gitano ブラソヒタノ 140
brèdes ブレーデ 423, 449
bredie ブレディー 84, 307, 407, 488, 436
brees バリース 246
brewis ブリース 113
brik ブリーク 272
brik bil anchouwa ブリーク・ビランシュワ 272
brik bil lahm ブリーク・ビッラハム 272
briwats ブリワット 457
broa ブロア 414
brodetto ブロデット 189

英和対照料理名索引　519

brom　ブルム　65
broodjeswinkel　ブローチェスウィンケル　102
brudka　ブルドカ　226
bruhwurst　ブリュースヴルスト　283
bruinbonensoep　ブライネボネンスープ　101
bubble and squeak　バブル・アンド・スクイーク　5
bucayo　ブカヨ　361
bukman　ブクマン　72, 106, 148, 256
bulblanina　ブブラニナ　227, 261
bulgogi　ブルコギ　122, 130
bulgur　ブルグル　30, 178, 297
burani　ブラニ　9, 328
burghul bi d'feeneh　ブルグル・ビドフェネ　490
burrida　ブッリダ　51
burrito　ブリート　442
busecca　ブゼッカ　209
byrne me djathë　ビュルネ・メ・ヂャス　27

【C】

cabrito　カブリート　415, 442
cacciatora　カチャトーラ　50
cachaça　カシャーサ　104, 222, 369, 392
cachumbar　カチュンバ　61
café con leche　カフェ・コン・レチェ　219, 291
café liégeois　カフェ・リエージュ　401
caldeirada　カルデイラーダ　414
caldereta　カルデレータ　361
caldo verde　カルド・ベルデ　415
caldos　カルドス　442
callaloo　カラルー　34, 140, 195, 241, 243, 245, 289, 291, 293, 326, 338, 346
calzone　カルツォーネ　51
cancho a la chilena　カンチョ・ア・ラ・チレーナ　275
canja　カンジャ　415
canneloni/kanelloni　カネロニ　27, 50, 331
cannoli　カンノーロ　51
carbonada criolla　カルボナーダ・クリオージャ　24, 75
carbonade　カルボナード　401
carne asada　カルネ・アサーダ　442
carne sêca　カルネ・セッカ　368
carnitas　カルニタ　442

caruru　カルル　368
casado　カサド　162
cassareep　カサリープ　104
cassata　カッサータ　51
cassia　カッシア　109
cassoulet　カスレ　372
causas　カウサ　77
cepelinai　セペリナイ　472
cepts lasis ar plumju kompotu　セプト・ラシス・アル・プルム・コンポトゥ　470
ceviche　セビチェ　34, 77, 140, 291, 326, 338, 399
cha gio　チャーゾー　387
chai　チャイ　9
chaka　チャカ　9
chakhokhbili　チャホフビリ　198
chalau　チャラウ　9
champ　チャンプ　5
chankhi　シャナーヒ　198
chao　チャオ　386
chao tom　チャオトム　387
chapati　チャパティ　8, 59, 321, 327, 353
chappli kabob　チャプリケバブ　328, 9
charque　シャルケ　368
charqui　チャルキ　399
chat　チャット　61
chau chau　チャウチャウ　321
cheese fondue　チーズフォンデュ　209
chekchek　チャクチャク　494
chelo kabob　チェロ・ケバブ　57
chhâ　チャー　127
chica　チカ　399, 417
chicarrones　チチャロン　361, 442
chicha morada　チチャ・モラダ　399
chicharrones de pollo　チチャロン・デ・ポジョ　291
chichi　チチャ　412
chichocade zapallo　チチョカデ・サパーロ　24
chicken tikka　チキンティッカ　328
chikhirtma　チヒルトマ　198
chili con carne　チリコンカルネ　14
chilies relleños　チレ・レイェーノ　442
chimichurri　チミチュリ　24
chine　チューニョ　412
chion　チオン　127

chipá-guazu　チパグアス　344
chirmol　チルモル　150
chloderik　フウォドニク　409
choclos　チョクロ　398
cholay　チョレ　328
cholent　チョレント　47
chorba　チョルバ　455
chorizo　チョリソ　219
chowders　チャウダー　140
chuchkella　チュルチヘラ　198
chupe　チュペ　412
chupe de loco　チュペ・デ・ロコ　275
chupe de mariscos　チュペ・デ・マリスコス　275
churrasco　シュラスコ　368
churros　チュロ　219
chutney　チャツネ　60, 84, 224, 407
ciorba　チョルバ　377, 483
ciorba de pesta　チョルバ・デ・ペシュテ　483
ciubritsa　チュブリツァ　376
civek　ツィベク　229
cochinillo asada　コチニージョ・アサード　219
cocida　コシード　219
cockaleekie　コッカリーキー　43
colcannon　コルカノン　5, 43
con cuero　コン・クエーロ　24
conejo estirado　コネホ・エスチラード　412
congrio　コングリオ　275
conkies　コンキ　346
coo-coo　クークー　104, 346
coq au vin　コックオーヴァン　373
coquimol　コキモル　140
cornish pasties　コーニッシュペスティ　41
costa　コスタ　77
couac coco　コウアクココ　104, 222
coulibiar　クレビヤーカ　494
coupé-coupé　クープクープ　118, 232
couscous　クスクス　21, 79, 312, 450, 456, 457, 457, 461, 475
cozida à portuguêsa　コジード・ア・ポルトゥゲーザ　414
cozonac　コゾナック　483
cramique　クラミック　401
craquelin　クラックラン　401
crayfish chupe　ザリガニのチュペ　398

crèma danin　クレマダニン　279
creole sauce　クレオールソース　449
Crêpes Suzette　クレープシュゼット　373
cretons　クレトン　113
croque monsieur　クロックムシュ　209
croquettes de crevettes　クロケット・ドゥ・クルベット　401
crostata di ricotta　クロスタータ・ディ・リコッタ　51
cuba libre　キューバリブレ　141
cups　コッパ　137
cuzcuz paulista　クスクスパウリスタ　368

【d】
dadel-slaai　ダデルスラアイ　436
daiquiri　ダイキリ　141
dal　ダール　61
dal　ダル　321, 354
dalia　ダリア　328
dame blanche　ダム・ブランシュ　402
damlama khasip　ダムラマ・ハシプ　72
damper　ダンパー　93
danbauk　ダンバウ　438
danbo　ダンボ　279
ded　デド　229
dibis　ディビス　19, 38, 99, 153, 179, 348
dizzi　ディジ　57
doboschtorte　ドボシュトルタ　352
doconon　ドコノン　104, 222
dolma　ドルマ　27, 30, 53, 137, 164, 273, 404, 419, 475
döner kebab　ドネルケバブ　299, 348
dopyasa　ドピアサ　9
dosa　ドーサ　59, 224, 353
douzhi　トウジュウ　269
dušené telecí na kmině　ドゥシェネ・テレチー・ナ・クミヌ　226
dügün çorbasi　デュウン・チョルバス　299
dulce de leche　ドゥルセデレチェ　24
dundee cake　ダンディーケーキ　43
duqqa　デュカ　78
dyushbara　デュシベレ　7

英和対照料理名索引　521

【e】
efó エフォ 369
eintoff アイントブフ 284
eish baladi アエージ・バラディ 78
ekuri エクリ 61
elioti エリオティ 137
émincé de veau エマンセ・ド・ボー 209
empanada エンパナーダ 24, 25, 150, 171, 219
enchiladas エンチラーダ 442
erwtensoep エルテンスープ 101
escabeche エスカベシュ 140, 291, 326, 338
escabeche de gallina エスカベシュ・デ・ガリーニャ 275
escovitch エスコビッチ 195
esparrega dos de bacalao エスパレガドス・デ・バカラオ 32

【f】
falafel ファラフェル 47, 79, 80, 179, 273, 458, 464, 475
fårikål フォーリコール 323
farinha ファリーニャ 369
farofa ファロファ 369
fasolatha ファソラサ 143
fatout ハトウト 38
fattoush ファットゥーシュ 201, 490
fava ファヴァ 142
feijão フェジョン 369
feijoada completa フェジョアーダ・コンプレッタ 369
fenaldr フェナロー 324
fesenjan フェセンジャン 53, 57
Fettuccine Alfredo フェットチーネ・アルフレード 51, 331
fiambre フィアンブレ 24, 150
figos recheados フィゴス・レチェアドス 415
filetti di baccalà フィレット・ディ・バッカラ 331
finnan haddie フィナンハディー 43
fios de ovos フィオス・デ・オヴォ 369
firni フェルニ 9
fjallagrasamjólk フィアトラグラサミョルク 2
flan フラン 17, 140, 219
floats フロート 293

flummery フラメリー 42
fogas フォガーシュ 351
foo-foo フフ 140
foul/ful フール 89, 193, 348, 464
foul/ful medames フール・ミダミス 47, 79
freeki フリーカ 463
frejon フレジョン 111, 116, 125, 133, 135, 167, 184, 191, 236, 266, 287, 303, 389, 479
frijoles con arroz フリホレス・コン・アロス 162, 333, 396, 417
frijoles refritos フリホレス・レフリトス 441
frijoles sancochadas フリホレス・サンコチャーダ 91
frijoles volteados フリホレス・ボルテアドス 150
frikadeller フリカデラ 280
frikkadels フリカデル 84, 407, 436, 488
frio-frio フリオフリオ 291
frittata フリタータ 88, 89
fufu フフ 111, 117, 120, 125, 133, 135, 167, 174, 176, 184, 191, 236, 287, 303, 389, 479, 232, 266
funge フンジ 32
furr フー 467

【g】
gab el ghzal カーブ・ガザール 458
gallo pinto ガジョピント 162, 310, 396
gammelost ガンメルオスト 323
gargush ガルグシュ 474
gari ガリ 125, 133, 135, 167, 174, 176, 184, 191, 236, 479, 266
gari foto ガリフォト 111, 174, 176, 236, 303
garudhiya ガルディア 453
gâteau de patate ガトー・ド・パタート 326
gazpacho ガスパチョ 219
gebeck ゲベック 481
gefilte fish ゲフィルテ・フィッシュ 47
gehäck ゲヘック 481
Gesmoorde Vis ゲスモールデ・ビス 436
ghanoush ハムシ 458
gherkins ガーキン 481
ghome ゴミ 198
ghoriba グリバ 457
gibanjica ギバニッツァ 239, 462

gliko　グリコ　137
gnocchi　ニョッキ　51, 331
goash-e-feel　ゴーシュエフィール　9
gofio　ゴフィオ　220
goi go　ゴイガー　386
golo　ゴロ　86
goulash/gulyás　グヤーシュ　47, 225, 260, 349
gozinakh　ゴジナキ　198
granita　グラニータ　51
grappa　グラッパ　210
gravlax　グラブラックス　212
griots de porc　グリオ　326
grochowka　グロフフカ　409
guacamole　ワカモーレ　396, 442
guaraná　ガラナ　369
guasacaca　ワサカカ　391
gubadia　グバディア　494
gulab jamun　グラブジャムン　61
gulai　グライ　204, 381, 431, 356
güllâç　ギュルラッチ　299
gumbo　ガンボ　12
gundy　ガンディ　33, 195, 240, 338
gur cake　ガーケーキ　5
güveç/givech/gyuvech　ギュベチ　297, 376, 454, 455
gyro　ジャイロ　144

【h】
haft mewa　ハフトメルヴァ　9
haggis　ハギス　43
hákarl　ハカール　2
half-om　ハーフオム　102
hallacas　アヤカ　171, 391
halo-halo　ハロハロ　361, 361
halushky　ハルシュキ　69
hamam mahshi　ハマーム・マハシ　79
harira　ハリラ　457
harissa　アリッサ　272, 457
hasty pudding　ヘイスティプディング　41
haupia　ハウピア　16, 181, 249, 301, 336, 342, 358, 433
havarti　ハヴァティ　279
hibbib　ヒッビブ　246
Hideg Meggyleves　ヒデグ・メッジュレヴェシュ　351
hikimas　ヒキマス　452
hilbeh　ヒルベー　38, 47
hindbeh bil-zeyt　ヒンドベ・ビルゼイト　490
hochepot　オシポ　401
hormiga culona　オルミガ・クローナ　171
hot pot　ホット・ポット　32
htamin lethoke　タミン・レトケ　438
huevos rancheros　ウェボス・ランチェロス　442
humitas　ウミータ　24, 75, 77, 275, 412
hummus　フムス（フンムス）　47, 137, 179, 202, 273, 299, 348, 419, 458, 464, 475, 491
hungarian goulash　ハンガリアン・グーラッシュ　226
hushpuppies　ハッシュパピー　14
hutspot met klapstuk　ヒュッツポット・メット・クラップシュトック　101

【i】
ice wine　アイスワイン　113
idli　イドリ　59, 224
imogo　イモグ　111
Ingelegde Vis　インゲレグデ・ビス　435
injera　インジェラ　86, 88, 89, 192
involtini alla cacciatora　インボルティーニ・アラ・カチャトーラ　189
irio　イリオ　67, 159, 186, 207, 258, 384, 425, 486
ispanakli börek　イスパナクル・ボレキ　299

【j】
jacket potatoes　ジャケットポテト　220
jaggery　ジャガリー　61, 224
jalebi　ジャレビ　9, 61, 137
jamón serrano　ハモンセラーノ　220
janjalo muchuzi　ジャンジャロ・ムチュジ　67
japrak　ヤプラク　404
jaternice　ヤテルニツェ　225
java gado-gado　ジャワ・ガドガド　65
java lalab　ジャワ・ララブ　65
java rempah　ジャワレンパー　65
jelito　イェリト　225, 260
jenever　ジェネヴァ　102
jerk　ジャーク　195
jollof rice　ジョロフライス　125, 133, 135, 167,

英和対照料理名索引　523

184, 191, 236, 264, 287, 313, 379, 389, 427, 451, 479
juba ユバ 228
Judd mat Gaardebounen ジュッド・マット・ガーデボウネン 481
julgrot ユールグロート 213

【k】

kačkavalj カチャヴァリ 238
kaaki カアク 272
kababs/kabobs/kebabs ケバブ 9, 57, 61, 99, 137, 198, 237, 296, 313, 328, 404, 419, 451, 457, 464, 475
kabafs カバフ 321
kabob mashwi ケバブ・マシュウィ 19, 99, 179
kachapuri ハチャプリ 197
kaeng chud ゲーン・チュート 251
kaeng tom ゲーン・トム 251
kaeng tom yam kung ゲーン・トムヤムクン 251
kahj カージ 79
kai yang ガイヤーン 251
kajmak カジュマク 238
kalakukko カラクッコ 363
kanelloni/cannelloni カネロニ 27, 50, 331
kanelloni alla toskana カネロニ・アラ・トスカーナ 164
kanya カニヤ 125, 133, 135, 191, 236, 287, 303, 389, 479, 232
karabeege halab カラベーゲ・ハラブ 202
karelian pastie カレリアンパイ 363
kari-kari カリカリ 361
karp po zydowsku カルプ・ポ・ジドウスキ 409
kasha カーシャ 69, 228, 229, 394, 455, 472, 482, 492, 493
kashkaval カシュカバル 229, 482
kashki カシキ 53
kasnudeln カースヌーデルン 95
kat カート 46
kaurma lagman カウルマ・ラグマン 72, 148, 256, 296
kava カバ 181, 204, 249, 278, 301, 336, 340, 358, 381, 431, 433
kaymak/qymaq カイマク 9, 298
kazakhstan besh barmak カザフスタン・ベシュバルマク 106
kazy カジ 72, 106, 148
kebab mashwi ケバブ・マシュウィ 109, 153, 348
kebabcha ケバブチェ 377
kenkey ケンケー 110
kerry ケリー 84, 436
keshkeg ケシュケグ 30
keskul ケシュキュル 299
kesra ケスラ 21
khalva ハルバ 30, 72, 106, 148, 256, 298
khanom カノム 251
kharcho ハルチョー 198
kheer/khir キール 61, 321, 329
khoresht ホレシュト 57
khouzi コウジ 19, 99, 109, 153, 179, 348
kibbeh キッベ 47, 137, 201, 490
kiirmeskuch キルメスクッフ 481
kiisseli キーッセリ 364
kiluvõi キルボイ 82
kimchi キムチ 122, 130
kinilaw キニラウ 360
kippers キッパー 42, 43
kiri bath キリバット 224
kirsch キルシュ 285
kiselius キシエリウス 472
kiselo mleko キセロ・ムレコ 238
kisels キゼルス 470
kishk キシュク 179, 201, 490
kismish panir キシュミシュ・パニール 10
kisra キスラ 215
kitfo キトフォ 87
kjøttkaker ヒョットカーケ 323
klobása クロバーサ 225, 261
knockwurst クナックヴルスト 283
koeksister クックシスター 407, 436, 488
kofta コフタ 27, 30, 61, 157, 164, 239, 328, 404, 419, 462
köfte キョフテ 299
koko Samoa ココサモア 181
kokonda ココンダ 358
koláč コラチ 228, 261
kolbase カルバサ 493
kolijivo コリヴォ 462

konfyt コンフィ 83, 306, 406, 487
kool sla コールスラ 101
korma コルマ 7, 9, 60, 328, 358
kos コス 27
kotikalja コティカルヤ 364
kotlety コトレーティ 69, 494
koupes クーペス 137
kourabiedes クラビエデス 138, 144
kralan クロラーン 127
kreplach クレプラハ 47
kroeung クルーン 127
krsni kolac クルスニ・コラチ 239
krupnikas クルプニカス 472
kuey lapis クエラピス 204, 381, 431
kugelhopf グーゲルフップフ 96, 283
kulduny クルドニ 472
kulesha クレシャ 69
kulich クリーチ 70, 455, 494
kumys クミス 72, 106, 148, 256, 295, 460, 492
kurabiye クラビエ 299
kurban クルバン 377
kurzemes クールゼメ 470
kushari コシャリ 80
kutia クチヤ 70, 455, 494
kutiev クイティウ 127
kvass クワス 70, 82, 410, 472, 492, 494
kwati クワティ 321
kway teow クイティオ 204, 381, 431

【l】

la semita ラ・セミタ 91
laap ラープ 251, 467
laban ラバン 18, 98, 108, 152, 347
labia ラビア 178
labneh ラブネ 18, 98, 108, 152, 178, 347, 464
ladikanee レディカニー 354
ladoos ラドゥ 329
lahm bi-ajine ラハム・ビアジーン 201, 490
lahuh ラフフ 38
lambanog ランバノグ 361
lamingtons ラミントン 94
lampuki pie ランプキパイ 429
lancaster hot pot ランカシャー・ホットポット 41

langosta criolla ランゴスタクリオジャ 140
lasagna verdi al forno ラザーニャ・ベルディ・アル・フォルノ 51, 189
lassi ラッシー 59, 321, 321, 329, 354
latkas ラトケス 47
laulau ラウラウ 15
lavash ラバシュ 27, 29, 30, 56, 136, 164, 197
laver bread ラヴァーブレッド 44
lebkuchen レープクーヘン 284
leche flan レチェ・フラン 361
lechon レチョン 361
lecsó レチョー 351
lefser レフサ 323
lekakh レカク 472
lepet ラペソー 439
licaudos リクアド 442
ligzdinas リグジハス 470
linguiça リングイーサ 367
linzenberry tart リンツァートルテ 209
linzertorte リンゼルトルテ 96
liptao リプタオ 28, 165
liptauer cheese リプタウアーチーズ 261
llapingachos ジャピンガチョ 77, 398
locro ロクロ 24, 77, 344, 398
loempia/lumpia ルンピア 100, 361
lokshyna ロクシナ 69
lokum ロクム 298, 299
lola ロラ 9
lomi-lomi ロミロミ 16
longlong ロンロン 431
loomi ルーミ 19, 109, 178, 348
louvana ロウヴァナ 137
luau ルアウ 15
lubio ルビオ 198
luchi ルティ 353
lugao ルーガオ 360
luhjuman ラフマジュン 30
lungenbraten ルンゲンブラーテン 226, 261
lutefisk ルートフィスク 213, 323
luzerner kuchen ルツェルナー・レープクーヘン 209

【m】

maafe マフェ 427

machbous マクブース 19, 99, 109, 153, 179, 348
madou マドウ 104, 222
mahdzoon マツーン 29
mai tai マイタイ 16
makovy kolac マコヴィ・コラチ 226, 261
makowiec マコヴィエツ 409
malho de nagô マーリョ・デ・ナゴ 368
mallums マッルン 224
malva マルバ 436
mamaliga ママリガ 454, 455, 482, 483
mämmi マンミ 364
mandazi マンダジ 67, 160, 384, 486
manjar blanco マンハル・ブランコ 399
manpar マヌパル 148
mansaf マンサフ 464
manty マンティ 72, 106, 148, 256, 296
mari マリ 321
marita マリタ 340
maritozzi マリトッツィ 331
marmalata マルマラータ 415
marsala マルサラ 50
masquf マスグーフ 53
massa sovada マッサ・ソバーダ 415
mast マースト 9
matambre マタンブレ 24, 75
matata マタタ 445
matoke n' yama マトケ・ニャマ 67
matsoni マツン 198
matzoh マッツオー 46
mazamorra morada マサモラ・モラダ 399
mazanec マザネツ 261
mazurka マズルカ 410
mchadi チャディ 197
mchuzi ムチュジ 159
mealie ミーリー 307
mealie pap ミーリーパップ 435
mechoui メシュイ 21, 272
medivnyk メディブニック 70
mee krob ミークローブ 251
mehlspeisen メールシュパイゼン 226, 261, 96
melktart メルクタルト 84, 436
melomarkaroma メロマカロナ 144
menudo メヌード 442
merguez sausage メルゲーズソーセージ 21, 271, 456
metheglyn メテグリン 44
michoui メシュイ 450
mien ga ミエンガー 386
migas ミガス 219
mihallabiyya メハラバイヤ 79
mincemeat pie ミンスパイ 42
minestrone ミネストローネ 50
mish ミシュ 79
mish cheese ミシュチーズ 80
mititei ミティティ 483
mixtas ミクスタス 150
miyak gook ミヨックク 122, 130
mkate mayai ムカテ・ヤ・マヤイ 67
moambé モアンベ 174
mofo モフォ 422
mofongo モフォンゴ 291
mofongo con chicharron モフォンゴ・コン・チチャロン 17
mohinga モヒンガ 438
moin moin モインモイン 117, 120, 174, 176, 303, 232, 266
mojo モホ 220
mole モーレ 442
mole poblano モーレ・ポブラノ 440, 442
momo モモ 321, 269, 366
mondongo モンドンゴ 417
moraq モーラク 38
morcon モルコン 361
Moros y Cristianos モーロス・イ・クリスティアーノス 140
mosbolletjies モスボレーキ 436
mosul kubba (kibbeh) モスル・クッパ（キッベ）53
moules et frites ムールフリット 401
moussaka/musaca ムサカ 19, 27, 143, 157, 164, 179, 229, 239, 404, 419, 454, 455, 464, 482
msir ムシール 457
mtswadi ムツヴァディ 198
muamba chicken ムアンバチキン 32
murgi kari ムルギーカリー 60
mutabaqa ムタバク 54
mutabbag ムタッバク 53
mutter paneer マタル・パニール 61

muzhdei ムジデイ 455
mysost ミスオスト 323

【n】
naan/nan ナン 8, 59, 327
nactamal ナクタマル 310
naga sari ナガサリ 204, 431, 381
nakypliak ナキプリアーク 69
nam ネーム 251
nasi goreng ナシゴレン 64, 431, 356
nasi kuning ナシクニン 65
nasi samin ナシサミン 431
ngan-pya-ye ンガピーイェー 438
ngapi ンガピ 438
niter kibbeh ニッター・ケベ 86
nogada ノガダ 91, 162, 310, 333, 417
non ノン 71
noql ノグル 9, 57
ntomba nam ントンバ・ナム 120
nuoc cham ヌクチャム 386
n'yama choma ニャマチョマ 159

【o】
o-yosopy ソー・ヨソピー 344
ocopa オコパ 77, 398
oh-no kauk-swe オンノ・カウスェー 438
oka オカ 181
oliebollen オリーボーレン 102
ollo podrida オジャ・ポドリーダ 219
onde-onde オンデオンデ 65
oplatky オプラトク 226
opor ajam オポールアヤム 65
orme オルム 28, 165
orzechowy オジェホーヴィ 410
ostkaka オストカーカ 213
ouzo ウーゾ 28, 137, 138, 144, 165, 419
ovcho kiselo mleko オフコ・キセロ・ムレコ 419
ovos moles オボス・モレス 415

【p】
paan パーン 61, 329
pabellón caraqueño or criollo パベリョン・クリオリョ 391

pacha パチャ 53
pachadi パチャディ 61
pachamanca パチャマンカ 399
paczki ポンチュキ 410
pad thai パッタイ 251
padek パーデーク 467
paella パエリア 219, 341
paklava パクラバ 30
pakora パコラ 10, 60, 329
palaver sauce パラバソース 125, 133, 135, 167, 191, 236, 287, 303, 389, 479
palolo パロロ 181
palov プロフ 71, 106, 107, 147, 256, 296
pampeto パンペパート 189
pan bagna パン・バーニャ 373
pan de jamón パン・デ・ハモン 391
pan de yucca パン・デ・ユッカ 171
pancit パンシット 361
panettone パネトーネ 51
pani keki パニケキ 181
panir パニール 9
pap パップ 102
papas arrugadas パパス・アルガダス 220
papas chorreadas パパス・チョレアーダ 171
paprika csirke パプリカチルケ 351
parata パラタ 321, 327
paratha パラーター 59
párek パーレック 226, 261
parmigana パルミジャーナ 50
parrilla パリジャ 25
pascha/paska パスカ 70, 226, 455
paskha パスハ 494
pasta e fagioli パスタ・エ・ファジョーリ 51
pastel del choclo パステル・デル・チョクロ 275
pasteles パステレス 17
pastelitos パステリート 291
pastermá パストゥ 377
pastirma/pastourma パストゥルマ 30, 298, 299
pastitsio パスティッチョ 27, 164
pastizzi パスティッツイ 429
pastrama パストラマ 483
patakukko パタクッコ 363
pavlova パブロバ 94, 319

paximathia パキシマディア 143
pease pudding ピーズプディング 42
pebre ペブレ 275
peda ペダ 197
pemmican ペミカン 12
pepián ペピアン 150
pepper pot ペッパーポット 34, 140, 222, 241, 243, 245, 291, 293, 338, 346
peremech ペレメチ 494
pesto ペスト 50
pfeffernüsse プフェッファーニュッセ 284
pha-âk ファーク 127
pho フォー 386
picada ピカーダ 218
picadillo ピカディージョ 140
picanba ピカーニャ 369
picarones ピカロネス 399
pickapeppa sauce ピッカペッパソース 195
picoroco cooked in a curanto ピコロコのクラント 275
pieczony schab ピッチョーネ・スハブ 409
pierogi ピエロギ 113, 409
piimä ピーマ 363
piirakka ピーラッカ 363
pil-pil dishes ピルピル料理 423
pilaf ピラフ 60, 299, 464, 490
pili-pili/piri-piri ピリピリ 111, 303, 445
pipikaula ピピカウラ 15
pirão ピラン 369
pïrkïlt ピールキールト 226
pirog ピローク 47
pirozhki ピロシキ 494
pisco ピスコ 399
pisco sour ピスコサワー 275
pita ピタ 27
pitaja-joulupuuro ピタヤヨウルプーロ 363
pittu ピットゥ 224
planter's punch プランターポンチ 346
plov ポロウ 6
plov プロフ 198
plum pudding プラムプディング 42
pogaca ポガカ 157
poi ポイ 12
polenta ポレンタ 50, 189, 331

pollo alla cacciatore ポロ・アラ・カチャトーラ 331
pommes frites ポムフリット 373
porchetta ポルケッタ 331
poronkäristys ポロンカリシュトゥシタ 363
Porotos Granados ポロトス・グラナドス 275
portuguêsa ポルトゥゲーザ 414
posole ポソレ 91, 150, 162, 310, 333, 395, 417
postej ポスタイ 280
pot roast ポットロースト 116
potica ポティツァ 157, 229, 239, 462
potjie ポイキー 488
potjiekos ポイキーコース 307, 435
poulouri ポロリー 293
poutine プーチン 113, 114
pršuta プロシュッタ 461
prahoc プラホック 126
praline プラリーヌ 396
presunto プレズント 414
psarosoupa プサロスパ 143
puchero プチェーロ 24, 361
puff-puff パフパフ 125
pulao プラオ 328
pultost プルトスト 323
pupu ププ 16
pupusas ププサ 91
puto プト 361
putu プトゥ 488
pyrizhky ピィリジキ 69
pytt i panna ピッティパンナ 212

【q】
qamar al-deen カマールアルディーン 202
qat カット 46
quesadilla ケサディーヤ 91
quindim キンジン 369
quishr キシル 38
qwarezimal クアレジマル 428
qymaq/kaymak カイマク 9, 298
qymaq chai カイマクチャイ 9

【r】
rabló-hus ラブロー・フーシュ 351
raclette ラクレット 209

528　英和対照料理名索引

ragù　ラグー　189	saimin　サイミン　16
raki　ラク　28, 137, 138, 165, 299	sajji　サージ　328
ranon' apango　ラスナンパング　423	sakay　サカイ　423
ras el hanout　ラスエルハヌート　457	salade meshouiwa　サラダ・メシュイヤ　272
ras　malai　ラスマライ　329	sally lunn　サリーラン　42
rashi　ラシ　53	salsa　サルサ　13, 441
ratatouille　ラタトゥイユ　373, 447	salsa de aji　サルサ・デ・アヒ　77, 398
ravioli　ラビオリ　50	saltimbocca　サルティンボッカ　331
rayta　ライタ　61, 328	salzgebäck　ザルツゲバック　283
recaito　レカイート　17	samanu　サマヌー　57
refogado　レフォガード　367	sambal　サンバル　61, 65, 100, 204, 223, 224, 381, 431, 436
refrescas　レフレスカ　162, 310, 333, 417	sambal goreng　サンバルゴレン　65, 356
rellenong　レリエノン　361	sambosa　サムボサ　10
rempah　ルンパ　204, 381, 431	sambucca　サンブーカ　51, 331
rendang　ルンダン　65, 204, 381, 431, 356	samfaina　サンファイナ　218
retsina　レッシナ　144	samla　サムロー　127
rice wine　マッコリ　122, 130	samn　サムヌ　177
riebeles　リーベル　209	samosa　サモサ　47, 60
rihaakuru　リハークル　452	samovar　サモワール　493
rijsttafel　ライスターフェル　100	samsa　サムサ　72, 106, 148, 256, 272, 296
risi e bisi　リジ・エ・ビジ　51	sanbusak　サンブーサク　79, 490
risotto　リゾット　51	sancocho　サンコーチョ　17, 171, 291, 293, 333
riz au djon djon　ジョンジョン飯　326	sancocho de pescado　サンコーチョ・デ・ペスカード　171
rod grod med flode　ロズグロズメッフルーゼ　280	sandal kebab　サンダルケバブ　9
rogan josh　ローガン・ジョシュ　62	saqima　サチマ　269
rokhati dzhou　ロハチズホウ　72	sarmale　サルマーレ　483
romazava　ルマザヴァ　423	satay/sate　サテ　65, 100, 168, 204, 356, 381, 431
romescu　ロメスク　219	satsivi　サツィヴィ　198
Romeu e Julieta　ホメオ・イ・ジュリエッタ　369	sauce ti-malice　ソース・ティマリス　326
rommegrot　ロンメグロート　324	scaloppine　スカロピーネ　50
ropa vieja　ロパビエハ　140	scampi　スカンピ　51
roshgulla　ラスグッラ　354	schnitz un grepp　シュニッツ・ウン・グレップ　12
ross fil-forn　ロスフィルフォルン　429	schnitzel　シュニッツェル　47, 284, 477
rossolye　ロッソリ　82	schwarzsauer　シュワルツザウアー　284
rösti　ロスティ　209	Schwarzwälder Kirschtorte　シュヴァルツヴェルダー・キルシュトルト　285
roti　ロティ　59, 293, 321	scotch broth　スコッチブロス　43
rougaille　ルガイ　168, 423, 449	scotch egg　スコッチエッグ　43
rumaki　ルマーキ　16	scotch pie　スコッチパイ　43
【s】	scrapple　スクラップル　12
sachertorte　ザッハトルテ　96	sel　セル　321
saewujeot　セウジョ　122, 130	
sahâwig　サハウィグ　38	

英和対照料理名索引　529

serenata セレナータ 17
sfeehas スフィーハ 201
sferia スフェリア 21
shami シャミ 9
shami kabob シャミケバブ 328
sharbat シャルバット 57, 61, 329
sharlotka シャルロートカ 494
shashlik/shashlyk シャシリク 7, 30, 72, 73, 106, 148, 256, 296
shawarma シャワルマ 153, 47, 99, 179, 191, 236, 313, 451, 464
shay kampo シャカム 366
shchi シチー 394, 493
sheftalia シェフタリア 137
shepherd's pie シェパーズパイ 5, 41
sherbats シェルバット 321
shinni シンニ 72, 107
shireen polo シリンポロ 56
shiro wat シロワット 86
shish kabob/kebabs シシケバブ 27, 79, 164, 328
shola ショラ 9
shola-e-zard ショラエザード 9
shopska salata ショプスカサラタ 377
shortbread ショートブレッド 43
shoushin bozbash ショウシン・ボズバシュ 30
shrewsbury simnel シムネルケーキ 42
shubat シュバト 106
sinampalukan シナンパルカン 360, 361
sinigang シニガン 360
sir シル 238
sirene シレネ 377
skaba putra スカバ・プトラ 470, 82
skordalia スコルダリア 142, 143
skubanky シュクバーンキイ 226, 261
slatko スラトコ 157, 229, 239, 404, 462
slivova スリボバ 377
sljivovica スリヴォヴィッツ 157, 229, 239, 462
smen スメン 457
smetana スメタナ 493
smörgåsbord スモーガスボード 213, 362
smørrebrød スモーブロー 280
soetkoekies スウートクーキ 407, 488, 436
sofregit ソフレジット 218
sofrito ソフリート 17

soju ソジュ 122, 130
solianka ソリャンカ 470
sopa à portuguêsa ソパ・ア・ポルトゥゲーザ 414
sopa de ajo ソパデアホ 219
sopa de rosquillas ソパ・デ・ロスキージャス 310
Sopa Paraguay ソパ・パラグアイ 344
sopas secas ソパ・セカ 442
soppa tal-armla ソーパ・タル・アームラ 429
sorrel ソレル 294
sosaties ソサティ 84, 308, 407, 488, 436
soso ソーソー 174
sosoa ソソア 423
soto ajam ソトアヤム 65
souse サウス 195
spanakopita スパナコピタ 143
spätzle シュペッツレ 284
specculaas スペキュラース 102
speckknödel シュベックネーデル 95
speculoos スペキュロス 401
spekemat スペークマット 324
spettekaka スペッテカーカ 213
springerle シュプリンゲルレ 285
spritzgebäck シュプリッツゲバック 285
spumoni スプモーネ 51
stamp and go スタンプ・アンド・ゴー 195
Steaks Eszterházy エスタハージー・ステーキ 351
stoss-suppe シュトースッペ 95
stovies ストヴィーズ 43
streuselkuchen シュトロイゼルクーヘン 227, 261, 285
strudel シュトゥルーデル 95, 157, 225, 226, 261
struklji シュトルクリ 229
succotash サコタッシュ 12
sukuma wiki スクマウィキ 159
suman スーマン 361
sumatra gulai スマトラ・グライ 65
sumatra lado スマトラ・ラド 65
suomalaisleipä スオミルイルレイパ 362
supo 'esi スポエシ 181
surrulitos スルリトス 17
sürstromming シュールストレミング 212

suspiros　ススピーロ　415
svíčková na sonetaně　スヴィーチコヴァー・ナ・スメタニエ　226, 261
sviezia desira　スビエジア・デシラ　471
syrek　シレク　226
székely gulyás　スエケリー・グヤーシュ　482

【t】

t'ibs　ティブス　87
tabbouleh/tabouli　タブーリ　27, 47, 164, 179, 202, 273, 464, 475, 491
taco　タコス　442
tagine　タジン　21, 457
tamal en cazuela　タマル・エン・カスエラ　398
tamales　タマレス　91, 150, 162, 333, 341, 396, 398, 417, 442
tameletjie　タメレーキ　436
tamiya　ターメイヤ　80
tapa　タパス　415
tapé　タペ　128
taramosalata　タラモサラダ　144, 475
tarator　タラトール　28, 165
tatali　タタリ　111
tausche　タウシェ　303
tavas　タヴァス　137
tazafi　トゥオザフィー　110
telemea　テレメア　483
tempeh　テンペ　127, 386, 467
than　ターン　30
tharid　タリド　53, 179, 348
thayesa　タイェーサ　438
thieboudienne　チェブジェン　236
thosai　トーセイ　224
timpana　ティンパナ　429
ting　ティン　407
tiola sapi　ティオラ・サピ　361
tiste　ティステ　310
tjintjau　チンチャウ　65
tkemali　トケマリ　198
tmar mihchi　トゥマルミーチ　273
toad in the hole　トード・イン・ザ・ホール　41
toddy　トディ　146, 224, 278, 305, 342, 433
togbei　トグベイ　111
töltött káposzta　テルテット・カーポスタ　351

tomatoes crevettes　トマトクルベット　401
topfenknödel　トプフェンクネーデル　261
topfenpalatshchinken　トプフェンパラチンケン　226, 261
tortas de aceite　トルタス・デ・アセイテ　219
tortellini　トルテッリーニ　51, 189
tortillas　トルティーヤ　149, 162, 219, 310, 333, 395, 398, 416, 440
tourtière　トゥルティエール　113
trachanas/tarhana　トラハナ　53, 137, 142
tree-tree cake　ツリーツリー・ケーキ　243
trifle　トライフル　42, 429
tsampa　ツァンパ　365, 269
tsampurado　チャンプラード　361
tsire agashe　ツィレ・アガシェ　303
tsnein achra　ツニーンアクラ　427
tuba　トゥバ　361
tuica　ツイカ　484
tuk trey　トゥク・トレイ　126
tum 'tumo　トゥムトゥモ　89
turkish delight　ターキッシュディライト　299
türlü güveç　トゥルルギュベチ　299
twajin　トワジン　273
tybo　チボ　279
tzimmes　ツィメス　47

【u】

ugali　ウガリ　67, 159, 258, 384, 486
ukha　ウハー　394, 493
ukoy　ウコイ　361
uruq　ウルク　53
uszka　ウシュカ　409

【v】

varenyky　ヴァレーニキ　70
vargabéles　ヴァルガベーレシュ　351
vatapá　ヴァタパ　368
Veal Oscar　ヴィール・オスカル　212
veal parmigana　ヴィール・パルミジャーナ　331
vegemite　ベジマイト　318
vereshchaka　ベレシチャーカ　69
vichyssoise　ヴィシソワーズ　155
viili　ヴィリ　363
vindaye　ビンデイ　449

英和対照料理名索引　531

vratnik　ブラトニク　229

【w】

wähen　ヴェーエ　209
wang　ワング　104, 222
waragi　ワラギ　67
warqa　ワルカ　457
wat　ワット　86, 89, 193
watergruwel　ワーテルグルーウェル　102
waterzooi　ワーテルゾーイ　101, 401
welsh rabbit　ウェルシュラビット　44
wiener schnitzel　ウィンナーシュニッツェル　96
wurst　ヴルスト　283

【x】

xinxim de galinha　シンシン・デ・ガリーニャ　369
xioaochi（"small foods"）シャオチー（小吃）269

【y】

yam　ヤム　251

yanchmish　ヤンチミシ　72, 256
yassa　ヤッサ　125, 133, 135, 184, 236
ye-shimbra asa　イエシンブラアッサ　86
Yemas de San Leandro　イェマ・デ・サンレアンドロ　219
yerba maté　マテ茶　25, 75, 344, 369, 399
yo-yo　ヨーヨー　273
yomari　ヨマリ　321
yorkshire pudding　ヨークシャープディング　41

【z】

zabaglione　ザバリオーネ　189, 483
zabaione　ザバイオーネ　51, 331
zampone　ザンポーネ　189
zanzibar duck　ザンジバルダック　258
zarda　ザルダ　329
zarzuela de mariscos　サルスエラ・デ・マリスコス　219
zebeda　ゼベダ　457
zivju supa　ジジュスパ　470

訳者あとがき

　訳し終えて感じたのは、世界はやっぱり広いなあという、一見当たり前のことでした。1日か2日あれば、世界中どこの国にも行ける時代になっても、食材や料理は実に千差万別なのですね。

　最初翻訳にとりかかったとき、こんなに大変な作業になるとは夢にも思いませんでした。同じ食材がちがう名前で呼ばれていたり、よく似た名前の料理が少しずつ変わっていたり。そのため、食材や料理の呼び名は、訳者の責任である程度統一しました。ですから、読者がご存じのものとは少しちがっているかも知れません。ご容赦ください。

　民族や宗教などの基礎データと共に、何をどのように料理して食べているのかを知れば、そこに住む人々をきっと身近に感じていただけると期待しています。

　最後になりましたが、柊風舎の皆さんには細かい作業と行き届いた配慮をしていただきました。訳者一同、心からの感謝と賞賛を捧げます。ありがとうございました。

【著者】
ヘレン・C・ブリティン（Helen C. Brittin）
テキサス工科大学栄養学名誉教授。博士。同大学で食文化の講座を創設し数千人の学生を指導する。登録栄養士。公認栄養士。アメリカ栄養士会特別研究員。アメリカ家族・消費者科学学会会員。肉類、食品の官能評価、ワイン、食物中の鉄分、食文化について100以上の論文や著書がある。テキサス栄養士会会長も務め、同会功労賞（2000年）、フロリダ州立大学百周年賞（2005年）など大学、州、国から様々な賞を受賞。フロリダ州立大学とテキサス工科大学での学位に加え、ニューヨーク大学とワシントン州立大学で食文化に関する課程を修了し、カリフォルニア大学デービス校でサバティカルを過ごす。テネシー大学、中東工科大学（トルコ）の教授も務めた。国際家政学会会長を務め、世界大会での研究発表を増やすことに尽力。調査研究や教育のため世界各国を巡っている。

【訳者】
小川昭子（おがわ あきこ）
翻訳家。国際基督教大学卒業。訳書にD・コートライト『ドラッグは世界をいかに変えたか』（春秋社）、フランシス・ケアリー『図説樹木の文化史』（柊風舎）など多数。主に一般教養書を手がけている。

海輪由香子（かいわ ゆかこ）
翻訳家。東京都立大学卒業。訳書にラッセル・バークレー『ADHDのすべて』（VOICE出版）、『プラスチックスープの海』（NHK出版）、共訳書にノーム・チョムスキー『テロの帝国アメリカ』（明石書店）などノンフィクション全般。

八坂ありさ（やさか ありさ）
翻訳家。立教大学卒業。訳書にカーリン『インビクタス』、ケーゲル、ラゼブニック『自閉症を克服する』、J&M・ニューポート、J・ドッド『モーツァルトとクジラ』（いずれもNHK出版）などがある。

国別 世界食文化ハンドブック

2019年3月16日　第1刷
2020年10月20日　第2刷

著　者　ヘレン・C・ブリティン
訳　者　小川昭子／海輪由香子
　　　　八坂ありさ
装　丁　古村奈々
発行者　伊藤甫律
発行所　株式会社　柊風舎

〒161-0034 東京都新宿区上落合1-29-7 ムサシヤビル5F
TEL 03-5337-3299　／　FAX 03-5337-3290

印刷／株式会社明光社印刷所　製本／小髙製本工業株式会社
ISBN978-4-86498-062-3

Japanese Text © Akiko Ogawa, Yukako Kaiwa, Arisa Yasaka

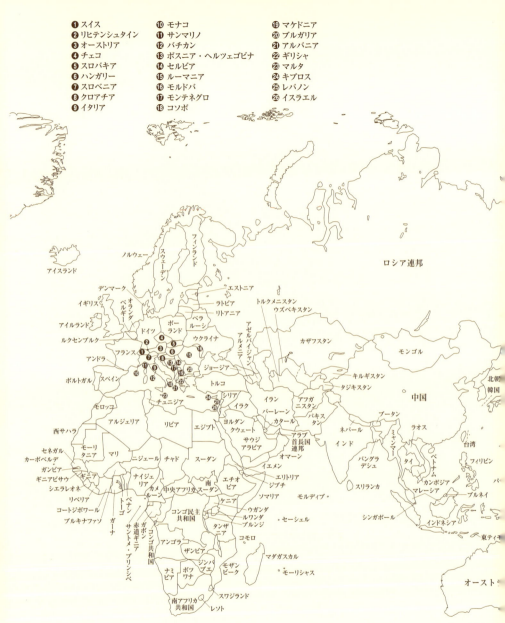